新个人所得税实务与案例

吴 健 王 会 吴冠桦◎著

ALL NEW CASE STUDIES AND PRACTICE FOR INDIVIDUAL INCOME TAX

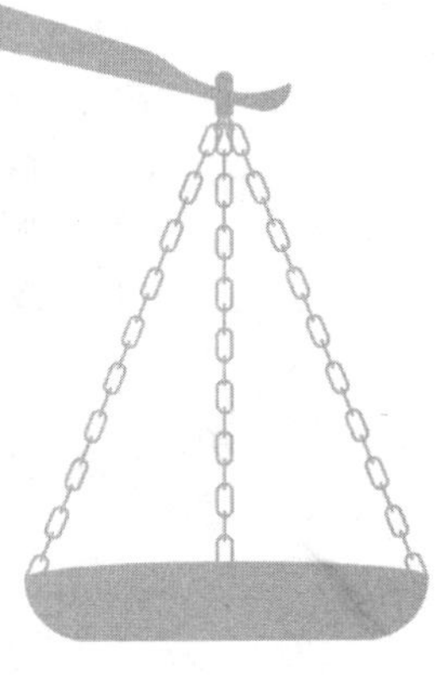

中国市场出版社
China Market Press
·北京·

图书在版编目（CIP）数据

新个人所得税实务与案例 / 吴健，王会，吴冠桦著. — 3版. — 北京：中国市场出版社有限公司，2022.7

ISBN 978-7-5092-2224-9

Ⅰ. ①新… Ⅱ. ①吴…②王…③吴… Ⅲ. ①个人所得税－税收管理－研究－中国 Ⅳ. ①F812.424

中国版本图书馆CIP数据核字（2022）第100647号

新个人所得税实务与案例（第三版）

XIN GERENSUODESHUI SHIWU YU ANLI

作　者　吴　健　王　会　吴冠桦

责任编辑　张　瑶（zhangyao9903@126.com）

出版发行　中国市场出版社 China Market Press

社　址　北京月坛北小街2号院3号楼　　**邮政编码**　100837

电　话　编 辑 部（010）68032104　读者服务部（010）68022950

发 行 部（010）68021338　68020340　68053489

68024335　68033577　68033539

总 编 室（010）68020336

盗版举报（010）68020336

印　刷　河北鑫兆源印刷有限公司

规　格　185mm×260mm　16开本　　版　次　2022年7月第3版

印　张　36.5　　印　次　2022年7月第1次印刷

字　数　868千字　　定　价　98.00元

书　号　ISBN 978-7-5092-2224-9

版权所有　侵权必究　　印装差错　负责调换

代序 PREFACE

个税深耕二十年　提质升级再出发

2019 年 1 月 1 日，具有里程碑意义的综合与分类相结合的个人所得税税制在我国正式实施。为记录与配合这次伟大的改革，2019 年初，笔者的新作《新个人所得税实务与案例》由中国市场出版社出版，深受读者朋友的喜爱。当当网开始销售不久就登上经济新书榜第二位，两个月后即进入经济畅销书榜前列，并获得了江苏省第十六届哲学社会科学优秀成果奖、江苏省国际税收研究会和国家税务总局江苏省税务局联合授予的“优秀研究成果特别奖”，配套的微视频课程收看量达 20 多万人次。

初版问世以来，我国财税主管部门先后明确了无住所个人所得税处理、创新企业限售存托凭证个人所得税处理、延续实施全年一次性奖金和外籍个人津补贴等优惠、简便优化并调整完善部分纳税人预扣预缴方法等多项重磅的配套政策，发布了权益性投资经营所得个人所得税征收管理和办理 2021 年度个人所得税综合所得汇算清缴事项等公告。期间，笔者应邀到国家税务总局党校（国家税务总局税务干部学院）挂职任教，有机会向国内顶尖税收专家当面请教，并与他们共同探讨个人所得税等税收治理疑难问题。全国税务系统组织了个人所得税岗位练兵比武活动，笔者受邀为江苏、河北、贵州、河南等地的选手讲解个人所得税疑难问题，与税务系统众多的个人所得税征管专家深入交流学习、工作体会。因此，有必要结合笔者最新研究成果和涉税工作实践体会对该书进行相应修改、完善。新版力求做到：

着力增强可读性与易理解性

为增强本书的可读性和个人所得税政策的易理解性，笔者使用大量思维导图、表格和案例等，解析新个人所得税制中的疑难问题。希望这86张图、118张表、116个案例，能帮助广大读者准确理解、运用个人所得税法。

第一版配套了60讲微视频课，为国内首创，深受广大读者朋友的喜爱。为了回馈新老读者，第二版随书附赠笔者在北京等地讲授个人所得税的近360分钟现场视频。同时，还选择综合所得个人所得税汇算清缴案例、股权激励所得个人所得税处理、全年一次性奖金计税方法选择、股权转让疑难问题、无住所个人所得税处理、境外所得抵免等个人所得税疑难问题，补充录制了相关视频课，一并赠送给读者。

系统梳理个人所得税政策体系

个人所得税涉及面广，政策繁杂，加之新老税制过渡期政策更新快，有些规定不甚明确等，导致即使是专业人员也未必能尽知其本意和深意。实践证明，对现行个人所得税政策进行系统梳理，形成知识体系，是行之有效的学习方法。本书在系统梳理现行个人所得税政策的基础上，除详细讲解《个人所得税法》及其实施条例的主要内容外，还对截至2022年6月30日国务院以及财政部和税务总局出台的个人所得税配套政策进行了全面系统的解读，如3岁以下婴幼儿照护等七项专项附加扣除政策与操作办法、全年一次性奖金计税方法和股权激励等个人所得税法修改后有关优惠政策的衔接、无住所个人所得税处理、居民个人境外所得处理、税收优惠等，形成了独特的知识体系。

突出最新个人所得税政策变化

无住所个人既可能是居民个人，也可能是非居民个人，所适用的无住所个人的所得税政策，既有我国税收法律法规，又包括税收协定或安排等。因此，对无住所个人应纳个人所得税的计算既是一个难点，也是税务机关监控的一个重点。笔者将结合最新研究成果编写的多个无住所个人代扣代缴（预扣预缴）与汇算清缴综合性案例，及时更新到本书中。居民个人境外所得个人所得税的处理，涉及境外所得抵免及计算方法调整，笔者也以案例形式深度解析了境外所得抵免的计算与纳税申报。

此外，2022 年国务院发布了《关于设立 3 岁以下婴幼儿照护个人所得税专项附加扣除的通知》（国发〔2022〕8 号）。近年来我国财税主管部门还发布了《财政部 税务总局关于实施小微企业和个体工商户所得税优惠政策的公告》（2021 年第 12 号）、《财政部 税务总局关于权益性投资经营所得个人所得税征收管理的公告》（2021 年第 41 号）、《国家税务总局关于修订发布〈个人所得税专项附加扣除操作办法（试行）〉的公告》（2022 年第 7 号）等政策与征管规定，根据上述规定，笔者修订了相关章节。

深度解析热点、难点、疑点案例

近年来，笔者围绕综合所得、经营所得等新老税制衔接问题进行了大量的研究，并开展了教学培训，编写的涉及保险营销员与证券经纪人佣金收入、居民个人全年一次性奖金、央企负责人年度绩效薪金延期兑现收入和任期奖励、单位低价向职工售房、解除劳动关系取得的一次性补偿收入、内部退养取得的一次性收入、提前退休人员的一次性收入等内容的十余个案例，深受纳税人与基层税务干部欢迎，借此修订之际，也一并充实到书中。

本书依据的政策法规截至 2022 年 6 月 30 日。随着新《个人所得税法》配套政策的陆续发布，笔者将通过“财税健谈”微信公众号及时更新相关内容。

本书内容力求既完整准确又切合财税工作的实际需要，期盼它能成为广大财税工作者和高收入、高净值人群的良师益友。

本书的顺利出版，得到了各方面的大力支持和帮助。南京财经大学财政与税务学院院长、公共财政研究中心主任、教授朱军，中国财税浪子王骏，天职国际会计师事务所税务合伙人刘雪华，江苏洋河酒厂股份有限公司副总裁尹秋明，分别对本书给出了热情的推荐。青年诗人阿 Q 还即兴赋诗一首，以表祝贺。中国市场出版社张瑶等几位编辑对本书的出版付出了辛勤劳动。本书的修订再版也凝聚了中国建设银行宿迁市分行王会和吴冠桦的辛勤劳动，他们整理资料、校对书稿、复核数据，并负责撰写部分章节。在此谨向各位朋友表示衷心感谢！

虽然我们已经尽己所能，力求做到书中内容完整准确，方便读者阅读理解，但由于时间、精力和水平有限，方方面面的不足必然存在，诚挚地欢迎广大读者、纳税人和税务工作者批评指正，与我们共同探讨、改进。恳请致信：896659584@qq.com。

吴　健

2022 年 7 月 1 日

目录

CONTENTS

第二章 综合所得

第三章 经营所得

TAXING

第一章
个人所得税概述

世界上只有两件事是不可避免的，那就是税收和死亡。

——本杰明·富兰克林

个人所得税是对个人（自然人）取得的各项应税所得征收的一种税。本章阐述个人所得税简介、综合与分类税制改革的主要内容以及个人所得税法的基本要素，主要内容如图1–1所示。

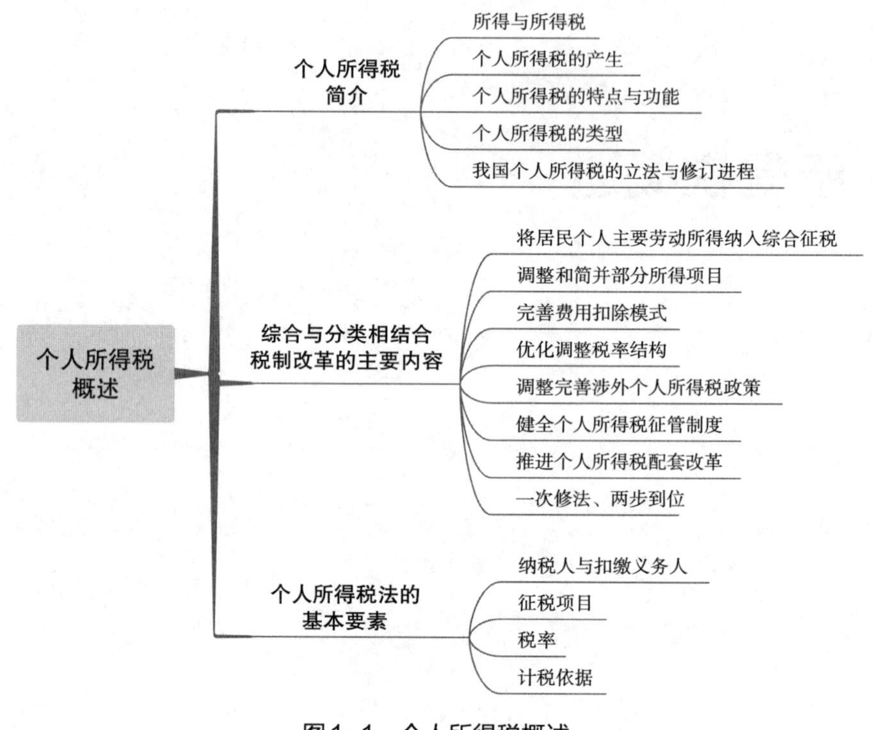

图1–1 个人所得税概述

第一节 个人所得税简介

一、所得与所得税

（一）所得

所得是指单位或个人在劳动、营业、投资或把财产、权利提供他人使用而获得的收入，扣除为取得这些收入所需成本、费用等后的余额。在西方对所得定义的研究中，学术界将其概括为三种学说。

1.源泉说

源泉说认为，连续取得的所得才是所得，至于因财产的转让等临时取得的所得并非所得。源泉说最早起源于英国，在英国税制中有很长一段时间对资产转让产生的所得、偶然性或临时性的资本利得、意外所得等不课征所得税。源泉说的代表人物有弗里茨·纽马克、塞尔泽等。弗里茨·纽马克将“所得”表述为：只有从一个可以获得固定收入的永久性“来源”中取得的收入，才应被视为应税所得。

2.净资产增加说

净资产增加说认为，不论所得发生的原因为何，在一定期间内净资产的增加，即一定期间的期末净资产额大于该期间的期初净资产额，就认定有所得发生。依此观点，每年连续不断取得的所得、继承或受赠所带来的财产增加，或资本性财产的销售利益、所领取的人寿保险金等都是所得。净资产增加说的主要代表人物是德国的经济学家范尚茨。在现行税制中，英国的所得税制长期以来以源泉说为基础，而美国的所得税制很早就以净资产增加说为基础。

3.消费支出学说

消费支出学说认为，所得的客观性与现实性最终应表现在消费上，消费是经济关系的逻辑终点，因而所得应是以货币衡量的从消费得到的满足，具体来说，所得应包括消费开支与本期消耗掉的耐用消费品的价值之和。这种观点是消费支出税（或称支出税）的理论依据。代表人物主要有英国著名经济学家阿尔弗雷德·马歇尔、艾温·费雪和尼古拉斯·卡尔多。由于对征管等各方面的要求过高，该学说至今未被各国实践所接受，仍处于理论争论中。

现实情况是，包括中国在内的许多国家都以净资产增加说为基础确定税制，但与净资产增加说又不完全相同。需要说明的是，“所得”不等于“应税所得”。“所得”是指理论上的所得，更具理论意义，“应税所得”是实践层面的概念，是各国在税法实践中对课税范围的限定。“应税所得”的边界范围只能等于或小于“所得”的边界范围。

（二）所得税

所得税又称所得课税、收益课税，指国家对法人、自然人和其他经济组织在一定时间内的各种所得征收的一类税收。从性质上看，所得税属于直接税。

（三）所得税的产生

所得税是对所得的征税，它随着资本主义制度和资本主义商品经济的发展，借助战争催生剂而首先产生于英国。1798年英国积极组织反法联盟，对拿破仑一世开战，财政大臣W.皮特为筹措战争军费，进行一系列财政、税制改革，创设“三级税”，实为所得税的雏形。但因税制不健全，漏税甚多，于1799年被废除，采用新的所得税法，从而奠定了英国现代所得税制度的基础。因为所得税以所得为负税能力标准，比较符合“公平”“普遍”的原则，也有利于资本主义商品经济的发展，所以大多数西方国家相继开征所得税。渐渐地，所得税由临时税种发展为经常税种、由次要税种发展为主体税种。

近代中国资本主义发展缓慢，缺乏实行所得税制度的社会经济条件，直到民国时期，北洋政府于1914年1月颁布《所得税条例》，这是中国历史上第一部所得税法。

（四）所得税的特点

与货物和劳务税相比，所得税的特点如下：

1. 所得税是对人征税

所得税是对人征税，而非对物征税。所得税的出发点是先将人列入征税范围，然后才对他们的所得征税，这与货物和劳务税由物及人不同。

2. 所得税为直接税

所得税类税种的纳税人本身就是负税人，一般不存在税负转移或转嫁问题，所以也称为直接税。

3. 所得税是公平税

与其他税类相比，所得税负担最为公平。所得税以纯所得为标准，可对劳动所得和非劳动所得实行区别对待，可采用累进征收，可规定生计扣除，可给予特定减免等，从而使得税负更加公平合理。

4. 一般采用累进税率

所得税可以采用累进税率，一般实行超额累进税率。如我国个人所得税中的综合所得，采用3%～45%七级超额累进税率；经营所得，采用5%～35%五级超额累进税率。应税所得额高者，税率高；应税所得额少者，税率低，体现了"多取富者，少取贫者"的基本原则。

（五）所得税的分类

根据纳税人的属性不同，所得税大致可以划分为两大类：一类是个人所得税，包括对自然人的综合收入、财产转让收入、权利金收入，以及非居民纳税人取得的上述收入所课征的税；另一类是企业所得税，一般又称"公司税"或"法人所得税"，包括对企业的经营利润、资本利得以及非居民企业的上述所得所课征的税。绝大多数国家同时开征个人所得税和企业所得税。

我国现行的所得税包括企业所得税（由原内资企业所得税、外商投资企业和外国企业所得税修改合并而成，自2008年1月1日起施行）和个人所得税两个税种。主要是在国民收入形成后，对生产经营者的利润和个人的纯所得发挥调节作用。

二、个人所得税的产生

（一）个人所得税及其产生

个人所得税是对个人（自然人）取得的各项应税所得征收的一种税。与其他税种相比，个人所得税是一个较年轻的税种。英国可以被认为是开征现代意义上的个人所得税最早的国家。1799年英国对所得进行了划分，并规定总收入在60英镑以下者免税；总收入在60～200英镑者，实行差别税率；总收入超过200英镑者，则统一按10%的比例税率征收。到1874年个人所得税才成为英国一个稳定的税种。美国于1860年南北战争期间开征了个人所得税。日本于1887年设置了个人所得税，1899年对所得税制度进行全面改革，一方面实行分类所得税税制，扩大了征税面；另一方面开始对法人征收所得税。

个人所得税产生的初期，一般是作为临时性的筹措经费措施。第二次世界大战结束后，个人所得税才进一步发展为一个固定的税种。个人所得税的功能也从筹措战时经费转变为调节经济与收入分配。个人所得税开征初期，多数国家采用的是比例税率，并且实行按项分别计税的分类所得税税制。随着个人所得税制度的完善，逐步发展为按累进税率课征及实行综合所得税税制或分类与综合相结合的所得税税制。个人所得税税制的发展与社会经济发展相适应，随着市场经济的发展，个人所得税的地位和作用也越来越重要，并且已成为很多国家的主体税种。目前世界上已有140多个国家开征了这一税种。

（二）我国个人所得税的产生

我国于1936年依据《所得税暂行条例》开征了个人所得税。1943年颁布的《所得税法》中包含了个人所得税的内容。

新中国成立后不久，我国就设立税种对个人所得征税，新中国的个人所得税税制经历了从诞生到多次变革的过程。1949年11月中央人民政府在北京召开首届全国税务工作会议，会上通过了《全国税政实施要则》，决定除农业税外，建立包括工商业税、存款利息所得税、薪给报酬所得税在内的14个税种，计划对个人开征相应的税种。政务院于1950年1月和12月先后公布了《工商业税暂行条例》和《利息所得税暂行条例》，自公布之日起，分别对个体工商业户、临时商业及摊贩业户的所得征收工商税，对在中国境内取得的利息征收利息所得税。薪给报酬所得税的设想是对个人取得的工资、薪金和劳务报酬所得征收，但由于当时我国生产力水平比较低，实行的是低工资、广就业的政策，所以一直到20世纪70年代末都没有开征。

1958年国家对税制进行了重大改革，将工商业税中的营业税和其他税种合并为工商统一税，工商业税中的所得税独立为一个税种，形成工商所得税，继续对个体工商业户和集体企业的生产经营所得、其他所得征税，直到80年代中期。

三、个人所得税的特点与功能

（一）特点

1.个人所得税的特点

个人所得税具有课税公平、量能负担、不易形成重复征税等特点。课税公平，是指个人所得税以纯所得为计税依据，实行收入多的多缴税、收入少的少缴税的办法，同时规定基本生计扣除、成本费用扣除以及专项扣除等扣除项目，可以较好地照顾低收入者，符合量能负担的原则。个人所得税还具有不易形成重复征税的特点。与流转税可能存在重复征税不同，个人所得税是对纳税人的最终所得课税，游离于商品流通之外，因而一般不存在重复征税问题。

2.我国个人所得税的特点

个人所得税是世界各国普遍征收的一个税种，与其他国家相比，我国个人所得税主要有如下特点：

（1）实行综合与分类相结合的税制。

个人所得税按税制设计及其征收方式不同可分为综合税制、分类税制以及综合与分类相结合的税制三种类型。

2011年《中华人民共和国个人所得税法》（以下简称2011年《个人所得税法》）将个人所得

分为：工资、薪金所得，个体工商户的生产、经营所得，劳务报酬所得等11个项目，分别适用不同的费用扣除方法和计征方法。2018年《中华人民共和国个人所得税法》（以下简称《个人所得税法》[1]）将居民个人取得的工资薪金所得、劳务报酬所得、稿酬所得、特许权使用费所得计入综合所得，按年征收、分月分次预扣预缴；对财产转让所得、财产租赁所得、利息股息红利所得、偶然所得等仍实行分类征收。

（2）累进税率与比例税率并用。

比例税率计算简便，便于实行源泉扣缴；累进税率可以合理调节收入分配，体现公平。《个人所得税法》根据各类个人所得的不同性质和特点，将这两种形式的税率综合运用于个人所得税税制中。其中，对综合所得和经营所得，采用累进税率，实行量能负担。对财产转让所得、利息股息红利所得、财产租赁所得、偶然所得，采用比例税率，实行等比负担。

（3）费用扣除额范围较宽。

各国个人所得税均有费用扣除的规定，只是扣除的方法及额度不尽相同。我国本着费用扣除从宽、从简的原则，采用费用定额扣除和定率扣除等多种方法。对综合所得，从2019年1月1日起按年扣除60 000元；对财产租赁所得，每次收入不超过4 000元的减除费用800元，4 000元以上的减除费用20%。

（4）采用代扣代缴与自行申报两种征纳方法。

《个人所得税法》规定，对纳税人的应纳税额分别采取由支付单位源泉扣缴和纳税人自行申报两种方法。对凡是可以在应税所得的支付环节扣缴个人所得税的，均由扣缴义务人履行代扣代缴义务。

自2019年1月1日起，《个人所得税法》规定，取得综合所得需要办理汇算清缴的，取得应税所得没有扣缴义务人的，扣缴义务人未扣缴个人所得税的，从中国境外取得应税所得的，因移居境外而注销中国户籍的，非居民个人在中国境内从两处或者两处以上取得工资、薪金所得的，由纳税人自行申报纳税。

（二）功能

个人所得税主要具有以下四方面的功能。

1.组织财政收入

在人均国内生产总值（GDP）较高的国家，个人所得税税源广泛，征收个人所得税能够保证稳定的财政收入。

1980年9月10日，新中国开始征收个人所得税，当年全国个人所得税收入仅有16万元。1994年修订后的个人所得税税制开始施行，当年全国个人所得税收入为72.7亿元，占税收总收入的1.4%。2018年全国个人所得税收入为13 872亿元，同比增长15.9%，占税收总收入的8.87%。新个人所得税税制实施后的2019年，全国个人所得税收入为10 388亿元，同比下降25.1%，占税收总收入的6.58%。而到2021年，根据财政部网站公布的数据，全国个人所得税收入为13 993亿元，同比增长21%，占税收总收入的8.1%。个人所得税已经成为继增值税和企业所得税之后

[1] 如无特别说明，本书下文所称《个人所得税法》或新《个人所得税法》均指2018年《个人所得税法》。

的第三大税种，在筹集财政收入、调节收入分配等方面发挥了重要作用。我国1994—2019年各年个人所得税收入情况如表1-1所示。

表1-1 1994—2019年个人所得税收入情况表

年度	个人所得税收入（亿元）	占税收收入比重（%）	年度	个人所得税收入（亿元）	占税收收入比重（%）
1994	72.7	1.4	2008	3 722.0	6.4
1995	131.5	2.2	2009	3 943.6	6.2
1996	193.2	2.7	2010	4 837.5	6.3
1997	259.9	3.2	2011	6 054.0	6.3
1998	338.6	3.7	2012	5 820.4	5.3
1999	414.3	4.0	2013	6 531.5	5.4
2000	660.4	5.2	2014	7 376.6	5.7
2001	996.0	6.6	2015	8 617.3	6.3
2002	1 211.0	7.1	2016	10 094.0	7.2
2003	1 417.3	6.9	2017	11 961.3	7.7
2004	1 737.1	6.8	2018	13 872.0	8.87
2005	2 094.0	6.8	2019	10 388.0	6.6
2006	2 452.0	6.5	2020	11 568.0	7.5
2007	3 185.0	6.4	2021	13 993.0	8.1

说明：根据财政部网站公布的财政收支情况等统计。

随着我国经济的进一步发展和居民收入水平的提高，个人所得税税源将不断扩大，个人所得税税收占国家税收总收入的比重将会增加，最终将会发展成为更具活力的一个主体税种。

2. 调节收入分配，实现社会公平

随着经济的发展，社会贫富差距加大等问题将会逐步显现，有可能成为影响社会稳定的负面因素。对个人所得征收累进税，可降低社会分配不公的程度，缓和社会矛盾，实现社会公平。

3. 具有自动稳定器的功能

由于个人所得税一般采用累进税率。在经济繁荣时期，税收增长的速度超过个人所得增长的速度，可以自动遏制通货膨胀趋势；反之，在经济萧条时期，税收减少的速度比个人收入降低的速度还要快，可以阻止通货紧缩的趋势。

4. 有助于培养个人的纳税意识

个人所得税作为直接税，有助于培养和增强个人的纳税意识。

四、个人所得税的类型

个人所得税按税制设计及征收方式不同可分为综合税制、分类税制以及综合与分类相结合的混合税制三种类型。

（一）综合税制

综合税制，是就纳税人全年全部所得，减除法定的生计扣除和成本费用等扣除后的余额，适用超额累进税率或比例税率征税。综合税制充分考虑纳税人的综合收入水平和家庭负担等情况，反映纳税人的综合负担能力，体现税收公平，可以发挥调节收入分配的作用。但征管要求高，不易控管，稽征复杂，手续烦琐，征纳成本高。

（二）分类税制

分类税制，是将个人各种来源不同、性质各异的所得进行分类，对各类所得分别规定不同的费用扣除方法，适用不同的税率，分别计税，从而形成工薪所得、利息所得、财产转让所得等不同的个人所得税征收项目，而不是将个人不同类型的所得合并计算征税。分类税制适合于源泉扣缴，征管简便，征纳费用低，但不能全面反映纳税人的综合收入水平和经济负担能力。

分类税制的优点是管理简便，适合于源泉扣缴，不需要纳税人普遍采用自行申报的方式纳税，但它的缺点是不够公平。2018年个人所得税税制改革前，2011年《个人所得税法》采用的是分类税制，即将个人取得的各种所得划分为工资、薪金所得，个体工商户的生产、经营所得，劳务报酬所得等11个项目，分别适用不同的费用减除规定、不同的税率和不同的计税方法。

（三）混合税制

综合与分类相结合的税制，也称混合所得税制，是综合部分项目所得适用累进税率征税，对另外一些项目所得则按不同的比例税率征收，可以较好地兼顾税收公平和效率。严格地讲，目前国际上已经没有完全意义上的实行综合税制的国家，除2018年12月31日之前的中国外也没有完全意义上的实行分类税制的国家。

国际上大多数国家，如韩国、日本、澳大利亚、瑞典、法国、意大利、荷兰、加拿大、德国、西班牙、瑞士、土耳其、英国、南非、俄罗斯、巴西、印度、越南、印度尼西亚、墨西哥等，均实行综合与分类相结合的税制。

五、我国个人所得税的立法与修订进程

（一）我国个人所得税法的诞生

我国现行的个人所得税法诞生于1980年，当时采用分类（项）的征收制度。1978年，党的十一届三中全会确立了“改革开放”方针，来华工作、履约、提供劳务的外籍人员日渐增多，且收入较高，为维护国家税收权益，遵从国际惯例，1980年9月10日，第五届全国人民代表大会第三次会议审议通过了《中华人民共和国个人所得税法》，并于同日公布实施。同年12月14日，经国务院批准，财政部公布了《个人所得税法施行细则》。当时规定的费用扣除标准较高（800元/月），征税对象主要是外籍人员，绝大多数国内居民不在征税范围之内。

1986年1月，国务院根据我国社会经济发展的状况颁布了《城乡个体工商业户所得税暂行条例》，以城乡个体工商业户生产经营所得和其他所得为征税对象，将年收入总额减除生产经营

成本、费用、损失、税金后的余额作为应纳税所得额，实行7%～60%的超额累进税率，按年计算、分月或季预缴、年终汇算清缴，对年收入5万元以上的加征40%税收。同年9月，中国公民适用的《个人收入调节税暂行条例》颁布实施，征税对象包括工资薪金收入、承包转包收入、劳务报酬收入、财产租赁收入、专利与非专利转让收入、投稿翻译收入、利息股息红利收入以及其他收入等。其中，工资薪金适用20%～60%的五级超倍累进税率，扣除标准为400元/月至460元/月。

由此形成了对个人所得课税三个税收法律、法规并存的状况。

（二）第一次修改——统一个人所得税制

为了规范和完善个人所得课税制度，有必要对三个个人所得课税的税收法律、法规进行修改和合并，形成一部统一的既适用于中、外籍个人，也适用于个体工商业户和其他人员的个人所得税法。

为将上述《中华人民共和国个人所得税法》《城乡个体工商业户所得税暂行条例》《个人收入调节税暂行条例》合并，出台统一的个人所得税法，1993年10月31日，第八届全国人民代表大会常务委员会第四次会议通过了《关于修改〈中华人民共和国个人所得税法〉的决定》，同时公布了修改后的《中华人民共和国个人所得税法》，自1994年1月1日起施行。修改后的《中华人民共和国个人所得税法》重新调整了纳税项目、免税项目、费用扣除标准和税率。此次修法基本确立了我国个人所得税的主体架构和税制原则，此后历次个人所得税法的修订，均未突破1993年《中华人民共和国个人所得税法》的框架。

1994年1月28日，国务院第142号令颁布《中华人民共和国个人所得税法实施条例》。至此，内外统一的个人所得税税制初步建立。其后，随着经济社会形势的发展变化，国家对个人所得税法进行了几次重大调整。

（三）第二次修改——恢复对储蓄存款利息征税

为应对亚洲金融危机，鼓励投资、拉动消费、刺激内需，1999年8月30日，第九届全国人民代表大会常务委员会第十一次会议通过了第二次修改的《中华人民共和国个人所得税法》，恢复征收储蓄存款利息所得个人所得税，并明确对储蓄存款利息所得征收个人所得税的开征时间和征收办法由国务院规定。

2000年9月，根据《国务院关于个人独资企业和合伙企业征收所得税问题的通知》（国发〔2000〕16号）中“国务院决定，自2000年1月1日起，对个人独资企业和合伙企业停止征收企业所得税，其投资者的生产经营所得，比照个体工商户的生产、经营所得征收个人所得税。具体税收政策和征税办法由国家财税主管部门另行制定”的规定，财政部、国家税务总局制定了《关于个人独资企业和合伙企业投资者征收个人所得税的规定》（财税〔2000〕91号文件印发）。

（四）第三次修改——首次提高费用扣除标准

2005年10月27日，第十届全国人民代表大会常务委员会第十八次会议通过了《关于修改〈中华人民共和国个人所得税法〉的决定》，对《中华人民共和国个人所得税法》进行了第三次修改，新法自2006年1月1日起施行。具体修改内容包括：一是将工资、薪金所得减除费用标准由800元/月提高到1 600元/月。二是扩大个人所得税自行申报范围和增加全员全额扣缴申报的规定。

即对存在个人所得超过国务院规定数额的，在两处以上取得工资、薪金所得或者没有扣缴义务人的，以及具有国务院规定的其他情形的，纳税义务人应当按照国家规定办理纳税申报。扣缴义务人应当按照国家规定办理全员全额扣缴申报。

（五）第四次修改——存款利息征免税授权国务院规定

2007年6月29日，第十届全国人民代表大会常务委员会第二十八次会议通过了《关于修改〈中华人民共和国个人所得税法〉的决定》，对《中华人民共和国个人所得税法》进行了第四次修改。此次修改明确对储蓄存款利息所得开征、减征、停征个人所得税及其具体办法，授权由国务院规定。

继2007年将储蓄存款利息所得个人所得税税率由20%调减为5%之后，2008年暂免征收储蓄存款利息所得个人所得税。

（六）第五次修改——第二次提高费用扣除标准

2007年12月29日，第十届全国人民代表大会常务委员会第三十一次会议通过了《关于修改〈中华人民共和国个人所得税法〉的决定》，对《中华人民共和国个人所得税法》进行了第五次修改。此次修改规定，自2008年3月1日起，提高工资、薪金所得项目减除费用标准，由1 600元/月提高到2 000元/月。

（七）第六次修改——提高费用扣除标准和调整税率

2011年6月30日，第十一届全国人民代表大会常务委员会第二十一次会议通过了《关于修改〈中华人民共和国个人所得税法〉的决定》，这是《中华人民共和国个人所得税法》的第六次修改。此次做了如下四个方面的修改，新法自2011年9月1日起施行：

（1）将工资、薪金所得减除费用标准由2 000元/月提高到3 500元/月；

（2）调整适用于工资、薪金所得的税率结构，由9级调整为7级，将最低档税率由5%降为3%，同时适当扩大3%和10%两档低税率和最高档税率的适用范围；

（3）调整个体工商户生产经营所得和对企事业单位的承包经营、承租经营所得税率级距；

（4）适当延长个人所得税申报纳税时间，由7天改为15天。

2011年7月19日，国务院发布了《国务院关于修改〈中华人民共和国个人所得税法实施条例〉的决定》（国务院令第600号），对《中华人民共和国个人所得税法》做了如下修改：

（1）对企事业单位的承包经营、承租经营所得的减除费用标准，由按月减除2 000元提高到3 500元；

（2）附加减除费用标准由2 800元改为1 300元。

上述修改自2011年9月1日起与修改后的《中华人民共和国个人所得税法》同时施行。

（八）第七次修改——实行综合与分类相结合税制

2018年8月31日第十三届全国人民代表大会常务委员会第五次会议通过了《全国人民代表大会常务委员会关于修改〈中华人民共和国个人所得税法〉的决定》。这是《中华人民共和国个人所得税法》的第七次修正，也开启了我国个人所得税税制的一次根本性变革。

这次修改完善了有关纳税人的规定，对居民个人取得的部分劳动性所得实行综合征税，优化调整综合所得与经营所得的税率结构，提高综合所得基本减除费用标准，设立专项附加扣除，并增加反避税条款，明确非居民个人征税办法，健全个人所得税征管制度。这标志着我国朝着建立综合与分类相结合的个人所得税制度目标迈出了重要一步。

《中华人民共和国个人所得税法》的颁布及历次修改情况如表1–2所示。

表1–2 个人所得税法颁布及历次修改情况

情形	通过时间	执行时间	通过机关	修改内容
通过并颁布实施	1980年9月10日	1980年9月10日	第五届全国人民代表大会第三次会议	通过《中华人民共和国个人所得税法》，并同时公布实施。
第一次修改	1993年10月31日	1994年1月1日	第八届全国人大常委会第四次会议	对《中华人民共和国个人所得税法》《城乡个体工商业户所得税暂行条例》和《个人收入调节税暂行条例》三个税收法律、法规进行修改和合并，形成内外统一的个人所得税税制。
第二次修改	1999年8月30日	1999年8月30日	第九届全国人大常委会第十一次会议	恢复征收储蓄存款利息所得个人所得税，并规定对储蓄存款利息所得征收个人所得税的开征时间和征收办法由国务院规定。
第三次修改	2005年10月27日	2006年1月1日	第十届全国人大常委会第十八次会议	①将工资、薪金所得减除费用标准由800元/月提高到1 600元/月。 ②扩大个人所得税自行申报范围和增加全员全额扣缴申报的规定。
第四次修改	2007年6月29日	2007年6月29日	第十届全国人大常委会第二十八次会议	对储蓄存款利息所得开征、减征、停征个人所得税及其具体办法，授权由国务院规定。
第五次修改	2007年12月29日	2008年3月1日	第十届全国人大常委会第三十一次会议	提高工资、薪金所得项目减除费用标准，由1 600元/月提高到2 000元/月。
第六次修改	2011年6月30日	2011年9月1日	第十一届全国人大常委会第二十一次会议	①将工资、薪金所得减除费用标准由2 000元/月提高到3 500元/月；②调整适用于工资、薪金所得的税率结构，由9级调整为7级，将最低档税率由5%降为3%，同时适当扩大3%和10%两档低税率和最高档税率的适用范围；③调整个体工商户生产经营所得和对企事业单位的承包经营、承租经营所得税率级距；④适当延长个人所得税申报纳税时间，由7天改为15天。
第七次修改	2018年8月31日	2019年1月1日	第十三届全国人大常委会第五次会议	完善了有关纳税人的规定，对居民个人部分劳动性所得实行综合征税，优化调整税率结构，提高综合所得基本减除费用标准，设立专项附加扣除，并增加反避税条款，明确非居民个人征税办法，健全个人所得税征管制度。

第二节　综合与分类相结合税制改革的主要内容

一、将居民个人主要劳动所得纳入综合征税

在既有分类税制的基础上，逐步对劳动性所得实行综合征税，对资本性所得继续实行分类征税，初步建立综合与分类相结合的税制，更加适应按劳分配为主体、多种分配方式并存的分配制度，更好地发挥个人所得税对收入分配的调节作用。对居民个人取得的劳动性所得，先将工资薪金、劳务报酬、稿酬、特许权使用费等四项所得纳入综合征税范围，适用统一的超额累进税率，条件成熟后再将其他劳动性所得纳入。这四项劳动性所得税收占个人所得税总收入的70%以上，涉税信息相对充分，涵盖了绝大多数纳税人的收入，可为今后更大范围的综合征税创造条件。对利息股息红利所得、财产租赁所得、财产转让所得等资本性所得，继续采取分类征税方式。

二、调整和简并部分所得项目

调整和简并部分所得项目，将个体工商户生产经营所得调整为经营所得，取消对企事业单位承包承租经营所得项目，将其中属于工薪性质、经营性质的所得，分别并入工资薪金所得、经营所得征税。考虑到个人所得税法中列明的所得范围已经比较全面，可不必再由国务院或其有关部门确定“其他所得”，新《个人所得税法》删除了2011年《个人所得税法》第二条最后一项“经国务院财政部门确定征税的其他所得”的规定。

三、完善费用扣除模式

（一）合理提高基本减除费用标准

按照与城镇居民基本生活消费支出水平相适应的原则，将基本减除费用标准由工资薪金所得3 500元/月，提高到综合所得60 000元/年，主要考虑包括：一是税制改革前的2017年城镇就业者人均负担的消费支出约为3 900元/月，适当前瞻考虑将综合所得基本减除费用标准提高到60 000元/年，可以覆盖未来一段时间内城镇就业者人均负担的消费支出，按此测算纳税人占城镇就业人员的比例将从44%降低到约15%；二是继续保留“三险一金”税前专项扣除，并设立专项附加扣除，纳税人实际扣除费用将高于5 000元/月。专家建议根据城镇居民基本生活消费支出变化情况动态调整基本减除费用标准。

同时，统一内外籍人员减除费用标准。2018年税制改革前外籍人员适用减除费用标准为4 800元/月，包括基本减除费用标准3 500元/月和附加减除费用1 300元/月。将非居民个人工资薪金所得基本减除费用标准提高到5 000元/月，超过2018年9月30日以前外籍人员适用标准，对内外籍人员一视同仁、公平待遇，不再保留对外籍个人专门适用的附加减除费用。

（二）劳务报酬、稿酬与特许权使用费的费用扣除

新《个人所得税法》平移了2011年《个人所得税法》中劳务报酬所得、稿酬所得与特许权使用费所得的费用扣除方法，并平移了稿酬所得按应纳税额减征30%的税收优惠。即规定劳务

报酬所得、稿酬所得、特许权使用费所得以收入减除20%的费用后的余额为收入额。稿酬所得的收入额减按70%计算。

（三）设立专项附加扣除

围绕与人民群众生活密切相关的教育、住房、医疗等重点支出领域，设立子女教育、继续教育、大病医疗、住房贷款利息、住房租金、赡养老人以及3岁以下婴幼儿照护七项专项附加扣除，具体包括：一是对子女处于学历教育阶段（包括学前教育、义务教育、高中教育及高等教育）的纳税人，允许按定额标准予以扣除；二是对个人参加学历继续教育、职业资格教育发生的继续教育支出，允许按定额标准予以扣除；三是对个人支付的符合规定的医疗费用支出，允许在限额标准内据实扣除；四是对每个家庭的一套普通住房贷款利息支出，允许按定额标准予以扣除；五是对个人发生的住房租金支出，允许按定额标准予以扣除，同时发生住房租金和贷款利息支出的，只可选择其中一项扣除；六是对赡养老人支出，允许按定额标准予以扣除；七是对3岁以下婴幼儿照护支出，自2022年1月1日起允许按定额标准予以扣除。

四、优化调整税率结构

按照重点减轻中等以下收入者税收负担的原则，对纳入综合征税范围的劳动性所得税率，以原工资、薪金所得3%～45%七级超额累进税率为基础，适当调整完善，即：扩大3%、10%、20%三档较低税率级距，25%税率级距相应缩小，30%、35%、45%三档较高税率级距保持不变。稿酬所得纳入综合征税范围后，对稿酬收入继续按70%计入综合所得计算征税。综合所得税负降低后，对经营所得在维持原5%～35%五级超额累进税率的基础上，也适当扩大税率级距，平衡不同所得之间的税负水平。

暂维持综合所得45%的最高边际税率不变，主要考虑有：通过提高基本减除费用标准、设立专项附加扣除、扩大低档税率级距等措施，包括高收入群体在内的纳税人税负已普遍降低；同时，为履行好政府再分配调节职能，需要保持对高收入群体的合理必要调节。作者建议结合深化收入分配制度改革，统筹研究考虑调整最高边际税率。

五、调整完善涉外个人所得税政策

（一）健全完善涉外税收管理政策

一是将居民纳税人的居住时间判定标准从一个纳税年度内住满1年调整为满183天；二是细化和明确财产转让所得、稿酬所得等来源地判定规则；三是针对个人不按独立交易原则转让财产、在境外避税地避税或者实施不合理商业安排获取税收利益等避税行为增加反避税条款；四是完善境外所得计征方法，统一境内外所得计征方式。

（二）将外籍个人津补贴免税调整为按新的专项附加扣除执行

考虑此次改革统一规定了教育、住房、医疗等专项附加扣除项目及标准，按照税制公平的原则，将外籍个人此前单独适用的有关住房补贴、子女教育等津补贴减免税项目逐步过渡到按照新的专项附加扣除项目和标准执行。

六、健全个人所得税征管制度

在逐步建立综合与分类相结合个人所得税税制的同时，在既有源泉扣缴为主的征管制度的基础上，对综合所得实行“按年计税、自行申报，汇算清缴、多退少补，优化服务、事后抽查”的征管方式，具体包括：

（一）完善按年计税、自行申报制度

在既有分类税制下以单位代扣代缴为主的基础上，逐步细化个人纳税义务和法律责任，转为新的综合与分类相结合税制下单位日常预扣预缴，纳税人按年计税、自行申报。自行申报的情形确定为：取得综合所得需要办理汇算清缴，取得应税所得没有扣缴义务人，取得应税所得扣缴义务人未扣缴税款，取得境外所得，因移居境外注销中国户籍，非居民个人在中国境内从两处以上取得工资、薪金所得以及国务院规定的其他情形等7种。同时，为降低征纳双方成本，专项附加扣除以单位预缴扣除为主。

（二）构建汇算清缴、多退少补制度

在纳税人按年计税、汇算清缴的基础上，实行便捷顺畅的多退少补操作办法。建立包括网上申报缴税在内的多渠道个人申报缴税方式，大幅简化个人申报缴税程序。实现退税数据资料全程电子化传递，税务机关审核后提交国库，国库按规定直接退税，财税部门加强事中事后监管，实现申报后2～3周内完成退税，着力提高退税效率。

（三）实行优化服务、事后抽查制度

按照深化简政放权、放管结合、优化服务改革的要求，税务部门将进一步优化税收服务，减少事前个人税收资料报送，根据纳税个人申报信息先直接为其办理补退税，事后通过随机抽查和风险核查实施税收管理，对未依法纳税的个人，建立全国信用记录并纳入全国信用信息共享平台，视情形实施处罚及信用惩戒。

七、推进个人所得税配套改革

（一）推进部门共治共管和联合惩戒

发展改革委、教育部、公安部、民政部、人力资源和社会保障部、住房和城乡建设部、国家卫生健康委员会、中国人民银行、国家市场监督管理总局、中国银行保险监督管理委员会等相关部门协同做好税制改革必要配套支撑。其中，公安部、中国人民银行协助税务部门做好自然人身份、金融账户信息确认，切实维护纳税人权益，保护纳税人信息和资金安全；发展改革委做好全国信用信息共享平台建设，为部门间数据共享和失信联合惩戒提供支撑；其他相关部门加快与税务部门数据共享，协助做好数据核实，共同做好自然人纳税信用联合惩戒，实现自然人税收管理部门共建、共治、共管。

（二）完善自然人税收管理法律支撑

同步修订个人所得税法和税收征收管理法，增加对自然人实施税收强制执行等必要条款，完善对自然人实施税务检查的规定，增加第三方报告相关义务条款，增加对身份盗用、骗抵骗扣骗退税等违法行为的税收处罚条款。此外，还要统筹推进改革配套的信息化建设。

八、一次修法、两步到位

考虑到按年综合征税需要给税务机关、扣缴义务人、纳税个人预留一定准备时间，为适当减轻征纳双方工作量、尽早释放减税政策红利，实施“一次修法，两步到位”，即《中华人民共和国个人所得税法》修订后，第一步，自2018年10月1日至2018年12月31日，纳税人的工资、薪金所得，先行以每月收入额减除费用5 000元以及专项扣除和依法确定的其他扣除后的余额为应纳税所得额，依照修改后的《个人所得税税率表一（综合所得适用）》按月换算后计算缴纳税款，并不再扣除附加减除费用；个体工商户的生产、经营所得，对企事业单位的承包经营、承租经营所得，先行依照修改后的《个人所得税税率表二（经营所得适用）》计算缴纳税款。第二步，自2019年1月1日起，全面实施新《个人所得税法》，并推出其他改革措施。

第三节　个人所得税法的基本要素

一、纳税人与扣缴义务人

纳税人，全称为纳税义务人，是指法律、行政法规规定负有纳税义务的单位和个人。每一个税种都有关于纳税义务人的规定，如果不履行纳税义务，即应当由该行为的直接责任人承担法律责任。现代社会，人人都承担或多或少的纳税义务，即人人都是纳税人。税法规定的负有纳税义务的人可以是自然人（个人），也可以是单位。

（一）纳税义务人

1. 个人所得税纳税人

为了有效地行使税收管辖权，根据国际惯例，个人所得税法根据住所标准和居住时间标准，将个人所得税的纳税人分为居民个人和非居民个人。

根据《个人所得税法》第一条的规定，在中国境内有住所，或者无住所而一个纳税年度内在中国境内居住累计满183天的个人，为居民个人。居民个人从中国境内和境外取得的所得，依照该法规定缴纳个人所得税。

在中国境内无住所又不居住，或者无住所而一个纳税年度内在中国境内居住累计不满183天的个人，为非居民个人。非居民个人从中国境内取得的所得，依照该法规定缴纳个人所得税。

2. 负税人与纳税人

负税人与纳税人是两个既有联系又有区别的概念。纳税人是负有纳税义务、直接向税务机关缴纳税款的单位与个人，负税人是实际负担税款的单位与个人。如果说纳税人是法律上的纳税主体，那么负税人就是经济上的纳税主体。纳税人与负税人有时是一致的，有时是不一致的。纳税人如果能够通过一定途径把税收负担转嫁或转移出去，就不再是负税人；否则，纳税人同时也是负税人。由此可见，纳税人和负税人的不一致是由税负转嫁引起的。税法中并没有关于负税人的规定，国家在制定税法时，只规定由谁负责缴纳税款，并不规定税款最终由谁承担。

3. 纳税人与纳税单位

纳税人与纳税单位也是不同的。纳税单位，是指申报缴纳税款的单位，是纳税人的有效集合。有效是指为了征管和缴纳税款的方便，可以允许在法律上负有纳税义务的同类型纳税人作为一个纳税单位，填写一份申报表纳税。比如，某些国家个人所得税可以单个人为一个纳税单位，也可以夫妇为一个纳税单位，还可以一个家庭为一个纳税单位。纳税单位的大小通常要根据管理上的需要和国家政策来确定。我国的个人所得税法不允许以家庭为单位缴纳个人所得税。

4. 按家庭征税存在的问题

从国外个人所得税征管实践看，个人所得税主要有按家庭征收、个人征收、“个人+夫妻”联合申报等三种情形。20世纪80年代以来，经合组织（OECD）成员国的课税单位在发生变化，按家庭申报已不是当前主流，部分原先以家庭为征税单位的国家，如英、澳、意、荷、丹麦、芬兰、瑞典等国，纳税申报单位相继由家庭转为个人。目前，34个OECD成员国中，完全以个人为纳税单位的有19个，以家庭为纳税单位的仅有法、葡、卢森堡、瑞士等4个，其他11个国家可在个人和家庭之间选择。我国周边的日、韩等国也以个人为纳税单位。

从理论上讲，按家庭征收能够全面反映一个家庭的收入、支出和纳税能力，是最为公平的一种政策选择。但按家庭征收需要更高的征管能力与配套条件，我国目前还不具备按家庭征收的条件。这是因为：

一是受传统文化影响，我国家庭结构较为复杂，难以准确界定家庭的概念和外延。

二是与按个人、“个人+夫妻”联合申报相比，按家庭征税较为公平，但按个人、“个人+夫妻”联合申报也可以实现一定程度的公平。追求按家庭征税的公平需要征纳双方乃至整个社会付出更多的遵从成本。

三是按家庭征税可能对婚姻关系甚至社会产生一定负面影响。例如，一旦出现纳税申报不实等违法情况，难以确定税收违法责任主体，容易引发家庭纠纷。同时，由于家庭联合申报和个人单独申报适用的税率表和费用扣除标准不同，会造成同一纳税人结婚与否税负水平不一致的情况，从而对婚姻产生“惩罚”或“激励”影响。

四是按家庭申报计算复杂、手续烦琐难度大。要求家庭或夫妻双方收集家庭全部收入、支出及纳税资料，填写申报表并办理纳税申报，这些将增加纳税人的申报难度和申报成本。

五是现有社会配套条件不能支撑家庭申报方式。家庭或夫妻联合申报，对社会配套条件要求较高，涉及地方财权、民事和刑事责任划分及追究等，复杂程度高，制度调整难度大。

5. 纳税人的权利与义务

《国家税务总局关于纳税人权利与义务的公告》（国家税务总局公告2009年第1号）规定了纳税人的权利与义务。

（1）纳税人的权利。纳税人（或扣缴义务人）在履行纳税义务过程中，依法享有以下14

项权利：①知情权；②保密权；③税收监督权；④纳税申报方式选择权；⑤申请延期申报权；⑥申请延期缴纳税款权；⑦申请退还多缴税款权；⑧依法享受税收优惠权；⑨委托税务代理权；⑩陈述与申辩权；⑪对未出示税务检查证和税务检查通知书的拒绝检查权；⑫税收法律救济权；⑬依法要求听证的权利；⑭索取有关税收凭证的权利。

（2）纳税人的义务。纳税人（或扣缴义务人）在纳税过程中负有以下10项义务：①依法进行税务登记的义务；②依法设置账簿、保管账簿和有关资料以及依法开具、使用、取得和保管发票的义务；③财务会计制度和会计核算软件备案的义务；④按照规定安装、使用税控装置的义务；⑤按时、如实申报的义务；⑥按时缴纳税款的义务；⑦代扣、代收税款的义务；⑧接受依法检查的义务；⑨及时提供信息的义务；⑩报告其他涉税信息的义务。

（二）扣缴义务人

1.扣缴义务人的界定

根据《中华人民共和国税收征收管理法》（以下简称《税收征收管理法》）第四条的规定，法律、行政法规规定负有代扣代缴、代收代缴税款义务的单位和个人为扣缴义务人。纳税人、扣缴义务人必须依照法律、行政法规的规定缴纳税款、代扣代缴、代收代缴税款。

代扣代缴义务人，是指有义务从持有的纳税人收入中扣除其应纳税款并代为缴纳的企业、单位或个人。对税法规定的扣缴义务人，应办理扣缴税款登记，明确其代扣代缴义务。代扣代缴义务人必须严格履行扣缴义务。对不履行扣缴义务的，应承担相应的法律责任。

与代扣代缴义务人相关的概念有代收代缴义务人与代征代缴义务人。代收代缴义务人是指有义务借助与纳税人的经济交往而向纳税人收取应纳税款并代为缴纳的单位，如《中华人民共和国消费税暂行条例》及其实施细则规定，委托加工的应税消费品，除受托方为个人外，由受托方在向委托方交货时代收代缴税款。代收代缴义务人不同于代扣代缴义务人。代扣代缴义务人直接持有纳税人的收入，可以从中扣除纳税人的应纳税款；代收代缴义务人不直接持有纳税人的收入，只能在与纳税人的经济往来中收取纳税人的应纳税款并代为缴纳。

代征代缴义务人，是指因税法规定，受税务机关委托而代征税款的单位和个人。通过由代征代缴义务人代征税款，不仅便利了纳税人税款的缴纳，有效地保证了税款征收的实现，而且对于强化税收征管，有效杜绝和防止税款流失，有明显的作用。

2.个人所得税的扣缴义务人

根据《个人所得税法》第九条的规定，个人所得税以所得人为纳税人，以支付所得的单位或者个人为扣缴义务人。扣缴义务人扣缴税款时，纳税人应当向扣缴义务人提供纳税人识别号。

根据《财政部 国家税务总局 证监会关于个人转让上市公司限售股所得征收个人所得税有关问题的通知》（财税〔2009〕167号）的规定，限售股转让所得个人所得税，以限售股持有者为纳税义务人，以个人股东开户的证券机构为扣缴义务人。限售股个人所得税由证券机构所在地主管税务机关负责征收管理。

个人财产拍卖所得应纳的个人所得税税款，由拍卖单位负责代扣代缴，并按规定向拍卖单位所在地主管税务机关办理纳税申报。

根据《财政部 国家税务总局关于完善股权激励和技术入股有关所得税政策的通知》（财税〔2016〕101号）第五条第（二）项的规定，非上市企业实施股权激励或个人以技术成果投资入股，以实施股权激励或取得技术成果的企业为个人所得税扣缴义务人。递延纳税期间，扣缴义务人应在每个纳税年度终了后向主管税务机关报告递延纳税有关情况。

根据《财政部 税务总局 证监会关于个人转让全国中小企业股份转让系统挂牌公司股票有关个人所得税政策的通知》（财税〔2018〕137号）第三条的规定，2019年9月1日之前，个人转让新三板挂牌公司原始股的个人所得税，征收管理办法按照现行股权转让所得有关规定执行，以股票受让方为扣缴义务人，由被投资企业所在地税务机关负责征收管理。自2019年9月1日（含）起，个人转让新三板挂牌公司原始股的个人所得税，以股票托管的证券机构为扣缴义务人，由股票托管的证券机构所在地主管税务机关负责征收管理。具体征收管理办法参照财税〔2009〕167号文件和《财政部 国家税务总局 证监会关于个人转让上市公司限售股所得征收个人所得税有关问题的补充通知》（财税〔2010〕70号）有关规定执行。

根据《财政部 税务总局 人力资源社会保障部 中国银行保险监督管理委员会 证监会关于开展个人税收递延型商业养老保险试点的通知》（财税〔2018〕22号）的规定，个人按规定领取税收递延型商业养老金时，由保险公司代扣代缴其应缴的个人所得税。

二、征税项目

（一）征税对象

征税对象又称课税对象，是税法规定的征税的目的物，是国家据以征税的依据。通过规定课税对象，解决对什么征税问题。每一个税种都有自己的课税对象，否则，这一税种就失去了存在的意义。凡是被列为课税对象的，就属于该税种的征收范围；凡是未被列为课税对象的，就不属于该税种的征收范围。例如，所得税的课税对象是企业的所得额和自然人的工资薪金、转让财产等各项应税所得，等等。

课税对象是一个税种区别于另一个税种的主要标志，是税收实体法的基本要素之一，它体现着课税范围的广度。在具体工作中，要注意征税对象与计税依据、税目、税源等的关系。

（二）税源与税目

1. 税源

税源是指税款的最终来源，或者说是税收负担的最终归宿。税源的大小体现着纳税人的负担能力。纳税人缴纳税款的直接来源是一定的货币收入，而一切货币收入都是由社会产品价值派生出来的。在社会产品价值中，能够成为税源的只能是国民收入分配中形成的各种收入，如工资、利润等。当某个税种以国民收入分配中形成的各种收入为课税对象时，税源和课税对象就是一致的，如所得税。但是，很多税种的课税对象并不是或不完全是国民收入分配中形成的各种收入，如消费税、房产税等。课税对象是国家据以征税的依据，税源则表明纳税人的负担能力。

2. 税目

税目是课税对象的具体化，反映具体的征税范围，代表征税的广度。不是所有的税种都规定税目。但对大多数税种来说，课税对象比较复杂，且税种内部不同的课税对象之间又需要采取不同的税率档次进行调节。这样就需要对课税对象做进一步划分，做出具体的界限规定，这个规定的界限范围，就是税目。

（三）个人所得税征收项目

对个人所得税而言，确定应税所得项目可以使纳税人掌握自己都有哪些收入要纳税。根据《个人所得税法》第二条的规定，下列各项个人所得，应纳个人所得税：

（1）工资、薪金所得；

（2）劳务报酬所得；

（3）稿酬所得；

（4）特许权使用费所得；

（5）经营所得；

（6）利息、股息、红利所得；

（7）财产租赁所得；

（8）财产转让所得；

（9）偶然所得。

与2011年《个人所得税法》第二条相比，新《个人的得税法》第二条将“个体工商户的生产、经营所得”改为“经营所得”，取消了“对企事业单位的承包经营、承租经营所得”和“经国务院财政部门确定征税的其他所得”项目，将“对企事业单位的承包经营、承租经营所得”中的工资薪金性质和经营性质的所得，分别并入“工资、薪金所得”和“经营所得”项目征税。

三、税　率

（一）税率种类

税率是应纳税额与计税依据之间的比例，是计算税额的尺度，代表课税的深度，关系着国家税收收入的多少和纳税人负担的程度，是税收制度的核心和灵魂。

税率在实际应用中可分为两种形式：一种是按绝对量形式规定的固定征收额度，即定额税率，它适用于从量计征的税种，如城镇土地使用税等；另一种是按相对量形式规定的征收比例，包括比例税率和累进税率，它适用于从价计征的税种，如企业所得税等。

1. 比例税率

比例税率，是指对同一征税对象或同一税目，不论数额大小只规定一个比例，都按同一比例征税，税额与课税对象呈正比例关系。

在具体运用上，又可分为：产品比例税率，即一种或一类产品采用一个税率，如消费税、增值税等；行业比例税率，即对不同的行业采用不同的税率；地区差别比例税率，如城市维护建设税，城市适用税率为7%、县城与建制镇适用税率为5%等；有幅度的比例税率，即对同一课税对象，税法只规定最低税率和最高税率。

我国个人所得税中的财产转让所得、财产租赁所得、偶然所得项目都采用比例税率。

2. 累进税率

累进税率，是指同一课税对象，随着数量的增大，征收比例也相应增高的税率，表现为将课税对象按数额大小分为若干等级，不同等级适用由低到高的不同税率。累进税制可以有效地调节纳税人的收入，正确处理税收负担的纵向公平问题，多在对收益课税中使用。按照税率累进依据的性质，累进税率分为额累与率累两种。

累进税率因计算方法和依据的不同，主要分为：全额累进税率、超额累进税率、超率累进税率与全率累进税率。

（1）全额累进税率。全额累进税率，是以课税对象的全部数额为基础计征税款的累进税率。其特点包括：一是对具体纳税人来说，在应税所得额确定以后，相当于按比例税率计征，计算简便；二是税收负担不合理，在各级征税对象数额分界处税收负担悬殊，甚至会出现增加的税额超过课税对象增加数额的现象。

（2）超额累进税率。超额累进税率，是分别以课税对象数额超过前级的部分为基础计算应纳税额的累进税率。这种税率的特点包括：一是计算方法比较复杂；二是累进幅度比较缓和，税收负担较为合理；三是边际税率和平均税率一致，税收负担透明度较差。

《个人所得税法》对综合所得、经营所得实行超额累进税率。

（3）超率累进税率。超率累进税率，是指以课税对象数额的相对数额为累进依据，按超累方式计算应纳税额的税率。我国现行税制中的土地增值税即采用超率累进税率计税。

（4）全率累进税率。全率累进税率，是按课税对象数额的相对额划分若干级距，每个级距规定的税率随课税对象相对额的增大而提高，纳税人的全部课税对象都按与课税对象相对额所对应的税率计算纳税的税率制度。

3. 定额税率

定额税率是税率的一种特殊形式。它不是按照课税对象规定征收比例，而是按照征税对象的计量单位规定固定税额，所以又称固定税额，一般适用于从量计征的税种，如车船税、城镇土地使用税等。

（二）速算扣除数

为解决超额累进税率计税复杂问题，在实际工作中引进了“速算扣除数”这一概念，通过预先计算出的扣除数，直接计算应纳税额，不必再分级分段计算。速算扣除数是为简化计税程序而按全额累进税率计算超额累进税率应纳税额时所使用的扣除数额，是指在采用超额累进税率征税的情况下，根据超额累进税率表中划分的应纳税所得额级距和税率，先用全额累进方法计算出税额，再减去用超额累进方法计算的应征税额后的差额。超额累进税率表中的级距和税率一旦确定，各级速算扣除数就固定不变，成为计算应纳税额时的常数。其计算公式为：

速算扣除数＝全额累进税额－超额累进税额

速算扣除数也可依据税法规定的级距和每一级距的税率，预先计算出来。只要级距和税率不变，速算扣除数就不变。其计算公式为：

速算扣除数＝前一级的最高所得额 ×（本级税率－前一级税率）＋前级速算扣除数

应纳税额＝应纳税所得额 × 适用税率－速算扣除数

【例1-1】2022年张先生取得工资、薪金等综合所得（已扣除基本费用和专项扣除等）为50 000元。

要求：计算应纳税额及速算扣除数。

【解析】若按全额累进税率计算应纳税额为：50 000 × 10% =5 000（元）；

若按超额累进税率计算应纳税额为：

36 000 × 3% +（50 000–36 000）× 10% =1 080+1 400=2 480（元）。

速算扣除数是指按全额累进税率计算的税额减去按超额累进税率计算的税额之后的差额，即速算扣除数 = 全额累进税额 – 超额累进税额 =5 000–2 480=2 520（元）。

（三）个人所得税税率

现行《个人所得税法》采用分类与综合相结合的个人所得税税制，对不同的所得项目分别采用不同的税率形式和税率。

1. 居民个人综合所得税率

居民个人取得的综合所得，适用5% ～ 45%七级超额累进税率计算个人所得税，税率表如表1–3所示。

表1–3 个人所得税税率表一

（综合所得适用）

级数	全年应纳税所得额	税率（%）	速算扣除数
1	不超过 36 000 元的	3	0
2	超过 36 000 元至 144 000 元的部分	10	2 520
3	超过 144 000 元至 300 000 元的部分	20	16 920
4	超过 300 000 元至 420 000 元的部分	25	31 920
5	超过 420 000 元至 660 000 元的部分	30	52 920
6	超过 660 000 元至 960 000 元的部分	35	85 920
7	超过 960 000 元的部分	45	181 920

注：1. 本表所称全年应纳税所得额是指依照《个人所得税法》第六条的规定，居民个人以每一纳税年度综合所得收入额减除费用六万元、专项扣除、专项附加扣除和依法确定的其他扣除后的余额。

2. 非居民个人取得工资薪金所得、劳务报酬所得、稿酬所得和特许权使用费所得依照本表按月换算后的月度税率表计算应纳税额。

2. 非居民个人劳动所得适用税率

非居民个人取得的工资薪金、劳务报酬、稿酬和特许权使用费所得，按月按次分项计税，适用综合所得税率表按月换算后的月度税率表（如表1–4所示）计算应纳个人所得税。

表1–4 个人所得税税率表二

（非居民个人取得工资薪金、劳务报酬、稿酬和特许权使用费所得适用）

级数	应纳税所得额	税率（%）	速算扣除数
1	不超过 3 000 元的	3	0
2	超过 3 000 元至 12 000 元的部分	10	210
3	超过 12 000 元至 25 000 元的部分	20	1 410

续表

级数	应纳税所得额	税率（%）	速算扣除数
4	超过 25 000 元至 35 000 元的部分	25	2 660
5	超过 35 000 元至 55 000 元的部分	30	4 410
6	超过 55 000 元至 80 000 元的部分	35	7 160
7	超过 80 000 元的部分	45	15 160

注：1. 本表适用于非居民个人 2019 年 1 月 1 日以后取得的工资薪金所得、劳务报酬所得税、稿酬所得、特许权使用费所得，应纳个人所得税的计算。

2. 2018 年 10 月 1 日至 2018 年 12 月 31 日，纳税人取得工资、薪金所得适用本表计算个人所得税。

3. 对个人取得的全年一次性奖金选择不并入综合所得适用单独计税优惠方法、央企负责人取得的绩效薪金延期兑付和任期奖励收入等，适用该表计算应纳税额。

3. 经营所得的适用税率

经营所得按年计算个人所得税，适用5%～35%的五级超额累进税率计算应纳税额。税率表如表1–5所示。

表1–5　个人所得税税率表三

（经营所得适用）

级数	全年应纳税所得额	税率（%）	速算扣除数
1	不超过 30 000 元的	5	0
2	超过 30 000 元至 90 000 元的部分	10	1 500
3	超过 90 000 元至 300 000 元的部分	20	10 500
4	超过 300 000 元至 500 000 元的部分	30	40 500
5	超过 500 000 元的部分	35	65 500

注：本表所称全年应纳税所得额是指依照《个人所得税法》第六条的规定，以每一纳税年度的收入总额，减除成本、费用以及损失后的余额。

4. 其他分类所得的适用税率

利息、股息、红利所得，财产租赁所得，财产转让所得和偶然所得，适用比例税率，税率为20%。

根据《财政部 国家税务总局关于廉租住房、经济适用住房和住房租赁有关税收政策的通知》（财税〔2008〕24号）的规定，自2008年3月1日起，对个人出租住房取得的所得减按10%的税率征收个人所得税。

根据《财政部 税务总局关于个人取得有关收入适用个人所得税应税所得项目的公告》（财政部 税务总局公告2019年第74号）第四条的规定，个人按照财税〔2018〕22号文件的规定，领取的税收递延型商业养老保险的养老金收入，其中25%部分予以免税，其余75%部分按照10%的比例税率计算缴纳个人所得税，税款计入“工资、薪金所得”项目，由保险机构代扣代缴后，在个人购买税延养老保险的机构所在地办理全员全额扣缴申报。

四、计税依据

（一）计税依据的内涵

计税依据，是指税法中规定的据以计算各种应征税款的依据或标准。课税对象与计税依据的关系是：课税对象是指征税的目的物，计税依据则是在目的物已经确定的前提下，对目的物据以计算税款的依据或标准；课税对象是从质的方面对征税所做的规定，计税依据则是从量的方面对征税所做的规定，是课税对象量的表现。

不同税种的计税依据是不同的。增值税的计税依据一般是境内销售货物、劳务、服务、无形资产、不动产以及进口货物的增值额；所得税的计税依据是企业和个人的所得额，等等。需要说明的是，计税依据在表现形态上一般有两种：一种是价值形态（从价计征），即以征税对象的价值作为计税依据，这种情况下征税对象与计税依据一般是一致的，如所得税；另一种是实物形态（从量计征），就是以课税对象的数量、重量、面积等作为计税依据，这种情况下课税对象与计税依据一般是不一致的，如车船税等。

（二）个人所得税的计税依据

个人所得税的计税依据是纳税人取得的应纳税所得额。应纳税所得额是个人取得的各项应税收入减去税法规定的扣除项目或扣除金额后的余额。正确计算应纳税所得额，是依法征收个人所得税的前提和基础。

（三）收入形式

根据《中华人民共和国个人所得税法实施条例》（以下简称《个人所得税法实施条例》）第八条的规定，个人所得的形式，包括现金、实物、有价证券和其他形式的经济利益。所得为实物的，应当按照取得的凭证上所注明的价格计算应纳税所得额；无凭证的实物或者凭证上所注明的价格明显偏低的，参照市场价格核定应纳税所得额。所得为有价证券的，根据票面价格和市场价格核定应纳税所得额。所得为其他形式的经济利益的，参照市场价格核定应纳税所得额。

（四）费用扣除方法

在计算个人所得税应纳税所得额时，除利息、股息、红利所得和偶然所得项目外，一般允许从个人的应税收入中减去税法规定的扣除项目或扣除金额，包括为取得收入所支出的必要的成本或费用。因为个人在取得收入过程中，大多需要支付必要的成本或费用。从世界各国征收个人所得税的实践看，一般都允许纳税人从其收入中扣除必要的费用，仅就扣除费用后的所得征税。我国个人所得税采取分项确定、分类扣除，根据其所得的不同情况分别实行定额、定率和会计核算等扣除办法。

1. 定额扣除

对居民个人综合所得涉及的个人生计费用，采取定额扣除的办法。自2019年1月1日起，居民个人综合所得的减除费用标准为60 000元/年。居民个人的子女教育、继续教育、住房贷款利息、住房租金、赡养老人和3岁以下婴幼儿照护专项附加扣除采用定额扣除方法。

2.定额与定率相结合

财产租赁所得，因涉及既要按一定比例合理扣除费用，又要避免扩大征税范围等两个需同时兼顾的因素，故采取定额和定率两种扣除办法。

如《个人所得税法》规定，财产租赁所得，每次收入不超过4 000元的，减除费用800元；4 000元以上的，减除20%的费用，其余额为应纳税所得额。

3.会计核算扣除

经营所得涉及生产、经营有关成本或费用支出，采取会计核算办法扣除有关成本、费用、税金等支出。

4.不扣除费用

利息、股息、红利所得和偶然所得，因不涉及必要费用的支付，所以规定除公益性捐赠外不得扣除任何费用。即利息、股息、红利所得，偶然所得，以每次收入额为应纳税所得额。

（五）外币折算

由于我国的税收计算和缴纳都是以人民币为单位，个人所得税的费用扣除额以及应纳税所得额也都是按人民币计算的，因此《个人所得税法》第十六条规定，各项所得的计算，以人民币为单位。所得为人民币以外的货币的，按照人民币汇率中间价折合成人民币缴纳税款。

《个人所得税法实施条例》第三十二条进一步明确规定，所得为人民币以外货币的，按照办理纳税申报或者扣缴申报的上一月最后一日人民币汇率中间价，折合成人民币计算应纳税所得额。年度终了后办理汇算清缴的，对已经按月、按季或者按次预缴税款的人民币以外货币所得，不再重新折算；对应当补缴税款的所得部分，按照上一纳税年度最后一日人民币汇率中间价，折合成人民币计算应纳税所得额。

根据《中国人民银行关于人民币汇价管理问题的通知》（银传〔1995〕26号）的规定，从1995年4月1日起，中国人民银行只公布人民币对美元、港币和日元的外汇牌价（基准汇价），人民币对美元、港币、日元以外各种可兑换货币的外汇牌价，由各外汇指定银行根据国际外汇市场行情和中国人民银行的有关规定自行制定。为便于纳税人申报纳税和税务机关征收审核，《国家税务总局关于外商投资企业和外国企业及外籍个人的外币收入如何折合成人民币计算缴纳税款问题的通知》（国税发〔1995〕70号），就外商投资企业和外国企业以及外籍个人计税时使用的外汇牌价问题明确规定：外商投资企业和外国企业及外籍个人取得的收入和所得为美元、港币和日元的，统一使用中国人民银行公布的外汇牌价；其他可兑换货币的外汇统一使用中国银行公布的挂牌价格，折合成人民币收入和所得计算纳税。

第二章

综合所得

愚蠢的人去偷税；
聪明的人去避税；
智慧的人去节税。

——中国俗语

TAXING

根据《个人所得税法》第二条的规定，居民个人的工资、薪金所得，劳务报酬所得，稿酬所得，特许权使用费所得称为综合所得，按纳税年度合并计算个人所得税。非居民个人取得的上述四项所得按月或者按次分项计算个人所得税。

2018年税制改革前，我国的个人所得税税制采用分类征税方式，将应税所得分为11类，分别实行不同征税办法。按照"逐步建立综合与分类相结合的个人所得税制"的要求，结合当前征管能力和配套条件等实际情况，新《个人所得税法》将居民个人取得的工资、薪金所得，劳务报酬所得，稿酬所得，特许权使用费所得四项主要劳动性所得（以下简称综合所得）纳入综合征税范围，适用统一的七级超额累进税率，居民个人按纳税年度合并计算个人所得税。本章详细阐述综合所得个人所得税的处理，主要内容如图2-1所示。

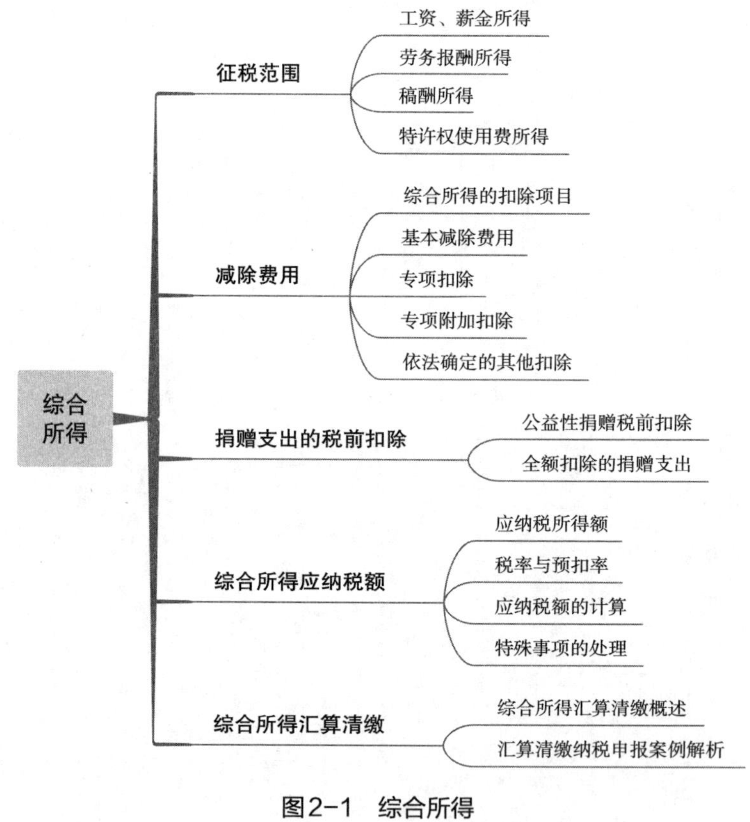

图2-1　综合所得

第一节　征税范围

自2019年1月1日起，我国开始执行综合与分类相结合的个人所得税税制。对居民个人取得的综合所得，采用按年计算、分月或分次预缴、年终汇算清缴的征税办法。综合所得的征税范围包括：工资薪金所得、劳务报酬所得、稿酬所得和特许权使用费所得。本节详细讲解综合所得的征税范围，具体内容如图2-2所示。

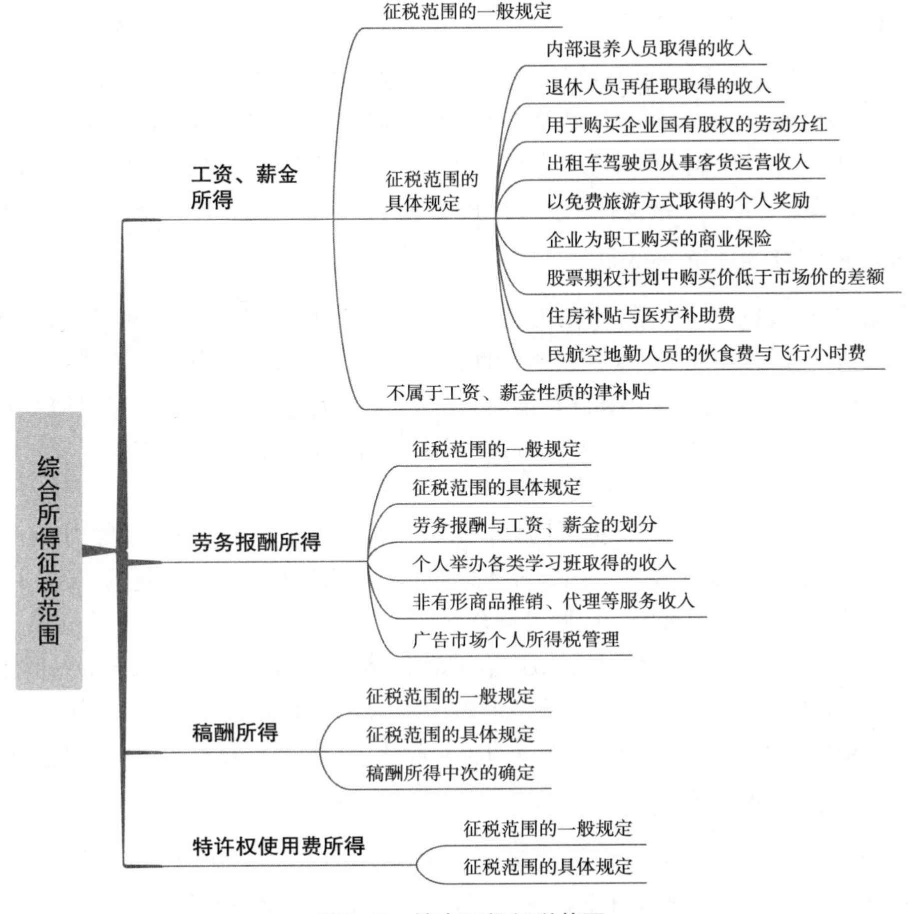

图2-2 综合所得征税范围

一、工资、薪金所得

（一）征税范围的一般规定

根据《个人所得税法实施条例》第六条第一款第（一）项的规定，工资、薪金所得，是指个人因任职或者受雇而取得的工资、薪金、奖金、年终加薪、劳动分红、津贴、补贴以及与任职或者受雇有关的其他所得。

一般来说，工资、薪金所得属于非独立个人劳动所得。非独立个人劳动，是指个人所从事的是由他人指定、安排并接受管理的劳动，工作或服务于公司、工厂、行政、事业单位的人员（私营企业主除外）均为非独立劳动者。

年终加薪、劳动分红不分种类和取得情况，一律按工资、薪金所得课税，津贴、补贴等则有例外。根据我国目前个人收入的构成情况，税法规定对于一些不属于工资、薪金性质的补贴、津贴或者不属于纳税人本人工资、薪金所得项目的收入，不予征税。奖金是指所有具有工资性质的奖金，免税奖金的范围在税法中另有规定。

（二）征税范围的具体规定

1. 内部退养人员取得的收入

关于企业减员增效和行政事业单位、社会团体在机构改革过程中实行内部退养办法人员取得收入的征税问题，《国家税务总局关于个人所得税有关政策问题的通知》（国税发〔1999〕58号）规定，实行内部退养的个人在其办理内部退养手续后至法定离退休年龄之间从原任职单位取得的工资、薪金，不属于离退休工资，应按“工资、薪金所得”项目计征个人所得税。

2. 退休人员再任职取得的收入

2018年12月31日以前，根据《国家税务总局关于个人兼职和退休人员再任职取得收入如何计算征收个人所得税问题的批复》（国税函〔2005〕382号）的规定，退休人员再任职取得的收入，在减除按个人所得税法规定的费用扣除标准后，按“工资、薪金所得”应税项目缴纳个人所得税。

自2019年1月1日起，属于居民个人的退休人员再任职取得的收入，作为工资、薪金所得，应并入综合所得按纳税年度计算个人所得税。

这里所称退休人员再任职，根据《国家税务总局关于离退休人员再任职界定问题的批复》（国税函〔2006〕526号）第三条和《国家税务总局关于个人所得税有关问题的公告》（国家税务总局公告2011年第27号）的规定，应同时符合下列条件：①受雇人员与用人单位签订1年以上（含1年）劳动合同（协议），存在长期或连续的雇佣与被雇佣关系；②受雇人员因事假、病假、休假等原因不能正常出勤时，仍享受固定或基本工资收入；③受雇人员与单位其他正式职工享受同等福利、培训及其他待遇；④受雇人员的职务晋升、职称评定等工作由用人单位负责组织。

3. 用于购买企业国有股权的劳动分红

根据《国家税务总局关于联想集团改制员工取得的用于购买企业国有股权的劳动分红征收个人所得税问题的批复》（国税函〔2001〕832号）的规定，企业将留存在企业应分配给职工的劳动分红，划分给职工个人，用于购买企业的国有股权，再以职工持股会的形式持有公司的股份，这种做法实际上是将多年留存在企业应分未分的劳动分红在职工之间进行了分配，职工个人再将分得的部分用于购买企业的国有股权。根据个人所得税法有关规定，对公司职工取得的用于购买企业国有股权的劳动分红，应按“工资、薪金所得”项目计征个人所得税。

4. 出租车驾驶员从事客货运营收入

根据《机动出租车驾驶员个人所得税征收管理暂行办法》（国税发〔1995〕50号）第六条的规定，出租汽车经营单位对出租车驾驶员采取单车承包或承租方式运营，出租车驾驶员从事客货运营取得的收入，按“工资、薪金所得”项目征收个人所得税。

5. 以免费旅游方式取得的个人奖励

根据《财政部 国家税务总局关于企业以免费旅游方式提供对营销人员个人奖励有关个人所得税政策的通知》（财税〔2004〕11号）的规定，对商品营销活动中，企业和单位对营销业绩突出人员以培训班、研讨会、工作考察等名义组织旅游活动，通过免收差旅费、旅游费对个人实行的营销业绩奖励（包括实物、有价证券等），应根据所发生费用全额计入营销人员应税所得，依法征收个人所得税，并由提供上述费用的企业和单位代扣代缴。其中，对企业雇员享受的此类奖励，应与当期的工资、薪金合并，按照“工资、薪金所得”项目征收个人所得税；对其他人员享受的此类奖励，应作为当期的劳务收入，按照“劳务报酬所得”项目征收个人所得税。

6. 企业为职工购买的商业保险

根据《国家税务总局关于单位为员工支付有关保险缴纳个人所得税问题的批复》(国税函〔2005〕318号)的规定，企业为员工支付各项免税之外的保险金，应在企业向保险公司缴付(即该保险落到保险人的保险账户)时并入员工当期的工资收入，按“工资、薪金所得”项目计征个人所得税。

7. 股票期权计划中购买价低于市场价的差额

根据《财政部 国家税务总局关于个人股票期权所得征收个人所得税问题的通知》(财税〔2005〕35号)的规定，根据企业股票期权计划，员工行权时，其从企业取得股票的实际购买价(施权价)低于购买日公平市场价(指该股票当日的收盘价)的差额，是因员工在企业的表现和业绩情况而取得的与任职、受雇有关的所得，应按“工资、薪金所得”适用的规定计算缴纳个人所得税。

对因特殊情况，员工在行权日之前将不可公开交易的股票期权转让的，以股票期权的转让净收入，作为“工资、薪金所得”征收个人所得税。需要注意的是，此种情况下不是按“财产转让所得”项目征收个人所得税。

8. 住房补贴与医疗补助费

根据《财政部 国家税务总局关于住房公积金 医疗保险金 养老保险金征收个人所得税问题的通知》(财税字〔1997〕144号)第三条的规定，企业以现金形式发给个人的住房补贴、医疗补助费，应全额计入领取人的当期工资、薪金收入计征个人所得税。但对外籍个人以实报实销形式取得的住房补贴，在2018年12月31日以前仍按照《财政部 国家税务总局关于个人所得税若干政策问题的通知》(财税字〔1994〕20号)的规定，暂免征收个人所得税。

根据《财政部 税务总局关于个人所得税法修改后有关优惠政策衔接问题的通知》(财税〔2018〕164号)第七条和《财政部 税务总局关于延续实施外籍个人津补贴等有关个人所得税优惠政策的公告》(财政部 税务总局公告2021年第43号)的规定，2019年1月1日至2023年12月31日期间，外籍个人符合居民个人条件的，可以选择享受个人所得税专项附加扣除，也可以选择按照规定，享受住房补贴、语言训练费、子女教育费等津补贴免税优惠政策，但不得同时享受。外籍个人一经选择，在一个纳税年度内不得变更。自2024年1月1日起，外籍个人不再享受住房补贴、语言训练费、子女教育费津补贴免税优惠政策，应按规定享受专项附加扣除。

关于住房补贴的个人所得税处理，原某省地税局曾在《关于个人所得税若干政策执行口径的建议》中明确，以现金形式按月发放的住房补贴一律记入当月工资薪金所得计算缴纳个人所得税。1998年12月1日以前参加工作的职工，对符合房改政策、按国家规定的标准(货币化分房)且经过房改办审核批准的一次性住房补贴，暂免征税；对超出标准的住房补贴，记入发放当月工资薪金所得计算缴纳个人所得税。1998年12月1日以后参加工作的职工，由单位逐月按规定标准划缴职工的住房公积金账户的住房补贴，暂免征税；对超出标准的住房补贴，记入发放当月工资薪金所得计算缴纳个人所得税。住房补贴的发放标准以各地方政府规定为准。

9. 民航空地勤人员的伙食费与飞行小时费

根据《财政部 国家税务总局关于民航空地勤人员的伙食费征收个人所得税的通知》(财税

字〔1995〕77号）的规定，民航空地勤人员的伙食费应当按照税法规定，并入工资、薪金所得，计算征收个人所得税。

根据《国家税务总局关于新疆航空公司空勤人员飞行小时费和伙食费收入征收个人所得税的批复》（国税函发〔1995〕554号）的规定，空勤人员的飞行小时费和伙食费收入，应全额计入工资、薪金所得计征个人所得税，不能给予扣除。

（三）不属于工资、薪金性质的津补贴

税法规定，对按照国务院规定发给的政府特殊津贴、院士津贴和国务院规定免纳个人所得税的补贴、津贴，免予征收个人所得税。其他各种补贴、津贴除另有规定外均应计入“工资、薪金所得”项目征税。

根据《征收个人所得税若干问题的规定》（国税发〔1994〕89号文件印发）的规定，下列不属于工资、薪金性质的补贴、津贴或者不属于纳税人本人“工资、薪金所得”项目的收入，不征税：①独生子女补贴；②执行公务员工资制度未纳入基本工资总额的补贴、津贴差额和家属成员的副食品补贴；③托儿补助费；④差旅费津贴，误餐补助。

根据《财政部 国家税务总局关于误餐补助范围确定问题的通知》（财税字〔1995〕82号）的规定，不征税的误餐补助，是指按财政部门规定，个人因公在城区、郊区工作，不能在工作单位或返回就餐，确实需要在外就餐的，根据实际误餐顿数，按规定的标准领取的误餐费。一些单位以误餐补助名义发给职工的补贴、津贴，应当并入当月“工资、薪金所得”计征个人所得税。

原某省地税局《关于个人所得税若干政策执行口径的建议》中关于确定差旅费津贴合理范围的建议为：国家机关和事业单位，按照《中央国家机关和事业单位差旅费管理办法》（财行〔2006〕30号）和省财政厅或地方财政部门的通知为准；企业应建立《差旅费管理办法》，对制定有《差旅费管理办法》，且其中规定的差旅费津贴标准符合企业实际经营需要的，在标准内实际支付出差人员的差旅费津贴允许税前扣除，否则，参照当地行政事业单位差旅费管理办法的标准执行。企业自行制订的差旅费津贴标准，原则上不得超过当地行政事业单位差旅费管理办法的标准的4倍，超过部分，列入工资薪金所得，征收个人所得税。

二、劳务报酬所得

（一）征税范围的一般规定

自2019年1月1日起，根据《个人所得税法实施条例》第六条第一款第（二）项的规定，劳务报酬所得，是指个人从事劳务取得的所得，包括设计、装潢、安装、制图、化验、测试、医疗、法律、会计、咨询、讲学、翻译、审稿、书画、雕刻、影视、录音、录像、演出、表演、广告、展览、技术服务、介绍服务、经纪服务、代办服务以及其他劳务取得的所得。这就删除了2011年《个人所得税法实施条例》规定中的“新闻、广播”项目。

（二）征税范围的具体规定

1.个人的兼职收入

根据《国家税务总局关于个人兼职和退休人员再任职取得收入如何计算征收个人所得税问

题的批复》(国税函〔2005〕382号)的规定，个人兼职取得的收入应按照“劳务报酬所得”项目缴纳个人所得税。

2.关于董事费征税问题

根据《征收个人所得税若干问题的规定》(国税发〔1994〕89号文件印发)第八条的规定，个人由于担任董事职务所取得的董事费收入，属于劳务报酬所得性质，按照劳务报酬所得项目征收个人所得税。根据《国家税务总局关于明确个人所得税若干政策执行问题的通知》(国税发〔2009〕121号)的规定，这里的董事费按劳务报酬所得项目征税方法，仅适用于个人担任公司董事、监事，且不在公司任职、受雇的情形。个人在公司(包括关联公司)任职、受雇，同时兼任董事、监事的，应将董事费、监事费与个人工资收入合并，统一按“工资、薪金所得”项目缴纳个人所得税。

(三) 劳务报酬与工资、薪金的划分

劳务报酬与属于非独立个人劳动取得的工资、薪金是有区别的。根据《征收个人所得税若干问题的规定》(国税发〔1994〕89号文件印发)的规定，工资、薪金所得属于非独立个人劳务活动，即在机关、团体、学校、部队、企事业单位及其他组织中任职、受雇而得到的报酬；劳务报酬所得则是个人独立从事各种技艺，提供各项劳务取得的报酬。两者的主要区别在于，前者存在雇佣与被雇佣关系，后者则不存在这种关系。一般来说，劳务报酬是独立个人从事自由职业取得的所得。

根据《国家税务总局关于影视演职人员个人所得税问题的批复》(国税函〔1997〕385号)的规定，凡与单位存在工资、人事方面关系的人员，其为本单位工作所取得的报酬，属于“工资、薪金所得”应税项目征税范围；而其因某一特定事项临时为外单位工作所取得的报酬，不属于税法中所说的“受雇”，应是“劳务报酬所得”应税项目征税范围。

(四) 个人举办各类学习班取得的收入

根据《国家税务总局关于个人举办各类学习班取得的收入征收个人所得税问题的批复》(国税函〔1996〕658号)的规定，个人经政府有关部门批准并取得执照举办学习班、培训班的，其取得的办班收入属于“个体工商户的生产、经营所得”[1]应税项目，应按个人所得税法规定计征个人所得税。个人无须经政府有关部门批准并取得执照举办学习班、培训班的，其取得的办班收入属于“劳务报酬所得”应税项目，应按税法规定计征个人所得税。其中，办班者每次收入按以下方法确定：一次收取学费的，以一期取得的收入为一次；分次收取学费的，以每月取得的收入为一次。

(五) 非有形商品推销、代理等服务收入

根据《财政部 国家税务总局关于个人提供非有形商品推销、代理等服务活动取得收入征收营业税和个人所得税有关问题的通知》(财税字〔1997〕103号)的规定，非本企业雇员为企业提供非有形商品推销、代理等服务活动取得的佣金、奖励和劳务费等名目的收入，无论该收入

[1] 自2019年1月1日起为“经营所得”。

采用何种计取方法和支付方式，均应计入个人的劳务报酬所得，按照规定计算征收个人所得税。

雇员为本企业提供非有形商品推销、代理等服务活动取得佣金、奖励和劳务费等名目的收入，无论该收入采用何种计取方法和支付方式，均应计入该雇员的当期工资、薪金所得，按照规定计算征收个人所得税。

雇员或非雇员从聘用的企业取得收入的，该企业即为雇员或非雇员应纳税款的扣缴义务人，应按照有关规定按期向主管税务机关申报并代扣代缴上述税款。对雇员或非雇员直接从其服务对象或其他方面取得收入的部分，由其主动向主管税务机关申报缴纳个人所得税。

（六）广告市场个人所得税管理

根据《广告市场个人所得税征收管理暂行办法》（国税发〔1996〕148号文件印发）的规定，凡在广告中提供名义、形象或在广告设计、制作、发布过程中提供劳务并取得所得的个人以及广告主、广告经营者或受托从事广告制作的单位和广告发布者，均应当依照该办法的规定办理个人所得税有关事宜。

这里所称广告主，是指为推销商品或者提供服务，自行或者委托他人设计、制作、发布广告的法人、其他经济组织或者个人；广告经营者，是指受委托提供广告设计、制作、代理服务的法人、其他经济组织或者个人；受托从事广告制作的单位，是指受广告主或广告经营者委托而从事广告设计、制作的法人、其他经济组织或者个人；广告发布者，是指为广告主，或者广告主委托的广告经营者发布广告的法人及其他经济组织。

1. 纳税人与扣缴义务人

在广告设计、制作、发布过程中提供名义、形象及劳务并取得所得的个人为个人所得税的纳税义务人；直接向上述个人支付所得的广告主、广告经营者、受托从事广告制作的单位和广告发布者为个人所得税的扣缴义务人。

2. 应税项目的确定

根据《广告市场个人所得税征收管理暂行办法》的规定，纳税人在广告设计、制作、发布过程中提供名义、形象而取得的所得，应按劳务报酬所得项目计算纳税。纳税人在广告设计、制作、发布过程中提供其他劳务取得的所得，视其情况分别按照税法规定的劳务报酬所得、稿酬所得、特许权使用费所得等应税项目计算纳税。扣缴义务人的本单位人员在广告设计、制作、发布过程中取得的由本单位支付的所得，按"工资、薪金所得"项目计算纳税。

3. 应纳税所得额的确定

纳税人以现金、实物和有价证券以外的其他形式取得所得，税务机关可以根据其所得的形式和价值，核定其应纳税所得额，据以征税。对于不能准确提供或划分个人在广告设计、制作、发布过程中提供名义、形象及劳务而取得的所得的纳税人，主管税务机关可以根据支付总额等实际情况，参照同类广告活动名义、形象及其他劳务提供者的所得标准，核定其应纳税所得额，据以征税。

4. 次的界定

劳务报酬所得以纳税人每参与一项广告的设计、制作、发布所取得的所得为一次；稿酬所得以在图书、报刊上发布一项广告时使用其作品而取得的所得为一次；特许权使用费所得以提供一项特许权在一项广告的设计、制作、发布过程中使用而取得的所得为一次。上述所得，采取分笔支付的，应合并为一次所得计算纳税。

三、稿酬所得

（一）征税范围的一般规定

自2019年1月1日起，根据《个人所得税法实施条例》第六条第一款第（三）项的规定，稿酬所得，是指个人因其作品以图书、报刊等形式出版、发表而取得的所得。这与2011年《个人所得法实施条例》有关稿酬所得的规定相比，增加了一个"等"字。这就意味着，稿酬所得不再限于"以图书、报刊形式出版、发表"了。

（二）征税范围的具体规定

关于报刊、出版等单位的职员在本单位的刊物上发表作品、出版图书取得所得如何征收个人所得税问题，《国家税务总局关于个人所得税若干业务问题的批复》（国税函〔2002〕146号）等文件明确规定：

（1）任职、受雇于报刊等单位的记者、编辑等专业人员，因在本单位的报刊、杂志上发表作品取得的所得，属于因任职、受雇而取得的所得，应与其当月工资收入合并，按"工资、薪金所得"项目征收个人所得税。

除上述专业人员以外，其他人员在本单位的报刊、杂志上发表作品取得的所得，应按"稿酬所得"项目征收个人所得税。

（2）出版社的专业作者撰写、编写或翻译的作品，由本社以图书形式出版而取得的稿费收入，应按"稿酬所得"项目计算缴纳个人所得税。

（3）作者去世后，对取得其遗作稿酬的个人，按"稿酬所得"项目征收个人所得税。

稿酬所得具有特许权使用费、劳务报酬等的性质。在原个人所得税和个人收入调节税税制中，曾把稿酬所得列入特许权使用费所得或投稿、翻译所得。新《个人所得税法》将稿酬所得单列为一个独立征税项目，不仅因为稿酬所得有着不完全等同于特许权使用费所得和一般劳务报酬所得的特点，而且，对稿酬所得单列征税，有利于单独制定征税办法，体现国家的优惠、照顾政策。

（三）稿酬所得中次的确定

自2019年1月1日起，根据《个人所得税法实施条例》第十四条的规定，稿酬所得，属于一次性收入的，以取得该项收入为一次；属于同一项目连续性收入的，以一个月内取得的收入为一次。

根据《征收个人所得税若干问题的规定》（国税发〔1994〕89号文件印发）的规定，个人每次以图书、报刊方式出版、发表同一作品（文字作品，书画作品，摄影作品以及其他作品），无论出版单位是预付还是分笔支付稿酬，或者加印该作品后再付稿酬，均应合并其稿酬所得按一次计征个人所得税。在两处或两处以上出版、发表或再版同一作品而取得稿酬所得，则可分别各处取得的所得或再版所得按分次所得计征个人所得税。个人的同一作品在报刊上连载，应合并其因连载而取得的所有稿酬所得为一次，按税法规定计征个人所得税。在其连载之后又出书取得稿酬所得，或先出书后连载取得稿酬所得，应视同再版稿酬分次计征个人所得税。作者去世后，对取得其遗作稿酬的个人，按稿酬所得征收个人所得税。

这里应注意的是，根据《征收个人所得税若干问题的规定》的规定，作者将自己的文字作品手稿原件或复印件公开拍卖（竞价）取得的所得，不能适用“稿酬所得”项目，而应按“特许权使用费所得”项目征收个人所得税。

四、特许权使用费所得

（一）征税范围的一般规定

特许权使用费所得，是指个人提供专利权、商标权、著作权、非专利技术以及其他特许权的使用权取得的所得；提供著作权的使用权取得的所得，不包括稿酬所得。

（二）征税范围的具体规定

1. 专利权

专利权，即自然人、法人或者其他组织依法对发明、实用新型和外观设计在一定期限内享有的独占实施权。

根据《国家税务总局关于个人取得专利赔偿所得征收个人所得税问题的批复》（国税函〔2000〕257号）精神，专利的所有者，因其专利权被他人使用而取得的经济赔偿收入，应按照“特许权使用费所得”项目缴纳个人所得税。

2. 商标权

商标权，即商标注册人或权利继受人在法定期限内对注册商标依法享有的各种权利。

3. 著作权

著作权，又称版权，是指文学、艺术和科学作品的作者及其相关主体依法对作品所享有的人身权利和财产权利。

（1）剧本使用费收入。

根据《国家税务总局关于剧本使用费征收个人所得税问题的通知》（国税发〔2002〕52号）的规定，自2002年5月1日起，对于剧本作者从电影、电视剧的制作单位取得的剧本使用费，不再区分剧本的使用方是否为其任职单位，统一按“特许权使用费所得”项目计征个人所得税。

（2）文字作品手稿原件或复印件拍卖所得。

根据《征收个人所得税若干问题的规定》的规定，作者将自己的文字作品手稿原件或复印件公开拍卖（竞价）取得的所得，应按“特许权使用费所得”项目征收个人所得税。

根据《国家税务总局关于加强和规范个人取得拍卖收入征收个人所得税有关问题的通知》（国税发〔2007〕38号）的规定，作者将自己的文字作品手稿原件或复印件拍卖取得的所得，应按照“特许权使用费”所得项目缴纳个人所得税。个人拍卖除文字作品原稿及复印件外的其他财产，应以其转让收入额减除财产原值和合理费用后的余额为应纳税所得额，按照“财产转让所得”项目适用20%税率缴纳个人所得税。

（3）提供拍摄的照片取得的所得。

《国家税务总局关于×××提供艺术照片取得的所得征收个人所得税问题的批复》（国税函〔1998〕482号）明确，《青岛年鉴》编辑部编辑×××因北京谊友公关广告公司青岛分公司使用其拍摄的艺术照片制作广告宣传路牌而取得的所得，应按照“特许权使用费所得”项目计算缴纳个人所得税。

4. 非专利技术

非专利技术，即专利技术以外的专用技术。这类技术大多尚处于保密状态，仅为特定人知晓。

根据《国家税务总局关于企业员工向本企业提供非专利技术取得收入征收个人所得税问题的批复》（国税函〔2004〕952号）的规定，个人在其工资福利待遇与其工作大致相当及与企业其他员工相比没有异常的情况下，由于向本企业提供所需相关技术而取得本企业支付的按不超过一定比例的（如20%）全部可分配利润的这部分收入，与其任职、受雇无关，而与其提供有关技术直接相关，属于非专利技术所得，应按“特许权使用费所得”项目缴纳个人所得税。

【例2-1·多选】下列收入中，应按照特许权使用费所得缴纳个人所得税的有（ ）。

A. 个人取得特许权经济赔偿收入

B. 某作家自己的文字作品手稿复印件公开拍卖取得的收入

C. 某电视剧编剧2022年从任职的电视剧制作中心获得的剧本使用费收入

D. 出版社专业作者翻译作品后，由本社以图书形式出版而取得的收入

【答案】ABC

【解析】选项A：根据国税函〔2000〕257号文件精神，专利的所有者，因其专利权被他人使用而取得的经济赔偿收入，应按照“特许权使用费所得”项目缴纳个人所得税，税款由支付赔款的单位代扣代缴。因而，选项A正确。

选项B：提供著作权的使用权取得的所得不包括稿酬所得，作者将自己的文字作品手稿原件或复印件公开拍卖（竞价）取得的所得，属于提供著作权的使用权所得，应按“特许权使用费所得”项目征收个人所得税。

选项C：从2002年5月1日起，编剧从电视剧的制作单位取得的剧本使用费，不再区分剧本的使用方是否为其任职单位，统一按特许权使用费所得项目计征个人所得税。

选项D：出版社专业作者翻译作品后，由本社以图书形式出版而取得的收入按照“稿酬所得”缴纳个人所得税。

第二节 减除费用

居民个人的综合所得，以每一纳税年度的收入额减除费用60 000元以及专项扣除、专项附加扣除和依法确定的其他扣除后的余额，为应纳税所得额。其中，专项扣除是指居民个人按照国家规定的范围和标准缴纳的基本养老保险、基本医疗保险、失业保险等社会保险费和住房公积金等。

一、综合所得的扣除项目

根据《个人所得税法》第六条的规定，居民个人的综合所得，以每一纳税年度的收入额减除费用60 000元以及专项扣除、专项附加扣除和依法确定的其他扣除后的余额，为应纳税所得额。非居民个人的工资、薪金所得，以每月收入额减除费用5 000元后的余额为应纳税所得额；劳务报酬所得、稿酬所得、特许权使用费所得，以每次收入额为应纳税所得额。劳务报酬所得、稿酬所得、特许权使用费所得以收入减除20%的费用后的余额为收入额。稿酬所得的收入额减按70%计算。

因而，计算居民个人综合所得应纳税所得额的扣除项目包括：基本减除费用、专项扣除、专项附加扣除和依法确定的其他扣除。基本减除费用，是最为基础的一项生计扣除，全员适用，考虑个人基本生活支出情况，设置定额的扣除标准。专项扣除，是对允许扣除的个人交纳的“三险一金”进行归纳后，新创造的一个概念。专项附加扣除，是在基本减除费用的基础上，以国家税收和个人共同分担的方式，适度缓解个人在教育、医疗、住房等方面的支出压力。在综合与分类税制施行初期，专项附加扣除项目包括子女教育、继续教育、大病医疗、住房贷款利息或者住房租金、赡养老人和3岁以下婴幼儿照护等七项。依法确定的其他扣除，指综合所得中除基本减除费用、专项扣除、专项附加扣除之外的扣除项目，包括符合条件的企业年金、职业年金，商业健康保险、税收递延型商业养老保险的个人缴费部分，以及国务院规定可以扣除的其他项目。

综合所得的费用扣除，如图2–3所示。

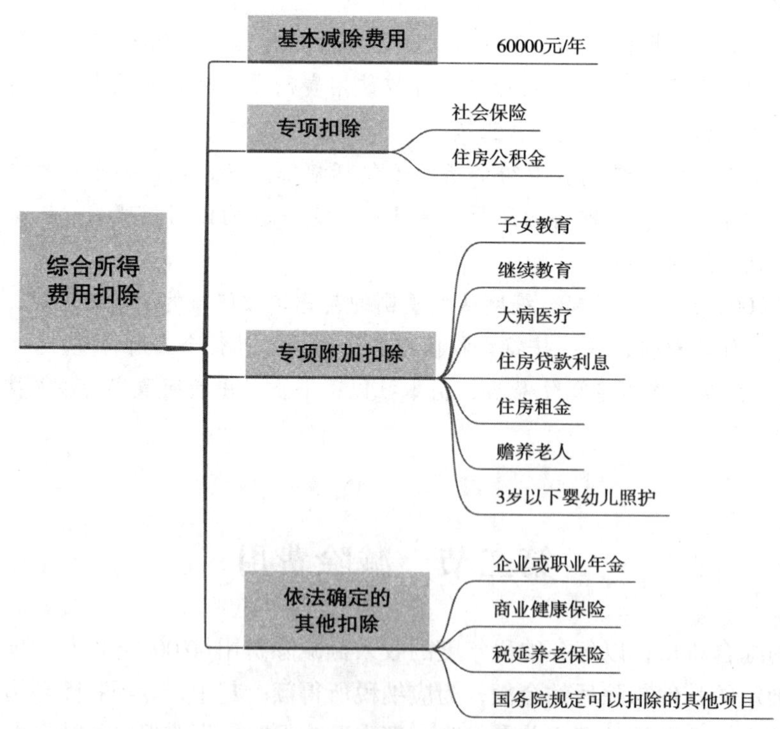

图2–3　综合所得的费用扣除

二、基本减除费用

1.基本减除费用标准

基本减除费用，是指纳税人为维持基本生计而发生的、允许在税前扣除的固定额度。基本减除费用和个人收入无关，一般是按照全社会平均消费支出情况计算确定的，总体上反映了全国各地区经济发展和居民收入平均水平。

根据《个人所得税法》的规定，居民个人取得综合所得，以每一纳税年度的收入额减除费用60 000元、专项扣除、专项附加扣除和依法确定的其他扣除后的余额，为应纳税所得额。非居民个人取得工资、薪金所得，以每月收入额减除费用5 000元后的余额为应纳税所得额。

基本减除费用标准的历次调整情况如表2–1所示。

表2–1 基本减除费用标准调整情况

项目	2006 年以前	2006.1.1—2008.2.29	2008.3.1—2011.8.31	2011.9.1—2018.9.30	自 2018.10.1 起
基本减除费用	800 元 / 月	1 600 元 / 月	2 000 元 / 月	3 500 元 / 月	60 000 元 / 年（5 000 元 / 月）
附加减除费用	3 200 元 / 月	3 200 元 / 月	2 800 元 / 月	1 300 元 / 月	取消
小计	4 000 元 / 月	4 800 元 / 月	4 800 元 / 月	4 800 元 / 月	60 000 元 / 年（5 000 元 / 月）

国际上确定基本减除费用标准，主要考虑两方面因素：一是基本生活支出变动情况；二是消费者物价指数（CPI）变动情况。例如，美国根据通货膨胀率进行指数化调整；英国从1982年起，按上一年度的消费物价指数，自动调整主要免税项目的数额和税率级距；加拿大实行在通货膨胀率高于3%时，按高于3%的标准调整个人基本抵免额和税率级距。根据各国做法以及我国实际情况，基本减除费用标准设置主要考虑纳税人负担的社会平均消费支出水平、城镇居民收入水平、居民消费支出增长和物价变化等因素。

2018年个人所得税税制改革，将基本减除费用从原来的3 500元/月提高至5 000元/月（60 000元/年），主要考虑有：

一是基本减除费用是纳税人的一项生计支出扣除。将综合所得基本减除费用标准确定为每人每月5 000元、全年60 000元，充分考虑了居民基本生活消费支出情况。据统计，2017年我国城镇居民人均消费支出为2 037元/月，按国家统计局公布的平均每一就业者负担1.9人的负担系数计算，城镇就业者人均负担的消费性支出约为3 900元/月。考虑城镇居民消费支出的增长因素，按照7%的平均增长率测算，2018年城镇就业者人均负担的月消费支出为4 200元/月。2018年改革将减除费用标准提高到5 000元/月（60 000元/年），为今后几年居民消费性支出的增长预留了一定空间。

二是从世界各国费用减除标准占人均GDP的比重看，5 000元比较高。按原每月3 500元的基本减除费用标准计算，年基本扣除额占人均GDP比重为78.2%，按5 000元标准计算，这一比重已提高至109.69%。从各国年基本减除费用额所占人均GDP比重看，很多国家都低于50%，如美国是10.97%、日本是8.59%，我国基本减除费用额占比在国际上处于较高水平。

三是除提高综合所得基本减除费用标准外还增加专项附加扣除。税制改革后，按照个人享受“三险一金”专项扣除、1～2项专项附加扣除估算，年收入10万元以下的个人无须缴税，年收入10万元已经高于当前城镇就业人员社会平均工资，因此，5 000元的标准总体上能够满足人民群众对税制改革的期望。

综上所述，将基本减除费用标准确定为5 000元/月（60 000元/年）较为合理。

制定全国统一的基本减除费用标准的主要考虑有：一是我国是一个法制统一的国家，税收法制是国家法制的重要组成部分，应该实施全国统一的税收政策。二是基本减除费用标准是参照城镇居民社会平均消费支出情况确定的，兼顾了富裕地区和欠发达地区，总体上反映了全国各类地区经济发展状况和居民收支水平。就部分富裕地区而言，可能生活成本较高，但居民收入水平也较高，负担能力强，而且机会多，享受到的各种公共服务也多，实行统一的基本减除费用标准，有利于体现税收量能负担原则。三是市场经济条件下人口流动率非常高，如果不实行统一的标准，可能会造成人员非正常流动，甚至出现人员在其他地区工作而在特殊优惠区域领取工薪收入等情况，给正常的税收征管秩序带来冲击和挑战。四是从国际上看，大部分国家个人所得税采用全国统一的基本减除费用标准，不实行差别化政策。

2. 费用扣除标准与起征点及免征额

对综合所得涉及的个人生计费用，采取定额扣除的办法。自2018年10月1日起，工资、薪金所得的基本减除费用标准提高到5 000元/月。自2019年1月1日起，居民个人综合所得的基本减除费用标准为60 000元/年。

基本减除费用标准也称“免征额”，与“起征点”不同。起征点，是指税法规定的对课税对象开始征税的最低界限。当课税对象数额低于起征点时，无须纳税；当课税对象数额高于起征点时，就要对课税对象的全部收入征税。基本减除费用标准是对个人收入征税时允许扣除的费用限额。当个人收入低于减除费用标准时，无须纳税；当个人收入高于基本减除费用标准时，则对减去基本减除费用标准后的个人所得征税。所以，“基本减除费用标准”与“起征点”并不是同一个概念。

3. 基本减除费用标准的动态调整

从国际上看，英国、美国、加拿大、卢森堡、西班牙、瑞士、荷兰等国家每年都会根据物价变动对基本减除费用进行调整。2005年以来，我国根据城镇居民基本生活消费支出变化情况，已经4次调整基本减除费用标准，但略显滞后，有必要建立动态调整机制。

对基本减除费用标准实施动态调整社会关注度高。实行动态调整机制可以有效回应群众关切，体现量能负担原则，稳定社会预期。对基本减除费用标准实施动态调整可以及时对个人收入进行调节，及时适应经济社会发展形势。对基本减除费用标准实施动态调整的机制建立后，可以避免频繁修法。

4. 劳务报酬、稿酬与特许权使用费所得的费用扣除

根据《个人所得税法》第六条的规定，对劳务报酬所得、稿酬所得、特许权使用费所得以收入减除20%的费用后的余额为收入额，其中稿酬所得的收入额减按70%计算。此项规定平移

了原个人所得税费用扣除和稿酬所得的税收优惠。对工资、薪金所得以外的综合所得，在减除必要的费用后计算收入额，以体现量能课税，以净所得征税的原则。

5.预扣预缴的费用扣除

除另有规定以外，预扣预缴居民个人工资、薪金所得个人所得税时，以费用5 000元乘以在本单位的任职受雇月份后的金额扣除。

不过，根据《国家税务总局关于进一步简便优化部分纳税人个人所得税预扣预缴方法的公告》（国家税务总局公告2020年第19号，自2021年1月1日起施行）第一条的规定，对上一完整纳税年度内每月均在同一单位预扣预缴工资、薪金所得个人所得税且全年工资、薪金收入不超过6万元的居民个人，扣缴义务人在预扣预缴本年度工资、薪金所得个人所得税时，累计减除费用自1月份起直接按照全年6万元计算扣除。

此外，根据《国家税务总局关于完善调整部分纳税人个人所得税预扣预缴方法的公告》（国家税务总局公告2020年第13号，自2020年7月1日起施行）的规定，对一个纳税年度内首次取得工资、薪金所得的居民个人，扣缴义务人在预扣预缴个人所得税时，可按照5 000元/月乘以纳税人当年截至本月月份数计算累计减除费用。

三、专项扣除

（一）专项扣除项目

根据《个人所得税法》第六条的规定，专项扣除包括居民个人按照国家规定的范围和标准缴纳的基本养老保险、基本医疗保险、失业保险等社会保险费和住房公积金等。

（二）社会保险费

1.社会保险费的税前扣除

根据《财政部 国家税务总局关于基本养老保险费 基本医疗保险费 失业保险费 住房公积金有关个人所得税政策的通知》（财税〔2006〕10号）第一条的规定，企事业单位按照国家或省（自治区、直辖市）人民政府规定的缴费比例或办法实际缴付的基本养老保险费、基本医疗保险费和失业保险费，免征个人所得税；个人按照国家或省（自治区、直辖市）人民政府规定的缴费比例或办法实际缴付的基本养老保险费、基本医疗保险费和失业保险费，允许在个人应纳税所得额中扣除。

企事业单位超过规定的比例和标准为职工缴付的基本养老保险费、基本医疗保险费和失业保险费，应将超过部分并入个人当期的工资、薪金收入，计征个人所得税。个人超过规定的比例和标准缴付的基本养老保险费、基本医疗保险费和失业保险费，不得在税前扣除。

2.个人领取社会保险费免税

根据财税〔2006〕10号文件第三条的规定，个人实际领（支）取原提存的基本养老保险金、基本医疗保险金、失业保险金和住房公积金时，免征个人所得税。

基本养老保险、基本医疗保险、失业保险的个人所得税处理，如表2–2所示。

表2-2 社会保险的个人所得税处理

项目	原则	财税〔2006〕10号文件规定
基本养老保险、基本医疗保险和失业保险	按规定标准实际缴付时免税或允许税前扣除	企事业单位按照国家或省（自治区、直辖市）人民政府规定的缴费比例或办法实际缴付的基本养老保险费、基本医疗保险费和失业保险费，免征个人所得税。
		个人按照国家或省（自治区、直辖市）人民政府规定的缴费比例或办法实际缴付的基本养老保险费、基本医疗保险费和失业保险费，允许在个人所得税应纳税所得额中扣除。
	单位超规定标准缴付部分应纳税	企事业单位和个人超过规定的比例和标准缴付的基本养老保险费、基本医疗保险费和失业保险费，应将超过部分并入个人当期的工资、薪金收入，计征个人所得税。
	个人超规定标准缴付部分不得扣除	个人超过规定的比例和标准缴付的基本养老保险费、基本医疗保险费和失业保险费，不得在税前扣除。
	领（支）取提存的养老保险时免税	个人实际领（支）取原提存的基本养老保险金、基本医疗保险金、失业保险金时，免征个人所得税。

（三）住房公积金

1.住房公积金的税前扣除

财税〔2006〕10号文件第二条明确，单位和个人分别在不超过职工本人上一年度月平均工资12%的幅度内，其实际缴存的住房公积金，允许在个人应纳税所得额中扣除。单位和职工个人缴存住房公积金的月平均工资不得超过职工工作地所在设区城市上一年度职工月平均工资的3倍，具体标准按照各地有关规定执行。

单位和个人超过上述规定比例和标准缴付的住房公积金，应将超过部分并入个人当期的工资、薪金收入，计征个人所得税。

上述职工工资口径按照国家统计局规定列入工资总额统计的项目计算。

2.个人领取原提存的住房公积金免税

根据财税〔2006〕10号文件第三条的规定，个人实际领（支）取原提存住房公积金时，免征个人所得税。

四、专项附加扣除

为积极回应社会各界对子女教育、大病医疗等支出纳入个人所得税税前扣除的呼声，2018年《个人所得税法》首次增加专项附加扣除，即子女教育、继续教育、大病医疗、住房贷款利息或者住房租金、赡养老人和3岁以下婴幼儿照护等七项专项附加扣除。

（一）专项附加扣除概述

1.专项附加扣除项目

根据《个人所得税法》第六条的规定，国务院出台了《个人所得税专项附加扣除暂行办法》

（国发〔2018〕41号文件印发，自2019年1月1日起施行）和《国务院关于设立3岁以下婴幼儿照护个人所得税专项附加扣除的通知》（国发〔2022〕8号，自2022年1月1日起实施）。根据教育、医疗、住房、养老等民生支出变化情况，国务院将适时调整专项附加扣除范围和标准。

为切实将专项附加扣除政策精准落地，让纳税人能够清楚自己如何享受专项附加扣除，具体享受扣除的起始时间、标准和办理途径等，国家税务总局出台了《关于修订发布〈个人所得税专项附加扣除操作办法（试行）〉的公告》（国家税务总局公告2022年第7号），纳税人享受子女教育、继续教育、大病医疗、住房贷款利息或者住房租金、赡养老人和3岁以下婴幼儿照护专项附加扣除的，依照该办法规定办理。

在提高居民个人综合所得基本减除费用标准，明确基本养老保险、基本医疗保险、失业保险、住房公积金等专项扣除项目以及依法确定的其他扣除项目继续执行的同时，《个人所得税法》增加了子女教育、继续教育等与人民群众生活密切相关的专项附加扣除项目。专项附加扣除考虑了个人负担的差异性，更符合个人所得税基本原理，有利于税制公平。

根据税法规定，专项附加扣除，包括子女教育、继续教育、大病医疗、住房贷款利息或者住房租金、赡养老人、3岁以下婴幼儿照护等支出，具体范围、标准和实施步骤由国务院确定，并报全国人民代表大会常务委员会备案。

2.可扣除专项附加扣除的所得项目

根据《个人所得税法》第六条第一款第（一）项的规定，居民个人的综合所得，以每一纳税年度的收入额减除费用6万元以及专项扣除、专项附加扣除和依法确定的其他扣除后的余额，为应纳税所得额。

根据《个人所得税法实施条例》第十五条第二款的规定，取得经营所得的个人，没有综合所得的，计算其每一纳税年度的应纳税所得额时，应当减除费用6万元、专项扣除、专项附加扣除以及依法确定的其他扣除。专项附加扣除在办理汇算清缴时减除。

由此可见，计算居民个人综合所得应纳税所得额时可以扣除专项附加扣除。取得经营所得的个人，没有综合所得的，计算其每一纳税年度的应纳税所得额时，也可以扣除专项附加扣除项目。

关于一个纳税年度内既有综合所有又有经营所得的个人费用扣除问题，《国家税务总局关于办理2021年度个人所得税综合所得汇算清缴事项的公告》（国家税务总局公告2022年第1号）第四条规定，同时取得综合所得和经营所得的纳税人，可在综合所得或经营所得中申报减除费用6万元、专项扣除、专项附加扣除以及依法确定的其他扣除，但不得重复申报减除。

根据《财政部 税务总局关于个人所得税法修改后有关优惠政策衔接问题的通知》（财税〔2018〕164号）第七条和《财政部 税务总局关于延续实施外籍个人津补贴等有关个人所得税优惠政策的公告》（财政部 税务总局公告2021年第43号）的规定，2019年1月1日至2023年12月31日，外籍个人符合居民个人条件的，可以选择享受个人所得税专项附加扣除，也可以选择按照规定，享受住房补贴、语言训练费、子女教育费等津补贴免税优惠政策，但不得同时享受。外籍个人一经选择，在一个纳税年度内不得变更。除另有规定外，自2024年1月1日起，外籍个人不再享受住房补贴、语言训练费、子女教育费津补贴免税优惠政策，应按规定享受专项附加扣除。

3.办理扣除的时间

（1）办理扣除时间的一般规定。

①预缴享受扣除的办理。根据《个人所得税法》第十一条第二款的规定，居民个人向扣缴

义务人提供专项附加扣除信息的，扣缴义务人按月预扣预缴税款时应当按照规定予以扣除，不得拒绝。

享受子女教育、继续教育、住房贷款利息或者住房租金、赡养老人、3岁以下婴幼儿照护专项附加扣除的纳税人，自符合条件开始，可以向支付工资、薪金所得的扣缴义务人提供上述专项附加扣除有关信息，由扣缴义务人在预扣预缴税款时，按其在本单位本年可享受的累计扣除额办理扣除；也可以在次年3月1日至6月30日内，向汇缴地主管税务机关办理汇算清缴申报时扣除。纳税人同时从两处以上取得工资、薪金所得，并由扣缴义务人办理上述专项附加扣除的，对同一专项附加扣除项目，一个纳税年度内，纳税人只能选择从其中一处扣除。享受大病医疗专项附加扣除的纳税人，由其在次年3月1日至6月30日内，自行向汇缴地主管税务机关办理汇算清缴申报时扣除。

纳税人向扣缴义务人提供专项附加扣除信息的，扣缴义务人应当按照规定予以扣除，不得拒绝。扣缴义务人应当为纳税人报送的专项附加扣除信息保密。扣缴义务人应当及时按照纳税人提供的信息计算办理扣缴申报，不得擅自更改纳税人提供的相关信息。扣缴义务人发现纳税人提供的信息与实际情况不符，可以要求纳税人修改。纳税人拒绝修改的，扣缴义务人应当向主管税务机关报告，税务机关应当及时处理。除纳税人另有要求外，扣缴义务人应当于年度终了后2个月内，向纳税人提供已办理的专项附加扣除项目及金额等信息。

②汇缴享受扣除的办理。纳税人选择在汇算清缴申报时享受专项附加扣除的，应当填写并向汇缴地主管税务机关报送《专项附加扣除信息表》。纳税人将需要享受的专项附加扣除项目信息填报至《专项附加扣除信息表》相应栏次。填报要素完整的，扣缴义务人或者主管税务机关应当受理；填报要素不完整的，扣缴义务人或者主管税务机关应当及时告知纳税人补正或重新填报。纳税人未补正或重新填报的，暂不办理相关专项附加扣除，待纳税人补正或重新填报后再行办理。

（2）年度中间更换工作单位的扣除。扣缴义务人办理工资、薪金所得预扣预缴税款时，应当根据纳税人报送的《个人所得税专项附加扣除信息表》为纳税人办理专项附加扣除。

纳税人年度中间更换工作单位的，在原单位任职、受雇期间已享受的专项附加扣除金额，不得在新任职、受雇单位扣除。原扣缴义务人应当自纳税人离职不再发放工资、薪金所得的当月起，停止为其办理专项附加扣除。

（3）没有工资、薪金所得的扣除。纳税人未取得工资、薪金所得，仅取得劳务报酬所得、稿酬所得、特许权使用费所得需要享受专项附加扣除的，应当在次年3月1日至6月30日内，自行向汇缴地主管税务机关报送《专项附加扣除信息表》，并在办理汇算清缴申报时扣除。

（4）年度内未享受或未足额享受的处理。一个纳税年度内，纳税人在扣缴义务人预扣预缴税款环节未享受或未足额享受专项附加扣除的，可以在当年内向支付工资、薪金的扣缴义务人申请在剩余月份发放工资、薪金时补充扣除，也可以在次年3月1日至6月30日内，向汇缴地主管税务机关办理汇算清缴时申报扣除。

（5）当年扣不完的不能结转以后年度扣除。根据《个人所得税专项附加扣除暂行办法》第三十条的规定，个人所得税专项附加扣除额一个纳税年度扣除不完的，不能结转以后年度扣除。

（6）经营所得中扣除专项附加扣除办法。根据《个人所得税法实施条例》第十五条第二款的规定，取得经营所得的个人，没有综合所得的，计算其每一纳税年度的应纳税所得额时，应当减除费用6万元、专项扣除、专项附加扣除以及依法确定的其他扣除。专项附加扣除在办理汇算清缴时减除。

根据国家税务总局公告2022年第1号第四条的规定，同时取得综合所得和经营所得的纳税人，可在综合所得或经营所得中申报减除费用6万元、专项扣除、专项附加扣除以及依法确定的其他扣除，但不得重复申报减除。

也就是说，个人经营所得预缴申报时不得扣除专项附加扣除，只能在汇算清缴申报时，按规定扣除。

4. 专项附加扣除信息报送

根据《个人所得税专项附加扣除暂行办法》第二十五条的规定，纳税人首次享受专项附加扣除，应当将专项附加扣除相关信息提交扣缴义务人或者税务机关，扣缴义务人应当及时将相关信息报送税务机关，纳税人对所提交信息的真实性、准确性、完整性负责。专项附加扣除信息发生变化的，纳税人应当及时向扣缴义务人或者税务机关提供相关信息。

专项附加扣除相关信息，包括纳税人本人、配偶、子女、被赡养人等个人身份信息，以及国务院税务主管部门规定的其他与专项附加扣除相关的信息。

（1）信息变化与更换工作单位后的信息报送。纳税人选择在扣缴义务人发放工资、薪金所得时享受专项附加扣除的，首次享受时应当填写并向扣缴义务人报送《专项附加扣除信息表》；纳税年度中间相关信息发生变化的，纳税人应当更新《专项附加扣除信息表》相应栏次，并及时报送给扣缴义务人。

更换工作单位的纳税人，需要由新任职、受雇扣缴义务人办理专项附加扣除的，应当在入职的当月，填写并向扣缴义务人报送《专项附加扣除信息表》。

（2）次年继续扣除的信息确认。纳税人次年需要由扣缴义务人继续办理专项附加扣除的，应当于每年12月份对次年享受专项附加扣除的内容进行确认，并报送至扣缴义务人。

扣缴义务人应当将纳税人报送的专项附加扣除信息，在次月办理扣缴申报时一并报送至主管税务机关。

根据国家税务总局官方“个人所得税”客户端发布的“专项附加扣除政策继续享受七提醒”有关精神，为减轻纳税人负担，税务机关进一步简化操作流程，如果纳税人不进行修改，已填报的扣除信息将自动视同有效并延长至2020年。同样，2020年度的已填报的扣除信息，如果纳税人不进行修改，将自动视同有效并延长至2021年。以后年度也应如此类推。

（3）扣除资料留存期限。根据《个人所得税专项附加扣除暂行办法》第二十五条第三款的规定，纳税人需要留存备查的相关资料应当留存5年。

纳税人应当将《专项附加扣除信息表》及相关留存备查资料，自法定汇算清缴期结束后保存5年。纳税人报送给扣缴义务人的《专项附加扣除信息表》，扣缴义务人应当自预扣预缴年度的次年起留存5年。

（4）信息报送方式。纳税人可以通过远程办税端、电子或者纸质报表等方式，向扣缴义务人或者主管税务机关报送个人专项附加扣除信息。

纳税人选择纳税年度内由扣缴义务人办理专项附加扣除的，按下列规定办理：

①纳税人通过远程办税端选择扣缴义务人并报送专项附加扣除信息的，扣缴义务人根据接收的扣除信息办理扣除。

②纳税人通过填写电子或者纸质《专项附加扣除信息表》直接报送扣缴义务人的，扣缴义务人将相关信息导入或者录入扣缴端软件，并在次月办理扣缴申报时提交给主管税务机关。《专

项附加扣除信息表》应当一式两份，纳税人和扣缴义务人签字（章）后分别留存备查。

纳税人选择年度终了后办理汇算清缴申报时享受专项附加扣除的，既可以通过远程办税端报送专项附加扣除信息，也可以将电子或者纸质《专项附加扣除信息表》（一式两份）报送给汇缴地主管税务机关。报送电子《专项附加扣除信息表》的，主管税务机关受理打印，交由纳税人签字后，一份由纳税人留存备查，一份由税务机关留存；报送纸质《专项附加扣除信息表》的，纳税人签字确认、主管税务机关受理签章后，一份退还纳税人留存备查，一份由税务机关留存。

（5）暂停享受扣除与追补扣除的情形。根据《财政部 税务总局关于个人所得税综合所得汇算清缴涉及有关政策问题的公告》（财政部 税务总局公告2019年第94号）第三条的规定，居民个人填报专项附加扣除信息存在明显错误，经税务机关通知，居民个人拒不更正或者不说明情况的，税务机关可暂停纳税人享受专项附加扣除。居民个人按规定更正相关信息或者说明情况后，经税务机关确认，居民个人可继续享受专项附加扣除，以前月份未享受扣除的，可按规定追补扣除。

（6）后续核查与管理。税务机关定期对纳税人提供的专项附加扣除信息开展抽查。

税务机关核查时，纳税人无法提供留存备查资料，或者留存备查资料不能支持相关情况的，税务机关可以要求纳税人提供其他佐证；不能提供其他佐证材料，或者佐证材料仍不足以支持的，不得享受相关专项附加扣除。

税务机关核查专项附加扣除情况时，可以提请有关单位和个人协助核查，相关单位和个人应当协助。

纳税人有下列情形之一的，主管税务机关应当责令其改正；情节严重的，应当纳入有关信用信息系统，并按照国家有关规定实施联合惩戒；涉及违反税收征管法等法律法规的，税务机关依法进行处理：①报送虚假专项附加扣除信息；②重复享受专项附加扣除；③超范围或标准享受专项附加扣除；④拒不提供留存备查资料；⑤税务总局规定的其他情形。纳税人在任职、受雇单位报送虚假扣除信息的，税务机关责令改正的同时，通知扣缴义务人。

（二）子女教育

子女教育是大多数家庭最基本、最重要的支出项目。从国际上看，大部分国家都有子女教育相关扣除政策。例如，美国对符合条件的学费和相关教育支出允许扣除；法国对纳税人子女接受中学或大学教育，每个子女可以享受61～183欧元的抵免额，7岁以下子女日托费的50%可获得抵免，最高额为1 150欧元；德国对第一职业技术教育或第一学业学费（包括学校或大学的学费、书本费以及在家或宿舍设置工作室的费用）每年最高可扣除6 000欧元，夫妻双方都可以按此标准扣除；巴西对纳税人及其受抚养人发生的符合条件的教育费用可在税前扣除（2015年起，标准为不超过3 561.5雷亚尔）。

在我国，为体现教育公平和适当扶持原则，2018年《个人所得税法》增加了子女教育专项附加扣除项目。

1. 子女教育专项附加扣除政策

根据《个人所得税专项附加扣除暂行办法》第五条的规定，纳税人的子女接受全日制学历教育的相关支出，按照每个子女每月1 000元的标准定额扣除。

学历教育包括义务教育（小学、初中教育）、高中阶段教育（普通高中、中等职业、技工教育)、高等教育(大学专科、大学本科、硕士研究生、博士研究生教育)。年满3岁至小学入学前处于学前教育阶段的子女,按上述规定执行。

3岁之前属于抚育阶段,没有纳入子女教育专项附加扣除的范畴,但可以按规定享受3岁以下婴幼儿照护专项附加扣除。

父母可以选择由其中一方按扣除标准的100%扣除,也可以选择由双方分别按扣除标准的50%扣除,具体扣除方式在一个纳税年度内不能变更。父母,是指生父母、继父母、养父母。子女,是指婚生子女、非婚生子女、继子女、养子女。父母之外的其他人担任未成年人的监护人的,比照执行。

因而,子女教育支出可扣除金额等于每一子女可扣除金额合计。

每一子女可扣除金额=纳税年度内符合条件的扣除月份数 ×1 000元 × 扣除比例

纳税年度内符合条件的扣除月份数包括子女年满3周岁当月起至受教育前一月、实际受教育月份以及寒暑假休假月份等。扣除比例由夫妻双方协商确定,每一子女可以在本人或配偶处按照100%扣除,也可由双方分别按照50%扣除。

2. 扣除时间

纳税人享受符合规定的子女教育专项附加扣除的计算时间按如下规定执行:学前教育阶段,为子女年满3周岁当月至小学入学前一月,学历教育,为子女接受全日制学历教育入学的当月至全日制学历教育结束的当月。

学历教育期间,包含因病或其他非主观原因休学但学籍继续保留的休学期间,以及施教机构按规定组织实施的寒暑假等假期。

3. 扣除信息的填报与留存备查资料

纳税人享受子女教育专项附加扣除,应当填报配偶及子女的姓名、身份证件类型及号码、子女当前受教育阶段及起止时间、子女就读学校以及本人与配偶之间扣除分配比例等信息。

纳税人子女在中国境外接受教育的,纳税人应当留存境外学校录取通知书、留学签证等相关教育的证明资料备查。纳税人子女在境内接受教育的,享受子女教育专项扣除无须留存任何资料。

子女教育专项附加扣除的标准、范围、方式和时间,如表2-3所示。

表2-3 子女教育专项附加扣除

项目	具体规定	
标准	按照每个子女每月 1 000 元的标准定额扣除	
范围	学前教育	年满 3 岁至小学入学前
	学历教育	义务教育(小学和初中教育)
		高中阶段教育(普通高中、中等职业、技工教育)
		高等教育(大学专科、大学本科、硕士研究生、博士研究生教育)
方式	父母可以由其中一方按扣除标准的 100% 扣除	
	也可以由受教育子女的父母分别按扣除标准的 50% 扣除	
	具体扣除方式在一个纳税年度内不能变更	
时间	学前教育阶段,为子女年满 3 周岁当月至小学入学前一月。 学历教育,为子女接受全日制学历教育入学的当月至全日制学历教育结束的当月	

4.疑难问题解析

（1）子女教育专项附加扣除中的子女的范围包括哪些？

答：子女包括婚生子女、非婚生子女、养子女、继子女，也包括未成年但受到本人监护的非子女。

（2）子女教育专项附加扣除在父母之间如何分配？

答：父母可以选择由其中一方按扣除标准的100%扣除，即一人每月1 000元扣除，也可以选择由双方分别按扣除标准的50%扣除，即一人每月500元扣除。只有这两种分配方式，纳税人可以根据情况自行选择。

（3）在民办学校接受教育可以享受子女教育扣除吗？在境外学校接受教育可以享受扣除吗？

答：可以。无论子女在公办学校还是民办学校接受教育，纳税人都可以享受扣除。无论子女在境内学校还是境外学校接受教育，纳税人都可以享受扣除。

（4）硕士与博士研究生教育属于子女教育还是继续教育，由谁扣除？

答：这要根据具体情况进行判定。一种情况是纳税人的子女接受全日制学历教育（由小学一直到博士研究生阶段）的支出，纳税人可以按照每个子女每月1 000元的标准定额扣除；第二种情况是纳税人自己接受硕士研究生及以上的继续教育，在受教育期间，由本人按照每月400元的标准定额扣除，但同一学历（学位）继续教育的扣除期限不能超过48个月。

（5）有多子女的父母，可以对不同的子女选择不同的扣除方式吗？

答：可以。有多子女的父母，可以对不同的子女选择不同的扣除方式，即对子女甲可以选择由一方按照每月1 000元的标准扣除，对子女乙可以选择由双方分别按照每月500元的标准扣除。

（6）对于存在离异重组等情况的家庭子女而言，该如何享受政策？

答：具体扣除方法由父母双方协商决定，一个孩子扣除总额不能超过1 000元/月，扣除人不能超过2个。

（7）不是孩子的亲生父母，但是承担了抚养和教育义务，可以享受子女教育扣除吗？

答：一般情况下，父母负有抚养和教育未成年子女的义务，可依法享受子女教育专项附加扣除；对情况特殊、未由父母抚养和教育的未成年子女，相应的义务会转移到其法定监护人身上。因此，只要是孩子的法定监护人，对其负有抚养和教育的义务，就可以依法申报享受子女教育扣除。

（8）本科毕业之后，准备考研究生的期间，父母是否可以享受子女教育扣除？

答：不可以，该生已经本科毕业，未实际参与全日制学历教育，尚未取得研究生学籍，不符合《个人所得税专项附加扣除暂行办法》相关规定。研究生考试通过入学后，可以享受高等教育阶段子女教育扣除。

（9）子女6月高中毕业，9月上大学，7—8月能不能享受子女教育扣除？

答：可以扣除。对于连续性的学历（学位）教育，升学衔接期间属于子女教育期间，可以申报享受子女教育专项附加扣除。

（10）大学期间参军，学校保留学籍，是否可以享受子女教育扣除？

答：服兵役是公民的义务，大学期间参军是积极响应国家的号召，休学保留学籍期间，属于高等教育阶段，可以申报享受子女教育专项附加扣除。

（11）“跨校联合培养”需要到国外读书几年，可否享受子女教育专项附加扣除？

答：一般情况下，参加跨校联合培养的学生，原学校保留学生学籍，父母可以享受子女教育专项附加扣除。

（三）继续教育

继续教育是国家终身教育体系的重要组成部分，是建设学习型社会的需要。从国际上看，美国、日本、德国等部分国家有相关规定。美国对纳税人继续教育支出给予每年4 000美元的税前扣除限额，相当于月人均工资的94%。德国规定，对纳税人第一次参加职业技能培训的费用，允许税前扣除的最高限额为6 000欧元，约为月人均工资收入的150%。日本规定，为获得律师、注册会计师、税理士等资格或资质而发生的培训费，可在125万日元（相当于月人均工资收入的3倍）限额内据实扣除。

在我国，为满足人民群众对自我提升的需求，新《个人所得税法》增加了继续教育专项附加扣除。继续教育专项附加扣除，是指纳税人接受学历继续教育、技能人员职业资格继续教育、专业技术人员职业资格继续教育，按照规定标准定额扣除。

1. 继续教育专项附加扣除政策

《个人所得税专项附加扣除暂行办法》第八条规定，纳税人在中国境内接受学历（学位）继续教育的支出，在学历（学位）教育期间按照每月400元定额扣除。同一学历（学位）继续教育的扣除期限不能超过48个月。纳税人接受技能人员职业资格继续教育、专业技术人员职业资格继续教育的支出，在取得相关证书的当年，按照3 600元定额扣除。

该办法第九条规定，个人接受本科及以下学历（学位）继续教育，符合该办法规定扣除条件的，可以选择由其父母扣除，也可以选择由本人扣除。

这里的选择由其父母扣除，是指由其父母按照子女教育相关规定扣除。

可扣除金额可用公式表示为：

$$\text{继续教育支出可扣除金额} = \text{学历（学位）继续教育可扣除金额} + \text{职业资格继续教育可扣除金额}$$

学历（学位）继续教育可扣除金额=纳税年度内符合条件的扣除月份数×400元

纳税年度内符合条件的扣除月份数包括受教育月份、寒暑假休假月份等，但同一学历（学位）教育专项附加扣除期限不能超过48个月。纳税年度内，个人取得符合条件的技能人员、专业技术人员相关职业资格证书的，职业资格继续教育可扣除金额为3 600元。

2. 扣除时间

纳税人享受符合规定的学历（学位）继续教育专项附加扣除的计算时间，为在中国境内接受学历（学位）继续教育入学的当月至学历（学位）继续教育结束的当月，同一学历（学位）继续教育的扣除期限最长不得超过48个月。纳税人享受符合规定的技能人员职业资格继续教育、专业技术人员职业资格继续教育的时间，为取得相关证书的当年。

学历（学位）继续教育的期间，包含因病或其他非主观原因休学但学籍继续保留的休学期间，以及施教机构按规定组织实施的寒暑假等假期。

3. 扣除信息的填报与留存备查资料

纳税人享受继续教育专项附加扣除，接受学历（学位）继续教育的，应当填报教育起止时间、教育阶段等信息；接受技能人员或者专业技术人员职业资格继续教育的，应当填报证书名称、证书编号、发证机关、发证（批准）时间等信息。

纳税人需要留存备查的资料包括：纳税人接受技能人员职业资格继续教育、专业技术人员职业资格继续教育的，应当留存职业资格相关证书等资料。纳税接受学历继续教育，无须保存相关资料。

继续教育专项附加扣除的范围、标准、方式和起扣时间，如表2–4所示。

表2–4 继续教育专项附加扣除

<table>
<tr><th colspan="2">范围</th><th>标准</th><th>方式</th><th>起扣时间</th></tr>
<tr><td colspan="2">学历（学位）继续教育</td><td>400元/月</td><td>在学历（学位）教育期间按照每月400元定额扣除</td><td>录取通知书注明的入学时间的当月</td></tr>
<tr><td rowspan="2">职业资格继续教育</td><td>技能人员职业资格继续教育</td><td rowspan="2">3 600元</td><td rowspan="2">在取得相关证书的年度，按照3 600元定额扣除</td><td rowspan="2">取得相关职业资格证书的当年</td></tr>
<tr><td>专业技术人员职业资格继续教育</td></tr>
<tr><td colspan="5">个人接受本科及以下同一学历教育事项，符合规定扣除条件的，该项教育支出可以由其父母按照子女教育扣除，也可以由本人按照继续教育扣除，但不得同时扣除</td></tr>
</table>

4.疑难问题解析

（1）如果纳税人48个月后，换一个专业就读（属于第二次继续教育），还可以继续扣48个月吗？

答：纳税人48个月后，换一个新的专业学习，可以重新按第二次参加学历（学位）继续教育扣除，还可以继续扣48个月。

（2）因病、因故等休学且学籍继续保留的休学期间，以及施教机构按规定组织实施的寒暑假是否连续计算？

答：学历（学位）继续教育的扣除期限最长不得超过48个月。48个月包括纳税人因病、因故等休学且学籍继续保留的休学期间，以及施教机构按规定组织实施的寒暑假期，连续计算。

（3）纳税人参加夜大、函授、现代远程教育、广播电视大学等学习，是否可以按照继续教育扣除？

答：纳税人参加夜大、函授、现代远程教育、广播电视大学等教育，所读学校为其建立学籍档案的，可以享受学历（学位）继续教育扣除。

（4）没有证书的兴趣培训费用可扣除吗？

答：目前，继续教育专项附加扣除的范围限定学历（学位）继续教育、技能人员职业资格继续教育和专业技术人员职业资格继续教育的支出，上述之外的花艺等兴趣培训不在扣除范围内。

（5）如果纳税人在接受学历继续教育的同时取得技能人员职业资格证书或者专业技术人员职业资格证书的，如何享受继续教育扣除？

答：纳税人接受学历继续教育，可以按照每月400元的标准扣除，全年共计4 800元；在同年又取得技能人员职业资格证书或者专业技术人员职业资格证书，且符合扣除条件的，可按照3 600元的标准定额扣除。但是，只能同时享受一个学历（学位）继续教育和一个职业资格继续教育。因此，对同时符合此类情形的纳税人，该年度可叠加享受两个扣除，当年其继续教育共计可扣除8 400元（4 800+3 600）。

（6）继续教育专项附加扣除的扣除主体是谁?

答：继续教育的扣除主体以纳税人本人为主。大学本科及以下的学历继续教育可以由接受教育的本人扣除，也可以由其父母按照子女教育扣除，但对于同一教育事项，不得重复扣除。

（7）如果在国外接受学历继续教育，或者拿到了国外颁发的技能证书，能否享受每月400元或每年3 600元的扣除?

答：根据《个人所得税专项附加扣除暂行办法》规定，纳税人在中国境内接受的学历（学位）继续教育支出，以及接受技能人员职业资格继续教育、专业技术人员职业资格继续教育支出可以扣除。由于在国外接受的学历继续教育或者拿到国外颁发的技能证书，不符合"中国境内"的规定，因此不能享受专项附加扣除政策。

（8）张某现在处于本硕博连读的博士阶段，父母已经申报享受了子女教育。攻读博士时取得律师资格证书，可以申报扣除继续教育吗?

答：如张某有综合所得（如稿酬或劳务报酬等）或经营所得，一个纳税年度内，在取得证书的当年，可以享受职业资格继续教育扣除（3 600元/年）。

（9）参加学历（学位）教育，最后没有取得学历（学位）证书，是否可以享受继续教育扣除?

答：参加学历（学位）继续教育，按照实际受教育时间，享受每月400元的扣除。不考察最终是否取得证书，最多扣除48个月。

（10）参加自学考试，纳税人应当如何享受扣除?

答：按照《高等教育自学考试暂行条例》的有关规定，高等教育自学考试应考者取得一门课程的单科合格证书后，省考委即应为其建立考籍管理档案。具有考籍管理档案的考生，可以按照《个人所得税专项附加扣除暂行办法》的规定，享受继续教育专项附加扣除。

（四）大病医疗

医疗费用支出是家庭的重要生活支出项目，增加大病医疗专项附加扣除，可以缓解大病医疗费支出给家庭带来的经济压力。从国际上看，美国在基本扣除之后，对医疗费用等可以采取固定数额扣除或者分项据实扣除。在美国采取分项据实扣除的纳税人，对于其实际发生医疗和牙医费用超过纳税人调整后应税收入10%的部分（65岁以上纳税人比例为7.5%），可在应税收入中扣减；纳税人为配偶、孩子及其他赡养人支付的医疗费用，也可以抵扣。日本规定，纳税人及其配偶、赡养人的医疗费，减去已报销返还的部分，再减去个人收入5%与10万日元二者孰小值后，为实际扣除额，但一个年度不得超过200万日元；个人申请医疗费用扣除，应提供相应凭证。韩国规定，纳税人为配偶和赡养人（不包括残疾人和由纳税人供养的老人）支付的医疗费用，超过应税收入3%以上的部分，可在税前扣除，但每年最高不得超过700万韩元。巴西规定，纳税人为其本人及其抚养人员支付的医疗费中扣除国家医疗保险和返还的部分，可以扣除。我国台湾地区规定，纳税人为自己、配偶以及符合条件的赡养人负担的医疗费用，可据实扣除。

1. 大病医疗专项附加扣除政策

《个人所得税专项附加扣除暂行办法》第十一条规定，在一个纳税年度内，纳税人发生的与基本医保相关的医药费用支出，扣除医保报销后个人负担（指医保目录范围内的自付部分）累计超过15 000元的部分，由纳税人在办理年度汇算清缴时，在80 000元限额内据实扣除。

该办法第十二条规定，纳税人发生的医药费用支出可以选择由本人或者其配偶扣除；未成年子女发生的医药费用支出可以选择由其父母一方扣除。纳税人及其配偶、未成年子女发生的医药费用支出，按该办法第十一条规定分别计算扣除额。

可扣除金额可用公式表示为：

大病医疗支出可扣除金额=选择由本人扣除的每一家庭成员的大病医疗可扣除金额合计

$$\frac{\text{某一家庭成员的大病医疗可扣除金额}}{\text{（不超过80 000元）}}=\frac{\text{纳税年度内医保目录范围内的}}{\text{自付部分}}-15\,000\text{元}$$

家庭成员包括个人本人、配偶、未成年子女。

纳税人可通过国家医保服务平台手机App（“年度医疗费用结算汇总”板块）查询年度费用总额、年度个人自付总金额和符合大病医疗个税抵扣政策金额。

2. 扣除时间

纳税人享受符合规定的大病医疗专项附加扣除的时间，为医疗保障信息系统记录的医药费用实际支出的当年。

3. 扣除信息的填报与留存备查资料

纳税人享受大病医疗专项附加扣除，应当填报患者姓名、身份证件类型及号码、与纳税人关系、与基本医保相关的医药费用总金额、医保目录范围内个人负担的自付金额等信息。

纳税人需要留存备查资料包括：大病患者医药服务收费及医保报销相关票据原件或复印件，或者医疗保障部门出具的纳税年度医药费用清单等资料。

医疗保障部门应当向患者提供在医疗保障信息系统记录的本人年度医药费用信息查询服务。

大病医疗专项附加扣除的范围、标准、方式和时间，如表2-5所示。

表2-5 大病医疗专项附加扣除

项目	具体规定
范围	一个纳税年度内，由个人负担的医保目录范围内的自付部分的医药费用支出超过15 000元的部分，由纳税人在办理年度汇算清缴时，在80 000元限额内据实扣除
标准	按照每年80 000元标准限额内据实扣除
方式	大病医疗专项附加扣除由纳税人办理汇算清缴时扣除
	纳税人发生的医药费用支出可以选择由本人或其配偶一方扣除；未成年子女发生的医药费用支出可以选择由其父母一方扣除
资料	纳税人应当留存医疗服务收费相关票据原件（或复印件），或医疗保障部门出具的纳税年度医药费用清单等
时间	取得大病医疗服务收费票据年度的次年3月1日至6月30日

4. 疑难问题解析

（1）大病医疗专项附加扣除的扣除方式是怎样的？

答：在一个纳税年度内，纳税人发生的与基本医保相关的医药费用支出，扣除医保报销后个人负担（指医保目录范围内的自付部分）累计超过15 000元的部分，由纳税人在办理年度汇算清缴时，在80 000元限额内据实扣除。

（2）大病医疗专项附加扣除何时扣除？

答：在次年3月1日至6月30日办理综合所得个人所得税汇算清缴时扣除。

（3）纳税人配偶、子女的大病医疗支出是否可以在纳税人税前扣除？

答：纳税人发生的医药费用支出可以选择由本人或其配偶一方扣除；未成年子女发生的医药费用支出可以选择由其父母一方扣除。

纳税人及其配偶、未成年子女发生的医药费用支出，可按规定分别计算扣除额。

（4）纳税人父母的大病医疗支出，是否可以在纳税人税前扣除？

答：目前未将纳税人父母纳入纳税人大病医疗专项附加扣除范围。

（5）享受大病医疗专项附加扣除时，纳税人需要注意什么？

答：纳税人日常看病时，应当留存医药服务收费及医保报销相关票据原件（或者复印件）等资料备查，同时，可以通过医疗保障部门的医疗保障管理信息系统查询本人上一年度医药费用情况。纳税人在年度汇算清缴时填报相关信息申请退税。

（6）夫妻同时有大病医疗支出，想全部都在男方扣除，扣除限额是16万元吗？

答：夫妻两人同时有符合条件的大病医疗支出，可以选择都在男方扣除，扣除限额分别计算，每人最高扣除限额为8万元，合计最高扣除限额为16万元。

（7）大病医疗支出中，纳税人2021年年末住院，2022年年初出院，这种跨年度的医疗费用，如何计算扣除额？是分两个年度分别扣除吗？

答：纳税人年末住院，第二年年初出院，一般是在出院时才进行医疗费用的结算。纳税人申报享受大病医疗扣除，以医疗费用结算单上的结算时间为准，因此该医疗支出属于是第二年的医疗费用，到2022年结束时，如果达到大病医疗扣除的“起付线”，可以在2023年初综合所得汇算清缴时享受扣除。

（8）在私立医院就诊是否可以享受大病医疗扣除？

答：对于纳入医疗保障结算系统的私立医院，只要纳税人看病的支出在医保系统可以体现和归集，则纳税人发生的与基本医保相关的支出，可以按照规定享受大病医疗扣除。

（9）大病医疗专项附加扣除，是不是住院的医疗支出才能扣除，没住院的医疗支出不能享受专项附加扣除？

答：纳税人发生的与基本医保相关的医药费用支出，扣除医保报销后个人负担（指医保目录范围内的自付部分）累计超过1.5万元的部分，在8万元限额内据实扣除。也就是说，大病医疗支出只需满足上述条件即可，不考察纳税人是否住院治疗。

（五）住房贷款利息

房屋按揭/抵押贷款利息扣除，在国际上不属于主流扣除项目，在经合组织国家中，约有1/3国家允许扣除房屋贷款利息，但扣除范围有所不同。有的国家规定仅主要住所的抵押贷款利息可以扣除，如墨西哥、韩国、法国、希腊、葡萄牙、意大利等；有的国家对一定贷款额度内的住房抵押贷款利息允许抵扣。美国规定贷款总额不超过100万美元的住房贷款利息可在综合所得中扣除，如贷款利率按4%计算，每年可扣除4万美元，约为月人均工资收入的9倍。泰国规定，每人每年扣除限额为10万泰铢，约为月人均工资收入的8倍。

1. 住房贷款利息专项附加扣除政策

（1）住房贷款利息专项附加扣除政策规定。《个人所得税专项附加扣除暂行办法》第十四条第一款规定，纳税人本人或者配偶单独或者共同使用商业银行或者住房公积金个人住房贷款为本人或者其配偶购买中国境内住房，发生的首套住房贷款利息支出，在实际发生贷款利息的年度，按照每月1 000元的标准定额扣除，扣除期限最长不超过240个月。纳税人只能享受一次首套住房贷款的利息扣除。

该办法第十五条规定，经夫妻双方约定，可以选择由其中一方扣除，具体扣除方式在一个纳税年度内不能变更。

夫妻双方婚前分别购买住房发生的首套住房贷款，其贷款利息支出，婚后可以选择其中一套购买的住房，由购买方按扣除标准的100%扣除，也可以由夫妻双方对各自购买的住房分别按扣除标准的50%扣除，具体扣除方式在一个纳税年度内不能变更。

可扣除金额可用公式表示为；

住房贷款利息支出可扣除金额=符合条件的扣除月份数 × 扣除定额

符合条件的扣除月份数为纳税年度内实际贷款月份数。扣除定额：正常情况下由夫妻双方协商确定，由其中一人扣除1 000元/月；婚前各自购房，均符合扣除条件的，婚后可选择由其中一人扣除1 000元/月，也可以选择各自扣除500元/月。

（2）首套住房贷款的界定。根据《个人所得税专项附加扣除暂行办法》第十四条第二款的规定，首套住房贷款是指购买住房享受首套住房贷款利率的住房贷款。

根据《中国人民银行办公厅 财政部办公厅 税务总局办公厅关于做好个人所得税住房贷款利息专项附加扣除相关信息归集工作的通知》（银办发〔2019〕71号）的规定，“是否为首套住房贷款”的判断以差别化住房信贷政策的发布时间为分界点。2003年6月6日，中国人民银行发布《中国人民银行关于进一步加强房地产信贷业务管理的通知》（银发〔2003〕121号），开始执行差别化住房信贷政策，要求全国各地区的商业银行对借款人购买第一套自住房和第二套（含）以上住房，执行差别化的首付款比例和利率政策。贷款发放日期在2003年6月6日（含）之后的，根据当时发放贷款的历史时点的差别化住房信贷政策以及所在地区在该历史时点发布的相关住房信贷政策执行标准判断“是否为首套住房贷款”。

对于1989年1月1日（含）至2003年6月5日（含）之间发放的商业性个人住房贷款，该期间未发布差别化住房信贷政策，没有首套住房贷款的概念，由借款人按照是不是家庭的首次贷款进行判断。借款人可查看本人及配偶手中的商业性个人住房贷款合同和个人公积金住房贷款合同，比对贷款的发放日期，发放日期最早的那笔贷款若在2018年12月31日仍未结清，就是首次个人住房贷款，可参照首套住房贷款，依法享受个人所得税专项附加扣除政策。

2. 扣除时间

纳税人享受符合规定的住房贷款利息专项附加扣除的计算时间，为贷款合同约定开始还款的当月至贷款全部归还或贷款合同终止的当月，扣除期限最长不得超过240个月。

3. 扣除信息的填报与留存备查资料

纳税人享受住房贷款利息专项附加扣除，应当填报住房权属信息、住房坐落地址、贷款方式、贷款银行、贷款合同编号、贷款期限、首次还款日期等信息；纳税人有配偶的，填写配偶姓名、身份证件类型及号码。

纳税人需要留存备查的资料包括：住房贷款合同、贷款还款支出凭证等。

住房贷款利息专项附加扣除的范围、标准、方式和时间，如表2-6所示。

表2-6 住房贷款利息专项附加扣除

项目	具体规定
范围	纳税人本人或配偶单独或者共同使用商业银行或住房公积金个人住房贷款为本人或其配偶购买中国境内住房，发生的首套住房贷款利息支出，在实际发生贷款利息的年度定额扣除。 首套住房贷款，是指购买住房享受首套住房贷款利率的住房贷款
标准	按每月 1 000 元的标准定额扣除，扣除期限最长不超过 240 个月
方式	非首套住房贷款利息支出，纳税人不得扣除
	纳税人只能享受一套首套住房贷款利息扣除
	经夫妻双方约定，可以选择由其中一方扣除，具体扣除方式在一个纳税年度内不得变更
	夫妻双方婚前分别购买住房发生的首套住房贷款，其贷款利息支出，婚后可以选择其中的一套由购买方按扣除标准 100% 扣除，也可以由夫妻双方对各自购买的住房按扣除标准的 50% 扣除，具体扣除方式在一个纳税年度内不得变更
资料	纳税人应当留存住房贷款合同、贷款还款支出凭证
时间	贷款合同约定开始还款的当月至贷款全部归还或贷款合同终止的当月

4.疑难问题解析

（1）填报住房贷款利息支出需要符合什么条件？

答：一是本人或者配偶购买的中国境内住房；二是属于首套住房贷款，且扣除年度仍在还贷；三是住房贷款利息支出和住房租金支出未同时扣除。

（2）婚后两方共同购买的住房，发生的住房贷款利息支出是否可以夫妻双方各按50%扣除？

答：婚后两方共同购买的住房，只能选择由其中一方扣除，具体扣除方式在一个纳税年度内不能变更。

（3）住房贷款利息和住房租金扣除可以同时享受吗？

答：不可以。纳税人及其配偶在一个纳税年度内不能同时分别享受住房贷款利息和住房租金专项附加扣除。

（4）首套房的贷款还清后，贷款购买第二套房屋时，银行仍旧按照首套房贷款利率发放贷款，首套房没有享受过扣除，第二套房屋是否可以享受住房贷款利息扣除？

答：如纳税人此前未享受过住房贷款利息扣除，那么其按照首套住房贷款利率贷款购买的第二套住房，可以享受住房贷款利息扣除。

（5）李某有一套住房，是公积金和商贷的组合贷款，公积金中心按首套贷款利率发放，商业银行贷款按普通商业银行贷款利率发放，是否可以享受住房贷款利息专项附加扣除？

答：一套采用组合贷款方式购买的住房，如公积金中心或者商业银行其中之一，是按照首套房屋贷款利率发放的贷款，则可以享受住房贷款利息扣除。

（6）父母和子女共同购房，房屋产权证明、贷款合同均登记为父母和子女，住房贷款利息专项附加扣除如何享受？

答：父母和子女共同购买一套房子，不能既由父母扣除又由子女扣除，应该由主贷款人扣除。如主贷款人为子女，由子女享受贷款利息专项附加扣除；主贷款人为父母中的一方，由父母任一方享受贷款利息扣除。

（7）父母为子女买房，房屋产权证明登记为子女，贷款合同的贷款人为父母，住房贷款利息支出的扣除如何享受？

答：从实际看，房屋产权证明登记主体与贷款合同主体完全没有交叉的情况很少发生。如确有此类情况，按照《个人所得税专项附加扣除暂行办法》的规定，只有纳税人本人或者配偶使用住房贷款为本人或者其配偶购买中国境内住房，发生的首套住房贷款利息支出可以扣除。父母所购房屋是为子女购买的，不符合上述规定，父母和子女均不可以享受住房贷款利息扣除。

（8）如何理解纳税人只能享受一次住房贷款利息扣除？

答：只要纳税人申报扣除过一套住房贷款利息，在个人所得税专项附加扣除的信息系统里存有扣除住房贷款利息的记录，无论扣除时间长短，也无论该住房的产权归属情况，纳税人就不得再就其他房屋享受住房贷款利息扣除。

（9）王某刚办的房贷期限是30年，现在扣完子女教育和赡养老人就不用缴税了，王某可以选择过两年再开始办理房贷扣除吗？

答：住房贷款利息支出扣除实际可扣除时间为，贷款合同约定开始还款的当月至贷款全部归还或贷款合同终止的当月，扣除期限最长不得超过240个月。因此，在不超过240个月以内，可以办理符合条件的住房贷款利息扣除。

（10）商业住房贷款还清了，现还有唯一公积金住房贷款，可税前扣除吗？

答：如果是同一套房子且符合政策规定条件，采取的为组合贷的形式，在商业贷款还清后，公积金贷款继续还的情况下可以税前扣除。

（六）住房租金

国际上允许扣除住房租金支出的国家并不多，有部分国家允许扣除房屋租金。例如，印度规定，房租支出超过总收入10%的部分可以在税前扣除，但不得超过2 000卢比/月或全年总收入的25%；韩国规定，自2014年起，家庭收入不超过7 000万韩元的，如按月支付房租，可以扣除房租支出的10%，但不得超过70万韩元，且承租房屋面积需小于85平方米；德国规定，个人由于异地工作原因租赁房屋的费用，允许税前扣除，扣除上限为每月1 000欧元。考虑到中国国情，落实“租购并举”政策，有必要增加住房租金专项附加扣除项目，并借鉴国际经验，采取定额扣除方式。

1.住房租金专项附加扣除政策

根据《个人所得税专项附加扣除暂行办法》第十七至第二十条的规定，纳税人在主要工作城市没有自有住房而发生的住房租金支出，可以按照以下标准定额扣除：

（1）直辖市、省会（首府）城市、计划单列市以及国务院确定的其他城市，扣除标准为每月1 500元。

（2）除上述第（1）项所列城市以外，市辖区户籍人口超过100万人的城市，扣除标准为每月1 100元；市辖区户籍人口不超过100万人的城市，扣除标准为每月800元。

纳税人的配偶在纳税人的主要工作城市有自有住房的，视同纳税人在主要工作城市有自有住房。市辖区户籍人口，以国家统计局公布的数据为准。

主要工作城市是指纳税人任职受雇的直辖市、计划单列市、副省级城市、地级市（地区、州、盟）全部行政区域范围；纳税人无任职受雇单位的，为受理其综合所得汇算清缴的税务机关所在城市。

夫妻双方主要工作城市相同的，只能由一方扣除住房租金支出。住房租金支出由签订租赁住房合同的承租人扣除。

纳税人及其配偶在一个纳税年度内不能同时分别享受住房贷款利息和住房租金专项附加扣除。

可扣除金额用公式表示为：

住房租金支出可扣除金额＝纳税年度内租房月份的月扣除定额之和

2.扣除时间

纳税人享受符合规定的住房租金专项附加扣除的计算时间，为租赁合同（协议）约定的房屋租赁期开始的当月至租赁期结束的当月。提前终止合同（协议）的，以实际租赁期限为准。

3.扣除信息的填报与留存备查资料

纳税人享受住房租金专项附加扣除，应当填报主要工作城市、租赁住房坐落地址、出租人姓名及身份证件类型和号码或者出租方单位名称及纳税人识别号（社会统一信用代码）、租赁起止时间等信息；纳税人有配偶的，填写配偶姓名、身份证件类型及号码。

纳税人需要留存备查的资料包括：住房租赁合同或协议等。

住房租金专项附加扣除的范围、标准、方式和时间，如表2–7所示。

表2–7 住房租金专项附加扣除

<table>
<tr><th>项目</th><th colspan="3">具体规定</th></tr>
<tr><td>范围</td><td colspan="3">纳税人本人在主要工作城市没有自有住房，而发生的租金支出，可以按照规定标准定额扣除。纳税人的配偶在纳税人的主要工作城市有自有住房的，视同纳税人在主要工作城市有自有住房</td></tr>
<tr><td rowspan="3">标准</td><td colspan="2">承租的住房位于直辖市、省会 / 首府城市、计划单列市以及国务院确定的其他城市</td><td>扣除标准为每月 1 500 元</td></tr>
<tr><td rowspan="2">除上述城市以外</td><td>市辖区户籍人口超过 100 万人的</td><td>扣除标准为每月 1 100 元</td></tr>
<tr><td>市辖区户籍人口不超过 100 万人（含）的</td><td>扣除标准为每月 800 元</td></tr>
<tr><td rowspan="4">方式</td><td colspan="3">夫妻双方主要工作城市相同的，只能由一方扣除住房租金支出</td></tr>
<tr><td colspan="3">夫妻双方主要工作城市不相同的，且各自在其主要工作城市都没有住房的，可以分别扣除住房租金支出</td></tr>
<tr><td colspan="3">住房租金支出由签订租赁住房合同的承租人扣除</td></tr>
<tr><td colspan="3">纳税人及其配偶在一个纳税年度内不得同时分别享受住房贷款利息和住房租金专项附加扣除</td></tr>
<tr><td>资料</td><td colspan="3">纳税人应当留存住房租赁合同</td></tr>
<tr><td>时间</td><td colspan="3">为租赁合同（协议）约定的房屋租赁期开始的当月至租赁期结束的当月</td></tr>
</table>

4.疑难问题解析

（1）夫妻双方无住房，两人主要工作城市不同，各自租房，如何扣除？

答：夫妻双方主要工作城市不同，且都无住房，可以分别享受住房租金专项附加扣除。

（2）纳税人首次享受住房租金扣除的时间是什么时候？

答：纳税人首次享受住房租金专项附加扣除的起始时间为租赁合同约定起租的当月，截止日期是租约结束或者在主要工作城市已有住房的当月。

（3）合租住房可以分别享受住房租金专项附加扣除吗？

答：住房租金支出由签订租赁合同的承租人扣除。因此，合租租房的个人（非夫妻关系），若都与出租方签署了规范租房合同，可根据租金定额标准各自扣除。

（4）纳税人住员工宿舍可以扣除住房租金专项附加扣除吗？

答：如果个人不付租金，不得扣除；如果本人支付租金，可以扣除。

（5）某些行业员工流动性比较大，一年换几个城市租赁住房，或者当年度一直外派并在当地租房子，如何申报住房租金专项附加扣除？

答：对于单位为外派员工解决住宿问题的，不应扣除住房租金。对于外派员工自行解决住房问题的，如果一年内多次变换工作地点，个人应及时向扣缴义务人或者税务机关更新专项附加扣除相关信息，允许一年内按照更换工作地点的情况分别进行扣除。

（6）个人的工作城市与实际租赁房产地不一致，是否符合条件扣除住房租金专项附加扣除？

答：纳税人在主要工作城市没有自有住房而实际租房发生的住房租金支出，可以按照实际工作地城市的标准定额扣除住房租金专项附加扣除。

（7）公租房是公司与保障房公司签的协议，但员工是需要付房租的，这种情况下员工是否可以享受住房租金专项附加扣除，需要保留什么资料留存备查呢？

答：纳税人在主要工作城市没有自有住房而发生的住房租金支出，可以按照标准定额扣除住房租金专项附加扣除。员工租用公司向保障房公司租赁的保障房，并支付租金的，可以申报扣除住房租金专项附加扣除。纳税人应当留存与公司签订的租房合同或协议等相关资料备查。

（8）纳税人公司所在地为保定，被派往分公司北京工作，纳税人及其配偶在北京都没有住房，由于工作原因在北京租房，纳税人是否可以享受住房租金扣除项目，按照哪个城市的标准扣除？

答：符合条件的纳税人在主要工作地租房的可以享受住房租金扣除。主要工作地指的是纳税人的任职受雇所在地，如果任职受雇所在地与实际工作地不符，以实际工作地为主要工作城市。上述情形，纳税人当前的实际工作地（主要工作地）是北京市，应当按照北京市的标准享受住房租金扣除。

（9）主要工作地在北京，在燕郊租房居住，应当按北京还是燕郊的标准享受住房租金扣除？

答：如北京是纳税人当前的主要工作地，应当按北京的标准享受住房租金扣除。

（10）纳税人任职受雇单位在上海市，但日常工作地点在广州市，上海和广州均无自有住房。那么纳税人在广州发生的租房支出能否享受专项附加扣除？

答：对于这种情况发生的租房支出，按照实际工作地点广州的住房租金专项附加扣除标准进行扣除。

（11）任职受雇单位在A城市，在A城市发放工资申报个税，但是被外派到B城市，请问住房租金专项附加扣除是按照A城市还是B城市的标准？

答：按照实际工作地B城市适用住房租金专项附加扣除标准。

（12）如果住房租金实际支付不到扣除的定额，是按定额扣除还是按实际租金扣除？

答：住房租金专项附加应按规定标准定额扣除。

（13）如果房屋产权所有人为甲，房屋租赁给中介公司后，再由中介公司转租给纳税人，租赁合同齐全，此类情况纳税人是否可享受住房租金专项附加扣除？出租方信息应填写产权所有人还是中介公司？

答：如果与出租方签署了规范的租房合同，可根据租金定额标准进行扣除。出租方信息应填写与纳税人签订租赁合同的出租方信息。

（七）赡养老人

赡养老人是中华民族的传统美德，增加赡养老人专项附加扣除，有利于应对老龄化趋势，鼓励形成尊老敬老的社会风气。在国际上只有少数国家专门制定赡养老人扣除，更多地将赡养老人与子女抚养等家庭支出综合考虑。美国、英国、法国、德国、印度等国家没有专门针对老人赡养支出的扣除项目，其中美国税法对需要负担老人和子女生活支出的纳税人，以及无须负担的纳税人设置了不同的费用扣除标准。

1. 赡养老人专项附加扣除政策

根据《个人所得税专项附加扣除暂行办法》第二十二条、第二十三条的规定，纳税人赡养一位及以上被赡养人的赡养支出，统一按照以下标准定额扣除：

（1）纳税人为独生子女的，按照每月2 000元的标准定额扣除。

（2）纳税人为非独生子女的，由其与兄弟姐妹分摊每月2 000元的扣除额度，每人分摊的额度不能超过每月1 000元。可以由赡养人均摊或者约定分摊，也可以由被赡养人指定分摊。约定或者指定分摊的须签订书面分摊协议，指定分摊优先于约定分摊。具体分摊方式和额度在一个纳税年度内不能变更。

被赡养人是指年满60岁的父母，以及子女均已去世的年满60岁的祖父母、外祖父母。

可扣除金额用公式表示为：

赡养老人支出可扣除金额＝纳税年度内符合条件的月份数 × 月扣除定额

符合条件的月份数：纳税年度内满60岁的老人，自满60岁当月起至12月份计算；纳税年度前满60岁的老人，按照12个月计算。

月扣除定额：独生子女，月扣除定额2 000元/月；非独生子女，月扣除定额由被赡养人指定分摊，也可由赡养人均摊或约定分摊，但每月不超过1 000元/月。

2. 扣除时间

纳税人享受符合规定的赡养老人专项附加扣除的计算时间，为被赡养人年满60周岁的当月至赡养义务终止的年末。

3. 扣除信息的填报与留存备查资料

纳税人享受赡养老人专项附加扣除，应当填报纳税人是否为独生子女、月扣除金额、被赡养人姓名及身份证件类型和号码、与纳税人关系；有共同赡养人的，需填报分摊方式、共同赡养人姓名及身份证件类型和号码等信息。

纳税人需要留存备查的资料包括：约定或指定分摊的书面分摊协议等。

赡养老人专项附加扣除的扣除范围、标准、方式及时间等，如表2–8所示。

表2-8 赡养老人专项附加扣除

<table>
<tr><th>项目</th><th colspan="2">具体规定</th></tr>
<tr><td>范围</td><td colspan="2">纳税人赡养一位及以上被赡养人的赡养支出，按照规定的标准定额扣除。
被赡养人是指年满 60 岁（含）的父母以及子女均已去世的祖父母、外祖父母</td></tr>
<tr><td rowspan="2">标准</td><td>纳税人为独生子女的</td><td>按照每月 2 000 元的标准定额扣除</td></tr>
<tr><td>纳税人为非独生子女的</td><td>由其与兄弟姐妹分摊每月 2 000 元扣除额度，每人分摊额度不能超过每月 1 000 元</td></tr>
<tr><td rowspan="2">方式</td><td colspan="2">可以由赡养人均摊或约定分摊，也可以由被赡养人指定分摊，约定分摊或指定分摊的，须签订书面分摊协议，指定分摊优于约定分摊</td></tr>
<tr><td colspan="2">具体分摊方式和额度在一个纳税年度内不能变更</td></tr>
<tr><td>时间</td><td colspan="2">被赡养人年满 60 周岁的当月至赡养义务终止的年末</td></tr>
</table>

4.疑难问题解析

（1）赡养老人专项附加扣除的扣除主体是谁？

答：赡养老人专项附加扣除的扣除主体包括：一是负有赡养义务的所有子女。我国婚姻法规定，婚生子女、非婚生子女、养子女、继子女有赡养扶助父母的义务。二是祖父母、外祖父母的子女均已去世，负有赡养义务的孙子女、外孙子女。

（2）纳税人父母年龄均超过60周岁，在进行赡养老人专项附加扣除时，是否可以按照两倍标准扣除？

答：不能。扣除标准是按照每个纳税人有两位赡养老人测算的。只要父母其中一位达到60岁就可以享受扣除，不按照老人人数计算。

（3）由于纳税人的叔叔伯伯无子女，纳税人实际承担对叔叔伯伯的赡养义务，是否可以扣除赡养老人支出？

答：不可以。被赡养人是指年满60岁的父母，以及子女均已去世的年满60岁的祖父母、外祖父母。

（4）非居民个人符合条件转变为居民个人后，是否可以在计算个人所得税时扣除赡养老人专项附加扣除？

答：非居民个人符合条件转变为居民个人后，可以在年度汇算清缴时享受赡养老人专项附加扣除政策。

（5）赡养岳父岳母或公婆的费用是否可以享受个人所得税专项附加扣除？

答：不可以。被赡养人是指年满60岁的父母，以及子女均已去世的年满60岁的祖父母、外祖父母。

（6）父母均要满60岁，还是只要一位满60岁即可享受？

答：父母中有一位年满60周岁的，纳税人可以按照规定标准扣除赡养老人的专项附加扣除。

（7）非独生子女的兄弟姐妹都已去世，是否可以按独生子扣除2 000元/月？

答：如纳税人的其他兄弟姐妹当年均已去世，在第二年其可以按照独生子女赡养老人标准扣除2 000元/月。

（8）子女均已去世的年满60岁的祖父母、外祖父母，孙子女、外孙子女能否按照独生子女扣除，如何判断？

答：只要祖父母、外祖父母中的任何一方，没有纳税人以外的其他孙子女、外孙子女共同赡养，则纳税人可以按照独生子女扣除。如果还有其他的孙子女、外孙子女与纳税人共同赡养祖父母、外祖父母，则纳税人不能按照独生子女扣除。

（9）两个子女中的一个无赡养父母的能力，是否可以由余下那名子女享受2 000元扣除标准？

答：不可以。纳税人为非独生子女的，在兄弟姐妹之间分摊2 000元/月的扣除额度，每人分摊的额度不能超过每月1 000元，不能由其中一人单独享受全部扣除。

（10）非独生子女，父母指定或兄弟协商，是否可以某一个子女最高扣2 000元赡养老人的专项附加扣除？

答：纳税人为非独生子女的，由其与兄弟姐妹分摊每月2 000元的扣除额度，每人分摊的额度不能超过每月1 000元。因此，非独生子女是不能通过父母指定或兄弟协商享受2 000元扣除标准的。

（八）3岁以下婴幼儿照护

为贯彻落实《中共中央 国务院关于优化生育政策 促进人口长期均衡发展的决定》，依据《个人所得税法》有关规定，国务院决定，设立3岁以下婴幼儿照护个人所得税专项附加扣除，自2022年1月1日起实施。

2021年6月，《中共中央、国务院关于优化生育政策 促进人口长期均衡发展的决定》提出，“研究推动将3岁以下婴幼儿照护费用纳入个人所得税专项附加扣除”。这是党中央、国务院根据我国人口发展变化形势做出的重大决策，是促进人口长期均衡发展、推动高质量发展的重大举措。3岁以下婴幼儿照护个人所得税专项附加扣除政策作为优化生育政策的配套支持措施之一，体现了国家对人民群众生育养育的鼓励和照顾，有利于减轻人民群众抚养子女负担。该项政策实施后，有3岁以下婴幼儿的家庭都将从中受益。

1. 3岁以下婴幼儿照护专项附加扣除政策

根据《国务院关于设立3岁以下婴幼儿照护个人所得税专项附加扣除的通知》（国发〔2022〕8号）的规定，纳税人照护3岁以下婴幼儿子女的相关支出，按照每个婴幼儿每月1 000元的标准定额扣除。

父母可以选择由其中一方按扣除标准的100%扣除，也可以选择由双方分别按扣除标准的50%扣除，具体扣除方式在一个纳税年度内不能变更。

3岁以下婴幼儿照护个人所得税专项附加扣除涉及的保障措施和其他事项，参照《个人所得税专项附加扣除暂行办法》有关规定执行。

2. 扣除时间

纳税人享受符合规定的3岁以下婴幼儿照护专项附加扣除的计算时间为：婴幼儿出生的当月至年满3周岁的前一个月。

3. 扣除信息的填报与留存备查资料

纳税人享受3岁以下婴幼儿照护专项附加扣除，应当填报配偶及子女的姓名、身份证件类型（如居民身份证、子女出生医学证明等）及号码以及本人与配偶之间扣除分配比例等信息。纳税人需要留存备查的资料包括：子女的出生医学证明等。

3岁以下婴幼儿照护专项附加扣除与其他六项专项附加扣除一样，实行“申报即可享受、资料留存备查”的服务管理模式。纳税人在申报享受时，可通过手机“个人所得税”App填报或向单位提供婴幼儿子女的姓名、证件类型及号码，以及本人与配偶之间扣除分配比例等信息即可，无须向税务机关报送证明资料。

如果纳税人暂未取得婴幼儿的出生医学证明和居民身份证号，可选择“其他个人证件”，并在备注中如实填写相关情况，不影响纳税人享受扣除。后续纳税人取得婴幼儿的出生医学证明或者居民身份证号的，及时补充更新即可。如果婴幼儿名下是中国护照、外国护照、港澳居民来往内地通行证、台湾居民来往大陆通行证等身份证件信息，也可以作为填报证件。

五、依法确定的其他扣除

依法确定的其他扣除，是计算居民个人综合所得应纳税所得额的一类扣除，主要包括年金、商业健康保险、税收递延养老保险和允许扣除的税费等。

（一）企业或职业年金

我国养老保险体系主要包括基本养老保险、补充养老保险和个人储蓄性养老保险三个层次，其中，补充养老保险包括企业年金和职业年金。企业年金主要针对企业，是指根据《企业年金办法》等国家相关政策规定，企业及其职工在依法参加基本养老保险的基础上，自愿建立的补充养老保险制度。职业年金主要针对机关事业单位，是指根据《机关事业单位职业年金办法》（国办发〔2015〕18号文件印发）等国家相关政策规定，机关事业单位及其职工在依法参加基本养老保险的基础上，建立的补充养老保险制度。

1.补充养老保险个人所得税处理

根据《财政部 国家税务总局关于个人所得税有关问题的批复》（财税〔2005〕94号）的规定，单位为职工个人购买商业性补充养老保险等，在办理投保手续时应作为个人所得税的“工资、薪金所得”项目，按税法规定缴纳个人所得税；因各种原因退保，个人未取得实际收入的，已缴纳的个人所得税应予以退回。

2.年金递延纳税政策

年金递延纳税，是指在年金缴费环节和年金基金投资收益环节暂不征收个人所得税，将纳税义务递延到个人实际领取年金的环节，也称EET模式（E代表免税，T代表征税）。EET模式是西方发达国家对企业年金普遍采用的一种税收优惠模式。在OECD国家中，法国、德国、美国、日本等多数国家均选择了EET模式。2013年年底，为促进我国多层次养老保险体系的发展，在研究借鉴发达国家通行做法的基础上，结合我国实际对年金个人所得税政策体系进行了完善，《财政部 人力资源社会保障部 国家税务总局关于企业年金 职业年金个人所得税有关问题的通知》（财税〔2013〕103号）出台了企业年金、职业年金个人所得税递延纳税政策规定。年金的个人所得税处理，如图2–4所示。

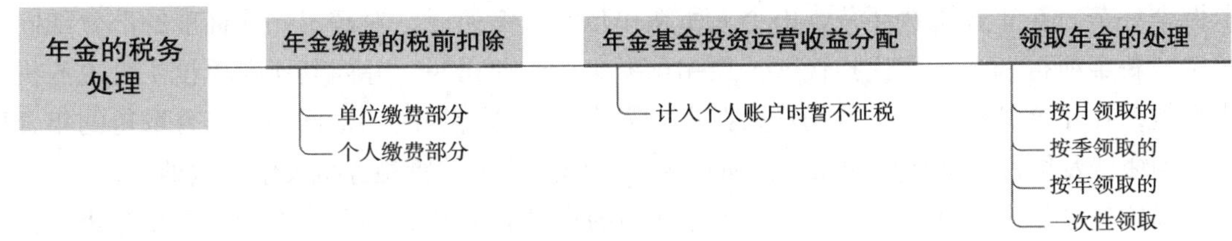

图2-4 年金的个人所得税处理

（1）年金缴费的个人所得税处理。单位根据国家有关政策规定的办法和标准，为在本单位任职或者受雇的全体职工缴付的企业年金或职业年金（以下统称年金）单位缴费部分，在计入个人账户时，个人暂不缴纳个人所得税。

个人根据国家有关政策规定缴付的年金个人缴费部分，在不超过本人缴费工资计税基数的4%标准内的部分，暂从个人当期的应纳税所得额中扣除。

超过规定的标准缴付的年金单位缴费部分，应并入个人当期的工资、薪金所得，依法计征个人所得税。税款由建立年金的单位代扣代缴，并向主管税务机关申报解缴。个人超过规定的标准缴付的年金个人缴费部分，不得在综合所得个人所得税税前扣除。

企业年金个人缴费工资计税基数为本人上一年度月平均工资。月平均工资按国家统计局规定列入工资总额统计的项目计算。月平均工资超过职工工作地所在设区城市上一年度职工月平均工资300%以上的部分，不计入个人缴费工资计税基数。

职业年金个人缴费工资计税基数为职工岗位工资和薪级工资之和。职工岗位工资和薪级工资之和超过职工工作地所在设区城市上一年度职工月平均工资300%以上的部分，不计入个人缴费工资计税基数。

综上所述，在年金缴费环节，对单位根据国家有关政策规定为职工缴付的年金单位缴费部分，在计入个人账户时，个人暂不缴纳个人所得税；个人根据国家有关政策规定缴付的年金个人缴费部分，在不超过本人缴费工资计税基数的4%标准内的部分，暂从个人当期的应纳税所得额中扣除。

（2）年金基金投资运营收益的个人所得税处理。年金基金投资运营收益分配计入个人账户时，个人暂不缴纳个人所得税。即在年金基金投资环节，年金基金投资运营收益分配计入个人账户时，暂不征收个人所得税。

（3）领取年金的处理。自2019年1月1日起，根据《财政部 税务总局关于个人所得税法修改后有关优惠政策衔接问题的通知》（财税〔2018〕164号）第四条的规定，个人达到国家规定的退休年龄，领取的企业年金、职业年金，符合《财政部 人力资源社会保障部 国家税务总局关于企业年金 职业年金个人所得税有关问题的通知》（财税〔2013〕103号）规定的，不并入综合所得，全额单独计算应纳税款。其中按月领取的，适用月度税率表计算纳税；按季领取的，平均分摊计入各月，按每月领取额适用月度税率表计算纳税；按年领取的，适用综合所得税率表计算纳税。

个人因出境定居而一次性领取的年金个人账户资金，或个人死亡后，其指定的受益人或法定继承人一次性领取的年金个人账户余额，适用综合所得税率表计算纳税。对个人除上述特殊原因外一次性领取年金个人账户资金或余额的，适用月度税率表计算纳税。

（4）操作与申报。就年金所得来看，企业年金、职业年金涉及纳税义务主要集中在缴费和领取两个环节。在年金缴费环节，由个人所在单位在其缴费时，对超出扣除标准的部分随同当月工资、薪金所得一并计算代扣代缴（预扣预缴）个人所得税，并向其所在单位主管税务机关申报缴纳；在年金领取环节，由托管人在为个人支付年金待遇时，根据个人当月取得的年金所得、往期缴费及纳税情况计算扣缴个人所得税，并向托管人主管税务机关申报缴纳。

①单位建立年金计划后，应在建立年金计划的次月15日内，向其所在地主管税务机关报送年金方案、人力资源社会保障部门出具的方案备案函、计划确认函以及主管税务机关要求报送的其他相关资料。年金方案、受托人、托管人发生变化的，应在发生变化的次月15日内重新向其主管税务机关报送上述资料，供税务部门登记备案。

②缴费环节，由个人所在单位为其计算扣缴个人所得税，并向主管税务机关申报解缴。

③领取环节，应纳税款由受托人代表委托人委托托管人代扣代缴。年金账户管理人应及时向托管人提供个人年金缴费及对应的个人所得税纳税明细。托管人根据受托人指令及账户管理人提供的资料，按照规定计算扣缴个人当期领取年金待遇的应纳税款，并向主管税务机关申报解缴。

单位和托管人在扣缴个人所得税时，必须按照税法规定实行全员全额扣缴明细申报。建立年金计划的单位、委托人、受托人、账户管理人之间要及时传递纳税相关的信息。受托人负责统筹协调并督促有关机构依法向税务部门办理扣缴申报及提供涉税资料。

（5）年金个人所得税案例分析。

【例2–2】甲公司下列退休人员2022年按规定领取年金情况如下：

（1）员工A按月领取年金1万元；

（2）员工B按季领取年金3万元；

（3）员工C按年领取年金12万元；

（4）员工D因出境定居而一次性领取年金个人账户资金60万元；

（5）员工E去世后，其子女一次领取年金个人账户余额60万元；

（6）员工F因购房急需资金而一次性领取年金个人账户资金60万元。

要求：计算应纳的个人所得税。

【解析】个人达到国家规定的退休年龄，领取的企业年金、职业年金，符合规定的，不并入综合所得，全额单独计算应纳税款。

其中按月领取的，适用月度税率表计算纳税；

按季领取的，平均分摊计入各月，按每月领取额适用月度税率表计算纳税；

按年领取的，适用综合所得税率表计算纳税。

1. 员工A按月领取年金10 000元，应纳个人所得税计算。

10 000 × 10%–210=790（元）；

全年年金收入应缴个人所得税：790 × 12=9 480（元）。

2. 员工B按季领取年金30 000元，应纳个人所得税计算计算。

按月分摊后月领取额：30 000 ÷ 3=10 000（元），查找月度税率表，适用税率为10%，速算扣除数210。应纳个人所得税：

（10 000 × 10%–210）× 3=2 370（元）；

全年年金收入应纳个人所得税：2 370 × 4=9 480（元）。

3. 员工C按年领取年金120 000元，应纳个人所得税计算。

查找综合所得税率表，适用税率为10%，速算扣除数2 520。

应纳个人所得税：120 000 × 10%−2 520=9 480（元）。

4. 员工D因出境定居而一次性领取年金个人账户资金60万元，应纳个人所得税计算。

个人因出境定居而一次性领取的年金个人账户资金，或个人死亡后，其指定的受益人或法定继承人一次性领取的年金个人账户余额，适用综合所得税率表计算纳税。

对个人除上述特殊原因外一次性领取年金个人账户资金或余额的，适用月度税率表计算纳税。

员工D因出境定居而一次性领取年金个人账户资金60万元，查找综合所得税率表，适用税率为30%，速算扣除数52 920。

应纳个人所得税为：600 000 × 30%−52 920=127 080（元）。

5. 员工E去世后，其子女一次性领取年金个人账户余额60万元，应纳个人所得税计算。

查找综合所得税率表，适用税率为30%，速算扣除数52 920。

应纳个人所得税为：600 000 × 30%−52 920=127 080（元）。

6. 员工F因购房急需资金而一次性领取年金个人账户资金60万元，应纳个人所得税计算。

查找月度税率表，适用税率为45%，速算扣除数15 160。

应纳个人所得税为：600 000 × 45%−15 160=254 840（元）。

（二）商业健康保险支出

为贯彻落实《国务院关于促进健康服务业发展的若干意见》（国发〔2013〕40号）精神，经国务院批准，自2016年1月1日起，在全国31个城市试点开展商业健康保险支出个人所得税限额扣除政策。为进一步推动医疗保障事业发展，财政部、国家税务总局、保监会下发了《关于将商业健康保险个人所得税试点政策推广到全国范围实施的通知》（财税〔2017〕39号），规定自2017年7月1日起，将商业健康保险个人所得税税前扣除试点政策推广至全国，对个人购买符合条件的商业健康保险产品的支出，允许按每年最高2 400元的限额予以税前扣除。为便于纳税人及时享受政策、规范纳税申报，国家税务总局发布了《国家税务总局关于推广实施商业健康保险个人所得税政策有关征管问题的公告》（国家税务总局公告2017年第17号），进一步明确了相关操作问题。

1. 商业健康保险产品支出限额扣除政策

根据财税〔2017〕39号文件第一条的规定，对个人购买符合规定的商业健康保险产品的支出，允许在当年（月）计算应纳税所得额时予以税前扣除，扣除限额为2 400元/年（200元/月）。单位统一为员工购买符合规定的商业健康保险产品的支出，应分别计入员工个人工资、薪金，视同个人购买，按上述限额予以扣除。

2 400元/年（200元/月）的限额扣除为个人所得税法规定的减除费用标准之外的扣除。

2. 商业健康保险限额扣除政策的适用对象

根据财税〔2017〕39号文件第二条的规定，适用商业健康保险税收优惠政策的纳税人，是指取得工资、薪金所得，连续性劳务报酬所得的个人，以及取得经营所得（2018年12月31日以前为个体工商户生产经营所得、对企事业单位的承包承租经营所得）的个体工商户业主、个人独资企业投资者、合伙企业个人合伙人和承包承租经营者。根据国家税务总局公告2017年第17号第一条的规定，取得工资、薪金所得，连续性劳务报酬所得的个人，以及取得个体工商户的生产经营所得、对企事业单位的承包承租经营所得（自2019年1月1日起为经营所得）的个体工商户业主、个人独资企业投资者、合伙企业个人合伙人和承包承租经营者，对其购买符合规定的商业健康保险产品支出，可按照规定标准（2 400元/年，200元/月）在个人所得税税前扣除。这里所称取得连续性劳务报酬所得，是指个人连续3个月以上（含3个月）为同一单位提供劳务而取得的所得。

【例2–3】2022年，张某取得炒股收入50万元；李某取得租房收入30万元；王某取得特许权使用费收入20万元。他们都是中国居民个人，除此以外，没有工资、薪金，劳务报酬，经营所得以及其他项目所得。2022年他们都自己购买了符合规定的商业健康保险产品，支出5 000元。

请问：可否在个人所得税应纳税所得额中扣除商业健康保险产品支出?

【解析】在本案例中，2022年张某取得的是炒股收入、李某取得的是租房收入都不属于可以扣除商业健康保险支出的收入项目，因而不可以税前扣除商业健康保险支出。王某取得的是特许权使用费收入，可在年终办理综合所得汇算清缴时按规定扣除商业健康保险支出。

3.优惠政策适用的商业健康保险产品范围

财税〔2017〕39号文件第三条规定，符合规定的商业健康保险产品，是指保险公司参照个人税收优惠型健康保险产品指引框架及示范条款开发的、符合该文件所列条件的健康保险产品。

为满足人民群众多样化健康保障需求，丰富健康保险产品供给，《财政部 税务总局 银保监会关于进一步明确商业健康保险个人所得税优惠政策适用保险产品范围的通知》（财税〔2022〕21号）就商业健康保险个人所得税优惠政策适用保险产品范围规定：财税〔2017〕39号文件“关于商业健康保险产品的规范和条件”中所称符合规定的商业健康保险产品，其具体产品类型以及产品指引框架和示范条款由银保监会商财政部、税务总局确定。新的产品发布后，此前有关产品的规定与新的规定不一致的，按照新的规定执行。

4.商业健康保险支出的税前扣除

（1）取得工资、薪金或劳务报酬所得个人自行购买的处理。根据财税〔2017〕39号文件第四条第（二）项的规定，取得工资、薪金所得或连续性劳务报酬所得的个人，自行购买符合规定的商业健康保险产品的，应当及时向代扣代缴单位提供保单凭证。扣缴单位自个人提交保单凭证的次月起，在不超过200元/月的标准内按月扣除。一年内保费金额超过2 400元的部分，不得税前扣除。以后年度续保时，按上述规定执行。个人自行退保时，应及时告知扣缴义务人。

根据国家税务总局公告2017年第17号第五条的规定，保险公司销售符合规定的商业健康保险产品，及时为购买保险的个人开具发票和保单凭证，并在保单凭证上注明税优识别码。个人购买商业健康保险未获得税优识别码的，其支出金额不得税前扣除。

【例2–4】江苏省苏州市甲企业员工张某，于2022年7月自行购买符合规定的商业健康保险，年保费为3 000元，保险期间为：2022年8月1日至2023年7月31日。7月20日张某将购买商业健康保险的保单凭证提供给所在单位。张某月工资收入8 000元，不考虑“三险一金”专项扣除、专项附加扣除以及其他扣除。

要求：

（1）计算可税前扣除的商业健康保险产品支出；

（2）计算2023年1月至2023年8月单位应代扣代缴（预扣预缴）的工资、薪金所得的个人所得税。

【解析】根据财税〔2017〕39号文件第四条第（二）项的规定，取得工资、薪金所得的个人，自行购买符合规定的商业健康保险产品的，应当及时向代扣代缴单位提供保单凭证。扣缴单位自个人提交保单凭证的次月起，在不超过200元/月的标准内按月扣除。一年内保费金额超过2 400元的部分，不得税前扣除。

甲企业在2022年7月20日收到员工张某提供的保单凭证，根据财税〔2017〕39号文件的规定，于8月开始扣除。

2023年1月应预扣预缴张某工资、薪金所得个人所得税为：

（8 000–5 000–200）×3%=84（元）。

2023年2月应预扣预缴张某工资、薪金所得个人所得税为：

（8 000×2–5 000×2–200×2）×3%–84=168–84=84（元）。

2023年3月应预扣预缴张某工资、薪金所得个人所得税为：

（8 000×3–5 000×3–200×3）×3%–168=252–168=84（元）。

2023年4月应预扣预缴张某工资、薪金所得个人所得税为：

（8 000×4–5 000×4–200×4）×3%–252=336–252=84（元）。

2023年5月应预扣预缴张某工资、薪金所得个人所得税为：

（8 000×5–5 000×5–200×5）×3%–336=420–336=84（元）

2023年6月应预扣预缴张某工资、薪金所得个人所得税为：

（8 000×6–5 000×6–200×6）×3%–420=504–420=84（元）。

2023年7月应预扣预缴张某工资、薪金所得个人所得税为：

（8 000×7–5 000×7–200×7）×3%–504=588–504=84（元）。

2023年8月应预扣预缴张某工资、薪金所得个人所得税为：

（8 000×8–5 000×8–200×7）×3%–588=678–588=90（元）。

（说明：2022年8月至2023年7月，张某累计扣除的健康保险支出已达到2 400元/年的限额，故8月不能再新增扣除。）

【例2–5】2022年7月10日，李某自行购买一年期符合规定的商业健康保险产品支出2 400元。由于个人疏忽，直到2022年11月5日才将保单凭证提交给任职单位。

请问：可否在申报代扣11月个人所得税时，一次性扣除800元商业健康保险支出？

【解析】根据国家税务总局所得税司个人所得税处的视频培训内容精神，为保证纳税人享受税收优惠，纳税人可以在11月一次补扣以前月份应扣未扣除的商业健康保险支出。

（2）单位为员工购买或者单位和个人共同负担购买的处理。根据财税〔2017〕39号文件第四条第（一）项的规定，单位统一组织为员工购买或者单位和个人共同负担购买符合规定的商业健康保险产品，单位负担部分应当实名计入个人工资、薪金明细清单，视同个人购买，并自购买产品次月起，在不超过200元/月的标准内按月扣除。一年内保费金额超过2 400元的部分，不得税前扣除。以后年度续保时，按上述规定执行。个人自行退保时，应及时告知扣缴单位。对于个人相关退保信息保险公司应及时传递给税务机关。

【例2–6】江苏省南京市乙科技公司于2022年9月统一组织为员工购买符合规定条件的商业健康保险产品，年保费为3 000元/人，保险期间为：2022年10月1日至2023年9月30日。公司员工李某月工资收入8 000元，不考虑“三险一金”专项扣除、专项附加扣除以及其他扣除。

要求：计算单位应预扣预缴的工资、薪金所得个人所得税。

【解析】根据《财政部 国家税务总局关于个人所得税有关问题的批复》（财税〔2005〕94号）的规定，单位为职工个人购买商业性补充养老保险等，在办理投保手续时应作为个人所得税的“工资、薪金所得”项目，按税法规定缴纳个人所得税；因各种原因退保，个人未取得实际收入的，已缴纳的个人所得税应予以退回。

《国家税务总局关于单位为员工支付有关保险缴纳个人所得税问题的批复》（国税函〔2005〕318号）也规定，企业为员工支付各项免税之外的保险金，应在企业向保险公司缴付时（即该保险落到保险人的保险账户）并入员工当期的工资收入，按“工资、薪金所得”项目计征个人所得税，税款由企业负责代扣代缴。

因而，单位为员工购买商业健康保险支出3 000元，应并入当月“工资、薪金所得”项目缴纳个人所得税。

为不增加纳税人负担，有些地方税务机关也认可纳税人将单位为员工购买的商业健康保险支出，按月平均后分月计入各月的工资、薪金所得，按规定计算征收个人所得税。

2022年工资、薪金所得个人所得税的预扣预缴如下：

1月取得工资、薪金应预扣预缴个人所得税：

（8 000–5 000）×3%=90（元）；

2月取得工资、薪金应预扣预缴个人所得税：

（8 000×2–5 000×2）×3%–90=180–90=90（元）；

3月取得工资、薪金应预扣预缴个人所得税：

（8 000×3–5 000×3）×3%–180=270–180=90（元）；

1月至8月共计预扣预缴个人所得税720元。

9月取得工资、薪金应预扣预缴个人所得税：

（8 000×9–5 000×9+3 000）×3%–720=180（元）；

10月取得工资、薪金应预扣预缴个人所得税：

（8 000×10–5 000×10+3 000–200）×3%=984–900=84（元）；

11月取得工资、薪金应预扣预缴个人所得税：

（8 000×11–5 000×11+3 000–200×2）×3%–984=1 068–984=84（元）；

12月取得工资、薪金应预扣预缴个人所得税：

（8 000×12–5 000×12+3 000–200×3）×10%–2 520–1 068=1 320–1 068=252（元）。

2023年取得的工资、薪金所得个人所得税的预扣预缴如下：

1月取得工资、薪金应预扣预缴个人所得税：

（8 000–5 000–200）×3%=84（元）；

2月取得工资、薪金应预扣预缴个人所得税：

（8 000×2–5 000×2–200×2）×3%–84=168–84（元）；

3月取得工资、薪金应预扣预缴个人所得税：

（8 000×3–5 000×3–200×3）×3%–168=252–168=84（元）；

4月取得工资、薪金应预扣预缴个人所得税：

（8 000×4–5 000×4–200×4）×3%–252=336–252=84（元）；

5月取得工资、薪金应预扣预缴个人所得税：

（8 000×5–5 000×5–200×5）×3%–336=420–336=84（元）；

6月取得工资、薪金应预扣预缴个人所得税：

（8 000×6–5 000×6–200×6）×3%–420=504–420=84（元）；

7月取得工资、薪金应预扣预缴个人所得税：

（8 000×7–5 000×7–200×7）×3%–504=588–504=84（元）；

8月取得工资、薪金应预扣预缴个人所得税：

（8 000×8–5 000×8–200×8）×3%–588=672–588=84（元）；

9月取得工资、薪金应预扣预缴个人所得税：

（8 000×9–5 000×9–200×9）×3%–672=756–672=84（元）；

10月取得工资、薪金应预扣预缴个人所得税：

（8 000×10–5 000×10–200×9）×3%–756=846–756=90（元）。

（3）取得经营所得的个人购买商业健康保险支出的扣除。根据财税〔2017〕39号文件第四条第（三）项的规定，个体工商户业主、企事业单位承包承租经营者、个人独资和合伙企业个人投资者自行购买符合条件的商业健康保险产品的，在不超过2 400元/年的标准内据实扣除。一年内保费金额超过2 400元的部分，不得税前扣除。以后年度续保时，按上述规定执行。

（4）税优识别码的使用。税优识别码，是指为确保税收优惠商业健康保险保单的唯一性、真实性和有效性，由商业健康保险信息平台按照“一人一单一码”的原则对投保人进行校验后，下发给保险公司，并在保单凭证上打印的数字识别码。

根据国家税务总局公告2017年第17号第五条的规定，保险公司销售符合规定的商业健康保险产品，应及时为购买保险的个人开具发票和保单凭证，并在保单凭证上注明税优识别码。

个人购买商业健康保险未获得税优识别码的，其支出金额不得税前扣除。

5.特殊事项的处理

（1）两处以上取得工资、薪金所得的扣除。根据国家税务总局公告2017年第17号第三条第二款的规定，个人自行购买符合规定的商业健康保险产品的，应及时向扣缴义务人提供保单凭证，扣缴义务人应当依法为其税前扣除，不得拒绝。个人从中国境内两处或者两处以上取得工资、薪金所得，且自行购买商业健康保险的，只能选择在其中一处扣除。

（2）核定征收个体工商户的处理。根据国家税务总局公告2017年第17号第四条第二款的规定，实行核定征收的纳税人，应向主管税务机关报送《商业健康保险税前扣除情况明细表》，主管税务机关按程序相应调减其应纳税所得额或应纳税额。纳税人未续保或退保的，应当及时告知主管税务机关，终止商业健康保险税前扣除。

（3）部门协作。税务、保监部门应建立信息共享机制，及时共享商业健康保险涉税信息。

保险公司在销售商业健康保险产品时，要为购买健康保险的个人开具发票和保单凭证，载明产品名称及缴费金额等信息，作为个人税前扣除的凭据。保险公司要与商业健康保险信息平台保持实时对接，保证信息真实准确。

保险公司或商业健康保险信息平台应向税务机关提供个人购买商业健康保险的相关信息，并配合税务机关做好相关税收征管工作。

6.税前扣除情况明细表的填报

《商业健康保险税前扣除情况明细表》（如表2-9所示），适用于个人购买符合规定的商业健康保险支出税前扣除申报。

表2-9 商业健康保险税前扣除情况明细表

所属期： 年 月 日至 年 月 日　　　　金额单位：人民币元（列至角分）

扣缴义务人（被投资单位）情况								
名称				纳税人识别号				
商业健康保险税前扣除情况								
序号	姓名	身份证件类型	身份证件号码	税优识别码	保单生效日期	年度保费	月度保费	本期扣除金额

<table>
<tr><td></td><td></td><td></td><td></td><td></td><td></td><td></td><td></td><td></td></tr>
<tr><td></td><td></td><td></td><td></td><td></td><td></td><td></td><td></td><td></td></tr>
<tr><td></td><td></td><td></td><td></td><td></td><td></td><td></td><td></td><td></td></tr>
<tr><td colspan="9">谨声明：此表是根据《中华人民共和国个人所得税法》及有关法律法规规定填写的，是真实的、完整的、可靠的。
纳税人或扣缴义务人负责人签字：　　　　年　月　日</td></tr>
<tr><td colspan="5">代理申报机构（人）签章：
经办人：
经办人执业证件号码：
代理申报日期：　　年　月　日</td><td colspan="4">主管税务机关受理章：
受理人：
受理日期：　　年　月　日</td></tr>
</table>

国家税务总局监制

（三）税延养老保险支出

为推进多层次养老保险体系建设，对养老保险第三支柱进行有益探索，《财政部 税务总局 人力资源社会保障部 中国银行保险监督管理委员会 证监会关于开展个人税收递延型商业养老保险试点的通知》（财税〔2018〕22号）就开展个人税收递延型商业养老保险（以下简称税延养老保险）试点有关问题做出如下规定。

1.税延养老保险税前扣除试点政策

对试点地区个人通过个人商业养老资金账户购买符合规定的商业养老保险产品的支出，允许在一定标准内税前扣除；计入个人商业养老资金账户的投资收益，暂不征收个人所得税；个人领取商业养老金时再征收个人所得税。具体规定如下。

（1）个人缴费税前扣除标准。在2018年12月31日以前，取得工资薪金所得、连续性劳务报酬所得的个人，其缴纳的保费准予在申报扣除当月计算应纳税所得额时予以限额据实扣除，扣除限额按照当月工资、薪金，连续性劳务报酬收入的6%和1 000元孰低办法确定。取得个体工商户生产经营所得、对企事业单位的承包承租经营所得（自2019年改为经营所得）的个体工商户业主、个人独资企业投资者、合伙企业自然人合伙人和承包承租经营者，其缴纳的保费准予在申报扣除当年计算应纳税所得额时予以限额据实扣除，扣除限额按照不超过当年应税收入的6%和12 000元孰低办法确定。

（2）资金投资收益暂不征税。计入个人商业养老资金账户的投资收益，在缴费期间暂不征收个人所得税。

（3）个人领取商业养老金征税。个人达到国家规定的退休年龄时，可按月或按年领取商业养老金，领取期限原则上为终身或不少于15年。个人身故、发生保险合同约定的全残或罹患重大疾病的，可以一次性领取商业养老金。

自2019年1月1日起，《财政部 税务总局关于个人取得有关收入适用个人所得税应税所得项目的公告》（财政部 税务总局公告2019年第74号）第四条明确，按照财税〔2018〕22号文件的规定，个人达到规定条件时领取的税收递延型商业养老保险的养老金收入，其中25%部分予以免税，其余75%部分按照10%的比例税率计算缴纳个人所得税，税款计入“工资、薪金所得”项目，由保险机构代扣代缴后，在个人购买税延养老保险的机构所在地办理全员全额扣缴申报。

（4）试点地区及时间。自2018年5月1日起，在上海市、福建省（含厦门市）和苏州工业园区实施个人税收递延型商业养老保险试点。

2.试点政策适用对象

适用试点税收政策的纳税人，是指在试点地区取得工资薪金、连续性劳务报酬所得的个人，以及取得经营所得的个体工商户业主、个人独资企业投资者、合伙企业自然人合伙人和承包承租经营者，其工资薪金、连续性劳务报酬的个人所得税扣缴单位，或者个体工商户、承包承租单位、个人独资企业、合伙企业的实际经营地均位于试点地区内。

取得连续性劳务报酬所得，是指纳税人连续6个月以上（含6个月）为同一单位提供劳务而取得的所得。这与可扣除商业健康保险的连续性劳务报酬所得规定不同，后者是指个人连续3个月以上（含3个月）为同一单位提供劳务而取得的所得。

3.征收管理

（1）商业养老资金账户和信息平台。个人商业养老资金账户是由纳税人指定的、用于归集税收递延型商业养老保险缴费、收益以及资金领取等的商业银行个人专用账户。该账户封闭运行，与居民身份证件绑定，具有唯一性。

试点期间使用中国保险信息技术管理有限责任公司建立的信息平台（以下简称中保信平台）。个人商业养老资金账户在中保信平台进行登记，校验其唯一性。个人商业养老资金账户变更银行须经中保信平台校验后，进行账户结转，每年允许结转一次。中保信平台与税务系统、商业保险机构和商业银行对接，提供账户管理、信息查询、税务稽核、外部监管等基础性服务。

（2）商业养老保险产品及管理。个人商业养老保险产品按稳健型产品为主、风险型产品为辅的原则选择，采取名录方式确定。试点期间的产品是指由保险公司开发，符合“收益稳健、长期锁定、终身领取、精算平衡”原则，满足参保人对养老账户资金安全性、收益性和长期性管理要求的商业养老保险产品。具体商业养老保险产品指引由中国银行保险监督管理委员会提出，商财政部、人社部、国家税务总局后发布。

（3）缴费税前扣除。个人购买符合规定的商业养老保险产品、享受递延纳税优惠时，以中保信平台出具的税延养老扣除凭证为扣税凭据。取得工资、薪金所得和连续性劳务报酬所得的个人，应及时将相关凭证提供给扣缴单位。扣缴单位应按照要求，为纳税人办理税前扣除有关事项。

个人在试点地区范围内从两处或者两处以上取得所得的，只能选择在其中一处享受试点政策。

根据《国家税务总局关于开展个人税收递延型商业养老保险试点有关征管问题的公告》（国家税务总局公告2018年第21号）第一条第一项的规定，试点地区内可享受税延养老保险税前扣除优惠政策的个人，凭中国保险信息技术管理有限责任公司相关信息平台出具的《个人税收递延型商业养老保险扣除凭证》（以下简称税延养老扣除凭证），办理税前扣除。取得工资、薪金所得，连续性劳务报酬所得的个人，其购买符合规定商业养老保险产品的支出享受税前扣除优惠时，应及时将税延养老扣除凭证提供给扣缴单位。扣缴单位应当按照规定，在个人申报扣除当月计算扣除限额并办理税前扣除。扣缴单位在填报《个人所得税扣缴申报表》时，应当将当期可扣除金额填至第18列“其他扣除——税延养老保险”列中，并同时填报《个人税收递延型商业养老保险税前扣除情况明细表》（见表2-10）。

个人因未及时提供税延养老扣除凭证而造成往期未扣除的，扣缴单位可追补至应扣除月份扣除，并按规定重新计算应扣缴税款，在收到扣除凭证的当月办理抵扣或申请退税。个人缴费金额发生变化、未续保或退保的，应当及时告知扣缴义务人重新计算或终止税延养老保险税前扣除。除个人提供资料不全、信息不实等情形外，扣缴单位不得拒绝为纳税人办理税前扣除。

表2-10 个人税收递延型商业养老保险税前扣除情况明细表

所属期：　　年　月　日至　　年　月　日　　　　　　　　　　　　金额单位：人民币元（列至角分）

单位或个人情况									
填表人身份		□扣缴义务人　□个体工商户和承包承租经营者 □个人独资企业投资者　□合伙企业自然人合伙人　□其他							
单位名称				纳税人识别号 （统一社会信用代码）					
税收递延型商业养老保险税前扣除情况									
序号	姓名	身份证件类型	身份证件号码	税延养老账户编号	申报扣除期	报税校验码	年度保费	月度保费	本期扣除金额
谨声明：此表是根据《中华人民共和国个人所得税法》及有关法律法规规定填写的，是真实的、完整的、可靠的。 纳税人或扣缴义务人负责人签字：　　年　月　日									

代理申报机构（人）签章： 经办人： 经办人身份证件类型： 经办人身份证件号码： 经办人执业证件号码： 代理申报日期：　　年　月　日	主管税务机关受理章： 受理人： 受理日期：　　年　月　日

国家税务总局监制

4. 领取商业养老金时的税款征收

个人按规定领取商业养老金时，由保险公司代扣代缴其应缴的个人所得税。

5. 相关工作与部门协作

试点期间，中国银行保险监督管理委员会、证监会做好相关准备工作，完善养老账户管理制度，制定银行、公募基金类产品指引等相关规定，指导相关金融机构产品开发。做好中国证券登记结算有限责任公司信息平台（以下简称中登公司平台）与商业银行、税务等信息系统的对接准备工作。同时，由人社部、财政部牵头，联合国家税务总局、中国银行保险监督管理委员会、证监会等单位，共同研究建立第三支柱制度和管理服务信息平台。

试点结束后，根据试点情况，结合养老保险第三支柱制度建设的有关情况，有序扩大参与的金融机构和产品范围，将公募基金等产品纳入个人商业养老账户投资范围，相应将中登公司平台作为信息平台，与中保信平台同步运行。第三支柱制度和管理服务信息平台建成以后，中登公司平台、中保信平台与第三支柱制度和管理服务信息平台对接，实现养老保险第三支柱宏观监管。

信息平台应向税务机关提供个人税收递延型商业养老保险有关信息，并配合税务机关做好相关税收征管工作。

保险公司在销售个人税收递延型商业养老保险产品时，应为购买商业养老保险产品的个人开具发票和保单凭证，载明产品名称及缴费金额等信息。保险公司与信息平台实时对接，保证信息真实准确。

（四）允许扣除的税费

1. 允许扣除税费的所得项目

计算应纳税所得额时允许扣除的税费，只适用于劳务报酬所得、特许权使用费所得、财产租赁所得和财产转让所得项目。

（1）劳务报酬所得允许扣除的税费是指劳务发生过程中实际缴纳的税费。

（2）特许权使用费允许扣除的税费是指提供特许权过程中发生的中介费和相关税费。

（3）适用于财产租赁所得时，允许扣除的税费是指修缮费和出租财产过程中发生的相关税费。

（4）适用于财产转让所得时，允许扣除的税费是指财产原值和转让财产过程中发生的合理税费。

2. 劳务报酬所得可以扣除税金

《财政部 国家税务总局关于个人提供非有形商品推销 代理等服务活动取得收入征收营业税

和个人所得税有关问题的通知》(财税〔1997〕103号)规定，非本企业雇员为企业提供非有形商品推销、代理等服务活动取得的佣金、奖励和劳务费等名目的收入，无论该收入采用何种计取方法和支付方式，均应计入个人从事服务业应税劳务的营业额[1]，按照规定计算征收营业税[2]；上述收入扣除已缴纳的营业税税款后，应计入个人的劳务报酬所得，按照《个人所得税法》及其实施条例和其他有关规定计算征收个人所得税。

根据《国家税务总局关于个人所得税偷税案件查处中有关问题的补充通知》(国税函发〔1996〕602号)的规定，获取劳务报酬所得的纳税义务人从其收入中支付给中介人和相关人员的报酬，在定率扣除20%的费用后，一律不再扣除。对中介人和相关人员取得的上述报酬，应分别计征个人所得税，这与《财政部 国家税务总局关于个人所得税若干政策问题的通知》(财税字〔1994〕20号)有关特许权使用费的规定不同。财税字〔1994〕20号文件规定，对个人从事技术转让、提供劳务等过程中所支付的中介费，如能提供有效、合法凭证的，允许从其所得中扣除。

计算个人所得税时可以在税前扣除的税费包括：纳税人取得劳务报酬所得时，可依法扣除劳务发生过程中实际缴纳的税费；纳税人取得特许权使用费所得时，可依法扣除提供特许权过程中发生的中介费和实际缴纳的税费；纳税人取得财产租赁所得时，可依法扣除修缮费和出租财产过程中实际缴纳的税费；纳税人取得财产转让所得时，可依法扣除转让财产过程中实际缴纳的税费。

【例2-7】2021年8月，演员张某利用业余时间参加某市房地产公司开业庆典文艺演出，按照合同规定取得的不含增值税的劳务报酬50 000元。

要求：计算张某应缴纳的相关税费。

【解析】演员张某应纳增值税为：50 000×1%=500(元)。

应纳城市维护建设税为：500×7%×50%=17.5(元)。

根据《财政部　国家税务总局关于扩大有关政府性基金免征范围的通知》(财税〔2016〕12号)的规定，自2016年2月1日起，对按月纳税的月销售额不超过10万元(按季度纳税的季度销售额不超过30万元)的缴纳义务人，免征教育费附加、地方教育附加、水利建设基金。因而，对张某取得的劳务报酬免征教育费附加和地方教育附加。

应预扣预缴张某的个人所得税为：(50 000−17.5)×(1−20%)×30%−2 000=9 995.80(元)。

3.特许权使用费的税费扣除

计算应纳税所得额时允许扣除的税费，只适用于劳务报酬所得、特许权使用费所得、财产租赁所得和财产转让所得项目。计算特许权使用费所得应纳税所得额时，允许扣除的税费是指提供特许权过程中发生的中介费和相关税费。

(五)其他扣除项目

1.展业成本的扣除

根据财税〔2018〕164号文件第三条的规定，保险营销员、证券经纪人取得的佣金收入，属于劳务报酬所得，以不含增值税的收入减除20%的费用后的余额为收入额，收入额减去展业成

[1] 营改增后为销售额。

[2] 营改增后为增值税。

本以及附加税费后，并入当年综合所得，计算缴纳个人所得税。保险营销员、证券经纪人展业成本按照收入额的25%计算。

2.公务交通费与通讯补贴

根据《国家税务总局关于个人所得税有关政策问题的通知》（国税发〔1999〕58号）第二条“关于个人取得公务交通、通讯补贴收入征税问题”的规定，个人因公务用车和通讯制度改革而取得的公务用车、通讯补贴收入，扣除一定标准的公务费用后，按照“工资、薪金所得”项目计征个人所得税。按月发放的，并入当月“工资、薪金所得”计征个人所得税；不按月发放的，分解到所属月份并与该月份“工资、薪金所得”合并后计征个人所得税。

公务费用的扣除标准，由省级税务机关根据纳税人公务交通、通讯费用的实际发生情况调查测算，报经省级人民政府批准后确定，并报国家税务总局备案。

《国家税务总局关于个人因公务用车制度改革取得补贴收入征收个人所得税问题的通知》（国税函〔2006〕245号）进一步规定，部分单位因公务用车制度改革，对用车人给予各种形式的补偿：直接以现金形式发放，在限额内据实报销用车支出，单位反租职工个人的车辆支付车辆租赁费（“私车公用”），单位向用车人支付车辆使用过程中的有关费用等。因公务用车制度改革而以现金、报销等形式向职工个人支付的收入，均应视为个人取得公务用车补贴收入，按照“工资、薪金所得”项目计征个人所得税。具体计征方法，按国税发〔1999〕58号文件第二条“关于个人取得公务交通、通讯补贴收入征税问题”的有关规定执行。

根据《国家税务总局关于中国海洋石油总公司系统深化用工薪酬制度改革有关个人所得税问题的通知》（国税函〔2003〕330号）的规定，中油公司系统公务用车、通讯制度改革后，其发放给职工的公务用车、通讯补贴收入，根据国税发〔1999〕58号文件第二条的规定，可按公司所在省级政府统一规定或批准的公务费用扣除标准扣除公务费用后，计入职工个人工资、薪金所得计算缴纳个人所得税。凡中油公司系统各公司所在省级政府尚未规定扣除标准的，可暂按各公司2002年公务费用实际发生数为扣除基数；超过扣除基数的补贴，应计入个人所得征税；具体扣除基数，由各公司报所在地海洋石油税务局核备。

【例2-8】税务机关在对某市甲公司2021年度纳税情况进行检查时发现：经理李某每月工资收入15 000元，每月还领取通讯补贴500元、车改后公务交通补贴1 200元。经查证实：单位仅对每月的工资收入15 000元扣缴个人所得税，对取得的交通、通讯补贴未扣缴个人所得税（当地省级税务机关规定的通讯补贴、公务交通补贴扣除标准分别为300元/月、600元/月）。

要求：分析说明存在的个人所得税问题。

【解析】国税发〔1999〕58号文件明确，个人因公务用车和通讯制度改革而取得的公务用车、通讯补贴收入，扣除一定标准的公务费用后，按照“工资、薪金所得”项目计征个人所得税。

根据上述规定，李某取得的通讯补贴与公务交通补贴，扣除该省规定的扣除标准后，应并入当月的工资、薪金所得，计征个人所得税。即1月应预扣预缴个人所得税为：

（15 000+500+1 200−300−600−5 000）×3%=10 800×3%=324（元）；

2月应预扣预缴个人所得税为：

（15 000×2+500×2+1 200×2−300×2−600×2−5 000×2）×3%−324=648−324=324（元）；

全年共计预扣预缴个人所得税为：

（15 000×12+500×12+1 200×12−300×12−600×12−60 000）×10%−2 520=10 440（元）。

部分地方通讯费补贴的具体扣除标准如表2–11所示。部分地方公务交通费补贴具体扣除标准如表2–12所示。

表2–11 部分地方通讯费补贴具体扣除标准

地区	标准	依据	备注
贵州省	每月300元以内据实扣除	《贵州省地方税务局关于个人取得通讯补贴有关个人所得税前扣除问题的公告》（2018年第4号）	
陕西省	每月300元以内据实扣除	《陕西省地方税务局关于个人因通讯制度改革取得补贴收入征收个人所得税有关问题的公告》（2017年第2号）	
广西壮族自治区	公务人员按规定标准扣除：厅级240元/月，处级180元/月，科级130元/月，科员及以下80元/月；企业240元/月内据实扣除	《国家税务总局广西壮族自治区税务局关于公务通讯补贴个人所得税有关问题的公告》（2018年第13号）	
北京市	全额实报实销或限额实报实销部分的可扣除，发放补贴形式的应纳税	《北京市地方税务局关于对公司员工报销手机费征收个人所得税问题的批复》（京地税个〔2002〕116号）	
西藏自治区	1 000元/月限额内据实扣除	《人民政府关于贯彻个人所得税法的通知》（藏政发〔2018〕38号）	
天津市	500元/月限额内据实扣除	《天津市地方税务局关于个人取得通讯补贴收入有关个人所得税政策的公告》（2017年第7号）	
山东省	行政单位按规定发放给个人的公务通讯补贴，在500元/月限额内据实扣除，企事业单位法人代表、总经理在500元/月、其他人员在300元/月限额内据实扣除	《山东省地方税务局关于公务通讯补贴个人所得税费用扣除问题的通知》（鲁地税函〔2005〕33号）	

表2–12 部分地方公务交通费补贴具体扣除标准

地区	标准	依据	备注
辽宁省	以现金或实报实销方式取得的车改补贴收入，公务费用扣除标准为70%，最高限额为每月2 500元	《国家税务总局辽宁省税务局关于发布修改部分税收规范性文件的公告》（2018年第3号）	
西藏自治区	4 000元/月限额内据实扣除	《人民政府关于贯彻个人所得税法的通知》（藏政发〔2018〕38号）	

3.补充住房公积金和住房补贴

财政部和国家税务总局没有就补充住房公积金和住房补贴税前扣除做出全国统一规定，天津等地税务机关做出了相关的地方规定。

（1）天津市关于补充住房公积金和住房补贴的扣除的规定。根据《天津市地方税务局关于补充住房公积金征收个人所得税问题的通知》（津地税所〔2001〕19号）的规定，对天津市各单位为职工建立、缴存的补充住房公积金，凡符合天津市人民政府印发《天津市进一步深化城镇住房制度改革实施办法的通知》（津政发〔1999〕38号）及其附件《天津市补充住房公积金和按月住房补贴资金管理暂行办法》规定的，按照《财政部 国家税务总局关于住房公积金 医疗保险金 养老保险金征收个人所得税问题的通知》（财税字〔1997〕144号）的规定，在计算征收个人所得税时，可从个人当月工资、薪金收入中减除。

《天津市地方税务局关于住房补贴收入有关个人所得税政策问题的补充通知》（津地税所〔2005〕10号）进一步规定，天津市城镇范围内实行住房货币分配的机关、团体、企事业单位，应当根据市政府下发的《天津市进一步深化城镇住房制度改革实施办法》（津政发〔1999〕38号）、《天津市人民政府批转市城镇住房制度改革办公室关于全面推进住房货币分配工作实施意见的通知》（津政发〔2001〕59号）相关规定，制定本单位住房货币分配方案。单位住房货币分配方案须经职代会或工会讨论通过，经主管区、县、局城镇住房制度改革领导小组批准，报市房改办备案后，方可执行。

上述单位按照批准备案后的住房货币分配方案中规定的住房补贴标准和住房补贴面积标准，向职工发放的住房补贴，可按照《天津市地方税务局关于对住房补贴收入有关个人所得税问题的通知》（津地税所〔2001〕36号）的规定，凭主管区、县、局城镇住房制度改革领导小组批准的《天津市单位住房货币分配审批表》，免征个人所得税。

住房补贴收入按职工个人计算。实行住房货币分配方式，包括建立补充住房公积金、按月发放住房补贴、一次性发放住房补贴、一次性发放住房补贴与按月发放住房补贴相结合。对单位发放给职工个人的住房补贴超过规定标准的部分，应当并入其发放当期的工薪所得计征个人所得税。

对不符合天津市政府文件规定，单位向职工个人发放的住房补贴，应按照《财政部 国家税务总局关于住房公积金、医疗保险金、养老保险金征收个人所得税问题的通知》（财税字〔1997〕144号）的规定，征收个人所得税。

（2）河北省关于住房补贴免税标准的规定。根据《河北省地方税务局关于个人所得税有关政策问题的通知》（冀地税函〔2003〕283号）第二条“关于住房补贴问题”的规定，国家住房制度改革后，将原来的福利分房改为货币分房。对执行货币分房的职工取得的住房补贴税收政策问题，国家将做出统一规定。在国家统一规定出台前，对没有参与福利分房或福利分房没有达到标准的个人取得的住房补贴征免个人所得税处理为：

对个人按照当地政府规定的标准取得的下列住房补贴暂免征收个人所得税：

①无住房职工的住房补贴。

②职位提升后的职工，其住房面积不足国家规定标准的住房补贴。

③住房面积不足国家规定标准的职工补差住房补贴。

对超过当地政府规定标准取得的上述住房补贴按税法规定并入当月工资、薪金所得征收个人所得税。

住房公积金和住房补贴的个人所得税处理如表2-13所示。

表2-13 住房公积金与住房补贴的个人所得税处理

项目	情形	税务处理
住房公积金	按规定标准缴存时	单位和个人分别在不超过职工本人上一年度月平均工资12%的幅度内，其实际缴存的住房公积金，允许在个人应纳税所得额中扣除。单位和职工个人缴存住房公积金的月平均工资不得超过职工工作地所在设区城市上一年度职工月平均工资的3倍，具体标准按照各地有关规定执行
	超标准缴付时	单位超过规定比例和标准缴付的住房公积金，应将超过部分并入个人当期的工资、薪金收入，计征个人所得税；个人超过规定标准缴付的部分，不得在税前扣除
	领取住房公积金时	个人实际领（支）取原提存的住房公积金时，免征个人所得税
住房补贴	中国公民	企业以现金形式发给个人的住房补贴，应全额计入领取人的当期工资、薪金收入计征个人所得税。另有规定的除外
	外籍个人	对外籍个人以实报实销形式取得的住房补贴，按照《关于个人所得税若干政策问题的通知》(〔94〕财税字第20号）的规定，暂免个人所得税。选择执行专项附加扣除的外籍居民个人除外

4.补充医疗保险

截至本书定稿时，补充医疗保险税前扣除尚没有全国统一的规定，天津等地出台了地方性规定，明确补充医疗保险税前扣除标准。

根据《天津市地方税务局关于医疗保险金征收个人所得税问题的通知》(津地税所〔2002〕23号）的规定，单位和个人按照天津市人民政府批转市劳动和社会保障局拟定的《天津市城镇职工基本医疗保险规定的通知》(津政发〔2001〕80号）中规定的标准向社会保险经办机构实际缴付的基本医疗保险、门（急）诊大额医疗费补助、大额医疗费救助，不计入个人当期的工资、薪金收入，免予征收个人所得税。

企业按照《财政部 劳动保障部关于企业补充医疗保险有关问题的通知》(财社〔2002〕18号）规定，在工资总额4%以内列支的补充医疗保险费和行政、事业单位按照《天津市公务员医疗补助暂行办法》筹集的国家公务员医疗补助经费，用于职工个人医药费用补助的，免予征收个人所得税。

超过津地税所〔2002〕23号文件第二条规定的范围和标准之外，单位以现金形式发给个人的医疗补助费和单位为职工个人通过商业保险公司缴付的补充医疗保险金，均应并入个人当期的工资、薪金收入，计征个人所得税。

原某省地方税务局《关于个人所得税若干政策执行口径的建议》为：

（1）关于补充医疗保险的个人所得税征收。

①按照地方政府及人社局规定标准向缴纳基本医疗保险单位统一征缴的、纳入全市医保统筹使用、未计入缴费单位个人账户的补充医疗保险，暂缓征个人所得税。

②由单位自行向保险公司缴纳的集体商业性补充医疗保险，不能量化到个人，且不能结转下年使用的，暂缓征个人所得税。

③其余形式的补充医疗保险，在单位向保险公司缴纳时，由单位代扣代缴个人所得税，职工在取得保险补偿时，不征收个人所得税。

（2）关于企业大病医疗统筹基金的提取与使用。

①单位从福利费中提取一定金额作为大病医疗统筹基金时，未量化到人，未实际支付，不征收个人所得税；

②职工大病后发放补助的，如符合当地政府医保部门大病医保范畴的，其发放的补助视同困难补助，免征个人所得税；

③超出医保范畴的补助，或者职工人人都有的补助，在发放时计入工资薪金所得，征收个人所得税。

第三节　捐赠支出的税前扣除

扶贫济困、乐善好施，一方有难、八方支援，是中华民族的传统美德。捐赠是一项有利于国家和社会的公益活动，为此《个人所得税法》规定，个人的公益性捐赠可按规定在税前扣除。本节详细解析捐赠支出的个人所得税处理，主要内容如图2–5所示。

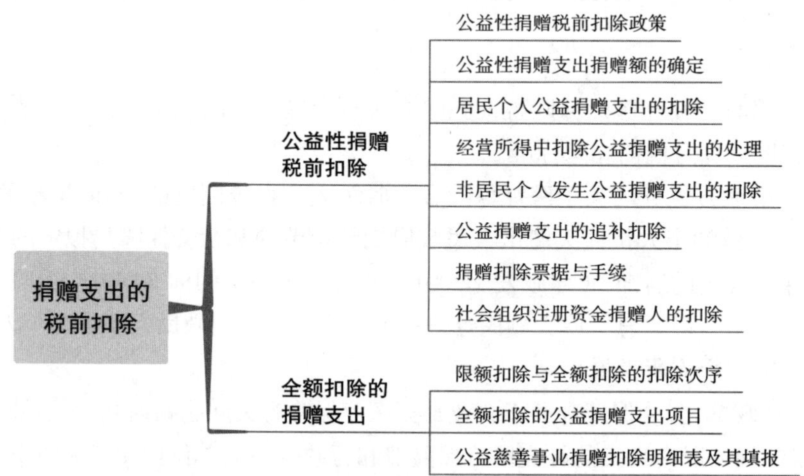

图2–5　捐赠支出的税前扣除

一、公益性捐赠税前扣除

（一）公益性捐赠税前扣除政策

1. 公益性捐赠扣除规定

根据《个人所得税法》第六条第三款的规定，个人将其所得对教育、扶贫、济困等公益慈善事业进行捐赠，捐赠额未超过纳税人申报的应纳税所得额30%的部分，可以从其应纳税所得额中扣除；国务院规定对公益慈善事业捐赠实行全额税前扣除的，从其规定。这里所称个人将其所得对教育、扶贫、济困等公益慈善事业进行捐赠，根据《个人所得税法实施条例》第十九条的规定，是指个人将其所得通过中国境内的公益性社会组织、国家机关向教育、扶贫、济困等公益慈善事业的捐赠；所称应纳税所得额，是指计算扣除捐赠额之前的应纳税所得额。

根据《财政部 税务总局关于公益慈善事业捐赠个人所得税政策的公告》（财政部 税务总局公告2019年第99号）第一条的规定，个人通过中华人民共和国境内公益性社会组织、县级以上人民政府及其部门等国家机关，向教育、扶贫、济困等公益慈善事业的捐赠（以下简称公益捐赠），发生的公益捐赠支出，可以按照个人所得税法有关规定在计算应纳税所得额时扣除。境内公益性社会组织，包括依法设立或登记并按规定条件和程序取得公益性捐赠税前扣除资格的慈善组织、其他社会组织和群众团体。

根据《财政部 税务总局关于公共租赁住房税收优惠政策的公告》（财政部 税务总局公告2019年第61号）第五条的规定，个人捐赠住房作为公租房，符合税收法律法规规定的，对其公益性捐赠支出未超过其申报的应纳税所得额30%的部分，准予从其应纳税所得额中扣除。

2.公益慈善事业的界定

企业或个人通过公益性社会组织、县级以上人民政府及其部门等国家机关，用于符合法律规定的公益慈善事业捐赠支出，准予按税法规定在计算应纳税所得额时扣除。公益慈善事业，应当符合《中华人民共和国公益事业捐赠法》（以下简称《公益事业捐赠法》）第三条对公益事业范围的规定或者《中华人民共和国慈善法》（以下简称《慈善法》）第三条对慈善活动范围的规定。

根据《公益事业捐赠法》第三条的规定，公益事业是指非营利的下列事项：

（1）救助灾害、救济贫困、扶助残疾人等困难的社会群体和个人的活动；

（2）教育、科学、文化、卫生、体育事业；

（3）环境保护、社会公共设施建设；

（4）促进社会发展和进步的其他社会公共和福利事业。

根据《慈善法》第三条的规定，慈善活动，是指自然人、法人和其他组织以捐赠财产或者提供服务等方式，自愿开展的下列公益活动：

（1）扶贫、济困；

（2）扶老、救孤、恤病、助残、优抚；

（3）救助自然灾害、事故灾难和公共卫生事件等突发事件造成的损害；

（4）促进教育、科学、文化、卫生、体育等事业的发展；

（5）防治污染和其他公害，保护和改善生态环境；

（6）符合该法规定的其他公益活动。

3.捐赠税前扣除限额的计算

公益性捐赠税前扣除限额的具体计算步骤为：

（1）调整所得额，即将捐赠额加回到应纳税所得额中，计算没有扣除捐赠之前的应纳税所得额。

（2）计算扣除限额，将调整后的所得额乘以30%，计算出扣除限额。

（3）计算扣除额，比较实际捐赠额与扣除限额，以孰低值确定公益性捐赠扣除额。即，个人发生的限额扣除的公益性捐赠不足扣除限额的，据实扣除；超过扣除限额的，按限额扣除。

（4）计算应纳税所得额，将调整后的所得额减去法定的公益性捐赠扣除额，其差额为应纳税所得额。

【例2-9·单选】2021年8月，非居民个人大山从中国境内取得翻译收入20 000元，从中拿出5 000元，通过中国境内公益性社会团体捐给了贫困地区，大山就该笔翻译收入应缴纳的个人所得税（不考虑个人所得税以外的其他税费）为（　　）元。

A. 1 052　　B. 910　　C. 2 240　　D. 1 072

【答案】B

【解析】个人向贫困地区的公益性捐赠可以根据税法规定在限额内扣除，捐赠扣除限额=20 000×（1–20%）×30% =4 800（元），实际捐赠额为5 000元，税前准予扣除4 800元。

应缴个人所得税=［20 000×（1–20%）–4 800］×10% –210=910（元）。

（二）公益性捐赠支出捐赠额的确定

1. 确认捐赠额的一般原则

根据《财政部 税务总局 民政部关于公益性捐赠税前扣除有关事项的公告》（财政部 税务总局 民政部公告2020年第27号）第十三条的规定，除另有规定外，公益性社会组织、县级以上人民政府及其部门等国家机关在接受企业或个人捐赠时，按以下原则确认捐赠额：

（1）接受的货币性资产捐赠，以实际收到的金额确认捐赠额。

（2）接受的非货币性资产捐赠，以其公允价值确认捐赠额。

捐赠方在向公益性社会组织、县级以上人民政府及其部门等国家机关捐赠时，应当提供注明捐赠非货币性资产公允价值的证明；不能提供证明的，接受捐赠方不得向其开具捐赠票据。

2. 确定个人所得税捐赠额的具体原则

根据财政部、税务总局公告2019年第99号第二条的规定，个人发生的公益捐赠支出金额，按照以下规定确定：

（1）捐赠货币性资产的，按照实际捐赠金额确定；

（2）捐赠股权、房产的，按照个人持有股权、房产的财产原值确定；

（3）捐赠除股权、房产以外的其他非货币性资产的，按照非货币性资产的市场价格确定。

3. 企业公益捐赠股权捐赠额的确定

根据《财政部 国家税务总局关于公益股权捐赠企业所得税政策问题的通知》（财税〔2016〕45号）的规定，企业向公益性社会团体实施的股权捐赠，应按规定视同转让股权，股权转让收入额以企业所捐赠股权取得时的历史成本确定。股权，是指企业持有的其他企业的股权、上市公司股票等。企业实施股权捐赠后，以其股权历史成本为依据确定捐赠额，并依此按照企业所得税法有关规定在所得税前予以扣除。公益性社会团体接受股权捐赠后，应按照捐赠企业提供的股权历史成本开具捐赠票据。股权捐赠行为，是指企业向中华人民共和国境内公益性社会团体实施的股权捐赠行为。企业向中华人民共和国境外的社会组织或团体实施的股权捐赠行为不适用该通知规定。

（三）居民个人公益捐赠支出的扣除

1. 扣除项目

根据财政部、税务总局公告2019年第99号第三条第（一）项的规定，居民个人发生的公益捐赠支出可以在财产租赁所得、财产转让所得、利息股息红利所得、偶然所得（本书统称其他分类所得）、综合所得或者经营所得中扣除。在当期一个所得项目扣除不完的公益捐赠支出，可以按规定在其他的所得项目中继续扣除。

居民个人捐赠当月有多项多次其他分类所得的，应先在其中一项一次其他分类所得中扣除。已经在其他分类所得中扣除的公益捐赠支出，不再调整到其他的所得中扣除。

2. 扣除限额

根据财政部、税务总局公告2019年第99号第三条第（二）项的规定，居民个人发生的公益捐赠支出，在综合所得、经营所得中扣除的，扣除限额分别为当年综合所得、当年经营所得应纳税所得额的30%；在其他分类所得中扣除的，扣除限额为当月其他分类所得应纳税所得额的30%。

3. 扣除顺序

根据财政部、税务总局公告2019年第99号第三条第（三）项的规定，居民个人根据各项所得的收入、公益捐赠支出、适用税率等情况，自行决定在综合所得、经营所得、其他分类所得中扣除的公益捐赠支出的顺序。

4. 综合所得中扣除公益捐赠支出的处理

根据财政部、税务总局公告2019年第99号第四条的规定，居民个人在综合所得中扣除公益捐赠支出的，应按照以下规定处理：

（1）居民个人取得工资薪金所得的，可以选择在预扣预缴时扣除，也可以选择在年度汇算清缴时扣除。

居民个人选择在预扣预缴时扣除的，应按照累计预扣法计算扣除限额，其捐赠当月的扣除限额为截止当月累计应纳税所得额的30%（全额扣除的从其规定，下同）。个人从两处以上取得工资薪金所得，选择其中一处扣除，选择后当年不得变更。

（2）居民个人取得劳务报酬所得、稿酬所得、特许权使用费所得的，预扣预缴时不扣除公益捐赠支出，统一在汇算清缴时扣除。

（3）居民个人取得全年一次性奖金、股权激励等所得，且按规定采取不并入综合所得而单独计税方式处理的，公益捐赠支出扣除比照其他分类所得的扣除规定处理。

（四）经营所得中扣除公益捐赠支出的处理

根据财政部、税务总局公告2019年第99号第六条的规定，在经营所得中扣除公益捐赠支出，应按以下规定处理：

1. 个体工商户发生的公益捐赠支出的扣除

个体工商户发生的公益捐赠支出，在其经营所得中扣除。

根据《国家税务总局个体工商户个人所得税计税办法》（国家税务总局令第35号）第三十六条的规定，个体工商户通过公益性社会团体或者县级以上人民政府及其部门，用于《公益事业捐赠法》规定的公益事业的捐赠，捐赠额不超过其应纳税所得额30%的部分可以据实扣除。财政部、国家税务总局规定可以全额在税前扣除的捐赠支出项目，按有关规定执行。个体工商户直接对受益人的捐赠不得扣除。公益性社会团体的认定，按照财政部、国家税务总局、民政部有关规定执行。

2. 个人独资、合伙企业发生捐赠支出的扣除

个人独资企业、合伙企业发生的公益捐赠支出，其个人投资者应当按照捐赠年度合伙企业的分配比例（个人独资企业分配比例为100%），计算归属于每一个人投资者的公益捐赠支出，个人投资者应将其归属的个人独资企业、合伙企业公益捐赠支出和本人需要在经营所得扣除的其他公益捐赠支出合并，在其经营所得中扣除。

3. 经营所得扣除捐赠支出的时点

在经营所得中扣除公益捐赠支出的，可以选择在预缴税款时扣除，也可以选择在汇算清缴时扣除。

4. 经营所得核定征收的不得扣除公益捐赠支出

经营所得采取核定征收方式的，不扣除公益捐赠支出。

（五）非居民个人发生公益捐赠支出的扣除

根据财政部、税务总局公告2019年第99号第七条的规定，非居民个人发生的公益捐赠支出，未超过其在公益捐赠支出发生的当月应纳税所得额30%的部分，可以从其应纳税所得额中扣除。扣除不完的公益捐赠支出，可以在经营所得中继续扣除。

（六）公益捐赠支出的追补扣除

根据财政部、税务总局公告2019年第99号第五条的规定，居民个人发生的公益捐赠支出，可在捐赠当月取得的其他分类所得中扣除。当月其他分类所得应扣除未扣除的公益捐赠支出，可以按照以下规定追补扣除：

（1）扣缴义务人已经代扣但尚未解缴税款的，居民个人可以向扣缴义务人提出追补扣除申请，退还已扣税款。

（2）扣缴义务人已经代扣且解缴税款的，居民个人可以在公益捐赠之日起90日内提请扣缴义务人向征收税款的税务机关办理更正申报追补扣除，税务机关和扣缴义务人应当予以办理。

（3）居民个人自行申报纳税的，可以在公益捐赠之日起90日内向主管税务机关办理更正申报追补扣除。

根据该公告第七条的规定，非居民个人按规定可以在应纳税所得额中扣除公益捐赠支出而未实际扣除的，可按照该公告第五条的上述规定追补扣除。

（七）捐赠扣除票据与手续

根据财政部、税务总局、民政部公告2020年第27号第十一条的规定，公益性社会组织、县级以上人民政府及其部门等国家机关在接受捐赠时，应当按照行政管理级次分别使用由财政部或省、自治区、直辖市财政部门监（印）制的公益事业捐赠票据，并加盖本单位的印章。企业或个人将符合条件的公益性捐赠支出进行税前扣除，应当留存相关票据备查。

根据财政部、税务总局公告2019年第99号第九条的规定，公益性社会组织、国家机关在接受个人捐赠时，应当按照规定开具捐赠票据；个人索取捐赠票据的，应予以开具。个人发生公

益捐赠时不能及时取得捐赠票据的，可以暂时凭公益捐赠银行支付凭证扣除，并向扣缴义务人提供公益捐赠银行支付凭证复印件。个人应在捐赠之日起90日内向扣缴义务人补充提供捐赠票据，如果个人未按规定提供捐赠票据，扣缴义务人应在30日内向主管税务机关报告。机关、企事业单位统一组织员工开展公益捐赠的，纳税人可以凭汇总开具的捐赠票据和员工明细单扣除。

根据财政部、税务总局公告2019年第99号第十条的规定，个人通过扣缴义务人享受公益捐赠扣除政策，应当告知扣缴义务人符合条件可扣除的公益捐赠支出金额，并提供捐赠票据的复印件，其中捐赠股权、房产的还应出示财产原值证明。扣缴义务人应当按照规定在预扣预缴、代扣代缴税款时予以扣除，并将公益捐赠扣除金额告知纳税人。个人自行办理或扣缴义务人为个人办理公益捐赠扣除的，应当在申报时一并报送《个人所得税公益慈善事业捐赠扣除明细表》。个人应留存捐赠票据，留存期限为五年。

根据《财政部 税务总局关于支持新型冠状病毒感染的肺炎疫情防控有关捐赠税收政策的公告》（财政部 税务总局公告2020年第9号）第二条的规定，企业和个人直接向承担疫情防治任务的医院捐赠用于应对新冠肺炎疫情的物品，允许在计算应纳税所得额时全额扣除。捐赠人凭承担疫情防治任务的医院开具的捐赠接收函办理税前扣除事宜。

（八）社会组织注册资金捐赠人的扣除

根据财政部、税务总局、民政部公告2020年第27号第十二条的规定，公益性社会组织登记成立时的注册资金捐赠人，在该公益性社会组织首次取得公益性捐赠税前扣除资格的当年进行所得税汇算清缴时，可按规定对其注册资金捐赠额进行税前扣除。

二、全额扣除的捐赠支出

（一）限额扣除与全额扣除的扣除次序

根据财政部、税务总局公告2019年第99号第八条的规定，国务院规定对公益捐赠全额税前扣除的，按照规定执行。个人同时发生按30%扣除和全额扣除的公益捐赠支出，自行选择扣除次序。

（二）全额扣除的公益捐赠支出项目

1.北京2022年冬奥会和冬残奥会捐赠

根据《财政部 税务总局 海关总署关于北京2022年冬奥会和冬残奥会税收政策的通知》（财税〔2017〕60号）的规定，个人捐赠北京2022年冬奥会、冬残奥会、测试赛的资金和物资支出可在计算个人应纳税所得额时予以全额扣除。

2.支持新冠肺炎疫情防控捐赠

根据财政部、税务总局公告2020年第9号的规定，企业和个人通过公益性社会组织或者县级以上人民政府及其部门等国家机关，捐赠用于应对新冠肺炎疫情的现金和物品，允许在计算应纳税所得额时全额扣除。

企业和个人直接向承担疫情防治任务的医院捐赠用于应对新冠肺炎疫情的物品，允许在计算应纳税所得额时全额扣除。捐赠人凭承担疫情防治任务的医院开具的捐赠接收函办理税前扣除事宜。

3.对公益性青少年活动场所的捐赠

根据《财政部 国家税务总局关于对青少年活动场所、电子游戏厅有关所得税和营业税政策问题的通知》（财税〔2000〕21号）的规定，自2000年1月1日起，个人通过非营利性的社会团体和国家机关对公益性青少年活动场所（其中包括新建）的捐赠，在缴纳个人所得税前准予全额扣除。

公益性青少年活动场所，是指专门为青少年学生提供科技、文化、德育、爱国主义教育、体育活动的青少年宫、青少年活动中心等校外活动的公益性场所。

4.对老年服务机构的捐赠

根据《财政部 国家税务总局关于对老年服务机构有关税收政策问题的通知》（财税〔2000〕97号）的规定，自2000年10月1日起，对个人通过非营利性的社会团体和政府部门向福利性、非营利性的老年服务机构的捐赠，在缴纳个人所得税前准予全额扣除。老年服务机构，是指专门为老年人提供生活照料、文化、护理、健身等多方面服务的福利性、非营利性的机构，主要包括：老年社会福利院、敬老院（养老院）、老年服务中心、老年公寓（含老年护理院、康复中心、托老所）等。

5.通过宋庆龄基金会等六家单位的捐赠

根据《财政部 国家税务总局关于向宋庆龄基金会等6家单位捐赠所得税政策问题的通知》（财税〔2004〕172号）的规定，自2004年1月1日起，对个人等社会力量，通过宋庆龄基金会、中国福利会、中国残疾人福利基金会、中国扶贫基金会、中国煤矿尘肺病治疗基金会、中华环境保护基金会用于公益救济性的捐赠，准予在缴纳个人所得税前全额扣除。

6.通过中国医药卫生事业发展基金会的捐赠

根据《财政部 国家税务总局关于中国医药卫生事业发展基金会捐赠所得税政策问题的通知》（财税〔2006〕67号）的规定，自2006年1月1日起，对个人等社会力量，通过中国医药卫生事业发展基金会用于公益救济性捐赠，准予在缴纳个人所得税前全额扣除。

7.向红十字事业的公益捐赠

根据《财政部 国家税务总局关于企业等社会力量向红十字事业捐赠有关所得税政策问题的通知》（财税〔2000〕30号）的规定，自2000年1月1日起，个人通过非营利性的社会团体和国家机关（包括中国红十字会）向红十字事业的捐赠，在计算缴纳个人所得税时准予全额扣除。

8.通过中国老龄事业发展基金会等八家单位的公益捐赠

《财政部 国家税务总局关于中国老龄事业发展基金会等8家单位捐赠所得税政策问题的通知》（财税〔2006〕66号）规定，自2006年1月1日起，对个人等社会力量，通过中国老龄事业发展基金会、中国华文教育基金会、中国绿化基金会、中国妇女发展基金会、中国关心下一代健康体育基金会、中国生物多样性保护基金会、中国儿童少年基金会和中国光彩事业基金会用于公益救济性捐赠，准予在缴纳个人所得税前全额扣除。

9.向中华快车基金会等五家单位的捐赠

为支持我国农村医疗卫生、经济科学教育、慈善、法律援助和见义勇为等社会公益事业的发展,《财政部 国家税务总局关于向中华健康快车基金会等5家单位的捐赠所得税税前扣除问题的通知》(财税〔2003〕204号)规定,自2003年1月1日起,对个人等社会力量向中华健康快车基金会和孙冶方经济科学基金会、中华慈善总会、中国法律援助基金会和中华见义勇为基金会的捐赠,准予在缴纳个人所得税前全额扣除。

10.向农村义务教育或教育事业的捐赠

根据《财政部 国家税务总局关于纳税人向农村义务教育捐赠有关所得税政策的通知》(财税〔2001〕103号)的规定,自2001年7月1日起,个人通过非营利性的社会团体和国家机关向农村义务教育的捐赠,准予在缴纳个人所得税前的所得额中全额扣除。农村义务教育的范围,是指政府和社会力量举办的农村乡镇(不含县和县级市政府所在地的镇)、村的小学和初中以及属于这一阶段的特殊教育学校。纳税人对农村义务教育与高中在一起的学校的捐赠,也享受财税〔2001〕103号文件规定的所得税前扣除政策。

接受捐赠或办理转赠的非营利的社会团体和国家机关,应按照财务隶属关系分别使用由中央或省级财政部门统一印(监)制的捐赠票据,并加盖接受捐赠或转赠单位的财务专用印章。税务机关据此对捐赠个人进行税前扣除。

根据《财政部 国家税务总局关于教育税收政策的通知》(财税〔2004〕39号)的规定,个人通过中国境内非营利性的社会团体、国家机关向教育事业的捐赠,准予在个人所得税前全额扣除。

11.对中国教育发展基金会的捐赠

根据《财政部 国家税务总局关于中国教育发展基金会捐赠所得税政策问题的通知》(财税〔2006〕68号)的规定,自2006年1月1日起,对个人等社会力量,通过中国教育发展基金会用于公益救济性捐赠,准予在缴纳个人所得税前全额扣除。

(三)公益慈善事业捐赠扣除明细表及其填报

《个人所得税公益慈善事业捐赠扣除明细表》(如表2-14所示)适用于个人发生符合条件的公益慈善事业捐赠,进行个人所得税前扣除时填报。扣缴义务人办理扣缴申报、纳税人办理自行申报时一并报送。以纸质方式报送该表的,应当一式两份,纳税人或者扣缴义务人、税务机关各留存一份。

表2-14 个人所得税公益慈善事业捐赠扣除明细表

捐赠年度: 年

纳税人姓名: 纳税人识别号:□□□□□□□□□□□□□□□□□□□□□□□-□□

扣缴义务人名称: 扣缴义务人纳税人识别号:□□□□□□□□□□□□□□□□□□□□□□□□

金额单位:人民币元(列至角分)

序号	捐赠信息							扣除信息				备注
	纳税人姓名	纳税人识别号	受赠单位名称	受赠单位纳税人识别号(统一社会信用代码)	捐赠凭证号	捐赠日期	捐赠金额	扣除比例	扣除所得项目	税款所属期	扣除金额	
1	2	3	4	5	6	7	8	9	10	11	12	13

<table>
<tr><td></td><td></td><td></td><td></td><td></td><td></td><td></td><td></td><td></td><td></td><td></td><td></td><td></td></tr>
<tr><td></td><td></td><td></td><td></td><td></td><td></td><td></td><td></td><td></td><td></td><td></td><td></td><td></td></tr>
<tr><td></td><td></td><td></td><td></td><td></td><td></td><td></td><td></td><td></td><td></td><td></td><td></td><td></td></tr>
<tr><td></td><td></td><td></td><td></td><td></td><td></td><td></td><td></td><td></td><td></td><td></td><td></td><td></td></tr>
<tr><td colspan="13">谨承诺：此表是根据国家税收法律法规及相关规定填报的，是真实的、可靠的、完整的。
纳税人或扣缴义务人负责人签字： 年 月 日</td></tr>
<tr><td colspan="6">经办人签字：
经办人身份证件号码：
代理机构签章：
代理机构统一社会信用代码：</td><td colspan="7">受理人：
受理税务机关（章）：
受理日期： 年 月 日</td></tr>
</table>

国家税务总局监制

第四节　综合所得应纳税额

综合所得的应纳税所得额，乘以适用税率，减去速算扣除数，再扣除减免税额，为应纳税额。本节解析综合所得应纳税所得额的确定、适用税率、应纳税额的计算，以及特殊事项的处理。本节主要内容如图2–6所示。

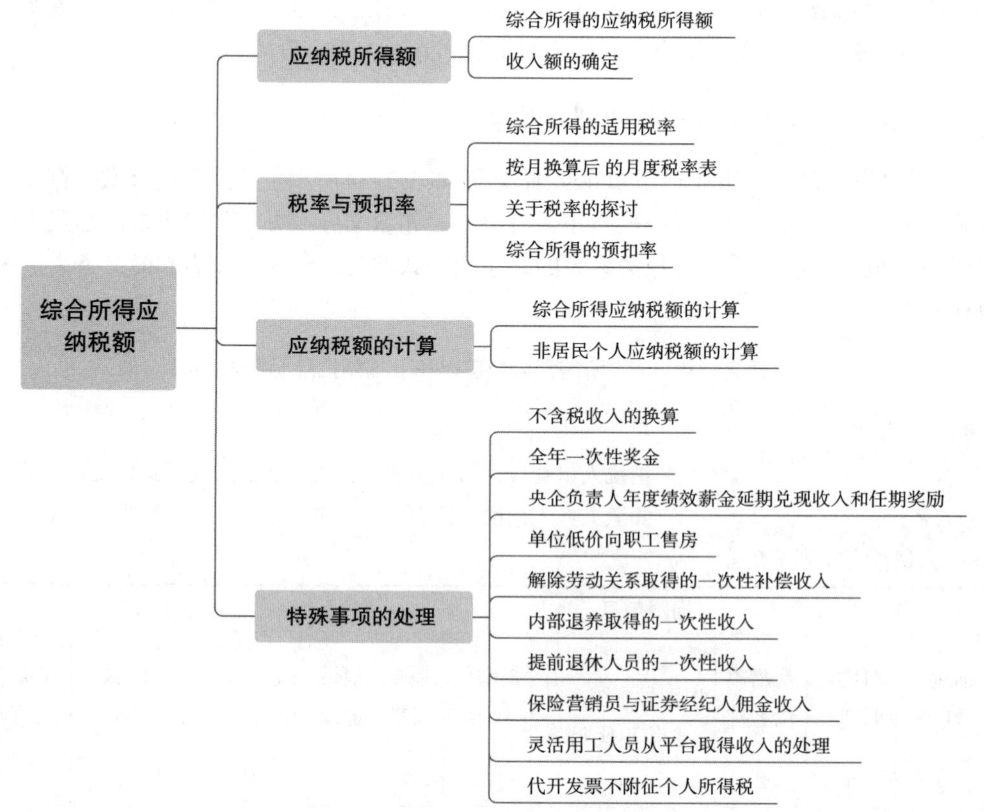

图2–6　综合所得应纳税额的确定

一、应纳税所得额

（一）综合所得的应纳税所得额

根据《个人所得税法》第六条第一款的规定，居民个人的综合所得，以每一纳税年度的收入额减除费用60 000元、专项扣除、专项附加扣除和依法确定的其他扣除后的余额，为应纳税所得额。

非居民个人取得工资、薪金所得，以每月收入额减除费用5 000元后的余额为应纳税所得额；非居民个人取得劳务报酬所得、稿酬所得、特许权使用费所得，以每次收入额为应纳税所得额。

（二）收入额的确定

根据《个人所得税法》第六条的规定，对劳务报酬所得、稿酬所得、特许权使用费所得以收入减除20%的费用后的余额为收入额，其中稿酬所得的收入额减按70%计算。对工资、薪金所得以外的综合所得，在减除必要的费用后计算收入额，以体现量能课税、以净所得征税的原则。

二、税率与预扣率

（一）综合所得的适用税率

居民个人取得综合所得的适用税率，以原工资、薪金所得税率（3% ～ 45%的七级超额累进税率）为基础，将按月计算应纳税额调整为按年计算，并优化调整部分税率的级距。具体是：扩大3%、10%、20%三档低税率的级距，3%税率的级距扩大一倍，原适用10%税率的部分所得的税率降为3%；大幅扩大适用10%税率的级距，原适用20%税率的所得，以及原适用25%税率的部分所得的税率降为10%；原适用25%税率的部分所得的税率降为20%；相应压缩25%税率的级距，30%、35%、45%这三档较高税率的级距保持不变（见第一章的表1–3）。

（二）按月换算后的月度税率表

根据《个人所得税法》的规定，非居民个人取得工资、薪金所得，以每月收入额减除费用5 000元后的余额为应纳税所得额；非居民个人取得劳务报酬所得、稿酬所得、特许权使用费所得，以每次收入额为应纳税所得额。非居民个人取得工资、薪金所得，劳务报酬所得，稿酬所得，特许权使用费所得，依照综合所得适用的税率表按月换算后的月度税率表（见第一章的表1–4）计算应纳税额。

（三）综合所得的预扣率

1. 工资、薪金所得的预扣率表

居民个人取得工资、薪金所得支付单位采用累计预扣法预扣预缴个人所得税适用的预扣率如表2–15所示。

表2-15　个人所得税预扣率表一

（居民个人工资、薪金所得预扣预缴适用）

级数	累计预扣预缴应纳税所得额	预扣率（%）	速算扣除数
1	不超过 36 000 元的	3	0
2	超过 36 000 元至 144 000 元的部分	10	2 520
3	超过 144 000 元至 300 000 元的部分	20	16 920
4	超过 300 000 元至 420 000 元的部分	25	31 920
5	超过 420 000 元至 660 000 元的部分	30	52 920
6	超过 660 000 元至 960 000 元的部分	35	85 920
7	超过 960 000 元的部分	45	181 920

2. 劳务报酬所得的预扣率表

居民个人取得劳务报酬所得，支付单位预扣预缴个人所得税时适用的预扣率如表2-16所示。

表2-16　个人所得税预扣率表二

（居民个人劳务报酬所得预扣预缴适用）

级数	预扣预缴应纳税所得额	预扣率（%）	速算扣除数
1	不超过 20 000 元的	20	0
2	超过 20 000 元至 50 000 元的部分	30	2 000
3	超过 50 000 元的部分	40	7 000

3. 稿酬与特许权使用费所得的预扣率

居民个人取得稿酬与特许权使用费所得，支付单位预扣预缴个人所得税适用20%的预扣率。

三、应纳税额的计算

（一）综合所得应纳税额的计算

居民个人的综合所得，以每一纳税年度的收入额减除费用60 000元，以及专项扣除、专项附加扣除和依法确定的其他扣除，以及允许扣除的公益性捐赠和可以享受的所得优惠后的余额，为应纳税所得额。适用综合所得税率表3%～45%七级超额累进税率，计算应纳的个人所得税额。用公式表示为：

应纳税额＝应纳税所得额 × 适用税率－速算扣除数－减免税额

【例2-10】居住在市区的居民个人李某（有一个弟弟，父母健在且都已61岁），有一个独生子女的女儿在读小学三年级，2022年由李某扣除子女教育专项附加扣除。2022年取得以下所得，不考虑“三险一金”。

（1）2月，为某企业提供咨询服务，取得劳务报酬30 300元；

（2）每月取得任职单位支付的工资、薪金11 800元；

（3）3月，将专利权许可B企业使用，取得特许权使用费收入15 000元，符合免征增值税优惠条件；

（4）12月，因出版一本专著，取得出版社支付的稿酬80 000元。

要求：

1.分析说明单位应如何预扣预缴个人所得税。

2.计算年终综合所得汇算清缴应补退的个人所得税。

【解析】

1.支付单位应预扣预缴税款的计算。

（1）工资、薪金应预扣预缴税款的计算。

本期应预扣预缴税额＝（累计预扣预缴应纳税所得额×预扣率－速算扣除数）－累计减免税额－累计已预扣预缴税额

累计预扣预缴应纳税所得额＝累计收入额－累计减除费用－累计专项扣除－累计专项附加扣除－累计依法确定的其他扣除－允许扣除的捐赠额

2022年度李某可以享受赡养老人和子女教育专项附加扣除每月2 000元。

1月应预扣预缴税款为：

（11 800−5 000−2 000）×3%=4 800×3%=144（元）；

2月应预扣预缴税款为：

（11 800×2−5 000×2−2 000×2）×3%−144=9 600×3%−144=288−144=144（元）；

3月应预扣预缴税款为：

（11 800×3−5 000×3−2 000×3）×3%−288=14 400×3%−288=432−288=144（元）；

4月应预扣预缴税款为：

（11 800×4−5 000×4−2 000×4）×3%−432=19 200×3%−432=576−432=144（元）；

5月应预扣预缴税款为：

（11 800×5−5 000×5−2 000×5）×3%−576=24 000×3%−576=720−576=144（元）；

6月应预扣预缴税款为：

（11 800×6−5 000×6−2 000×6）×3%−720=28 800×3%−720=864−720=144（元）；

7月应预扣预缴税款为：

（11 800×7−5 000×7−2 000×7）×3%−864=33 600×3%−864=1 008−864=144（元）；

8月应预扣预缴税款为：

[（11 800×8−5 000×8−2 000×8）×10%−2 520]−1 008=（38 400×10%−2 520）−1 008=1 320−1 008=312（元）；

9月应预扣预缴税款为：

[（11 800×9−5 000×9−2 000×9）×10%−2 520]−1 320=1 800−1 320=480（元）；

10月应预扣预缴税款为：

[（11 800×10−5 000×10−2 000×10）×10%−2 520]−1 800=2 280−1 800=480（元）；

11月应预扣预缴税款为：

[（11 800×11−5 000×11−2 000×11）×10%−2 520]−2 280=2 760−2 280=480（元）；

12月应预扣预缴税款为：

[（11 800×12−5 000×12−2 000×12）×10%−2 520]−2 760=3 240−2 760=480（元）；

工资、薪金所得本年支付单位共计预扣预缴个人所得税：

144×7+312+480×4=1 008+312+1 920=3 240（元）。

（2）2月劳务报酬30 300元应预扣预缴个人所得税的计算。

根据《财政部 税务总局关于支持个体工商户复工复业增值税政策的公告》（财政部 税务总局公告2020年第13号）、《财政部 税务总局关于延续实施应对疫情部分税费优惠政策的公告》（财政部 税务总局公告2021年第7号）和《财政部 税务总局关于对增值税小规模纳税人免征增值税的公告》（财政部 税务总局公告2022年第15号）的规定，对增值税小规模纳税人，适用3%征收率的应税销售收入，减按1%征收率征收增值税；适用3%预征率的预缴增值税项目，减按1%预征率预缴增值税。

根据财政部、税务总局公告2022年第15号的规定，自2022年4月1日至2022年12月31日，增值税小规模纳税人适用3%征收率的应税销售收入，免征增值税；适用3%预征率的预缴增值税项目，暂停预缴增值税。

因而，李某的劳务报酬收入应纳增值税：30 300/（1+1%）×1%=300（元）；

应纳城市维护建设税：300×7%×50%=10.5（元）；

应纳教育费附加：300×3%×50%=4.5（元）；

应纳地方教育附加：300×2%×50%=3（元）。

根据《财政部 国家税务总局关于扩大有关政府性基金免征范围的通知》（财税〔2016〕12号）的规定，按月纳税的月销售额不超过10万元（按季度纳税的季度销售额不超过30万元）的缴纳义务人暂免征收教育费附加、地方教育附加。因而，有些地方对个人取得的劳务报酬所得免征教育费附加、地方教育附加。由于这里的劳务报酬所得是按次纳税的，本例按照没有享受免征教育费附加、地方教育附加处理。

根据《个人所得税扣缴申报管理办法（试行）》（国家税务总局公告2018年第61号发布）第八条的规定，劳务报酬所得、稿酬所得、特许权使用费所得以每次收入减除费用后的余额为收入额，收入额扣除其他允许扣除的项目后的余额为预扣预缴应纳税所得额；稿酬所得的收入额减按70%计算。用公式表示为：

$$\begin{matrix}\text{劳务报酬所得、稿酬所得、特许权使用费}\\ \text{所得预扣预缴或代扣代缴应纳税所得额}\end{matrix}=\begin{matrix}\text{本月（次）}\\ \text{收入额}\end{matrix}-\begin{matrix}\text{其他}\\ \text{扣除}\end{matrix}$$

预扣预缴环节，劳务报酬所得、稿酬所得、特许权使用费所得每次收入不超过4 000元的，费用按800元计算；每次收入4 000元以上的，费用按20%计算。

劳务报酬所得应预扣预缴税额=预扣预缴应纳税所得额×预扣率－速算扣除数

应预扣预缴个人所得税=预扣预缴应纳税所得额×预扣率－速算扣除数

=［30 000×（1−20%）－（10.5+4.5+3）］×30%−2 000

=23 982×30%−2 000=5 194.6（元）。

（3）3月特许权使用费15 000元应预扣预缴税款的计算。

特许权使用费所得应预扣预缴税额=预扣预缴应纳税所得额×20%

=15 000×（1−20%）×20%=2 400（元）。

（4）12月稿酬8万元应预扣预缴税款的计算。

稿酬所得应预扣预缴税额=预扣预缴应纳税所得额×20%

=80 000×（1−20%）×70%×20%=8 960（元）。

（5）支付单位共计预扣预缴个人所得税的计算。

3 240+5 194.6+2 400+8 960=19 794.6（元）。

居民个人取得劳务报酬所得、稿酬所得、特许权使用费所得，按上述方法预扣预缴税款后，应当在年度终了后与工资、薪金所得合并计税，进行汇算清缴，多退少补。

2. 2022年的汇算清缴应补退个人所得税的计算。

（1）综合所得的收入额的计算。

工资、薪金的收入额：11 800×12=141 600（元）；

劳务报酬的收入额：30 000×（1–20%）=24 000（元）；

特许权使用费收入额：15 000×（1–20%）=12 000（元）；

稿酬的收入额：80 000×（1–20%）×70%=44 800（元）。

2022年综合所得的收入额：

141 600+24 000+12 000+44 800=222 400（元）。

（2）综合所得应纳税所得额的计算。

222 400–60 000–2 000×12–（10.5+4.5+3）=138 382（元）。

（3）综合所得应纳的个人所得税的计算。

138 382×10%–2 520=11 318.2（元）。

（4）汇算清缴应退税款的计算。

19 794.6–11 318.2=8 476.4（元）。

（二）非居民个人应纳税额的计算

非居民个人的工资、薪金所得，以每月收入额减除费用5 000元后的余额为应纳税所得额；劳务报酬所得、稿酬所得、特许权使用费所得，以每次收入额为应纳税所得额。稿酬所得的收入额减按70%计算。适用综合所得按月换算后的月度税率表，按月或按次、分项计算应纳的个人所得税额。

【例2–11】王某2022年仅从B企业取得特许权使用费15 000元，并出版一本专著，取得稿酬80 000元。没有工资、薪金与劳务报酬所得。

要求：计算王某应缴的个人所得税。

【解析】

（1）假如王某2022年度为我国的居民个人，则应纳个人所得税的计算如下：

特许权使用费的收入额：15 000×（1–20%）=12 000（元）；

稿酬所得收入额：80 000×（1–20%）×70%=44 800（元）；

2022年的综合所得应纳税所得额为：

12 000+44 800–60 000=–3 200（元）。

不用缴纳个人所得税。

（2）假如王某2022年度为我国的非居民个人，则应纳个人所得税的计算如下：

特许权使用费应纳个人所得税：

15 000×（1–20%）×10%–210=990（元）。

稿酬收入应纳个人所得税：

应纳税所得额：80 000×（1−20%）×70%=44 800（元）；

应纳个人所得税：44 800×30%−4 410=9 030（元）。

四、特殊事项的处理

（一）不含税收入的换算

由于“不含税收入（或支付金额）+雇主负担的税额=含税收入”，“应纳税所得额（含税）=含税收入−费用扣除”，因此，任何不含税收入均可换算成含税收入，通过列方程来计算。

【例2−12】某外商投资企业雇员汤姆2022年度为我国的非居民个人，雇主每月为其负担工资所得30%部分的税款，2022年8月汤姆取得工资收入12 000元（不考虑专项扣除）。

要求：计算汤姆当月应纳的个人所得税。

【解析】设当月应纳个人所得税为X元，则有：

（12 000+30%X−5 000）×10%−210=X，解方程得X=505.15（元）。

检验：应纳税所得额=12 000+505.15×30%−5 000=7 151.55（元），在3 000～12 000元范围内，适用税率为10%，速算扣除数为210，证明计算正确。

因此，汤姆当月应纳个人所得税505.15元，其中单位负担151.55元（505.15×30%），个人负担353.60元（505.15×70%）。

需要说明的是：运用方程法选择税率时，应将“不含税收入（或支付金额）−费用扣除”视为含税所得查找相应级距；由于雇主应负担税额是未知数，因此，在选择含税所得适用税率时会出现错误，在运用方程法时需要检验。方法是：将计算出的雇主应负担的税款代入“应纳税所得额=不含税收入（或支付金额）+雇主应负担所得税−费用扣除”，如果计算出的应纳税所得额在所对应的级距范围内，则说明正确；如果计算出的应纳税所得额不在所对应的级距范围内，则应选用下一级距税率计算。

（二）全年一次性奖金

全年一次性奖金是指行政机关、企事业单位等扣缴义务人根据其全年经济效益和对雇员全年工作业绩的综合考核情况，向雇员发放的一次性奖金，包括年终加薪、实行年薪制和绩效工资办法的单位根据考核情况兑现的年薪和绩效工资。

1.优惠计税方法的适用范围

全年一次性奖金优惠计税办法除适用于年终加薪外，还适用于：实行年薪制和绩效工资的单位，个人取得年终兑现的年薪和绩效工资。

在一个纳税年度内，对每一个纳税人，该计税办法只允许采用一次。

雇员取得除全年一次性奖金以外的其他各种名目的奖金，如半年奖、季度奖、加班奖、先进奖、考勤奖等，一律与当月工资、薪金收入合并，按税法规定缴纳个人所得税。

全年一次性奖金优惠计税方法的适用范围如图2−7所示。

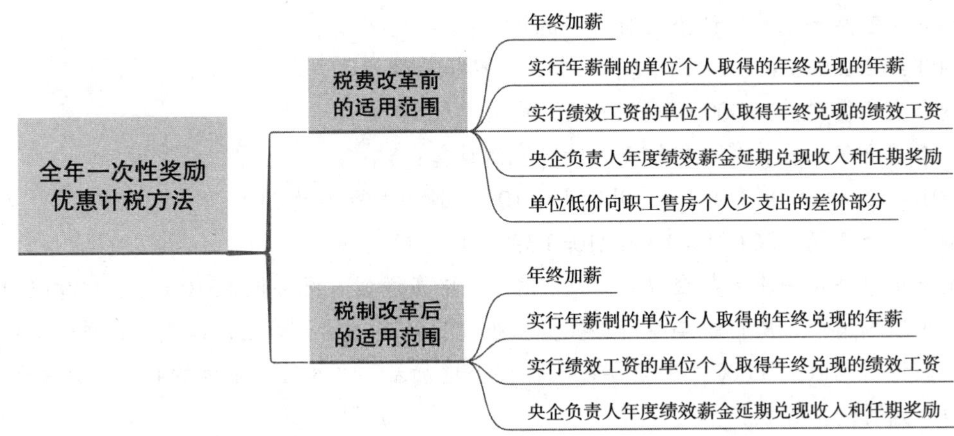

图2-7 全年一次性奖金优惠计税方法的适用范围

2.不含税全年一次性奖金的处理

由于国家财税主管部门没有发布新个人所得税法实施后全年一次性奖金适用的不含税级距税率表，纳税人2019年1月1日以后取得的不含税全年一次性奖金，可以用方程法计算得出个人所得税。

【例2-13】张某为中国公民，公司与张某约定其年终奖单独计税应纳的个人所得税由公司承担。2022年12月，张某取得2022年度不含税全年一次性奖金收入48 000元。

要求：计算张某取得的全年一次性奖金应缴纳的个人所得税。

【解析】设全年一次性奖金应纳个人所得税为X元，则有：

48 000 ÷ 12=4 000（元），查找综合所得月度税率表，适用税率为10%，速算扣除数为210。则可列方程：

（48 000+X）× 10%−210=X，解方程得X=5 100（元）。

检验：含税全年一次性奖金收入为：48 000+5 100=53 100（元）；

53 100 ÷ 12=4 425（元），在3 000 ～ 12 000元范围内，适用税率10%，速算扣除数为210，证明计算正确。因此，张某当月应纳个人所得税5 100元。

3.全年一次性奖金的纳税筹划

全年一次性奖金单独计税优惠计税方法在有效降低年终奖个人所得税的同时，由于超额累进税率税收临界点的存在，可能造成增加1元收入多缴2 000多元甚至十几万元个人所得税的不合理现象。为有效化解这种不合理税负增加，可以利用税收盲区进行税收规划。

【例2-14】南京某公司财务部王某、李某2022年12月分别取得2022年全年一次性奖金36 000元和36 001元。二人当月工资均为6 000元。不考虑“三险一金”，当年均没有使用过全年一次性奖金优惠计税方法。

要求：计算公司应代扣代缴王、李二人的个人所得税。

【解析】

（1）王某应纳个人所得税的计算：

当月工资应纳个人所得税：（6 000−5 000）× 3%=30（元）；

全年一次性奖金王某应纳个人所得税的计算：

36 000 ÷ 12=3 000（元），适用税率3%，速算扣除数为0。

应纳个人所得税：36 000 × 3%=1 080（元）。

（2）李某全年一次性奖金应纳个人所得税的计算：

36 001 ÷ 12=3 000.08（元），适用税率为10%，速算扣除数为210。

应纳个人所得税：36 001 × 10%–210=3 390.1（元）。

李某比王某全年一次性奖金收入增加1元，却要多缴个人所得税2 310.1元（3 390.1–1 080）。这时我们可以利用个人所得税全年一次性资金税收盲区进行纳税筹划，以避免这种情况的发生。

（3）假设月均收入3 000元的全年一次性奖金增加X元收入后，增加的收入刚好用于缴纳个人所得税，则可列出方程：

（3 000 × 12+X）× 10%–210=3 000 × 12 × 3%+X，解方程得：X=2 566.67。

此时无效收入税收盲区为：36 000 ～ 38 566.67（36 000+2 566.67）。

假设月均收入12 000元的全年一次性奖金增加Y元收入后，增加的收入刚好用于缴纳个人所得税，则可得到方程：

（12 000 × 12+Y）× 20%–1 410=（12 000 × 12 × 10%–210）+Y，解方程得：Y=16 500。

此时无效收入的税收盲区为：144 000 ～ 160 500（144 000+16 500）。

根据上述方法，可以计算出各级距全年一次性奖金税收盲区（见表2–17）。单位在发放年终奖时，可采取适当措施避免在税收盲区内发放年终奖，从而达到降低税负的目的。

表2–17　全年一次性奖金单独计税税收盲区

级数	级距	税率（%）	速算扣除数	年终奖盲区	无效收入额
1	不超过3 000元的	3	0		
2	超过3 000元至12 000元的部分	10	210	36 000 ～ 38 567	2 567
3	超过12 000元至25 000元的部分	20	1 410	144 000 ～ 160 500	16 500
4	超过25 000元至35 000元的部分	25	2 660	300 000 ～ 318 333	18 333
5	超过35 000元至55 000元的部分	30	4 410	420 000 ～ 447 500	27 500
6	超过55 000元至80 000元的部分	35	7 160	660 000 ～ 706 538	46 538
7	超过80 000元的部分	45	15 160	960 000 ～ 1 120 000	160 000

4.税制改革后全年一次性奖金的处理

根据《财政部 税务总局关于个人所得税法修改后有关优惠政策衔接问题的通知》（财税〔2018〕164号）第一条和《财政部 税务总局关于延续实施全年一次性奖金等个人所得税优惠政策的公告》（财政部 税务总局公告2021年第42号）的规定，居民个人取得全年一次性奖金，符合《国家税务总局关于调整个人取得全年一次性奖金等计算征收个人所得税方法问题的通知》（国税发〔2005〕9号）规定的，在2023年12月31日前，不并入当年综合所得，以全年一次性奖金收入除以12个月得到的数额，按照该通知所附按月换算后的综合所得税率表（以下简称月度税率表），确定适用税率和速算扣除数，单独计算纳税。计算公式为：

应纳税额=全年一次性奖金收入 × 适用税率–速算扣除数

居民个人取得全年一次性奖金，也可以选择并入当年综合所得计算纳税。

若无后续规定，自2024年1月1日起，居民个人取得全年一次性奖金，应并入当年综合所得计算缴纳个人所得税。

为避免部分纳税人因全年一次性奖金并入综合所得后适用税率提高，财税〔2018〕164号文件明确，税制改革后全年一次性奖金可选择不并入综合所得，单独计算个人所得税。而对部分中低收入者而言，如将全年一次性奖金并入当年工资、薪金所得，扣除基本减除费用、专项扣除、专项附加扣除等后，可能根本无须缴税或者缴纳很少税款。在此种情况下，如果将全年一次性奖金采取单独计税方式，反而会产生应纳税款或者增加税负。同时，如单独适用全年一次性奖金政策，可能在税率换档时出现税负突然增加的“临界点”现象。因此，财税〔2018〕164号文件规定，居民个人取得全年一次性奖金的，可以自行选择计税方式，由纳税人自行判断是否将全年一次性奖金并入综合所得计税。

2019年1月1日起，税制改革后全年一次性奖金的个人所得税处理，如表2-18所示。

表2-18 居民个人取得全年一次性奖金的处理

<table>
<tr><th>时间</th><th>处理方法</th><th>第一步：确定税率</th><th>第二步：计算税额</th></tr>
<tr><td rowspan="2">2019.1.1—2023.12.31</td><td>不并入当年综合所得</td><td>以全年一次性奖金收入除以12个月得到的数额，按照月度税率表，确定适用税率和速算扣除数，单独计算纳税</td><td>应纳税额 = 全年一次性奖金收入 × 适用税率 − 速算扣除数</td></tr>
<tr><td colspan="3">也可以选择并入当年综合所得计算纳税</td></tr>
<tr><td>自2024年1月1日起</td><td colspan="3">居民个人取得全年一次性奖金，应并入当年综合所得计算缴纳个人所得税</td></tr>
</table>

例如，某人每月工资收入3 000元，年终有2万元的全年一次性奖金，全年收入低于6万元。如其适用全年一次性奖金单独计税政策，需要缴纳600元个人所得税，放弃享受全年一次性奖金单独计税政策（即将全年一次性奖金并入综合所得征税），则全年无须纳税。因而，对于低收入者而言，放弃适用全年一次性奖金单独计税方法反而有可能更加有利。

【例2-15】北京A公司财务部王某、李某2022年12月分别取得2022年度年终奖36 000元和36 001元。二人扣除“三险一金”专项扣除后的工资都为6 000元/月，当年也没有使用过全年一次性奖金优惠计税方法。

不考虑专项附加扣除以及其他扣除。当年没有劳务报酬、稿酬、特许权使用费所得。

要求：计算王某、李某应纳的个人所得税额。

【解析】

1.王某应纳个人所得税的计算。

方法一：年终奖按一次性奖金优惠计税方法单独计税。

36 000 ÷ 12=3 000（元），适用税率为3%，速算扣除数为0。

年终奖应纳个人所得税：

36 000 × 3%=1 080（元）；

综合所得应纳个人所得税：

（6 000 × 12−60 000）× 3%=360（元）；

共计应纳个人所得税：

1 080+360=1 440（元）。

方法二：年终奖并入综合所得计税。

综合所得应纳税所得额：

6 000×12+36 000−60 000=48 000（元）；

应纳个人所得税：

48 000×10%−2 520=2 280（元）。

年终奖并入综合所得计税比奖金按全年一次性奖金优惠方法单独计税多缴个人所得税：

2 280−1 440=840（元）。

2. 李某应纳个人所得税的计算。

方法一：年终奖按一次性奖金优惠计税方法单独计税。

36 001÷12=3 000.08（元），适用税率为10%，速算扣除数为210。

应纳个人所得税：

36 001×10%−210=3 390.1（元）；

综合所得应纳个人所得税：

（6 000×12−60 000）×3%=360（元）；

共计应纳个人所得税：3 390.1+360=3 750.1（元）。

方法二：年终奖并入综合所得计税。

综合所得应纳税所得额：

6 000×12+36 001−60 000=48 001（元）；

应纳个人所得税：

48 001×10%−2 520=2 280.1（元）。

并入综合所得计税比奖金按全年一次性奖金优惠方法单独计税少缴税：

3 750.1−2 280.1=1 470（元）。

方法三：全年一次性奖金发放36 000元，1元并入当月工资发放，则：

年终奖按全年一次性奖金优惠计税方法单独计税：

36 000÷12=3 000（元），适用税率为3%，速算扣除数为0。

年终奖应纳个人所得税：36 000×3%=1 080（元）；

综合所得应纳个人所得税：

（6 000×11+6 001−60 000）×3%=360.03（元）；

共计应纳个人所得税：1 080+360.03=1 440.03（元）。

【例2-16】2022年12月，张三取得2022年度的年终奖10万元，李四取得年终奖30万元，2022年每月工资扣除专项扣除、专项附加扣除等后的余额为7 000元，没有劳务报酬、稿酬和特许权使用费所得，当年也没有使用过全年一次性奖金优惠计税方法。

要求：年终奖分别按全年一次性奖金优惠计税方法和并入综合所得计税，计算张三、李四应纳的个人所得税。

【解析】

1. 张三应纳个人所得税的计算。

方法一：年终奖按一次性奖金优惠计税方法单独计税。

100 000 ÷ 12=8 333.33（元），适用税率为10%，速算扣除数为210。

年终奖应纳个人所得税：100 000 × 10%–210=9 790（元）；

综合所得应纳个人所得税：（7 000 × 12–60 000）× 3%–0=720（元）；

应纳个人所得税合计：9 790+720=10 510（元）。

方法二：年终奖并入综合所得计税。

综合所得应纳税所得额：7 000 × 12+100 000–60 000=124 000（元）；

应纳个人所得税：124 000 × 10%–2 520=9 880（元）。

比奖金按全年一次性奖金优惠方法单独计税少缴个人所得税：

10 510–9 880=630（元）。

2.李四应纳个人所得税的计算：

方法一：年终奖按一次性奖金优惠计税方法单独计税。

300 000 ÷ 12=25 000（元），适用税率为20%，速算扣除数为1 410。

年终奖应纳个人所得税：300 000 × 20%–1 410=58 590（元）；

综合所得应纳个人所得税：（7 000 × 12–60 000）× 3%–0=720（元）；

应纳个人所得税合计：58 590+720=59 310（元）。

方法二：年终奖并入综合所得计税。

综合所得应纳税所得额：7 000 × 12+300 000–60 000=324 000（元）；

应纳个人所得税：324 000 × 25%–31 920=49 080（元）。

并入综合所得计税比奖金按全年一次性奖金优惠方法单独计税少缴个人所得税：

59 310–49 080=10 230（元）。

选择按全年一次性奖金优惠计税方法单独计税是否能够节税，主要看是否能形成税率差，即单独按全年一次性奖金优惠计税方法计税适用的税率与将奖金并入综合所得计税适用的税率之间是否形成税率差，如果有，则有节税空间，反之，则无。当然，也可以通过调整全年一次性奖金的发放金额来人为形成税率差节税。

在本例中，张三奖金并入综合所得适用的税率为10%，应纳税所得额为124 000元。这时，可以将奖金调整为两笔发放，奖金发放36 000元单独计税，另外的64 000元并入当月工资发放并入综合所得计税。应纳个人所得税的计算如下：年终奖36 000元按全年一次性奖金优惠计税方法单独计税，36 000 ÷ 12=3 000（元），适用税率为3%，速算扣除数为0。

年终奖单独计税应纳个人所得税：36 000 × 3%=1 080（元）；

综合所得应纳个人所得税：

（7 000 × 12+64 000–60 000）× 10%–2 520=88 000 × 10%–2 520=6 280（元）；

应纳个人所得税合计：6 280+1 080=7 360（元）。

少缴个人所得税：9 880–7 360=2 520（元）。

需要说明的是，自2019年1月1日起，个人取得全年一次性奖金适用优惠计税方法计算税款时，不再考虑当月正常工资收入是否低于5 000元。这是因为高收入者往往选择全年一次性奖金单独计税优惠计税方法，低收入者往往放弃享受全年一次性奖金单独计税政策，将全年一次性奖金直接并入综合所得征税。因而，理论上不再存在减除当月工资低于5 000元差额的问题。发放全年一次性奖金当月工资收入低于5 000元的，其低于5 000元的差额，计算全年一次性奖金的应纳税额时，不再从全年一次性奖金中减除。

税制改革后奖金的个人所得税处理方法如图2-8所示。

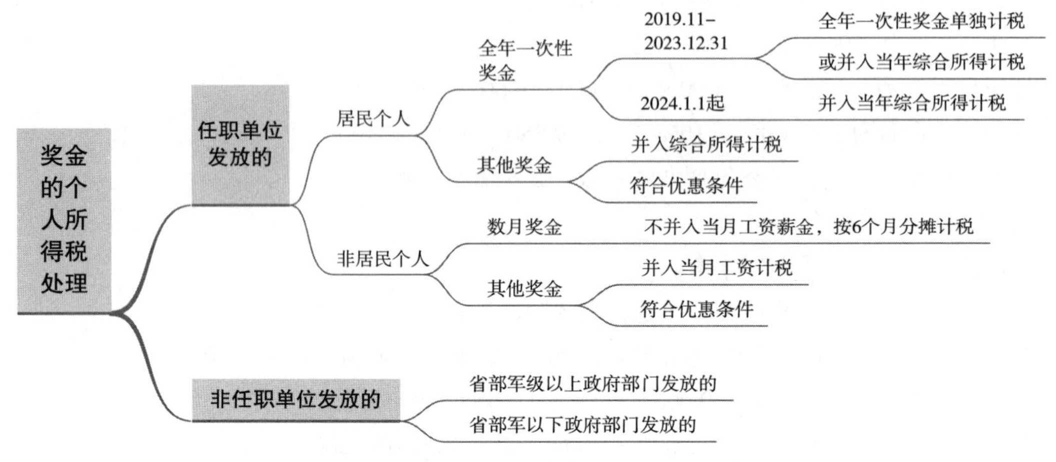

图2-8　税制改革后奖金的个人所得税处理

（三）央企负责人年度绩效薪金延期兑现收入和任期奖励

为建立中央企业负责人薪酬激励与约束的机制，根据《中央企业负责人经营业绩考核暂行办法》《中央企业负责人薪酬管理暂行办法》规定，国务院国有资产监督管理委员会对中央企业负责人的薪酬发放采取按年度经营业绩和任期经营业绩考核的方式。具体办法是，中央企业负责人薪酬由基薪、绩效薪金和任期奖励构成，其中基薪和绩效薪金的60%在当年度发放，绩效薪金的40%和任期奖励于任期结束后发放。

根据财税〔2018〕164号文件第一条的规定，中央企业负责人取得年度绩效薪金延期兑现收入和任期奖励，符合国税发〔2007〕118号文件规定的，在2023年12月31日前，参照财税〔2018〕164号文件第一条第（一）项的下列规定执行；2024年1月1日之后的政策另行明确。即，自2019年1月1日起至2023年12月31日止，可不并入当年综合所得，以取得的年度绩效薪金延期兑现收入和任期奖励之和除以12个月得到的数额，按照按月换算后的综合所得税率表（以下简称月度税率表），确定适用税率和速算扣除数，单独计算纳税。计算公式为：

应纳税额=年度绩效薪金延期兑现收入和任期奖励×适用税率-速算扣除数

居民个人取得年度绩效薪金延期兑现收入和任期奖励，也可以选择并入当年综合所得计算纳税。

国税发〔2007〕118号文件后附《国资委管理的中央企业名单》中的下列人员，适用国税发〔2007〕118号文件第一条规定，其他人员不得比照执行：

（1）国有独资企业和未设董事会的国有独资公司的总经理（总裁）、副总经理（副总裁）、总会计师。

（2）设董事会的国有独资公司（国资委确定的董事会试点企业除外）的董事长、副董事长、董事、总经理（总裁）、副总经理（副总裁）、总会计师。

（3）国有控股公司国有股权代表出任的董事长、副董事长、董事、总经理（总裁），列入国资委党委管理的副总经理（副总裁）、总会计师。

（4）国有独资企业、国有独资公司和国有控股公司党委（党组）书记、副书记、常委（党组成员）、纪委书记（纪检组长）。

现行央企负责人薪酬的个人所得税处理方法如图2-9所示。

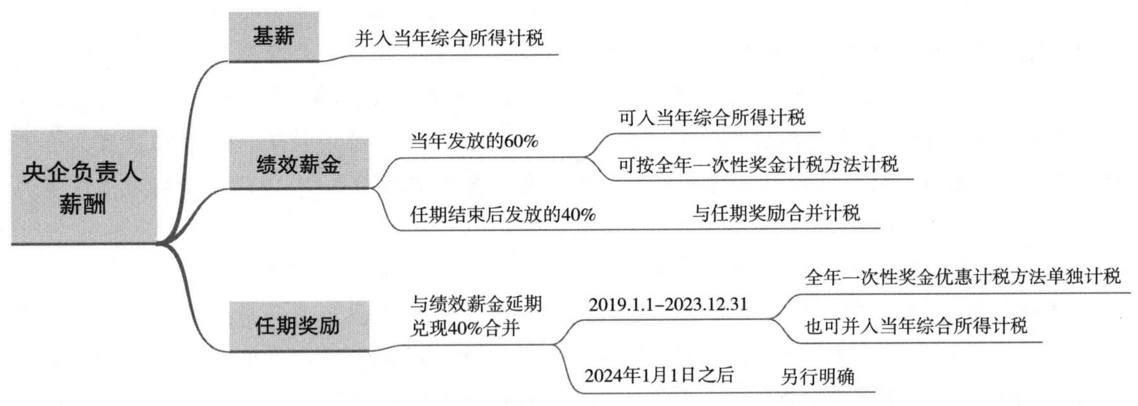

图2-9 央企负责人薪酬的个人所得税处理

（四）单位低价向职工售房

根据《财政部 国家税务总局关于单位低价向职工售房有关个人所得税问题的通知》（财税〔2007〕13号）的规定，根据住房制度改革政策的有关规定，国家机关、企事业单位及其他组织（以下简称单位）在住房制度改革期间，按照所在地县级以上人民政府规定的房改成本价格向职工出售公有住房，职工因支付的房改成本价格低于房屋建造成本价格或市场价格而取得的差价收益，免征个人所得税。

除上述规定情形外，单位按低于购置或建造成本价格出售住房给职工，职工因此而少支出的差价部分，属于个人所得税应税所得，应按照“工资、薪金所得”项目缴纳个人所得税。差价部分，是指职工实际支付的购房价款低于该房屋的购置或建造成本价格的差额。

自2019年1月1日起，根据财税〔2018〕164号文件第六条的规定，单位按低于购置或建造成本价格出售住房给职工，职工因此而少支出的差价部分，符合财税〔2007〕13号文件第二条规定的，不并入当年综合所得，以差价收入除以12个月得到的数额，按照月度税率表确定适用税率和速算扣除数，单独计算纳税。计算公式为：

$$\text{应纳税额}=\frac{\text{职工实际支付的购房价款低于该房屋的}}{\text{购置或建造成本价格的差额}}\times\frac{\text{适用}}{\text{税率}}-\frac{\text{速算}}{\text{扣除数}}$$

需要说明的是，根据财税〔2018〕164号文件第六条的规定，单位低价向职工售房职工少支出的差价部分，单独计税，而不并入当年的综合所得计税，也不受职工当年是否已适用过全年一次性奖金优惠计税方法单独计税的影响。

单位向职工低价售房的个人所得税处理方法如图2-10所示。

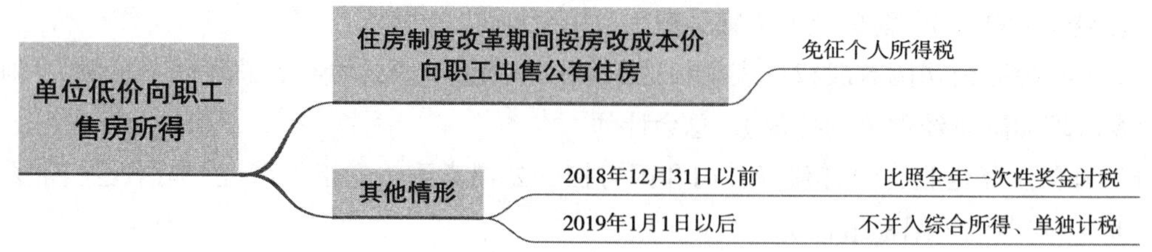

图2-10　单位向职工低价售房的个人所得税处理

【例2-17】 2022年，因新冠肺炎疫情影响，A房地产公司开发的商品房滞销，为缓解资金紧张局面，决定面向公司内部员工优惠销售商品房一批。对于工龄在5年以上的公司员工，以正常销售价格的60%作为内部优惠价格；对于工龄在5年以下的公司员工，以正常销售价格的70%作为内部优惠价格。假定该公司房产正常的销售价格为13 500元/平方米，平均建造成本为9 000元/平方米，单套面积100平方米。

要求：分析说明应如何缴纳个人所得税。

【解析】 该企业只要以不低于建造成本的内部优惠促销价格出售商品房给职工，职工就不用缴纳个人所得税。比如，对于工龄在5年以下的公司员工以正常销售价格的70%，即9 450元（13 500×70%）为内部优惠价格，高于建造成本（9 000元/平方米），职工就不用缴纳个人所得税。

对于工龄在5年以上的公司员工以正常销售价格的60%为内部优惠价格，即销售价格为8 100元（13 500×60%），低于建造成本（9 000元/平方米），需按照“工资、薪金所得”项目计算缴纳个人所得税。

以每套商品房面积100平方米计算，销售价款81万元（1.35×60%×100），成本90万元，职工实际支付的购房价款低于该房屋的建造成本价格的差额为9万元。

计税基数9万元，不并入当年综合所得，以差价收入除以12个月得到的数额7 500元（90 000÷12），按照月度税率表确定适用税率为10%和速算扣除数210，单独计算纳税。

$$应纳税额=\frac{职工实际支付的购房价款低于该房屋的}{购置或建造成本价格的差额}\times\begin{matrix}适用\\税率\end{matrix}-\begin{matrix}速算\\扣除数\end{matrix}$$

应纳个人所得税为：90 000×10%-210=8 790（元）。

（五）解除劳动关系取得的一次性补偿收入

1.解除劳动关系取得的一次性补偿收入的处理

根据《财政部 国家税务总局关于个人与用人单位解除劳动关系取得的一次性补偿收入征免个人所得税问题的通知》（财税〔2001〕157号）和财税〔2018〕164号文件的规定，个人因与用人单位解除劳动关系而取得的一次性补偿收入按以下规定处理：

（1）企业依照国家有关法律规定宣告破产，企业职工从该破产企业取得的一次性安置费收入，免征个人所得税。

（2）自2019年1月1日起，根据财税〔2018〕164号文件第五条的规定，个人与用人单位解除劳动关系取得一次性补偿收入（包括用人单位发放的经济补偿金、生活补助费和其他补助费），在当地上年职工平均工资3倍数额以内的部分，免征个人所得税；超过3倍数额的部分，不并入当年综合所得，单独适用综合所得税率表，计算纳税。

（3）个人领取一次性补偿收入时按照国家和地方政府规定的比例实际缴纳的住房公积金、医疗保险费、基本养老保险费、失业保险费，可以在计征其一次性补偿收入的个人所得税时予以扣除。

个人在解除劳动合同后又再次任职、受雇的，对个人已缴纳个人所得税的一次性经济补偿收入，不再与再次任职、受雇的工资、薪金所得合并计算补缴个人所得税。

根据《国家税务总局关于中国海洋石油总公司系统深化用工薪酬制度改革有关个人所得税问题的通知》（国税函〔2003〕330号）的规定，对中国海洋石油总公司及其投资控股公司系统（简称中油公司系统）员工终止用工合同取得的补偿收入计征个人所得税时，考虑到中油公司系统人员流动率较高，且解除用工合同后的生活地与劳务地经常不在同一地区的情况，为便于管理及操作，上述"当地上年职工平均工资"可用中油公司系统上年职工平均工资标准确定。

个人与用人单位解除劳动关系取得一次性补偿收入的个人所得税处理方法如图2-11所示。

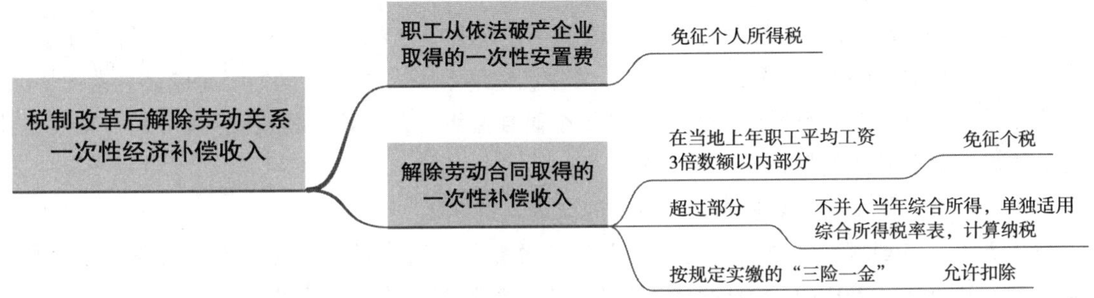

图2-11　个人与用人单位解除劳动关系取得一次性补偿收入的个人所得税处理

【例2-18】2022年10月，A公司与甲、乙、丙3名员工解除劳动关系。甲员工已经在公司工作3年，月收入5 000元，公司给予补偿15 000元；乙员工已经工作9年，月收入10 000元，公司给予补偿90 000元；丙员工已经工作了15年，月收入12 000元，公司给予补偿180 000元。

该公司所在地上年职工平均工资为2 200元/月。

要求：计算公司应代扣代缴的个人所得税。

【解析】上年职工平均工资的3倍：2 200×12×3=79 200（元）。

（1）甲因获得的一次性补偿收入15 000元，小于79 200元，免征个人所得税。

（2）乙的补偿款超过当地上年职工平均工资3倍数额以上的部分为：

90 000−79 200=10 800（元）；查找综合所得税率表，适用税率3%。

应纳个人所得税：10 800×3%=324（元）。

（3）丙的补偿款超过当地上年职工平均工资3倍数额以上的部分为：

180 000−79 200=100 800（元）；

查找综合所得税率表，适用税率10%，速算扣除数2 520。

应纳个人所得税为：100 800×10%−2 520=7 560（元）。

2. 合同到期未续签取得的一次性补偿收入的处理

我们来看下面的案例解析。

【例2-19】谭某原在A（上海）有限公司工作，2014年10月劳动合同到期，双方未续签劳动合同，A公司给予谭某离职补偿金72 282元。

税务所于2014年11月7日，对谭某所得离职补偿金72 282元及其他收入征收个人所得税25 544.21元。

谭某不服，提起行政复议。

2015年7月23日，行政复议决定维持税务所的被诉征税行为。

谭某不服，诉至法院。

原审法院认为：谭某所得的经济补偿金属于与其任职或者受雇有关的其他所得，依法应当纳税。税务所作出的被诉征税行为，认定事实清楚，适用法律正确，执法程序合法。判决驳回谭某的全部诉讼请求。

谭某不服，上诉至中院。

中院认为，上诉人所获得的经济补偿金本质上属于《个人所得税法实施条例》规定的与任职或受雇有关的其他所得。

《国家税务总局关于个人因解除劳动合同取得经济补偿金征收个人所得税问题的通知》(国税发〔1999〕178号）和财税〔2001〕157号文件仅适用于个人与用人单位解除劳动关系的情况，上诉人则系与A公司劳动合同到期未续签，属合同自然终止，不同于国税发〔1999〕178号文件规定的情况，故不具备适用该通知规定的前提。

综上，上诉人的主张缺乏依据，本院难以支持。

在《王天宇与国家税务总局大连市普兰店区税务局、国家税务总局大连市税务局行政复议二审行政判决书》[（2018）辽02行终741号］中，法院观点是：对于个人因解除劳动合同而取得一次性经济补偿收入，应按“工资、薪金所得”项目计征个人所得税。社平工资3倍内免缴个人所得税系考虑到被解除劳动关系的劳动者可能面临的特殊困境，而专门对该类人员做出的有条件免征个人所得税规定。劳动者因劳动合同自然终止而获得的经济补偿金应认定为“工资、薪金所得”并计征个人所得税，不具备社平工资3倍内免缴个人所得税的前提条件，因而不适用该免征个税规定。

据中国裁判文书网，在《高旭豪与丝科公司劳动争议纠纷执行复议裁定书》中载明，深圳市税务局对这一问题进行了明确的答复，即：在未签订劳动合同的情况下，个人取得的经济补偿金，不属于个人所得税的征税范围，不征收个人所得税。深圳市福田区地方税务局函复本院：高旭豪根据生效判决所确定取得的未签订劳动合同二倍工资差额19 089.66元，属于惩罚性赔偿，不视为个人因任职受雇取得的劳动所得，法院判决赔款不属于个人应税所得项目的内容，不征收个人所得税；解除劳动合同的经济补偿金4 000元、2013年8月8日至2014年1月12日期间延长工作时间加班工资6 525.87元及法定节假日加班工资579.30元，属于个人任职受雇取得的所得，应按照“工资薪金所得”征收个人所得税，由支付所得方代扣代缴个人所得税。

（六）内部退养取得的一次性收入

自2019年1月1日起，根据财税〔2018〕164号文件第五条的规定，个人办理内部退养手续而取得的一次性补贴收入，按照《国家税务总局关于个人所得税有关政策问题的通知》(国税发〔1999〕58号）规定计算纳税。

根据国税发〔1999〕58号文件的规定，企业减员增效和行政、事业单位、社会团体在机构改革过程中实行内部退养办法，实行内部退养的个人在其办理内部退养手续后至法定离退休年龄之间从原任职单位取得的工资、薪金，不属于离退休工资，应按“工资、薪金所得”项目计征个人所得税。

个人在办理内部退养手续后从原任职单位取得的一次性收入，应按办理内部退养手续后至法定离退休年龄之间的所属月份进行平均，并与领取当月的工资、薪金所得合并后减除当月费用扣除标准，以余额为基数确定适用税率，再将当月工资、薪金加上取得的一次性收入，减去费用扣除标准，按适用税率计征个人所得税。

个人在办理内部退养手续后至法定离退休年龄之间重新就业取得的工资、薪金所得，应与其从原任职单位取得的同一月份的工资、薪金所得合并，并依法自行向主管税务机关申报缴纳个人所得税。

【例2-20】某市A公司实行人事制度改革，50岁的女职工李某，根据政策规定，于2018年11月办理了内部退养手续，从单位领取一次性收入60 000元，李某当月工资为5 800元。经查发现，该公司认为李某取得的退养一次性收入属于退休工资，未扣缴个人所得税。

要求：分析说明存在的个人所得税问题。

【解析】李某距退休年龄还有：5×12=60（月），月均工资性收入为：60 000÷60=1 000（元）；与当月工资合并后确定适用税率：月应纳税所得额=1 000+5 800−5 000=1 800（元），适用税率为3%；应代扣代缴个人所得税：（5 800+60 000−5 000）×3%=1 824（元）。

然而，税务总局发布的《个人所得税综合所得年度汇算政策百问百答》中就“21.个人办理内部退养手续后从原任职单位取得的一次性收入该如何计税？”做出的解答为：“个人办理内部退养手续从原任职单位取得一次性补贴收入，不需纳入综合所得进行年度汇算。计税时，按照办理内部退养手续后至法定离退休年龄之间所属月份进行平均后的商数，先与当月工资合并查找税率、计算税额，再减除当月工资收入应缴的税额，即为该项补贴收入应纳税额。发放一次性补贴收入当月取得的工资收入，仍需要并入综合所得计算缴税。在年终汇算时，正常按照税法规定扣除基本减除费用。”

【例2-21】李海2022年每月取得工资7 000元。2022年5月李海办理了内部退养手续，从单位取得一次性内部退养收入10万元。李海离正式退休时间还有20个月，假定李海2022年度没有其他综合所得，可享受子女教育专项附加扣除。

要求：计算李海应缴纳的个人所得税。

【解析】

（1）李海离正式退休时间还有20个月，平均分摊一次性收入：10÷20=0.5（万元）；

（2）5 000元与当月工资7 000元合并，减除当月费用扣除标准5 000元，以其余额为基数确定适用税率和速算扣除数；（5 000+7 000）−5 000=7 000（元），应适用税率10%，速算扣除数210；

（3）将当月工资7 000元加上当月取得的一次性收入10万元，减去费用扣除标准5 000元，计算税款：（7 000+100 000−5 000）×10%−210=9 990（元）。模拟计算单月工资应纳的税款：（7 000−5 000）×3%=60（元）。内部退养应缴纳的税款为：9 990−60=9 930（元）。

（4）李海2022年度取得内部退养一次性收入不并入当月外，其他月份另行累计预扣预缴税款：（7 000×12−5 000×12−1 000×12）×3%=360（元）。

（5）李海2022年全年应缴纳个人所得税为：9 930+360=10 290（元）。

根据个人所得税扣缴客户端中的设置，税制改革后内部退养取得的一次性补贴收入应按如下方法计算个人所得税。

$$应纳税所得额=\frac{一次性}{补偿收入}-\frac{免税}{收入}-\frac{减除}{费用}-\frac{其他准予}{扣除的项目}-\frac{准予扣除的}{捐赠额}$$

适用税率1与速算扣除数：按本期工资收入与一次性补偿金月分摊收入合并后减除当月费用扣除标准5 000后的余额为基数确定月度税率1和速算扣除数。计算公式为：

应纳税额=［(一次性补偿收入+本期工资收入－免税收入－其他准予扣除的项目－准予扣除的捐赠额－减除费用）×税率1－速算扣除数］－（本期工资收入－减除费用）×税率2

（说明：税率2为模拟当月工资扣除减除费用标准后的余额为基数确定的月度税率。）

【例2-22】某市甲公司实行人事制度改革，50岁的女职工李某，根据政策规定，于2022年11月办理了内部退养手续，从单位领取一次性收入60 000元，李某当月工资为5 800元。经查发现，该公司认为李某取得的退养一次性收入属于退休工资，未扣缴个人所得税。

要求：分析说明存在的问题，并计算应纳的个人所得税。

【解析】2019年1月1日以后，个人办理内部退养手续而取得的一次性补贴收入，按照国税发〔1999〕58号文件规定计算纳税。不过，根据个人所得税扣缴客户端中的设置，应按如下方法计算个人所得税。

本例中，假设2022年李某50岁，距退休年龄还有60个月（5×12）；

月均补偿收入：60 000÷60=1 000（元）；

与当月工资5 800元合并后确定适用税率：

月应纳税所得额=1 000+5 800−5 000=1 800（元），适用税率3%；

应缴纳个人所得税：

（5 800+60 000−5 000）×3%−（5 800−5 000）×3%=1 824−24=1 800（元）。

（七）提前退休人员的一次性收入

自2019年1月1日起，根据财税〔2018〕164号文件第五条的规定，个人办理提前退休手续而取得的一次性补贴收入，应按照办理提前退休手续至法定离退休年龄之间实际年度数平均分摊，确定适用税率和速算扣除数，单独适用综合所得税率表，计算纳税。计算公式为：

应纳税额={［(一次性补贴收入÷办理提前退休手续至法定退休年龄的实际年度数)－费用扣除标准］×适用税率－速算扣除数}×办理提前退休手续至法定退休年龄的实际年度数

提前退休一次性补偿收入的个人所得税处理方法如图2-12所示。

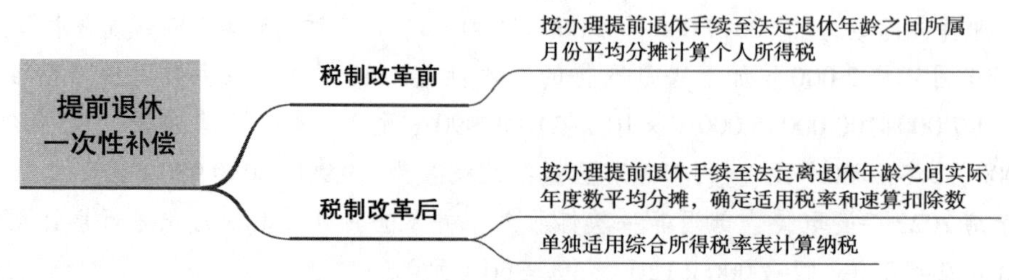

图2-12 提前退休一次性补偿收入的个人所得税处理

【例2-23】某国有企业职工张某，于2022年6月因健康原因办理了提前退休手续（至法定退休年龄尚有18个月），取得单位按照统一标准支付的一次性补贴108 000元。当月张某仍按原工资标准从单位领取工资6 000元。

要求：计算张某应缴纳的个人所得税。

【解析】在本例中，提前退休一次性补偿发生在2022年，根据财税〔2018〕164号文件第五条的规定，应纳的个人所得税计算公式为：

应纳税额={[（一次性补贴收入÷办理提前退休手续至法定退休年龄的实际年度数）-费用扣除标准]×适用税率-速算扣除数}×办理提前退休手续至法定退休年龄的实际年度数

由于一次性补偿收入除以办理提前退休手续至法定退休年龄的实际年度数后减除费用扣除标准余额为：108 000÷2-60 000=-6 000（元），因此张某不用缴纳个人所得税。

（八）保险营销员与证券经纪人佣金收入

1.佣金收入按“劳务报酬所得”征税

保险企业营销员（非雇员，下同）取得的收入应按劳务报酬所得计征个人所得税。保险企业营销员以1个月内取得的收入为1次。保险企业是营销员个人所得税的代扣代缴义务人，应按月扣缴税款并于次月15日内将所扣税款缴入国库。由于保险公司计算机管理手段比较先进，财务核算较为规范，各地对保险业营销员取得佣金收入一律不得采用核定征税方式计征个人所得税，必须实行查账征收。根据《保监会关于明确保险营销员佣金构成的通知》（保监发〔2006〕48号）的规定，保险营销员的佣金由展业成本和劳务报酬构成。对佣金中的展业成本，不征收个人所得税。

证券经纪人不是证券公司的正式员工，证券经纪人与证券公司之间是委托代理关系。从证券公司取得佣金收入的证券经纪人与从事其他劳务活动而取得收入的纳税人相比有所不同，主要表现在：一是证券经纪人只能接受一家证券公司委托，不得兼做他职，其主要收入是佣金收入，且大多数证券经纪人月收入处于较低水平；二是证券经纪人收入水平与市场交易量、客户交易偏好等因素直接相关，证券经纪人收入在不同年份之间、不同月份之间有较大波动；三是证券经纪人与保险营销员一样，在展业过程中，为招揽客户及维护客户需要自行额外负担展业成本。证券经纪人从证券公司取得的佣金收入，应按照“劳务报酬所得”项目缴纳个人所得税。证券经纪人佣金收入由展业成本和劳务报酬构成，对展业成本部分不征收个人所得税。

2.保险营销员与证券经纪人佣金的处理

自2019年1月1日起，根据财税〔2018〕164号文件第三条的规定，保险营销员、证券经纪人取得的佣金收入，属于劳务报酬所得，以不含增值税的收入减除20%的费用后的余额为收入额，收入额减去展业成本以及附加税费后，并入当年综合所得，计算缴纳个人所得税。保险营销员、证券经纪人展业成本按照收入额的25%计算。

扣缴义务人向保险营销员、证券经纪人支付佣金收入时，应按照《个人所得税扣缴申报管理办法（试行）》（国家税务总局公告2018年第61号发布）规定的累计预扣法计算预扣税款。

保险营销员、证券经纪人取得的佣金收入，由展业成本和劳务报酬两部分构成。考虑到保险营销员、证券经纪人在开展业务时需要承担一定的展业成本，对其佣金收入全额计税不尽合理。在税制改革前，为支持保险、证券行业健康发展，适当减轻保险营销员、证券经纪人的税负，将保险营销员、证券经纪人佣金收入的40%视为展业成本不予征税。税制改革后，保险营销员、证券经纪人的佣金收入应当依法纳入综合所得，新增加每年6万元的减除费用、专项扣除、专项附加扣除、依法确定的其他扣除等扣除项目，应纳税所得额的计算发生一定变化，为此，调整了保险营销员、证券经纪人的计税方法，保持税收政策连续稳定。

3. 预扣预扣

日常预扣预缴时，综合考虑新旧税制衔接，为最大限度减轻保险营销员、证券经纪人税收负担，依照税法规定，对其取得的佣金收入，按照累计预扣法计算预缴税款。具体计算时，以该纳税人截至当期在单位从业月份的累计收入减除累计减除费用、累计其他扣除后的余额，比照工资、薪金所得预扣率表计算当期应预扣预缴税额。专项扣除和专项附加扣除，在预扣预缴环节暂不扣除，待年度终了后汇算清缴申报时办理。主要考虑因素为：一方面，根据《个人所得税法》及其实施条例的规定，个人取得的劳务报酬，应当在汇算清缴时办理专项附加扣除；另一方面，保险营销员、证券经纪人多为自己缴付"三险一金"，支付佣金单位较难掌握这些情况并为其办理扣除。同时，部分保险营销员、证券经纪人还有任职受雇单位，由支付佣金单位办理可能出现重复扣除。

4. 汇算清缴

在年终综合所得汇算清缴时，保险营销员、证券经纪人取得的佣金收入，以不含增值税的收入减除20%的费用后的余额，再减去展业成本以及附加税费后，并入当年综合所得，计算个人所得税。其中，展业成本按照不含增值税的佣金收入减除20%费用后余额的25%计算。

5. 代理人应纳税费的委托代征和代扣代缴

根据《国家税务总局关于个人保险代理人税收征管有关问题的公告》（国家税务总局公告2016年第45号）的规定，个人保险代理人，是指根据保险企业的委托，在保险企业授权范围内代为办理保险业务的自然人，不包括个体工商户。个人保险代理人为保险企业提供保险代理服务应当缴纳的增值税和城市维护建设税、教育费附加、地方教育附加，税务机关可以根据《委托代征管理办法》（国家税务总局公告2013年第24号发布）的有关规定，委托保险企业代征。

个人保险代理人为保险企业提供保险代理服务应当缴纳的个人所得税，由保险企业按照现行规定依法代扣代缴。

佣金收入的税务处理方法如图2-13所示。

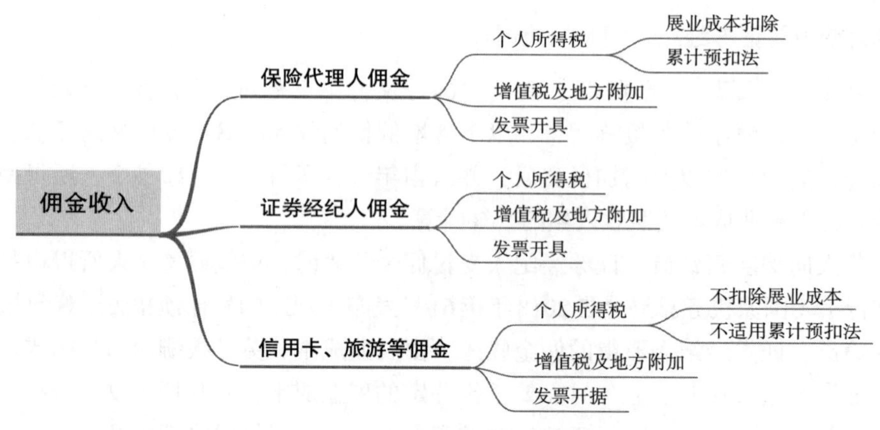

图2-13 佣金收入的税务处理

6.案例解析

【例2-24】张三是甲人寿保险公司南京分公司的保险代理人（持有保险代理人资格证书），主管税务机关已委托该公司代征个人保险代理人相关税费。

已知，张三兄弟两人，父母健在，都已61岁；有一个女儿，正在读小学三年级，子女教育专项附加扣除由张三扣除；每月自行缴纳社会保险费1 500元。

2022年张三没有工资、薪金所得，也没有其他劳务报酬、稿酬和特许权使用费所得，从甲保险公司取得的不含增值税的佣金收入如表2-19所示。

表2-19 张三2022年佣金收入情况

月份	1月	2月	3月	4月	5月	6月	小计
佣金收入	20 000	160 000	10 000	5 000	10 000	5 000	310 000
月份	7月	8月	9月	10月	11月	12月	
佣金收入	10 000	20 000	20 000	15 000	15 000	20 000	

要求：计算张三应纳的相关税费。

【解析】

1.预扣预缴。

根据财税〔2018〕164号文件第三条的规定，扣缴义务人向保险营销员、证券经纪人支付佣金收入时，应按照《个人所得税扣缴申报管理办法（试行）》规定的累计预扣法计算预扣税款。

以张三截至当期在单位从业月份的累计收入减除累计减除费用、累计其他扣除后的余额，比照工资、薪金所得预扣率表计算当期应预扣预缴税额。专项扣除和专项附加扣除，在预扣预缴环节暂不扣除，待年度终了后汇算清缴申报时办理。

此外，根据《财政部 税务总局关于实施小微企业普惠性税收减免政策的通知》（财税〔2019〕13号）第一条的规定，自2019年1月1日至2021年3月31日，对月销售额10万元以下（含本数）的增值税小规模纳税人，免征增值税。根据《财政部 税务总局关于明确增值税小规模纳税人免征增值税政策的公告》（财政部 税务总局公告2021年第11号）的规定，自2021年4月1日至2022年3月31日，对月销售额15万元以下（含本数）的增值税小规模纳税人，免征增值税。根据《财政部 税务总局关于对增值税小规模纳税人免征增值税的公告》（财政部 税务总局公告2022年第15号）第一条的规定，自2022年4月1日至2022年12月31日，增值税小规模纳税人适用3%征收率的应税销售收入，免征增值税；适用3%预征率的预缴增值税项目，暂停预缴增值税。根据《财政部 国家税务总局关于扩大有关政府性基金免征范围的通知》（财税〔2016〕12号）第一条的规定，按月纳税的月销售额不超过10万元（按季度纳税的季度销售额不超过30万元）的缴纳义务人，免征教育费附加、地方教育附加。

张三2022年1月应预扣预缴个人所得税的计算：

1月佣金收入20 000元，免征增值税。

保险营销员佣金收入预扣预缴应纳税所得额=累计收入额－累计减除费用－累计其他扣除=20 000×（1–20%）×（1–25%）–5 000=7 000（元）；

应预扣预缴个人所得税=7 000×3%=210（元）。

2月应预扣预缴个人所得税的计算：

应纳增值税：160 000 × 1%=1 600（元）；

应纳税费附加：1 600 ×（7%+3%+2%）× 50%=96（元）。

累计预扣预缴应纳税所得额：

（20 000+160 000）×（1–20%）×（1–25%）–96–5 000 × 2=97 904（元）；

应预扣预缴个人所得税=97 904 × 10%–2 520=7 270.4（元）。

张三2022年各月的预扣预缴个人所得税情况如表2–20所示。

表2–20　张三2022年各月的预扣预缴个人所得税情况

单位：元

月份	佣金收入	费用	展业成本	地方税费	基本费用扣除	累计预扣预缴应纳税所得额	预扣率	速算扣除数	累计应预扣预缴个税	当月应补扣个税
1	20 000	760	760	0	5 000	13 480	3%	0	0	0
2	160 000	32 000	32 000	96	10 000	97 904	10%	2 520	7 270.4	7 270.4
3	10 000	2 000	2 000	0	15 000	98 904	10%	2 520	7 370.4	100
4	5 000	1 000	1 000	0	20 000	96 904	10%	2 520	7 170.4	–200
5	10 000	2 000	2 000	0	25 000	97 904	10%	2 520	7 270.4	100
6	5 000	3 000	3 000	0	30 000	95 904	10%	2 520	7 070.4	–200
7	10 000	2 000	2 000	0	35 000	96 904	10%	2 520	7 170.4	100
8	20 000	4 000	4 000	0	40 000	103 904	10%	2 520	7 870.4	700
9	20 000	4 000	4 000	0	45 000	110 904	10%	2 520	8 570.4	700
10	15 000	3 000	3 000	0	50 000	114 904	10%	2 520	8 970.4	400
11	15 000	3 000	3 000	0	55 000	118 904	10%	2 520	9 370.4	400
12	20 000	4 000	4 000	0	60 000	125 904	10%	2 520	10 070.4	700
小计	310 000	62 000	62 000	96						10 070.4

2.年终汇算清缴。

根据财税〔2018〕164号文件第三条的规定，保险营销员、证券经纪人取得的佣金收入，属于劳务报酬所得，以不含增值税的收入减除20%的费用后的余额为收入额，收入额减去展业成本以及附加税费后，并入当年综合所得，计算缴纳个人所得税。保险营销员、证券经纪人展业成本按照收入额的25%计算。

张三全年佣金收入：31万元；

减除20%费用：31 × 20%=6.2（万元）；

收入额：31–6.2=24.8（万元）；

展业成本：24.8 × 25%=6.2（万元）；

基本费用扣除：6万元，专项扣除：0.15 × 12=1.8（万元）；

专项附加扣除：0.2 × 12=2.4（万元）；

附加税费：16 × 1% ×（7%+3%+2%）× 50%=0.0 096（万元）；

应纳税所得额：31–6.2–6.2–0.0 096–6–1.8–2.4=8.3 904（万元）；

应纳税额：8.3 904 × 10%−0.252=0.58 704（万元）；

应退个人所得税：10 070.4−5 870.4=4 200（元）。

（九）灵活用工人员从平台取得收入

税务总局《对十三届全国人大三次会议第8765号建议的答复》指出：根据《个人所得税法》及有关规定，灵活用工人员从平台获取的收入可能包括劳务报酬所得和经营所得两大类。灵活用工人员在平台上从事设计、咨询、讲学、录音、录像、演出、表演、广告等劳务取得的收入，属于“劳务报酬所得”应税项目，由支付劳务报酬的单位或个人预扣预缴个人所得税，年度终了时并入综合所得，按年计税、多退少补。灵活用工人员注册成立个体工商户，或者虽未注册但在平台从事生产、经营性质活动的，其取得的收入属于“经营所得”应税项目，“经营所得”以每一纳税年度的收入总额减除成本费用以及损失后的余额为应纳税所得额，适用经营所得税率表，按年计税。

因此，灵活用工人员取得的收入是否作为经营所得计税，要根据纳税人在平台提供劳务或从事经营的经济实质进行判定，而不是简单地看个人劳动所依托的展示平台，否则容易导致从事相同性质劳动的个人税负不同，不符合税收公平原则。比如，从事教育培训工作的兼职教师，在线下教室里给学生上课取得收入按劳务报酬所得缴税，在线上平台的直播间给学生上课取得收入按经营所得缴税，同一性质劳动，不宜区别对待。

（十）代开综合所得发票不附征个人所得税

个人所得税以所得人为纳税人，以支付所得的单位或者个人为扣缴义务人。居民个人取得劳务报酬、稿酬与特许权使用费等综合所得，按年计算个人所得税；有扣缴义务人的，由扣缴义务人按月或者按次预扣预缴税款；需要办理汇算清缴的，应当在取得所得的次年3月1日至6月30日内办理汇算清缴。因而，江苏省、海南省、厦门市、四川等税务局都发布公告，规定对自然人纳税人取得劳务报酬所得、稿酬所得和特许权使用费所得申请代开发票的，在代开发票环节不再征收个人所得税。代开发票单位（包括税务机关和接受税务机关委托代开发票的单位）在发票备注栏内统一注明“个人所得税由支付人依法扣缴”。扣缴义务人向自然人支付上述所得时，应依法扣缴个人所得税，并进行全员全额扣缴申报。自然人取得应税所得，扣缴义务人未扣缴税款的，应按有关规定办理自行申报。对自然人纳税人取得除劳务报酬所得、稿酬所得和特许权使用费所得外需要代开发票的，仍按现行法律法规执行。个人取得应税所得，扣缴义务人未扣缴税款的，由纳税人依照《国家税务总局关于个人所得税自行纳税申报有关问题的公告》（国家税务总局公告2018年第62号）规定办理纳税申报。扣缴义务人应扣未扣税款的，依照《税收征收管理法》及其实施细则的有关规定处理。

第五节　综合所得汇算清缴

根据《个人所得税法》第十一条的规定，居民个人取得综合所得，按年计算个人所得税；有扣缴义务人的，由扣缴义务人按月或者按次预扣预缴税款；需要办理汇算清缴的，应当在取得所得的次年3月1日至6月30日内办理汇算清缴。

一、综合所得汇算清缴概述

为贯彻党中央、国务院个人所得税改革决策部署，切实维护纳税人合法权益，合理有序建立健全个人所得税综合所得汇算清缴制度，国家税务总局制定发布了《国家税务总局关于办理2019年度个人所得税综合所得汇算清缴事项的公告》（国家税务总局公告2019年第44号）、《国家税务总局关于办理2020年度个人所得税综合所得汇算清缴事项的公告》（国家税务总局公告2021年第2号）和《国家税务总局关于办理2021年度个人所得税综合所得汇算清缴事项的公告》（国家税务总局公告2022年第1号）。

（一）综合所得汇算清缴内容

1.综合所得汇算清缴的概念

综合税制，通俗讲就是"合并全年收入，按年计算税款"。与我国原先一直实行的分类税制相比，个人所得税的计算方法发生了改变，即将居民个人取得的工资、薪金，劳务报酬，稿酬，特许权使用费四项所得合并为"综合所得"，以"年"为一个周期计算应该缴纳个人所得税。

综合所得年度汇算清缴，指的是年度终了后，纳税人汇总工资薪金、劳务报酬、稿酬、特许权使用费等四项综合所得的全年收入额，减去全年的费用和扣除，得出应纳税所得额并按照综合所得年度税率表，计算全年应纳个人所得税，再减去年度内已经预缴的税款，向税务机关办理年度纳税申报并结清应退或应补税款的过程。简言之，就是在平时已预缴税款的基础上"查遗补漏，汇总收支，按年算账，多退少补"，这是2019年以后我国建立综合与分类相结合的个人所得税制的内在要求，也是国际通行做法。

需要说明的是：

第一，年度汇算的主体，仅指依据个人所得税法规定的居民个人。非居民个人，无须办理年度汇算。

第二，年度汇算的范围和内容，仅指纳入综合所得范围的工资薪金、劳务报酬、稿酬、特许权使用费等四项所得。利息股息红利所得、财产租赁所得等分类所得均不纳入年度汇算。同时，按照有关文件规定，纳税人取得的可以不并入综合所得计算纳税的收入，如选择单独计税的全年一次性奖金、符合条件的上市公司股权激励收入等，也不在年度汇算范围内。

2.年度综合所得汇算清缴内容

2021年度终了后，居民个人（以下称纳税人）需要汇总2021年1月1日至12月31日（以下称纳税年度）取得的工资薪金、劳务报酬、稿酬、特许权使用费等四项所得（以下称综合所得）的收入额，减除费用6万元以及专项扣除、专项附加扣除、依法确定的其他扣除和符合条件的公益慈善事业捐赠后，适用综合所得个人所得税税率并减去速算扣除数，计算年度汇算最终应纳税额，再减去纳税年度已预缴税额，得出应退或应补税额，向税务机关申报并办理退税或补税。具体计算公式如下：

应退或应补税额=［（综合所得收入额-60 000元-"三险一金"等专项扣除-子女教育等专项附加扣除-依法确定的其他扣除-符合条件的公益慈善事业捐赠）×适用税率-速算扣除数］-

已预缴税额

年度汇算不涉及财产租赁等分类所得，以及纳税人按规定选择不并入综合所得计算纳税的所得。

3. 年度综合所得汇算清缴的原因

一是通过年度汇算可以更好地保障纳税人合法权益。比如，一些扣除项目，像专项附加扣除中的大病医疗支出，只有年度结束，才能确切地知道全年支出金额，需要在年度汇算来补充享受扣除。

二是通过年度汇算可以更加准确地计算纳税人综合所得全年应纳的个人所得税。纳税人平时取得综合所得的情形复杂，无论采取怎样的预扣预缴方法，都不可能使所有纳税人平时已预缴税额与年度应纳税额完全一致，此时两者之间就会产生"差额"，就需要通过年度汇算进行调整。税务部门前期进一步简便优化了预扣预缴方法，不仅进一步减轻了中低收入纳税人的办税负担，也使预扣预缴税额更为精准、更加接近年度应纳税额，但仍然无法完全避免"差额"的产生。

（二）确定是否属于需办理综合所得汇算清缴的纳税人

1. 需要办理年度综合所得汇算清缴的情形

符合下列情形之一的，纳税人需办理年度汇算：

（1）已预缴税额大于年度汇算应纳税额且申请退税的；

（2）纳税年度内取得的综合所得收入超过12万元且需要补税金额超过400元的。

因适用所得项目错误或者扣缴义务人未依法履行扣缴义务，造成纳税年度内少申报或者未申报综合所得的，纳税人应当依法据实办理年度汇算。

分为退税、补税两类。

一类是预缴税额高于应纳税额，需要申请退税的纳税人。依法申请退税是纳税人的权利。只要纳税人预缴税额大于纳税年度应纳税额，就可以依法申请年度汇算退税。实践中有一些比较典型的情形，将产生或者可能产生退税，主要如下：

（1）纳税年度综合所得年收入额不足6万元，但平时预缴过个人所得税的；

（2）纳税年度有符合享受条件的专项附加扣除，但预缴税款时没有申报扣除的；

（3）因年中就业、退职或者部分月份没有收入等原因，减除费用6万元、"三险一金"等专项扣除、子女教育等专项附加扣除、企业（职业）年金以及商业健康保险、税收递延型养老保险等扣除不充分的；

（4）没有任职受雇单位，仅取得劳务报酬、稿酬、特许权使用费所得，需要通过年度汇算办理各种税前扣除的；

（5）纳税人取得劳务报酬、稿酬、特许权使用费所得，年度中间适用的预扣预缴率高于全年综合所得年适用税率的；

（6）预缴税款时，未申报享受或者未足额享受综合所得税收优惠的，如残疾人减征个人所得税优惠等；

（7）有符合条件的公益慈善事业捐赠支出，但预缴税款时未办理扣除的，等等。

另一类是预缴税额小于应纳税额，应当补税的纳税人。依法补税是纳税人的义务。实践中有一些常见情形，将导致年度汇算时需要或可能需要补税，主要如下：

（1）在两个以上单位任职受雇并领取工资薪金，预缴税款时重复扣除了减除费用（5 000元/月）；

（2）除工资薪金外，纳税人还有劳务报酬、稿酬、特许权使用费所得，各项综合所得的收入加总后，导致适用综合所得年税率高于预扣预缴率；等等。

2.可豁免办理年度综合所得汇算清缴的情形

纳税人在纳税年度内已依法预缴个人所得税且符合下列情形之一的，无须办理年度汇算：

（1）年度汇算需补税但综合所得收入全年不超过12万元的；

（2）年度汇算需补税金额不超过400元的；

（3）已预缴税额与年度汇算应纳税额一致的；

（4）符合年度汇算退税条件但不申请退税的。

一般来讲，只要纳税人平时已预缴税额与年度应纳税额不一致，都需要办理年度汇算。为切实减轻纳税人负担，持续释放改革红利，根据国务院常务会议精神，财政部、税务总局制发了《财政部 税务总局关于延续实施全年一次性奖金等个人所得税优惠政策的公告》（财政部 税务总局公告2021年第42号）。明确2021—2023年，对部分需补税的中低收入纳税人，可继续适用免予年度汇算的政策。无须办理年度汇算的情形有：

第一类是对部分2021年1月1日—2021年12月31日取得综合所得且本应办理年度汇算补税的纳税人，免除其年度汇算义务。包括：纳税人综合所得年收入不超过12万元或者补税金额不超过400元，均不需要办理年度汇算。需要说明的是，纳税人取得综合所得时存在扣缴义务人未依法预扣预缴税款的，不在免予年度汇算的情形之列。

第二类是已预缴税额与年度应纳税额一致或者满足年度汇算退税条件但不申请退税的纳税人。在这两种情况下，纳税人无须退补税，或者自愿放弃退税，也就不必再办理年度汇算。

（三）汇算清缴可享受的税前扣除

下列在纳税年度内发生的，且未申报扣除或未足额扣除的税前扣除项目，纳税人可在年度汇算期间填报扣除或补充扣除：

（1）纳税人及其配偶、未成年子女符合条件的大病医疗支出；

（2）纳税人符合条件的子女教育、继续教育、住房贷款利息或住房租金、赡养老人专项附加扣除，以及减除费用、专项扣除、依法确定的其他扣除；

（3）纳税人符合条件的公益慈善事业捐赠。

同时取得综合所得和经营所得的纳税人，可在综合所得或经营所得中申报减除费用6万元、专项扣除、专项附加扣除以及依法确定的其他扣除，但不得重复申报减除。

（四）汇算清缴时间与办理方式

1.办理时间

根据《个人所得税法》第十一条的规定，居民个人取得综合所得，按年计算个人所得税；有扣缴义务人的，由扣缴义务人按月或者按次预扣预缴税款；需要办理汇算清缴的，应当在取得所得的次年3月1日至6月30日内办理汇算清缴。例如，居民个人办理2021年度综合所得汇算清缴的时间为2022年3月1日至6月30日。在中国境内无住所的居民个人在2022年3月1日前离境的，可以在离境前办理年度综合所得汇算清缴。

2.办理方式

办理综合所得年度汇算清缴有三种方式：自己办、单位办、请人办。居民个人可自主选择。

（1）自己办，即纳税人自行办理年度汇算清缴。

（2）单位办，即通过任职受雇单位（含按累计预扣法预扣预缴其劳务报酬所得个人所得税的单位，下同。以下简称单位）代为办理。

纳税人提出代办要求的，单位应当代为办理，或者培训、辅导纳税人通过自然人电子税务局（含手机“个人所得税”App、网页端，下同）完成年度汇算申报和退（补）税。

由单位代为办理的，纳税人应在2022年4月30日前与单位以书面或者电子等方式进行确认，补充提供其纳税年度内在本单位以外取得的综合所得收入、相关扣除、享受税收优惠等信息资料，并对所提交信息的真实性、准确性、完整性负责。纳税人未与单位确认请其代为办理年度汇算的，单位不得代办。

（3）请人办，即委托涉税专业服务机构或其他单位及个人（以下称受托人）办理，纳税人与受托人需签订授权书。

单位或受托人为纳税人办理年度汇算后，应当及时将办理情况告知纳税人。纳税人发现年度汇算申报信息存在错误的，可以要求单位或受托人办理更正申报，也可自行办理更正申报。

3.办理渠道

办理年度综合所得汇算清缴有三个渠道：网络办、邮寄办、大厅办。

（1）网络办。税务机关提供了高效、快捷的网络办税渠道，建议纳税人优先选择通过自然人电子税务局办理年度汇算，特别是手机“个人所得税”App掌上办税。税务机关提供了申报表项目预填服务，纳税人选择使用预填服务并确认申报数据的真实、准确、完整后即可快速办理年度汇算，非常方便快捷。此外，对存在境外所得的居民个人，可以通过自然人电子税务局网页端境外所得申报功能办理年度汇算。

（2）邮寄办。如果纳税人不方便使用网络，也可以邮寄申报表办理年度汇算。各省（自治区、直辖市）税务局都指定专门受理邮寄申报的税务机关并向社会公告。纳税人需将申报表寄送至规定的主管税务机关所在省（自治区、直辖市）税务局公告的地址。邮寄申报需要清晰、真实、准确填写本人的相关信息，尤其是姓名、纳税人识别号、有效联系方式等关键信息，建议使用电脑填报并打印、签字。

（3）大厅办。如果纳税人不方便使用网络或邮寄，也可以到按规定确定的主管税务机关办税服务厅办理。

（五）申报信息及资料留存

办理年度综合所得汇算清缴时，纳税人只需报送年度汇算申报表，如果纳税人修改本人相关基础信息、新增享受扣除或者税收优惠，则需一并报送相关信息。纳税人需仔细核对填报的信息，确保真实、准确、完整。

为便于后续服务和管理，纳税人及为其代办年度汇算的单位需各自将办理年度汇算的相关资料，自年度汇算期结束之日起留存5年。比如，2021年度汇算的相关资料留存期限为自2022年7月1日至2027年6月30日。

（六）接受年度汇算清缴申报的税务机关

按照方便就近原则，纳税人自行办理或受托人为纳税人代为办理年度汇算的，向纳税人任职受雇单位的主管税务机关申报；有两处及以上任职受雇单位的，可自主选择向其中一处申报。

纳税人没有任职受雇单位的，向其户籍所在地、经常居住地或者主要收入来源地的主管税务机关申报。主要收入来源地，是指一个纳税年度内向纳税人累计发放劳务报酬、稿酬及特许权使用费金额最大的扣缴义务人所在地。

单位为纳税人代办年度汇算的，向单位的主管税务机关申报。

为方便纳税服务和征收管理，年度汇算期结束后，税务部门将为尚未办理申报的纳税人确定主管税务机关。

（七）汇算清缴的退税与补税

1.汇算清缴退税

纳税人申请年度汇算退税，应当提供其在中国境内开立的符合条件的银行账户。税务机关按规定审核后，在按规定确定的受理年度汇算申报的税务机关所在地（即年度汇算地），按照国库管理有关规定就地办理税款退库。纳税人未提供本人有效银行账户，或者提供的信息资料有误的，税务机关将通知纳税人更正，纳税人按要求更正后依法办理退税。

为方便办理退税，综合所得全年收入额不超过6万元且已预缴个人所得税的纳税人，可选择使用自然人电子税务局提供的简易申报功能，便捷办理年度汇算退税。

申请2021年度汇算退税的纳税人，如存在应当办理2020年及以前年度汇算补税但未办理，或者经税务机关通知2020年及以前年度汇算申报存在疑点但未更正或说明情况的，需在办理2020年及以前年度汇算申报补税、更正申报或者说明有关情况后依法申请退税。

2.汇算清缴补税

纳税人办理年度汇算补税的，可以通过网上银行、办税服务厅POS机刷卡、银行柜台、非银行支付机构等方式缴纳。邮寄申报并补税的，纳税人需通过自然人电子税务局或者主管税务机关办税服务厅及时关注申报进度并缴纳税款。

年度汇算需补税的纳税人，年度汇算期结束后未足额补缴税款的，税务机关将依法加收滞纳金，并在其《个人所得税纳税记录》中予以标注。

纳税人因申报信息填写错误造成年度汇算多退或少缴税款的，纳税人主动或经税务机关提醒后及时改正的，税务机关可以按照“首违不罚”原则免予处罚。

（八）年度汇算清缴服务与管理措施

1.年度汇算清缴服务

一是提供年度汇算初期“预约办税”服务。为给纳税人提供更好的服务，税务部门2022年推出了年度汇算初期预约办税功能，通过预约使税收公共服务更有效率、更有质量、更有秩序。凡在3月1日–15日期间有办税需求的纳税人，可以在2月16日（含）后通过自然人电子税务局预约办理时间，并按照预约时间办理年度汇算，进一步提升纳税人办理体验。需要说明的是，预约办税只限于3月1日至15日，高峰期过后，纳税人在年度汇算期内随时可以办理年度汇算。

二是进一步巩固“首违不罚”制度。税务机关继续实行年度汇算“首违不罚”规定。纳税人在办理年度汇算时，申报信息填写错误造成年度汇算多退或少缴税款，纳税人主动或经税务机关提醒后及时改正的，税务机关可以按照“首违不罚”原则免予处罚。

三是明确年度汇算期结束后的主管税务机关。年度汇算结束后，将按规则给未按时办理年度汇算的纳税人确定一个主管税务机关。有关规则与受理年度汇算申报的税务机关确定规则基本一致。这一做法，便于纳税人后续办理年度汇算时找到主管税务机关为其提供涉税服务管理。

2. 提醒准确申报举措

一是提醒纳税人年度汇算开始前可登录手机“个人所得税”App，查看自己纳税年度内的综合所得和纳税情况，核对银行卡、专项附加扣除涉及人员身份信息等基础资料，为年度汇算做好准备。

二是提醒因适用所得项目错误或者扣缴义务人未依法履行扣缴义务的纳税人，要在如实补充申报相关收入后，据实办理年度汇算。

三是提醒申请年度汇算退税的纳税人，如存在应当办理以前年度汇算补税但未办理，或者经税务机关通知以前年度汇算申报存在疑点但未更正或说明情况的，需在办理以前年度汇算申报补税、更正申报或者说明有关情况后依法申请退税。通过关联纳税人不同纳税年度汇算补税和退税的情况，提醒纳税人依法诚信申报办税、依法履行公民义务，可以更好地保障纳税人合法权益，维护纳税人的涉税信用记录。

四是提醒同时取得综合所得和经营所得的纳税人，可在综合所得或经营所得中申报减除费用6万元、专项扣除、专项附加扣除以及依法确定的其他扣除，但不得重复申报减除。对已经在经营所得年度汇算填报减除费用、“三险一金”、专项附加扣除等扣除的纳税人，在提供综合所得年度汇算预填服务时，将减除费用等数据设置为0，同时提醒纳税人也可更正经营所得申报后在综合所得年度汇算中扣除6万元/年的减除费用。

3. 管理性措施

2021年度汇算是综合与分类相结合个人所得税制改革之后的第三次，从前两次的办理情况看，绝大多数纳税人能够依法如实办理，有相当数量的纳税人通过办理年度汇算申请退税享受了个税改革红利，也有很多纳税人补充了税务部门未掌握的收入，办理年度汇算申报缴税。同时，也有少量纳税人，经过税务机关多次提示提醒后仍然没有如实申报。对于年度汇算需补税的纳税人，如在年度汇算期结束后未申报并补缴税款，税务部门将依法加收滞纳金，并在其《个人所得税纳税记录》中予以标注。对于涉税金额较大的，税务部门将进行提示提醒，对提醒后未改正或者改正不到位的进行督促整改，对仍不改正或者改正不到位的进行约谈警示，约谈警示后仍不配合整改的依法立案稽查，对立案案件选择部分情节严重、影响恶劣的进行公开曝光。

二、汇算清缴纳税申报案例解析

（一）仅取得境内所得汇算清缴与纳税申报案例

【例2–25】张先生（公民身份号码为：3201021978××××××）家住南京××区××路××号，有一个独生女在南京A中学读初二，其本人也是独生子女。2021年8月，张先生的父亲刚过61

岁生日，母亲2021年12月刚过60岁生日。2020年3月，张先生用“住房公积金+商业银行贷款”的组合贷在南京××区购置首套房，还款期限为20年，从2020年4月起等本息还贷15 000元/月。按规定可享受子女教育和住房贷款利息专项附加扣除，选择都由张先生扣除。张先生按规定通过“个人所得税”App向扣缴单位填报专项附加扣除信息表，选择在预扣预缴工资、薪金所得个人所得税时扣除专项附加扣除。

张先生是南京某大学副教授，2021年从单位取得的工资收入、个人按规定缴纳的社会保险费和住房公积金、被扣缴的个人所得税等（社保费为按规定交的养老保险费），如表2–21所示。

表2–21 张先生2021年工资收入与扣缴个人所得税情况表

单位：元

月份	类型	收入	社保费	公积金	专项附加扣除	扣缴个人所得税
1	工资	21 000	3 200	2 580	4 000	336.60
2	工资	21 000	3 200	2 580	4 000	336.60
3	年终奖	158 000				30 190.00
3	工资	21 000	3 200	2 580	4 000	336.60
4	工资	21 000	3 200	2 580	4 000	336.60
5	工资	21 000	3 200	2 580	4 000	958.20
6	工资	21 000	3 200	2 580	4 000	1 122.00
7	工资	21 000	3 200	2 580	4 000	1 122.00
8	工资	21 000	3 200	2 580	4 000	1 122.00
9	工资	21 000	3 200	2 580	4 000	1 122.00
10	工资	21 000	3 200	2 580	4 000	1 122.00
11	工资	21 000	3 200	2 580	4 000	1 122.00
12	工资	21 000	3 200	2 580	4 000	1 122.00
小计		410 000	38 400	30 960	48 000	41 134.00

2021年，张先生利用业务时间，受邀为有关单位或学校讲授财经课程，取得支付的课酬、被预扣预缴的个人所得税等情况如表2–22所示。

表2–22 张先生2021年课酬收入与被扣缴的个人所得税情况表

单位：元

月份	所得项目	收入	扣缴税款	支付单位
1	课酬	21 428.57	3 428.57	南京×教育公司
3	课酬	11 904.76	1 904.76	重庆×财税学校
4	课酬	19 047.62	3 047.62	天津×财税学校
5	课酬	18 667.00	2 986.72	北京×财税公司
6	课酬	19 047.62	3 047.62	广州×财税公司
7	课酬	21 428.57	3 428.57	上海×有限公司

续表

月份	所得项目	收入	扣缴税款	支付单位
8	课酬	15 000.00	2 400.00	安徽 × 有限公司
11	课酬	19 047.62	3 047.62	杭州 × 咨询公司
12	课酬	36 842.11	6 842.11	深圳湾区 × 教育公司
合计		182 413.87	30 133.59	

2021年5月，张先生的专著在某出版社出版发行，2021年11月取得出版社支付的稿酬44 300元，出版社按照规定预扣预缴个人所得税4 849.6元。不考虑个人所得税以外的其他税费。

要求：

1.计算年终汇算清缴应补退的个人所得税。

2.填报综合所得个人所得税汇算清缴纳税申报表。

【解析】

1.年终奖选择全年一次性奖金优惠计税方法单独计税。

汇算清缴应补退税款的计算：

（1）综合所得收入：

工资、薪金收入：21 000 × 12=252 000（元）；

劳务报酬收入：182 413.87元；

稿酬收入：44 300元；

综合所得收入合计：252 000+182 413.87+44 300=478 713.87（元）。

（2）费用合计：（182 413.87+44 300）× 20%=45 342.77（元）。

（3）稿酬所得免税部分：44 300 ×（1–20%）× 30%=10 632（元）。

综合所得收入额为：478 713.87–45 342.77–10 632=422 739.1（元）。

（4）基本减除费用：60 000元。

（5）专项扣除：3 200 × 12+2 580 × 12=69 360（元）。

（6）专项附加扣除：可享受子女教育专项附加扣除1 000元/月，住房贷款利息专项附加扣除1 000元/月，赡养老人专项附加扣除2 000元/月。

全年共计：（1 000+1 000+2 000）× 12=48 000（元）。

（7）其他扣除：0。

（8）综合所得应纳税所得额：

422 739.1–60 000–69 360–48 000=245 379.1（元），

（9）综合所得应纳的个人所得税：

245 379.1 × 20%–16 920=32 155.82（元）。

（10）已被预扣预缴个人所得税：

（41 134.00–30 190）+30 133.59+4 849.6=45 927.19（元）。

（11）汇算清缴应退税款：

32 155.82–45 927.19=–13 771.37（元）。

综合所得汇算清缴纳税申报：

张先生应于2022年3月1日至2022年6月30日，办理综合所得汇算清缴纳税申报，并填报《个人所得税年度自行纳税申报表（A表）》，如表2-23所示。

表2-23　个人所得税年度自行纳税申报表（A表）

（仅取得境内综合所得年度汇算适用）

税款所属期：2021年1月1日至2021年12月31日

纳税人姓名：张××

纳税人识别号：3201021978××××××××　　金额单位：人民币元（列至角分）

<table>
<tr><td colspan="6">基本情况</td></tr>
<tr><td>手机号码</td><td></td><td>电子邮箱</td><td></td><td>邮政编码</td><td>□□□□□□</td></tr>
<tr><td>联系地址</td><td colspan="5">江苏省（区、市）南京市××区（县）____街道（乡、镇）××</td></tr>
<tr><td colspan="6">纳税地点（单选）</td></tr>
<tr><td colspan="3">1. 有任职受雇单位的，需选本项并填写“任职受雇单位信息”：</td><td colspan="3">√任职受雇单位所在地</td></tr>
<tr><td rowspan="2">任职受雇单位信息</td><td>名称</td><td colspan="4">南京某大学</td></tr>
<tr><td>纳税人识别号</td><td colspan="4">□□□□□□□□□□□□□□□□□□</td></tr>
<tr><td colspan="3">2. 没有任职受雇单位的，可以从本栏次选择一地：</td><td colspan="3">□户籍所在地　□经常居住地　□主要收入来源地</td></tr>
<tr><td colspan="2">户籍所在地/经常居住地/主要收入来源地</td><td colspan="4">____省（区、市）____市____区（县）____街道（乡、镇）____</td></tr>
<tr><td colspan="6">申报类型（单选）</td></tr>
<tr><td colspan="6">√首次申报　□更正申报</td></tr>
<tr><td colspan="6">综合所得个人所得税计算</td></tr>
<tr><td colspan="4">项目</td><td>行次</td><td>金额</td></tr>
<tr><td colspan="4">一、收入合计（第1行=第2行+第3行+第4行+第5行）</td><td>1</td><td>478 713.87</td></tr>
<tr><td colspan="4">（一）工资、薪金</td><td>2</td><td>252 000.00</td></tr>
<tr><td colspan="4">（二）劳务报酬</td><td>3</td><td>182 413.87</td></tr>
<tr><td colspan="4">（三）稿酬</td><td>4</td><td>44 300.00</td></tr>
<tr><td colspan="4">（四）特许权使用费</td><td>5</td><td>0</td></tr>
<tr><td colspan="4">二、费用合计［第6行=（第3行+第4行+第5行）×20%］</td><td>6</td><td>45 342.77</td></tr>
<tr><td colspan="4">三、免税收入合计（第7行=第8行+第9行）</td><td>7</td><td>10 632.00</td></tr>
<tr><td colspan="4">（一）稿酬所得免税部分［第8行=第4行×（1-20%）×30%］</td><td>8</td><td>10 632.00</td></tr>
<tr><td colspan="4">（二）其他免税收入（附报《个人所得税减免税事项报告表》）</td><td>9</td><td>0</td></tr>
<tr><td colspan="4">四、减除费用</td><td>10</td><td>60 000.00</td></tr>
<tr><td colspan="4">五、专项扣除合计（第11行=第12行+第13行+第14行+第15行）</td><td>11</td><td>69 360.00</td></tr>
<tr><td colspan="4">（一）基本养老保险费</td><td>12</td><td>38 400.00</td></tr>
<tr><td colspan="4">（二）基本医疗保险费</td><td>13</td><td></td></tr>
<tr><td colspan="4">（三）失业保险费</td><td>14</td><td></td></tr>
</table>

（四）住房公积金	15	30 960.00
六、专项附加扣除合计（附报《个人所得税专项附加扣除信息表》）（第16行=第17行+第18行+第19行+第20行+第21行+第22行）	16	48 000.00
（一）子女教育	17	12 000.00
（二）继续教育	18	
（三）大病医疗	19	
（四）住房贷款利息	20	12 000.00
（五）住房租金	21	
（六）赡养老人	22	24 000.00
七、其他扣除合计（第23行=第24行+第25行+第26行+第27行+第28行）	23	
（一）年金	24	
（二）商业健康保险（附报《商业健康保险税前扣除情况明细表》）	25	
（三）税延养老保险（附报《个人税收递延型商业养老保险税前扣除情况明细表》）	26	
（四）允许扣除的税费	27	
（五）其他	28	
八、准予扣除的捐赠额（附报《个人所得税公益慈善事业捐赠扣除明细表》）	29	0
九、应纳税所得额（第30行=第1行－第6行－第7行－第10行－第11行－第16行－第23行－第29行）	30	245 379.10
十、税率（%）	31	20
十一、速算扣除数	32	16 920.00
十二、应纳税额（第33行=第30行×第31行－第32行）	33	32 155.82
全年一次性奖金个人所得税计算（无住所居民个人预判为非居民个人取得的数月奖金，选择按全年一次性奖金计税的填写本部分）		
一、全年一次性奖金收入	34	
二、准予扣除的捐赠额（附报《个人所得税公益慈善事业捐赠扣除明细表》）	35	
三、税率（%）	36	
四、速算扣除数	37	
五、应纳税额［第38行=（第34行－第35行）×第36行－第37行］	38	
税额调整		
一、综合所得收入调整额（需在“备注”栏说明调整具体原因、计算方式等）	39	
二、应纳税额调整额	40	
应补/退个人所得税计算		
一、应纳税额合计（第41行=第33行+第38行+第40行）	41	32 155.82
二、减免税额（附报《个人所得税减免税事项报告表》）	42	0

<table>
<tr><td colspan="3">三、已缴税额</td><td>43</td><td>45 927.19</td></tr>
<tr><td colspan="3">四、应补/退税额（第44行=第41行-第42行-第43行）</td><td>44</td><td>-13 771.37</td></tr>
<tr><td colspan="5">无住所个人附报信息</td></tr>
<tr><td>纳税年度内在中国境内居住天数</td><td></td><td>已在中国境内居住年数</td><td colspan="2"></td></tr>
<tr><td colspan="5">退税申请
（应补/退税额小于0的填写本部分）</td></tr>
<tr><td colspan="5">√申请退税（需填写“开户银行名称”“开户银行省份”“银行账号”）□放弃退税</td></tr>
<tr><td>开户银行名称</td><td>中国建设银行南京建邺支行</td><td>开户银行省份</td><td colspan="2">江苏省</td></tr>
<tr><td>银行账号</td><td colspan="4">621700134000983****</td></tr>
<tr><td colspan="5">备注</td></tr>
<tr><td colspan="5"></td></tr>
<tr><td colspan="5">谨声明：本表是根据国家税收法律法规及相关规定填报的，本人对填报内容（附带资料）的真实性、可靠性、完整性负责。
纳税人签字：张×× 2022年4月20日</td></tr>
<tr><td colspan="2">经办人签字：
经办人身份证件类型：
经办人身份证件号码：
代理机构签章：
代理机构统一社会信用代码：</td><td colspan="3">受理人：
受理税务机关（章）：
受理日期：2022年4月20日</td></tr>
</table>

2.年终奖并入综合所得计税。

汇算清缴应补（退）税款的计算：

（1）综合所得收入：

工资、薪金收入：21 000×12+158 000=410 000（元）；

劳务报酬收入：182 413.87元；

稿酬收入：44 300元；

综合所得收入合计：410 000+182 413.87+44 300=636 713.87（元）。

（2）费用合计：（182 413.87+44 300）×20%=45 342.77（元）。

（3）稿酬所得免税部分：44 300×（1-20%）×30%=10 632（元）。

综合所得收入额为：636 713.87-45 342.77-10 632=580 739.10（元）。

（4）基本减除费用：60 000元。

（5）专项扣除：3 200×12+2 580×12=69 360（元）。

（6）专项附加扣除：

可享受子女教育专项附加扣除1 000元/月，住房贷款利息专项附加扣除1 000元/月，赡养老人专项附加扣除2 000元/月。

全年共计：（1 000+1 000+2 000）×12=48 000（元）。

（7）其他扣除：0

（8）综合所得应纳税所得额：

580 739.10–60 000–69 360–48 000=403 379.10（元）。

（9）综合所得应纳的个人所得税：

403 379.10 × 25%–31 920=68 924.78（元）。

（10）已被预扣预缴个人所得税：

41 134.00+30 133.59+4 849.6=76 117.19（元）。

（11）汇算清缴应退税款：

68 924.78–76 117.19=–7 192.41（元）。

年终奖选择全年一次性奖金优惠计税方法单独计税，比并入综合所得计税少缴个人所得税：13 771.37–7 192.41=6 578.96（元）。选择年终奖不并入综合所得单独计税税负更低。

如张先生选择将年终奖并入综合所得计税，则综合所得汇算清缴纳税申报如下：

张先生应于2022年3月1日至2022年6月30日，办理综合所得汇算清缴纳税申报，并填报《个人所得税年度自行纳税申报表（A表）》，如表2–24所示。

表2–24 个人所得税年度自行纳税申报表（A表）

（仅取得境内综合所得年度汇算适用）

税款所属期：2021 年 1 月 1 日至 2021 年 12 月 31 日

纳税人姓名：张 ××

纳税人识别号：3201021978××××××××　　　　金额单位：人民币元（列至角分）

<table>
<tr><td colspan="6">基本情况</td></tr>
<tr><td>手机号码</td><td></td><td>电子邮箱</td><td></td><td>邮政编码</td><td>□□□□□□</td></tr>
<tr><td>联系地址</td><td colspan="5">江苏省（区、市）南京市建邺区（县）____街道（乡、镇）____</td></tr>
<tr><td colspan="6">纳税地点（单选）</td></tr>
<tr><td colspan="3">1. 有任职受雇单位的，需选本项并填写“任职受雇单位信息”：</td><td colspan="3">√任职受雇单位所在地</td></tr>
<tr><td rowspan="2">任职受雇单位信息</td><td>名称</td><td colspan="4">南京某大学</td></tr>
<tr><td>纳税人识别号</td><td colspan="4">□□□□□□□□□□□□□□□□□□□□</td></tr>
<tr><td colspan="3">2. 没有任职受雇单位的，可以从本栏次选择一地：</td><td colspan="3">□户籍所在地　□经常居住地　□主要收入来源地</td></tr>
<tr><td colspan="2">户籍所在地 / 经常居住地 / 主要收入来源地</td><td colspan="4">____省（区、市）____市____区（县）____街道（乡、镇）____</td></tr>
<tr><td colspan="6">申报类型（单选）</td></tr>
<tr><td colspan="6">√首次申报　□更正申报</td></tr>
<tr><td colspan="6">综合所得个人所得税计算</td></tr>
<tr><td colspan="4">项目</td><td>行次</td><td>金额</td></tr>
<tr><td colspan="4">一、收入合计（第 1 行 = 第 2 行 + 第 3 行 + 第 4 行 + 第 5 行）</td><td>1</td><td>636 713.87</td></tr>
<tr><td colspan="4">（一）工资、薪金</td><td>2</td><td>410 000.00</td></tr>
<tr><td colspan="4">（二）劳务报酬</td><td>3</td><td>182 413.87</td></tr>
</table>

（三）稿酬	4	44 300.00
（四）特许权使用费	5	0
二、费用合计［第6行=（第3行+第4行+第5行）×20%］	6	45 342.77
三、免税收入合计（第7行=第8行+第9行）	7	10 632.00
（一）稿酬所得免税部分［第8行=第4行×（1–20%）×30%］	8	10 632.00
（二）其他免税收入（附报《个人所得税减免税事项报告表》）	9	0
四、减除费用	10	60 000.00
五、专项扣除合计（第11行=第12行+第13行+第14行+第15行）	11	69 360.00
（一）基本养老保险费	12	38 400.00
（二）基本医疗保险费	13	
（三）失业保险费	14	
（四）住房公积金	15	30 960.00
六、专项附加扣除合计（附报《个人所得税专项附加扣除信息表》）（第16行=第17行+第18行+第19行+第20行+第21行+第22行）	16	48 000.00
（一）子女教育	17	12 000.00
（二）继续教育	18	
（三）大病医疗	19	
（四）住房贷款利息	20	12 000.00
（五）住房租金	21	
（六）赡养老人	22	24 000.00
七、其他扣除合计（第23行=第24行+第25行+第26行+第27行+第28行）	23	
（一）年金	24	
（二）商业健康保险（附报《商业健康保险税前扣除情况明细表》）	25	
（三）税延养老保险（附报《个人税收递延型商业养老保险税前扣除情况明细表》）	26	
（四）允许扣除的税费	27	
（五）其他	28	
八、准予扣除的捐赠额（附报《个人所得税公益慈善事业捐赠扣除明细表》）	29	0
九、应纳税所得额（第30行=第1行–第6行–第7行–第10行–第11行–第16行–第23行–第29行）	30	403 379.10
十、税率（%）	31	25
十一、速算扣除数	32	31 920
十二、应纳税额（第33行=第30行×第31行–第32行）	33	68 924.78

<table>
<tr><td colspan="4">全年一次性奖金个人所得税计算
（无住所居民个人预判为非居民个人取得的数月奖金，选择按全年一次性奖金计税的填写本部分）</td></tr>
<tr><td colspan="2">一、全年一次性奖金收入</td><td>34</td><td></td></tr>
<tr><td colspan="2">二、准予扣除的捐赠额（附报《个人所得税公益慈善事业捐赠扣除明细表》）</td><td>35</td><td></td></tr>
<tr><td colspan="2">三、税率（%）</td><td>36</td><td></td></tr>
<tr><td colspan="2">四、速算扣除数</td><td>37</td><td></td></tr>
<tr><td colspan="2">五、应纳税额［第 38 行 =（第 34 行 – 第 35 行）× 第 36 行 – 第 37 行］</td><td>38</td><td></td></tr>
<tr><td colspan="4">税额调整</td></tr>
<tr><td colspan="2">一、综合所得收入调整额（需在“备注”栏说明调整具体原因、计算方式等）</td><td>39</td><td></td></tr>
<tr><td colspan="2">二、应纳税额调整额</td><td>40</td><td></td></tr>
<tr><td colspan="4">应补 / 退个人所得税计算</td></tr>
<tr><td colspan="2">一、应纳税额合计（第 41 行 = 第 33 行 + 第 38 行 + 第 40 行）</td><td>41</td><td>68 924.78</td></tr>
<tr><td colspan="2">二、减免税额（附报《个人所得税减免税事项报告表》）</td><td>42</td><td>0</td></tr>
<tr><td colspan="2">三、已缴税额</td><td>43</td><td>76 117.19</td></tr>
<tr><td colspan="2">四、应补 / 退税额（第 44 行 = 第 41 行 – 第 42 行 – 第 43 行）</td><td>44</td><td>–7 192.41</td></tr>
<tr><td colspan="4">无住所个人附报信息</td></tr>
<tr><td>纳税年度内在中国境内居住天数</td><td></td><td>已在中国境内居住年数</td><td></td></tr>
<tr><td colspan="4">退税申请
（应补 / 退税额小于 0 的填写本部分）</td></tr>
<tr><td colspan="4">√申请退税（需填写“开户银行名称”“开户银行省份”“银行账号”） □放弃退税</td></tr>
<tr><td>开户银行名称</td><td>中国建设银行南京建邺支行</td><td>开户银行省份</td><td>江苏省</td></tr>
<tr><td>银行账号</td><td colspan="3">621700134000983****</td></tr>
<tr><td colspan="4">备注</td></tr>
<tr><td colspan="4"></td></tr>
<tr><td colspan="4">谨声明本表是根据国家税收法律法规及相关规定填报的，本人对填报内容（附带资料）的真实性、可靠性、完整性负责。
纳税人签字：张 ×× 2022 年 4 月 20 日</td></tr>
<tr><td colspan="2">经办人签字：
经办人身份证件类型：
经办人身份证件号码：
代理机构签章：
代理机构统一社会信用代码：</td><td colspan="2">受理人：
受理税务机关（章）：
受理日期：2022 年 4 月 20 日</td></tr>
</table>

（二）综合所得汇算清缴简易申报案例

【例 2–26】吴女士（公民身份号码为：3201021986××××××××）家住兰州市××区××镇，

有一个独生女在××小学就读，其本人也是独生子女。2021年8月，吴女士的父亲刚过61岁生日，母亲2021年12月刚过60岁生日。按规定可享受子女教育和赡养老人专项附加扣除，选择都由吴女士扣除。吴女士按规定通过“个人所得税”App向扣缴单位填报专项附加扣除信息，选择在预扣预缴工资、薪金所得个人所得税时扣除专项附加扣除。

吴女士是××公司的职员，2021年从单位取得的工资收入、个人按规定缴纳的社会保险费和住房公积金、被扣缴的个人所得税等如表2–25所示。

表2–25　吴女士2021年工资收入与扣缴的个人所得税情况

单位：元

月份	收入	养老保险	医疗保险	失业保费	公积金	专项附加扣除	个人所得税
1	4 500	360	90	22.5	540	3 000	0
2	4 500	360	90	22.5	540	3 000	0
3	4 500	360	90	22.5	540	3 000	0
4	4 500	360	90	22.5	540	3 000	0
5	4 500	360	90	22.5	540	3 000	0
6	4 500	360	90	22.5	540	3 000	0
7	4 500	360	90	22.5	540	3 000	0
8	4 500	360	90	22.5	540	3 000	0
9	4 500	360	90	22.5	540	3 000	0
10	4 500	360	90	22.5	540	3 000	0
11	4 500	360	90	22.5	540	3 000	0
12	4 500	360	90	22.5	540	3 000	0
小计	54 000	4 320	1 080	270	6 480	36 000	0

2021年10月，吴女士利用业务时间为红古实业公司提供技术服务，取得劳务报酬6 000元，被预扣预缴个人所得税960元。

要求：计算综合所得汇算清缴应补（退）的个人所得税，并填报纳税申报表。

【解析】吴女士2021年取得工资、薪金收入额54 000元，劳务报酬收入额：6 000×（1–20%）=4 800（元），全年综合所得收入额合计：54 000+4 800=58 800（元），小于减除费用60 000元，当年综合所得应纳税额为0。

为方便纳税人获取退税，纳税人2021年度综合所得收入额不超过6万元且已预缴个人所得税的，税务机关在网上税务局（包括手机“个人所得税”App）提供便捷退税功能，纳税人可以在2022年3月1日至5月31日期间，通过简易申报表办理年度汇算退税。

因而，吴女士可于2022年3月1日至5月31日期间，通过简易申报表办理年度汇算退税960元，如表2–26所示。

表2-26 个人所得税年度自行纳税申报表（简易版）

（纳税年度：2021）

一、填表须知

填写本表前，请仔细阅读以下内容：
1. 如果您年综合所得收入额不超过 6 万元且在纳税年度内未取得境外所得的，可以填写本表； 2. 您可以在纳税年度的次年 3 月 1 日至 5 月 31 日使用本表办理汇算清缴申报，并在该期限内申请退税； 3. 建议您下载并登录个人所得税 APP，或者直接登录税务机关官方网站在线办理汇算清缴申报，体验更加便捷的申报方式； 4. 如果您对于申报填写的内容有疑问，您可以参考相关办税指引，咨询您的扣缴单位、专业人士，或者拨打 12 366 纳税服务热线； 5. 以纸质方式报送本表的，建议通过计算机填写打印，一式两份，纳税人、税务机关各留存一份。

二、个人基本情况

1. 姓名	吴 ××
2. 公民身份号码 / 纳税人识别号	3201021986××××××××
说明：有中国公民身份号码的，填写中华人民共和国居民身份证上载明的“公民身份号码”；没有中国公民身份号码的，填写税务机关赋予的纳税人识别号。	
3. 手机号码	□□□□□□□□□□□
提示：中国境内有效手机号码，请准确填写，以方便与您联系。	
4. 电子邮箱	
5. 联系地址	甘肃省（区、市）兰州市 ×× 区（县）×× 镇街道（乡、镇）____
提示：能够接收信件的有效通讯地址。	
6. 邮政编码	□□□□□□

三、纳税地点（单选）

1. 有任职受雇单位的，需选本项并填写“任职受雇单位信息”：		√任职受雇单位所在地
任职受雇单位信息	名称	×× 公司
	纳税人识别号	□□□□□□□□□□□□□□□□□□
2. 没有任职受雇单位的，可以从本栏次选择一地：		□户籍所在地 □经常居住地 □主要收入来源地
户籍所在地 / 经常居住地 / 主要收入来源地		____省（区、市）____市____区（县）____街道（乡、镇）____

四、申报类型

请您选择本次申报类型，未曾办理过年度汇算申报，勾选“首次申报”；已办理过年度汇算申报，但有误需要更正的，勾选“更正申报”： √首次申报 □更正申报

五、纳税情况

已缴税额	960.00（元）
纳税年度内取得综合所得时，扣缴义务人预扣预缴以及个人自行申报缴纳的个人所得税。	

六、退税申请

<table>
<tr><td>1. 是否申请退税？</td><td>√申请退税【选择此项的，填写个人账户信息】 □放弃退税</td></tr>
<tr><td>2. 个人账户信息</td><td>开户银行名称：中国建设银行兰州分行开户银行省份：〖甘肃省〗银行账号：62170013700××××××××</td></tr>
<tr><td colspan="2">说明：开户银行名称填写居民个人在中国境内开立银行账户的银行名称。</td></tr>
</table>

七、备注

<table>
<tr><td>如果您有需要特别说明或者税务机关要求说明的事项，请在本栏填写：</td></tr>
</table>

八、承诺及申报受理

<table>
<tr><td colspan="2">谨声明
1. 本人纳税年度内取得的综合所得收入额合计不超过6万元。
2. 本表是根据国家税收法律法规及相关规定填报的，本人对填报内容（附带资料）的真实性、可靠性、完整性负责。
纳税人签名：吴×× 2022年4月20日</td></tr>
<tr><td>经办人签字：
经办人身份证件类型：
经办人身份证件号码：
代理机构签章：
代理机构统一社会信用代码：</td><td>受理人：
受理税务机关（章）：
受理日期：2022年4月20日</td></tr>
</table>

（三）保险营销员汇算清缴与纳税申报案例

【例2-27】张某是甲人寿保险公司南京分公司的资深保险代理人（持有保险代理人资格证书），主管税务机关已委托该公司代征个人保险代理人相关税费。

已知张某兄弟两人，父母健在，2021年都已61岁；有一个独生女，正在读小学三年级，子女教育专项附加扣除由张某扣除；每月自行缴纳养老保险费800元、医疗保险费200元、失业保险费50元。2021年相关收入如下：

（1）2021年张某从甲保险公司取得的不含增值税的佣金收入如表2-27所示。

表2-27 张某2021年佣金收入情况

单位：元

<table>
<tr><th>月份</th><th>1月</th><th>2月</th><th>3月</th><th>4月</th><th>5月</th><th>6月</th><th>小计</th></tr>
<tr><td>佣金收入</td><td>3 800</td><td>160 000</td><td>10 000</td><td>11 200</td><td>10 000</td><td>15 000</td><td rowspan="3">310 000</td></tr>
<tr><td>月份</td><td>7月</td><td>8月</td><td>9月</td><td>10月</td><td>11月</td><td>12月</td></tr>
<tr><td>佣金收入</td><td>10 000</td><td>20 000</td><td>20 000</td><td>15 000</td><td>15 000</td><td>20 000</td></tr>
</table>

（2）利用业余时间，为乙保险代理公司培训业务人员，2021年3月、6月和10月，分别取得

乙保险代理公司支付的酬金30 300元、40 400元和50 500元。

（3）2021年8月，将持有丙保险经纪公司的股权以1 800 000元转让给了丁保险代理公司，该股权原始投资成本为600 000元。

（4）其专著在某出版社出版发行，2021年10月取得出版社支付的稿酬125 000元，从中先后拿出20 000元和10 000元通过相关机构捐赠给了农村义务教育和贫困地区。

要求：

1.计算支付单位应代扣代缴或预扣预缴的个人所得税；

2.计算综合所得汇算清缴应补（退）的个人所得税；

3.填报个人所得税综合所得汇算清缴年度纳税申报表。

【解析】

（一）支付单位代扣代缴或预扣预缴个人所得税的计算

1.佣金收入应预扣预缴个人所得税的计算。

专项扣除和专项附加扣除，在预扣预缴环节暂不扣除，待年度终了后汇算清缴申报时办理。

以张某截至当期在单位从业月份的累计收入减除累计减除费用、累计其他扣除后的余额，比照工资、薪金所得预扣率表计算当期应预扣预缴税额。计算公式为：

保险营销员、证券经纪人佣金收入预扣预缴应纳税所得额 = 累计收入额 − 累计减除费用 − 累计其他扣除

（1）2021年1月应预扣预缴个人所得税的计算。

根据《财政部 税务总局关于实施小微企业普惠性税收减免政策的通知》（财税〔2019〕13号）第一条的规定，自2019年1月1日至2021年3月31日，对月销售额10万元以下（含本数）的增值税小规模纳税人，免征增值税。根据《财政部 税务总局关于明确增值税小规模纳税人免征增值税政策的公告》（2021年第11号）的规定，自2021年4月1日至2022年12月31日，对月销售额15万元以下（含本数）的增值税小规模纳税人，免征增值税。

张某1月佣金收入3 800元，免征增值税。

根据《财政部 税务总局关于个人所得税法修改后有关优惠政策衔接问题的通知》（财税〔2018〕164号）第三条的规定，扣缴义务人向保险营销员、证券经纪人支付佣金收入时，应按照《个人所得税扣缴申报管理办法（试行）》（国家税务总局公告2018年第61号发布）规定的累计预扣法计算预扣税款。

保险营销员佣金收入预扣预缴应纳税所得额=累计收入额－累计减除费用－累计其他扣除=3 800×（1–20%）×（1–25%）–5 000=–2 720（元）；

应预扣预缴个人所得税0。

（2）2021年2月应预扣预缴个人所得税的计算。

应纳增值税：160 000×1%=1 600（元）；

根据《财政部 税务总局关于实施小微企业普惠性税收减免政策的通知》（财税〔2019〕13号）第三条的规定，由省、自治区、直辖市人民政府根据本地区实际情况，以及宏观调控需要确定，对增值税小规模纳税人可以在50%的税额幅度内减征资源税、城市维护建设税、房产税、城镇土地使用税、印花税（不含证券交易印花税）、耕地占用税和教育费附加、地方教育附加。增值税小规模纳税人已依法享受资源税、城市维护建设税、房产税、城镇土地使用税、印花税、耕地占用税、教育费附加、地方教育附加其他优惠政策的，可叠加享受该通知第三条规定的优惠政策。

根据《江苏省财政厅 国家税务总局江苏省税务局关于贯彻实施小微企业普惠性税收减免政策的通知》（苏财税〔2019〕15号）第一条的规定，对增值税小规模纳税人，按照税额的50%减征资源税、城市维护建设税、房产税、城镇土地使用税、印花税、耕地占用税和教育费附加、地方教育附加。增值税小规模纳税人已按规定享受资源税、城市维护建设税、房产税、城镇土地使用税、印花税、耕地占用税、教育费附加、地方教育附加其他优惠政策的，可叠加享受该通知第一条规定的优惠政策。

应纳地方税费附加：1 600×（7%+3%+2%）×50%=96（元）。

累计预扣预缴应纳税所得额：

（3 800+160 000）×（1–20%）×（1–25%）–5 000×2–96=88 184（元）；

应预扣预缴个人所得税=88 184×10%–2 520=6 298.4（元）；

（3）2021年3月应预扣预缴个人所得税的计算。

20 000元佣金免征增值税；

不缴城市维护建设税、教育费附加、地方教育附加。

累计预扣预缴应纳税所得额：

（3 800+160 000+10 000）×（1–20%）×（1–25%）–5 000×3–96=89 184（元）；

应预扣预缴个人所得税=89 184×10%–2 520–6 298.4=100（元）。

（4）全年佣金收入应预扣预缴个人所得税的计算：

累计预扣预缴应纳税所得额：

310 000×（1–20%）×（1–25%）–5 000×12–96=125 904（元）；

应预扣预缴个人所得税：

125 904×10%–2 520=10 070.4（元）。

保险营销员佣金收入的预扣预缴情况如表2–28所示。

表2–28　张某2021年保险营销员佣金收入的预扣预缴情况

单位：元

月份	佣金收入	费用	展业成本	地方税费	基本费用扣除	累计预扣预缴应纳税所得额	预扣率	速算扣除数	累计应预扣预缴个税	当月应补扣个税
1	3 800	760	760	0	5 000	–2 720	3%	0	0	0
2	160 000	32 000	32 000	96	10 000	88 184	10%	2 520	6 298.4	6 298.4
3	10 000	2 000	2 000	0	15 000	89 184	10%	2 520	6 398.4	100
4	11 200	2 240	2 240	0	20 000	90 904	10%	2 520	6 570.4	172
5	10 000	2 000	2 000	0	25 000	91 904	10%	2 520	6 670.4	100
6	15 000	3 000	3 000	0	30 000	95 904	10%	2 520	7 070.4	400
7	10 000	2 000	2 000	0	35 000	96 904	10%	2 520	7 170.4	100
8	20 000	4 000	4 000	0	40 000	103 904	10%	2 520	7 870.4	700
9	20 000	4 000	4 000	0	45 000	110 904	10%	2 520	8 570.4	700
10	15 000	3 000	3 000	0	50 000	114 904	10%	2 520	8 970.4	400

续表

月份	佣金收入	费用	展业成本	地方税费	基本费用扣除	累计预扣预缴应纳税所得额	预扣率	速算扣除数	累计应预扣预缴个税	当月应补扣个税
11	15 000	3 000	3 000	0	55 000	118 904	10%	2 520	9 370.4	400
12	20 000	4 000	4 000	0	60 000	125 904	10%	2 520	10 070.4	700
小计	310 000	62 000	62 000	96						10 070.4

2.乙保险代理公司支付课酬应预扣预缴个人所得税的计算。

（1）2021年3月，酬金30 300元应纳税费的计算。

应纳增值税：30 300÷（1+1%）×1%=300（元）；

应纳城市维护建设税：300×7%×50%=10.5（元）；

课酬应按劳务报酬所得项目预扣预缴个人所得税：

［30 000×（1−20%）−10.5］×30%−2 000=5 196.85（元）。

（2）2021年6月，酬金40 400元应纳税费的计算。

应纳增值税：40 400÷（1+1%）×1%=400（元）；

应纳城市维护建设税：400×7%×50%=14（元）；

课酬应按劳务报酬所得项目预扣预缴个人所得税：

［40 400÷（1+1%）×（1−20%）−14］×30%−2 000=7595.8（元）。

（3）2021年10月，酬金50 500元应纳税费的计算。

应纳增值税：50 500÷（1+1%）×1%=500（元）；

应纳城市维护建设税：500×7%×50%=17.5（元）；

课酬应按劳务报酬所得项目预扣预缴个人所得税：

［50 500÷（1+1%）×（1−20%）−17.5］×30%−2 000=9 994.75（元）。

3.股权转让应纳个人所得税的计算。

丁保险代理公司应按“财产转让所得”项目代扣代缴个人所得税：

（1 800 000−600 000）×20%=240 000（元）。

4.稿酬应预扣预缴个人所得税的计算。

根据《财政部 税务总局关于公益慈善事业捐赠个人所得税政策的公告》（2019年第99号）第四条的规定，居民个人取得劳务报酬所得、稿酬所得、特许权使用费所得的，预扣预缴时不扣除公益捐赠支出，统一在汇算清缴时扣除。

因而，出版社应预扣预缴稿酬所得的个人所得税为：

125 000×（1−20%）×70%×20%=14 000（元）。

（二）综合所得汇算清缴应补（退）个人所得税的计算

年度终了后，居民个人需要汇总汇缴年度1月1日至12月31日取得的工资、薪金，劳务报酬，稿酬，特许权使用费等四项所得的收入额，减除费用6万元以及专项扣除、专项附加扣除、依法确定的其他扣除和符合条件的公益慈善事业捐赠后，适用综合所得个人所得税税率并减去速算扣除数，计算本年度最终应纳税额，再减去汇缴年度已预缴税额，得出本年度应退或应补税额，向税务机关申报并办理退税或补税。具体计算公式如下：

汇算应退或应补税额=[（综合所得收入额-60 000元-“三险一金”等专项扣除-子女教育等专项附加扣除-依法确定的其他扣除-捐赠）×适用税率-速算扣除数]-已预缴税额

依据税法规定，年度汇算清缴仅计算并结清本年度综合所得的应退或应补税款，不涉及以前或往后年度，也不涉及财产租赁等分类所得，以及纳税人按规定选择不并入综合所得计算纳税的全年一次性奖金等所得。

因而，张某综合所得的汇算清缴仅包括保险公司支付的佣金收入、保险代理公司支付的课酬和出版社支付的稿酬，不包括股权转让所得。

根据财税〔2018〕164号文件第三条的规定，保险营销员、证券经纪人取得的佣金收入，属于劳务报酬所得，以不含增值税的收入减除20%的费用后的余额为收入额，收入额减去展业成本以及附加税费后，并入当年综合所得，计算缴纳个人所得税。保险营销员、证券经纪人展业成本按照收入额的25%计算。

1. 收入合计：

（1）劳务报酬：310 000+（30 300+40 400+50 500）÷（1+1%）=430 000（元）；

（2）稿酬：125 000元。

2. 费用合计：

（430 000+125 000）×20%=111 000（元）。

3. 免税收入：

125 000×（1-20%）×30%=30 000（元）；

综合所得收入额为：（430 000+125 000）-111 000-30 000=414 000（元）。

4. 综合所得扣除项目：

（1）基本减除费用：60 000元。

（2）专项扣除：（800+200+50）×12=12 600（元）。

（3）专项附加扣除：2 000×12=24 000（万元）。

（4）展业成本：310 000×（1-20%）×25%=62 000（元）。

（5）允许扣除的税费：96元。

5. 未扣除捐赠额之前的应纳税所得额：

414 000-60 000-12 600-24 000-62 000-96=255 304（元）；

公益捐赠扣除限额：255 304×30%=76 591.2（元）；

向农村义务教育的公益捐赠可以据实扣除。向贫困地区的公益捐赠金额10 000元没有超过扣除限额，可以全额扣除。

6. 应纳税所得额：

255 304-20 000-10 000=225 304（元）。

7. 应纳综合所得的人所得税：

225 304×20%-16 920=28 140.8（万元）。

8. 支付单位已预扣预缴综合所得个人所得税：

10 070.4+5 196.85+7 595.8+9 994.75+14 000=46 857.8（元）；

9. 应退个人所得税：

28 140.8-46 857.8=-18 717（元）。

纳税申报表填报如表2-29所示。

表2-29 个人所得税年度自行纳税申报表（A表）

（仅取得境内综合所得年度汇算适用）

税款所属期：2021 年 1 月 1 日至 2021 年 12 月 31 日　　　　金额单位：人民币元（列至角分）

纳税人姓名：张某纳税人识别号：□□□□□□□□□□□□□□□□□□□□-□□

<table>
<tr><td colspan="6">基本情况</td></tr>
<tr><td>手机号码</td><td></td><td>电子邮箱</td><td></td><td>邮政编码</td><td>□□□□□□</td></tr>
<tr><td>联系地址</td><td colspan="5">江苏省（区、市）南京市____区（县）____街道（乡、镇）____</td></tr>
<tr><td colspan="6">纳税地点（单选）</td></tr>
<tr><td colspan="3">1. 有任职受雇单位的，需选本项并填写“任职受雇单位信息”：</td><td colspan="3">√任职受雇单位所在地</td></tr>
<tr><td rowspan="2">任职受雇单位信息</td><td>名称</td><td colspan="4">甲人寿保险公司南京分公司</td></tr>
<tr><td>纳税人识别号</td><td colspan="4">□□□□□□□□□□□□□□□□□□□□</td></tr>
<tr><td colspan="2">2. 没有任职受雇单位的，可以从本栏次选择一地：</td><td colspan="4">□户籍所在地　□经常居住地　□主要收入来源地</td></tr>
<tr><td colspan="2">户籍所在地 / 经常居住地 / 主要收入来源地</td><td colspan="4">____省（区、市）____市____区（县）____街道（乡、镇）____</td></tr>
<tr><td colspan="6">申报类型（单选）</td></tr>
<tr><td colspan="6">√首次申报　　□更正申报</td></tr>
<tr><td colspan="6">综合所得个人所得税计算</td></tr>
<tr><td colspan="4">项目</td><td>行次</td><td>金额</td></tr>
<tr><td colspan="4">一、收入合计（第 1 行 = 第 2 行 + 第 3 行 + 第 4 行 + 第 5 行）</td><td>1</td><td>555 000.00</td></tr>
<tr><td colspan="4">（一）工资、薪金</td><td>2</td><td></td></tr>
<tr><td colspan="4">（二）劳务报酬</td><td>3</td><td>430 000.00</td></tr>
<tr><td colspan="4">（三）稿酬</td><td>4</td><td>125 000.00</td></tr>
<tr><td colspan="4">（四）特许权使用费</td><td>5</td><td></td></tr>
<tr><td colspan="4">二、费用合计［第 6 行 =（第 3 行 + 第 4 行 + 第 5 行）×20%］</td><td>6</td><td>111 000.00</td></tr>
<tr><td colspan="4">三、免税收入合计（第 7 行 = 第 8 行 + 第 9 行）</td><td>7</td><td>30 000.00</td></tr>
<tr><td colspan="4">（一）稿酬所得免税部分［第 8 行 = 第 4 行 ×（1-20%）×30%］</td><td>8</td><td>30 000.00</td></tr>
<tr><td colspan="4">（二）其他免税收入（附报《个人所得税减免税事项报告表》）</td><td>9</td><td>0</td></tr>
<tr><td colspan="4">四、减除费用</td><td>10</td><td>60 000.00</td></tr>
<tr><td colspan="4">五、专项扣除合计（第 11 行 = 第 12 行 + 第 13 行 + 第 14 行 + 第 15 行）</td><td>11</td><td>12 600.00</td></tr>
<tr><td colspan="4">（一）基本养老保险费</td><td>12</td><td>9 600.00</td></tr>
<tr><td colspan="4">（二）基本医疗保险费</td><td>13</td><td>2 400.00</td></tr>
<tr><td colspan="4">（三）失业保险费</td><td>14</td><td>600.00</td></tr>
<tr><td colspan="4">（四）住房公积金</td><td>15</td><td></td></tr>
<tr><td colspan="4">六、专项附加扣除合计（附报《个人所得税专项附加扣除信息表》）
（第 16 行 = 第 17 行 + 第 18 行 + 第 19 行 + 第 20 行 + 第 21 行 + 第 22 行）</td><td>16</td><td>24 000.00</td></tr>
</table>

（一）子女教育	17	12 000.00
（二）继续教育	18	
（三）大病医疗	19	
（四）住房贷款利息	20	
（五）住房租金	21	
（六）赡养老人	22	12 000.00
七、其他扣除合计（第23行＝第24行＋第25行＋第26行＋第27行＋第28行）	23	62 096.00
（一）年金	24	
（二）商业健康保险（附报《商业健康保险税前扣除情况明细表》）	25	
（三）税延养老保险（附报《个人税收递延型商业养老保险税前扣除情况明细表》）	26	
（四）允许扣除的税费	27	96.00
（五）其他	28	62 000.00
八、准予扣除的捐赠额（附报《个人所得税公益慈善事业捐赠扣除明细表》）	29	30 000.00
九、应纳税所得额（第30行＝第1行－第6行－第7行－第10行－第11行－第16行－第23行－第29行）	30	225 304.00
十、税率（%）	31	20
十一、速算扣除数	32	16 920
十二、应纳税额（第33行＝第30行×第31行－第32行）	33	28 140.80
全年一次性奖金个人所得税计算 **（无住所居民个人预判为非居民个人取得的数月奖金，选择按全年一次性奖金计税的填写本部分）**		
一、全年一次性奖金收入	34	
二、准予扣除的捐赠额（附报《个人所得税公益慈善事业捐赠扣除明细表》）	35	
三、税率（%）	36	
四、速算扣除数	37	
五、应纳税额［第38行＝（第34行－第35行）×第36行－第37行］	38	
税额调整		
一、综合所得收入调整额（需在“备注”栏说明调整具体原因、计算方式等）	39	
二、应纳税额调整额	40	
应补/退个人所得税计算		
一、应纳税额合计（第41行＝第33行＋第38行＋第40行）	41	28 140.80
二、减免税额（附报《个人所得税减免税事项报告表》）	42	0
三、已缴税额	43	46 857.80
四、应补/退税额（第44行＝第41行－第42行－第43行）	44	−18 717.00
无住所个人附报信息		
纳税年度内在中国境内居住天数		已在中国境内居住年数	

<table>
<tr><td colspan="4">退税申请
（应补 / 退税额小于 0 的填写本部分）</td></tr>
<tr><td colspan="4">√申请退税（需填写“开户银行名称”“开户银行省份”“银行账号”） □放弃退税</td></tr>
<tr><td>开户银行名称</td><td>中国建设银行南京浦口支行</td><td>开户银行省份</td><td>江苏省</td></tr>
<tr><td>银行账号</td><td colspan="3">62170013700××××××××</td></tr>
<tr><td colspan="4">备注</td></tr>
<tr><td colspan="4"></td></tr>
<tr><td colspan="4">谨声明本表是根据国家税收法律法规及相关规定填报的，本人对填报内容（附带资料）的真实性、可靠性、完整性负责。
纳税人签字：张某　　2022 年 5 月 18 日</td></tr>
<tr><td colspan="2">经办人签字：
经办人身份证件类型：
经办人身份证件号码：
代理机构签章：
代理机构统一社会信用代码：</td><td colspan="2">受理人：
受理税务机关（章）：
受理日期：2022 年 5 月 18 日</td></tr>
</table>

国家税务总局监制

（四）无住所居民个人汇算清缴与纳税申报案例

【例2–28】詹妮小姐是B国人，在B国某企业集团任技术部经理，2020年1月1日被集团公司派遣到北京子公司负责项目研发，任项目经理。2020年1月1日，詹妮小姐到达中国。根据集团公司工作安排预计在中国境内工作约为17个月。

在中国境内工作期间，北京子公司每月支付其20 000元工资，B国某企业集团正常支付工资30 000元（折合人民币，下同）。

2021年1月，取得北京子公司支付的年终奖120 000元。

2021年2月，利用业余时间为天津的甲企业提供咨询服务，取得劳务报酬30 300元（含增值税）。

2021年3月，将其发明的一项专利许可深圳的丙企业使用，取得特许权使用费15 000元。符合免征增值税条件，享受了免税优惠。

2021年4月，因出版一本专著，取得中国某出版社支付的稿酬80 000元。

后由于项目进展缓慢，直到2021年7月15日，研发项目结束后才回国。

假设，2021年年初由于预计在中国境内居住时间约5个月，选择按非居民个人相关规定计算缴纳2021年个人所得税。不考虑专项扣除、专项附加扣除和其他扣除，不考虑外籍个人八项津补贴优惠。不考虑享受税收协定优惠。

要求：

1.计算支付单位应代扣代缴的个人所得税。

2.计算离境前汇算清缴应补（退）的个人所得税。

3.填报综合所得汇算清缴纳税申报表。

【解析】

1.支付单位应代扣代缴个人所得税的计算。

根据《财政部 税务总局关于非居民个人和无住所居民个人有关个人所得税政策的公告》（财政部 税务总局公告2019年第35号）第五条第（一）项的规定，无住所个人在一个纳税年度内首次申报时，应当根据合同约定等情况预计一个纳税年度内境内居住天数以及在税收协定规定的期间内境内停留天数，按照预计情况计算缴纳税款。

（1）1月应纳个人所得税的计算。

境内应计税工资、薪金收入额=30 000+20 000=50 000（元）；

应纳个人所得税=（50 000−5 000）×30%−4 410=9 090（元）。

（2）2月取得的年终奖应纳个人所得税的计算。

根据财政部、税务总局公告2019年第35号第三条第（二）项的规定，非居民个人一个月内取得数月奖金，单独按照规定计算当月收入额，不与当月其他工资、薪金合并，按6个月分摊计税，不减除费用，适用月度税率表计算应纳税额，在一个公历年度内，对每一个非居民个人，该计税办法只允许适用一次。计算公式如下：

当月数月奖金应纳税额=［（数月奖金收入额 ÷6）×适用税率−速算扣除数］×6

因而，2021年1月取得北京子公司支付的年终奖120 000元，可按数月奖金优惠计税方法扣缴个人所得税。

120 000÷6=20 000（元），查找综合所得月度税率表，适用税率为20%，速算扣除数为1 410，应纳个人所得税为：

（120 000÷6×20%−1 410）×6=15 540（元）。

（3）2月应纳工资、薪金所得个人所得税的计算。

（50 000−5 000）×30%−4 410=9 090（元）。

（4）劳务报酬所得应纳个人所得税的计算。

劳务报酬应纳增值税：30 300÷（1+1%）×1%=300（元）；

根据〔2019〕13号文件第三条的规定，由省、自治区、直辖市人民政府根据本地区实际情况，以及宏观调控需要确定，对增值税小规模纳税人可以在50%的税额幅度内减征资源税、城市维护建设税、房产税、城镇土地使用税、印花税（不含证券交易印花税）、耕地占用税和教育费附加、地方教育附加。增值税小规模纳税人已依法享受资源税、城市维护建设税、房产税、城镇土地使用税、印花税、耕地占用税、教育费附加、地方教育附加其他优惠政策的，可叠加享受该通知第三条规定的优惠政策。

因而，应纳城市维护建设税：300×7%×50%=10.5（元）。

《财政部 国家税务总局关于扩大有关政府性基金免征范围的通知》（财税〔2016〕12号）将免征教育费附加、地方教育附加的范围，由按月纳税的月销售额不超过3万元（按季度纳税的季度销售额不超过9万元）的缴纳义务人，扩大到按月纳税的月销售额不超过10万元（按季度纳税的季度销售额不超过30万元）的缴纳义务人。

因而，对詹妮小姐取得的劳务报酬收入免征教育费附加、地方教育附加。

应纳个人所得税为：

［30 000×（1−20%）−10.5］×20%−1 410=3 387.9（元）。

（5）3月应纳个人所得税的计算。

工资、薪金应纳税额：

（50 000−5 000）×30%−4 410=9 090（元）。

（6）特许权使用费15 000元应纳的个人所得税的计算。

15 000×（1−20%）×10%−210=990（元）。

（7）4月应纳个人所得税的计算。

工资、薪金应纳税额：

（50 000−5 000）×30%−4 410=9 090（元）。

（8）取得稿酬所得80 000元应纳个人所得税的计算。

80 000×（1−20%）×70%×30%−4 410=9 030（元）。

（9）5—6月应纳工资、薪金所得个人所得税均为：

（50 000−5 000）×30%−4 410=9 090（元）。

（10）7月工资、薪金应纳个人所得税的计算。

2021年7月15日，离境当天不计入中国境内居住天数，按半天计算工作天数。即7月在中国境内居住14天，当月境内工作天数为14.5天，当月境外工作：31−14.5=16.5（天）。

7月境内应计税收入额：

（30 000+20 000）×［1−（16.5÷31）×（30 000÷50 000）］=34 032.26（元）；

应纳个人所得税：

（34 032.26−5 000）×25%−2 660=4 598.07（元）；

支付单位累计代扣代缴个人所得税：

9 090×6+4 598.07+3 387.9+990+9 030+15 540=88 085.97（元）。

2. 离境前综合所得的汇算清缴。

（1）境内居住时间与工作时间及纳税人身份判定。

判定居民个人身份时，2021年7月15日离境当天，不计入中国境内居住天数，按半天计算工作天数。即7月在中国境内居住14天，当月境内工作天数为14.5天。

2021年在境内居住：31+28+31+30+31+30+14=195（天）。

一个纳税年度内境内居住累计超过183天，为居民个人，应按规定办理综合所得汇算清缴。

（2）年终奖应纳个人所得税的计算。

非居民个人达到居民个人条件办理汇算清缴的，其取得的数月奖金所得可以作为全年一次性奖金，按照有关规定单独计算个人所得税，也可以选择并入综合所得办理汇算清缴。

因而，2021年1月取得数月奖金，年终汇算清缴时，可按全年一次性奖金优惠计税方法单独计税。假设詹妮小姐选择按全年一次性奖金优惠计税方法单独计税。

120 000÷12=10 000（元），查找综合所得月度税率表，适用税率为10%，速算扣除数为210，应纳个人所得税为：

120 000×10%−210=11 790（元）。

（3）综合所得汇算清缴应补（退）个人所得税计算。

①综合所得收入额：

工资、薪金的收入额：50 000×6+34 032.26=334 032.26（元）；

劳务报酬的收入额：30 000×（1−20%）=24 000（元）；

特许权使用费收入额：15 000×（1−20%）=12 000（元）；

稿酬的收入额：80 000×（1–20%）×70%=44 800（元）；

综合所得的收入额：334 032.26+24 000+12 000+44 800=414 832.26（元）。

②应纳税所得额：414 832.26–60 000–10.5=354 821.76（元）。

③综合所得应纳个人所得税：354 821.76×25%–31 920=56 785.44（元）。

④汇算清缴应补（退）税款：（56 785.44+11 790）–88 085.97=–19 510.53（元）。

3. 综合所得汇算清缴纳税申报。

詹妮小姐可于离境前办理综合所得个人所得税汇算清缴纳税申报，并按规定申请退税。纳税申报表填报如表2–30所示。

表2–30 个人所得税年度自行纳税申报表（A表）

（仅取得境内综合所得年度汇算适用）

税款所属期：2021 年 1 月 1 日至 2021 年 7 月 15 日

纳税人姓名：詹妮

纳税人识别号：□□□□□□□□□□□□□□□□□□□□□□□□□ – □□　　　　金额单位：人民币元（列至角分）

<table>
<tr><th colspan="6">基本情况</th></tr>
<tr><td>手机号码</td><td></td><td>电子邮箱</td><td></td><td>邮政编码</td><td>□□□□□□</td></tr>
<tr><td>联系地址</td><td colspan="5">____省（区、市）____市____区（县）____街道（乡、镇）____</td></tr>
<tr><th colspan="6">纳税地点（单选）</th></tr>
<tr><td colspan="3">1. 有任职受雇单位的，需选本项并填写“任职受雇单位信息”：</td><td colspan="3">√任职受雇单位所在地</td></tr>
<tr><td rowspan="2">任职受雇单位信息</td><td>名称</td><td colspan="4"></td></tr>
<tr><td>纳税人识别号</td><td colspan="4">□□□□□□□□□□□□□□□□□□□□□□□□□</td></tr>
<tr><td colspan="3">2. 没有任职受雇单位的，可以从本栏次选择一地：</td><td colspan="3">□户籍所在地　□经常居住地　□主要收入来源地</td></tr>
<tr><td colspan="2">户籍所在地/经常居住地/主要收入来源地</td><td colspan="4">____省（区、市）____市____区（县）____街道（乡、镇）____</td></tr>
<tr><th colspan="6">申报类型（单选）</th></tr>
<tr><td colspan="6">√首次申报　　□更正申报</td></tr>
<tr><th colspan="6">综合所得个人所得税计算</th></tr>
<tr><th colspan="4">项目</th><th>行次</th><th>金额</th></tr>
<tr><td colspan="4">一、收入合计（第 1 行 = 第 2 行 + 第 3 行 + 第 4 行 + 第 5 行）</td><td>1</td><td>459 032.26</td></tr>
<tr><td colspan="4">（一）工资、薪金</td><td>2</td><td>334 032.26</td></tr>
<tr><td colspan="4">（二）劳务报酬</td><td>3</td><td>30 000.00</td></tr>
<tr><td colspan="4">（三）稿酬</td><td>4</td><td>80 000.00</td></tr>
<tr><td colspan="4">（四）特许权使用费</td><td>5</td><td>15 000.00</td></tr>
<tr><td colspan="4">二、费用合计［第 6 行 =（第 3 行 + 第 4 行 + 第 5 行）×20%］</td><td>6</td><td>25 000.00</td></tr>
<tr><td colspan="4">三、免税收入合计（第 7 行 = 第 8 行 + 第 9 行）</td><td>7</td><td>19 200.00</td></tr>
<tr><td colspan="4">（一）稿酬所得免税部分［第 8 行 = 第 4 行 ×（1–20%）×30%］</td><td>8</td><td>19 200.00</td></tr>
<tr><td colspan="4">（二）其他免税收入（附报《个人所得税减免税事项报告表》）</td><td>9</td><td>0</td></tr>
</table>

四、减除费用	10	60 000.00
五、专项扣除合计（第 11 行 = 第 12 行 + 第 13 行 + 第 14 行 + 第 15 行）	11	0
（一）基本养老保险费	12	
（二）基本医疗保险费	13	
（三）失业保险费	14	
（四）住房公积金	15	
六、专项附加扣除合计（附报《个人所得税专项附加扣除信息表》）（第 16 行 = 第 17 行 + 第 18 行 + 第 19 行 + 第 20 行 + 第 21 行 + 第 22 行）	16	0
（一）子女教育	17	
（二）继续教育	18	
（三）大病医疗	19	
（四）住房贷款利息	20	
（五）住房租金	21	
（六）赡养老人	22	
七、其他扣除合计（第 23 行 = 第 24 行 + 第 25 行 + 第 26 行 + 第 27 行 + 第 28 行）	23	10.50
（一）年金	24	
（二）商业健康保险（附报《商业健康保险税前扣除情况明细表》）	25	
（三）税延养老保险（附报《个人税收递延型商业养老保险税前扣除情况明细表》）	26	
（四）允许扣除的税费	27	10.50
（五）其他	28	
八、准予扣除的捐赠额（附报《个人所得税公益慈善事业捐赠扣除明细表》）	29	
九、应纳税所得额（第 30 行 = 第 1 行 – 第 6 行 – 第 7 行 – 第 10 行 – 第 11 行 – 第 16 行 – 第 23 行 – 第 29 行）	30	354 821.76
十、税率（%）	31	25
十一、速算扣除数	32	31 920
十二、应纳税额（第 33 行 = 第 30 行 × 第 31 行 – 第 32 行）	33	56 785.44
全年一次性奖金个人所得税计算（无住所居民个人预判为非居民个人取得的数月奖金，选择按全年一次性奖金计税的填写本部分）		
一、全年一次性奖金收入	34	120 000.00
二、准予扣除的捐赠额（附报《个人所得税公益慈善事业捐赠扣除明细表》）	35	
三、税率（%）	36	10
四、速算扣除数	37	210
五、应纳税额［第 38 行 =（第 34 行 – 第 35 行）× 第 36 行 – 第 37 行］	38	11 790.00
税额调整		
一、综合所得收入调整额（需在“备注”栏说明调整具体原因、计算方式等）	39	

<table>
<tr><td colspan="4">二、应纳税额调整额</td><td>40</td><td></td></tr>
<tr><td colspan="6">应补 / 退个人所得税计算</td></tr>
<tr><td colspan="4">一、应纳税额合计（第 41 行 = 第 33 行 + 第 38 行 + 第 40 行）</td><td>41</td><td>68 575.44</td></tr>
<tr><td colspan="4">二、减免税额（附报《个人所得税减免税事项报告表》）</td><td>42</td><td>0</td></tr>
<tr><td colspan="4">三、已缴税额</td><td>43</td><td>88 085.97</td></tr>
<tr><td colspan="4">四、应补 / 退税额（第 44 行 = 第 41 行 – 第 42 行 – 第 43 行）</td><td>44</td><td>–19 510.53</td></tr>
<tr><td colspan="6">无住所个人附报信息</td></tr>
<tr><td>纳税年度内在中国境内居住天数</td><td>195</td><td colspan="2">已在中国境内居住年数</td><td colspan="2">1</td></tr>
<tr><td colspan="6">退税申请
（应补 / 退税额小于 0 的填写本部分）</td></tr>
<tr><td colspan="6">√申请退税（需填写“开户银行名称”“开户银行省份”“银行账号”） □放弃退税</td></tr>
<tr><td>开户银行名称</td><td colspan="2"></td><td>开户银行省份</td><td colspan="2"></td></tr>
<tr><td>银行账号</td><td colspan="5"></td></tr>
<tr><td colspan="6">备注</td></tr>
<tr><td colspan="6"></td></tr>
<tr><td colspan="6">谨声明本表是根据国家税收法律法规及相关规定填报的，本人对填报内容（附带资料）的真实性、可靠性、完整性负责。
纳税人签字：詹妮　　2021 年 7 月 15 日</td></tr>
<tr><td colspan="3">经办人签字：
经办人身份证件类型：
经办人身份证件号码：
代理机构签章：
代理机构统一社会信用代码：</td><td colspan="3">受理人：
受理税务机关（章）：
受理日期：2021 年 7 月 15 日</td></tr>
</table>

第三章

经营所得

TAXING

作为公民，你有义务纳税，同时你也必须了解你作为纳税人的权利。

——唐纳德·C.亚历山大

新《个人所得税法》调整和简并了部分所得项目，将个体工商户生产经营所得调整为经营所得，取消对企事业单位承包承租经营所得项目，将其中属于工薪性质、经营性质的所得，分别并入工资薪金所得、经营所得征税。

本章主要阐述经营所得个人所得税的基本规定，实体与个人投资者两个层面所得额的确定，应纳税额的计算，特殊行业经营所得个人所得税处理，核定征收，预缴、汇算清缴与汇总纳税及其申报。如图3-1所示。

第一节 经营所得概述

一、纳税义务人

（一）个体工商户及其纳税人

根据《中华人民共和国民法典》（以下简称《民法典》）第五十四条的规定，自然人从事工商业经营，经依法登记，为个体工商户。个体工商户可以起字号。该法第五十六条还规定，个体工商户的债务，个人经营的，以个人财产承担；家庭经营的，以家庭财产承担；无法区分的，以家庭财产承担。

根据《个体工商户条例》（国务院令第596号）的规定，有经营能力的公民，依照规定经市场监督管理部门登记，从事工商业经营的，为个体工商户。香港特别行政区、澳门特别行政区永久性居民中的中国公民，台湾地区居民可以按照国家有关规定，申请登记为个体工商户。个体工商户可以个人经营，也可以家庭经营。个体工商户的合法权益受法律保护，任何单位和个人不得侵害。

申请登记为个体工商户，应当向经营场所所在地登记机关申请注册登记。申请人应当提交登记申请书、身份证明和经营场所证明。个体工商户登记事项包括经营者姓名和住所、组织形式、经营范围、经营场所。个体工商户使用名称的，名称作为登记事项。个体工商户税务登记内容发生变化的，应当依法办理变更或者注销税务登记。个体工商户登记事项变更，未办理变更登记的，由登记机关责令改正，处1 500元以下的罚款；情节严重的，吊销营业执照。个体工商户可以凭营业执照及税务登记证明，依法在银行或者其他金融机构开立账户，申请贷款。

根据《个体工商户个人所得税计税办法》（国家税务总局令第35号，根据2018年6月15日国家税务总局第44号令《国家税务总局关于修改部分税务部门规章的决定》修正）第三条的规定，个体工商户包括：

（1）依法取得个体工商户营业执照，从事生产经营的个体工商户；

（2）经政府有关部门批准，从事办学、医疗、咨询等有偿服务活动的个人；

（3）其他从事个体生产、经营的个人。

该计税办法第四条规定，个体工商户以业主为个人所得税纳税义务人。

经营所得

第一节 经营所得概述
- 一、纳税义务人
- 二、征税范围
- 三、税率
- 四、会计处理

第二节 纳税调整后所得的确定
- 一、经营所得的确定原则
- 二、经营所得应纳税所得
- 三、不得税前扣除的项目
- 四、按规定标准扣除的项目
- 五、资产的税务处理
- 六、亏损及其弥补
- 七、清算所得的处理

第三节 应纳税所得额与应纳税额
- 一、投资者应纳税所得额的计算
- 二、应纳税所得额的确定
- 三、投资者减除费用
- 四、专项扣除
- 五、专项附加扣除
- 六、依法确定的其他扣除
- 七、投资抵扣
- 八、准予扣除的捐赠
- 九、应纳税额
- 十、减免税额
- 十一、境外已缴税款抵免

第四节 特殊行业个人所得税处理
- 一、律师事务所从业人员的个人所得税
  - 出资律师的个人所得税处理
  - 雇员律师的个人所得税处理
  - 兼职律师的个人所得税处理
  - 非雇员律师所得的税务处理
  - 律师个人所得税案例解析
- 二、建安工程作业人员个人所得税
- 三、出租车驾驶员个人所得税
- 四、演出市场个人所得税

第五节 核定征收
- 一、经营所得的核定征收
- 二、个人独资与合伙企业的核定征收
- 三、定期定额征收

第六节 征收管理
- 一、纳税期限与纳税地点
- 二、经营所得的预缴及其申报
- 三、经营所得的汇算清缴及其申报
- 四、经营所得的汇总纳税及其申报
- 五、经营所得预缴与汇算清缴案例解析

图3-1 经营所得知识体系

（二）个人独资、合伙企业及其纳税人

1.个人独资企业和合伙企业

《关于个人独资企业和合伙企业投资者征收个人所得税的规定》（财税〔2000〕91号文件印发）第二条规定，个人独资企业和合伙企业是指：

（1）依照《中华人民共和国个人独资企业法》和《中华人民共和国合伙企业法》登记成立的个人独资企业、合伙企业；

（2）依照《中华人民共和国私营企业暂行条例》（自2018年3月19日起被国务院关于修改和废止部分行政法规的决定第698号废止）登记成立的独资、合伙性质的私营企业；

（3）依照《中华人民共和国律师法》登记成立的合伙制律师事务所；

（4）经政府有关部门依照法律、法规批准成立的负无限责任和无限连带责任的其他个人独资、个人合伙性质的机构或组织。

个人独资企业，是指由一个自然人投资，全部资产为投资人所有的营利性经济组织。

合伙企业有普通合伙、特殊的普通合伙以及有限合伙三种形式。根据2006年8月27日修订的《中华人民共和国合伙企业法》（以下简称《合伙企业法》）的规定，合伙企业是指由自然人、法人和其他组织设立的组织体，包括普通合伙企业和有限合伙企业两种类型。普通合伙企业的所有合伙人对合伙企业的债务都承担无限连带责任；有限合伙企业则包括普通合伙人与有限合伙人，前者对合伙企业债务承担无限连带责任，后者则只以其认缴的出资额为限对合伙企业债务承担责任。

《合伙企业法》明确了法人和其他组织享有合伙人资格，法人和其他组织与自然人一样可以成为合伙企业合伙人。

《合伙企业法》第三十三条规定，合伙企业的利润分配、亏损分担，按照合伙协议的约定办理；合伙协议未约定或者约定不明确的，由合伙人协商决定；协商不成的，由合伙人按照实缴出资比例分配、分担；无法确定出资比例的，由合伙人平均分配、分担。合伙协议不得约定将全部利润分配给部分合伙人或者由部分合伙人承担全部亏损。

根据《民法典》第二条的规定，民事主体分为自然人、法人和非法人组织。其中，自然人包括个体工商户；非法人组织包括个人独资企业、合伙企业、不具有法人资格的专业服务机构等。如图3-2所示。

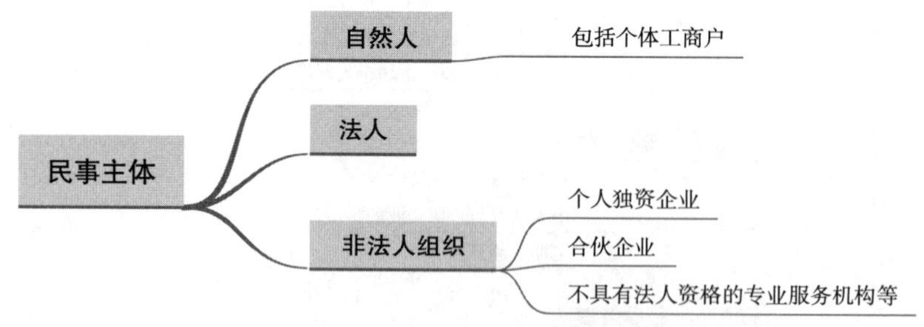

图3-2 民事主体的分类

由于个体工商户与业主是同一个民事主体，因而其注销时，不需要对个体工商户进行清算处理，只要结清经营相关涉税事项即可。而个人独资企业、合伙企业与其投资者是不同的民事主体，其注销时需要按税法规定进行清算处理。

2.纳税义务人

根据《关于个人独资企业和合伙企业投资者征收个人所得税的规定》第三条的规定，个人独资企业以投资者为纳税义务人，合伙企业以每一个合伙人为纳税义务人。

根据《财政部 国家税务总局关于合伙企业合伙人所得税问题的通知》(财税〔2008〕159号)的规定，合伙企业以每一个合伙人为纳税义务人。合伙企业合伙人是自然人的，缴纳个人所得税；合伙人是法人和其他组织的，缴纳企业所得税。

【例3-1·多选】2020年4月乙商贸公司和张某、李某成立甲合伙企业。根据企业所得税法和个人所得税法相关规定，下列关于该合伙企业所得税征收管理的说法中正确的有(　　)。

A.乙商贸公司需要就合伙所得缴纳企业所得税

B.乙商贸公司可使用合伙企业亏损抵减其盈利

C.张某、李某需要就合伙所得缴纳个人所得税

D.合伙企业生产经营所得采取先分后税的原则

E.合伙企业需就其经营所得按规定缴纳所得税

【答案】ACD

【解析】合伙企业的合伙人是法人和其他组织的，合伙人在计算缴纳企业所得税时，不得用合伙企业亏损抵减其盈利。

合伙企业以合伙人为纳税人，合伙人是自然人的缴纳个人所得税，合伙人是法人的缴纳企业所得税。合伙企业本身并不是所得税的纳税人。

综上所述，经营所得纳税人的确定如图3-3所示。

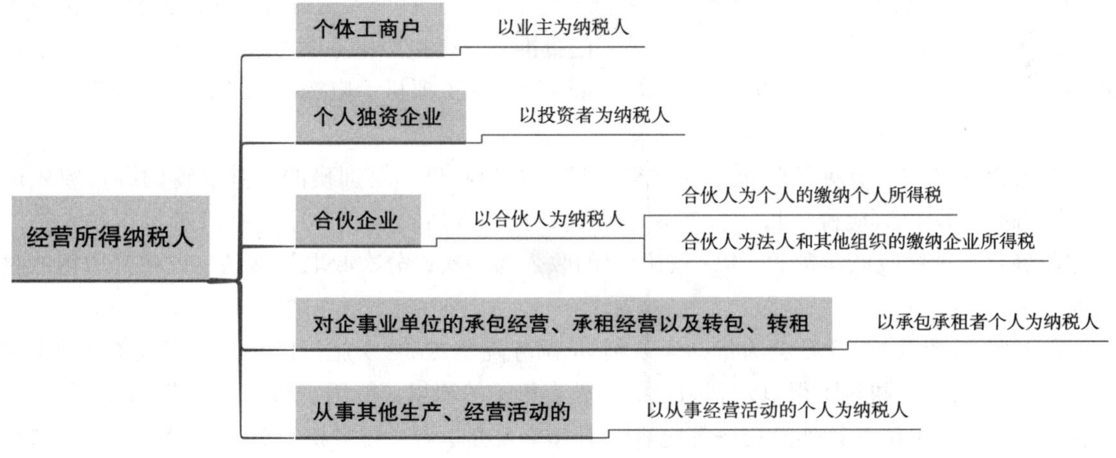

图3-3 经营所得纳税人的确定

二、征税范围

(一)经营所得的征税范围

根据《个人所得税法实施条例》第六条第一款第(五)项的规定，经营所得是指：

（1）个体工商户从事生产、经营活动取得的所得，个人独资企业投资人、合伙企业的个人合伙人来源于境内注册的个人独资企业、合伙企业生产、经营的所得；

（2）个人依法从事办学、医疗、咨询以及其他有偿服务活动取得的所得；

（3）个人对企业、事业单位承包经营、承租经营以及转包、转租取得的所得；

（4）个人从事其他生产、经营活动取得的所得。

经营所得与企业所得税的法人经营活动类似，经营所得与其他各项个人所得相比，有以下特点：一是机构的稳定性；二是经营的持续性；三是不是单一个人活动，这是与劳务报酬所得的一个区别。

（二）经营所得征税范围的具体规定

1.个人投资者从个人独资和合伙企业取得的所得

《国务院关于个人独资企业和合伙企业征收所得税问题的通知》（国发〔2000〕16号）规定，从2000年1月1日起，对个人独资企业和合伙企业停征企业所得税，只对其投资者的经营所得比照个体工商户生产经营所得项目征收个人所得税。

2.个人从事彩票代销业务取得的所得

根据《国家税务总局关于个人所得税若干政策问题的批复》（国税函〔2002〕629号）的规定，个人因从事彩票代销业务而取得的所得，按照“个体工商户的生产、经营所得”[1]项目计征个人所得税。

3.个人举办各类学习班所得

《国家税务总局关于个人举办各类学习班取得的收入征收个人所得税问题的批复》（国税函发〔1996〕658号）规定，个人经政府有关部门批准并取得执照举办学习班、培训班的，其取得的办班收入属于“个体工商户的生产、经营所得”[1]应税项目，应按个人所得税法规定计征个人所得税。

个人无须经政府有关部门批准并取得执照举办学习班、培训班的，其取得的办班收入属于“劳务报酬所得”应税项目，应按税法规定计征个人所得税。其中，办班者每次收入按以下方法确定：一次收取学费的，以一期取得的收入为一次；分次收取学费的，以每月取得的收入为一次。

自1997年10月1日《社会力量办学条例》（国务院令226号）施行以来，由于该条例规定有“社会力量举办教育机构不得以营利为目的，教育机构的积累只能用于增加教育投入和改善办学条件，不得用于分配和校外投资”等内容，引起个人办学者、税务机关就是否缴纳个人所得税问题产生争议。对此问题，《国家税务总局关于社会力量办学征收个人所得税问题的批复》（国税函发〔1998〕738号）明确：对于个人经政府有关部门批准，取得执照，从事办学取得的所得，应按“个体工商户的生产、经营所得”[1]应税项目计征个人所得税。对于个人办学者取得的办学所得用于个人消费的部分，应依法计征个人所得税。

---

[1] 自2019年1月1日起为“经营所得”。

4.个人从事医疗服务所得

根据《国家税务总局关于个人从事医疗服务活动征收个人所得税问题的通知》(国税发〔1997〕178号)的规定，个人经政府有关部门批准，取得执照，以门诊部、诊所、卫生所(室)、卫生院、医院等医疗机构形式从事疾病诊断、治疗及售药等服务活动，应当以该医疗机构取得的所得，作为个人的应纳税所得，按照"个体工商户的生产、经营所得"[1]应税项目缴纳个人所得税。个人未经政府有关部门批准，自行连续从事医疗服务活动，不管是否有经营场所，其取得与医疗服务活动相关的所得，按照"个体工商户的生产、经营所得"[1]应税项目缴纳个人所得税。

对于由集体、合伙或个人出资的乡村卫生室(站)，由医生承包经营，经营成果归医生个人所有，承包人取得的所得，比照"对企事业单位的承包经营、承租经营所得"[1]应税项目缴纳个人所得税。乡村卫生室(站)的其他医务人员取得的所得，按照"工资、薪金所得"应税项目缴纳个人所得税。

受医疗机构临时聘请坐堂门诊及售药，由该医疗机构支付报酬，或收入与该医疗机构按比例分成的人员，其取得的所得，按照"劳务报酬所得"应税项目缴纳个人所得税，以一个月内取得的所得为一次，税款由该医疗机构代扣代缴。

《财政部 国家税务总局关于医疗卫生机构有关税收政策的通知》(财税〔2000〕42号)规定的对非营利的医疗机构按照国家规定的价格取得的医疗服务收入免征各项税收，仅指机构自身的各项税收，不包括个人从医疗机构取得所得应纳的个人所得税。按照个人所得税法的规定，个人取得应税所得，应依法缴纳个人所得税。对个人从医疗机构取得的所得，按照《财政部 国家税务总局关于医疗机构有关个人所得税政策问题的通知》(财税〔2003〕109号)的规定执行:

个人因在医疗机构(包括营利性医疗机构和非营利性医疗机构)任职而取得的所得，应按照"工资、薪金所得"应税项目计征个人所得税;

医生或其他个人承包、承租经营医疗机构，经营成果归承包人所有的，承包人取得的所得，应按照"对企事业单位的承包经营、承租经营所得"[1]应税项目计征个人所得税;

个人投资或个人合伙投资开设医院(诊所)而取得的收入，按照"个体工商户的生产、经营所得"[1]应税项目计征个人所得税。

5.个人提供农用机械服务所得

《国家税务总局关于农场职工个人提供农用机械服务取得所得征收个人所得税问题的批复》(国税函〔1998〕85号)明确,(农场)职工为他人有偿提供农用机械服务取得的所得，应按"个体工商户的生产、经营所得"[1]应税项目，计算缴纳个人所得税。

6.个人或合伙吸储放贷所得

个人或者几个人合伙对外吸收存款、放出贷款，从中获取贷款利息的差额利润，这是违反国家金融管理规定的行为，应由有关部门依法取缔。在这种行为被有关部门取缔之前，为了防止其蔓延和调节个人收入,《国家税务总局关于个人或合伙吸储放贷取得的收入征收个人所得税问题的批复》(国税函〔2000〕516号)规定，对个人或个人搭伙取得的吸存放贷收入，应

---

〔1〕 自2019年1月1日起为"经营所得"。

按照“个体工商户的生产、经营所得”[1]应税项目征收个人所得税；对个人将资金提供给上述人员放贷而取得的利息收入，应作为集资利息收入，按照“利息、股息、红利所得”应税项目征收个人所得税，税款由利息支付者代扣代缴。

7.承包、承租经营取得的所得

企业实行个人承包、承租经营后，如果工商登记仍为企业，则不管其分配方式如何，均应先按照企业所得税的有关规定缴纳企业所得税。承包经营、承租经营者按照承包、承租经营合同（协议）规定取得的所得，依照个人所得税法的有关规定缴纳个人所得税，具体为：

（1）承包、承租人对企业经营成果不拥有所有权，仅是按合同（协议）规定取得一定所得的，其所得按“工资、薪金所得”项目征税。

（2）承包、承租人按合同（协议）的规定只向发包、出租方交纳一定费用后，企业经营成果归其所有的，承包、承租人取得的所得，按“对企事业单位的承包经营、承租经营所得”项目，适用5%～35%的五级超额累进税率征税。

企业实行个人承包、承租经营后，工商登记改变为个体工商户的，应依照“经营所得”项目计征个人所得税，不再征收企业所得税。

企业实行承包经营、承租经营后，不能提供完整、准确的纳税资料，不能正确计算应纳税所得额的，由主管税务机关核定其应纳税所得额，并依据《税收征收管理法》的有关规定，自行确定征收方式。

商业企业在职职工对企业下属部门实行自筹资金、自主经营、独立核算、自负盈亏的承包、承租经营方式，虽不是对整个企业的承包、承租经营，但其承包和经营的方式基本与规定的承包经营、承租经营相同。为公平税负，合理负担，《国家税务总局关于个人承包、承租经营所得征收个人所得税问题的批复》（国税函〔2000〕395号）明确：上述商业企业的在职职工从事承包、承租经营取得的所得，应比照“对企事业单位的承包经营、承租经营所得”[1]项目征收个人所得税。

（三）个人独资和合伙企业对外投资分回利息股息红利的处理

根据《国家税务总局关于〈关于个人独资企业和合伙企业投资者征收个人所得税的规定〉执行口径的通知》（国税函〔2001〕84号）的规定，个人独资企业和合伙企业对外投资分回的利息或者股息、红利，不并入企业的收入，而应单独作为投资者个人取得的利息、股息、红利所得，按“利息、股息、红利所得”项目计算缴纳个人所得税。以合伙企业名义对外投资分回利息或者股息、红利的，应按规定确定各个投资者的利息、股息、红利所得，分别按“利息、股息、红利所得”项目计算缴纳个人所得税。需要强调的是，这是针对利息、股息、红利所得而言的。

此外，《国家税务总局关于切实加强高收入者个人所得税征管的通知》（国税发〔2011〕50号）规定，对个人独资企业和合伙企业从事股权（票）、期货、基金、债券、外汇、贵重金属、资源开采权及其他投资品交易取得的所得，应全部纳入生产经营所得，依法征收个人所得税。这是针对转让财产所得的处理方法。

（四）投资者转让合伙企业中的财产份额

根据《个人所得税法实施条例》第六条的规定，财产转让所得是指个人转让有价证券、股权、

[1] 自2019年1月1日起为“经营所得”。

合伙企业中的财产份额、不动产、机器设备、车船以及其他财产取得的所得。因而，个人合伙人转让其在合伙企业中的财产份额，应按财产转让所得项目缴纳个人所得税。

根据《国家税务总局关于个人终止投资经营收回款项征收个人所得税问题的公告》（国家税务总局公告2011年第41号）对个人终止投资、联营、经营合作等行为收回款项征收个人所得税问题的规定，个人因各种原因终止投资、联营、经营合作等行为，从被投资企业或合作项目、被投资企业的其他投资者以及合作项目的经营合作人取得股权转让收入、违约金、补偿金、赔偿金及以其他名目收回的款项等，均属于个人所得税应税收入，应按照“财产转让所得”项目适用的规定计算缴纳个人所得税。

应纳税所得额的计算公式如下：

$$\text{应纳税所得额}=\text{个人取得的股权转让收入、违约金、补偿金、赔偿金及以其他名目收回款项合计数}-\text{原实际出资额（投入额）及相关税费}$$

转让个人独资、合伙企业份额，如何征收个人所得税问题，原某省地税局2017年《个人所得税部分政策口径》明确，参照国家税务总局公告2011年第41号的规定，按财产转让所得征收个人所得税。

（五）以企业资金为个人支付消费性支出及购买财产

根据《财政部 国家税务总局关于规范个人投资者个人所得税征收管理的通知》（财税〔2003〕158号）的规定，个人独资企业、合伙企业的个人投资者以企业资金为本人、家庭成员及其相关人员支付与企业生产经营无关的消费性支出及购买汽车、住房等财产性支出，视为企业对个人投资者的利润分配，并入投资者个人的生产经营所得，依照“个体工商户的生产、经营所得”[1]项目计征个人所得税。除个人独资企业、合伙企业以外的其他企业的个人投资者，以企业资金为本人、家庭成员及其相关人员支付与企业生产经营无关的消费性支出及购买汽车、住房等财产性支出，视为企业对个人投资者的红利分配，依照“利息、股息、红利所得”项目计征个人所得税。具体如图3-4所示。

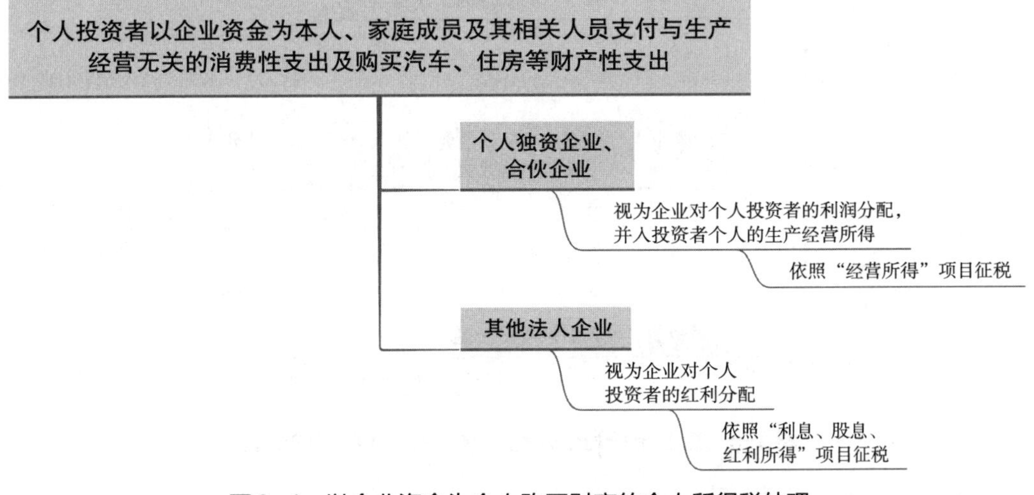

图3-4 以企业资金为个人购买财产的个人所得税处理

[1] 自2019年1月1日起为“经营所得”。

根据《国家税务总局关于企业为股东个人购买汽车征收个人所得税的批复》（国税函〔2005〕364号）的规定，企业购买车辆并将车辆所有权办到股东个人名下，其实质为企业对股东进行了红利性质的实物分配，应按照“利息、股息、红利所得”项目征收个人所得税。考虑到该股东个人名下的车辆同时也为企业经营使用的实际情况，允许合理减除部分所得，减除的具体数额由主管税务机关根据车辆的实际使用情况合理确定。

根据《财政部 国家税务总局关于企业为个人购买房屋或其他财产征收个人所得税问题的批复》（财税〔2008〕83号）的规定，符合以下情形的房屋或其他财产，不论所有权人是否将财产无偿或有偿交付企业使用，其实质均为企业对个人进行了实物性质的分配，应依法计征个人所得税：

（1）企业出资购买房屋及其他财产，将所有权登记为投资者个人、投资者家庭成员或企业其他人员的；

（2）企业投资者个人、投资者家庭成员或企业其他人员向企业借款用于购买房屋及其他财产，将所有权登记为投资者、投资者家庭成员或企业其他人员，且借款年度终了后未归还借款的；

（3）对个人独资企业、合伙企业的个人投资者或其家庭成员取得的上述所得，视为企业对个人投资者的利润分配，按照“个体工商户的生产、经营所得”[1]项目计征个人所得税；对除个人独资企业、合伙企业以外其他企业的个人投资者或其家庭成员取得的上述所得，视为企业对个人投资者的红利分配，按照“利息、股息、红利所得”项目计征个人所得税；对企业其他人员取得的上述所得，按照“工资、薪金所得”项目计征个人所得税。

具体如图3-5所示。

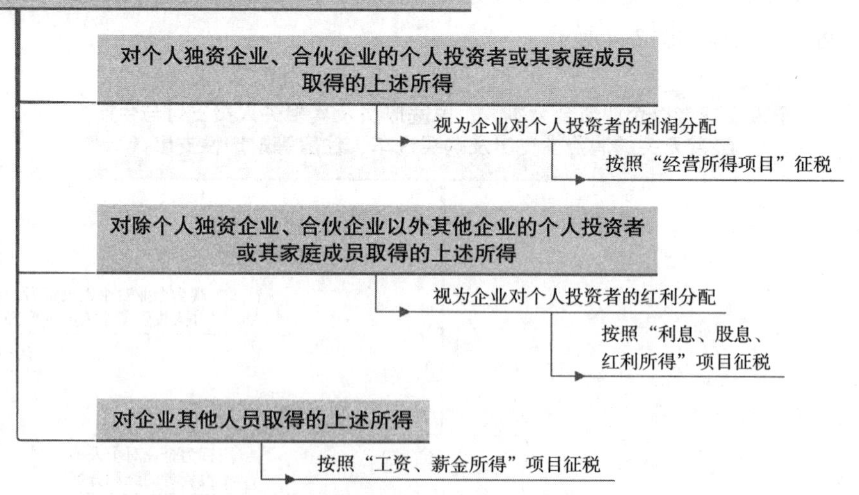

图3-5 企业出资为个人购买财产的个人所得税处理

综上所述，经营所得的征税范围如图3-6所示。

[1] 自2019年1月1日起为“经营所得”。

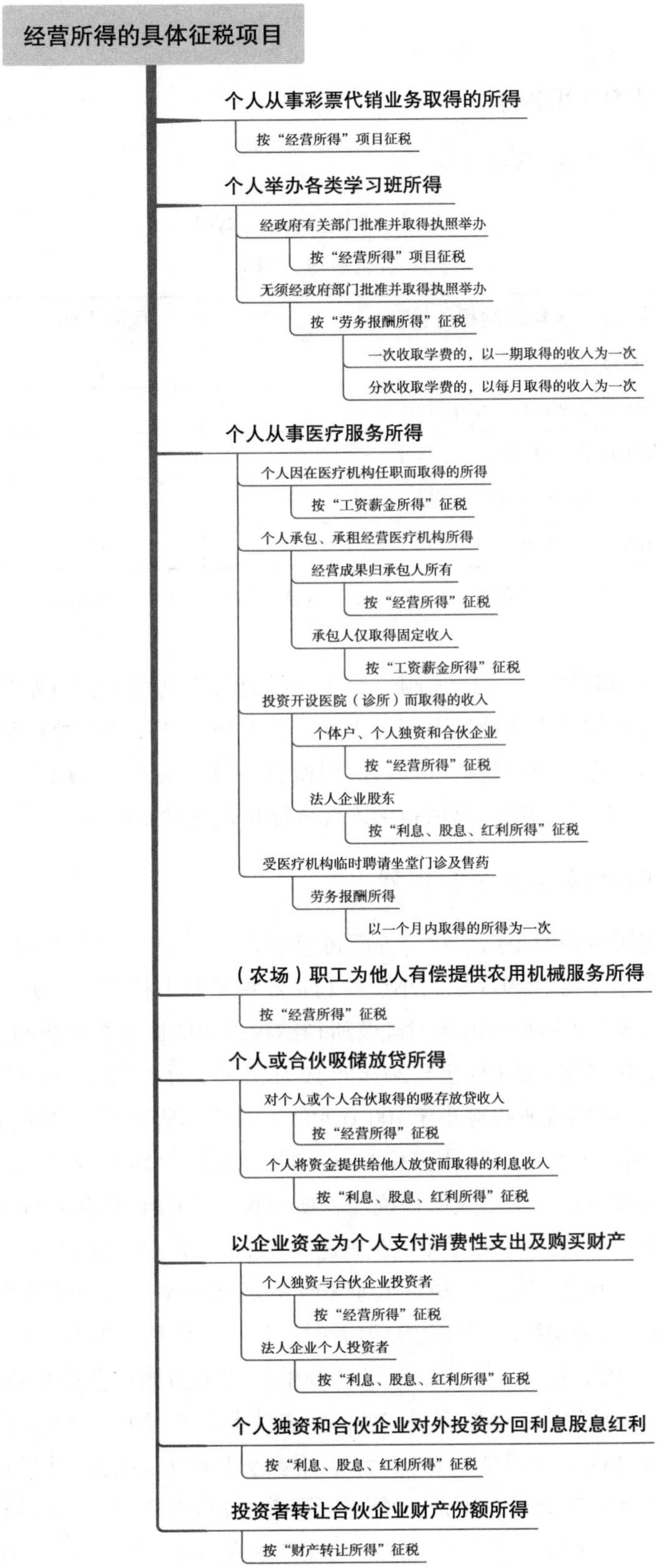

经营所得的具体征税项目

- **个人从事彩票代销业务取得的所得**
  - 按“经营所得”项目征税
- **个人举办各类学习班所得**
  - 经政府有关部门批准并取得执照举办
    - 按“经营所得”项目征税
  - 无须经政府部门批准并取得执照举办
    - 按“劳务报酬所得”征税
      - 一次收取学费的，以一期取得的收入为一次
      - 分次收取学费的，以每月取得的收入为一次
- **个人从事医疗服务所得**
  - 个人因在医疗机构任职而取得的所得
    - 按“工资薪金所得”征税
  - 个人承包、承租经营医疗机构所得
    - 经营成果归承包人所有
      - 按“经营所得”征税
    - 承包人仅取得固定收入
      - 按“工资薪金所得”征税
  - 投资开设医院（诊所）而取得的收入
    - 个体户、个人独资和合伙企业
      - 按“经营所得”征税
    - 法人企业股东
      - 按“利息、股息、红利所得”征税
  - 受医疗机构临时聘请坐堂门诊及售药
    - 劳务报酬所得
      - 以一个月内取得的所得为一次
- **（农场）职工为他人有偿提供农用机械服务所得**
  - 按“经营所得”征税
- **个人或合伙吸储放贷所得**
  - 对个人或个人合伙取得的吸存放贷收入
    - 按“经营所得”征税
  - 个人将资金提供给他人放贷而取得的利息收入
    - 按“利息、股息、红利所得”征税
- **以企业资金为个人支付消费性支出及购买财产**
  - 个人独资与合伙企业投资者
    - 按“经营所得”征税
  - 法人企业个人投资者
    - 按“利息、股息、红利所得”征税
- **个人独资和合伙企业对外投资分回利息股息红利**
  - 按“利息、股息、红利所得”征税
- **投资者转让合伙企业财产份额所得**
  - 按“财产转让所得”征税

图3-6 经营所得征税范围图示

三、税 率

（一）经营所得的适用税率

经营所得的适用税率如表3–1所示。

表3–1 个人所得税税率表

（经营所得适用）

级数	全年应纳税所得额	税率（%）	速算扣除数
1	不超过30 000元的	5	0
2	超过30 000元至90 000元的部分	10	1 500
3	超过90 000元至300 000元的部分	20	10 500
4	超过300 000元至500 000元的部分	30	40 500
5	超过500 000元的部分	35	65 500

注：本表所称全年应纳税所得额是指依照规定，以每一纳税年度的收入总额，减除成本、费用以及损失后的余额。

综合所得税率结构调整后，经营所得纳税人与综合所得纳税人税负差距加大。同时，近年来小型微利企业所得税税负也在持续下降。因此，需对原生产经营所得税率表进行调整，以适当平衡经营所得税负与综合所得税负、经营所得税负与投资法人企业综合所得税税负（企业所得税+个人所得税），并为今后将经营所得纳入综合征税范围做好准备。

（二）不同组织形式税负分析与规划

2018年个人所得税税制改革后，将经营所得税率表最高税率的对应级距由原10万元提高到50万元，其实际税负水平与2019年以前小型微利企业税负基本持平，与美国穿透型企业的税负也基本相近，表明此次个人所得税改革对经营所得纳税级距的调整是适当的。

这是因为：一是2018年1月1日起至2018年12月31日，小型微利企业减半征税标准由50万元提高到100万元后，应纳税所得额小于100万元的，其实际所得税综合税负为28%（企业所得税减半优惠10%+税后利润分红个人所得税18%，即：税后利润90%×个人所得税利息、股息、红利所得税率20%=18%）；二是个人所得税经营所得税率表的纳税级距调整后，最高税率35%对应的级距上限由10万元提高到50万元，在累进税率下，50万元及以下的各段纳税级距分别适用5%～30%的税率，因此，其实际税负低于30%的名义税率。当应纳税所得额为50万元时，其实际税负为21.9%，当应纳税所得额为94万元时，其实际税负为28%，当应纳税所得额为100万元时，其实际税负为28.45%，与2018年以前调整后的小型微利企业税负基本一致；三是美国特朗普税改后，最高税率由39.6%降至37%，穿透型企业适用个人所得税综合所得的税率表，再减按80%征税，最高税负不超过29.6%。当美国穿透型企业应纳税所得额为50万美元时，其享受优惠后的实际税负为24.75%，比我国经营所得应纳税所得额50万元的税负高2.85个百分点；应纳税所得额为100万美元时，其享受优惠后的实际税负为27.18%，比我国经营所得应纳税所得额100万元的税负低1.27个百分点。

具体税负比较情况见图3-7。

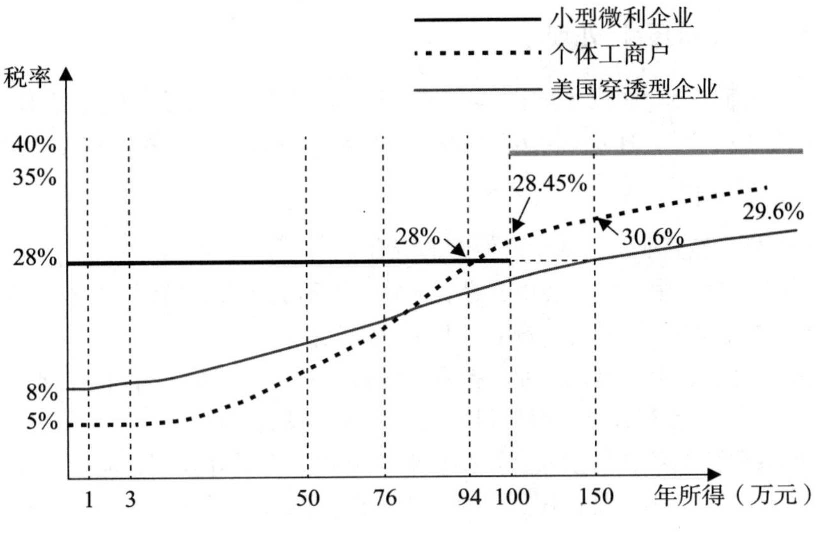

图3-7　不同组织形式及中美具体税负比较

自2019年1月1日起，根据《财政部 税务总局关于实施小微企业普惠性税收减免政策的通知》（财税〔2019〕13号）第二条的规定，对小型微利企业年应纳税所得额不超过100万元的部分，减按25%计入应纳税所得额，按20%的税率缴纳企业所得税；对年应纳税所得额超过100万元但不超过300万元的部分，减按50%计入应纳税所得额，按20%的税率缴纳企业所得税。上述小型微利企业是指从事国家非限制和禁止行业，且同时符合年度应纳税所得额不超过300万元、从业人数不超过300人、资产总额不超过5 000万元等三个条件的企业。

根据《财政部 税务总局关于实施小微企业和个体工商户所得税优惠政策的公告》（财政部 税务总局公告2021年第12号）的规定，对小型微利企业年应纳税所得额不超过100万元的部分，在《财政部 税务总局关于实施小微企业普惠性税收减免政策的通知》（财税〔2019〕13号）第二条规定的优惠政策基础上，再减半征收企业所得税。

此时，小型微利企业的所得税综合税负与经营所得的税负比较如图3-8所示。

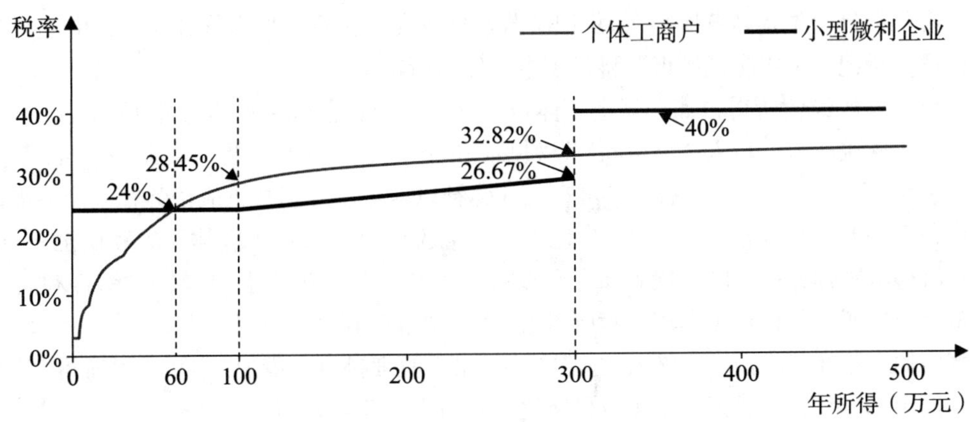

图3-8　小型微利企业的所得税综合税负与经营所得的税负比较

四、会计处理

（一）个体工商户的会计处理

根据《个体工商户会计制度（试行）》（财会字〔1997〕19号）的规定，个体工商户会计核算应设置“301业主投资”“311本年应税所得”“312留存利润”“521税后列支费用”等科目。

1.“业主投资”科目

“业主投资”科目核算业主投入生产经营的资金。

业主投入供生产经营中使用的货币资金、实物、无形资产等，借记“现金”“银行存款”“存货”“固定资产”“无形资产”科目，贷记“业主投资”科目。

业主借出生产经营资金，借记“业主投资”科目，贷记“现金”“银行存款”等科目；业主归还时，借记“现金”“银行存款”等科目，贷记“业主投资”科目。

业主通过购买股票债券、与他人合资办企业等方式进行对外投资，应作为业主借出生产经营资金处理，在“业主投资”科目核算。对外投资取得的收益，作为业主个人收入处理，不记入个体户账内。

由个体户账内款项代为支付的业主个人或家庭支出，应视同业主提款，借记“业主投资”科目，贷记“现金”“银行存款”等科目。

业主减少投资，按减资金额，借记“业主投资”科目，贷记“现金”“银行存款”等科目。

“业主投资”科目的年末余额为年末时业主投入生产经营的资金。

2.“本年应税所得”科目

“本年应税所得”科目核算个体户本年生产经营活动的应纳税所得（或应弥补的亏损）。该科目应设置以下两个明细科目：（1）本年经营所得；（2）应弥补的亏损。

年末，个体户应结转收入、成本和费用，计算确定本年经营所得。结转时，应将“营业收入”科目的余额转入“本年应税所得”科目，借记“营业收入”科目，贷记“本年应税所得”科目（本年经营所得）；将“营业成本”“营业费用”“营业税金”科目的余额转入本科目，借记“本年应税所得”科目（本年经营所得），贷记“营业成本”“营业费用”“营业税金”科目；将“营业外收支”科目的余额转入“本年应税所得”科目，“营业外收支”科目如为借方余额，借记“本年应税所得”科目（本年经营所得），贷记“营业外收支”科目；如为贷方余额，借记“营业外收支”科目，贷记“本年应税所得”科目（本年经营所得）。

计算出的本年经营所得，如按规定个体户不存在需要税前弥补的以前年度亏损，本年经营所得即为本年应税所得，转入“留存利润”科目，借记“本年应税所得”科目（本年经营所得），贷记“留存利润”科目；如按税法规定可在税前弥补以前年度亏损的，应按弥补金额，借记“本年应税所得”科目（本年经营所得），贷记“本年应税所得”科目（应弥补的亏损至××年度）；本年经营所得减去弥补以前度亏损后如有余额的，为本年应纳税所得，应转入“留存利润”科目，借记“本年应税所得”科目（本年经营所得），贷记“留存利润”科目。

计算出的本年经营亏损，应转入“应弥补的亏损”明细科目，借记“本年应税所得”科目（应弥补的亏损至××年度），贷记“本年应税所得”科目（本年经营所得）。

按照税法规定，从发生亏损的下一年度起，超过5年弥补期限的以前年度亏损，不再以经营所得税前弥补，应将不能再以经营所得税前弥补的亏损余额从“本年应税所得”科目中的“应弥补的亏损”明细科目转到“留存利润”科目，借记“留存利润”科目，贷记“本年应税所得”科目（应弥补的亏损至××年度）。

“本年应税所得”科目年末如有余额，反映个体户至本年末尚可以用经营所得税前弥补的亏损。

3.“留存利润”科目

“留存利润”科目核算个体户本年生产经营活动实现的利润和以前年度利润（或不能以经营所得弥补的亏损）的结存情况。

个体户将计算出的本年应税所得，在按税法规定弥补以前年度亏损后如有余额的，应转入本科目，借记“本年应税所得”科目，贷记“留存利润”科目。

年度终了，个体户根据税法的规定计算出当年应交纳的个人所得税。借记“留存利润”科目，贷记“应交税金——应交个人所得税”科目。

将本年发生的税后列支费用转入“留存利润”科目，借记本科目，贷记“税后列支费用”科目。

将按照税法规定，超过弥补期限的以前年度亏损由“本年应税所得”科目转入本科目，借记“留存利润”科目，贷记“本年应税所得——应弥补的亏损（××年度）”科目。

“留存利润”科目年末余额为个体户在年末时的留存利润（或不能以经营所得弥补的亏损）。

4.“税后列支费用”科目

“税后列支费用”科目核算个体户生产经营活动中已经发生但税法规定不允许在税前列支的各项费用支出，或《个体工商户个人所得税计税办法》允许税前列支但超过了税法允许列支标准的费用支出。

业主个人发生的与生产经营活动无关的各项支出，不应记入个体户账内；用个体户账内款项为业主个人或其家庭代为支付的款项，应视同业主提款，通过“业主投资”科目核算。

个体户生产经营活动中发生的，按照税法规定不能税前列支的各项费用支出，如支付各种税收的滞纳金、罚金、罚款、各种赞助支出、被没收的财物等，于实际发生时，借记“税后列支费用”科目，贷记“现金”“银行存款”“存货”“应付款项”等科目。

个体户生产经营活动中发生的，在发生时并不能确定是否可以税前列支的费用支出，如业务招待费、捐赠支出等，应于发生时分别记入“营业费用”“营业外收支”等科目。年度终了时，按照准予税前列支的金额与个体户已记入账内的费用支出金额间的差额，借记“税后列支费用”科目，贷记“营业费用”“营业外收支”等科目。

年度终了时，如果税法允许按一定的标准扣除业主费用，应按允许扣除金额，借记“营业费用”科目，贷记“税后列支费用”科目。

年末应将“税后列支费用”科目的余额转入“留存利润”科目，结转后该科目应无余额。

（二）合伙企业的会计处理

由于合伙企业与法人企业在法人资格、投资者责任、投资者与管理者关系、权益设置及转让等方面存在差异，因此在会计理论和实务上也有不同，尤其是合伙企业所有者权益的核算与法人企业明显不同。合伙企业通常设置“合伙人资本”“合伙人提款”“合伙人损益”等科目核算所有者权益。

1.“合伙人资本”科目

合伙企业接受合伙人投资要通过“合伙人资本”科目核算，合伙企业一般不设置“资本公积”科目，投入资本全部直接记入“合伙人资本”科目。合伙企业也不需要设置“盈余公积”科目，合伙企业实现的利润应通过提款或追加投资方式全部分给合伙人。

“合伙人资本”科目与“实收资本”或“股本”科目的核算内容也不同。“实收资本”或“股本”科目核算企业实际收到的投资者投入的资本金，而“合伙人资本”科目除了核算各合伙人的原始投资、追加投资及减少投资外，还核算合伙企业因对外投资和生产经营而形成的净收益的增加或净损失的减少。“合伙人资本”科目按不同合伙人分设明细科目。

2.“合伙人提款”科目

合伙人参加净收益分配提款或视为合伙人工资的提款均记入“合伙人提款”科目，该科目反映各合伙人在一定期间的提款情况，期末将其余额结转至“合伙人资本”科目，合伙人提款最终体现为合伙人资本的减少。“合伙人提款”科目按不同合伙人分设明细科目。其借方核算合伙人提款的金额，贷方核算期末结转至“合伙人资本”科目的金额。

3.“合伙人损益”科目

合伙企业为核算损益需要设置“合伙人损益”科目，该科目相当于企业会计准则中的“本年利润”科目，期末汇总核算合伙企业的收入和费用，并将“合伙人损益”账户的净收入或净损失按合伙协议的规定再转入各合伙人的“合伙人资本”账户。

需要注意的是，各合伙人在合伙企业净资产中所拥有的权益可能与其收益分享的比例不同，合伙人之间可能会约定一种收入分享计划（利润和损失的分摊比例）。该计划可能与各自的资本账户余额无关。各合伙人之间对净收入或净损失的分摊方法通常常有：平均分摊或按约定比率分摊；以特定时日“合伙人资本”账户余额或一年中“合伙人资本”账户的平均余额为分摊标准；先按“合伙人资本”账户余额计算资本利息，再以特定比例分摊剩余净收益或净损失；先向合伙人支付工资，再将最终的净收入或净损失按某一特定比例分摊；以收入为标准计算执行管理职能的合伙人的津贴；先向合伙人支付工资，按“合伙人资本”账户余额计算资本利息后，再将剩下的净收入或净损失以一定比例分摊。

【例3-2】2021年1月1日，自然人A和B两位合伙人共同设立甲合伙企业。甲合伙企业成立当年实现收入380 000元，净利润300 000元。合伙协议约定每位合伙人可以在月末提款5 000元，各合伙人在当年均已提款。合伙人A在2021年1月1日投入400 000元，在4月1日又投入100 000元。合伙人B在2021年1月1日投入800 000元。

要求：分析说明相关的财务处理。

【解析】合伙企业在2021年1月1日收到合伙人A和B的投资时：

借：银行存款　　1 200 000
　贷：合伙人资本——A　　400 000
　　　　　　　——B　　800 000

4月1日又收到合伙人A的投资时：

借：银行存款　　100 000
　贷：合伙人资本——A　　100 000

1-12月合伙人A和B每月提款5 000元，年末合伙人A和B的“合伙人提款”账户累计提款额各为60 000元。每月月末合伙人A和B提款时：

借：合伙人提款——A　　5 000
　　　　　　——B　　5 000

贷：银行存款　　10 000

年末，结转“合伙人提款”账户余额：

借：合伙人资本——A　　60 000

——B　　60 000

贷：合伙人提款——A　　60 000

——B　　60 000

甲合伙企业2021年实现净利润300 000元，年末应按照合伙协议约定的分配比例在合伙人之间进行分配。

4.利润分配与亏损分摊

（1）平均分摊，平均分摊是最简单的一种分摊方法，同时也是最常用的一种分摊方法。很多合伙企业的合伙协议约定合伙企业损益采用平均分摊法。

如果例3-2中甲合伙企业将2020年的净收入300 000元按照平均法分摊，其年末分摊损益的账务处理为：

借：合伙人损益　　300 000

贷：合伙人资本——A　　150 000

——B　　150 000

（2）按某一特定比例分摊。一些合伙企业的合伙协议约定按某一特定比例而非投资比率分摊合伙企业的损益。以甲合伙企业为例，其合伙协议可以约定合伙人A和B分别按60%和40%的比例分摊净收益和净损失；也可以约定合伙人A和B分别按60%和40%的比例分享净收益，而净损失则平均分摊或以其他比率分摊。

假设甲合伙企业的合伙协议约定合伙人A和B分别按60%和40%的比例分摊净收益和净损失，则年末分摊损益的账务处理为：

借：合伙人损益　　300 000

贷：合伙人资本——A　　180 000

——B　　120 000

（3）以“合伙人资本”账户余额为依据分摊。以每个合伙人的投资比例来分摊合伙企业损益在重资本的合伙企业中很常见。而作为分摊依据的“合伙人资本”账户余额又有以下四种：①原始资本投资额；②每年年初“合伙人资本”账户余额；③每年年末“合伙人资本”账户余额；④每年“合伙人资本”账户的平均余额。因此，合伙协议需要对分摊依据事先做出明确的规定，以避免争议。

仍以甲合伙企业为例。假设合伙协议约定按原始资本投资额分摊净损益，则第一年的净利润300 000元分摊如下：

合伙人A：300 000×400 000/1 200 000=100 000（元）；

合伙人B：300 000×800 000/1 200 000=200 000（元）。

假设以每年年末“合伙人资本”账户余额为依据分摊净损益，则第一年的净利润300 000元分摊如下：

合伙人A：300 000×500 000/1 300 000=115 000（元）；

合伙人B：300 000×800 000/1 300 000=185 000（元）。

除上述分摊方法之外，还有根据“合伙人资本”账户余额计算利息并以特定比例分配净收益或净损失的方法，以及先向合伙人支付工资，再将最终的净收入或净损失按某一特定比例分摊等方法。

5. 合伙人退伙的核算

《合伙企业法》规定，合伙人退伙，其他合伙人应当与该退伙人按照退伙时的合伙企业财产状况进行结算。退还退伙人的财产份额。退伙人对给合伙企业造成的损失负有赔偿责任的，相应扣减其应当赔偿的数额。退伙人在合伙企业中财产份额的退还办法，由合伙协议约定或者由全体合伙人决定，可以退还货币，也可以退还实物。退伙人对基于其退伙前的原因发生的合伙企业债务承担无限连带责任。但《合伙企业法》并没有明确规定在退伙结算时是按账面价值还是按公允价值计量退伙时合伙企业的净资产。考虑到合伙企业在经营过程中会逐渐形成商誉等无形资产，合伙人退伙时采用公允价值计量合伙企业的净资产更为合理。

合伙企业净资产的公允价值大于其账面价值的差额可作为合伙企业支付给退伙人的红利。运营不善的合伙企业的合伙人也可能会接受少于其应该得到的份额的资产，这时可以将退伙人的“合伙人资本”账户的余额与协议约定支付的款项之间的差额作为红利在其他合伙人之间分摊。例如。合伙人C准备从合伙企业中退伙，每个合伙人的“合伙人资本”账户余额都是60 000元、净损益平均分摊。假设合伙人C退伙时合伙企业净资产的公允价值大于其账面价值，差额为30 000元。合伙企业的三个合伙人A、B、C每人可分享10 000元的正商誉。

合伙人A退伙时合伙企业的账务处理为：

借：合伙人资本——A	5 000	
——B		5 000
——C		60 000
贷：库存现金		70 000

若合伙人C从合伙企业退伙得到50 000元。则合伙人C退伙时合伙企业的账务处理为。

借：合伙人资本——A	60 000	
贷：库存现金		50 000
合伙人资本——B		5 000
——C		5 000

第二节　纳税调整后所得的确定

《个体工商户个人所得税计税办法》第二条规定，实行查账征收的个体工商户应当按照该办法的规定，计算并申报缴纳个人所得税。根据《关于个人独资企业和合伙企业投资者征收个人所得税的规定》（财税〔2000〕91号文件印发）的规定，凡实行查账征税办法的，个人独资和合伙企业个人投资者生产经营所得比照《个体工商户个人所得税计税办法》的规定确定。另有规定的项目和标准除外。

一、经营所得的确定原则

1. 权责发生制

《个体工商户个人所得税计税办法》第五条规定，个体工商户应纳税所得额的计算，以权责发生制为原则，属于当期的收入和费用，不论款项是否收付，均作为当期的收入和费用；不属于当期的收入和费用，即使款项已经在当期收付，均不作为当期收入和费用。该办法和财政部、国家税务总局另有规定的除外。

个体工商户、个人独资企业和合伙企业纳税调整后所得（本书也称为实体层面的应纳税所得）应当按照权责发生制原则确定，这与企业所得税的规定基本一致。《中华人民共和国企业所得税法实施条例》（以下简称《企业所得税法实施条例》）第九条规定，企业应纳税所得额的计算，以权责发生制为原则，属于当期的收入和费用，不论款项是否收付，均作为当期的收入和费用；不属于当期的收入和费用，即使款项已经在当期收付，均不作为当期的收入和费用。《企业所得税法实施条例》和国务院财政、税务主管部门另有规定的除外。

需要说明的是，权责发生制仅是经营所得应纳税所得额的确定原则，而不适用于其他八项个人所得应纳税所得额的确定。对工资薪金、劳务报酬等其他所得项目，一般按收付实现制确认个人收入。

2. 税法优先

《个体工商户个人所得税计税办法》第六条规定，在计算应纳税所得额时，个体工商户会计处理办法与该办法和财政部、国家税务总局相关规定不一致的，应当依照该办法和财政部、国家税务总局的相关规定计算。

借鉴企业所得税相关立法经验，《个体工商户个人所得税计税办法》在制度设计上确立了税法优先原则，个体工商户在计算纳税调整后所得时，其会计处理与该办法相关规定不一致的，应当依照该办法的规定执行。

税法优先原则造成税收与会计差异，该原则也是税会差异纳税调整的理论依据。

3. 区分收益性支出和资本性支出

个体工商户、个人独资企业和合伙企业发生的支出应当区分收益性支出和资本性支出。收益性支出在发生当期直接扣除；资本性支出应当分期扣除或者计入有关资产成本，不得在发生当期直接扣除。

这里所称支出，是指与取得收入直接相关的支出。

4. 不得重复扣除

除税收法律法规另有规定外，个体工商户、个人独资企业和合伙企业实际发生的成本、费用、税金、损失和其他支出，不得重复扣除。

二、经营所得应纳税所得额

由于个人来源于个体工商户、个人独资企业和合伙企业的经营所得，是实体层面的净所得（纳税调整后所得），而不是分别分配实体层面的收入、成本费用和损失，加之计算经营所得可以扣除成本费用、税金和损失，而投资者本人的费用和允许扣除的其他项目，大多并不在实体层面的利润总额中反映，因而，投资者经营所得应纳税所得额的计算需要分实体层面的所得和投资者个人层面的应纳税所得额分别进行处理。本节阐述实体层面所得的处理，投资者个人层面的应纳税所得额的计算参见本章第三节相关内容。

纳税调整后所得的确定如图3–9所示。

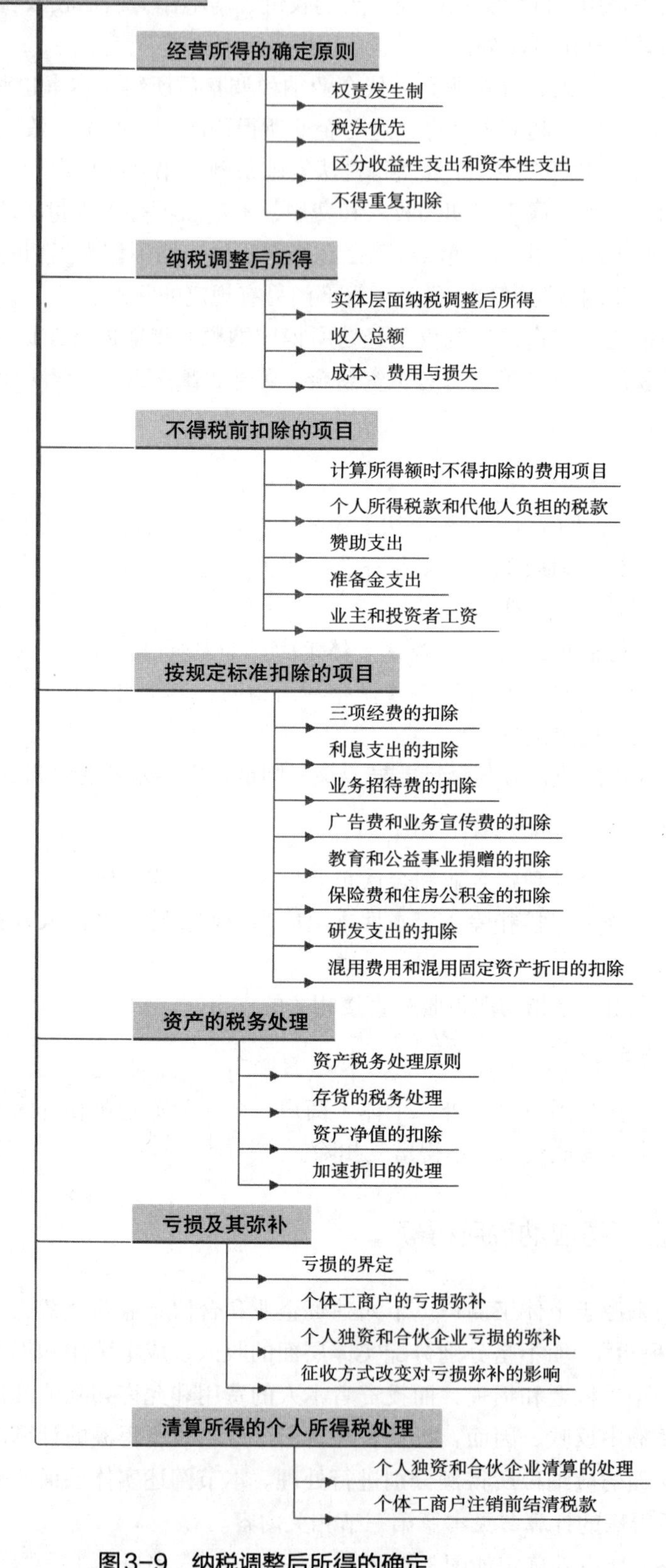

图3-9 纳税调整后所得的确定

（一）实体层面纳税调整后所得

根据《个人所得税法》第六条第一款第（三）项的规定，经营所得，以每一纳税年度的收入总额减除成本、费用以及损失后的余额，为应纳税所得额。

这里的应纳税所得额，由于没有考虑投资者的费用扣除、专项扣除、专项附加扣除、依法确定的其他扣除和投资者的公益性捐赠支出扣除，因而仅是个体工商户、承包承租企业、个人独资企业和合伙企业层面的纳税调整后所得。它是计算投资者本人的经营所得应纳税所得额的来源和基础。

1. 个体工商户的应纳税所得

根据《个体工商户个人所得税计税办法》第七条的规定，个体工商户的生产、经营所得，以每一纳税年度的收入总额，减除成本、费用、税金、损失、其他支出以及允许弥补的以前年度亏损后的余额，为应纳税所得额。

这是采用会计核算办法归集或计算得出的应纳税所得额，在此基础上计算业主个人应纳个人所得税额。计算公式为：

应纳税所得＝收入总额－成本－费用－税金－损失－其他支出－允许弥补的以前年度亏损

个体工商户生产经营所得与企业所得税应纳税所得额的计算公式不同。企业所得税应纳税所得额的计算公式为：

应纳税所得额＝收入总额－不征税收入－免税收入－各项扣除－允许弥补的以前年度亏损

2. 个人独资和合伙企业的应纳税所得

合伙企业生产经营所得和其他所得［包括合伙企业分配给所有合伙人的所得和企业当年留存的所得（利润）］采取“先分后税”的原则。具体应纳税所得额的计算按照《关于个人独资企业和合伙企业投资者征收个人所得税的规定》以及《财政部 国家税务总局关于调整个体工商户、个人独资企业和合伙企业个人所得税税前扣除标准有关问题的通知》（财税〔2008〕65号）、《财政部 国家税务总局关于调整个体工商户业主、个人独资企业和合伙企业自然人投资者个人所得税费用扣除标准的通知》（财税〔2011〕62号）和《财政部 税务总局关于2018年第四季度个人所得税减除费用和税率适用问题的通知》（财税〔2018〕98号）等有关规定执行。

（二）收入总额

1. 个体工商户的收入总额

根据《个体工商户个人所得税计税办法》第八条的规定，个体工商户从事生产经营以及与生产经营有关的活动（本书简称生产经营）取得的货币形式和非货币形式的各项收入，为收入总额。包括：销售货物收入、提供劳务收入、转让财产收入、利息收入、租金收入、接受捐赠收入、其他收入。

其他收入包括个体工商户资产溢余收入、逾期一年以上的未退包装物押金收入、确实无法偿付的应付款项、已作坏账损失处理后又收回的应收款项、债务重组收入、补贴收入、违约金收入、汇兑收益等。

2. 个人独资或合伙企业的收入总额

根据《关于个人独资企业和合伙企业投资者征收个人所得税的规定》的规定，收入总额，是指个人独资和合伙企业从事生产经营以及与生产经营有关的活动所取得的各项收入，包括商品（产品）销售收入、营运收入、劳务服务收入、工程价款收入、财产出租或转让收入、利息收入、其他业务收入和营业外收入。

（三）成本、费用与损失

根据《个人所得税法实施条例》第十五条的规定，成本、费用，是指生产、经营活动中发生的各项直接支出和分配计入成本的间接费用以及销售费用、管理费用、财务费用；损失，是指生产、经营活动中发生的固定资产和存货的盘亏、毁损、报废损失，转让财产损失，坏账损失，自然灾害等不可抗力因素造成的损失以及其他损失。

（四）个体工商户的税前扣除项目

根据《个体工商户个人所得税计税办法》的规定，计算个体工商户经营所得时，允许扣除的项目有成本、费用、税金、损失和其他支出。

成本是指个体工商户在生产经营活动中发生的销售成本、销货成本、业务支出以及其他耗费。

费用是指个体工商户在生产经营活动中发生的销售费用、管理费用和财务费用，已经计入成本的有关费用除外。

税金是指个体工商户在生产经营活动中发生的除个人所得税和允许抵扣的增值税以外的各项税金及其附加。《个体工商户个人所得税计税办法》第三十条规定，个体工商户代其从业人员或者他人负担的税款，不得税前扣除。

损失是指个体工商户在生产经营活动中发生的固定资产和存货的盘亏、毁损、报废损失，转让财产损失，坏账损失，自然灾害等不可抗力因素造成的损失以及其他损失。个体工商户发生的损失，减除责任人赔偿和保险赔款后的余额，参照财政部、国家税务总局有关企业资产损失税前扣除的规定扣除。个体工商户已经作为损失处理的资产，在以后纳税年度又全部收回或者部分收回时，应当计入收回当期的收入。

其他支出是指除成本、费用、税金、损失外，个体工商户在生产经营活动中发生的与生产经营活动有关的、合理的支出。

1. 汇兑损失的扣除

根据《个体工商户个人所得税计税办法》第二十六条的规定，个体工商户在货币交易中，以及纳税年度终了时将人民币以外的货币性资产、负债按照期末即期人民币汇率中间价折算为人民币时产生的汇兑损失，除已经计入有关资产成本的部分外，准予扣除。

2. 劳动保护支出的扣除

根据《个体工商户个人所得税计税办法》第三十四条的规定，个体工商户发生的合理的劳动保护支出，准予扣除。

3. 规费的扣除

根据《个体工商户个人所得税计税办法》第三十一条的规定，个体工商户按照规定缴纳的摊位费、行政性收费、协会会费等，按实际发生数额扣除。

4. 固定资产租赁费

根据《个体工商户个人所得税计税办法》第三十二条的规定，个体工商户根据生产经营活动的需要租入固定资产支付的租赁费，按照以下方法扣除：

（1）以经营租赁方式租入固定资产发生的租赁费支出，按照租赁期限均匀扣除；

（2）以融资租赁方式租入固定资产发生的租赁费支出，按照规定构成融资租入固定资产价值的部分应当提取折旧费用，分期扣除。

三、不得税前扣除的项目

（一）计算所得额时不得扣除的费用项目

根据《个体工商户个人所得税计税办法》第十五条和《关于个人独资企业和合伙企业投资者征收个人所得税的规定》的规定，个体工商户、个人独资企业和合伙企业的下列支出不得扣除：

（1）个人所得税税款；

（2）税收滞纳金；

（3）罚金、罚款和被没收财物的损失；

（4）不符合扣除规定的捐赠支出；

（5）赞助支出；

（6）用于个人和家庭的支出；

（7）与取得生产经营收入无关的其他支出；

（8）国务院财政、税务主管部门规定不准扣除的支出。

这与企业所得税法的规定不完全相同。

（二）个人所得税和代他人负担的税款

根据《个体工商户个人所得税计税办法》第三十条的规定，个体工商户代其从业人员或者他人负担的税款，不得税前扣除。

（三）赞助支出

赞助支出，是指个体工商户、个人独资和合伙企业发生的与生产经营活动无关的各种非广告性质支出。

广告性赞助支出则归为广告费和业务宣传费，按广告费和业务宣传费的相关规定扣除。

（四）准备金支出

根据《关于个人独资企业和合伙企业投资者征收个人所得税的规定》的规定，企业计提的各种准备金不得扣除。

《中华人民共和国企业所得税法》（以下简称《企业所得税法》）也有类似的规定。如《企业所得税法》第十条规定，在计算应纳税所得额时，未经核定的准备金支出不得扣除。未经核定的准备金支出，是指不符合国务院财政、税务主管部门规定的各项资产减值准备、风险准备等准备金支出。即除财政部和国家税务总局核准计提的准备金可以税前扣除外，其他行业、企业计提的各项资产减值准备、风险准备等准备金均不得税前扣除。

【例3-3·单选】下列表述中，符合个人独资企业和合伙企业纳税规定的是（　　）。

A.个人独资企业的投资者以全部生产经营所得和对外投资分回的利润作为企业的应纳税所得额

B.个人以独资企业和合伙企业的形式开办两个或两个以上的企业，应分别按每个企业的应纳税所得额计算缴纳各自的所得税

C.个人独资企业的投资者以企业资金为本人、家庭成员支付与企业生产经营无关的消费性支出，依照"利息、股息、红利所得"项目征收个人所得税

D.实行查账征税方式的个人独资企业和合伙企业改为核定征收以后，在原征税方式下形成的年度经营亏损未弥补完的部分，不得在核定征收年度继续弥补

【答案】D

【解析】个人独资企业投资者以企业的全部生产经营所得为应纳税所得，对外投资分回的利润按照"利息、股息、红利所得"项目征税；个人以独资企业和合伙企业的形式开办两个或两个以上的企业，应该汇总合并计算应纳所得税额；个人独资企业的投资者以企业资金为本人、家庭成员支付与企业生产经营无关的消费性支出，应该并入生产经营所得，按"经营所得"项目缴纳个人所得税。

（五）业主和投资者工资

根据《个体工商户个人所得税计税办法》第二十一条的规定，个体工商户业主的工资薪金支出不得在计算应纳税所得额时税前扣除。个人独资和合伙企业投资者的工资薪金支出不得在计算应纳税所得额时税前扣除。

根据《国家税务总局关于律师事务所从业人员取得收入征收个人所得税有关业务问题的通知》（国税发〔2000〕149号）的规定，律师个人出资兴办的独资和合伙性质的律师事务所的年度经营所得，在计算其经营所得时，出资律师本人的工资、薪金不得扣除。

由于经营所得预缴纳税申报时不调整税收与会计的差异，因此相关纳税调整在年终汇算清缴纳税申报时完成。支付的业主和投资者个人工资已计入成本费用，相应减少了会计利润的，在预缴申报时已扣除了向投资者支付的工资薪金。

四、按规定标准扣除的项目

（一）工资薪金支出的扣除

根据财税〔2008〕65号文件的规定，个体工商户、个人独资企业和合伙企业向其从业人员实际支付的合理的工资、薪金支出，允许在税前据实扣除。

根据《个体工商户个人所得税计税办法》第二十一条的规定，个体工商户实际支付给从业人员的、合理的工资薪金支出，准予扣除。

这与企业所得税法的规定相同。根据企业所得税法的规定，企业发生的合理的工资、薪金支出，准予在计算应纳税所得额时扣除。

个体工商户业主、个人独资企业和合伙企业的投资者的费用减除标准，依照相关法律、法规和政策规定执行。也就是说，在计算实体层面纳税调整后所得时不得扣除业主和投资者的工资薪金支出，在计算个人层面经营所得应纳税所得额时，没有综合所得的，可以按规定扣除投资者费用等。

（二）三项经费的扣除

根据财税〔2008〕65号文件的规定，个体工商户、个人独资企业和合伙企业拨缴的工会经费、发生的职工福利费、职工教育经费支出分别在工资薪金总额2%、14%、2.5%的标准内据实扣除。需要注意的是，这里的工资薪金总额不含支付给个体工商户业主和个人独资企业及合伙企业投资者的工资，也不包括投资者的费用扣除标准。

根据《个体工商户个人所得税计税办法》第二十七条的规定，个体工商户向当地工会组织拨缴的工会经费、实际发生的职工福利费支出、职工教育经费支出分别在工资薪金总额的2%、14%、2.5%的标准内据实扣除。工资薪金总额是指允许在当期税前扣除的工资薪金支出数额。由于业主和投资者本人的工资薪金不允许税前扣除，因而也不作为计算职工福利费支出、职工教育经费支出和工会经费支出限额的计算依据。

职工教育经费的实际发生数额超出规定比例当期不能扣除的数额，准予在以后纳税年度结转扣除。

个体工商户业主本人向当地工会组织缴纳的工会经费、实际发生的职工福利费支出、职工教育经费支出，以当地（地级市）上年度社会平均工资的3倍为计算基数，在规定比例内据实扣除。

根据《国家税务总局关于律师事务所从业人员有关个人所得税问题的公告》（国家税务总局公告2012年第53号）的规定，自2013年1月1日起，律师个人承担的按照律师协会规定参加的业务培训费用，可据实扣除。

自2018年1月1日起，根据《财政部 税务总局关于企业职工教育经费税前扣除政策的通知》（财税〔2018〕51号）的规定，企业发生的职工教育经费支出，不超过工资薪金总额8%的部分，准予在计算企业所得税应纳税所得额时扣除；超过部分，准予在以后纳税年度结转扣除。

（三）利息支出的扣除

《个体工商户个人所得税计税办法》第二十四条规定，个体工商户在生产经营活动中发生的合理的不需要资本化的借款费用，准予扣除。个体工商户为购置、建造固定资产、无形资产和经过12个月以上的建造才能达到预定可销售状态的存货发生借款的，在有关资产购置、建造期间发生的合理的借款费用，应当作为资本性支出计入有关资产的成本，并依照规定扣除。

根据《个体工商户个人所得税计税办法》第二十五条的规定，个体工商户在生产经营活动中发生的下列利息支出，准予扣除：

（1）向金融企业借款的利息支出；

（2）向非金融企业和个人借款的利息支出，不超过按照金融企业同期同类贷款利率计算的数额的部分。

关于金融企业同期同类贷款利率的确定，《国家税务总局关于企业所得税若干问题的公告》（国家税务总局公告2011年第34号）明确，非金融企业向非金融企业借款的利息支出，不超过按照金融企业同期、同类贷款利率计算的数额的部分，准予税前扣除。鉴于目前我国对金融企业利率要求的具体情况，企业在按照合同要求首次支付利息并进行税前扣除时，应提供“金融企业的同期、同类贷款利率情况说明”，以证明其利息支出的合理性。“金融企业的同期、同类贷款利率情况说明”中，应包括在签订该借款合同当时，本省任何一家金融企业提供同期同类贷款利率情况。该金融企业应为经政府有关部门批准成立的可以从事贷款业务的企业，包括银行、财务公司、信托公司等金融机构。"同期、同类贷款利率"是指在贷款期限、贷款金额、贷款担保以及企业信誉等条件基本相同下，金融企业提供贷款的利率。既可以是金融企业公布的同期、同类平均利率，也可以是金融企业对某些企业提供的实际贷款利率。

（四）业务招待费的扣除

根据财税〔2008〕65号文件的规定，个体工商户、个人独资企业和合伙企业每一纳税年度发生的与其生产经营业务直接相关的业务招待费支出，按照发生额的60%扣除，但最高不得超过当年销售（营业）收入的5‰。这与《企业所得税法》中业务招待费的处理一致。

根据《个体工商户个人所得税计税办法》第二十八条的规定，个体工商户发生的与生产经营活动有关的业务招待费，按照实际发生额的60%扣除，但最高不得超过当年销售（营业）收入的5‰。业主自申请营业执照之日起至开始生产经营之日止所发生的业务招待费，按照实际发生额的60%计入个体工商户的开办费。

根据《个体工商户个人所得税计税办法》第三十五条的规定，个体工商户自申请营业执照之日起至开始生产经营之日止所发生符合规定的费用，除为取得固定资产、无形资产的支出，以及应计入资产价值的汇兑损益、利息支出外，作为开办费，个体工商户可以选择在开始生产经营的当年一次性扣除，也可自生产经营月份起在不短于3年期限内摊销扣除，但一经选定，不得改变。

开始生产经营之日为个体工商户取得第一笔销售（营业）收入的日期。

在《企业所得税法》及其实施条例中，开（筹）办费未明确列作长期待摊费用。根据《国家税务总局关于企业所得税若干税务事项衔接问题的通知》（国税函〔2009〕98号）的规定，企业可以在开始经营之日的当年一次性扣除，也可以按照企业所得税法有关长期待摊费用的处理规定处理，但一经选定，不得改变。由此可见，《企业所得税法》中企业开办费既可以一次性扣除也可以分期摊销。

（五）广告费和业务宣传费的扣除

根据财税〔2008〕65号文件的规定，个体工商户、个人独资企业和合伙企业每一纳税年度发生的广告费和业务宣传费用不超过当年销售（营业）收入15%的部分，可据实扣除；超过部分，准予在以后纳税年度结转扣除。

根据《个体工商户个人所得税计税办法》第二十九条的规定，个体工商户每一纳税年度发生的与其生产经营活动直接相关的广告费和业务宣传费不超过当年销售（营业）收入15%的部分，可以据实扣除；超过部分，准予在以后纳税年度结转扣除。

综上所述，按规定标准扣除项目的扣除标准如表3-2所示。

表3-2 按规定标准扣除项目的扣除标准

项目	扣除标准	备注
职工的三项经费	个体户、个人独资和合伙企业拨缴的工会经费、发生的职工福利费、职工教育经费支出分别在职工工资薪金总额2%、14%、2.5%的标准内据实扣除	职工教育经费当期超标准予在以后纳税年度结转扣除
业主、投资者的三项经费	缴纳的工会经费、实际发生的职工福利费支出、职工教育经费支出，以当地（地级市）上年度社会平均工资的3倍为计算基数，在规定比例内据实扣除	

续表

项目	扣除标准	备注
律师个人承担的培训费	律师个人承担的按照律师协会规定参加的业务培训费用，可据实扣除	
业务招待费	每一纳税年度发生的与其生产经营业务直接相关的业务招待费支出，按照发生额的60%扣除，但最高不得超过当年销售（营业）收入的5‰	开始生产经营之日为个体工商户取得第一笔销售（营业）收入的日期
	业主自申请营业执照之日起至开始生产经营之日止所发生的业务招待费，按照实际发生额的60%计入个体工商户的开办费	
广告费和业务宣传费	每一纳税年度发生的广告费和业务宣传费用不超过当年销售（营业）收入15%的部分，可据实扣除；超过部分，准予在以后纳税年度结转扣除	

（六）教育和公益事业捐赠的扣除

公益性捐赠，是指企业通过公益性社会团体或者县级以上人民政府及其部门，用于《公益事业捐赠法》规定的公益事业的捐赠。县级以上人民政府及其部门和国家机关均指县级（含县级，下同）以上人民政府及其组成部门和直属机构。

根据《个体工商户个人所得税计税办法》第三十六条的规定，个体工商户通过公益性社会团体或者县级以上人民政府及其部门，用于《公益事业捐赠法》规定的公益事业的捐赠，捐赠额不超过其应纳税所得额30%的部分可以据实扣除。财政部、国家税务总局规定可以全额在税前扣除的捐赠支出项目，按有关规定执行。个体工商户直接对受益人的捐赠不得扣除。

公益性社会团体的认定，按照财政部、国家税务总局、民政部有关规定执行。

根据《企业所得税法》第九条的规定，企业发生的公益性捐赠支出，在年度利润总额12%以内的部分，准予在计算应纳税所得额时扣除；超过年度利润总额12%的部分，准予结转以后3年内在计算应纳税所得额时扣除。年度利润总额，是指企业按照国家统一会计制度的规定计算的年度会计利润，这里年度会计利润是大于零的数额，除另有规定外，没有利润不能扣除。对企业发生的会计差错应按国家统一会计制度进行更正，按调整后的大于零的年度会计利润计算扣除限额。

（七）保险费和住房公积金的扣除

1.“五险一金”的扣除

根据财税〔2008〕65号文件的规定，个体工商户、个人独资和合伙企业按照国家有关规定为职工缴纳的基本养老保险费、基本医疗保险费、失业保费等，在计税时准予扣除。

《个体工商户个人所得税计税办法》第二十二条第一款规定，个体工商户按照国务院有关主管部门或者省级人民政府规定的范围和标准为其业主和从业人员缴纳的基本养老保险费、基本医疗保险费、失业保险费、生育保险费、工伤保险费和住房公积金，准予扣除。

2.补充保险的扣除

为支持个体工商户业主、个人独资和合伙企业及从业人员建立补充养老保险和补充医疗保险，允许其对不超过规定标准的部分进行税前扣除。

根据《个体工商户个人所得税计税办法》第二十二条的规定，个体工商户为从业人员缴纳的补充养老保险费、补充医疗保险费，分别在不超过从业人员工资总额5%标准内的部分据实扣除；超过部分，不得扣除。个体工商户业主本人缴纳的补充养老保险费、补充医疗保险费，以当地（地级市）上年度社会平均工资的3倍为计算基数，分别在不超过该计算基数5%标准内的部分据实扣除；超过部分，不得扣除。

3. 商业保险的扣除

根据《个体工商户个人所得税计税办法》第二十三条的规定，除个体工商户依照国家有关规定为特殊工种从业人员支付的人身安全保险费和财政部、国家税务总局规定可以扣除的其他商业保险费外，个体工商户业主本人或者为从业人员支付的商业保险费，不得扣除。

4. 财产保险的扣除

个体工商户、个人独资和合伙企业参加财产保险，按照规定缴纳的保险费，准予扣除。

5. 责任保险的扣除

雇主责任险、公众责任险等责任保险是参加责任保险的企业出现保单中所列明的事故，需对第三者进行损害赔偿责任时，由承保人代其履行赔偿责任的一种保险。由于企业参加雇主责任险、公众责任险等责任保险缴纳的保险费支出是企业实际发生的，保险法也规定财产保险业务包括责任保险，因而，个体工商户、个人独资和合伙企业参加雇主责任险、公众责任险等责任保险，按照规定缴纳的保险费，应准予税前扣除。

根据《国家税务总局关于责任保险费企业所得税税前扣除有关问题的公告》（国家税务总局公告2018年第52号）的规定，企业参加雇主责任险、公众责任险等责任保险，按照规定缴纳的保险费，准予在企业所得税税前扣除。

保险费和公积金的税前扣除，如表3–3所示。

表3–3 保险费和公积金的税前扣除

<table>
<tr><th>项目</th><th>缴纳人</th><th>扣除标准</th><th>扣除规定</th></tr>
<tr><td rowspan="4">社会保险和公积金</td><td rowspan="2">单位缴纳</td><td>超标准缴</td><td>不可以扣除，不免征个人所得税</td></tr>
<tr><td>按规定缴</td><td>单位可以扣除，个人免征个人所得税</td></tr>
<tr><td rowspan="2">个人缴纳</td><td>超标准缴</td><td>不可税前扣除</td></tr>
<tr><td>按规定缴</td><td>可以税前扣除</td></tr>
<tr><td rowspan="4">补充养老、补充医疗保险</td><td rowspan="2">单位缴纳</td><td>超标准缴</td><td>超标准，不得税前扣除</td></tr>
<tr><td>按规定缴</td><td>分别在不超过从业人员工资总额 5% 标准内的部分据实扣除</td></tr>
<tr><td rowspan="2">个人缴纳</td><td>超标准缴</td><td>超标准，不得扣除</td></tr>
<tr><td>按规定缴</td><td>以当地（地级市）上年度社会平均工资的 3 倍为计算基数，分别在不超过该计算基数 5% 标准内的部分据实扣除</td></tr>
<tr><td>财产保险</td><td></td><td colspan="2">参加财产保险按照规定缴纳的保险费准予扣除</td></tr>
<tr><td>商业保险</td><td></td><td colspan="2">除依规定为特殊工种从业人员支付的人身安全保险费外，不得扣除</td></tr>
<tr><td>责任保险</td><td></td><td colspan="2">参加雇主责任险、公众责任险等责任保险，按照规定缴纳的保险费准予扣除</td></tr>
</table>

（八）研发支出的扣除

为加大对个体工商户研发投入的支持力度，《个体工商户个人所得税计税办法》第三十八条规定，个体工商户研究开发新产品、新技术、新工艺所发生的开发费用，以及研究开发新产品、新技术而购置单台价值在10万元以下的测试仪器和试验性装置的购置费准予直接扣除；单台价值在10万元以上（含10万元）的测试仪器和试验性装置，按固定资产管理，不得在当期直接扣除。

（九）混用费用和混用固定资产折旧的扣除

1.混用费用的扣除

《个体工商户个人所得税计税办法》第十六条规定，个体工商户生产经营活动中，应当分别核算生产经营费用和个人、家庭费用。对于生产经营与个人、家庭生活混用难以分清的费用，其40%视为与生产经营有关费用，准予扣除。

基于个体工商户生产经营活动与家庭财产、费用支出经常混用的实际情况，《个体工商户个人所得税计税办法》对个体工商户生产经营与家庭生活混用不能分清的费用，允许按照40%的比例视为与生产经营有关费用进行税前扣除。这种处理方式既便于个体工商户享受扣除规定，也可避免因个别地方不允许混用费用扣除导致纳税人税负增加。

这与个人独资企业和合伙企业的处理不同。根据《关于个人独资企业和合伙企业投资者征收个人所得税的规定》的规定，个人独资企业和合伙企业投资者及其家庭发生的生活费用不允许在税前扣除。投资者及其家庭发生的生活费用与企业生产经营费用混合在一起，并且难以划分的，全部视为投资者个人及其家庭发生的生活费用，不允许在税前扣除。

【例3-4·多选】下列有关个体工商户计算缴纳个人所得税的表述中，正确的有（　　）。

A.向从业人员实际支付的合理的工资、薪金支出，允许税前据实扣除

B.每一纳税年度发生的与其生产经营业务直接相关的业务招待费支出，按照发生额的50%扣除

C.每一纳税年度发生的广告费和业务宣传费不超过当年销售（营业）收入15%的部分，可据实扣除，超过部分，准予在以后纳税年度结转扣除

D.研究开发新产品、新技术、新工艺发生的开发费用，以及研究开发新产品、新技术而购置单台价值在10万元以下的测试仪器和实验性装置的购置费，准予扣除

E.通过中国境内的社会团体向教育和其他社会公益事业的捐赠，捐赠额不超过其利润总额12%的部分允许税前扣除

【答案】ACD

【解析】选项B，2008年1月1日起个体工商户业务招待费处理与企业所得税相同。根据财税〔2008〕65号文件的规定，个体工商户、个人独资企业和合伙企业每一纳税年度发生的与其生产经营业务直接相关的业务招待费支出，按照发生额的60%扣除，但最高不得超过当年销售（营业）收入的5‰；选项E，根据《个体工商户个人所得税计税办法》第三十六条的规定，个体户将其所得通过中国境内的社会团体、国家机关向教育和其他社会公益事业以及遭受严重自然灾害地区、贫困地区的捐赠，捐赠额不超过其应纳税所得额30%的部分可以据实扣除。纳税人直接向受益人的捐赠不得扣除。

2. 混用固定资产折旧的扣除

根据《关于个人独资企业和合伙企业投资者征收个人所得税的规定》的规定，企业生产经营和投资者及其家庭生活共用的固定资产，难以划分的，由主管税务机关根据企业的生产经营类型、规模等具体情况，核定准予在税前扣除的折旧费用的数额或比例。

混用费用和混用固定资产折旧的税前扣除，如图3-10所示。

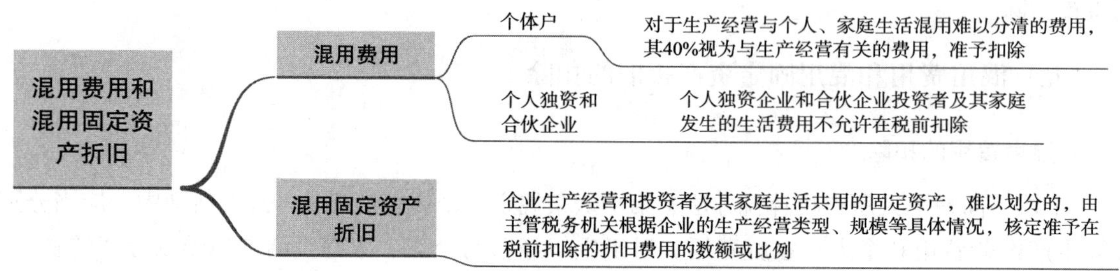

图3-10 混用费用和混用固定资产折旧的税前扣除

五、资产的税务处理

（一）资产的税务处理原则

《个体工商户个人所得税计税办法》第三十九条规定，个体工商户资产的税务处理，参照企业所得税相关法律、法规和政策规定执行。

（二）存货的税务处理

个体工商户在生产经营过程中为销售或者耗用而储备的物资为存货，包括各种原材料、辅助材料、燃料、低值易耗品、包装物、在产品、外购商品、自制半成品、产成品等。

《个体工商户个人所得税计税办法》第十八条规定，个体工商户使用或者销售存货，按照规定计算的存货成本，准予在计算应纳税所得额时扣除。

（三）资产净值的扣除

《个体工商户个人所得税计税办法》第十九条规定，个体工商户转让资产，该项资产的净值，准予在计算应纳税所得额时扣除。

【例3-5・单选】张某为熟食加工个体户业主，2021年该个体户取得生产经营收入20万元，生产经营成本、费用、税金等共计18万元（含购买一辆非经营用小汽车支出8万元）；另取得个人文物拍卖收入30万元，不能提供原值凭证，该文物经文物部门认定为海外回流文物。当年没有综合所得与其他扣除项目。下列关于张某个人所得税纳税事项的表述中，正确的是（　　）。

A. 小汽车支出可以在税前扣除

B. 生产经营所得应纳个人所得税的计税依据为4万元

C. 文物拍卖所得按文物拍卖收入额的3%缴纳个人所得税

D. 文物拍卖所得应并入生产经营所得一并缴纳个人所得税

【答案】B

【解析】根据《个体工商户个人所得税计税办法》第十五条的规定，个体工商户与取得生产经营收入无关的其他支出不得扣除。因而非经营用小汽车支出8万元不得税前扣除。选项A错误。

生产经营所得应纳个人所得税的计税依据为：

20-（18-8）-6=4（万元），因而，应选B。

根据《国家税务总局关于加强和规范个人取得拍卖收入征收个人所得税有关问题的通知》（国税发〔2007〕38号）第四条的规定，纳税人如不能提供合法、完整、准确的财产原值凭证，不能正确计算财产原值的，按转让收入额的3%征收率计算缴纳个人所得税；拍卖品为经文物部门认定是海外回流文物的，按转让收入额的2%征收率计算缴纳个人所得税。因而，选项C错误。

根据《财政部 国家税务总局关于个人所得税若干政策问题的通知》（财税字〔1994〕20号）的规定，个体工商户和从事生产、经营的个人，取得与生产、经营活动无关的各项应税所得，应按规定分别计算征收个人所得税。因而，文物拍卖所得不并入生产经营所得，而应按“财产转让所得”项目计算缴纳个人所得税。

（四）加速折旧的处理

根据《企业所得税法》第一条规定，“在中华人民共和国境内，企业和其他取得收入的组织为企业所得税的纳税人”，“个人独资企业、合伙企业不适用本法”。据此，个体工商户、个人独资企业以及合伙企业不是企业所得税的纳税义务人，因而也就不能享受固定资产加速折旧企业所得税优惠政策。这一点在2015年11月12日，国家税务总局“固定资产加速折旧政策”在线访谈中所得税司也已明确。

六、亏损及其弥补

（一）亏损的界定

税法所称亏损，不是企业财务报表中反映的亏损额，而是企业财务报表中的亏损额经按税法规定调整后的金额。

根据《个体工商户个人所得税计税办法》的规定，亏损是指个体工商户计算的应纳税所得额小于零的数额。

（二）个体工商户的亏损弥补

《个体工商户个人所得税计税办法》第十七条规定，个体工商户纳税年度发生的亏损，准予向以后年度结转，用以后年度的生产经营所得弥补，但结转年限最长不得超过五年。

（三）个人独资和合伙企业亏损的弥补

根据《关于个人独资企业和合伙企业投资者征收个人所得税的规定》第十四条的规定，企业的年度亏损，允许用本企业下一年度的生产、经营所得弥补，下一年度所得不足弥补的，允许逐年延续弥补，但最长不得超过5年。投资者兴办两个或两个以上企业的。企业的年度经营亏损不能跨企业弥补。

根据《财政部 国家税务总局关于合伙企业合伙人所得税问题的通知》（财税〔2008〕159号）的规定，合伙企业的合伙人是法人和其他组织的，合伙人在计算缴纳企业所得税时，不得用合伙企业的亏损抵减其盈利。

可见，经营所得亏损弥补在个体工商户、个人独资和合伙企业实体层面进行，不跨企业弥补亏损，更不跨国家（地区）弥补亏损。

（四）征收方式改变对亏损弥补的影响

《国家税务总局关于〈关于个人独资企业和合伙企业投资者征收个人所得税的规定〉执行口径的通知》（国税函〔2001〕84号）规定，实行查账征税方式的个人独资企业和合伙企业改为核定征税方式后，在查账征税方式下认定的年度经营亏损未弥补完的部分，不得再继续弥补。

【例3-6】甲市A厂是张先生于2018年兴办的个人独资企业，2019年12月张先生又在乙市与李先生合伙设立B合伙企业，双方出资比例为1∶1。

2021年2月8日，张先生委托税务师事务所代其办理个人所得税纳税申报。税务师通过检查相关资料，获得如下信息：

（1）张先生经常居住地在丙市；

（2）A厂2018年发生亏损50 000元，2019年盈利10 000元；

（3）张先生2020年从A厂取得工资收入72 000元，从B合伙企业取得工资收入60 000元，汇算清缴时张先生选择个人费用在B合伙企业的生产经营所得中扣除；

（4）A厂2020年度利润总额为150 000元，张先生已在甲市预缴了个人所得税19 500元；B合伙企业2020年实现利润180 000元，两位合伙人已在乙市预缴个人所得税15 000元。

不考虑合伙人李先生的工资及费用扣除，除上述资料外，没有其他纳税调整项目。请回答下列问题：

（1）分析说明张先生的纳税申报地点；

（2）计算张先生应补（退）的个人所得税。

【解析】

（1）根据《国家税务总局关于个人所得税自行纳税申报有关问题的公告》（国家税务总局公告2018年第62号）第二条的规定，纳税人取得经营所得，按年计算个人所得税，由纳税人在月度或季度终了后15日内，向经营管理所在地主管税务机关办理预缴纳税申报，并报送《个人所得税经营所得纳税申报表（A表）》。在取得所得的次年3月31日前，向经营管理所在地主管税务机关办理汇算清缴，并报送《个人所得税经营所得纳税申报表（B表）》；从两处以上取得经营所得的，选择向其中一处经营管理所在地主管税务机关办理年度汇总申报，并报送《个人所得税经营所得纳税申报表（C表）》。

本例中，张先生来源于A厂的经营所得，应在甲市办理预缴申报与年终汇算清缴申报；来源于B合伙企业的经营所得，应在乙市办理预缴申报与年终汇算清缴申报。年终汇算清缴后，应由张先生选择向其中一处经营管理所在地主管税务机关办理年度汇总申报。

（2）投资者的工资不得在税前扣除。《关于个人独资企业和合伙企业投资者征收个人所得税的规定》第十二条规定，投资者兴办两个或两个以上个人独资企业和合伙企业的（包括参与兴办，下同），年度终了时，应汇总从所有企业取得的应纳税所得额，据此确定适用税率并计算缴纳应纳税款。投资者兴办两个或两个以上企业的，根据税法规定准予扣除的个人费用，由投资者选择在其中一个企业的生产经营所得中扣除。

根据案例中的条件，张先生的个人费用已选择在B合伙企业扣除。则：

张先生在A厂2020年度的应纳税所得额为：150 000+72 000=222 000（元）。

由于A厂2018年亏损50 000元，按规定可以用以后5个纳税年度内的所得弥补，但不得跨企业弥补亏损。弥补亏损后A厂的应纳税所得额为：

222 000-（50 000-10 000）=182 000（元）。

经营所得汇算清缴应补个人所得税为：

182 000×20%-10 500-19 500=6 400（元）；

张先生在B合伙企业实现的应纳税所得额为：

（180 000+60 000）×50%-60 000=60 000（元）。

经营所得汇算清缴应补个人所得税为：

60 000×10%-1 500-7 500=-3 000（元）。

年终汇总纳税申报时应纳个人所得税：

［182 000+（180 000+60 000）×50%-60 000］×20%-10 500=37 900（元）；

37 900-（7 500-3 000）-19 500-6 400=7 500（元）。

七、清算所得的个人所得税处理

（一）个人独资企业的解散与清算

1.应解散的情形

根据《中华人民共和国个人独资企业法》（以下简称《个人独资企业法》）第二十六条的规定，个人独资企业有下列情形之一时，应当解散：

（1）投资人决定解散；

（2）投资人死亡或者被宣告死亡，无继承人或者继承人决定放弃继承；

（3）被依法吊销营业执照；

（4）法律、行政法规规定的其他情形。

2.解散清算

个人独资企业解散，由投资人自行清算或者由债权人申请人民法院指定清算人进行清算。投资人自行清算的，应当在清算前15日内书面通知债权人，无法通知的，应当予以公告。债权人应当在接到通知之日起30日内，未接到通知的应当在公告之日起60日内，向投资人申报其债权。

3.债务清偿及其顺序

个人独资企业解散后，原投资人对个人独资企业存续期间的债务仍应承担偿还责任，但债权人在五年内未向债务人提出偿债请求的，该责任消灭。

根据《个人独资企业法》第二十九条的规定，个人独资企业解散的，财产应当按照下列顺序清偿：

（1）所欠职工工资和社会保险费用；

（2）所欠税款；

（3）其他债务。

清算期间，个人独资企业不得开展与清算目的无关的经营活动。在按规定清偿债务前，投资人不得转移、隐匿财产。

个人独资企业财产不足以清偿债务的，投资人应当以其个人的其他财产予以清偿。

个人独资企业清算结束后，投资人或者人民法院指定的清算人应当编制清算报告，并于15日内到登记机关办理注销登记。

（二）合伙企业的解散与清算

1. 应解散的情形

根据《合伙企业法》第八十五条的规定，合伙企业有下列情形之一的，应当解散：

（1）合伙期限届满，合伙人决定不再经营；

（2）合伙协议约定的解散事由出现；

（3）全体合伙人决定解散；

（4）合伙人已不具备法定人数满30天；

（5）合伙协议约定的合伙目的已经实现或者无法实现；

（6）依法被吊销营业执照、责令关闭或者被撤销；

（7）法律、行政法规规定的其他原因。

2. 解散清算

合伙企业解散的，应当进行清算。解散而未清算的合伙企业，在清算范围内视为存续。

合伙企业解散，应当由清算人进行清算。清算人由全体合伙人担任；经全体合伙人过半数同意，可以自合伙企业解散事由出现后15日内指定一个或者数个合伙人，或者委托第三人，担任清算人。自合伙企业解散事由出现之日起15日内未确定清算人的，合伙人或者其他利害关系人可以申请人民法院指定清算人。

清算人在清算期间执行下列事务：

（1）清理合伙企业财产，分别编制资产负债表和财产清单；

（2）处理与清算有关的合伙企业未了结事务；

（3）清缴所欠税款；

（4）清理债权、债务；

（5）处理合伙企业清偿债务后的剩余财产；

（6）代表合伙企业参加诉讼或者仲裁活动。

清算人自被确定之日起10日内将合伙企业解散事项通知债权人，并于60日内在报纸上公告。债权人应当自接到通知书之日起30日内，未接到通知书的自公告之日起45日内，向清算人申报债权。债权人申报债权，应当说明债权的有关事项，并提供证明材料。清算人应当对债权进行登记。清算期间，合伙企业存续，但不得开展与清算无关的经营活动。

3. 债务清偿顺序

在清算过程中，合伙企业财产应当按如下顺序清偿债务：

（1）支付清算费用；

（2）偿付合伙企业所欠的职工工资、社会保险费用、法定补偿金；

（3）缴纳合伙企业所欠税款；

（4）偿付合伙企业的债务。

清偿完毕后，如果有剩余财产，依照《合伙企业法》第三十三条第一款“合伙企业的利润分配、亏损分担，按照合伙协议的约定办理；合伙协议未约定或者约定不明确的，由合伙人协商决定；协商不成的，由合伙人按照实缴出资比例分配、分担；无法确定出资比例的，由合伙人平均分配、分担”的规定，在合伙人之间进行分配。

合伙企业清算时，其全部财产不足清偿债务的，由全体合伙人承担无限连带清偿责任。

清算结束，清算人应当编制清算报告，经全体合伙人签名、盖章后，在15日内向企业登记机关报送清算报告，申请办理合伙企业注销登记。

合伙企业注销后，原普通合伙人对合伙企业存续期间的债务仍应承担无限连带责任。

《合伙企业法》第九十二条规定，合伙企业不能清偿到期债务的，债权人可以依法向人民法院提出破产清算申请，也可以要求普通合伙人清偿。合伙企业依法被宣告破产的，普通合伙人对合伙企业债务仍应承担无限连带责任。

《中华人民共和国企业破产法》第一百三十五条规定：“其他法律规定企业法人以外的组织的清算，属于破产清算的，参照适用本法规定的程序。”合伙企业的破产清算属于该条规定的范围。

（三）清算的个人所得税处理

根据《关于个人独资企业和合伙企业投资者征收个人所得税的规定》第十六条的规定，企业进行清算时，投资者应当在注销工商登记之前，向主管税务机关结清有关税务事宜。企业的清算所得应当视为年度生产经营所得，由投资者依法缴纳个人所得税。

清算所得，是指企业清算时的全部资产或者财产的公允价值扣除各项清算费用、损失、负债、以前年度留存的利润后，超过实缴资本的部分。

个人独资企业和合伙企业的清算所得，可以用于弥补经营期间的可弥补亏损额，也可以按规定扣除投资者减除费用60 000元、专项扣除、专项附加扣除和依法确定的其他扣除后计算应纳税所得额和应纳税额。清算所得应按查账征收方式计算缴纳个人所得税。

（四）个体工商户注销前结清税款

《个体工商户个人所得税计税办法》第四十一条规定，个体工商户终止生产经营的，应当在注销工商登记或者向政府有关部门办理注销前向主管税务机关结清有关纳税事宜。

第三节　应纳税所得额与应纳税额

一、投资者应纳税所得额的计算

个人投资者在个体工商户、承包承租经营企业、个人独资和合伙企业应分得的实体层面纳税调整后所得的基础上，按规定扣除允许扣除的个人费用及其他扣除（包括投资者费用扣除、专项扣除、专项附加扣除和依法确定的其他扣除），享受投资抵扣优惠后，如有所得再按规定扣除准予扣除的个人捐赠支出，计算出个人经营所得的应纳税所得额。适用5%～35%的五级超额累进税率，计算应纳经营所得的个人所得税。

根据《个人所得税法实施条例》第十五条第二款的规定，取得经营所得的个人，没有综合所得的，计算其每一纳税年度的应纳税所得额时，应当减除费用6万元、专项扣除、专项附加扣除以及依法确定的其他扣除。专项附加扣除在办理汇算清缴时减除。这里讲的实际上就是投资者个人层面的经营所得的应纳税所得额。

二、应纳税所得额的确定

（一）个人独资企业投资者所得的确定

根据《关于个人独资企业和合伙企业投资者征收个人所得税的规定》第五条的规定，个人独资企业的投资者以全部生产经营所得为应纳税所得额。生产经营所得，包括企业分配给投资者个人的所得和企业当年留存的所得（利润）。

（二）合伙企业的利润分配与亏损分担

根据《合伙企业法》第三十三条的规定，合伙企业的利润分配、亏损分担，按照合伙协议的约定办理；合伙协议未约定或者约定不明确的，由合伙人协商决定；协商不成的，由合伙人按照实缴出资比例分配、分担；无法确定出资比例的，由合伙人平均分配、分担。合伙协议不得约定将全部利润分配给部分合伙人或者由部分合伙人承担全部亏损。

（三）投资者应纳税所得的确定方法

《关于个人独资企业和合伙企业投资者征收个人所得税的规定》第四条规定，个人独资企业和合伙企业每一纳税年度的收入总额减除成本、费用以及损失后的余额，作为投资者个人的生产经营所得，比照“个体工商户的生产、经营所得”[1]应税项目，适用5%～35%的五级超额累进税率，计算征收个人所得税。

根据《财政部 国家税务总局关于合伙企业合伙人所得税问题的通知》（财税〔2008〕159号）的规定，合伙企业的合伙人按照下列原则确定应纳税所得额：

（1）合伙企业的合伙人以合伙企业的生产经营所得和其他所得，按照合伙协议约定的分配比例确定应纳税所得额。

（2）合伙协议未约定或者约定不明确的，以全部生产经营所得和其他所得，按照合伙人协商决定的分配比例确定应纳税所得额。

（3）协商不成的，以全部生产经营所得和其他所得，按照合伙人实缴出资比例确定应纳税所得额。

（4）无法确定出资比例的，以全部生产经营所得和其他所得，按照合伙人数量平均计算每个合伙人的应纳税所得额。

---

［1］ 自2019年1月1日起为“经营所得”。

合伙协议不得约定将全部利润分配给部分合伙人。

（四）合伙人分配比例的调整

合伙协议大多约定分配合伙企业利润、分担会计亏损，而计算合伙人应分回的应纳税所得额的依据是纳税调整后所得。由于会计利润（亏损）与纳税调整后所得不同，因而在计算自然人合伙人应纳税所得额时，需将按约定分配的利润（分担的亏损）金额，按纳税调整后所得重新计算纳税申报时税收口径的分配比例，申报缴纳经营所得的个人所得税。

在自然人电子税务局申报纳税时，合伙企业的自然人合伙人的分配比例可以修改，但申报的同一税款所属期内投资者分配比例相加不得超过100%。

三、投资者减除费用

自2019年1月1日起，根据《个人所得税法实施条例》第十五条第二款的规定，取得经营所得的个人，没有综合所得的，计算其每一纳税年度的应纳税所得额时，应当减除费用6万元、专项扣除、专项附加扣除以及依法确定的其他扣除。专项附加扣除在办理汇算清缴时减除。

根据《国家税务总局关于办理2021年度个人所得税综合所得汇算清缴事项的公告》（国家税务总局公告2022年第1号）的规定，同时取得综合所得和经营所得的纳税人，可在综合所得或经营所得中申报减除费用6万元、专项扣除、专项附加扣除以及依法确定的其他扣除，但不得重复申报减除。

根据《财政部 税务总局关于2018年第四季度个人所得税减除费用和税率适用问题的通知》（财税〔2018〕98号）第二条的规定，对个体工商户业主、个人独资企业和合伙企业自然人投资者、企事业单位承包承租经营者2018年第四季度取得的生产经营所得，减除费用按照5 000元/月执行，前三季度减除费用按照3 500元/月执行。

根据《关于个人独资企业和合伙企业投资者征收个人所得税的规定》第十三条的规定，投资者兴办两个或两个以上企业的，根据规定准予扣除的个人费用，由投资者选择在其中一个企业的生产经营所得中扣除。

个体工商户业主、投资者的费用扣除标准修改情况如表3–4所示。

表3–4 投资者费用扣除标准的修改情况

序号	时间	标准	依据
1	自2019年1月1日起	取得经营所得的个人，没有综合所得的，计算其每一纳税年度的应纳税所得额时，应当减除费用6万元	《个人所得税法实施条例》第十五条
2	2018年10月1日至2018年12月31日	5 000元/月	《财政部 税务总局关于2018年第四季度个人所得税减除费用和税率适用问题的通知》（财税〔2018〕98号）
3	2011年9月1日至2018年9月30日	42 000元/年（3 500元/月）	《财政部 国家税务总局关于调整个体工商户业主、个人独资企业和合伙企业自然人投资者个人所得税费用扣除标准的通知》（财税〔2011〕62号）

续表

序号	时间	标准	依据
4	2008 年 3 月 1 日 至 2011 年 8 月 31 日	24 000 元 / 年（2 000 元 / 月）	《财政部 国家税务总局关于调整个体工商户、个人独资企业和合伙企业个人所得税税前扣除标准有关问题的通知》（财税〔2008〕65 号）
5	2006 年 1 月 1 日 至 2008 年 2 月 29 日	19 200 元 / 年（1 600 元 / 月）	《财政部 国家税务总局关于调整个体工商户业主、个人独资企业和合伙企业投资者个人所得税费用扣除标准的通知》（财税〔2006〕44 号）

四、专项扣除

自2019年1月1日起，根据《个人所得税法实施条例》第十五条第二款的规定，取得经营所得的个人，没有综合所得的，计算其每一纳税年度的应纳税所得额时，应当减除费用6万元、专项扣除、专项附加扣除以及依法确定的其他扣除。专项附加扣除在办理汇算清缴时减除。

专项扣除，包括居民个人按照国家规定的范围和标准缴纳的基本养老保险、基本医疗保险、失业保险等社会保险费和住房公积金等。

这里讲的是业主和投资者本人按规定缴纳的专项扣除，可以在经营所得应纳税所得额中扣除。个体工商户、个人独资和合伙企业为从业人员和投资者按规定缴纳的社会保险费和住房公积金，已计入个体工商户、个人独资企业和合伙企业的利润总额中，在计算实体层面的纳税调整后所得时已按规定扣除。

五、专项附加扣除

根据《个人所得税法实施条例》第十五条第二款的规定，取得经营所得的个人，没有综合所得的，计算其每一纳税年度的应纳税所得额时，应当在办理汇算清缴时减除专项附加扣除。

专项附加扣除，包括子女教育、继续教育、大病医疗、住房贷款利息或者住房租金、赡养老人、3岁以下婴幼儿照护等支出。

个人经营所得预缴申报时不得扣除专项附加扣除，只能在汇算清缴申报时，按规定扣除。

六、依法确定的其他扣除

根据《个人所得税法实施条例》第十三条的规定，依法确定的其他扣除，包括个人缴付符合国家规定的企业年金、职业年金，个人购买符合国家规定的商业健康保险、税收递延型商业养老保险的支出，以及国务院规定可以扣除的其他项目。

专项扣除、专项附加扣除和依法确定的其他扣除，以居民个人一个纳税年度的应纳税所得额为限额；一个纳税年度扣除不完的，不结转以后年度扣除。

（一）商业健康保险支出

根据《财政部 国家税务总局 保监会关于将商业健康保险个人所得税试点政策推广到全国

范围实施的通知》(财税〔2017〕39号)第一条的规定，对个人购买符合规定的商业健康保险产品的支出，允许在当年(月)计算应纳税所得额时予以税前扣除，扣除限额为2 400元/年(200元/月)。单位统一为员工购买符合规定的商业健康保险产品的支出，应分别计入员工个人工资薪金，视同个人购买，按上述限额予以扣除。2 400元/年(200元/月)的限额扣除为个人所得税法规定的减除费用标准之外的扣除。

适用商业健康保险税前扣除优惠政策的纳税人，是指取得工资薪金所得、连续性劳务报酬所得的个人，以及取得经营所得[1]的个体工商户业主、个人独资企业投资者、合伙企业个人合伙人和承包承租经营者。根据《国家税务总局关于推广实施商业健康保险个人所得税政策有关征管问题的公告》(国家税务总局公告2017年第17号)第一条的规定，取得工资薪金所得、连续性劳务报酬所得的个人，以及取得个体工商户的生产经营所得、对企事业单位的承包承租经营所得[2]的个体工商户业主、个人独资企业投资者、合伙企业个人合伙人和承包承租经营者，对其购买符合规定的商业健康保险产品支出，可按照规定标准(2 400元/年，200元/月)在个人所得税税前扣除。

自2019年1月1日起新税法实施后，取得综合所得的个人，以及取得经营所得的个人，购买符合规定的商业健康保险产品支出在限额2 400元/年内据实扣除。

根据“自然人税收管理系统(ITS)”的设置，个人购买符合国家规定的商业健康保险、税收递延型商业养老保险的支出，查账征收经营所得个人所得税的，在年终经营所得汇算清缴时扣除，月(季)度预缴申报时不得扣除。当征收方式为核定征收时，纳税年度内的最后一个月(月报)或者最后一个季度(季报)申报，或者被投资单位注销时，方可扣除。

(二)税收递延型商业养老保险支出

根据《财政部 税务总局 人力资源社会保障部 中国银行保险监督管理委员会 证监会关于开展个人税收递延型商业养老保险试点的通知》(财税〔2018〕22号)第一条第(一)项第1点的规定，取得个体工商户生产经营所得、对企事业单位的承包承租经营所得[2]的个体工商户业主、个人独资企业投资者、合伙企业自然人合伙人和承包承租经营者，其缴纳的保费准予在申报扣除当年计算应纳税所得额时予以限额内据实扣除，扣除限额按照不超过当年应税收入的6%和12 000元孰低办法确定。

取得经营所得的个体工商户业主、个人独资企业投资者、合伙企业自然人合伙人和承包承租经营者，其购买的符合规定的商业养老保险产品支出，在年度申报时，凭税延养老扣除凭证，在规定的扣除限额内据实扣除，并填报至《个人所得税经营所得纳税申报表(B表)》第57行“依法确定的其他扣除”“税延养老保险”中，同时填报《个人税收递延型商业养老保险税前扣除情况明细表》。

计算扣除限额时，个体工商户业主、个人独资企业投资者和承包承租经营者应税收入按照个体工商户、个人独资企业、承包承租的收入总额确定；合伙企业自然人合伙人应税收入按合伙企业收入总额乘以合伙人分配比例确定。

---

[1] 2018年12月31日以前为个体工商户生产经营所得、对企事业单位的承包承租经营所得。

[2] 自2019年1月1日起为经营所得。

实行核定征收的，应当向主管税务机关报送《个人税收递延型商业养老保险税前扣除情况明细表》和税延养老扣除凭证，主管税务机关按程序相应调减其应纳税所得额或应纳税额。纳税人缴费金额发生变化、未续保或退保的，应当及时告知主管税务机关，重新核定应纳税所得额或应纳税额。

【例3–7】好再来饭店是一家从事餐饮服务的个人独资企业，其投资者为中国公民张某。2021年全年实现收入总额100万元，成本60万元，期间费用及税金等37.35万元，其中支付投资者本人的工资7万元，没有其他纳税调整事项。当年已预缴经营所得个人所得税5 000元。张某当年没有其他经营所得。

张某当年还从A公司取得工资收入12 000元/月。按规定每月缴付“三险一金”专项扣除2 000元，没有专项附加扣除和依法确定的其他扣除项目。

要求：

1.计算张某应缴纳的个人所得税。

2.如果2021年没有综合所得，计算张某应纳的个人所得税。

【解析】

1.张某应缴纳的个人所得税计算。

（1）综合所得应纳个人所得税的计算。

综合所得应纳税所得额：

12 000×12–60 000–2 000×12=60 000（元）；

适用税率10%，速算扣除数为2 520，应纳综合所得个人所得税为：

60 000×10%–2 520=3 480（元）。

（2）经营所得应纳税额的计算。

首先，计算独资企业层面的纳税调整后所得。

100–60–37.35+7=9.65（万元）。

其次，计算投资者层面的经营所得应纳税所得额。

根据《个人所得税法实施条例》第十五条第二款的规定，取得经营所得的个人，没有综合所得的，计算其每一纳税年度的应纳税所得额时，应当减除费用6万元、专项扣除、专项附加扣除以及依法确定的其他扣除。专项附加扣除在办理汇算清缴时减除。

由于张某2021年有综合所得，已从综合所得中扣除减除费用6万元、专项扣除，没有专项附加扣除以及依法确定的其他扣除项目，因而，张某全年经营所得的应纳税所得额为96 500元。

最后，计算投资者年终汇算清缴时全年应纳的经营所得个人所得税。

96 500×20%–10 500=8 800（元）。

汇算清缴应补个人所得税：8 800–5 000=3 800（元）。

2.如果2021年没有综合所得，张某应纳个人所得税的计算。

首先，计算独资企业层面的纳税调整后所得。

100–60–37.35+7=9.65（万元）。

其次，计算投资者层面经营所得应纳税所得额。

根据《个人所得税法实施条例》第十五条第二款的规定，取得经营所得的个人，没有综合所得的，计算其每一纳税年度的应纳税所得额时，应当减除费用6万元、专项扣除、专项附加扣除以及依法确定的其他扣除。专项附加扣除在办理汇算清缴时减除。

由于假设张某2021年没有综合所得，计算其2021年度经营所得的应纳税所得额时，可扣除减除费用6万元、专项扣除2 000元/月，没有专项附加扣除以及依法确定的其他扣除，因而，张某全年经营所得应纳税所得额为：

96 500–60 000–2 000 × 12=12 500（元）。

最后，计算投资者年终汇算清缴时应纳的个人所得税。

12 500 × 5%=625（元）。

汇算清缴应退个人所得税：5 000–625=4 375（元）。

七、投资抵扣

根据《财政部 税务总局关于创业投资企业和天使投资个人有关税收政策的通知》（财税〔2018〕55号）第一条第（二）项的规定，有限合伙制创业投资企业采取股权投资方式直接投资于初创科技型企业满2年的，该合伙创投企业的个人合伙人可以按照对初创科技型企业投资额的70%抵扣个人合伙人从合伙创投企业分得的经营所得；当年不足抵扣的，可以在以后纳税年度结转抵扣。

八、准予扣除的捐赠

根据《财政部 税务总局关于公益慈善事业捐赠个人所得税政策的公告》（财政部 税务总局公告2019年第99号）第六条的规定，在经营所得中扣除公益捐赠支出，应按以下规定处理：

（一）核定征收不扣除公益捐赠支出

经营所得采取核定征收方式的，不扣除公益捐赠支出。也就是说只有查账征收经营所得个人所得税的，才可以在经营所得中扣除公益捐赠支出。

（二）个体工商户发生公益捐赠支出的处理

个体工商户发生的公益捐赠支出，在其经营所得中扣除。

根据《个体工商户个人所得税计税办法》第三十六条的规定，个体工商户通过公益性社会团体或者县级以上人民政府及其部门，用于《公益事业捐赠法》规定的公益事业的捐赠，捐赠额不超过其应纳税所得额30%的部分可以据实扣除。财政部、国家税务总局规定可以全额在税前扣除的捐赠支出项目，按有关规定执行。个体工商户直接对受益人的捐赠不得扣除。

（三）个人独资和合伙企业发生公益捐赠的处理

个人独资企业、合伙企业发生的公益捐赠支出，其个人投资者应当按照捐赠年度合伙企业的分配比例（个人独资企业分配比例为100%），计算归属于每一个人投资者的公益捐赠支出，个人投资者应将其归属的个人独资企业、合伙企业公益捐赠支出和本人需要在经营所得扣除的其他公益捐赠支出合并，在其经营所得中扣除。

（四）可以在经营所得预缴税款或汇算清缴时扣除

在经营所得中扣除公益捐赠支出的，可以选择在预缴税款时扣除，也可以选择在汇算清缴时扣除。

（五）捐赠扣除的申报

1.预缴的申报

根据财政部、税务总局公告2019年第99号第六条的规定，经营所得采取核定征收方式的，不扣除公益捐赠支出。因而，经营所得预缴纳税申报《个人所得税经营所得纳税申报表（A表）》征收方式选择“核定应税所得率征收”、“核定应纳税所得额征收”和“税务机关认可的其他方式”的不可税前扣除公益捐赠支出，即核定征收经营所得预缴纳税申报时，该表第18行“准予扣除的捐赠额”填0。然而，按成本费用核定应税所得率征收经营所得个人所得税情况下，当个体工商户、个人独资企业和合伙企业对外捐赠，已计入单位账上时，预缴申报时实际上已进行了扣除。

查账征收的个体工商户、个人独资企业和合伙企业以企业名义对外的公益事业捐赠，由于会计核算时已计入各企业的账中，并以当期的利润总额中减除，因此不用填报该表第18行“准予扣除的捐赠额”。对个体工商户业主、个人独资企业和合伙企业投资者以个人名义对外的捐赠支出，选择在经营所得预缴申报时中扣除的，按规定填该表第18行“准予扣除的捐赠额”。

2.汇算清缴的申报

根据财政部、税务总局公告2019年第99号第六条的规定，个体工商户发生的公益捐赠支出，在其经营所得中扣除。因而，个体工商户对外捐赠发生的公益性捐赠支出，在年终汇算清缴时填报《个人所得税经营所得纳税申报表（B表）》第20行“7.教育和公益事业捐赠”和第31行“4.不符合扣除规定的捐赠支出”进行纳税调整。

个人独资企业和合伙企业以企业名义对外进行的公益性捐赠支出，根据规定，其个人投资者应当按照捐赠年度合伙企业的分配比例（个人独资企业分配比例为100%），计算归属于每一个人投资者的公益捐赠支出，个人投资者应将其归属的个人独资企业、合伙企业公益捐赠支出和本人需要在经营所得扣除的其他公益捐赠支出合并，在其经营所得中扣除。因而，以企业名义对外的捐赠额经营所得汇算清缴时，需先填报该表第20行“7.教育和公益事业捐赠”和第31行“4.不符合扣除规定的捐赠支出”进行纳税调整，然后，将允许在该企业经营所得中扣除的公益性捐赠填入该表第61行“十一、准予扣除的个人捐赠支出”中扣除。

九、应纳税额

经营所得，以全年应纳税所得额，适用5%～35%的五级超额累进税率，计算缴纳个人所得税。用公式表示为：

全年应纳税额=全年应纳税所得额×适用税率-速算扣除数

经营所得应纳的税款，按年计算、分月（季）预缴，由纳税义务人在次月15日内预缴，年度终了后3个月内汇算清缴，多退少补。因此，实际工作中，需要分别计算按月（季）预缴税额和年终汇算清缴税额。计算公式为：

本月（季）应预缴税额＝至本月（季）累计应纳税所得额×适用税率－速算扣除数－至上月（季）累计已预缴税额

全年应纳税额＝全年应纳税所得额×适用税率－速算扣除数

汇算清缴应补（退）税额＝全年应纳税额－全年累计已预缴税额

从保持与个人独资企业和合伙企业年度中间开业、合并、注销等情形纳税期限的确定原则一致，同时减轻纳税人负担的角度出发，《国家税务总局关于个体工商户、个人独资企业和合伙企业个人所得税问题的公告》（国家税务总局公告2014年第25号）明确：个体工商户、个人独资企业和合伙企业因在纳税年度中间开业、合并、注销及其他原因，导致该纳税年度的实际经营期不足1年的，对个体工商户业主、个人独资企业投资者和合伙企业自然人合伙人的生产经营所得计算个人所得税时，以其实际经营期为1个纳税年度。

十、减免税额

如果投资者个人符合相关政策规定享受减免经营所得个人所得税优惠，并且已做过税收优惠减免备案或审批的，在经营所得应纳税额大于零的情况下，可以按规定享受减免税优惠。除投资抵扣优惠外，经营所得减免税项目主要有：

1. 国债利息收入和地方政府债券利息收入免征

根据《个人所得税法》第四条第一款第（二）项的规定，国债和国家发行的金融债券利息，免征个人所得税。

根据《财政部 国家税务总局关于地方政府债券利息免征所得税问题的通知》（财税〔2013〕5号）第一条的规定，对企业和个人取得的2012年及以后年度发行的地方政府债券利息收入，免征企业所得税和个人所得税。地方政府债券是指经国务院批准同意，以省、自治区、直辖市和计划单列市政府为发行和偿还主体的债券。

2. 铁路债券利息收入减半征收优惠

根据《财政部 国家税务总局关于铁路债券利息收入所得税政策问题的通知》（财税〔2016〕30号）的规定，对企业投资者持有2016—2018年发行的铁路债券取得的利息收入，减半征收企业所得税。对个人投资者持有2016—2018年发行的铁路债券取得的利息收入，减按50%计入应纳税所得额计算征收个人所得税。税款由兑付机构在向个人投资者兑付利息时代扣代缴。

根据《财政部 税务总局关于铁路债券利息收入所得税政策的公告》（财政部 税务总局公告2019年第57号）第二条的规定，对个人投资者持有2019—2023年发行的铁路债券取得的利息收入，减按50%计入应纳税所得额计算征收个人所得税。税款由兑付机构在向个人投资者兑付利息时代扣代缴。

铁路债券是指以中国铁路总公司为发行和偿还主体的债券，包括中国铁路建设债券、中期票据、短期融资券等债务融资工具。

3. 保险赔款免征优惠

保险赔款，是指投保人按照规定向保险公司支付保险费，但因各种灾害、事故而给自身造成损失，保险公司给予的相应数额的赔偿。根据《个人所得税法》第四条第一款第（五）项的规定，保险赔款免征个人所得税。

4. 残疾、孤老人员和烈属的经营所得减征优惠

根据《个人所得税法》第五条第一款第（一）项的规定，残疾、孤老人员和烈属的综合所得、经营所得，可以减征个人所得税，具体幅度和期限，由省、自治区、直辖市人民政府规定，并报同级人民代表大会常务委员会备案。

根据《国家税务总局关于〈关于个人独资企业和合伙企业投资者征收个人所得税的规定〉执行口径的通知》（国税函〔2001〕84号）规定，残疾人员投资兴办或参与投资兴办个人独资企业和合伙企业的，残疾人员取得的生产经营所得，符合各省、自治区、直辖市人民政府规定的减征个人所得税条件的，可按各省、自治区、直辖市人民政府规定减征的范围和幅度，减征个人所得税。

5. 随军家属从事个体经营三年内免征优惠

根据《财政部 国家税务总局关于随军家属就业有关税收政策的通知》（财税〔2000〕84号）第二条的规定，对从事个体经营的随军家属，自领取税务登记证之日起，3年内免征个人所得税。每一名随军家属可以享受一次上述免税政策。

6. 军转干部从事个体经营三年内免征优惠

根据《财政部 国家税务总局关于自主择业的军队转业干部有关税收政策问题的通知》（财税〔2003〕26号）第一条的规定，从事个体经营的军队转业干部，自领取税务登记证之日起，3年内免征个人所得税。享受上述优惠政策的自主择业的军队转业干部必须持有师以上部队颁发的转业证件。

7. 退役士兵从事个体经营三年内限额扣减优惠

根据《财政部 税务总局 退役军人部关于进一步扶持自主就业退役士兵创业就业有关税收政策的通知》（财税〔2019〕21号）第一条的规定，自主就业退役士兵从事个体经营的，自办理个体工商户登记当月起，在3年（36个月，下同）内按每户每年12 000元为限额依次扣减其当年实际应缴纳的增值税、城市维护建设税、教育费附加、地方教育附加和个人所得税。限额标准最高可上浮20%，各省、自治区、直辖市人民政府可根据本地区实际情况在此幅度内确定具体限额标准。

纳税人年度应缴纳税款小于扣减限额的，减免税额以其实际缴纳的税款为限；大于扣减限额的，以扣减限额为限。纳税人的实际经营期不足1年的，应当按月换算其减免税限额。换算公式为：

减免税限额=年度减免税限额 ÷ 12× 实际经营月数

城市维护建设税、教育费附加、地方教育附加的计税依据是享受本项税收优惠政策前的增值税应纳税额。

自主就业退役士兵是指依照《退役士兵安置条例》（国务院 中央军委令第608号）的规定退出现役并按自主就业方式安置的退役士兵。

8. 重点群体人员从事个体经营三年内限额扣减优惠

根据《财政部 税务总局 人力资源社会保障部 国务院扶贫办关于进一步支持和促进重点群体创业就业有关税收政策的通知》（财税〔2019〕22号）第一条的规定，建档立卡贫困人口、持

《就业创业证》(注明“自主创业税收政策”或“毕业年度内自主创业税收政策”)或《就业失业登记证》(注明“自主创业税收政策”)的人员，从事个体经营的，自办理个体工商户登记当月起，在3年(36个月，下同)内按每户每年12 000元为限额依次扣减其当年实际应缴纳的增值税、城市维护建设税、教育费附加、地方教育附加和个人所得税。限额标准最高可上浮20%，各省、自治区、直辖市人民政府可根据本地区实际情况在此幅度内确定具体限额标准。

纳税人年度应缴纳税款小于扣减限额的，减免税额以其实际缴纳的税款为限；大于扣减限额的，以扣减限额为限。

上述人员具体包括：(1)纳入全国扶贫开发信息系统的建档立卡贫困人口；(2)在人力资源社会保障部门公共就业服务机构登记失业半年以上的人员；(3)零就业家庭、享受城市居民最低生活保障家庭劳动年龄内的登记失业人员；(4)毕业年度内高校毕业生。高校毕业生是指实施高等学历教育的普通高等学校、成人高等学校应届毕业的学生；毕业年度是指毕业所在自然年，即1月1日至12月31日。

上述人员，以前年度已享受重点群体创业就业税收优惠政策满3年的，不得再享受财税〔2019〕22号文件规定的税收优惠政策；以前年度享受重点群体创业就业税收优惠政策未满3年且符合财税〔2019〕22号文件规定条件的，可按该规定享受优惠至3年期满。

9.个人或个体户从事“四业”所得暂免征收优惠

《财政部 国家税务总局关于农村税费改革试点地区有关个人所得税问题的通知》(财税〔2004〕30号)第一条规定，对个人或个体户从事种植业、养殖业、饲养业、捕捞业(简称“四业”)，其取得的“四业”所得暂不征收个人所得税。

10.独资与合伙企业投资者取得“四业”所得暂不征收优惠

《财政部 国家税务总局关于个人独资企业和合伙企业投资者取得种植业 养殖业 饲养业 捕捞业所得有关个人所得税问题的批复》(财税〔2010〕96号)明确，对个人独资企业和合伙企业从事种植业、养殖业、饲养业和捕捞业，其投资者取得的“四业”所得暂不征收个人所得税。

十一、境外已缴税款抵免

《个人所得税法》第七条规定，居民个人从中国境外取得的所得，可以从其应纳税额中抵免已在境外缴纳的个人所得税税额，但抵免额不得超过该纳税人境外所得依照规定计算的应纳税额。

《关于个人独资企业和合伙企业投资者征收个人所得税的规定》第十五条规定，投资者来源于中国境外的生产经营所得，已在境外缴纳所得税的，可以按照个人所得税法的有关规定计算扣除已在境外缴纳的所得税。

第四节　特殊行业个人所得税处理

一、律师事务所从业人员个人所得税

为规范和加强律师事务所从业人员个人所得税的征收管理，国家税务总局出台了《关于律

师事务所从业人员取得收入征收个人所得税有关业务问题的通知》（国税发〔2000〕149号），自2000年1月1日起执行。随着律师行业的发展和收入分配形式的变化以及税务部门的征收方式逐步由核定征收改为查账征收，又出现了一些新的情况和问题。为此，《国家税务总局关于律师事务所从业人员有关个人所得税问题的公告》（国家税务总局公告2012年第53号）对律师事务所从业人员有关个人所得税问题进行了进一步规范，自2013年1月1日起执行。

（一）出资律师的个人所得税处理

1.应纳税所得额的确定

根据国税发〔2000〕149号文件的规定，自2000年1月1日起，律师个人出资兴办的独资和合伙性质的律师事务所的年度经营所得，停止征收企业所得税，作为出资律师的个人经营所得，按照有关规定，比照“个体工商户的生产、经营所得”[1]应税项目征收个人所得税。在计算其经营所得时，出资律师本人的工资、薪金不得扣除。合伙制律师事务所应将年度经营所得全额作为基数，按规定比例计算各合伙人应分配的所得，据以征收个人所得税。

2.合伙人律师的费用扣除

鉴于律师在办案过程和参加一些公益事业等活动中发生的一些费用难以取得票据和费用难以足额弥补等实际情况，同时考虑到律师之间收入的差距，国家税务总局公告2012年第53号规定，自2013年1月1日至2015年12月31日，对实行查账征收的律师事务所，合伙人律师在计算应纳税所得额时，应凭合法有效凭据按照个人所得税法和有关规定扣除费用；对确实不能提供合法有效凭据而实际发生与业务有关的费用，经当事人签名确认后，可再按下列标准扣除费用：个人年营业收入不超过50万元的部分，按8%扣除；个人年营业收入超过50万元至100万元的部分，按6%扣除；个人年营业收入超过100万元的部分，按5%扣除。不执行查账征收的，不适用上述规定。

3.业务培训费用的扣除

由于全国律师协会对律师每年参加业务培训有强制要求，有行业特殊性，又与律师的本职工作直接相关，因而，国家税务总局公告2012年第53号规定，律师个人承担的按照律师协会规定参加的业务培训费用，可据实扣除。该规定的适用对象是所有律师。律师自行参加的培训以及与律师业务无关的培训产生的费用则不适用该规定。

律师事务所和律师个人发生的其他费用和列支标准，按照《个体工商户个人所得税计税办法》等文件的规定执行。

4.其他相关规定

出资律师的业务分成及日常事务所支付的工资薪金不得在税前扣除，合伙律师发生办案费用如能提供合法有效凭证，可在事务所据实列支，对不能提供合法扣除凭证的，不适用雇员律师、兼职律师办案费用定率扣除办法。

---

[1] 自2019年1月1日起为“经营所得”。

（二）雇员律师的个人所得税处理

1.应税项目的确定

根据国税发〔2000〕149号文件的规定，律师事务所支付给雇员（包括律师及行政辅助人员，但不包括独资和合伙性质的律师事务所的投资者，下同）的所得，按“工资、薪金所得”应税项目征收个人所得税。

2.分成收入的处理

作为律师事务所雇员的律师与律师事务所按规定的比例对收入分成，律师事务所不负担律师办理案件支出的费用（如交通费、资料费、通讯费及聘请人员等费用），律师当月的分成收入按规定扣除办理案件支出的费用后，余额与律师事务所发给的工资合并，按“工资、薪金所得”应税项目计征个人所得税。

3.办案费用的扣除标准

根据国税发〔2000〕149号文件第五条第二款的规定，雇员律师从其分成收入中扣除办理案件支出费用的标准，由各省级税务局根据当地律师办理案件费用支出的一般情况、律师与律师事务所之间的收入分成比例及其他相关参考因素，在律师当月分成收入的30%比例内确定。此外，《国家税务总局关于强化律师事务所等中介机构投资者个人所得税查账征收的通知》（国税发〔2002〕123号）进一步明确，对作为律师事务所雇员的律师，其办案费用或其他个人费用在律师事务所报销的，在计算其收入时不得再扣除国税发〔2000〕149号文件规定的其收入30%以内的办理案件支出费用。国家税务总局公告2012年第53号明确，自2013年1月1日至2015年12月31日，国税发〔2000〕149号文件第五条第二款规定的作为律师事务所雇员的律师从其分成收入中扣除办理案件支出费用的标准，由在律师当月分成收入的30%比例内确定，调整为在35%比例内确定。实行上述收入分成办法的律师办案费用不得在律师事务所重复列支。需要说明的是，该规定的适用对象是实行收入分成办法的雇员律师，而不包括出资律师。

4.其他人员报酬的处理

律师以个人名义再聘请其他人员为其工作而支付的报酬，应由该律师按“劳务报酬所得”应税项目负责代扣代缴或预扣预缴个人所得税。为了便于操作，税款可由其任职的律师事务所代为缴入国库。

5.从当事人处取得法律顾问费的处理

国家税务总局公告2012年第53号规定，律师从接受法律事务服务的当事人处取得法律顾问费或其他酬金等收入，应并入其从律师事务所取得的其他收入，按照规定计算缴纳个人所得税。

（三）兼职律师所得的税务处理

兼职律师（指取得律师资格和律师执业证书，不脱离本职工作从事律师职业的人员）从律师事务所取得工资、薪金性质的所得，律师事务所在代扣代缴其个人所得税时，不再减除个人所得税法规定的费用扣除标准，以收入全额（取得分成收入的为扣除办理案件支出费用后的余额）直接确定适用税率，计算扣缴个人所得税。

这里的“兼职律师从律师事务所取得的工资、薪金性质的所得”，根据《江苏省地方税务局转发〈国家税务总局关于律师事务所从业人员取得收入征收个人所得税有关业务问题的通知〉的通知》（苏地税发〔2000〕119号）的规定，是指该兼职律师受单位派遣，在雇佣单位取得的工资、薪金所得。

这里需要说明两点：一是上述兼职律师从律师事务所取得的工资、薪金性质的所得，不是按“劳务报酬所得”项目计算纳税；二是与中方派到外资企业工作的人员费用由雇佣单位扣除不同，律师事务所代扣代缴兼职律师个人所得税时，不扣除费用，而应由派遣单位扣除费用。

（四）非雇员律师所得的税务处理

律师事务所的非雇员律师从律师事务所取得的收入，应由律师事务所按照“劳务报酬所得”应税项目代扣代缴或预扣预缴个人所得税。

【例3-8·多选】下列关于特殊行业的个人所得税的表述中，正确的有（ ）。

A.纳税人在广告设计、制作、发布过程中提供名义、形象而取得的所得，按“劳务报酬所得”项目计征个人所得税

B.演员参加非任职单位组织的演出取得的报酬，按“劳务报酬所得”项目计征个人所得税

C.兼职律师从事务所取得的工资，不扣除规定的费用减除标准，与分成收入扣除办案费用后的余额合并确定适用税率计算个人所得税

D.律师从接受法律事务服务的当事人处取得的法律顾问费，按“劳务报酬所得”项目计征个人所得税

E.个人从事医疗服务，享受免征个人所得税的优惠

【答案】ABC

【解析】D选项：国家税务总局公告2012年第53号规定，律师从接受法律事务服务的当事人处取得法律顾问费或其他酬金等收入，应并入其从律师事务所取得的其他收入，按照规定计算缴纳个人所得税。

根据国税发〔2000〕149号文件的规定，兼职律师从律师事务所取得工资、薪金性质的所得，律师事务所在代扣代缴其个人所得税时，不再减除个人所得税法规定的费用扣除标准，以收入全额（取得分成收入的为扣除办理案件支出费用后的余额）直接确定适用税率，计算扣缴个人所得税。

E选项：没有这样的规定。

（五）一组案例解析

【例3-9】某税务师事务所在受托对正直律师事务所进行纳税审核中，发现如下问题：

该律师事务所由甲、乙两名律师合伙出资兴办，另聘请赵、钱、孙、李四名律师为从业人员，其中，李律师为某高校法学教授，在该所做兼职律师，其余三人为该所的专职律师。

2021年，该事务所与律师约定，专职律师工资10 000元/月，兼职律师工资5 000元/月，对律师办案取得的收入和事务所按4∶6（事务所分得40%、个人分得60%）分成，事务所不再负担其办理案件过程中发生的费用。该省规定的律师办案费用按当月分成收入的30%扣除。

2021年1月，赵律师按与事务所约定的分成比例计算出应取得的分成收入为22 000元，其中3 000元交通费、资料费等办案费用凭发票在事务所报销（由于根据约定事务所不负担办案费

用，其实际取得现金收入为22 000元）；钱律师取得分成收入15 000元；李律师取得分成收入18 000元。

要求：分析说明相关律师如何缴纳个人所得税。

【解析】国税发〔2002〕123号文件规定，雇员律师与律师事务所按比例对收入分成，事务所不负担律师办理案件支出的费用，律师当月的分成收入扣除省级税务机关规定的办理案件支出费用后，余额与当月工资合并，按"工资、薪金所得"应税项目计征个人所得税。

案例中，赵律师与钱律师作为事务所的雇员，取得的分成收入扣除30%费用，余额应与当月的工资合并后减除费用扣除标准，得到预扣预缴应纳税所得额，计算事务所应预扣预缴工资薪金所得的个人所得税。

钱律师：［10 000+15 000×（1−30%）−5 000］×3%=465（元）。

根据国税发〔2002〕123号文件的规定，雇员律师，其办案费用或其他个人费用在律师事务所报销的，在计算其收入时不得再扣除国税发〔2000〕149号文件规定的其收入30%以内的办理案件支出费用。因而，应预扣预缴赵律师的个人所得税为：

（10 000+22 000−3 000−5 000）×3%=720（元）。

国税发〔2002〕123号文件规定，兼职律师从事务所取得工资、薪金性质的所得，事务所在代扣代缴其个人所得税时，不再减除税法规定的费用扣除标准，以收入全额（取得分成收入的为扣除办理案件支出费用后的余额）直接确定适用预扣率，计算扣缴个人所得税。在本案例中，应预扣预缴李律师个人所得税为：

［（5 000+18 000×（1−30%）］×3%=528（元）。

【例3−10】律师张某2021年1月取得收入情况如下：

（1）从任职的律师事务所取得应税工资7 000元，通讯和交通补贴1 000元，办理业务分成收入23 000元，在分成收入案件办理过程中，张某以个人名义聘请了一位兼职律师刘某协助，支付刘某报酬5 000元。

（2）张某1月份为一家公司做法律咨询，取得该公司一次性劳务报酬30 000元，直接捐给一家养老院10 000元。

（3）张某每周在当地报纸上回复读者的咨询信件，1月份取得报社支付稿酬4 000元。

（注：分成收入扣除办案费用比例为30%。）

要求：

（1）计算事务所应预扣预缴张某1月份工资、薪金所得个人所得税。

（2）计算应预扣预缴刘某协助张某完成案件取得报酬的个人所得税。

（3）分析说明1月份张某法律咨询劳务报酬所得的个人所得税处理。

（4）计算报社应预扣预缴1月份稿酬所得的个人所得税。

【解析】

（1）根据国家税务总局公告2012年第53号的规定，律师从接受法律事务服务的当事人处取得法律顾问费或其他酬金等收入，应并入其从律师事务所取得的其他收入，按照规定计算缴纳个人所得税。即张某做法律咨询取得的报酬30 000元，应并入当月工资计算缴纳个人所得税：

［7 000+1 000+23 000×（1−30%）+30 000−5 000］×10%−2 520=2 390（元）。

（2）应预扣预缴刘某劳务报酬所得应纳个人所得税为：5 000×（1−20%）×20%=800（元）。

（3）张某法律咨询所得收入用于向受赠人的直接捐赠不得在税前扣除。

根据国家税务总局公告2012年第53号的规定，律师从接受法律事务服务的当事人处取得法律顾问费或其他酬金等收入，应并入其从律师事务所取得的其他收入，按照规定计算缴纳个人所得税。

（4）应预扣预缴张某稿酬所得个人所得税为：（4 000–800）×70%×20%=448（元）。

【例3–11】某市甲律师事务所2020年9月开业，经营所得个人所得税实行查账征收，当年亏损5万元。

2021年有5名人员，其中出资律师A和B两人，按每年会计核算的事务所净利润4：6（A分配40%、B分配60%）分配；雇员律师C一人，兼职律师D一人，行政辅助人员E一人。

2021年甲律师事务所全年实现收入480万元，发生管理费用420万元，缴纳相关税金20万元，全年会计利润为40万元（已扣除出资律师工资和办案提成）。

2021年，出资律师A、B各从律师事务所领取工资1万元/月，办案分成收入各60万元。不考虑专项扣除、专项附加扣除和依法确定的其他扣除。当年A、B律师也没有取得综合所得。

2021年，雇员律师C工资0.8万元/月，办案分成收入50万元，从乙公司取得律师顾问费5万元。

2021年，D兼职律师未领取工资，但取得办案分成收入30万元。

2021年，E行政辅助人员工资8 000元/月。

假设2021年1–11月，上述人员未预缴或未预扣预缴个人所得税。不考虑专项扣除、专项附加扣除和依法确定的其他扣除。当年出资律师没有综合所得。

要求：分析说明各位律师的个人所得税处理，并填报相关申报表。

【解析】

1.A律师2021年第四季度应预缴个人所得税。

A和B出资律师应按经营所得计算缴纳个人所得税。

A律师2020年第四季度预缴经营所得应纳税所得额：

（400 000–50 000）×40%–60 000=80 000（元）。

应预缴个人所得税为：

80 000×10%–1 500=6 500（元）。

预缴申报表的填报如表3–5所示。

表3–5 个人所得税经营所得纳税申报表（A表）

税款所属期：2021 年 1 月 1 日至 2021 年 12 月 31 日

纳税人姓名：A 律师

纳税人识别号：□□□□□□□□□□□□□□□□□□□□□□□□ 金额单位：人民币元（列至角分）

<table>
<tr><td colspan="2">被投资单位信息</td></tr>
<tr><td>名称</td><td>甲律师事务所</td></tr>
<tr><td>纳税人识别号（统一社会信用代码）</td><td>□□□□□□□□□□□□□□□□□□□□□□□□</td></tr>
<tr><td colspan="2">征收方式（单选）</td></tr>
<tr><td colspan="2">√查账征收（据实预缴） □查账征收（按上年应纳税所得额预缴） □核定应税所得率征收
□核定应纳税所得额征收 □税务机关认可的其他方式____________</td></tr>
</table>

个人所得税计算		
项目	**行次**	**金额 / 比例**
一、收入总额	1	4 800 000.00
二、成本费用	2	4 400 000.00
三、利润总额（第 3 行 = 第 1 行 – 第 2 行）	3	400 000.00
四、弥补以前年度亏损	4	50 000.00
五、应税所得率（%）	5	
六、合伙企业个人合伙人分配比例（%）	6	40
七、允许扣除的个人费用及其他扣除（第 7 行 = 第 8 行 + 第 9 行 + 第 14 行）	7	60 000.00
（一）投资者减除费用	8	60 000.00
（二）专项扣除（第 9 行 = 第 10 行 + 第 11 行 + 第 12 行 + 第 13 行）	9	
1. 基本养老保险费	10	
2. 基本医疗保险费	11	
3. 失业保险费	12	
4. 住房公积金	13	
（三）依法确定的其他扣除（第 14 行 = 第 15 行 + 第 16 行 + 第 17 行）	14	
1.	15	
2.	16	
3.	17	
八、准予扣除的捐赠额（附报《个人所得税公益慈善事业捐赠扣除明细表》）	18	0
九、应纳税所得额	19	80 000.00
十、税率（%）	20	10
十一、速算扣除数	21	1 500
十二、应纳税额（第 22 行 = 第 19 行 × 第 20 行 – 第 21 行）	22	6 500.00
十三、减免税额（附报《个人所得税减免税事项报告表》）	23	0
十四、已缴税额	24	0
十五、应补 / 退税额（第 25 行 = 第 22 行 – 第 23 行 – 第 24 行）	25	6 500.00
备注		
谨声明本表是根据国家税收法律法规及相关规定填报的，本人对填报内容（附带资料）的真实性、可靠性、完整性负责。 纳税人签字：A 律师　　2022 年 1 月 10 日		
经办人签字： 经办人身份证件类型： 经办人身份证件号码： 代理机构签章： 代理机构统一社会信用代码：	受理人： 受理税务机关（章）： 受理日期：　年　月　日	

国家税务总局监制

2. 出资律师分配比例的确定。

2021年度律师事务所的会计利润为40万元，出资律师A、B从律师事务所领取的工资1万元/月，办案分成收入各60万元，不得税前扣除，需要调增应纳税所得额。

甲律师事务所的纳税调整后所得为：

40+12+12+60+60–5=179（万元）。

按照约定比例，计算A、B出资律师分别在《个人所得税经营所得纳税申报表（B表）》中的分配比例为：

A律师：[（40–5）×40%+12+60]/179=48.04%；

B律师：[（40–5）×60%+12+60]/179=51.96%。

3. A出资律师年终汇算清缴应纳个人所得税计算。

A律师经营所得应纳税所得额为：

（40–5）×40%+12+60–6=80（万元）。

应纳经营所得个人所得税为：

80×35%–6.55=21.45（万元）。

汇算清缴应补缴个人所得税为：

21.45–0.65=20.8（万元）。

年终经营所得汇算清缴填报纳税申报表如表3–6所示。

表3–6 个人所得税经营所得纳税申报表（B表）

税款所属期：2021年1月1日至2021年12月31日

纳税人姓名：A律师

纳税人识别号：□□□□□□□□□□□□□□□□□□□□□□□ 金额单位：人民币元（列至角分）

被投资单位信息	名称	甲律师事务所	纳税人识别号（统一社会信用代码）		
项目				**行次**	**金额/比例**
一、收入总额				1	4 800 000.00
其中：国债利息收入				2	
二、成本费用（3=4+5+6+7+8+9+10）				3	4 400 000.00
（一）营业成本				4	
（二）营业费用				5	
（三）管理费用				6	4 200 000.00
（四）财务费用				7	
（五）税金				8	200 000.00
（六）损失				9	
（七）其他支出				10	
三、利润总额（11=1–2–3）				11	400 000.00
四、纳税调整增加额（12=13+27）				12	1 440 000.00

（一）超过规定标准的扣除项目金额（13=14+15+16+17+18+19+20+21+22+23+24+25+26）	13	
1. 职工福利费	14	
2. 职工教育经费	15	
3. 工会经费	16	
4. 利息支出	17	
5. 业务招待费	18	
6. 广告费和业务宣传费	19	
7. 教育和公益事业捐赠	20	
8. 住房公积金	21	
9. 社会保险费	22	
10. 折旧费用	23	
11. 无形资产摊销	24	
12. 资产损失	25	
13. 其他	26	
（二）不允许扣除的项目金额（27=28+29+30+31+32+33+34+35+36）	27	
1. 个人所得税税款	28	
2. 税收滞纳金	29	
3. 罚金、罚款和被没收财物的损失	30	
4. 不符合扣除规定的捐赠支出	31	
5. 赞助支出	32	
6. 用于个人和家庭的支出	33	
7. 与取得生产经营收入无关的其他支出	34	
8. 投资者工资薪金支出	35	1 440 000.00
9. 其他不允许扣除的支出	36	
五、纳税调整减少额	37	0
六、纳税调整后所得（38=11+12–37）	38	1 840 000.00
七、弥补以前年度亏损	39	50 000.00
八、合伙企业个人合伙人分配比例（%）	40	48.04
九、允许扣除的个人费用及其他扣除（41=42+43+48+55）	41	60 000.00
（一）投资者减除费用	42	60 000.00
（二）专项扣除（43=44+45+46+47）	43	0
1. 基本养老保险费	44	
2. 基本医疗保险费	45	
3. 失业保险费	46	

4. 住房公积金	47	
（三）专项附加扣除（48=49+50+51+52+53+54）	48	0
1. 子女教育	49	
2. 继续教育	50	
3. 大病医疗	51	
4. 住房贷款利息	52	
5. 住房租金	53	
6. 赡养老人	54	
（四）依法确定的其他扣除（55=56+57+58+59）	55	
1. 商业健康保险	56	
2. 税延养老保险	57	
3.	58	
4.	59	
十、投资抵扣	60	0
十一、准予扣除的个人捐赠支出	61	
十二、应纳税所得额（62=38−39−41−60−61）或［62=（38−39）×40−41−60−61］	62	800 000.00
十三、税率（%）	63	35
十四、速算扣除数	64	65 500
十五、应纳税额（65=62×63−64）	65	214 500.00
十六、减免税额（附报《个人所得税减免税事项报告表》）	66	0
十七、已缴税额	67	6 500.00
十八、应补/退税额（68=65−66−67）	68	208 000.00
谨声明本表是根据国家税收法律法规及相关规定填报的，是真实的、可靠的、完整的。 纳税人签字：A律师　　2022年3月20日		
经办人： 经办人身份证件号码： 代理机构签章： 代理机构统一社会信用代码：	受理人： 受理税务机关（章）： 受理日期：　年　月　日	

国家税务总局监制

4. B律师2020年第四季度应预缴经营所得个人所得税计算。

B律师2020年第四季度预缴经营所得应纳税所得额为：

（400 000−50 000）×60%−60 000=150 000（元）。

应预缴个人所得税为：

150 000×20%−10 500=19 500（元）。

预缴申报表的填报如表3-7所示。

表3-7 个人所得税经营所得纳税申报表（A表）

税款所属期：2021 年 1 月 1 日至 2021 年 12 月 31 日

纳税人姓名：B 律师

纳税人识别号：□□□□□□□□□□□□□□□□□□□□□□□□ 金额单位：人民币元（列至角分）

<table>
<tr><td colspan="3">被投资单位信息</td></tr>
<tr><td>名称</td><td colspan="2">甲律师事务所</td></tr>
<tr><td>纳税人识别号（统一社会信用代码）</td><td colspan="2">□□□□□□□□□□□□□□□□□□□□□□□□</td></tr>
<tr><td colspan="3">征收方式（单选）</td></tr>
<tr><td colspan="3">√查账征收（据实预缴） □查账征收（按上年应纳税所得额预缴） □核定应税所得率征收
□核定应纳税所得额征收 □税务机关认可的其他方式＿＿＿＿＿＿</td></tr>
<tr><td colspan="3">个人所得税计算</td></tr>
<tr><td>项目</td><td>行次</td><td>金额 / 比例</td></tr>
<tr><td>一、收入总额</td><td>1</td><td>4 800 000.00</td></tr>
<tr><td>二、成本费用</td><td>2</td><td>4 400 000.00</td></tr>
<tr><td>三、利润总额（第 3 行 = 第 1 行 – 第 2 行）</td><td>3</td><td>400 000.00</td></tr>
<tr><td>四、弥补以前年度亏损</td><td>4</td><td>50 000.00</td></tr>
<tr><td>五、应税所得率（%）</td><td>5</td><td></td></tr>
<tr><td>六、合伙企业个人合伙人分配比例（%）</td><td>6</td><td>60</td></tr>
<tr><td>七、允许扣除的个人费用及其他扣除（第 7 行 = 第 8 行 + 第 9 行 + 第 14 行）</td><td>7</td><td>60 000.00</td></tr>
<tr><td>（一）投资者减除费用</td><td>8</td><td>60 000.00</td></tr>
<tr><td>（二）专项扣除（第 9 行 = 第 10 行 + 第 11 行 + 第 12 行 + 第 13 行）</td><td>9</td><td></td></tr>
<tr><td>1. 基本养老保险费</td><td>10</td><td></td></tr>
<tr><td>2. 基本医疗保险费</td><td>11</td><td></td></tr>
<tr><td>3. 失业保险费</td><td>12</td><td></td></tr>
<tr><td>4. 住房公积金</td><td>13</td><td></td></tr>
<tr><td>（三）依法确定的其他扣除（第 14 行 = 第 15 行 + 第 16 行 + 第 17 行）</td><td>14</td><td></td></tr>
<tr><td>1.</td><td>15</td><td></td></tr>
<tr><td>2.</td><td>16</td><td></td></tr>
<tr><td>3.</td><td>17</td><td></td></tr>
<tr><td>八、准予扣除的捐赠额（附报《个人所得税公益慈善事业捐赠扣除明细表》）</td><td>18</td><td></td></tr>
<tr><td>九、应纳税所得额</td><td>19</td><td>150 000.00</td></tr>
<tr><td>十、税率（%）</td><td>20</td><td>20</td></tr>
<tr><td>十一、速算扣除数</td><td>21</td><td>10 500</td></tr>
<tr><td>十二、应纳税额（第 22 行 = 第 19 行 × 第 20 行 – 第 21 行）</td><td>22</td><td>19 500.00</td></tr>
<tr><td>十三、减免税额（附报《个人所得税减免税事项报告表》）</td><td>23</td><td>0</td></tr>
</table>

十四、已缴税额	24	0
十五、应补/退税额（第25行=第22行－第23行－第24行）	25	19 500.00
备注		
谨声明本表是根据国家税收法律法规及相关规定填报的，本人对填报内容（附带资料）的真实性、可靠性、完整性负责。 纳税人签字：B律师　　2022年1月10日		
经办人签字： 经办人身份证件类型： 经办人身份证件号码： 代理机构签章： 代理机构统一社会信用代码：	受理人： 受理税务机关（章）： 受理日期：　　年　月　日	

国家税务总局监制

5. B出资律师年终汇算清缴应纳个人所得税计算。

B律师经营所得应纳税所得额为：

（40–5）×60%+12+60–6=87（万元）。

应纳经营所得个人所得税为：

87×35%–6.55=23.9（万元）。

汇算清缴应补缴个人所得税为：

23.9–1.95=21.95（万元）。

填报《个人所得税经营所得纳税申报表（B表）》如表3–8所示。

表3–8　个人所得税经营所得纳税申报表（B表）

税款所属期：2021年1月1日至2021年12月31日

纳税人姓名：B律师

纳税人识别号：□□□□□□□□□□□□□□□□□□□□□□□　　金额单位：人民币元（列至角分）

被投资单位信息	名称	甲律师事务所	纳税人识别号（统一社会信用代码）		
项目				**行次**	**金额/比例**
一、收入总额				1	4 800 000.00
其中：国债利息收入				2	
二、成本费用（3=4+5+6+7+8+9+10）				3	4 400 000.00
（一）营业成本				4	
（二）营业费用				5	
（三）管理费用				6	4 200 000.00
（四）财务费用				7	

（五）税金	8	200 000.00
（六）损失	9	
（七）其他支出	10	
三、利润总额（11=1−2−3）	11	400 000.00
四、纳税调整增加额（12=13+27）	12	1 440 000.00
（一）超过规定标准的扣除项目金额（13=14+15+16+17+18+19+20+21+22+23+24+25+26）	13	
1. 职工福利费	14	
2. 职工教育经费	15	
3. 工会经费	16	
4. 利息支出	17	
5. 业务招待费	18	
6. 广告费和业务宣传费	19	
7. 教育和公益事业捐赠	20	
8. 住房公积金	21	
9. 社会保险费	22	
10. 折旧费用	23	
11. 无形资产摊销	24	
12. 资产损失	25	
13. 其他	26	
（二）不允许扣除的项目金额（27=28+29+30+31+32+33+34+35+36）	27	1 440 000.00
1. 个人所得税税款	28	
2. 税收滞纳金	29	
3. 罚金、罚款和被没收财物的损失	30	
4. 不符合扣除规定的捐赠支出	31	
5. 赞助支出	32	
6. 用于个人和家庭的支出	33	
7. 与取得生产经营收入无关的其他支出	34	
8. 投资者工资薪金支出	35	1 440 000.00
9. 其他不允许扣除的支出	36	
五、纳税调整减少额	37	0
六、纳税调整后所得（38=11+12−37）	38	1 840 000.00
七、弥补以前年度亏损	39	50 000.00
八、合伙企业个人合伙人分配比例（%）	40	51.96

九、允许扣除的个人费用及其他扣除（41=42+43+48+55）	41	60 000.00
（一）投资者减除费用	42	60 000.00
（二）专项扣除（43=44+45+46+47）	43	0
1. 基本养老保险费	44	
2. 基本医疗保险费	45	
3. 失业保险费	46	
4. 住房公积金	47	
（三）专项附加扣除（48=49+50+51+52+53+54）	48	0
1. 子女教育	49	
2. 继续教育	50	
3. 大病医疗	51	
4. 住房贷款利息	52	
5. 住房租金	53	
6. 赡养老人	54	
（四）依法确定的其他扣除（55=56+57+58+59）	55	
1. 商业健康保险	56	
2. 税延养老保险	57	
3.	58	
4.	59	
十、投资抵扣	60	0
十一、准予扣除的个人捐赠支出	61	0
十二、应纳税所得额（62=38−39−41−60−61）或［62=（38−39）×40−41−60−61］	62	870 000.00
十三、税率（%）	63	35
十四、速算扣除数	64	65 500
十五、应纳税额（65=62×63−64）	65	239 000.00
十六、减免税额（附报《个人所得税减免税事项报告表》）	66	0
十七、已缴税额	67	19 500.00
十八、应补/退税额（68=65−66−67）	68	219 500.00
谨声明本表是根据国家税收法律法规及相关规定填报的，是真实的、可靠的、完整的。 纳税人签字：B 律师　　2022 年 3 月 20 日		
经办人： 经办人身份证件号码： 代理机构签章： 代理机构统一社会信用代码：	受理人： 受理税务机关（章）： 受理日期：　　年　月　日	

国家税务总局监制

6. 应预扣预缴C律师的个人所得税。

［8 000×12+500 000×（1-30%）+50 000-60 000］×30%-52 920

=436 000×30%-52 920=77 880（元）。

7. 应预扣预缴D律师的个人所得税。

300 000×（1-30%）×20%-16 920=25 080（元）。

8. 应预扣预缴E的个人所得税。

［8 000×12-60 000］×3%=1 080（元）。

（六）出资律师经营所得案例解析

【例3-12】 甲、乙、丙、丁四位执业律师共同出资注册成立一家合伙制律师事务所，出资比例分别为25%、25%、30%、20%（假定该出资比例与出资律师间约定的律师事务所利润分配比例相同）。另聘请一位雇佣律师，一位办公室行政人员，会计、出纳由出资律师兼任。该事务所规定，雇员律师可按办案收入提成60%，办案费用自理，出资律师一律不领办案分成，办案费用实报实销。2021年度，该合伙律师事务所实现营业收入420万元，其中甲、乙、丙、丁四位律师的营业收入各为100万元，雇员律师营业收入20万元。会计报表总支出367.4万元。其中包含四位出资律师领取工资80万元（各20万元），雇员律师年度固定工资3万元/月，雇员律师年度办案分成12万元，出资律师凭发票报销的办案费用180万元，业务广告费和宣传费支出20万元，行政人员工资10万元，本年度律所拨付本所工会经费账户金额2.4万元，教育经费支出10万元，员工福利费支出10万元，业务招待费支出40万元。除上述费用外，甲、乙、丙、丁及雇员律师参加律师协会培训还每人自行支付1.25万元的培训费，此费用没有在律师事务所账上列支。

办案费用的扣除比例为30%。各位律师当年没有其他综合所得。

要求：计算2021年度四位出资律师分别应纳的个人所得税。

【解析】

1. 2021年度该合伙律师事务所会计利润为：420-367.4=52.6（万元）。

2. 纳税调整情况。

（1）合伙人律师的工资纳税调整：

四位出资律师领取的80万元工资（20万元/人）不能在税前扣除，需要调增应纳税所得额。

（2）办案费用的纳税调整：

因四位出资律师不拿办案提成，故符合正常办案费用，且取得合法票据报销的180万元办案费用可以全额在税前扣除；雇员律师由于领取办案分成，其办案分成可扣除30%办案费用。

（3）广告费和业务宣传费：

广告费和业务宣传费在不超过当年营业收入的15%以内的部分，准予据实扣除，超过部分，可以结转以后年度扣除。广告和宣传费扣除限额为：420×15%=63（万元），实际发生的20万元，可以全额税前扣除。

（4）工会经费：

律师事务所向工会拨付的工会经费可在工资薪金总额的2%以内据实扣除，扣除限额为：（36+10+12）×2%=1.16（万元），实际拨付2.4万元，超标1.24万元，需调增应纳税所得额。

（5）职工福利费：

扣除限额：（36+10+12）×14%=8.12（万元），实际列支10万元，应调增所得额：10−8.12=1.88（万元）。

（6）教育经费：

扣除限额：（36+10+12）×2.5%=1.45（万元），实际支出10万元，应调增所得额：10−1.45=8.55（万元）。

（7）业务招待费：

实际发生业务招待费支出40万元的60%为24万元，营业收入的5‰为：420×5‰=2.1（万元）。调增应纳税所得额为：40−2.1=37.9（万元）。

应调增应纳税所得额为：80+1.24+1.88+8.55+37.9=129.57（万元）。

3.分配比例的确定。

按照出资比例，计算甲、乙、丙、丁四位出资律师分别在《个人所得税经营所得纳税申报表（B表）》中应填报的分配比例为：25%、25%、30%、20%。

如甲律师、乙律师为：

52.6×25%+20+（1.24+1.88+8.55+37.9）×25%=45.5 425（万元）；

45.5 425/（129.57+52.6）=25%。

4.应纳个人所得税计算。

根据国家税务总局公告2012年第53号的规定，参加律师协会组织的培训费可以在计算当事律师的个人所得税应纳税所得额时扣除，因此，甲、乙、丙、丁每人可扣除1.25万元。

（1）甲律师、乙律师：

应纳税所得额为：（129.57+52.6）×25%−6−1.25=38.2 925（万元）；

应纳经营所得个人所得税：38.2 925×30%−4.05=7.43 775（万元）。

（2）丙律师：

应纳税所得额为：（129.57+52.6）×30%−6−1.25=47.401（万元）；

应纳经营所得个人所得税：47.401×30%−4.05=10.1 703（万元）。

（3）丁律师：

应纳税所得额为：（129.57+52.6）×20%−6−1.25=29.184（万元）；

应纳经营所得个人所得税：29.184×20%−1.05=4.7 868（万元）。

（七）律师事务所工作人员个人所得税案例解析

【例3−13】正直律师事务所由甲、乙两位律师合伙出资设立，雇用律师A作为专职律师，聘用具有律师执业资格的B等三名法学教授作为事务所的兼职律师，另外还聘用行政人员2名。合伙人甲以个人名义聘请助理C，甲、乙两人按出资比例60%、40%分配律师事务所的会计利润。甲、乙、A、B四位律师平时均按本人为事务所创造法律服务收入的60%取得分成，按月结算，律师事务所不再负担A、B律师交通费、资料费、通讯费及聘请人员等办案费用。合伙人律师的办案费用能够提供合法凭据的，在事务所据实报销，未能提供合法有效凭据的由个人负担，在支付合伙人律师分成收入时，按照服务收入的60%扣除本人在事务所列支的办案费用后的差额按月结算。正直律师事务所所在省税务机关规定，雇员律师和兼职律师的办理案件费用支出按当月分成收入的30%扣除。

2021年度实现主营业务收入4 000万元；当年发生营业成本2 000万元；发生管理费用800万元，其中列支业务招待费180万元；发生营业费用400万元，其中列支业务宣传费160万元；税金及附加200万元；全年会计利润600万元，以前年度无待弥补的亏损额。

其他资料如下：

(1)2021年，合伙人甲律师当年创造营业收入800万元，应得办案分成收入480(800×60%)万元，扣除已报销的办案费用80万元，实际取得分成净收入400万元。

(2)合伙人乙律师当年承办案件实现的营业收入600万元，应分得办案分成收入360(600×60%)万元，扣除已报销的办案费用60万元，实际取得分成收入300万元。

(3)合伙人甲、乙律师每月从事务所领取工资的分别3万元、4万元。当年没有综合所得。

(4)专职律师A每月从律师事务所取得的工资薪金收入为2万元，当年承接案件收入500万元，从事务所取得办案分成收入300万元，个人支付律师协会组织的培训费用2万元。1—11月，事务所已预扣预缴工资薪金所得个人所得税50万元。

(5)兼职律师B当年承接案件收费200万元，从事务所取得分成收入120万元，律师事务所1—11月已预扣预缴个人所得税10万元。原任职单位正常支付工资3万元/月，预扣预缴个人所得税4.3万元。此外，B律师当年还从某法律顾问单位收取法律顾问费5万元，该单位未扣缴个人所得税。

(6)行政人员D从事务所取得工资薪金12 000元/月。

(7)2021年12月合伙人甲律师的个人助理C从甲律师处取得报酬2万元。

(8)除上述内容外，该事务所的生产经营所得无其他纳税调整项目。不考虑专项扣除、专项附加扣除和依法确定的其他扣除。合伙人律师按季预缴经营所得个人所得税，前三季度甲、乙两位律师已分别预缴40万元、35万元经营所得个人所得税。

要求：

1.计算2021年第四季度合伙人甲、乙应预缴申报的个人所得税。

2.计算2021年度合伙人甲、乙应纳的个人所得税。

3.计算12月事务所应预扣预缴专职律师A的个人所得税。

4.计算事务所应预扣预缴兼职律师B的个人所得税。

5.计算B律师当年应纳的个人所得税。

6.计算行政人员D及助理C应纳的个人所得税。

【解析】

1.计算2021年第四季度合伙人甲、乙应预缴申报的个人所得税。

2021年度会计利润为600万元。按照合伙协议约定，甲律师应分得60%，乙律师应分得40%。

(1)甲律师2021年应预缴经营所得个人所得税：

(600×60%-6)×35%-6.55=117.35(万元)；

第四季度预缴申报应补经营所得个人所得税：

117.35-40=77.35(万元)。

预缴申报表填报如表3-9所示。

表3-9 个人所得税经营所得纳税申报表（A表）

税款所属期：2021 年 1 月 1 日至 2021 年 12 月 31 日

纳税人姓名：甲律师

纳税人识别号：□□□□□□□□□□□□□□□□□□□□□□□□ 金额单位：人民币元（列至角分）

被投资单位信息		
名称	正直律师事务所	
纳税人识别号（统一社会信用代码）	□□□□□□□□□□□□□□□□□□□□□□□□	
征收方式（单选）		
√查账征收（据实预缴） □查账征收（按上年应纳税所得额预缴） □核定应税所得率征收 □核定应纳税所得额征收 □税务机关认可的其他方式＿＿＿＿＿＿		
个人所得税计算		
项目	行次	金额 / 比例
一、收入总额	1	40 000 000.00
二、成本费用	2	34 000 000.00
三、利润总额（第 3 行 = 第 1 行 – 第 2 行）	3	6 000 000.00
四、弥补以前年度亏损	4	0
五、应税所得率（%）	5	
六、合伙企业个人合伙人分配比例（%）	6	60
七、允许扣除的个人费用及其他扣除（第 7 行 = 第 8 行 + 第 9 行 + 第 14 行）	7	60 000.00
（一）投资者减除费用	8	60 000.00
（二）专项扣除（第 9 行 = 第 10 行 + 第 11 行 + 第 12 行 + 第 13 行）	9	0
1. 基本养老保险费	10	
2. 基本医疗保险费	11	
3. 失业保险费	12	
4. 住房公积金	13	
（三）依法确定的其他扣除（第 14 行 = 第 15 行 + 第 16 行 + 第 17 行）	14	0
1.	15	
2.	16	
3.	17	
八、准予扣除的捐赠额（附报《个人所得税公益慈善事业捐赠扣除明细表》）	18	0
九、应纳税所得额	19	3 540 000.00
十、税率（%）	20	35
十一、速算扣除数	21	65 500
十二、应纳税额（第 22 行 = 第 19 行 × 第 20 行 – 第 21 行）	22	1 173 500.00
十三、减免税额（附报《个人所得税减免税事项报告表》）	23	0
十四、已缴税额	24	400 000.00

十五、应补/退税额（第25行=第22行－第23行－第24行）	25	773 500.00
备注		
谨声明本表是根据国家税收法律法规及相关规定填报的，本人对填报内容（附带资料）的真实性、可靠性、完整性负责。 纳税人签字：甲律师　　2022年1月10日		
经办人签字： 经办人身份证件类型： 经办人身份证件号码： 代理机构签章： 代理机构统一社会信用代码：	受理人： 受理税务机关（章）： 受理日期：　年　月　日	

国家税务总局监制

（2）乙律师2021年应预缴经营所得个人所得税：

（600×40%−6）×35%−6.55=75.35（万元）；

第四季度预缴申报应补经营所得个人所得税：

75.35−35=40.35（万元）。

预缴申报表填报如表3-10所示。

表3-10　个人所得税经营所得纳税申报表（A表）

税款所属期：2021年1月1日至2021年12月31日

纳税人姓名：乙律师

纳税人识别号：□□□□□□□□□□□□□□□□□□□□□□□□□　　金额单位：人民币元（列至角分）

被投资单位信息		
名称	正直律师事务所	
纳税人识别号（统一社会信用代码）	□□□□□□□□□□□□□□□□□□□□□□□□□	
征收方式（单选）		
√查账征收（据实预缴）　□查账征收（按上年应纳税所得额预缴）　□核定应税所得率征收 □核定应纳税所得额征收　□税务机关认可的其他方式________		
个人所得税计算		
项目	**行次**	**金额/比例**
一、收入总额	1	40 000 000.00
二、成本费用	2	34 000 000.00
三、利润总额（第3行=第1行－第2行）	3	6 000 000.00
四、弥补以前年度亏损	4	0
五、应税所得率（%）	5	
六、合伙企业个人合伙人分配比例（%）	6	40

七、允许扣除的个人费用及其他扣除（第7行=第8行+第9行+第14行）	7	60 000.00
（一）投资者减除费用	8	60 000.00
（二）专项扣除（第9行=第10行+第11行+第12行+第13行）	9	0
1. 基本养老保险费	10	
2. 基本医疗保险费	11	
3. 失业保险费	12	
4. 住房公积金	13	
（三）依法确定的其他扣除（第14行=第15行+第16行+第17行）	14	0
1.	15	
2.	16	
3.	17	
八、准予扣除的捐赠额（附报《个人所得税公益慈善事业捐赠扣除明细表》）	18	0
九、应纳税所得额	19	2 340 000.00
十、税率（%）	20	35
十一、速算扣除数	21	65 500
十二、应纳税额（第22行=第19行×第20行－第21行）	22	753 500.00
十三、减免税额（附报《个人所得税减免税事项报告表》）	23	0
十四、已缴税额	24	350 000.00
十五、应补/退税额（第25行=第22行－第23行－第24行）	25	403 500.00
备注		
谨声明本表是根据国家税收法律法规及相关规定填报的，本人对填报内容（附带资料）的真实性、可靠性、完整性负责。 纳税人签字：甲律师　　2022年1月10日		
经办人签字： 经办人身份证件类型： 经办人身份证件号码： 代理机构签章： 代理机构统一社会信用代码：	受理人： 受理税务机关（章）： 受理日期：　年　月　日	

国家税务总局监制

2. 计算甲律师年终经营所得汇算清缴应纳的个人所得税。

（1）会计利润：600万元。

（2）纳税调整情况：

①业务招待费。

实际发生额的60%为：180×60%=108（万元），扣除限额：4 000×5‰=20（万元），调增应纳税所得额为：108-20=88（万元）；

②业务宣传费。

扣除限额：4 000×15%=600（万元），实际发生额160万元，实际发生额小于扣除限额，可以据实扣除。

③合伙人甲律师的工资及业务提成不得税前扣除，调增应纳税所得额：

3×12+480=516（万元）；

合伙人乙律师的工资及业务提成不得税前扣除，调增应纳税所得额：

4×12+360=408（万元）。

（3）纳税调整后所得。

2021年度律师事务所的纳税调整后所得为：

600+88+516+408=1 612（万元）。

甲律师的所得：（600+88）×60%+516=928.8（万元）；

甲律师的分配比例：928.8/1 612=57.617 9%。

乙律师的所得：（600+88）×40%+408=683.2（万元）；

乙律师的分配比例：683.2/1 612=42.382 1%。

（4）甲律师的经营所得应纳税所得额为：

1 612×57.617 9%−6=922.8（万元）；

应纳税额=应纳税所得额×税率−速算扣除数

=922.8×35%−6.55=316.43（万元）；

汇算清缴应补缴经营所得个人所得税：

316.43−117.35=199.08（万元）。

经营所得汇算清缴申报表填报如表3-11所示。

表3-11 个人所得税经营所得纳税申报表（B表）

税款所属期：2021 年 1 月 1 日至 2021 年 12 月 31 日

纳税人姓名：甲律师

纳税人识别号：□□□□□□□□□□□□□□□□□□□□□□ 金额单位：人民币元（列至角分）

被投资单位信息	名称	正直律师事务所	纳税人识别号（统一社会信用代码）		
项目				**行次**	**金额 / 比例**
一、收入总额				1	40 000 000.00
其中：国债利息收入				2	0
二、成本费用（3=4+5+6+7+8+9+10）				3	34 000 000.00
（一）营业成本				4	20 000 000.00
（二）营业费用				5	4 000 000.00
（三）管理费用				6	8 000 000.00
（四）财务费用				7	
（五）税金				8	2 000 000.00

（六）损失	9	
（七）其他支出	10	
三、利润总额（11=1-2-3）	11	6 000 000.00
四、纳税调整增加额（12=13+27）	12	10 120 000.00
（一）超过规定标准的扣除项目金额（13=14+15+16+17+18+19+20+21+22+23+24+25+26）	13	880 000.00
1. 职工福利费	14	
2. 职工教育经费	15	
3. 工会经费	16	
4. 利息支出	17	
5. 业务招待费	18	880 000.00
6. 广告费和业务宣传费	19	
7. 教育和公益事业捐赠	20	
8. 住房公积金	21	
9. 社会保险费	22	
10. 折旧费用	23	
11. 无形资产摊销	24	
12. 资产损失	25	
13. 其他	26	
（二）不允许扣除的项目金额（27=28+29+30+31+32+33+34+35+36）	27	9 240 000.00
1. 个人所得税税款	28	
2. 税收滞纳金	29	
3. 罚金、罚款和被没收财物的损失	30	
4. 不符合扣除规定的捐赠支出	31	
5. 赞助支出	32	
6. 用于个人和家庭的支出	33	
7. 与取得生产经营收入无关的其他支出	34	
8. 投资者工资薪金支出	35	9 240 000.00
9. 其他不允许扣除的支出	36	
五、纳税调整减少额	37	0
六、纳税调整后所得（38=11+12-37）	38	16 120 000.00
七、弥补以前年度亏损	39	0
八、合伙企业个人合伙人分配比例（%）	40	57.617 9
九、允许扣除的个人费用及其他扣除（41=42+43+48+55）	41	60 000.00

（一）投资者减除费用	42	60 000.00
（二）专项扣除（43=44+45+46+47）	43	0
1. 基本养老保险费	44	
2. 基本医疗保险费	45	
3. 失业保险费	46	
4. 住房公积金	47	
（三）专项附加扣除（48=49+50+51+52+53+54）	48	0
1. 子女教育	49	
2. 继续教育	50	
3. 大病医疗	51	
4. 住房贷款利息	52	
5. 住房租金	53	
6. 赡养老人	54	
（四）依法确定的其他扣除（55=56+57+58+59）	55	0
1. 商业健康保险	56	
2. 税延养老保险	57	
3.	58	
4.	59	
十、投资抵扣	60	0
十一、准予扣除的个人捐赠支出	61	0
十二、应纳税所得额（62=38−39−41−60−61）或［62=（38−39）×40−41−60−61］	62	9 228 000.00
十三、税率（%）	63	35
十四、速算扣除数	64	65 500
十五、应纳税额（65=62×63−64）	65	3 164 300.00
十六、减免税额（附报《个人所得税减免税事项报告表》）	66	0
十七、已缴税额	67	1 173 500.00
十八、应补/退税额（68=65−66−67）	68	1 990 800.00
谨声明本表是根据国家税收法律法规及相关规定填报的，是真实的、可靠的、完整的。 纳税人签字：甲律师　　2022 年 3 月 18 日		
经办人： 经办人身份证件号码： 代理机构签章： 代理机构统一社会信用代码：	受理人： 受理税务机关（章）： 受理日期：　　年　月　日	

国家税务总局监制

（5）乙律师的经营所得应纳税所得额为：

1 612×42.3 821%–6=677.2（万元）；

应纳税额=应纳税所得额×税率–速算扣除数

=677.2×35%–6.55=230.47（万元）；

汇算清缴应补缴经营所得个人所得税：

230.47–75.35=155.12（万元）。

经营所得汇算清缴申报表填报如表3–12所示。

表3–12　个人所得税经营所得纳税申报表（B表）

税款所属期：2021 年 1 月 1 日至 2021 年 12 月 31 日

纳税人姓名：乙律师

纳税人识别号：□□□□□□□□□□□□□□□□□□□□□□　　金额单位：人民币元（列至角分）

被投资单位信息	名称	正直律师事务所	纳税人识别号（统一社会信用代码）	
项目			**行次**	**金额 / 比例**
一、收入总额			1	40 000 000.00
其中：国债利息收入			2	0
二、成本费用（3=4+5+6+7+8+9+10）			3	34 000 000.00
（一）营业成本			4	20 000 000.00
（二）营业费用			5	4 000 000.00
（三）管理费用			6	8 000 000.00
（四）财务费用			7	
（五）税金			8	2 000 000.00
（六）损失			9	
（七）其他支出			10	
三、利润总额（11=1–2–3）			11	6 000 000.00
四、纳税调整增加额（12=13+27）			12	10 120 000.00
（一）超过规定标准的扣除项目金额（13=14+15+16+17+18+19+20+21+22+23+24+25+26）			13	880 000.00
1. 职工福利费			14	
2. 职工教育经费			15	
3. 工会经费			16	
4. 利息支出			17	
5. 业务招待费			18	880 000.00
6. 广告费和业务宣传费			19	
7. 教育和公益事业捐赠			20	
8. 住房公积金			21	

9. 社会保险费	22	
10. 折旧费用	23	
11. 无形资产摊销	24	
12. 资产损失	25	
13. 其他	26	
（二）不允许扣除的项目金额（27=28+29+30+31+32+33+34+35+36）	27	9 240 000.00
1. 个人所得税税款	28	
2. 税收滞纳金	29	
3. 罚金、罚款和被没收财物的损失	30	
4. 不符合扣除规定的捐赠支出	31	
5. 赞助支出	32	
6. 用于个人和家庭的支出	33	
7. 与取得生产经营收入无关的其他支出	34	
8. 投资者工资薪金支出	35	9 240 000.00
9. 其他不允许扣除的支出	36	
五、纳税调整减少额	37	0
六、纳税调整后所得（38=11+12−37）	38	16 120 000.00
七、弥补以前年度亏损	39	0
八、合伙企业个人合伙人分配比例（%）	40	42.382 1
九、允许扣除的个人费用及其他扣除（41=42+43+48+55）	41	60 000.00
（一）投资者减除费用	42	60 000.00
（二）专项扣除（43=44+45+46+47）	43	0
1. 基本养老保险费	44	
2. 基本医疗保险费	45	
3. 失业保险费	46	
4. 住房公积金	47	
（三）专项附加扣除（48=49+50+51+52+53+54）	48	0
1. 子女教育	49	
2. 继续教育	50	
3. 大病医疗	51	
4. 住房贷款利息	52	
5. 住房租金	53	
6. 赡养老人	54	
（四）依法确定的其他扣除（55=56+57+58+59）	55	0
1. 商业健康保险	56	

2. 税延养老保险	57	
3.	58	
4.	59	
十、投资抵扣	60	0
十一、准予扣除的个人捐赠支出	61	0
十二、应纳税所得额（62=38–39–41–60–61）或［62=（38–39）×40–41–60–61］	62	6 772 000.00
十三、税率（%）	63	35
十四、速算扣除数	64	65 500
十五、应纳税额（65=62×63–64）	65	2 304 700.00
十六、减免税额（附报《个人所得税减免税事项报告表》）	66	0
十七、已缴税额	67	753 500.00
十八、应补/退税额（68=65–66–67）	68	1 551 200.00
谨声明本表是根据国家税收法律法规及相关规定填报的，是真实的、可靠的、完整的。 纳税人签字：乙律师　　2022 年 3 月 18 日		
经办人： 经办人身份证件号码： 代理机构签章： 代理机构统一社会信用代码：	受理人： 受理税务机关（章）： 受理日期：　年　月　日	

国家税务总局监制

3. 专职律师A应纳税额计算。

律师事务所应预扣预缴A律师工资薪金所得个人所得税应纳税所得额为：

2×12+300×（1–30%）–6=228（万元）；

12月应预扣预缴工资薪金所得的个人所得税为：

228×45%–18.1 920–50=84.408–50=34.408（万元）；

年终综合所得汇算清缴应纳个人所得税为：

2×12+300×（1–30%）–6–2=226（万元）；

226×45%–18.1 920=83.508（万元）；

汇算清缴应补（退）个人所得税：

83.508–84.408=–0.9（万元）。

4. 兼职律师B应纳税额计算。

12月份律师事务所应预扣预缴B律师的个人所得税为：

120×（1–30%）×35%–8.5 920–10=20.808–10=10.808（万元）；

年终综合所得汇算清缴应纳税所得额为：

120×（1–30%）+3×12+5–6=119（万元）；

应纳税额：119×45%–18.1 920=35.358（万元）；

应补缴个人所得税为：35.358–10.808–4.3=20.25（万元）。

5. 应预扣预缴行政人员的个人所得税计算。

（1.2×12–6）×10%–0.252=0.588（万元）。

6.应预扣预缴助理C的个人所得税计算。

20 000×（1–20%）×20%=3 200（元）。

（八）律师事务所分所与在华办事处的税务处理

合伙制律师事务所异地分所的生产经营所得，应由出资律师就地预缴个人所得税、年终后3月底之前办理汇算清缴，并就境内两处以上取得的经营所得办理汇总申报。

外国律师事务所经批准在中国境内设立的办事处，应按规定缴纳企业所得税。

二、建安工程作业人员个人所得税

为加强对建筑安装业个人所得税的征收管理，国家税务总局印发了《建筑安装业个人所得税征收管理暂行办法》（国税发〔1996〕127号文件印发，根据2016年5月29日《国家税务总局关于公布全文废止和部分条款废止的税务部门规章目录的决定》和2018年6月15日国家税务局令第44号《国家税务总局关于修改部分税务部门规章的决定》修正），对建筑安装业个人所得税处理做出如下规定。

（一）建筑安装业的界定

《建筑安装业个人所得税征收管理暂行办法》所称建筑安装业，包括建筑、安装、修缮、装饰及其他工程作业。从事建筑安装业的工程承包人、个体户及其他个人为个人所得税的纳税义务人。其从事建筑安装业取得的所得，应依法缴纳个人所得税。

（二）应税项目的确定

《建筑安装业个人所得税征收管理暂行办法》第三条第一款规定，承包建筑安装业各项工程作业的承包人取得的所得，应区别不同情况计征个人所得税：经营成果归承包人个人所有的所得，或按照承包合同（协议）规定，将一部分经营成果留归承包人个人的所得，按“对企事业单位的承包经营、承租经营所得”项目征税[1]；以其他分配方式取得的所得，按“工资、薪金所得”项目征税。

该办法第三条第二款规定，从事建筑安装业的个体工商户和未领取营业执照承揽建筑安装业工程作业的建筑安装队和个人，以及建筑安装企业实行个人承包后工商登记改变为个体经济性质的，其从事建筑安装业取得的收入，应依照“个体工商户的生产、经营所得项目”计征个人所得税[2]。

从事建筑安装业工程作业的其他人员取得的所得，分别按照“工资、薪金所得”项目和“劳务报酬所得”项目计征个人所得税。

建筑安装业个人所得税应税项目的确定，如图3–11所示。

---

［1］ 自2019年1月1日起按“经营所得”项目征税。

［2］ 自2019年1月1日起按“经营所得”项目计征个人所得税。

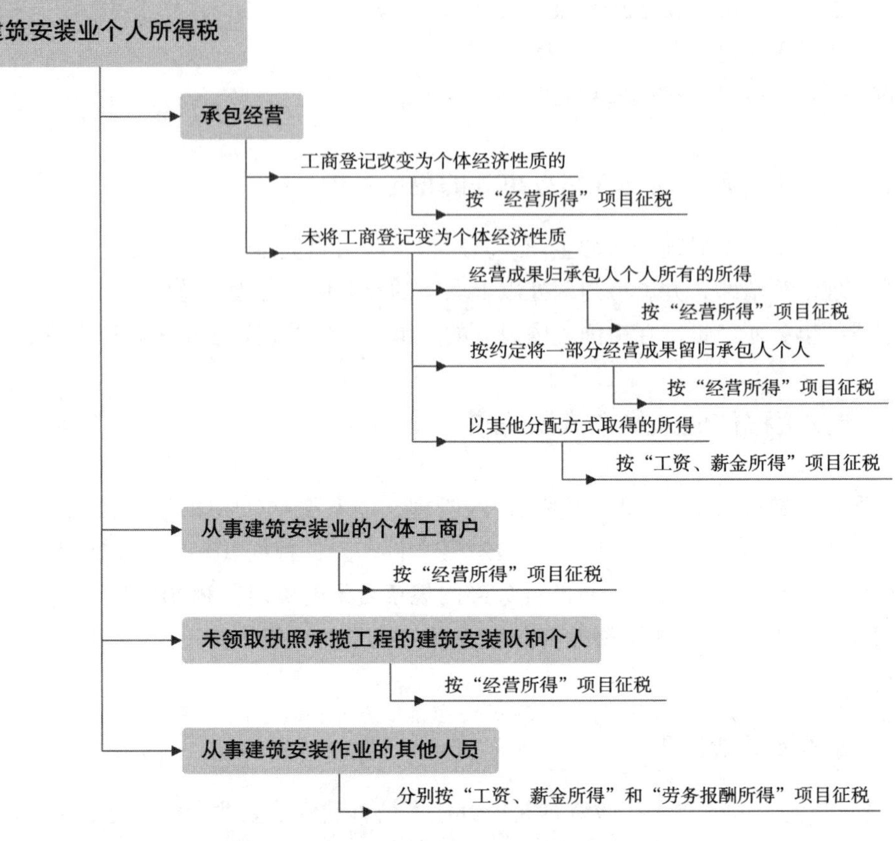

图3-11 建筑安装业应税项目的确定

（三）税务登记与纳税保证金

从事建筑安装业的单位和个人，应依法办理税务登记。在异地从事建筑安装业的单位和个人，必须自工程开工之日前3日内，持营业执照、城建部门批准开工的文件和工程承包合同（协议）、开户银行账号以及主管税务机关要求提供的其他资料向主管税务机关办理有关登记手续和跨区域涉税事项报验。

对未领取营业执照承揽建筑安装业工程作业的单位和个人，主管税务机关可以根据其工程规模，责令其缴纳一定数额的纳税保证金。在规定的期限内结清税款后，退还纳税保证金；逾期未结清税款的，以纳税保证金抵缴应纳税款和滞纳金。

（四）代扣代缴与自行申报

建筑安装业的个人所得税，由扣缴义务人代扣代缴和纳税人自行申报缴纳。承揽建筑安装业工程作业的单位和个人是个人所得税的代扣代缴义务人，应在向个人支付收入时依法代扣代缴其应纳的个人所得税。

没有扣缴义务人的和扣缴义务人未按规定代扣代缴税款的，纳税人应自行向主管税务机关申报纳税。

《建筑安装业个人所得税征收管理暂行办法》第十一条规定，办法第三条第一款、第二款涉及的纳税人和扣缴义务人应按每月工程完工量预缴、预扣个人所得税，按年结算。一项工程跨年度作业的，应按各年所得预缴、预扣和结算个人所得税。难以划分各年所得的，可以按月预缴、预扣税款，并在工程完工后按各年度工程完工量分摊所得并结算税款。

（五）纳税地点

为规范和加强建筑安装业跨省（自治区、直辖市和计划单列市，下同）异地工程作业人员个人所得税征收管理，《国家税务总局关于建筑安装业跨省异地工程作业人员个人所得税征收管理问题的公告》（国家税务总局公告2015年第52号）做出规定，自2015年9月1日起执行。

（1）总承包企业、分承包企业派驻跨省异地工程项目的管理人员、技术人员和其他工作人员在异地工作期间的工资、薪金所得个人所得税，由总承包企业、分承包企业依法代扣代缴并向工程作业所在地税务机关申报缴纳。

总承包企业和分承包企业通过劳务派遣公司聘用劳务人员跨省异地工作期间的工资、薪金所得个人所得税，由劳务派遣公司依法代扣代缴并向工程作业所在地税务机关申报缴纳。

（2）跨省异地施工单位应就其所支付的工程作业人员工资、薪金所得，向工程作业所在地税务机关办理全员全额扣缴明细申报。凡实行全员全额扣缴明细申报的，工程作业所在地税务机关不得核定征收个人所得税。

（3）总承包企业、分承包企业和劳务派遣公司机构所在地税务机关需要掌握异地工程作业人员工资、薪金所得个人所得税缴纳情况的，工程作业所在地税务机关应及时提供。总承包企业、分承包企业和劳务派遣公司机构所在地税务机关不得对异地工程作业人员已纳税工资、薪金所得重复征税。两地税务机关应加强沟通协调，切实维护纳税人权益。

（4）建筑安装业省内异地施工作业人员个人所得税征收管理参照该公告执行。

（六）管理与检查

建筑安装业单位所在地税务机关和工程作业所在地税务机关双方可以协商有关个人所得税代扣代缴和征收的具体操作办法，都有权对建筑安装业单位和个人依法进行税收检查，并有权依法处理其违反税收规定的行为。但一方已经处理的，另一方不得重复处理。

（七）核定征收

从事建筑安装业的单位和个人应设置会计账簿，健全财务制度，准确、完整地进行会计核算。对未设立会计账簿，或者不能准确、完整地进行会计核算的单位和个人，主管税务机关可根据其工程规模、工程承包合同（协议）价款和工程完工进度等情况，核定其应纳税所得额或应纳税额，据以征税。具体核定办法由县以上（含县级）税务机关制定。

主管税务机关，是指建筑安装业工程作业所在地税务局（分局、所）。

1.天津市具体规定

根据《关于加强外地进津建筑安装企业个人所得税征收管理的公告》（天津市地方税务局公告2012年第4号）的规定，外地进津建筑安装企业从业人员的个人所得税应当在天津市缴纳。

外地进津建筑安装企业在天津市设立分支机构，按规定办理税务登记，设置账簿，财务制度健全，能够准确完整地进行会计核算，并按月报送从业人员收入情况，同时提供《中华人民共和国企业所得税汇总纳税分支机构所得税分配表》的，应当按月向主管税务局按照全员全额明细扣缴申报个人所得税。

对不符合上述规定条件的外地进津建筑安装企业，对其从业人员采用按项目实际经营收入的0.15%计算个人所得税，由所在单位负责代扣代缴。

2.江苏省具体规定

自2015年9月1日起，根据《江苏省地方税务局关于调整建筑安装业个人所得税核定征收比例的公告》（苏地税规〔2015〕5号）的规定，江苏省建筑安装业个人所得税采取按照工程价款的一定比例核定征收税款办法的，核定征收的比例为工程价款的4‰。

对分包方式经营的，可以按扣除分包款后的余额核定征收总包人的个人所得税。

三、出租车驾驶员个人所得税

为了加强对机动出租车驾驶员（包括大、中、小客货运机动出租车驾驶员，下同）个人所得税的征收管理，1995年3月14日国家税务总局印发了《机动出租车驾驶员个人所得税征收管理暂行办法》（国税发〔1995〕50号文件印发，根据2018年6月15日国家税务总局令第44号《国家税务总局关于修改部分税务部门规章的决定》修正），自1995年4月1日起执行。

（一）纳税人与扣缴义务人

各种机动出租车驾驶员为个人所得税的纳税义务人，其从事出租车运营取得的收入，应依法缴纳个人所得税。

税务机关可以委托出租汽车经营单位、交通管理部门和运输服务站或者其他有关部门（单位）代收代缴出租车驾驶员应纳的个人所得税。被委托的单位为扣缴义务人，应按期代收代缴出租车驾驶员应纳的个人所得税。

扣缴义务人每月所扣的税款、自行申报纳税人每月应纳的税款，应当在次月15日内缴入国库，并向主管税务机关报送个人所得税扣缴申报表或纳税申报表以及税务机关要求报送的其他资料。

对扣缴义务人按照所扣缴或代收代缴的税款，付给2%的手续费。

（二）自行申报纳税地点

没有扣缴义务人或扣缴义务人未按规定扣缴税款的，出租车驾驶员应自行向单位所在地或准运证发放地的主管税务机关申报纳税。

（三）应税项目的确定

出租车驾驶员从事出租车运营取得的收入，适用的个人所得税项目为：

（1）出租汽车经营单位对出租车驾驶员采取单车承包或承租方式运营，出租车驾驶员从事客货运营取得的收入，按“工资、薪金所得”项目征税。

（2）从事个体出租车运营的出租车驾驶员取得的收入，按“经营所得”项目[1]缴纳个人所得税。

（3）出租车属个人所有，但挂靠出租汽车经营单位或企事业单位，驾驶员向挂靠单位缴纳管理费的，或出租汽车经营单位将出租车所有权转移给驾驶员的，出租车驾驶员从事客货运营取得的收入，比照“经营所得”项目[1]征税。

出租车驾驶员所得应税项目的确定如图3-12所示。

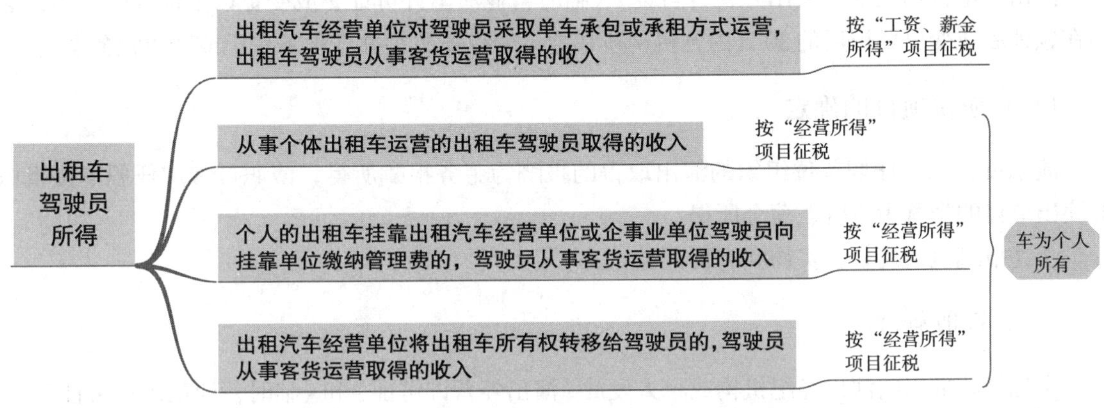

图3-12 出租车驾驶员所得应税项目的确定

（四）核定征收

县级以上（含县级）税务机关可以根据出租车的不同经营方式、不同车型、收费标准、缴纳的承包承租费等情况，核定出租车驾驶员的营业额并确定征收率或征收额，按月征收出租车驾驶员应纳的个人所得税。

出租车驾驶员能够提供有效停运证明的，税务机关应根据其停运期长短，相应核减其停运期间应缴纳的个人所得税。

四、演出市场个人所得税

为加强演出市场个人所得税的征收管理，国家税务总局印发了《演出市场个人所得税征收管理暂行办法》（国税发〔1995〕171号文件印发，根据2016年5月29日《国家税务总局关于公布全文废止和部分条款废止的税务部门规章目录的决定》和2018年6月15日国家税务总局令第44号《国家税务总局关于修改部分税务部门规章的决定》修正）。

（一）纳税人与扣缴义务人

凡参加演出（包括舞台演出、录音、录像、拍摄影视等，下同）而取得报酬的演职员，是个人所得税的纳税义务人；所取得的所得，为个人所得税的应纳税项目。

[1] 在2018年12月31日以前按“个体工商户的生产、经营所得”项目。

向演职员支付报酬的单位或个人，是个人所得税的扣缴义务人。扣缴义务人必须在支付演职员报酬的同时，按税收法律、行政法规及税务机关依照法律、行政法规做出的规定扣缴或预扣个人所得税。预扣办法由各省、自治区、直辖市税务局根据有利控管的原则自行确定。

参与录音、录像、拍摄影视和在歌厅、舞厅、卡拉OK厅、夜总会、娱乐城等娱乐场所演出的演职员取得的报酬，由向演职员支付报酬的单位或业主扣缴个人所得税。

演出经纪机构领取《演出经营许可证》《临时营业演出许可证》或变更以上证件内容的，必须在领证后或变更登记后的30日内到机构所在地主管税务机关办理税务登记或变更税务登记。

（二）应税项目的确定

演职员参加非任职单位组织的演出取得的报酬为劳务报酬所得，演职员参加任职单位组织的演出取得的报酬为工资、薪金所得。

上述报酬包括现金、实物和有价证券。

（三）征收管理

文化行政部门向演出经纪机构或个人发放《演出经营许可证》和《临时营业演出许可证》时，应将演出经纪机构的名称、住所、法人代表等情况抄送当地主管税务机关备案。演出活动主办单位应在每次演出前两日内，将文化行政部门的演出活动批准件和演出合同、演出计划（时间、地点、场次）、报酬分配方案等有关材料报送演出所在地主管税务机关。演出合同和演出计划的内容如有变化，应按规定程序重新向文化行政部门申报审批并向主管税务机关报送新的有关材料。

参加组台（团）演出的演职员取得的报酬，由主办单位或承办单位通过银行转账支付给演职员所在单位或发放演职员演出许可证的文化行政部门或其授权单位的，经演出所在地主管税务机关确认后，由演职员所在单位或者发放演职员许可证的文化行政部门或其授权单位，按实际支付给演职员个人的报酬代扣个人所得税，并在原单位所在地缴入金库。

组台（团）演出，不按上述方式支付演职员报酬，或者虽按上述方式支付但未经演出所在地主管税务机关确认的，由向演职员支付报酬的演出经纪机构或者主办、承办单位扣缴个人所得税，税款在演出所在地缴纳。申报的演职员报酬明显偏低又无正当理由的，主管税务机关可以在查账核实的基础上，依据演出报酬总额、演职员分工、演员演出通常收费额等情况核定演职员的应纳税所得，扣缴义务人据此扣缴税款。

（四）自行申报

有下列情形的，演职员应在取得报酬的次月15日内自行到演出所在地或者单位所在地主管税务机关申报纳税：

（1）非居民个人在两处或者两处以上取得工资、薪金性质所得的，应将各处取得的工资、薪金性质的所得合并计算纳税；

（2）分笔取得属于一次报酬的；

（3）扣缴义务人没有依法扣缴税款的；

（4）主管税务机关要求其申报纳税的。

第五节 核定征收

一、经营所得的核定征收

（一）经营所得的征收方式

经营所得的征收方式包括查账征收、核定征收和税务机关认可的其他方式征收。查账征收包括据实预缴和按上年应纳税所得额预缴；核定征收包括核定应税所得率征收、核定应纳税所得额征收；税务机关认可的其他方式主要有按所得率和征收率征收。

（二）经营所得的核定征收

根据《个人所得税法实施条例》第十五条第三款的规定，从事生产、经营活动，未提供完整、准确的纳税资料，不能正确计算应纳税所得额的，由主管税务机关核定应纳税所得额或者应纳税额。

二、个人独资与合伙企业的核定征收

（一）核定征收个人所得税的条件

根据《税收征收管理法》第三十五条的规定，纳税人有下列情形之一的，税务机关有权核定其应纳税额：

（1）依照法律、行政法规的规定可以不设置账簿的；

（2）依照法律、行政法规的规定应当设置但未设置账簿的；

（3）擅自销毁账簿或者拒不提供纳税资料的；

（4）虽设置账簿，但账目混乱或者成本资料、收入凭证、费用凭证残缺不全，难以查账的；

（5）发生纳税义务，未按照规定的期限办理纳税申报，经税务机关责令限期申报，逾期仍不申报的；

（6）纳税人申报的计税依据明显偏低，又无正当理由的。

税务机关核定应纳税额的具体程序和方法由国务院税务主管部门规定。

根据《关于个人独资企业和合伙企业投资者征收个人所得税的规定》（财税〔2000〕91号文件印发）第七条的规定，有下列情形之一的，主管税务机关应采取核定征收方式征收个人所得税：

（1）企业依照国家有关规定应当设置但未设置账簿的；

（2）企业虽设置账簿，但账目混乱或者成本资料、收入凭证、费用凭证残缺不全，难以查账的；

（3）纳税人发生纳税义务，未按照规定的期限办理纳税申报，经税务机关责令限期申报，逾期仍不申报的。

核定征收方式，包括定额征收、核定应税所得率征收以及其他合理的征收方式。

（二）应纳所得税额与应税所得率的确定

1.应纳所得税额的计算

根据《关于个人独资企业和合伙企业投资者征收个人所得税的规定》第九条的规定，实行核定应税所得率征收方式的，应纳所得税额的计算公式如下：

应纳所得税额=应纳税所得额 × 适用税率

应纳税所得额=收入总额 × 应税所得率

或 应纳税所得额=成本费用支出额 ÷（1－应税所得率）× 应税所得率

2.应税所得率的确定

应税所得率应按表3-13规定的标准执行。

表3-13 应税所得率表

行业	应税所得率（%）
工业、交通运输业、商业	5～20
建筑业、房地产开发业	7～20
饮食服务业	7～25
娱乐业	20～40
其他行业	10～30

企业经营多业的，无论其经营项目是否单独核算，均应根据其主营项目确定其适用的应税所得率。“主营项目”，是指在企业所有经营项目中，营业收入占全部收入比重最大的项目。少数企业各项目间营业收入十分接近，难以确定主营项目的，可由主管税务机关在收入较大的项目中确定一项为主营项目。

根据《关于个人独资企业和合伙企业投资者征收个人所得税的规定》第十条的规定，实行核定征税的投资者，不能享受个人所得税的优惠政策。

（三）不适用核定征收的行业

《国家税务总局关于切实加强高收入者个人所得税征管的通知》（国税发〔2011〕50号）要求，重点加强规模较大的个人独资、合伙企业和个体工商户的生产经营所得的查账征收管理；难以实行查账征收的，依法严格实行核定征收。对律师事务所、会计师事务所、税务师事务所、资产评估和房地产估价等鉴证类中介机构，不得实行核定征收个人所得税。

根据国税发〔2002〕123号文件第一条的规定，任何地区均不得对律师事务所实行全行业核定征税办法。

三、权益性投资经营所得不得核定征收

此外，现在很多税务机关都在推进个人独资企业与合伙企业核定征收改为查账征收工作。自2022年1月1日起，根据《财政部 税务总局关于权益性投资经营所得个人所得税征收管理的公告》（财政部 税务总局公告2021年第41号）的规定，持有股权、股票、合伙企业财产份额等

权益性投资的个人独资企业、合伙企业（以下简称独资合伙企业），一律适用查账征收方式计征个人所得税。

独资合伙企业应自持有上述权益性投资之日起30日内，主动向税务机关报送持有权益性投资的情况；该公告实施前独资合伙企业已持有权益性投资的，应当在2022年1月30日前向税务机关报送持有权益性投资的情况。税务机关接到核定征收独资合伙企业报送持有权益性投资情况的，调整其征收方式为查账征收。

四、定期定额征收

（一）定期定额征收适用范围

《个体工商户税收定期定额征收管理办法》(国家税务总局令第16号公布，根据2018年6月15日国家税务总局44号令《国家税务总局关于修改部分税务部门规章的决定》修正)，适用于经主管税务机关认定和县以上税务机关（含县级，下同）批准的生产、经营规模小，达不到《个体工商户建账管理暂行办法》规定设置账簿标准的个体工商户（以下简称定期定额户）的税收征收管理。个人独资企业的税款征收管理比照该办法执行。

个体工商户税收定期定额征收，是指税务机关依照法律、行政法规及该办法的规定，对个体工商户在一定经营地点、一定经营时期、一定经营范围内的应纳税经营额（包括经营数量）或所得额（以下简称定额）进行核定，并以此为计税依据，确定其应纳税额的一种征收方式。

根据《个体工商户税收定期定额征收管理办法》第五条的规定，定额执行期的具体期限由省税务机关确定，但最长不得超过一年。定额执行期是指税务机关核定后执行的第一个纳税期至最后一个纳税期。

根据《个体工商户建账管理暂行办法》(国家税务总局令第17号公布，根据2018年6月15日国家税务总局第44号令《国家税务总局关于修改部分税务部门规章的决定》修正)的规定，符合下列情形之一的个体工商户，应当设置复式账：

(1)注册资金在20万元以上的。

(2)销售增值税应税劳务的纳税人月销售（营业）额在40 000元以上；从事货物生产的纳税人月销售额在60 000元以上；从事货物批发或零售的纳税人月销售额在80 000元以上的。

(3)省税务机关确定应设置复式账的其他情形。

符合下列情形之一的个体工商户，应当设置简易账，并积极创造条件设置复式账：

(1)注册资金在10万元以上20万元以下的。

(2)销售增值税应税劳务的纳税人月销售额在15 000元至40 000元；从事货物生产的纳税人月销售额在30 000元至60 000元；从事货物批发或零售的纳税人月销售额在40 000元至80 000元的。

(3)省税务机关确定应当设置简易账的其他情形。

上述所称纳税人月销售额，是指个体工商户上一个纳税年度月平均销售额；新办的个体工商户为业户预估的当年度经营期月平均销售额。

达不到上述建账标准的个体工商户，经县以上税务机关批准，可按照《税收征收管理法》的规定，建立收支凭证粘贴簿、进货销货登记簿或者使用税控装置。达到建账标准的个体工商户，应当根据自身生产、经营情况和该办法规定的设置账簿条件，对照选择设置复式账或简易账，并报主管税务机关备案。账簿设置方式一经确定，在一个纳税年度内不得进行变更。

（二）定额的核定方法

根据《个体工商户税收定期定额征收管理办法》第六条的规定，税务机关应当根据定期定额户的经营规模、经营区域、经营内容、行业特点、管理水平等因素核定定额，可以采用下列一种或两种以上的方法核定：

（1）按照耗用的原材料、燃料、动力等推算或者测算核定；

（2）按照成本加合理的费用和利润的方法核定；

（3）按照盘点库存情况推算或者测算核定；

（4）按照发票和相关凭据核定；

（5）按照银行经营账户资金往来情况测算核定；

（6）参照同类行业或类似行业中同规模、同区域纳税人的生产、经营情况核定；

（7）按照其他合理方法核定。

税务机关应当运用现代信息技术手段核定定额，增强核定工作的规范性和合理性。

根据该办法第十八条的规定，定期定额户的经营额、所得额连续纳税期超过或低于税务机关核定的定额，应当提请税务机关重新核定定额，税务机关应当根据该办法规定的核定方法和程序重新核定定额。具体期限由省税务机关确定。

根据《个体工商户税收定期定额征收管理办法》第十九条的规定，经税务机关检查发现定期定额户在以前定额执行期发生的经营额、所得额超过定额，或者当期发生的经营额、所得额超过定额一定幅度而未向税务机关进行纳税申报及结清应纳税款的，税务机关应当追缴税款、加收滞纳金，并按照法律、行政法规规定予以处理。若其经营额、所得额连续纳税期超过定额，税务机关应当按照该办法第十八条的规定重新核定其定额。

（三）纳税申报

定期定额户应当建立收支凭证粘贴簿、进销货登记簿，完整保存有关纳税资料，并接受税务机关的检查。

根据《个体工商户税收定期定额征收管理办法》第九条的规定，依照法律、行政法规的规定，定期定额户负有纳税申报义务。实行简易申报的定期定额户，应当在税务机关规定的期限内按照法律、行政法规规定缴清应纳税款，当期（指纳税期，下同）可以不办理申报手续。

采用数据电文申报、邮寄申报、简易申报等方式的，经税务机关认可后方可执行。经确定的纳税申报方式在定额执行期内不予更改。

定期定额户可以委托经税务机关认定的银行或其他金融机构办理税款划缴。

凡委托银行或其他金融机构办理税款划缴的定期定额户，应当向税务机关书面报告开户银行及账号。其账户内存款应当足以按期缴纳当期税款。其存款余额低于当期应纳税款，致使当期税款不能按期入库的，税务机关按逾期缴纳税款处理；对实行简易申报的，按逾期办理纳税申报和逾期缴纳税款处理。

根据《个体工商户税收定期定额征收管理办法》第十二条的规定，定期定额户发生下列情形，应当向税务机关办理相关纳税事宜：

（1）定额与发票开具金额或税控收款机记录数据比对后，超过定额的经营额、所得额所应缴纳的税款；

（2）在税务机关核定定额的经营地点以外从事经营活动所应缴纳的税款。

根据《个体工商户税收定期定额征收管理办法》第十七条的规定，定期定额户在定额执行期结束后，应当以该期每月实际发生的经营额、所得额向税务机关申报，申报额超过定额的，按申报额缴纳税款；申报额低于定额的，按定额缴纳税款。具体申报期限由省税务机关确定。定期定额户当期发生的经营额、所得额超过定额一定幅度的，应当在法律、行政法规规定的申报期限内向税务机关进行申报并缴清税款。具体幅度由省税务机关确定。

（四）简并征期

根据《个体工商户税收定期定额征收管理办法》第十五条的规定，定期定额户经营地点偏远、缴纳税款数额较小，或者税务机关征收税款有困难的，税务机关可以按照法律、行政法规的规定简并征期。但简并征期最长不得超过一个定额执行期。

简并征期的税款征收时间为最后一个纳税期。

第六节　征收管理

一、纳税期限与纳税地点

根据《国家税务总局关于个人所得税自行纳税申报有关问题的公告》（国家税务总局公告2018年第62号）第二条的规定，纳税人取得经营所得，按年计算个人所得税，由纳税人在月度或季度终了后15日内，向经营管理所在地主管税务机关办理预缴纳税申报，并报送《个人所得税经营所得纳税申报表（A表）》。在取得所得的次年3月31日前，向经营管理所在地主管税务机关办理汇算清缴，并报送《个人所得税经营所得纳税申报表（B表）》；从两处以上取得经营所得的，选择向其中一处经营管理所在地主管税务机关办理年度汇总申报，并报送《个人所得税经营所得纳税申报表（C表）》。

《个体工商户个人所得税计税办法》第四十条规定，个体工商户有两处或两处以上经营机构的，选择并固定向其中一处经营机构所在地主管税务机关申报缴纳个人所得税。

二、经营所得的预缴及其申报

（一）预缴申报期限与申报地点

除各省、自治区、直辖市和计划单列市税务局另行规定的情形外，从事生产、经营活动的个人取得经营所得的，应当在季度终了之日起15日内，向个体工商户、个人独资企业、合伙企业、承包承租企业或者从事生产经营机构的登记注册地主管税务机关办理预缴申报，报送《个人所得税经营所得纳税申报表（A表）》。纳税人没有进行登记注册的，向实际经营所在地主管税务机关办理预缴申报。

（二）《个人所得税经营所得纳税申报表（A表）》及其填报

《个人所得税经营所得纳税申报表（A表）》（见表3–14）适用于查账征收和核定征收的个体工商户业主、个人独资企业投资人、合伙企业个人合伙人、承包承租经营者个人以及其他从事生产、经营活动的个人在中国境内取得经营所得，办理个人所得税预缴纳税申报时，向税务机关报送。

合伙企业有两个或者两个以上个人合伙人的，应分别填报该表。该报表栏次中除“利润总额”“应补/退税额”栏次可以为负数外，其他栏次都不能为负数，只能填写大于等于零的数值。

纳税人取得经营所得，应当在月度或者季度终了后15日内，向税务机关办理预缴纳税申报。

表3–14　个人所得税经营所得纳税申报表（A表）

税款所属期：　　年　月　日至　　年　月　日

纳税人姓名：

纳税人识别号：□□□□□□□□□□□□□□□□□□□□　　金额单位：人民币元（列至角分）

被投资单位信息		
名称		
纳税人识别号（统一社会信用代码）	□□□□□□□□□□□□□□□□□□□□	
征收方式（单选）		
□查账征收（据实预缴）　□查账征收（按上年应纳税所得额预缴）　□核定应税所得率征收 □核定应纳税所得额征收　□税务机关认可的其他方式________		
个人所得税计算		
项目	行次	金额/比例
一、收入总额	1	
二、成本费用	2	
三、利润总额（第3行=第1行–第2行）	3	
四、弥补以前年度亏损	4	
五、应税所得率（%）	5	
六、合伙企业个人合伙人分配比例（%）	6	
七、允许扣除的个人费用及其他扣除（第7行=第8行+第9行+第14行）	7	
（一）投资者减除费用	8	
（二）专项扣除（第9行=第10行+第11行+第12行+第13行）	9	
1. 基本养老保险费	10	
2. 基本医疗保险费	11	
3. 失业保险费	12	
4. 住房公积金	13	
（三）依法确定的其他扣除（第14行=第15行+第16行+第17行）	14	
1.	15	

2.	16	
3.	17	
八、准予扣除的捐赠额（附报《个人所得税公益慈善事业捐赠扣除明细表》）	18	
九、应纳税所得额	19	
十、税率（%）	20	
十一、速算扣除数	21	
十二、应纳税额（第22行=第19行×第20行-第21行）	22	
十三、减免税额（附报《个人所得税减免税事项报告表》）	23	
十四、已缴税额	24	
十五、应补/退税额（第25行=第22行-第23行-第24行）	25	
备注		
谨声明本表是根据国家税收法律法规及相关规定填报的，本人对填报内容（附带资料）的真实性、可靠性、完整性负责。 纳税人签字： 年 月 日		
经办人签字： 经办人身份证件类型： 经办人身份证件号码： 代理机构签章： 代理机构统一社会信用代码：	受理人： 受理税务机关（章）： 受理日期： 年 月 日	

国家税务总局监制

（三）商业健康险和税延养老保险扣除的填报

当征收方式为查账征收时，经营所得预缴纳税申报时不允许《个人所得税经营所得纳税申报表（A表）》申报"商业健康险、税延养老险"，该表第14行到17行"依法确定的其他扣除"中的"商业健康险"和"税延养老险"行次不可申报。也就是说，查账征收经营所得个人所得税的，预缴环节不可以享受商业健康险和税延养老保险支出的扣除。

当征收方式为核定征收时：在《个人所得税经营所得纳税申报表（A表）》最后一个月（月报）或者最后一个季度（季报）申报，或者被投资单位注销时，方可填写"商业健康险"和"税延养老险"行次，其他税款所属期不可填报。也就是说，核定征收经营所得个人所得税的，只有到年度最后一月（按月申报）或最后一季（按季申报）申报时，才可以享受商业健康险和税延养老保险支出的扣除。

个人通过自然人电子税务局办理经营所得预缴纳税申报时，"商业健康险"项目：填写按税法规定允许税前扣除的商业健康保险支出金额，扣除限额2 400元/年。实行核定应税所得率征收（能准确核算收入总额的、能准确核算成本费用的）、按税务机关认可的其他方式（所得率）的纳税人，在税款所属期止为12月时可录入，否则不可录入；其他征收方式的不可录入。企业注销时（状态为清算状态）也可减商业健康险。

“税延养老险”：填写按税法规定允许税前扣除的税延商业养老保险支出金额，扣除限额为年度收入总额×分配比例的6%与12 000元之间的孰小值。非试点地区不可录，试点地区实行核定应税所得率征收（能准确核算收入总额的、能准确核算成本费用的）、按税务机关认可的其他方式（所得率）的纳税人，在税款所属期止为12月时可录入，否则不可录入；其他征收方式的不可录入。企业注销时（状态为清算状态）也可减税延养老险。

“其他扣除”项目：查账征收（据实预缴）时，默认为0，可录入；其他征收方式不可录入。

（四）预缴申报可按规定弥补以前年度亏损

征收方式为查账征收经营所得预缴纳税申报时，可以按规定弥补以前年度亏损。而且弥补亏损的所得来源为没有经过纳税调整的利润总额。

《个人所得税经营所得纳税申报表（A表）》，主要根据“征收方式”的不同，按不同的规则填写申报表。仅征收方式为查账征收（据实预缴）时，预缴申报经营所得个人所得税时方可弥补以前年度亏损。查账征收（按上年应纳税所得额预缴），或核定征收和税务机关认可的其他方式征收经营所得预缴申报时，不可弥补以前年度亏损。

（五）预缴申报应纳税所得额的确定

预缴纳税申报的计税依据是“应纳税所得额”，根据征收方式的不同，应纳税所得额的确定方法也不一样。

1.查账征收（据实预缴）

查账征收（据实预缴）经营所得个人所得税的，预缴纳税申报时的应纳税所得额按下列公式计算：

$$\text{应纳税所得额}=\left(\text{利润总额}-\text{弥补以前年度亏损}\right)\times\text{合伙企业个人合伙人分配比例}-\text{允许扣除的个人费用及其他扣除}-\text{准予扣除的捐赠额}$$

2.查账征收（按上年应纳税所得额预缴）

查账征收（按上年应纳税所得额预缴）经营所得个人所得税的，预缴纳税申报时的应纳税所得额按下列公式计算：

应纳税所得额=上年度的应纳税所得额÷12×月份数

3.核定应税所得率征收（能准确核算收入总额的）

核定应税所得率征收（能准确核算收入总额的）经营所得个人所得税的，预缴纳税申报时的应纳税所得额按下列公式计算：

应纳税所得额=收入总额×应税所得率×合伙企业个人合伙人分配比例

4.核定应税所得率征收（能准确核算成本费用的）

核定应税所得率征收（能准确核算成本费用的）经营所得个人所得税的，预缴纳税申报时的应纳税所得额按下列公式计算：

$$\text{应纳税所得额}=\text{成本费用}\div\left(1-\text{应税所得率}\right)\times\text{应税所得率}\times\text{合伙企业个人合伙人分配比例}$$

需要说明的是，《个人所得税经营所得纳税申报表（A表）》第2行“二、成本费用”包括在计算利润总额前扣除的任何项目，如成本、费用、税金、损失、营业外支出等。

5.核定应纳税所得额征收

采用核定应纳税所得额征收经营所得个人所得税的，预缴纳税申报时的应纳税所得额为核定的应纳税所得额。

（六）允许扣除的减除费用及专项扣除的填报

纳税人网上申报《个人所得税经营所得纳税申报表（A表）》信息填写完整后，点击【保存】，系统提示：“有综合所得时，投资者减除费用、专项扣除、专项附加扣除、依法确定的其他扣除，只能在综合所得申报中扣除，是否继续申报？”点击【是】进入申报信息确认页面。

申报信息确认无误后，点击【确定】即可完成申报。

这就是说，在预缴纳税申报时，征管信息系统通过弹出对话框让纳税人判断选择的方式，在预缴环节落实《个人所得税法实施条例》有关“没有综合所得的，计算经营所得应纳税所得额时，依法扣除投资者减除费用、专项扣除、专项附加扣除、依法确定的其他扣除”规定。

经营所得征收方式为查账征收（据实预缴）、税务机关认可的其他方式（所得率）时，通过自然人电子税务局预缴纳税申报时，系统默认为（税款所属期止月份-税款所属期起月份+1）×月度减除标准（默认是5 000，西藏支持差异化配置）；其他征收方式时默认为0，不可修改。

基本养老保险、基本医疗保险、失业保险、住房公积金等专项扣除项目：查账征收（据实预缴）时，自然人电子税务局预缴纳税申报时系统默认为0，可录入；其他征收方式不可录入。

通过自然人电子税务局网上办理经营所得预缴纳税申报的，申报表填写无误后点击【保存】，系统校验“投资者减除费用”“专项扣除”“依法确定的其他扣除”是否存在任意一项非0，若有则弹出“有综合所得时，投资者减除费用、专项扣除、依法确定的其他扣除，只能在综合所得申报中扣除，是否继续申报？”提示框，可根据实际情况点击【是】保存报表，或者点击【否】修改报表数据后重新点击【保存】，确认保存时系统会对填写了商业健康保险、税延养老保险和减免税额数据项的人员，进行对应的附表填写校验以及分配比例是否超过100%的校验，校验通过则弹出“投资者预缴申报记录保存成功”提示框，点击【确定】即可。

（七）预缴申报捐赠扣除的填报

预缴申报时，可以扣除公益性捐赠支出。对以个体工商户、个人独资企业和合伙企业名义对外的捐赠支出，由于预缴申报不进行纳税调整，因而计入会计利润总额中的捐赠支出预缴申报时已得到了扣除。

个人对外进行的公益性捐赠支出，可选择在经营所得预缴纳税申报时，按规定税前扣除。

因而，若纳税人存在通过中国境内公益性社会组织、县级以上人民政府及其组成部门等国家机关（党组织），向教育、扶贫、济困等公益慈善事业进行捐赠，可按照个人所得税法有关规定将准予扣除的捐赠额填入《个人所得税经营所得纳税申报表（A表）》第18行。

个人通过自然人电子税务局办理经营所得预缴纳税申报时，查账征收（据实预缴）时，“准予扣除的捐赠额”默认为0，可录入；其他征收方式不可录入。

三、经营所得的汇算清缴及其申报

（一）汇缴申报期限与汇缴地点

纳税人取得经营所得，按年计算个人所得税，由纳税人在月度或者季度终了后15日内向税务机关报送纳税申报表，并预缴税款；在取得所得的次年3月31日前办理汇算清缴。个体工商户终止生产经营及企业在年度中间合并、分立、终止的，个体工商户业主、个人独资企业投资者、合伙企业自然人合伙人应当在停止生产经营之日起60日内，向主管税务机关办理当期个人所得税汇算清缴。

从事生产、经营活动的个人取得经营所得，并且实行查账征收的，应当在取得所得的次年3月31日前向个体工商户、个人独资企业、合伙企业、承包承租企业或者从事生产经营机构的登记注册地主管税务机关办理汇算清缴申报，报送《个人所得税经营所得纳税申报表（B表）》。纳税人没有进行登记注册的，向实际经营所在地主管税务机关办理汇算清缴申报。

（二）《个人所得税经营所得纳税申报表（B表）》及其填报

《个人所得税经营所得纳税申报表（B表）》（见表3–15）适用于个体工商户业主、个人独资企业投资人、合伙企业个人合伙人、承包承租经营者个人以及其他从事生产、经营活动的个人在中国境内取得经营所得，且实行查账征收的，在办理个人所得税汇算清缴纳税申报时，向税务机关报送。

合伙企业有两个或者两个以上个人合伙人的，应分别填报该表。

纳税人在取得经营所得的次年3月31日前，向税务机关办理汇算清缴。报表栏次中除“利润总额”“应补/退税额”栏次可以为负数外，其他栏次都不能为负数，只能填写大于等于零的值。

表3–15　个人所得税经营所得纳税申报表（B表）

税款所属期：　　年　月　日至　　年　月　日

纳税人姓名：

纳税人识别号：□□□□□□□□□□□□□□□□□□□□□□□□□　　金额单位：人民币元（列至角分）

被投资单位信息	名称		纳税人识别号（统一社会信用代码）	
项目			行次	金额/比例
一、收入总额			1	
其中：国债利息收入			2	
二、成本费用（3=4+5+6+7+8+9+10）			3	
（一）营业成本			4	
（二）营业费用			5	
（三）管理费用			6	
（四）财务费用			7	

（五）税金	8	
（六）损失	9	
（七）其他支出	10	
三、利润总额（11=1–2–3）	11	
四、纳税调整增加额（12=13+27）	12	
（一）超过规定标准的扣除项目金额（13=14+15+16+17+18+19+20+21+22+23+24+25+26）	13	
1. 职工福利费	14	
2. 职工教育经费	15	
3. 工会经费	16	
4. 利息支出	17	
5. 业务招待费	18	
6. 广告费和业务宣传费	19	
7. 教育和公益事业捐赠	20	
8. 住房公积金	21	
9. 社会保险费	22	
10. 折旧费用	23	
11. 无形资产摊销	24	
12. 资产损失	25	
13. 其他	26	
（二）不允许扣除的项目金额（27=28+29+30+31+32+33+34+35+36）	27	
1. 个人所得税税款	28	
2. 税收滞纳金	29	
3. 罚金、罚款和被没收财物的损失	30	
4. 不符合扣除规定的捐赠支出	31	
5. 赞助支出	32	
6. 用于个人和家庭的支出	33	
7. 与取得生产经营收入无关的其他支出	34	
8. 投资者工资薪金支出	35	
9. 其他不允许扣除的支出	36	
五、纳税调整减少额	37	
六、纳税调整后所得（38=11+12–37）	38	
七、弥补以前年度亏损	39	
八、合伙企业个人合伙人分配比例（%）	40	
九、允许扣除的个人费用及其他扣除（41=42+43+48+55）	41	
（一）投资者减除费用	42	

（二）专项扣除（43=44+45+46+47）	43	
1. 基本养老保险费	44	
2. 基本医疗保险费	45	
3. 失业保险费	46	
4. 住房公积金	47	
（三）专项附加扣除（48=49+50+51+52+53+54）	48	
1. 子女教育	49	
2. 继续教育	50	
3. 大病医疗	51	
4. 住房贷款利息	52	
5. 住房租金	53	
6. 赡养老人	54	
（四）依法确定的其他扣除（55=56+57+58+59）	55	
1. 商业健康保险	56	
2. 税延养老保险	57	
3.	58	
4.	59	
十、投资抵扣	60	
十一、准予扣除的个人捐赠支出	61	
十二、应纳税所得额（62=38-39-41-60-61）或［62=（38-39）×40-41-60-61］	62	
十三、税率（%）	63	
十四、速算扣除数	64	
十五、应纳税额（65=62×63-64）	65	
十六、减免税额（附报《个人所得税减免税事项报告表》）	66	
十七、已缴税额	67	
十八、应补/退税额（68=65-66-67）	68	
谨声明本表是根据国家税收法律法规及相关规定填报的，是真实的、可靠的、完整的。 纳税人签字： 年 月 日		
经办人： 经办人身份证件号码： 代理机构签章： 代理机构统一社会信用代码：	受理人： 受理税务机关（章）： 受理日期： 年 月 日	

国家税务总局监制

（三）利润总额的填报

《个人所得税经营所得纳税申报表（B表）》第1行“收入总额”：填写本年度从事生产经营

以及与生产经营有关的活动取得的货币形式和非货币形式的各项收入总金额。包括：销售货物收入、提供劳务收入、转让财产收入、利息收入、租金收入、接受捐赠收入、其他收入。该行包括本年度已计入收入的因购买国债而取得的应予免税的利息，以及计入收入的个人独资企业和合伙企业对外投资取得的利息、股息、红利所得金额。

该表第2行“国债利息收入”：填写本年度已计入收入的因购买国债而取得的应予免税的利息。

该表第11行“利润总额”=收入总额–国债利息收入–成本费用，不可修改。

由此可见，该表第11行的“利润总额”金额，不等于会计核算的利润总额。

（四）允许扣除的个人费用及其他扣除的填报

《个人所得税经营所得纳税申报表（B表）》第42行“投资者减除费用”：填写可在税前扣除的投资者本人减除费用6万元。如本年度同时取得了综合所得并扣除了60 000元的减除费用，则此处不得重复减除。

四、经营所得的汇总纳税及其申报

（一）汇总申报期限与汇总申报地点

从事生产、经营活动的个人从两处以上取得经营所得的，应当在分别办理年度汇算清缴后，于取得所得的次年3月31日前，选择其中一处个体工商户、个人独资企业、合伙企业、承包承租企业或者从事生产经营机构的登记注册地主管税务机关办理纳税申报，报送《个人所得税经营所得纳税申报表（C表）》。纳税人没有进行登记注册的，向实际经营所在地主管税务机关办理纳税申报。

（二）个人兴办多个企业的处理

《关于个人独资企业和合伙企业投资者征收个人所得税的规定》第十二条规定，投资者兴办两个或两个以上个人独资企业和合伙企业的（包括参与兴办，下同），年度终了时，应汇总从所有企业取得的应纳税所得额，据此确定适用税率并计算缴纳应纳税款。

投资者兴办两个或两个以上企业的，根据规定准予扣除的个人费用，由投资者选择在其中一个企业的生产经营所得中扣除。

（三）《个人所得税经营所得纳税申报表（C表）》及其填报

《个人所得税经营所得纳税申报表（C表）》（见表3–16）适用于个体工商户业主、个人独资企业投资人、合伙企业个人合伙人、承包承租经营者个人以及其他从事生产、经营活动的个人在中国境内两处以上取得经营所得，办理合并计算个人所得税的年度汇总纳税申报时，向税务机关报送。

纳税人从两处以上取得经营所得，应当于取得所得的次年3月31日前办理年度汇总纳税申报。

表3-16 个人所得税经营所得纳税申报表（C表）

税款所属期：　　年　月　日至　　年　月　日

纳税人姓名：

纳税人识别号：□□□□□□□□□□□□□□□□□□□□□□□□　　金额单位：人民币元（列至角分）

被投资单位信息	单位名称			纳税人识别号（统一社会信用代码）	投资者应纳税所得额
	汇总地				
	非汇总地	1			
		2			
		3			
		4			
		5			

项目	行次	金额 / 比例
一、投资者应纳税所得额合计	1	
二、应调整的个人费用及其他扣除（2=3+4+5+6）	2	
（一）投资者减除费用	3	
（二）专项扣除	4	
（三）专项附加扣除	5	
（四）依法确定的其他扣除	6	
三、应调整的其他项目	7	
四、调整后应纳税所得额（8=1+2+7）	8	
五、税率（%）	9	
六、速算扣除数	10	
七、应纳税额（11=8×9-10）	11	
八、减免税额（附报《个人所得税减免税事项报告表》）	12	
九、已缴税额	13	
十、应补 / 退税额（14=11-12-13）	14	
谨声明本表是根据国家税收法律法规及相关规定填报的，是真实的、可靠的、完整的。 纳税人签字：　　年　月　日		
经办人： 经办人身份证件号码： 代理机构签章： 代理机构统一社会信用代码：	受理人： 受理税务机关（章）： 受理日期：　年　月　日	

国家税务总局监制

五、经营所得预缴、汇缴与汇总申报案例解析

【例3-14】2018年6月，王某购买了首套房，办理了为期25年的住房公积金首套房贷款，正在还款中。王某尚未结婚，2020年8月，父母刚年满55岁。王某个人每月按国家规定的标准缴纳社会保险费和住房公积金2 200元（其中养老保险费1 000元/月，医疗保险费200元/月，住房公积金1 000元）。其2021年收入均来源于甲个体经营和对乙合伙企业的投资，无其他所得。

1.甲个体经营情况。

2018年8月，王某领取甲个体工商户营业执照，从事手机的零售业务和电信业务代理等，经营所得个人所得税实行查账征收。2021年实现销售收入1 503 000元，发生营业成本780 000元、管理费用260 000元、税金8 788元、其他支出3 212元，共计1 052 000元，实现的利润总额为451 000元。利润总额中已经扣除如下支出：

支付工资751 500元，其中王某个人的工资215 000元。支付职工社会保险费和住房公积金共计85 400元，其中王某个人的社会保险费和住房公积金26 520元，社会保险费和住房公积金的缴纳比例和基数符合国家规定。

管理费用中列支和家庭混用的水电等支出12 000元、市场物业管理费5 000元、王某陪同父母出国旅游费用32 700元，其他支出中列支了税收滞纳金3 212元。

2021年按季预缴申报，当年前三季度已预缴税款为0。

2.对乙合伙企业的投资及合伙企业的经营情况。

2019年4月，王某投资于乙合伙企业，投资比例为25%，投资合同约定按投资比例分配经营利润（承担亏损）。王某投资后乙合伙企业有三个自然人合伙人。合伙人经营所得个人所得税实行查账征收。2020年乙合伙企业符合税法规定的亏损额为153 500元。2021年合伙企业全年实现销售收入5 080 000元、发生成本3 020 000元、管理费用2 030 000元、税金52 500元，会计核算的年度利润总额为–22 500元。利润中已经扣除如下支出：

支付职工工资185 960元，三个合伙人在本合伙企业领取工资共计450 000元。购买三辆登记在三个合伙人个人名下的小汽车共列支了366 000元。

2021年按季预缴申报，当年前三季度已预缴税款为0。王某选择在乙合伙企业所在地办理汇总申报。

要求：根据以上资料，计算王某经营所得应缴纳的个人所得税，并填报相关纳税申报表。

【解析】

1.2021年第四季度来源于甲个体户经营所得应预缴税款计算及预缴申报。

全年利润总额451 000元；

由于没有综合所得，计算经营所得应纳税所得额时，可以扣除投资者减除费用60 000元、专项扣除、专项附加扣除和依法确定的其他扣除。投资者减除费用和专项扣除可以在预缴申报时扣除，专项附加扣除在年终汇算清缴时扣除，没有其他扣除。

第四季度预缴申报的应纳税所得额为：

451 000–60 000–2 200×12=364 600（元），适用税率30%，速算扣除数为40 500。

全年应预缴经营所得个人所得税为：

364 600 × 30%−40 500=68 880（元）。

预缴申报表的填报如表3−17所示。

表3−17 个人所得税经营所得纳税申报表（A表）

税款所属期：2021年1月1日至2021年12月31日

纳税人姓名：王某

纳税人识别号：□□□□□□□□□□□□□□□□□□□□□□ 金额单位：人民币元（列至角分）

被投资单位信息		
名称	甲个体工商户	
纳税人识别号（统一社会信用代码）	□□□□□□□□□□□□□□□□□□□□□□	
征收方式（单选）		
√查账征收（据实预缴） □查账征收（按上年应纳税所得额预缴） □核定应税所得率征收 □核定应纳税所得额征收 □税务机关认可的其他方式________		
个人所得税计算		
项目	**行次**	**金额 / 比例**
一、收入总额	1	1 503 000.00
二、成本费用	2	1 052 000.00
三、利润总额（第3行=第1行−第2行）	3	451 000.00
四、弥补以前年度亏损	4	0
五、应税所得率（%）	5	
六、合伙企业个人合伙人分配比例（%）	6	100
七、允许扣除的个人费用及其他扣除（第7行=第8行+第9行+第14行）	7	86 400.00
（一）投资者减除费用	8	60 000.00
（二）专项扣除（第9行=第10行+第11行+第12行+第13行）	9	26 400.00
1. 基本养老保险费	10	12 000.00
2. 基本医疗保险费	11	2 400.00
3. 失业保险费	12	
4. 住房公积金	13	12 000.00
（三）依法确定的其他扣除（第14行=第15行+第16行+第17行）	14	0
1.	15	
2.	16	
3.	17	
八、准予扣除的捐赠额（附报《个人所得税公益慈善事业捐赠扣除明细表》）	18	0

九、应纳税所得额	19	364 600.00
十、税率（%）	20	30
十一、速算扣除数	21	40 500
十二、应纳税额（第 22 行 = 第 19 行 × 第 20 行 – 第 21 行）	22	68 880.00
十三、减免税额（附报《个人所得税减免税事项报告表》）	23	0
十四、已缴税额	24	0
十五、应补 / 退税额（第 25 行 = 第 22 行 – 第 23 行 – 第 24 行）	25	68 880.00
备注		
谨声明本表是根据国家税收法律法规及相关规定填报的，本人对填报内容（附带资料）的真实性、可靠性、完整性负责。 纳税人签字：王某　　2022 年 1 月 10 日		
经办人签字： 经办人身份证件类型： 经办人身份证件号码： 代理机构签章： 代理机构统一社会信用代码：	受理人： 受理税务机关（章）： 受理日期：　年　月　日	

国家税务总局监制

2. 2021 年来源于甲个体户经营所得汇算清缴应纳税款的计算。

（1）利润总额：451 000 元。

（2）纳税调整情况：

①业主王某个人工资不得税前扣除，调增应纳税所得额：215 000 元。

②和家庭混用的水电等支出按 40% 扣除，调增应纳税所得额：

12 000 × 60%=7 200（元）。

③陪同父母出国旅游属于用于个人和家庭的支出或与取得生产经营收入无关的其他支出，不得税前扣除，需要调增应纳税所得额：32 700 元。

④税收滞纳金不得税前扣除，需要调增应纳税所得额：3 212 元。

（3）纳税调整后所得：451 000+215 000+7 200+32 700+3 212=709 112（元）。

（4）应纳税所得额：

709 112–60 000–2 200 × 12–1 000 × 12=610 712（元）；

汇算清缴应纳经营所得个人所得税为：

610 712 × 35%–65 500=148 249.20（元）；

汇算清缴应补缴个人所得税：

148 249.20–68 880.00=79 369.20（元）。

2021 年来源于甲个体户经营所得的汇算清缴申报表填报如表 3–18 所示。

表3-18 个人所得税经营所得纳税申报表（B表）

税款所属期：2021 年 1 月 1 日至 2021 年 12 月 31 日

纳税人姓名：王某

纳税人识别号：□□□□□□□□□□□□□□□□□□□□□□□□ 金额单位：人民币元（列至角分）

被投资单位信息	名称	甲个体户	纳税人识别号（统一社会信用代码）	

项目	行次	金额 / 比例
一、收入总额	1	1 503 000.00
其中：国债利息收入	2	
二、成本费用（3=4+5+6+7+8+9+10）	3	1 052 000.00
（一）营业成本	4	780 000.00
（二）营业费用	5	
（三）管理费用	6	260 000.00
（四）财务费用	7	
（五）税金	8	8 788.00
（六）损失	9	
（七）其他支出	10	3 212.00
三、利润总额（11=1−2−3）	11	451 000.00
四、纳税调整增加额（12=13+27）	12	258 112.00
（一）超过规定标准的扣除项目金额（13=14+15+16+17+18+19+20+21+22+23+24+25+26）	13	0
1. 职工福利费	14	
2. 职工教育经费	15	
3. 工会经费	16	
4. 利息支出	17	
5. 业务招待费	18	
6. 广告费和业务宣传费	19	
7. 教育和公益事业捐赠	20	
8. 住房公积金	21	
9. 社会保险费	22	
10. 折旧费用	23	
11. 无形资产摊销	24	
12. 资产损失	25	
13. 其他	26	
（二）不允许扣除的项目金额（27=28+29+30+31+32+33+34+35+36）	27	258 112.00
1. 个人所得税税款	28	

2. 税收滞纳金	29	3 212.00
3. 罚金、罚款和被没收财物的损失	30	
4. 不符合扣除规定的捐赠支出	31	
5. 赞助支出	32	
6. 用于个人和家庭的支出	33	7 200.00
7. 与取得生产经营收入无关的其他支出	34	32 700.00
8. 投资者工资薪金支出	35	215 000.00
9. 其他不允许扣除的支出	36	
五、纳税调整减少额	37	0
六、纳税调整后所得（38=11+12–37）	38	709 112.00
七、弥补以前年度亏损	39	0
八、合伙企业个人合伙人分配比例（%）	40	100
九、允许扣除的个人费用及其他扣除（41=42+43+48+55）	41	86 400.00
（一）投资者减除费用	42	60 000.00
（二）专项扣除（43=44+45+46+47）	43	26 400.00
1. 基本养老保险费	44	12 000.00
2. 基本医疗保险费	45	2 400.00
3. 失业保险费	46	
4. 住房公积金	47	12 000.00
（三）专项附加扣除（48=49+50+51+52+53+54）	48	12 000.00
1. 子女教育	49	
2. 继续教育	50	
3. 大病医疗	51	
4. 住房贷款利息	52	12 000.00
5. 住房租金	53	
6. 赡养老人	54	
（四）依法确定的其他扣除（55=56+57+58+59）	55	0
1. 商业健康保险	56	
2. 税延养老保险	57	
3.	58	
4.	59	
十、投资抵扣	60	0
十一、准予扣除的个人捐赠支出	61	0
十二、应纳税所得额（62=38–39–41–60–61）或［62=（38–39）×40–41–60–61］	62	610 712.00
十三、税率（%）	63	35

十四、速算扣除数	64	65 500
十五、应纳税额（65=62×63-64）	65	148 249.20
十六、减免税额（附报《个人所得税减免税事项报告表》）	66	0
十七、已缴税额	67	68 880.00
十八、应补/退税额（68=65-66-67）	68	79 369.20
谨声明本表是根据国家税收法律法规及相关规定填报的，是真实的、可靠的、完整的。 纳税人签字：王某　　2022年3月18日		
经办人： 经办人身份证件号码： 代理机构签章： 代理机构统一社会信用代码：	受理人： 受理税务机关（章）： 受理日期：　　年　月　日	

国家税务总局监制

3. 2021年来源于乙合伙企业经营所得的预缴申报。

2021年会计核算亏损22 500元，应预缴个人所得税为0。

2021年第四季度的预缴申报填报《个人所得税经营所得纳税申报表（A表）》如表3-19所示。

表3-19　个人所得税经营所得纳税申报表（A表）

税款所属期：2021年1月1日至2021年12月31日

纳税人姓名：王某

纳税人识别号：□□□□□□□□□□□□□□□□□□□□□□□　　金额单位：人民币元（列至角分）

被投资单位信息		
名称	乙合伙企业	
纳税人识别号（统一社会信用代码）	□□□□□□□□□□□□□□□□□□□□□□□	
征收方式（单选）		
√查账征收（据实预缴）　□查账征收（按上年应纳税所得额预缴）　□核定应税所得率征收 □核定应纳税所得额征收　□税务机关认可的其他方式________		
个人所得税计算		
项目	**行次**	**金额/比例**
一、收入总额	1	5 080 000.00
二、成本费用	2	5 102 500.00
三、利润总额（第3行=第1行-第2行）	3	-22 500.00
四、弥补以前年度亏损	4	0
五、应税所得率（%）	5	
六、合伙企业个人合伙人分配比例（%）	6	25
七、允许扣除的个人费用及其他扣除（第7行=第8行+第9行+第14行）	7	0
（一）投资者减除费用	8	0

（二）专项扣除（第9行=第10行+第11行+第12行+第13行）	9	
1. 基本养老保险费	10	
2. 基本医疗保险费	11	
3. 失业保险费	12	
4. 住房公积金	13	
（三）依法确定的其他扣除（第14行=第15行+第16行+第17行）	14	
1.	15	
2.	16	
3.	17	
八、准予扣除的捐赠额（附报《个人所得税公益慈善事业捐赠扣除明细表》）	18	0
九、应纳税所得额	19	0
十、税率（%）	20	
十一、速算扣除数	21	
十二、应纳税额（第22行=第19行×第20行-第21行）	22	0
十三、减免税额（附报《个人所得税减免税事项报告表》）	23	0
十四、已缴税额	24	0
十五、应补/退税额（第25行=第22行-第23行-第24行）	25	0
备注		
谨声明本表是根据国家税收法律法规及相关规定填报的，本人对填报内容（附带资料）的真实性、可靠性、完整性负责。 纳税人签字：王某　　2022年1月12日		
经办人签字： 经办人身份证件类型： 经办人身份证件号码： 代理机构签章： 代理机构统一社会信用代码：	受理人： 受理税务机关（章）： 受理日期：　年　月　日	

国家税务总局监制

4. 2021年来源于乙合伙企业的经营所得计算。

（1）2020年度结转的待弥补亏损额：153 500元。

（2）2021年度经营所得计算：

会计利润：−22 500元；

三个合伙人在合伙企业领取的工资需调增应纳税所得额：450 000元；

购买的登记在合伙人名下的小汽车支出366 000元，不得税前扣除。

纳税调整后所得：−22 500+450 000+366 000=793 500（元）。

（3）弥补以前年度亏损后的所得：

793 500–153 500=640 000（元）。

（4）王某应分得的所得：640 000×25%=160 000（元）。

（5）汇算清缴应纳税所得额的计算：

由于没有综合所得，扣除投资者减除费用60 000元后，应纳税所得额为：

160 000–60 000=100 000（元）；

应纳经营所得个人所得税为：

100 000×20%–10 500=9 500（元）。

5. 汇算清缴申报。

2021年来源于乙合伙企业的经营所得汇算清缴申报，填报申报表如表3–20所示。

表3–20 个人所得税经营所得纳税申报表（B表）

税款所属期：2021 年 1 月 1 日至 2021 年 12 月 31 日

纳税人姓名：王某

纳税人识别号：□□□□□□□□□□□□□□□□□□□□□□□ 金额单位：人民币元（列至角分）

被投资单位信息	名称		纳税人识别号（统一社会信用代码）	
项目			**行次**	**金额 / 比例**
一、收入总额			1	5 080 000.00
其中：国债利息收入			2	
二、成本费用（3=4+5+6+7+8+9+10）			3	5 102 500.00
（一）营业成本			4	3 020 000.00
（二）营业费用			5	
（三）管理费用			6	2 030 000.00
（四）财务费用			7	
（五）税金			8	52 500.00
（六）损失			9	
（七）其他支出			10	
三、利润总额（11=1–2–3）			11	–22 500.00
四、纳税调整增加额（12=13+27）			12	816 000.00
（一）超过规定标准的扣除项目金额（13=14+15+16+17+18+19+20+21+22+23+24+25+26）			13	0
1. 职工福利费			14	
2. 职工教育经费			15	
3. 工会经费			16	
4. 利息支出			17	

5. 业务招待费	18	
6. 广告费和业务宣传费	19	
7. 教育和公益事业捐赠	20	
8. 住房公积金	21	
9. 社会保险费	22	
10. 折旧费用	23	
11. 无形资产摊销	24	
12. 资产损失	25	
13. 其他	26	
（二）不允许扣除的项目金额（27=28+29+30+31+32+33+34+35+36）	27	816 600.00
1. 个人所得税税款	28	
2. 税收滞纳金	29	
3. 罚金、罚款和被没收财物的损失	30	
4. 不符合扣除规定的捐赠支出	31	
5. 赞助支出	32	
6. 用于个人和家庭的支出	33	
7. 与取得生产经营收入无关的其他支出	34	
8. 投资者工资薪金支出	35	450 000.00
9. 其他不允许扣除的支出	36	366 000.00
五、纳税调整减少额	37	0
六、纳税调整后所得（38=11+12−37）	38	793 500.00
七、弥补以前年度亏损	39	153 500.00
八、合伙企业个人合伙人分配比例（%）	40	25
九、允许扣除的个人费用及其他扣除（41=42+43+48+55）	41	60 000.00
（一）投资者减除费用	42	60 000.00
（二）专项扣除（43=44+45+46+47）	43	0
1. 基本养老保险费	44	
2. 基本医疗保险费	45	
3. 失业保险费	46	
4. 住房公积金	47	
（三）专项附加扣除（48=49+50+51+52+53+54）	48	0
1. 子女教育	49	
2. 继续教育	50	
3. 大病医疗	51	

4. 住房贷款利息	52	
5. 住房租金	53	
6. 赡养老人	54	
（四）依法确定的其他扣除（55=56+57+58+59）	55	0
1. 商业健康保险	56	
2. 税延养老保险	57	
3.	58	
4.	59	
十、投资抵扣	60	0
十一、准予扣除的个人捐赠支出	61	
十二、应纳税所得额（62=38−39−41−60−61）或［62=（38−39）×40−41−60−61］	62	100 000.00
十三、税率（%）	63	20
十四、速算扣除数	64	10 500
十五、应纳税额（65=62×63−64）	65	9 500.00
十六、减免税额（附报《个人所得税减免税事项报告表》）	66	0
十七、已缴税额	67	0
十八、应补/退税额（68=65−66−67）	68	9 500.00
谨声明本表是根据国家税收法律法规及相关规定填报的，是真实的、可靠的、完整的。 纳税人签字：王某　　2022 年 3 月 20 日		
经办人： 经办人身份证件号码： 代理机构签章： 代理机构统一社会信用代码：	受理人： 受理税务机关（章）： 受理日期：　　年　月　日	

国家税务总局监制

6. 王某2021年境内经营所得应纳个人所得税计算。

汇总申报时可以扣除的专项扣除：2 200×12=26 400（元）；

可以扣除专项附加扣除：

住房贷款利息专项附加扣除：1 000×12=12 000（元）；

2021年度中国境内的经营所得应纳税所得额：

709 112+160 000−60 000−26 400−12 000=770 712（元）。

应纳经营所得个人所得税：

770 712×35%−65 500=204 249.2（元）。

已缴经营所得个人所得税：148 249.20+9 500.00=157 749.20（元）。

应补个人所得税为：204 249.2−157 749.20=46 500（元）。

7. 王某2021年经营所得汇总申报。

王某选择在乙合伙企业所得地办理汇总申报，填报《个人所得税经营所得纳税申报表（C表）》如表3-21所示。

表3-21 个人所得税经营所得纳税申报表（C表）

税款所属期：2021年1月1日至2021年12月31日

纳税人姓名：王某

纳税人识别号：□□□□□□□□□□□□□□□□□□□□□□□□ 金额单位：人民币元（列至角分）

被投资单位信息	单位名称			纳税人识别号（统一社会信用代码）	投资者应纳税所得额
	汇总地		乙合伙企业		100 000.00
	非汇总地	1	甲个体工商户		610 712.00
		2			
		3			
		4			
		5			

项目	行次	金额/比例
一、投资者应纳税所得额合计	1	710 712.00
二、应调整的个人费用及其他扣除（2=3+4+5+6）	2	60 000.00
（一）投资者减除费用	3	60 000.00
（二）专项扣除	4	
（三）专项附加扣除	5	
（四）依法确定的其他扣除	6	
三、应调整的其他项目	7	0
四、调整后应纳税所得额（8=1+2+7）	8	770 712.00
五、税率（%）	9	35
六、速算扣除数	10	65 500
七、应纳税额（11=8×9-10）	11	204 249.20
八、减免税额（附报《个人所得税减免税事项报告表》）	12	0
九、已缴税额	13	157 749.20
十、应补/退税额（14=11-12-13）	14	46 500.00

谨声明本表是根据国家税收法律法规及相关规定填报的，是真实的、可靠的、完整的。

纳税人签字：王某 2022年3月26日

经办人： 经办人身份证件号码： 代理机构签章： 代理机构统一社会信用代码：	受理人： 受理税务机关（章）： 受理日期： 年 月 日

国家税务总局监制

六、单位代理经营所得申报缴款

纳税人取得经营所得，按年计算个人所得税，由纳税人在月度或者季度终了后15日内向税务机关报送纳税申报表,并预缴税款;在取得所得的次年3月31日前办理汇算清缴。

当组织类型是个体工商户、个人独资企业或合伙企业时，自然人电子税务局（扣缴端）系统上方会显示生产经营申报通道。该扣缴端适用于个体工商户业主、个人独资企业投资者和合伙企业自然人合伙人进行预缴纳税申报和年度汇缴申报。此时，投资者需要在【代扣代缴】子系统的【人员信息采集】菜单下，有采集并报送成功过，否则系统将会自动提示完成人员信息采集并报送成功。

单位代理经营所得申报缴款的，分如下情况处理：

三方协议缴款：投资人需要和税务机关、银行签订《委托银行代缴税款协议书》才能使用“三方协议缴款”方式。已经签订过的，不需要重新签订。只针对本地申报成功且欠税的记录进行缴款，如果客户端重装，申报数据丢失，只能通过其他渠道缴款。

银行端查询缴税：打印银行端查询缴税凭证后至商业银行缴款，部分地区有该功能。只针对本地申报成功且欠税的记录进行缴款，如果客户端重装，申报数据丢失，只能通过其他渠道缴款。

银联缴税：该缴税方式下各位投资人需分别进行缴款操作。

扫码缴税：申报完成之后有欠税的，可以生成缴税二维码，纳税人可通过微信/支付宝客户端进行扫码缴税。仅在部分试点地区上线。

TAXING

第四章

利息、股息、红利所得

税收与你获得的得益如影随形。

——爱默生

利息、股息、红利所得，是指个人拥有债权、股权等而取得的利息、股息、红利所得。本章阐述利息股息红利所得的征税范围、应纳税所得额与应纳税额的计算，以及盈余积累转增股本的个人所得税处理。主要内容如图4–1所示。

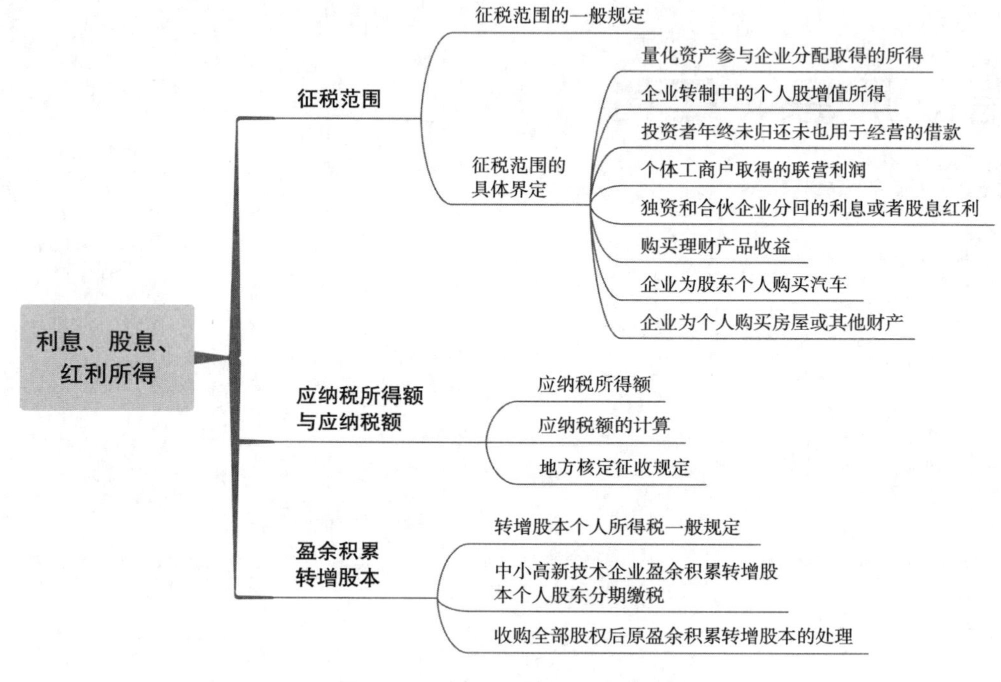

图4–1　利息、股息、红利所得

第一节　征税范围

一、征税范围的一般规定

根据《中华人民共和国公司法》（以下简称《公司法》）第二十六条的规定，有限责任公司的注册资本为在公司登记机关登记的全体股东认缴的出资额。法律、行政法规以及国务院决定对有限责任公司注册资本实缴、注册资本最低限额另有规定的，从其规定。

根据《公司法》第三条的规定，有限责任公司的股东以其认缴的出资额为限对公司承担责任；股份有限公司的股东以其认购的股份为限对公司承担责任。

根据《公司法》第三十四条的规定，股东按照实缴的出资比例分取红利；公司新增资本时，股东有权优先按照实缴的出资比例认缴出资。但是，全体股东约定不按照出资比例分取红利或者不按照出资比例优先认缴出资的除外。

利息是个人拥有债权而取得的所得，包括存款利息、贷款利息、借款和各种债券利息以及其他形式取得的利息。股息、红利是指公司、企业按照个人拥有的股份分配的息金、红利。

根据《个人所得税法实施条例》第六条第一款第（六）项的规定，利息、股息、红利所得，是指个人拥有债权、股权等而取得的利息、股息、红利性质的所得。

二、征税范围的具体界定

（一）量化资产参与企业分配取得的所得

根据国家有关规定，允许集体所有制在改制为股份合作制企业时将有关资产量化给职工个人。为了支持企业改组改制的顺利进行，对于企业在这一改革过程中个人取得量化资产有关个人所得税问题，《国家税务总局关于企业改组改制过程中个人取得的量化资产征收个人所得税问题的通知》（国税发〔2000〕60号）规定，对职工个人以股份形式取得的企业量化资产参与企业分配而获得的股息、红利，应按“利息、股息、红利”项目征收个人所得税。

【例4-1·多选】某集体企业职工王某，在企业改制为股份制企业过程中以2.3万元的成本取得了价值20万元拥有所有权的量化股份。1年后，获得了企业分配的股息6 000元。2年后，王某以22万元的价格将股份转让。假设不考虑转让过程中的税费，下列有关王某个人所得税的表述中，正确的有（　　）。

A. 王某取得量化股份时暂缓计征个人所得税

B. 对王某取得的6 000元股息，应按“利息、股息、红利所得”项目计征个人所得税

C. 对王某转让量化股份取得的收入应以19.7万元为计税依据，按“财产转让所得”项目计征个人所得税

D. 对王某取得的量化股份价值与支付成本的差额17.7万元，应在取得当月与当月工资薪金合并，按“工资、薪金所得”项目计征个人所得税

【答案】ABC

【解析】选项A：对职工个人以股份形式取得的拥有所有权的企业量化资产，暂缓征收个人所得税；选项B：对职工个人以股份形式取得的企业量化资产参与企业分配而获得的股息、红利所得应按“利息、股息、红利”项目征收个人所得税；选项C：待个人将股份转让时，就其转让收入额，减除个人取得该股份时实际支付的费用支出和合理转让费用后的余额，按“财产转让所得”项目计征个人所得税，所以王某转让股权时，应缴纳个人所得税的财产转让所得为：22−2.3=19.7（万元）。

（二）企业转制中的个人股增值所得

《国家税务总局关于原城市信用社在转制为城市合作银行过程中个人股增值所得应纳个人所得税的批复》（国税函发〔1998〕289号）规定，在城市信用社改制为城市合作银行过程中，个人（股东）以现金或股份及其他形式取得的资产评估增值数额，应当按“利息、股息、红利所得”项目计征个人所得税，税款由城市合作银行负责代扣代缴。

（三）投资者年终未归还未也用于经营的借款

《财政部 国家税务总局关于规范个人投资者个人所得税征收管理的通知》（财税〔2003〕

158号）第二条关于个人投资者从其投资的企业（个人独资企业、合伙企业除外）借款长期不还的处理问题规定，纳税年度内个人投资者从其投资企业（个人独资企业、合伙企业除外）借款，在该纳税年度终了后既不归还，又未用于企业生产经营的，其未归还的借款可视为企业对个人投资者的红利分配，依照“利息、股息、红利所得”项目计征个人所得税。

根据《个人所得税管理办法》（国税发〔2005〕120号文件印发）第三十五条的规定，各级税务机关应强化对个体工商户、个人独资企业和合伙企业投资者以及独立从事劳务活动的个人的个人所得税征管。加强个人投资者从其投资企业借款的管理，对期限超过一年又未用于企业生产经营的借款，严格按照有关规定征税。要严格对个人投资的企业和个体工商户税前扣除的管理，定期进行检查。对个人投资者以企业资金为本人、家庭成员及其相关人员支付的与生产经营无关的消费性、财产性支出，严格按照规定征税。

上述借款年度终了后既不归还，又未用于企业生产经营的，到以后年度税务检查时即使归还，按照黄山市博皓投资咨询有限公司股东借款征收个人所得税司法判例，也可按规定计征个人所得税。

不过，《河北省地方税务局关于秦皇岛市局个人投资者借款征收个人所得税问题请示的批复》（冀地税函〔2013〕68号）规定，个人投资者归还从其投资企业取得的一年以上借款，已经按照“利息、股息、红利”征收的个人所得税，应予以退还或在以后应纳个人所得税中抵扣。个人投资者从其投资企业有多笔借款，在归还借款时，根据协议（合同）约定来确定归还的具体是哪笔借款，无协议（合同）的，按实际情况确定。

【例4–2】博皓公司系由宁波博皓投资控股有限公司、苏某、倪某、洪某共同投资成立的有限责任公司。截止到2012年初，博皓公司借款给其股东苏某300万元、洪某265万元、倪某305万元，以上借款共计870万元，在2014年5月归还，该借款未用于博皓公司的生产经营。2014年2月28日，黄山市地方税务局稽查局对博皓公司涉嫌税务违法行为立案稽查，于2015年2月20日对博皓公司做出税务处理决定，其中认定博皓公司少代扣代缴上述股东借款174万元个人所得税，责令博皓公司补扣、补缴。

稽查人员认为：博皓公司借款给投资者，未用于企业的生产经营的事实清楚。三名投资者的借款虽然有归还的事实，但显已超出该纳税年度，符合财税〔2003〕158号文件对个人投资者征收个人所得税的相关规定，博皓公司应履行代扣代缴义务。

博皓公司认为：黄山市地方税务局稽查局错误地理解了财税〔2003〕158号文件，投资者借款归还后，借款人已属不得者，在借款人还款后仍然按借款数额征收借款者个人所得税显然是错误的。该文件并没有规定纳税年度终了后多少时间内还款，稽查时已确认三个投资者还清了所有借款，该借款不能视作企业对投资者的红利分配。

要求：分析说明上述处理是否适当。

【解析】

1.一审法院意见。

博皓公司借款给投资者，未用于企业的生产经营的事实清楚。三名投资者的借款虽然有归还的事实，但显已超出该纳税年度，符合财税〔2003〕158号文件对个人投资者征收个人所得税的相关规定，博皓公司应履行代扣代缴义务。

税务处理决定认定事实清楚，处理程序合法，责令博皓公司补扣补缴174万元个人所得税的处理决定正确、适当。

2.黄山市中院意见。

黄山市地方税务局稽查局依法实施税务稽查，查处税收违法行为，有权对博皓公司涉税事项进行检查处理。

黄山市地方税务局稽查局查明博皓公司股东从博皓公司借款超过一个纳税年度，该借款又未用于博皓公司经营，因此将博皓公司股东在超过一个纳税年度内未归还的借款视为博皓公司对个人投资者的红利分配，依照财税〔2003〕158号文件第二条规定决定计征个人所得税，该决定符合财政部、国家税务总局关于个人投资者从投资的企业借款长期不还的处理问题的意见。

黄山市地方税务局稽查局认定事实清楚，处理程序合法，责令博皓公司补扣补缴174万元个人所得税的处理决定适当，一审法院判决维持黄山市地方税务局稽查局处理决定正确，博皓公司的上诉理由不能成立，本院不予采纳。

依据《中华人民共和国行政诉讼法》第六十一条第（一）项的规定，判决如下：

驳回上诉，维持原判。

3.省高院意见。

《中华人民共和国税收征收管理法》第十四条规定，该法所称税务机关是指各级税务局、税务分局、税务所和按照国务院规定设立的并向社会公告的税务机构。

《中华人民共和国税收征收管理法实施细则》第九条第一款规定，《税收征收管理法》第十四条所称按照国务院规定设立的并向社会公告的税务机构，是指省以下税务局的稽查局。稽查局专司偷税、逃避追缴欠税、骗税、抗税案件的查处。

从以上法律法规的规定来看，黄山市地方税务局稽查局具有查处税收违法行为，做出处理决定的权力。

财税〔2003〕158号文件第二条规定，纳税年度内个人投资者从其投资企业（个人独资企业、合伙企业除外）借款，在该纳税年度终了后既不归还，又未用于企业生产经营的，其未归还的借款可视为企业对个人投资者的红利分配，依照“利息、股息、红利所得”项目计征个人所得税。

该规定的目的是防止个人投资者以借款的形式掩盖红利分配，其征税对象是纳税年度终了后未归还且未用于企业生产经营的借款。

从本案的情形来看，2010年初，博皓公司分别借款给其股东苏某300万元、洪某265万元、倪某305万元，以上借款未用于博皓公司的生产经营。虽然该三人于2012年5月归还了借款，但该借款显然超过了一个纳税年度未归还，符合上述通知规定的征税情形，博皓公司应当履行代扣代缴税款义务。

黄山市地方税务局稽查局责令博皓公司补扣补缴174万元个人所得税的处理决定并无不当，二审法院维持黄山市地方税务局稽查局黄地税稽处〔2014〕5号税务处理决定中责令博皓公司补扣补缴174万元个人所得税的决定正确。

综上，博皓公司再审申请理由不能成立，其再审申请不符合《中华人民共和国行政诉讼法》第九十一条规定的情形。

依照《最高人民法院关于适用〈中华人民共和国行政诉讼法〉的解释》第一百一十六条第二款的规定，裁定如下：

驳回黄山市博皓投资咨询有限公司的再审申请。

（四）个体工商户取得的联营利润

根据《财政部 国家税务总局关于个人所得税若干政策问题的通知》（财税字〔1994〕20号）第一条的规定，个体工商户与企业联营而分得的利润，按利息、股息、红利所得项目征收个人所得税。个体工商户和从事生产、经营的个人，取得与生产、经营活动无关的各项应税所得，应按规定分别计算征收个人所得税。

（五）独资和合伙企业分回的利息或者股息红利

1. 个人独资和合伙企业对外投资分回的利息或者股息红利

根据《国家税务总局关于〈关于个人独资企业和合伙企业投资者征收个人所得税的规定〉执行口径的通知》（国税函〔2001〕84号）第二条“关于个人独资企业和合伙企业对外投资分回利息、股息、红利的征税问题”的规定，个人独资企业和合伙企业对外投资分回的利息或者股息、红利，不并入企业的收入，而应单独作为投资者个人取得的利息、股息、红利所得，按“利息、股息、红利所得”应税项目计算缴纳个人所得税。以合伙企业名义对外投资分回利息或者股息、红利的，应按规定确定各个投资者的利息、股息、红利所得，分别按“利息、股息、红利所得”应税项目计算缴纳个人所得税。

2. 纳税地点的地方规定

根据国税函〔2001〕84号文件中“个人独资企业和合伙企业对外投资分回的利息或者股息、红利，不并入企业的收入，而应单独作为投资者个人取得的利息、股息、红利所得，按‘利息、股息、红利所得’应税项目计算缴纳个人所得税”的规定精神，《浙江省地方税务局税政管理二处关于明确个人独资企业和合伙企业投资取得所得个人所得税纳税地点等问题的通知》（二便函〔2012〕16号）明确：

（1）对个人独资企业和合伙企业（以下简称投资企业）因直接投资于浙江省各类企业（以下简称被投资企业）取得的利息、股息、红利所得，被投资企业应按“利息、股息、红利所得”应税项目计算扣缴个人所得税，所扣税款应在规定期限内向被投资企业主管税务机关申报缴纳。

（2）被投资企业在扣缴税款时，应要求投资企业提供各投资者个人的姓名、身份证照类型及号码、职务、户籍所在地等基础信息，合伙企业投资者还需提供合伙人的分红比例，以便于扣缴义务人履行扣缴申报。

（六）购买理财产品收益

个人从银行购买理财产品等取得的收益是否缴纳个人所得税，目前存在争议。青岛等地对此进行了明确。《青岛市地方税务局关于印发〈2012年度所得税问题解答〉的通知》（青地税二函〔2013〕1号）中有这样的内容：“问：个人从银行购买理财产品的收益是否征收个人所得税？答：通过银行销售的理财产品品种很多，有银行自行开发的理财产品，有银行代信托公司或保险公司代销的产品，还有委托贷款。经请示总局，对个人取得的上述收益现暂不征收个人所得税”。

在与青岛市没有隶属关系的其他地方，不能直接依据青岛市税务局文件做出具体行政行为。遇到此类情况时，建议咨询当地税务局。

（七）企业为股东个人购买汽车

根据《国家税务总局关于企业为股东个人购买汽车征收个人所得税的批复》（国税函〔2005〕364号）的规定，依据个人所得税法以及有关规定，企业购买车辆并将车辆所有权办到股东个人名下，其实质为企业对股东进行了红利性质的实物分配，应按照“利息、股息、红利所得”项目征收个人所得税。考虑到该股东个人名下的车辆同时也为企业经营使用的实际情况，允许合理减除部分所得；减除的具体数额由主管税务机关根据车辆的实际使用情况合理确定。

根据《国家税务总局福建省税务局关于企业为股东个人购买汽车征收个人所得税问题的公告》（2018年第19号）的规定，“允许合理减除部分所得”问题，福建省统一按企业支付价款的50%减除。

（八）企业为个人购买房屋或其他财产

根据个人所得税法和财税〔2003〕158号文件的有关规定，《财政部 国家税务总局关于企业为个人购买房屋或其他财产征收个人所得税问题的批复》（财税〔2008〕83号）进一步明确，符合以下情形的房屋或其他财产，不论所有权人是否将财产无偿或有偿交付企业使用，其实质均为企业对个人进行了实物性质的分配，应依法计征个人所得税：

（1）企业出资购买房屋及其他财产，将所有权登记为投资者个人、投资者家庭成员或企业其他人员的；

（2）企业投资者个人、投资者家庭成员或企业其他人员向企业借款用于购买房屋及其他财产，将所有权登记为投资者、投资者家庭成员或企业其他人员，且借款年度终了后未归还借款的。

对个人独资企业、合伙企业的个人投资者或其家庭成员取得的上述所得，视为企业对个人投资者的利润分配，按照“经营所得”项目计征个人所得税；对除个人独资企业、合伙企业以外其他企业的个人投资者或其家庭成员取得的上述所得，视为企业对个人投资者的红利分配，按照“利息、股息、红利所得”项目计征个人所得税；对企业其他人员取得的上述所得，按照“工资、薪金所得”项目计征个人所得税。

第二节 应纳税所得额与应纳税额

一、应纳税所得额

根据《个人所得税法》第六条第一款第（六）项的规定，利息、股息、红利所得，以每次收入额为应纳税所得额。即利息、股息、红利所得以个人每次取得的收入额为应纳税所得额，除允许扣除的公益性捐赠外不得从收入额中扣除任何费用。其中，每次收入是指支付单位或个人每次支付利息、股息、红利时，个人所取得的收入。

（一）派发红股和转增资本的税务处理

《国家税务总局关于进一步加强高收入者个人所得税征收管理的通知》（国税发〔2010〕54号）要求：加强企业转增注册资本和股本管理，对以未分配利润、盈余公积和除股票溢价发行外的其他资本公积转增注册资本和股本的，要按照“利息、股息、红利所得”项目，依据现行政策规定计征个人所得税。

1. 派发红股

根据《征收个人所得税若干问题的规定》（国税发〔1994〕89号文件印发）的规定，股份制企业在分配股息、红利时，以股票形式向股东个人支付应得的股息、红利，应以派发红股的股票票面金额为收入额，按利息、股息、红利项目计征个人所得税。

2. 转增股本

根据《国家税务总局关于股份制企业转增股本和派发红股征免个人所得税的通知》（国税发〔1997〕198号）的规定，股份制企业用资本公积金转增股本不属于股息、红利性质的分配，对个人取得的转增股本数额，不作为个人所得，不征收个人所得税。股份制企业用盈余公积金派发红股属于股息、红利性质的分配，对个人取得的红股数额，应作为个人所得征税。派发红股的股份制企业作为支付所得的单位应按照税法规定履行扣缴义务。

3. 不征税资本公积的界定

国税发〔1997〕198号文件所称“资本公积金”，根据《国家税务总局关于原城市信用社在转制为城市合作银行过程中个人股增值所得应纳个人所得税的批复》（国税函〔1998〕289号）的规定，是指股份制企业股票溢价发行收入所形成的资本公积金。将此（即用股票溢价发行收入形成的资本公积）转增股本由个人取得的数额，不作为应税所得征收个人所得税。而与此不相符合的其他资本公积金分配个人所得部分，应当依法征收个人所得税。

拓展阅读

2012年4月11日，国家税务总局所得税司巡视员卢云就所得税相关政策与网友在线交流。

有网友说，我公司是有限公司，原股东为A、B两个自然人，公司注册资本100万元，A出资60万元，B出资40万元，2011年12月自然人股东C对本公司增资300万元，其中20万元为实收资本，280万元计入资本公积，2012年3月准备将280万元资本公积转增资本，转增后公司注册资本为400万元，其中自然人A为200万元，即增资140万元，自然人B为133.33万元，即增资93.33万元，自然人C为66.67万元，即增资46.67万元。

请问，自然人股东A、B、C需要就增资的部分缴纳个人所得税吗？

卢云答：按照国税发〔1997〕198号和国税函〔1998〕289号等文件规定的精神，对股份制企业用股票溢价发行收入形成的资本公积转增资本不征收个人所得税，除此之外，其他资本公积转增资本应征收个人所得税。

原某省地方税务局《2017年个人所得税部分政策口径》中有这样的内容：“有限责任公司溢价形成的资本公积转增股本个人所得税如何征收？”“答：不区分新、旧投资者，均按国税函〔1998〕289号规定处理。”

4. 盈余公积转增资本

根据《国家税务总局关于盈余公积金转增注册资本征收个人所得税问题的批复》（国税函发〔1998〕333号）规定，公司将从税后利润中提取的法定公积金和任意公积金转增注册资本，实际上是公司将盈余公积金向股东分配了股息、红利，股东再以分得的股息、红利增加注册资本。因此，依据国税发〔1997〕198号文件精神，对属于个人股东分得再投入公司（转增注册资本）的部分应按照“利息、股息、红利所得”项目征收个人所得税，税款由股份有限公司在有关部门批准增资、公司股东会决议通过后代扣代缴。

5.股份制企业的界定

《股份制企业试点办法》（体改生〔1992〕30号文件发布）第三条规定，股份制企业是全部注册资本由全体股东共同出资，并以股份形式构成的企业。股东依在股份制企业中所拥有的股份参加管理、享受权益、承担风险，股份可在规定条件下或范围内转让，但不得退股。我国股份制企业主要有股份有限公司和有限责任公司两种组织形式。

股份有限公司是指全部注册资本由等额股份构成并通过发行股票（或股权证）筹集资本的企业法人。其基本特征是：公司的资本总额平分为金额相等的股份，股东以其所认购股份对公司承担有限责任，公司以其全部资产对公司债务承担责任；经批准，公司可以向社会公开发行股票，股票可以交易或转让；股东数不得少于规定的数目，但没有上限；每一股有一表决权，股东以其持有的股份，享受权利，承担义务。

有限责任公司是指由50个以下股东出资设立，每个股东以其所认缴的出资额对公司承担有限责任，公司以其全部资产对其债务承担责任的企业法人。其基本特征是：公司的全部资产不分为等额股份；公司向股东签发出资证明书，不发行股票；公司股份的转让有严格限制；限制股东人数，并不得超过一定限额；股东以其出资比例享受权利、承担义务。

【例4–3】常州HS机械有限公司以截至2008年4月30日经审计的净资产15 249.8万元为基数，按1∶0.491 8的比例折为7 500万股，整体变更为江苏HS机械股份有限公司（后变更为江苏HS光电设备股份有限公司），折股前后的所有者权益如表4–1所示。

表4–1　折股前扣的所有者权益情况表

单位：元

<table>
<tr><th>所有者权益</th><th>折股前</th><th>折股后</th><th>折股金额</th></tr>
<tr><td>实收资本</td><td>15 898 308.51</td><td>75 000 000.00</td><td>59 101 691.49</td></tr>
<tr><td>其中：自然人股东</td><td>9 411 336.68</td><td>44 403 797.00</td><td>34 992 460.32</td></tr>
<tr><td>甲有限公司</td><td>6 486 971.83</td><td>30 596 203.00</td><td>24 109 231.17</td></tr>
<tr><td>资本公积</td><td>69 962 986.02</td><td>77 497 991.64</td><td>7 535 005.62</td></tr>
<tr><td>其中：资本溢价</td><td>68 871 150.34</td><td>77 497 991.64</td><td>8 626 841.30</td></tr>
<tr><td>盈余公积</td><td>5 523 892.28</td><td></td><td rowspan="2">66 636 697.11</td></tr>
<tr><td>未分配利润</td><td>61 112 804.83</td><td></td></tr>
<tr><td>所有者权益合计</td><td>152 497 991.64</td><td>152 497 991.64</td><td></td></tr>
</table>

要求：分析说明上市前股份制改造净资产折股，股东是否要缴所得税，股份制改造净资产（账面净值、评估值）折股公司是否要缴所得税。

【解析】《中华人民共和国财政部会计信息质量检查公告》（第二十一号）反映，财政部驻江苏财政监察专员办对江苏HS光电设备股份有限公司2009年度会计信息质量进行检查发现：该公司少缴各项税款865万元。其中：该公司2008年以盈余公积、未分配利润折股，自然人股东未缴纳个人所得税789万元。

针对上述问题，财政部驻江苏省财政监察专员办事处依法下达了处理决定。江苏HS光电设备股份有限公司已按照要求进行整改，调整会计账务，并补缴相关税款。

根据江苏省财监办的处理意见，是对HS有限公司整体改建为股份公司时，盈余公积和未分配利润中（合计6 663.67万元）归属于自然人股东的部分（59.21%），视同全额进行分配，缴纳了个人所得税。

6. 转增股本的企业所得税处理

根据《国家税务总局关于贯彻落实企业所得税法若干税收问题的通知》（国税函〔2010〕79号）的规定，企业权益性投资取得股息、红利等收入，应以被投资企业股东会或股东大会做出利润分配或转股决定的日期，确定收入的实现。被投资企业将股权（票）溢价所形成的资本公积转为股本的，不作为投资方企业的股息、红利收入，投资方企业也不得增加该项长期投资的计税基础。企业转增股本的企业所得税处理如表4–2所示。

表4–2 企业转增股本的企业所得税处理

<table>
<tr><th>股东权益</th><th>是否确认收入</th><th>是否上市公司</th><th>持股期限</th><th>是否为免税收入</th><th>是否增加计税基础</th></tr>
<tr><td rowspan="3">未分配利润、盈余公积、非股权（票）溢价形成的资本公积</td><td rowspan="3">确认股息、红利等权益性投资收益</td><td rowspan="2">上市公司</td><td>不足一年</td><td>否</td><td rowspan="3">是</td></tr>
<tr><td>超过一年</td><td rowspan="2">是</td></tr>
<tr><td>非上市公司</td><td>***</td></tr>
<tr><td>股权（票）溢价形成的资本公积</td><td>不确认收入</td><td>***</td><td>***</td><td>***</td><td>否</td></tr>
</table>

【例4–4】2022年5月8日，A有限责任公司（甲企业出资600万元，持股60%；李四出资400万元，持股40%）股东会做出如下利润分配决定：

分配现金股利100万元，以股权溢价形成的资本公积转增股本200万元，以其他资本公积转增股本300万元，分配股票股利400万元。

要求：进行相关所得税处理。

【解析】根据国税函〔2010〕79号文件的规定，企业权益性投资取得股息、红利等收入，应以被投资企业股东会或股东大会做出利润分配或转股决定的日期，确定收入的实现。被投资企业将股权（票）溢价所形成的资本公积转为股本的，不作为投资方企业的股息、红利收入，投资方企业也不得增加该项长期投资的计税基础。

案例中转增股本的所得税处理可列表说明如下（见表4–3）：

表4–3 分红与送、转股的企业所得税处理

单位：万元

<table>
<tr><th rowspan="2">项目</th><th colspan="2">所得</th><th colspan="2">股权原值</th></tr>
<tr><th>甲企业</th><th>李四</th><th>甲企业</th><th>李四</th></tr>
<tr><td>现金股利</td><td>60</td><td>40</td><td>600</td><td>400</td></tr>
</table>

续表

项目	所得		股权原值	
	甲企业	李四	甲企业	李四
股票股利	240	160	600+240=840	400+160=560
股权溢价形成的资本公积	不确认	80	840	560+80=640
其他资本公积	180	120	840+180=1 020	640+120=760

7.资本公积的会计处理

根据《小企业会计准则》第五十四条的规定，实收资本，是指投资者按照合同协议约定或相关规定投入到小企业、构成小企业注册资本的部分。小企业收到投资者以现金或非货币性资产投入的资本，应当按照其在本企业注册资本中所占的份额计入实收资本，超出的部分，应当计入资本公积。

该准则第五十五条规定：资本公积，是指小企业收到的投资者出资额超过其在注册资本或股本中所占份额的部分。小企业用资本公积转增资本，应当冲减资本公积。小企业的资本公积不得用于弥补亏损。

根据《企业会计制度》第八十二条的规定，资本公积包括资本（或股本）溢价、接受捐赠资产、拨款转入、外币资本折算差额等。其中资本（或股本）溢价，是指企业投资者投入的资金超过其在注册资本中所占份额的部分。

（二）储蓄存款利息所得的税务处理

根据《个人所得税法》第十八条的规定，对储蓄存款利息所得开征、减征、停征个人所得税及其具体办法，由国务院规定，并报全国人民代表大会常务委员会备案。

根据国务院的规定，储蓄存款在1999年10月31日前孳生的利息所得，不征收个人所得税；在1999年11月1日至2007年8月14日孳生的利息所得，按照20%的比例税率征收个人所得税；2007年8月15日至2008年10月8日孳生的利息所得，按照5%的比例税率征收个人所得税。自2008年10月9日起对储蓄存款利息所得暂免征收个人所得税。也就是说，储蓄存款利息所得应按政策调整前和调整后分时段计算，并按照不同的税率计征个人所得税。详细情况列表说明如下（见表4–4）：

表4–4 储蓄存款利息个人所得税征税情况表

时间	征税规定	备注
1999年10月31日以前孳生的利息所得	不征收个人所得税	
1999年11月1日至2007年8月14日孳生的利息所得	按照20%的比例税率征收个人所得税	
2007年8月15日至2008年10月8日孳生的利息所得	按照5%的比例税率征收个人所得税	
自2008年10月9日起	对储蓄存款利息所得暂免征收个人所得税	

【例4–5·多选】下列利息收入中，可以免征个人所得税的有（　　）。

A. 国债利息

B. 国家发行的金融债券利息

C. 个人按规定缴付住房公积金而存入银行账户取得的利息

D. 2008年10月9日起，取得的境外储蓄存款利息所得

【答案】ABC

【解析】国债和国家发行的金融债券利息，免征个人所得税；个人按规定缴付的住房公积金、医疗保险金等存入银行取得的利息，免于征收个人所得税。储蓄存款在2008年10月9日以后（含10月9日）孳生的利息所得，暂免征收个人所得税；境外储蓄存款利息所得应征收个人所得税。因而，ABC选项正确。

二、应纳税额的计算

利息、股息、红利所得以个人每次取得的收入额为应纳税所得额，适用20%的比例税率，计算缴纳个人所得税。其应纳税额的计算公式为：

应纳税额＝应纳税所得额（每次收入额）×适用税率（20%）

三、地方核定征收规定

国家财税主管部门没有就利息、股息红利所得个人所得税核定征收办法做出全国统一规定，宁波等地方出台了本地核定征收规定。

根据《宁波市地方税务局关于明确所得税若干问题的通知》（甬地税一〔2005〕10号）第一条“关于税后利润个人所得税核定征收管理的规定”的规定，凡主管税务机关认定税后利润个人所得税征收符合核定征收条件的企业，为方便征收，其税后利润个人所得税征收，主管税务机关可按其营业收入予以带征，带征率经调查测算暂定为：商业企业为0.2%；其他为0.5%（各类经济鉴证类社会中介机构除外）。

第三节　盈余积累转增股本

一、转增股本个人所得税一般规定

公司以盈余公积、资本公积、未分配利润转增股本，根据个人所得税法及其相关规定，自然人股东应按股息红利所得征免个人所得税。

对有限责任公司整体变更为股份有限公司时，按净资产折股过程中有限责任公司的资本公积、留存收益按照折股方案计入新的资本公积（股本溢价）的部分是否征收个人所得税问题，有的地方税务机关给出如下口径：有限责任公司整体变更为股份有限公司，会计上原所有者权益类科目需整体计入新的股本和资本公积（股本溢价），这种按净资产折股的过程可视为一个

将企业全部净资产重新量化到股东的行为。原资本公积、留存收益无论是转增股本，还是折股后原净资产超过新股本部分计入资本公积（股本溢价），都应视为一个整体。为保持政策与征管的统一，堵塞征管漏洞，均应按“利息、股息、红利所得”项目征收个人所得税。由于整体变更过程中，个人股东未取得现金，一次性纳税有困难的，可视情在一定期限（最多不超过5年）内分期缴纳，主管税务机关要加强跟踪管理，防止税收流失。

二、中小高新技术企业盈余积累转增股本个人股东分期缴税

根据《财政部 国家税务总局关于将国家自主创新示范区有关税收试点政策推广到全国范围实施的通知》（财税〔2015〕116号）第三条的规定，自2016年1月1日起，全国范围内的中小高新技术企业以未分配利润、盈余公积、资本公积向个人股东转增股本时，个人股东一次缴纳个人所得税确有困难的，可根据实际情况自行制定分期缴税计划，在不超过5个公历年度内（含）分期缴纳，并将有关资料报主管税务机关备案。

由于中小高新技术企业的有限合伙企业股东不是自然人股东，因而在没有政策规定前，有限合伙企业股东中的自然人合伙人，不可适用该项政策。

上市中小高新技术企业或在全国中小企业股份转让系统挂牌的中小高新技术企业向个人股东转增股本，股东应纳的个人所得税，继续按照现行有关股息红利差别化个人所得税政策执行，不适用规定的分期纳税政策。

（一）应税项目的确定

个人股东获得转增的股本，应按照“利息、股息、红利所得”项目，适用20%税率征收个人所得税，具体征税方法如表4–5所示。

表4–5 转增股本的个人所得税处理

<table>
<tr><th>企业类型</th><th>上市情况</th><th>特定类型</th><th>持股期限</th><th>自 2013 年
1 月 1 日起</th><th>自 2015 年
9 月 8 日起</th><th>征税办法</th></tr>
<tr><td rowspan="5">高新技术企业</td><td rowspan="2">上市公司</td><td rowspan="3"></td><td>超过 1 年</td><td>暂减按 25%</td><td>暂免</td><td></td></tr>
<tr><td>1 月到 1 年</td><td colspan="2">暂减按 50% 计入应纳税所得额</td><td rowspan="4">按利息、股息、红利所得适用 20% 税率</td></tr>
<tr><td>挂牌公司</td><td>不超过 1 月</td><td colspan="2">全额计入应纳税所得额</td></tr>
<tr><td rowspan="2">非上市、挂牌公司</td><td>中小高新技术企业</td><td colspan="3">自 2016 年起缴纳个人所得税确有困难的可在 5 个公历年度内分期缴纳</td></tr>
<tr><td>非中小高新技术企业</td><td colspan="3">不可分期缴纳</td></tr>
<tr><td rowspan="4">非高新技术企业</td><td rowspan="2">上市公司</td><td rowspan="4"></td><td>超过 1 年</td><td>暂减按 25%</td><td>暂免</td><td></td></tr>
<tr><td>1 月到 1 年</td><td colspan="2">暂减按 50% 计入应纳税所得额</td><td rowspan="3">按利息、股息、红利所得适用 20% 税率</td></tr>
<tr><td>挂牌公司</td><td>不超过 1 月</td><td colspan="2">全额计入应纳税所得额</td></tr>
<tr><td>其他公司</td><td colspan="3">不可分期缴纳</td></tr>
</table>

（二）转让股权取得现金的优先缴税

股东转让股权并取得现金收入的，该现金收入应优先用于缴纳尚未缴清的税款。

（三）不予追征的适用

在股东转让该部分股权之前，企业依法宣告破产，股东进行相关权益处置后没有取得收益或收益小于初始投资额的，主管税务机关对其尚未缴纳的个人所得税可不予追征。

（四）中小高新技术企业的界定

中小高新技术企业，是指注册在中国境内实行查账征收，经认定取得高新技术企业资格，且年销售额和资产总额均不超过2亿元、从业人数不超过500人的企业。这里的年销售额是指企业上一个会计年度的主营业务收入；资产总额、员工人数按企业转增股本当月相关数据确定。

（五）备案管理与代扣代缴

1.备案管理

《国家税务总局关于股权奖励和转增股本个人所得税征管问题的公告》（国家税务总局公告2015年第80号）明确，企业转增股本涉及的股东需要分期缴纳个人所得税的，应自行制定分期缴税计划，由企业于发生转增股本的次月15日内，向主管税务机关办理分期缴税备案手续。

办理转增股本分期缴税，企业应向主管税务机关报送高新技术企业认定证书、股东大会或董事会决议、《个人所得税分期缴纳备案表（转增股本）》（见表4–6）、上年度及转增股本当月企业财务报表、转增股本有关情况说明等。

高新技术企业认定证书、股东大会或董事会决议的原件，主管税务机关进行形式审核后退还企业，复印件及其他有关资料税务机关留存。

纳税人分期缴税期间需要变更原分期缴税计划的，应重新制定分期缴税计划，由企业向主管税务机关重新报送《个人所得税分期缴纳备案表（转增股本）》。

表4–6 个人所得税分期缴纳备案表（转增股本）

备案编号（主管税务机关填写）： 金额单位：人民币元（列至角分）

<table>
<tr><td colspan="9">扣缴单位基本情况</td></tr>
<tr><td>扣缴单位名称</td><td></td><td>纳税人识别号</td><td colspan="2"></td><td colspan="2">高新技术业证书编号</td><td colspan="2"></td></tr>
<tr><td>地址</td><td></td><td>联系人</td><td></td><td>电话</td><td colspan="4"></td></tr>
<tr><td>年销售额</td><td></td><td>资产总额</td><td></td><td>员工人数</td><td></td><td colspan="2">总股本（实收资本）</td><td></td></tr>
<tr><td colspan="9">转增股本情况</td></tr>
<tr><td colspan="2">未分配利润转增金额</td><td></td><td colspan="2">盈余公积转增金额</td><td></td><td colspan="2">资本公积转增金额</td><td></td></tr>
</table>

分期缴税情况																		
序号	姓名	身份证件类型	身份证件号码	持有股份数	持股比例	计税金额	应缴个人所得税	分期缴税计划										签名
								第一年		第二年		第三年		第四年		第五年		
								缴税时间	缴税金额	缴税时间	缴税金额	缴税时间	缴税金额	缴税时间	缴税金额	缴税时间	缴税金额	

谨声明此表是根据《中华人民共和国个人所得税法》及有关法律法规规定填写的，是真实的、完整的、可靠的。

扣缴单位负责人签字：　　　　扣缴单位盖章：　　　　年　月　日

代理申报机构（人）签章： 经办人： 经办人执业证件号码： 代理申报日期：　年　月　日	主管税务机关受理章： 受理人： 受理日期：　年　月　日

国家税务总局监制

2. 代扣代缴

企业在填写《个人所得税扣缴纳税申报表》时，应将纳税人转增股本情况单独填列，并在“备注”栏中注明“转增股本”字样。

纳税人在分期缴税期间取得分红或转让股权的，企业应及时代扣转增股本尚未缴清的个人所得税，并于次月15日内向主管税务机关申报纳税。

拓展阅读

天津天优科技股份有限公司
关于变更转增股本个人所得税分期缴纳计划的公告

一、公司变更转增股本个人所得税分期缴纳计划的事项说明

2016年4月，天优科技就公司转增股本个人所得税分期缴纳事项，依法向天津市高新区地税局提交了《转增股本个人所得税分期缴纳计划表》等资料，向其申请分5年缴纳股东因未分配利润转增股本需要缴纳额个人所得税款。计划现已执行到第四年，由于股东资金暂时出现周转困难，特请变更《天优科技转增股本个税分期缴纳计划》。由原计划2020年3月15日贺晓龙

缴纳500 000元、王立娟缴纳500 000元变更为2020年12月15日贺晓龙缴纳500 000元、王立娟缴纳500 000元；2021年3月15日贺晓龙缴纳760 000元、王立娟缴纳740 000元变更为2021年12月15日贺晓龙缴纳760 000元、王立娟缴纳740 000元；2020年4月15日贺晓龙缴纳61 200元、王立娟缴纳58 800元变更为2020年12月15日贺晓龙缴纳61 200元、王立娟缴纳58 800元；2021年4月15日贺晓龙缴纳102 000元、王立娟缴纳98 000元变更为2021年12月15日贺晓龙缴纳102 000元、王立娟缴纳98 000元。

公司变更股东纳税情况符合《中华人民共和国企业所得税法》及其实施条例和《财政部、国家税务总局关于个人非货币性资产投资有关个人所得税政策的通知》等相关法律、法规的规定。

且公司股东贺晓龙、王立娟二人均出具《关于公司整体改制时自然人股东个人所得税五年缓缴问题的承诺》，就公司由有限责任公司整体变更设立为股份有限公司时，涉及本人的个人所得税事项，上述股东均承诺自主申报、积极履行已制定的个人所得税五年缓缴计划，保证公司不因本人的个人所得税缴纳问题受到任何损失。

二、备查文件

《天津天优科技股份有限公司第二届董事会第四次会议决议》

《转增股本个人所得税分期缴纳计划表》

天津天优科技股份有限公司董事会

2020年2月6日

三、收购全部股权后原盈余积累转增股本的处理

关于个人投资者收购企业全部股权后，将企业原账面金额中的“资本公积、盈余公积、未分配利润”等盈余积累转增股本的个人所得税问题，《国家税务总局关于个人投资者收购企业股权后将原盈余积累转增股本个人所得税问题的公告》（国家税务总局公告2013年第23号）做出如下规定：

（1）一名或多名个人投资者以股权收购方式取得被收购企业100%股权，股权收购前，被收购企业原账面金额中的“资本公积、盈余公积、未分配利润”等盈余积累未转增股本，而在股权交易时将其一并计入股权转让价格并履行了所得税纳税义务。股权收购后，企业将原账面金额中的盈余积累向个人投资者（新股东，下同）转增股本，有关个人所得税问题区分以下情形处理。

①新股东以不低于净资产价格收购股权的，企业原盈余积累已全部计入股权交易价格，新股东取得盈余积累转增股本的部分，不征收个人所得税。

②新股东以低于净资产价格收购股权的，企业原盈余积累中，对于股权收购价格减去原股本的差额部分已经计入股权交易价格，新股东取得盈余积累转增股本的部分，不征收个人所得税；对于股权收购价格低于原所有者权益的差额部分未计入股权交易价格，新股东取得盈余积累转增股本的部分，应按照“利息、股息、红利所得”项目征收个人所得税。

新股东以低于净资产价格收购企业股权后转增股本，应按照下列顺序进行，即：先转增应税的盈余积累部分，然后再转增免税的盈余积累部分。

（2）新股东将所持股权转让时，其财产原值为其收购企业股权实际支付的对价及相关税费。

（3）企业发生股权交易及转增股本等事项后，应在次月15日内，将股东及其股权变化情况、股权交易前原账面记载的盈余积累数额、转增股本数额及扣缴税款情况报告主管税务机关。

【例4–6】2020年10月31日，甲企业账面资产总额8 000万元，负债3 000万元，所有者权益5 000万元，其中，实收资本（股本）1 000万元，资本公积、盈余公积、未分配利润等盈余积累合计4 000万元。2020年11月1日，自然人投资者（新股东）ABC向甲企业原股东张三购买该企业100%股权（股权原值为1 000万元），股权收购价4 500万元（主管税务机关认可交易价格）。新股东收购企业股权后于2021年9月1日，甲企业将资本公积、盈余公积、未分配利润等盈余积累4 000万元（假设此时股本以外的其他所有者权益余额为4 800万元）向新股东转增实收资本。2022年6月1日，股东ABC将持有的甲企业股权以6 000万元全部转让给中国公民李四。

要求：分析计算在上述交易过程中应缴纳的个人所得税。

【解析】

1.原股东张三应纳个人所得税。

张三以4 500万元低于账面净资产价格转让股权经主管税务机关认定具有正当理由，其所得3 500万元（4 500–1 000），应按财产转让所得缴纳个人所得税：3 500×20%=700（万元）。

2.股东ABC应纳个人所得税。

2021年11月1日，在新股东ABC股权收购价格4 500万元中，除了实收资本1 000万元外，实际上相当于以3 500万元购买了4 000万元的盈余积累，即4 000万元盈余积累中，有3 500万元计入了股权交易价格，剩余500万元未计入股权交易价格。

2021年9月1日，甲企业转增实收资本时，其中所转增的3 500万元不征收个人所得税，所转增的500万元应按“利息、股息、红利所得”项目缴纳个人所得税：500×20%=100（万元）。

2022年6月1日，股东ABC将持有的甲企业股权以6 000万元转让给李四时，其财产原值除其收购企业股权实际支付的对价及相关税费4 500万元外，根据《股权转让所得个人所得税管理办法（试行）》第十五条的规定，被投资企业以资本公积、盈余公积、未分配利润转增股本，个人股东已依法缴纳个人所得税的，以转增额和相关税费之和确认其新转增股本的股权原值，本例中为500万元。

其股权转让所得应按“财产转让所得项目”计算缴纳个人所得税：（6 000–4 500–500）×20%=200（万元）。

第五章

财产租赁所得

税收如母亲，经常被误解，但很少被遗忘。

——劳德·布兰威尔

TAXING

财产租赁所得，是指个人出租不动产、机器设备、车船以及其他财产取得的所得。本章阐述财产租赁所得纳税人、征税范围的确定，应纳税额的计算，以及一些特殊事项的处理。主要内容如图5-1所示。

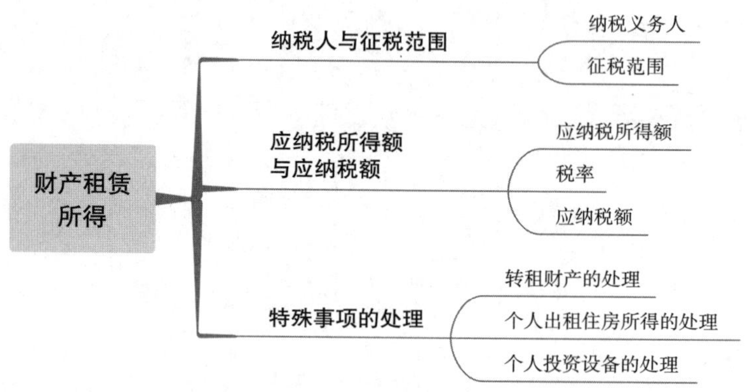

图5-1 财产租赁所得

第一节 纳税人与征税范围

一、纳税义务人

在实际税收征管过程中，有时会出现财产租赁所得的纳税人不明确的情况。对此，《征收个人所得税若干问题的规定》（国税发〔1994〕89号文件印发）明确规定，确认财产租赁所得的纳税义务人，应以产权凭证为依据。无产权凭证的，由主管税务机关根据实际情况确定纳税义务人。

产权所有人死亡，在未办理产权继承手续期间，该财产出租而有租金收入的，以领取租金的个人为纳税义务人。

二、征税范围

（一）征税范围的一般规定

财产租赁所得，是指个人出租不动产、机器设备、车船以及其他财产取得的所得。个人取得的财产转租收入，也应按"财产租赁所得"项目征税。

（二）征税范围的具体规定

1. 酒店产权式经营所得

根据《国家税务总局关于酒店产权式经营业主税收问题的批复》（国税函〔2006〕478号）

的规定，酒店产权式经营业主（以下简称业主）在约定的时间内提供房产使用权与酒店进行合作经营，如房产产权并未归属新的经济实体，业主按照约定取得的固定收入和分红收入均应视为租金收入，根据有关税收法律、行政法规的规定，应按照“财产租赁所得”项目征收个人所得税。

2.房地产售后回租购买者所得

房地产开发企业与商店购买者个人签订协议，约定房地产开发企业按优惠价格出售其开发的商店给购买者个人，但购买者个人在一定期限内必须将购买的商店无偿提供给房地产开发企业对外出租使用。其实质是购买者个人以所购商店交由房地产开发企业出租而取得的房屋租赁收入支付了部分购房价款。

根据《国家税务总局关于个人与房地产开发企业签订有条件优惠价格协议购买商店征收个人所得税问题的批复》（国税函〔2008〕576号）的规定，对上述情形的购买者个人少支出的购房价款，应视同个人财产租赁所得，按照“财产租赁所得”项目征收个人所得税。每次财产租赁所得的收入额，按照少支出的购房价款和协议规定的租赁月份数平均计算确定。

第二节　应纳税所得额与应纳税额

一、应纳税所得额

对财产租赁所得一般以个人每次取得的收入，定额或定率减除规定费用后的余额为应纳税所得额。因而，《个人所得税法》第六条第一款第（四）项规定，财产租赁所得，每次收入不超过4 000元的，减除费用800元；4 000元以上的，减除20%的费用，其余额为应纳税所得额。财产租赁所得，以一个月内取得的收入为一次。

财产租赁所得应纳税所得额的计算公式为：

应纳税所得额＝收入额－允许扣除的税费－费用扣除标准－准予扣除的捐赠额

（一）税费和修缮费的扣除

在确定财产租赁的应纳税所得额时，纳税人在出租财产过程中缴纳的税金和教育费附加等，可持完税（缴款）凭证，从其财产租赁收入中扣除。

根据《征收个人所得税若干问题的规定》（国税发〔1994〕89号文件印发）的规定，纳税义务人在出租财产过程中缴纳的税金和国家能源交通重点建设基金、国家预算调节基金、教育费附加，可持完税（缴款）凭证，从其财产租赁收入中扣除。

纳税义务人出租财产取得财产租赁收入，在计算征税时，除可依法减除规定费用和有关税、费外，还准予扣除能够提供有效、准确凭证，证明由纳税义务人负担的该出租财产实际开支的修缮费用。允许扣除的修缮费用，以每次800元为限，一次扣除不完的，准予在下一次继续扣除，直至扣完为止。

（二）税前扣除税费的次序

自2019年1月1日起，根据《个人所得税扣缴申报表》及其填报说明［详见《国家税务总局关于修订发布〈个人所得税专项附加扣除操作办法（试行）〉的公告》（国家税务总局公告2022年第7号）]的栏次顺序，个人取得财产租赁所得计算缴纳个人所得税时，税前依次扣除以下税、费。

（1）减除费用（800元或20%）；

（2）允许扣除的税费（城市维护建设税、教育费附加、地方教育附加、印花税等）和修缮费用；

（3）向出租方支付的租金和增值税；

（4）准予扣除的捐赠额。

《个人所得税扣缴申报表》（部分项目）如表5-1所示。

表5-1　个人所得税扣缴申报表（部分项目）

<table>
<tr><td rowspan="3">所得项目</td><td colspan="14">本月（次）情况</td><td></td><td colspan="9">累计情况</td></tr>
<tr><td colspan="3">收入额计算</td><td rowspan="2">减除费用</td><td colspan="4">专项扣除</td><td colspan="6">其他扣除</td><td rowspan="2">累计收入额</td><td rowspan="2">累计减除费用</td><td rowspan="2">累计专项扣除</td><td colspan="5">累计专项附加扣除</td><td></td><td rowspan="2">累计其他扣除</td></tr>
<tr><td>收入</td><td>费用</td><td>免税收入</td><td>基本养老保险费</td><td>基本医疗保险费</td><td>失业保险费</td><td>住房公积金</td><td>年金</td><td>商业健康保险</td><td>税延养老保险</td><td>财产原值</td><td>允许扣除的税费</td><td>其他</td><td>子女教育</td><td>赡养老人</td><td>住房贷款利息</td><td>住房租金</td><td>继续教育</td><td>3岁以下婴幼儿照护</td></tr>
<tr><td>7</td><td>8</td><td>9</td><td>10</td><td>11</td><td>12</td><td>13</td><td>14</td><td>15</td><td>16</td><td>17</td><td>18</td><td>19</td><td>20</td><td>21</td><td>22</td><td>23</td><td>24</td><td>25</td><td>26</td><td>27</td><td>28</td><td>29</td><td>30</td><td>31</td></tr>
<tr><td></td><td></td><td></td><td></td><td></td><td></td><td></td><td></td><td></td><td></td><td></td><td></td><td></td><td></td><td></td><td></td><td></td><td></td><td></td><td></td><td></td><td></td><td></td><td></td><td></td></tr>
</table>

而个人所得税扣缴客户端（如图5-2所示）中的其他财产租赁所得，扣除及减除项目首先扣除的是允许扣除的税费、再扣除费用、准予扣除的捐赠额。这种设计与《个人所得税扣缴申报表》栏次逻辑顺序关系不一致。本书按照《个人所得税扣缴申报表》中的申报表的逻辑顺序进行相关介绍。

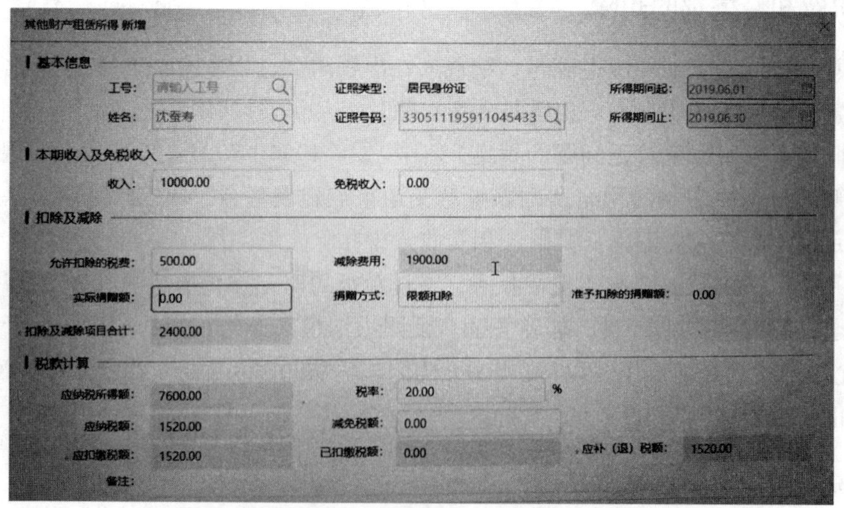

图5-2

（三）应纳税所得额的计算

1.每次（月）收入不超过4 000元的

应纳税所得额=收入额-800-允许扣除的税费-修缮费用（800元/月为限）等其他允许扣除的项目-准予扣除的捐赠额。

2.每次（月）收入超过4 000元的

应纳税所得额=收入额×（1-20%）-允许扣除的税费-修缮费用（800元/月为限）等准予扣除的项目-准予扣除的捐赠额。

（四）营改增后计税依据的确定

根据《财政部 国家税务总局关于营改增后契税 房产税 土地增值税 个人所得税计税依据问题的通知》（财税〔2016〕43号，自2016年5月1日起执行）的规定，个人出租房屋的个人所得税应税收入不含增值税，计算房屋出租所得可扣除的税费不包括本次出租缴纳的增值税。个人转租房屋的，其向房屋出租方支付的租金及增值税额，在计算转租所得时予以扣除。

免征增值税的，确定计税依据时，成交价格、租金收入、转让房地产取得的收入不扣减增值税额。

在计征个人所得税时，税务机关核定的计税价格或收入不含增值税。

二、税　率

财产租赁所得适用20%的比例税率。

自2008年3月1日起，根据《财政部 国家税务总局关于廉租住房、经济适用住房和住房租赁有关税收政策的通知》（财税〔2008〕24号）的规定，对个人出租住房取得的所得减按10%的税率征收个人所得税。

三、应纳税额

财产租赁所得的应纳税额的计算公式为：

应纳税额=应纳税所得额×适用税率

第三节　特殊事项的处理

一、转租财产的处理

（一）转租房屋所得

关于个人取得转租房屋收入如何征收个人所得税问题，《国家税务总局关于个人转租房屋取得收入征收个人所得税问题的通知》（国税函〔2009〕639号）规定，个人将承租房屋转租取得的租金收入，属于个人所得税应税所得，应按“财产租赁所得”项目计算缴纳个人所得税。取得转租收入的个人向房屋出租方支付的租金，凭房屋租赁合同和合法支付凭据允许在计算个人所得税时，从该项转租收入中扣除。

根据《财政部 国家税务总局关于营改增后契税 房产税 土地增值税 个人所得税计税依据问题的通知》（财税〔2016〕43号）第四条的规定，个人转租房屋的，其向房屋出租方支付的租金及增值税额，在计算转租所得时予以扣除。

有关转租房屋等财产租赁所得缴纳个人所得税时税前扣除税费的次序为：

（1）财产租赁过程中缴纳的税费；

（2）向出租方支付的租金；

（3）由纳税人负担的租赁财产实际开支的修缮费用；

（4）税法规定的费用扣除标准。

转租房屋所得＝租金收入－向出租方支付的租金及增值税－修缮费用－费用扣除标准

（二）转租浅海滩涂使用权所得

《国家税务总局关于转租浅海滩涂使用权收入征收个人所得税问题的批复》（国税函〔2002〕1158号）明确，个人转租滩涂使用权取得的收入，应按照“财产租赁所得”应税项目征收个人所得税，其每年实际上交原出租方的承包费可以在税前扣除；同时，个人一并转让原海滩的设施和剩余文蛤的所得应按照“财产转让所得”应税项目征收个人所得税。

二、个人出租住房所得的处理

（一）个人出租住房的增值税处理

根据《纳税人提供不动产经营租赁服务增值税征收管理暂行办法》（国家税务总局公告2016年第16号发布）第四条的规定，其他个人出租不动产（不含住房），按照5%的征收率计算应纳税额，向不动产所在地主管税务机关申报纳税。其他个人出租住房，按照5%的征收率减按1.5%计算应纳税额，向不动产所在地主管税务机关申报纳税。

自2019年1月1日起至2021年3月31日止，根据《国家税务总局关于小规模纳税人免征增值税政策有关征管问题的公告》（国家税务总局公告2019年第4号）第四条的规定，《中华人民共和国增值税暂行条例实施细则》第九条所称的其他个人，采取一次性收取租金形式出租不动产取得的租金收入，可在对应的租赁期内平均分摊，分摊后的月租金收入未超过10万元的，免征增值税。自2021年4月1日起，根据《国家税务总局关于小规模纳税人免征增值税征管问题的公告》（国家税务总局公告2021年第5号）第四条的规定，其他个人，采取一次性收取租金形式出租不动产取得的租金收入，可在对应的租赁期内平均分摊，分摊后的月租金收入未超过15万元的，免征增值税。

（二）个人所得税及其他税费的处理

《财政部 国家税务总局关于廉租住房、经济适用住房和住房租赁有关税收政策的通知》（财税〔2008〕24号）明确，自2008年3月1日起，执行下列规定：

（1）对个人出租住房取得的所得减按10%的税率征收个人所得税；

（2）对个人出租、承租住房签订的租赁合同，免征印花税；

（3）对个人出租住房，不区分用途，按4%的税率征收房产税，免征城镇土地使用税；

（4）对企事业单位、社会团体以及其他组织按市场价格向个人出租用于居住的住房，减按4%的税率征收房产税。

（三）个人出租住房案例解析

【例5-1】2022年1月，张三将自己位于市区的住房租给甲公司使用，租期从2022年1月1日至2023年12月31日，共计两年。第一年租金960 000元（80 000元/月），合同约定于合同签订之日收取。第二年租金960 000元，合同约定于2023年1月5日收取。双方签订的租赁合同还规定，租赁期内由张三负责房屋的日常修缮，并提供出租房屋的增值税专用发票。

在每年初收取租金时，张三应承租方要求，到主管税务机关为甲公司申请代开了增值税专用发票。

2022年1月发生修缮费2 000元，已取得增值税发票。2022年通过市民政局向贫困地区捐赠200 000元，张三选择在租赁收入中扣除。

要求：计算张三2022年应缴纳的个人所得税。

【解析】

1.增值税及其附加。

自2021年4月1日起，根据国家税务总局公告2021年第5号第四条的规定，其他个人，采取一次性收取租金形式出租不动产取得的租金收入，可在对应的租赁期内平均分摊，分摊后的月租金收入未超过15万元的，免征增值税。

根据增值税相关规定，开具增值税专用发票，不享受月销售额不超过15万元的暂免征收增值税优惠。

根据《纳税人提供不动产经营租赁服务增值税征收管理暂行办法》第四条的规定，其他个人出租住房，按照5%的征收率减按1.5%计算应纳税额，向不动产所在地主管税务机关申报纳税。

应缴纳的增值税为：960 000÷（1+5%）×1.5%=13 714.29（元）。

根据《财政部 税务总局关于进一步实施小微企业“六税两费”减免政策的公告》（财政部 税务总局公告2022年第10号）的规定，自2022年1月1日至2024年12月31日，由省、自治区、直辖市人民政府根据本地区实际情况，以及宏观调控需要确定，对增值税小规模纳税人、小型微利企业和个体工商户可以在50%的税额幅度内减征资源税、城市维护建设税、房产税、城镇土地使用税、印花税（不含证券交易印花税）、耕地占用税和教育费附加、地方教育附加。

张三应缴城市维护建设税为：13 714.29×7%×50%=480（元）。

根据《财政部 国家税务总局关于扩大有关政府性基金免征范围的通知》（财税〔2016〕12号）的规定，将免征教育费附加、地方教育附加的范围，由按月纳税的月销售额不超过3万元（按季度纳税的季度销售额不超过9万元）的缴纳义务人，扩大到按月纳税的月销售额不超过10万元（按季度纳税的季度销售额不超过30万元）的缴纳义务人。

因而，对张三取得的租赁收入免征教育费附加、地方教育附加。

2.房产税。

根据财税〔2008〕24号文件第二条第（三）项的规定，对个人出租住房，不区分用途，按4%的税率征收房产税。

张三应缴纳的房产税为：（960 000–13 714.29）×4%×50%=18 925.71（元）。

3.城镇土地使用税。

根据财税〔2008〕24号文件第二条第（三）项的规定，对个人出租住房，不区分用途，免征城镇土地使用税。

4.印花税。

根据财税〔2008〕24号文件第二条第（二）项的规定，对个人出租、承租住房签订的租赁合同，免征印花税。

5.个人所得税。

个人出租住房按照“财产租赁所得”项目计征个人所得税。

根据财税〔2008〕24号文件的规定，对个人出租住房取得的所得减按10%的税率征收个人所得税。根据财税〔2016〕43号文件的规定，个人出租房屋的个人所得税应税收入不含增值税，计算房屋出租所得可扣除的税费不包括本次出租缴纳的增值税。

公益性捐赠的扣除限额为：

［（960 000–13 714.29）×（1–20%）–（480+18 925.71）–2 000］×30%

=220 686.86（元）；

实际捐赠200 000元，允许据实扣除。

扣除修缮费之前的每次（月）所得额为：

［（960 000–13 714.29）×（1–20%）–（480+18 925.71）–200 000］÷12=44 801.9（元）；

1月和2月每月应缴纳的个人所得税为：

（44 801.9–800）×10%=4 400.19（元）。

3月应缴纳的个人所得税为：

（44 801.9–400）×10%=4 440.19（元）。

4—12月每月应纳个人所得税为：

44 801.9×10%=4 480.19（元）。

当年共计应纳个人所得税：

4 480.19×9+4 400.19×2+4 440.19=53 562.28（元）。

三、个人投资设备的处理

个人和医院签订协议规定，由个人出资购买医疗仪器或设备交医院使用，取得的收入扣除有关费用后，剩余部分双方按一定比例分成；医疗仪器或设备使用达到一定年限后，产权归医院所有，但收入继续分成。

根据《国家税务总局关于个人投资设备取得所得征收个人所得税问题的批复》（国税函〔2000〕540号）的规定，个人的上述行为，实际上是一种具有投资特征的融资租赁行为。对上述个人取得的分成所得，应按照“财产租赁所得”项目征收个人所得税。具体计征办法为：自合同生效之日起至财产产权发生转移之日止，个人取得的分成所得可在上述年限内按月平均扣除设备投资后，就其余额按税法规定计征个人所得税（即允许再扣除税法规定的税费）；产权转移后，个人取得的全部分成收入应按税法规定计征个人所得税。税款由医院在向个人支付所得时代扣代缴。

TAXING

第六章 财产转让所得

避税与逃税的区别就是监狱围墙的厚度。

——丹尼斯·黑勒

财产转让所得，是指个人转让有价证券、股权、合伙企业中的财产份额、不动产、机器设备、车船以及其他财产取得的所得。主要包括个人非货资产投资、转让上市公司和挂牌公司股票、转让非上市公司股票、转让房产以及其他财产等。本章内容如图6-1所示。

第一节 财产转让所得概述

一、征税范围

（一）财产转让所得

根据《个人所得税法实施条例》第六条第一款第（八）项的规定，财产转让所得，是指个人转让有价证券、股权、合伙企业中的财产份额、不动产、机器设备、车船以及其他财产取得的所得。

这一规定明确了财产转让所得范围，明确将合伙企业中的财产份额转让取得的所得“按财产转让所得”项目征收个人所得税。

根据《销售服务、无形资产、不动产注释》（财税〔2016〕36号文件附件1的附）的规定，金融商品转让，是指转让外汇、有价证券、非货物期货和其他金融商品所有权的业务活动。其他金融商品转让包括基金、信托、理财产品等各类资产管理产品和各种金融衍生品的转让。

（二）非货币资产参与上市公司定向增发

《国家税务总局关于个人以股权参与上市公司定向增发征收个人所得税问题的批复》（国税函〔2011〕89号）明确：南京浦东建设发展有限公司自然人股东以其所持该公司股权评估增值后，参与苏宁环球股份有限公司定向增发股票，属于股权转让行为，其取得所得，应按照“财产转让所得”项目缴纳个人所得税。

【例6-1】中国证券网2006年6月26日报道：GST环球拟定向增发不超过10 000万股A股，发行特定对象数量不超过10家，其中公司实际控制人张某及其关联人分别以其持有的江苏乾阳房地产开发有限公司51%和49%的权益，认购不低于此次发行总量的90%，以上权益的作价不超过37 500万元，实际控制人张某及其关联人或其他投资者以现金认购公司此次发行的股份不超过发行总量的10%。公司实际控制人张某及其关联人认购的股份在发行完成后36个月内不得转让。

另苏宁环球公告显示：2008年6月，苏宁环球完成了一次定向增发，公司向实际控制人张某及其儿子分别发行1.05亿和8 714.41万股股票，以购买二人分别持有的南京浦东建设发展有限公司（以下称南京浦东公司）46%、38%的股权，发行价格为26.45元/股。增发完成后，南京浦东公司84%的股权正式注入苏宁环球。

南京浦东公司成立于2002年9月20日，注册资本为2亿元。其中，苏宁环球董事长张某持有46%股权，张某之子持有38%股权。该公司主要业务为房地产开发、销售。根据会计师事务所出具的资产评估报告，南京浦东公司以2007年6月30日为基准日进行的资产评估值约为60.66亿，增值约58.54亿元，增值率约为2 771.96%。

财产转让所得
财产转让所得概述
征税范围
应纳税所得额
税率与应纳税额
营改增对财产转让所得的影响
纳税前置
非货币性资产投资
非货币性资产投资的界定
应税项目的确定
应纳税所得额
纳税人与纳税地点
非货币性资产投资分期缴税
纳税申报
技术成果投资选择性税收优惠
转让上市和挂牌公司股票
转让上市公司股票所得
转让新三板挂牌公司股票所得
转让创新企业境内存托凭证的处理
转让北交所挂牌公司股票的处理
转让限售股
应税限售股的界定与分类
转让限售股的界定
应纳税额的计算
征收管理
企业转让限售股的所得税处理
转让限售股的增值税处理
转让非上市公司股权
纳税人与应税项目
股权转让收入
股权原值和合理费用
纳税申报
以转让资产方式转让股权
个人终止投资经营收回款项所得
收回转让股权的处理
附对赌协议的股权转让的处理
股权代持与还原
转让房地产
住房转让所得
其他房产转让所得
转让离婚析产房屋所得
个人转让受赠房产所得
转让其他财产
买卖虚拟货币所得
购买和处置债权所得
个人转让汽车所得
财产拍卖所得
应税项目的确定
应纳税所得额
核定征收
代扣代缴
房屋拍卖所得

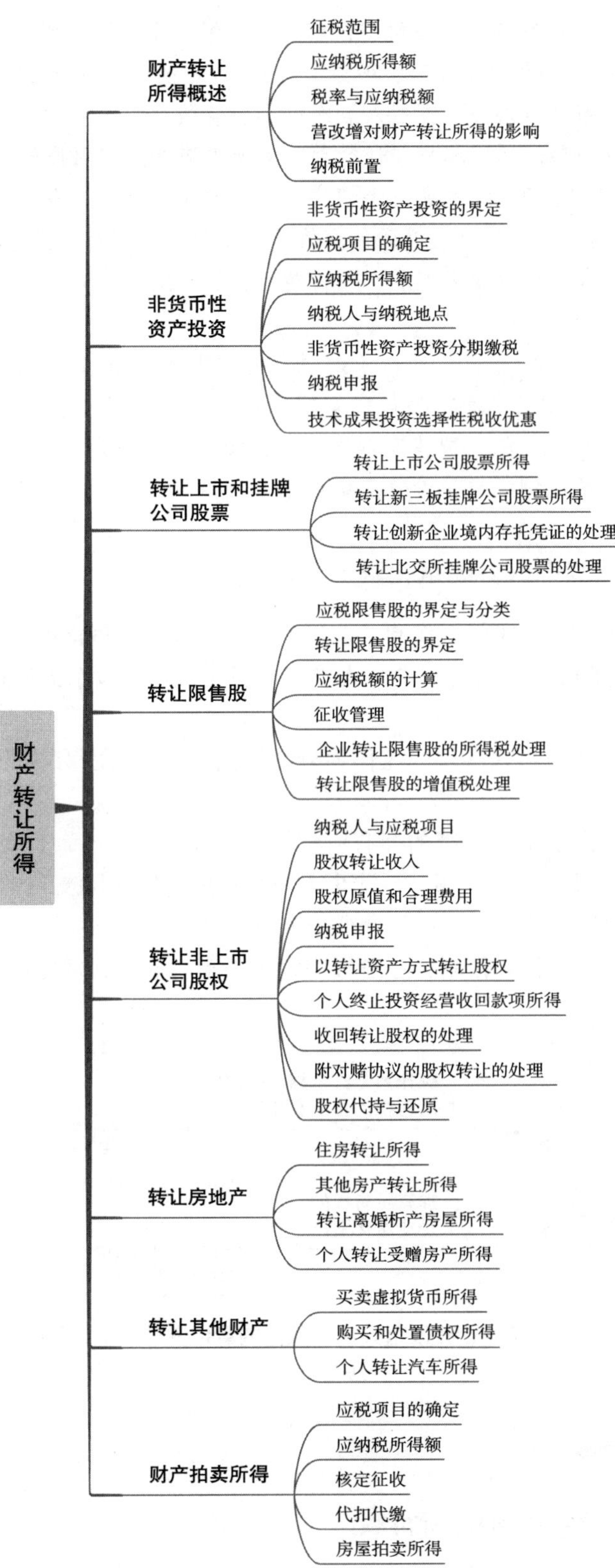

图6-1 财产转让所得

要求：分析说明以股权参与上市公司定向增发是否缴纳个人所得税。

【解析】2011年2月，国税函〔2011〕89号文件明确："根据《中华人民共和国个人所得税法》及其实施条例等规定，南京浦东公司自然人股东以其所持该公司股权评估增值后，参与苏宁环球股份有限公司定向增发股票，属于股权转让行为，其所得应按照'财产转让所得'项目缴纳个人所得税"。2011年4月，《国家税务总局关于切实加强高收入者个人所得税征管的通知》（国税发〔2011〕50号）再次强调，将加强个人以评估增值的非货币性资产对外投资取得股权的税源管理，重点监管上市公司在上市前进行增资扩股、股权转让、引入战略投资者等行为的涉税事项，防止税款流失。

根据《个人所得税法》的相关规定，应纳税所得额由南京浦东公司股权换取上市公司股票公允价值扣除张某父子入股南京浦东公司成本的余额确定。张某父子以26.45元/股的价格换得约1.92亿股苏宁环球股票，扣除入股南京浦东公司成本，应纳税所得额约为50亿元，适用"财产转让所得"项目20%的比例税率，计算应缴纳个人所得税。

（三）转让改组改制中取得的量化资产

关于集体所有制在改制为股份合作制企业过程中，个人取得量化资产有关个人所得税问题，《国家税务总局关于企业改组改制过程中个人取得的量化资产征收个人所得税问题的通知》（国税发〔2000〕60号）明确：

（1）对职工个人以股份形式取得的仅作为分红依据，不拥有所有权的企业量化资产，不征收个人所得税。

（2）对职工个人以股份形式取得的拥有所有权的企业量化资产，暂缓征收个人所得税；待个人将股份转让时，就其转让收入额，减除个人取得该股份时实际支付的费用支出和合理转让费用后的余额，按"财产转让所得"项目计征个人所得税。

集体所有制在改制为股份合作制企业过程中，职工个人取得的量化资产的个人所得税处理，如图6-2所示。

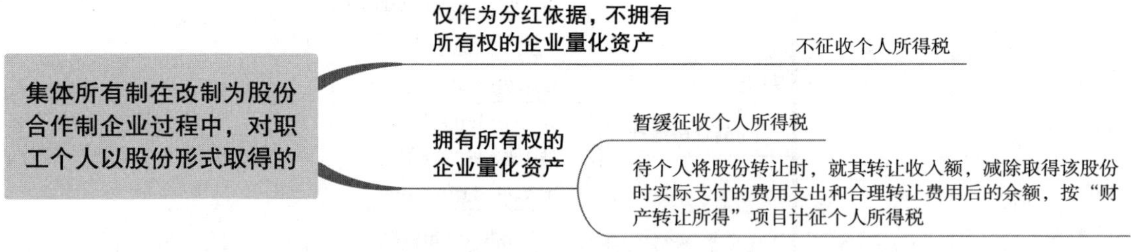

图6-2 转让集体企业改组改制中取得的量化资产的个人所得税处理

二、应纳税所得额

（一）财产转让所得的应纳税所得额

根据《个人所得税法》第六条第一款第（五）项的规定，财产转让所得，以转让财产的收入额减除财产原值和合理费用后的余额，为应纳税所得额。

根据《个人所得税法实施条例》第十七条的规定，财产转让所得，按照一次转让财产的收入额减除财产原值和合理费用后的余额计算纳税。

应注意的是，计算财产转让所得个人所得税时，减除的是财产原值，而不是财产余额或财产净值。

财产转产所得应纳税所得额的计算公式为：

应纳税所得额=每次转让财产收入额－财产原值－合理税费－允许扣除的捐赠支出

（二）转让财产的收入额

转让财产的收入包括现金、实物、有价证券和其他形式的经济利益。

根据《国家税务总局关于个人股权转让过程中取得违约金收入征收个人所得税问题的批复》（国税函〔2006〕866号）的规定，股权成功转让后，转让方个人因受让方个人未按规定期限支付价款而取得的违约金收入，属于因财产转让而产生的收入。转让方个人取得的该违约金应并入财产转让收入，按照“财产转让所得”项目计算缴纳个人所得税，税款由取得所得的转让方个人向主管税务机关自行申报缴纳。

（三）财产原值

计算财产转让所得扣除的财产原则，根据《个人所得税法实施条例》第十六条的规定，按照下列方法确定：

（1）有价证券，为买入价以及买入时按照规定交纳的有关费用；

（2）建筑物，为建造费或者购进价格以及其他有关费用；

（3）土地使用权，为取得土地使用权所支付的金额、开发土地的费用以及其他有关费用；

（4）机器设备、车船，为购进价格、运输费、安装费以及其他有关费用。

（5）其他财产，参照上述规定的方法确定财产原值。

纳税人未提供完整、准确的财产原值凭证，不能按照上述规定的方法确定财产原值的，由主管税务机关核定财产原值。

财产原值的确定方法，如图6–3所示。

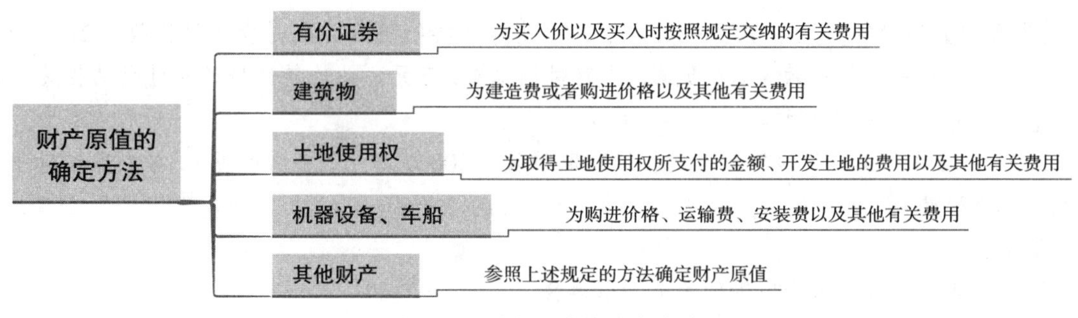

图6–3 财产原值的确定方法

（四）合理费用

1.合理费用的一般规定

《个人所得税法》第六条第一款第（五）项所称合理费用，是指卖出财产时按照规定支付的有关税费。根据《个人所得税法实施条例》第十六条第四款的规定，计算财产转让所得可以扣除的合理费用，是指卖出财产时按照规定支付的有关税费。

2.增值税的处理

根据《财政部 国家税务总局关于营改增后契税 房产税 土地增值税 个人所得税计税依据问题的通知》（财税〔2016〕43号）第四条的规定，个人转让房屋的个人所得税应税收入不含增值税，其取得房屋时所支付价款中包含的增值税计入财产原值，计算转让所得时可扣除的税费不包括本次转让缴纳的增值税。

三、税率与应纳税额

（一）应纳税额

转让财产所得个人所得税，以纳税人转让财产取得的收入额扣除财产原值和合理税费后的余额为应纳税所得额，乘以适用税率，计算应纳所得税额。用公式表示为：

应纳税额=应纳税所得额 × 适用税率

（二）适用税率

财产转让所得适用20%的比例税率。

四、营改增对财产转让所得的影响

根据财税〔2016〕43号文件第四条的规定，个人转让房屋的个人所得税应税收入不含增值税，其取得房屋时所支付价款中包含的增值税计入财产原值，计算转让所得时可扣除的税费不包括本次转让缴纳的增值税。

免征增值税的，确定计税依据时，成交价格、租金收入、转让房地产取得的收入不扣减增值税额。在计征个人所得税时，税务机关核定的计税价格或收入不含增值税。

【例6-2】2019年12月，张三将其名下的一处房产卖给王五，取得含增值税收入210万元。此前张三买入该房产的价款为100万元，当时缴纳税费2万元。此次转让房产共计缴纳相关税费13万元，其中增值税10万元。

2022年12月，王五将该房产再次转让，取得收入300万元（免征增值税），在取得该房产时缴纳契税等税费3万元。

要求：

（1）计算张三转让房产应缴纳的个人所得税。

（2）计算王五转让房产应缴纳的个人所得税。

【解析】

（1）张三转让房产应缴纳个人所得税的计算：

张三转让房产的收入额为：210-10=200（万元）；

其转让房产的财产原值为：100+2=102（万元）；

可以扣除的与转让房产相关的税费为：13-10=3（万元）；

张三应纳财产转让所得的个人所得税为：

［（210−10）−（100+2）−（13−10）］×20%=19（万元）。

（2）王五再次转让房产应纳个人所得税的计算：

王五应纳个人所得税为：［300−（210+3）］×20%=17.4（万元）。

五、纳税前置

根据《个人所得税法》第十五条的规定，个人转让不动产的，税务机关应当根据不动产登记等相关信息核验应缴的个人所得税，登记机构办理转移登记时，应当查验与该不动产转让相关的个人所得税的完税凭证。个人转让股权办理变更登记的，市场主体登记机关应当查验与该股权交易相关的个人所得税的完税凭证。

有关部门依法将纳税人、扣缴义务人遵守该法的情况纳入信用信息系统，并实施联合激励或者惩戒。

如《东莞市市场监督管理局 国家税务总局东莞市税务局关于个人股权变更登记需要查验完税凭证的通告》要求，个人出让股权应到主管税务机关完成个人所得税申报，自2019年12月1日起，市场监督管理部门通过网络查验个人转让股权完税凭证，未进行个人所得税申报的不予受理变更登记。

第二节　非货币性资产投资

一、非货币性资产投资的界定

（一）非货币性资产

1.个人所得税对非货币性资产的界定

根据《财政部 国家税务总局关于个人非货币性资产投资有关个人所得税政策的通知》（财税〔2015〕41号）第五条第一款的规定，非货币性资产，是指现金、银行存款等货币性资产以外的资产，包括股权、不动产、技术发明成果以及其他形式的非货币性资产。

2.企业所得税对非货币性资产的界定

《企业资产损失所得税税前扣除管理办法》（国家税务总局公告2011年第25号发布）规定，资产是指企业拥有或者控制的、用于经营管理活动相关的资产，包括现金、银行存款、应收及预付款项（包括应收票据、各类垫款、企业之间往来款项）等货币性资产，存货、固定资产、无形资产、在建工程、生产性生物资产等非货币性资产，以及债权性投资和股权（权益）性投资。

根据《财政部 国家税务总局关于非货币性资产投资企业所得税政策问题的通知》（财税〔2014〕116号）的规定，企业以非货币资产对外投资中所称非货币性资产，是指现金、银行存款、应收账款、应收票据以及准备持有至到期的债券投资等货币性资产以外的资产；所称非货币性资产投资，限于以非货币性资产出资设立新的居民企业，或将非货币性资产注入现存的居民企业。

3.会计准则对非货币性资产的界定

《企业会计准则第7号——非货币性资产交换》第二条规定，非货币性资产交换，是指企业主要以固定资产、无形资产、投资性房地产和长期股权投资等非货币性资产进行的交换。该交换不涉及或只涉及少量的货币性资产（即补价）。

货币性资产，是指企业持有的货币资金和收取固定或可确定金额的货币资金的权利。非货币性资产，是指货币性资产以外的资产。

企业会计准则、企业资产损失税前扣除管理办法、企业以非货币资产对外投资以及个人以非货币性资产对外投资中对非货币性资产的界定，可列表说明如下（见表6–1）。

表6–1 非货币性资产的界定

项目	界定	主要内容	政策依据
会计处理	货币性资产，是指企业持有的货币资金和收取固定或可确定金额的货币资金的权利。非货币性资产，是指货币性资产以外的资产。		《企业会计准则第7号——非货币性资产交换》
资产损失税前扣除	资产包括现金、银行存款、应收及预付款项（包括应收票据、各类垫款、企业之间往来款项）等货币性资产，存货、固定资产、无形资产、在建工程、生产性生物资产等非货币性资产，以及债权性投资和股权（权益）性投资。	非货币资产包括存货、固定资产、无形资产、在建工程、生产性生物资产等非货币性资产。不包括债权性和权益性投资。	《企业资产损失所得税税前扣除管理办法》
企业以非货币资产对外投资	非货币性资产，是指现金、银行存款、应收账款、应收票据以及准备持有至到期的债券投资等货币性资产以外的资产。非货币性资产投资，限于以非货币性资产出资设立新的居民企业，或将非货币性资产注入现存的居民企业。	非货币资产不包括应收账款、应收票据以及准备持有至到期的债券投资。	财税〔2014〕116号
个人以非货币资产对外投资	非货币资产是指现金、银行存款等货币性资产以外的资产。	包括股权、不动产、技术发明成果以及其他形式的非货币性资产。	财税〔2015〕41号

（二）非货币性资产投资

非货币性资产投资，就是以非货币性资产出资设立新的企业，或者以非货币性资产出资参与企业增资扩股、定向增发股票、重组改制以及其他类似的投资（包括股权换股权）。根据财税〔2015〕41号文件第五条第二款的规定，非货币性资产投资包括以非货币性资产出资设立新的企业，以及以非货币性资产出资参与企业增资扩股、定向增发股票、股权置换、重组改制等投资行为。

个人以非货币性资产投资，取得被投资企业的股权价值高于该资产原值的部分，根据个人所得税法规定，属于个人财产转让所得，应缴纳个人所得税。但是由于非货币性资产投资交易过程中没有或仅有少量现金流，且大多交易金额较大，纳税人可能缺乏足够资金纳税，导致征纳双方争议较大，税务机关执法也面临两难境地。为解决上述问题，《国务院关于印发中国（上海）自由贸易试验区总体方案的通知》（国发〔2013〕38号）批准上海自贸区先行试点非货币性资产投资分期缴纳个人所得税政策，探索可行之策。

为进一步鼓励和引导民间投资，促进大众创业、万众创新，缓解纳税人缺乏足够资金纳税的困难，国务院决定自2015年4月1日起，将上海自贸区试点的非货币性资产投资分期缴纳个人所得税政策推广至全国范围内实施。随即，财政部、国家税务总局联合下发了《财政部 国家税务总局关于个人非货币性资产投资有关个人所得税政策的通知》（财税〔2015〕41号），国家税务总局发布了《关于个人非货币性资产投资有关个人所得税征管问题的公告》（国家税务总局公告2015年第20号）等配套文件，对相关问题进行明确、细化，自2015年4月1日起执行。

（三）非货币资产投资涉及的主要税收

非货币资产投资涉及的主要税收如图6-4所示。

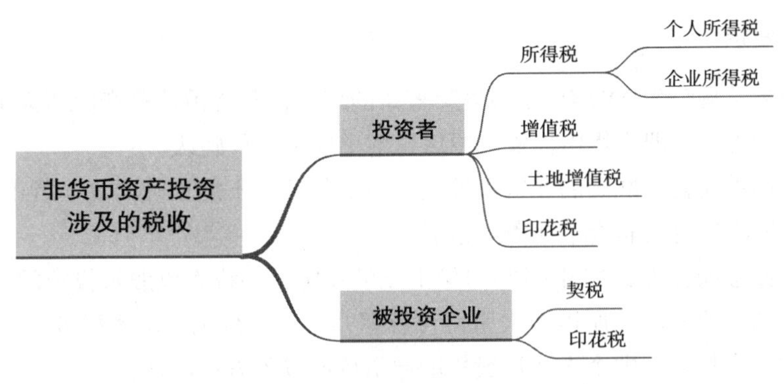

图6-4 非货币资产投资涉及的税收

二、应税项目的确定

非货币性资产投资，实质为个人“转让非货币性资产”和“对外投资”两笔经济业务同时发生。个人通过转移非货币性资产权属，投资换得被投资企业的股权（或股票，以下统称股权），实现了对非货币性资产的转让性处置。根据《公司法》的规定，以非货币性资产投资应对资产评估作价，对资产评估价值高出个人初始取得该资产时实际发生的支出（即资产原值）的部分，个人虽然没有现金流入，但取得了另一家企业的股权，符合个人所得税法关于“个人所得的形式包括现金、实物、有价证券和其他形式的经济利益”的规定，应按“财产转让所得”项目缴纳个人所得税。反之，如果评估后的公允价值没有超过原值，则个人没有所得，也就不需要缴纳个人所得税。

因而，财税〔2015〕41号文件第一条规定，个人以非货币性资产投资，属于个人转让非货币性资产和投资同时发生。对个人转让非货币性资产的所得，应按照“财产转让所得”项目，依法计算缴纳个人所得税。

三、应纳税所得额

财税〔2015〕41号文件第一条第一款规定，个人以非货币性资产投资，应按评估后的公允价值确认非货币性资产转让收入。非货币性资产转让收入减除该资产原值及合理税费后的余额为应纳税所得额。国家税务总局公告2015年第20号第四条进一步明确：纳税人非货币性资产投资应纳税所得额为非货币性资产转让收入减除该资产原值及合理税费后的余额。

用公式表示为：

应纳税所得额=非货币性资产转让收入-资产原值-合理税费

应纳税额=应纳税所得额 ×20%

（一）转让收入

根据财税〔2015〕41号文件第一条第二款的规定，个人以非货币性资产投资，应于非货币性资产转让、取得被投资企业股权时，确认非货币性资产转让收入的实现。

非货币性资产转让收入应以投资入股时的公允价值确定。

（二）资产原值

根据国家税务总局公告2015年第20号第五条的规定，非货币性资产原值为纳税人取得该项资产时实际发生的支出。即非货币性资产原值以历史成本进行确认。

纳税人无法提供完整、准确的非货币性资产原值凭证，不能正确计算非货币性资产原值的，主管税务机关可依法核定其非货币性资产原值。

根据国家税务总局公告2015年第20号第七条的规定，纳税人以股权投资的，该股权原值确认等相关问题依照《股权转让所得个人所得税管理办法（试行）》（国家税务总局公告2014年第67号发布）有关规定执行。即个人转让股权的原值依照以下方法确认：

（1）以现金出资方式取得的股权，按照实际支付的价款与取得股权直接相关的合理税费之和确认股权原值；

（2）以非货币性资产出资方式取得的股权，按照税务机关认可或核定的投资入股时非货币性资产价格与取得股权直接相关的合理税费之和确认股权原值；

（3）通过无偿让渡方式取得股权，具备该办法第十三条第二项所列情形的，按取得股权发生的合理税费与原持有人的股权原值之和确认股权原值；

（4）被投资企业以资本公积、盈余公积、未分配利润转增股本，个人股东已依法缴纳个人所得税的，以转增额和相关税费之和确认其新转增股本的股权原值；

（5）除以上情形外，由主管税务机关按照避免重复征收个人所得税的原则合理确认股权原值。

股权转让人已被主管税务机关核定股权转让收入并依法征收个人所得税的，该股权受让人的股权原值以取得股权时发生的合理税费与股权转让人被主管税务机关核定的股权转让收入之和确认。对个人多次取得同一被投资企业股权的，转让部分股权时，采用“加权平均法”确定其股权原值。

（三）合理税费

根据国家税务总局公告2015年第20号第六条的规定，合理税费是指纳税人在非货币性资产投资过程中发生的与资产转移相关的税金及合理费用。即允许扣除的税费必须与非货币性资产投资相关，且具有合理性。

【例6-3】中国公民王先生、李先生2018年初各出资300万元成立A公司。为促进企业发展壮大，2022年9月1日，王、李两位股东与B公司达成重组协议，B公司以发行股份并支付现金补价方式购买王先生、李先生持有的A公司股权。其中，向王先生和李先生分别发行价值2 700万元和3 000万元的股份，并分别支付600万元和300万元的现金，在此过程中两人各自发生评估费、中介费等相关税费100万元。

要求：计算应纳的个人所得税。

【解析】根据财税〔2015〕41号文件和国家税务总局公告2015年第20号的相关规定，王先生应缴纳财产转让所得个人所得税为：

（2 700+600−300−100）×20%=580（万元）。

李先生应缴纳财产转让所得个人所得税为：

（3 000+300−300−100）×20%=580（万元）。

四、纳税人与纳税地点

（一）纳税义务人

根据国家税务总局公告2015年第20号第一条的规定，非货币性资产投资个人所得税以发生非货币性资产投资行为并取得被投资企业股权的个人为纳税人。

（二）纳税地点

根据国家税务总局公告2015年第20号第三条的规定，纳税人以不动产投资的，以不动产所在地税务机关为主管税务机关；纳税人以其持有的企业股权对外投资的，以该企业所在地税务机关为主管税务机关；纳税人以其他非货币资产投资的，以被投资企业所在地税务机关为主管税务机关。

五、非货币性资产投资分期缴税

（一）非货币性资产投资分期缴税政策

根据财税〔2015〕41号文件第三条的规定，个人应在发生非货币性资产投资应税行为的次月15日内向主管税务机关申报纳税。纳税人一次性缴税有困难的，可合理确定分期缴纳计划并报主管税务机关备案后，自发生上述应税行为之日起不超过5个公历年度内（含）分期缴纳个人所得税。

这样处理，也与企业以非货币性资产对外投资的企业所得税处理原则一致。

【例6-4】张女士2020年12月进行了一次非货币性资产投资，应缴纳个人所得税100万元。那么，她可以根据自身情况制定分期缴税计划，在2 020—2024年（而不是2020年12月到2025年12月）这5个公历年度内分期缴税，并于2024年12月31日前缴清税款。

（二）现金收入优先缴税

1.现金补价优先缴税

根据财税〔2015〕41号文件第四条第一款的规定，个人以非货币性资产投资交易过程中取得现金补价的，现金部分应优先用于缴税；现金不足以缴纳的部分，可分期缴纳。

也就是说，个人以非货币性资产投资取得现金补价，现金部分足以缴税的，税款应一次结清；现金不足以全部缴清税款的，不足部分可以分期缴纳。上述现金补价，是指个人在以非货币性资产投资过程中，除了取得被投资企业的股权外，还可能取得一定数量的现金，对这部分现金称为现金补价。

【例6–5】（接例6–3）王先生、李先生因非货币性资产投资，分别应缴纳个人所得税580万元。王先生取得现金补价600万元，李先生取得现金补价300万元。

王先生在此次交易过程中取得的600万元现金补价，现金补价收入足以缴税，税款应一次性结清，不可分期缴纳。

李先生在此次交易过程中取得的300万元现金补价，应优先用于缴税。剩余的280万元，可分期缴纳。

2.分期缴税期间转让股权的现金收入优先缴税

根据财税〔2015〕41号文件第四条第二款的规定，个人在分期缴税期间转让其持有的非货币资产投资取得的全部或部分股权，并取得现金收入的，该现金收入应优先用于缴纳尚未缴清的税款。

也就是说，个人在分期缴税期间转让其以非货币性资产投资取得的全部或部分股权并取得现金收入的，该现金收入应优先用于缴纳尚未缴清的税款。对部分转让股权且取得的现金不足以一次结清税款的，剩余部分可以继续分期缴纳。

【例6–6】（接例6–3）假设李先生在办理280万元分期缴税手续后的第3年，仍有200万元税款尚未缴纳。此时他转让了部分以非货币性资产投资取得的股权，如果取得的税后转让收入超过200万元，那么他应一次结清税款；如果取得的税后转让收入不足200万元，假设为160万元，那么，剩余的40万元可以继续分期缴纳。

（三）分期缴税计划的制定、变更与备案

根据国家税务总局公告2015年第20号第八条的规定，纳税人非货币性资产投资需要分期缴纳个人所得税的，应于取得被投资企业股权之日的次月15日内，自行制定缴税计划并向主管税务机关报送《非货币性资产投资分期缴纳个人所得税备案表》、纳税人身份证明、投资协议、非货币性资产评估价格证明材料、能够证明非货币性资产原值及合理税费的相关资料。

国家税务总局公告2015年第20号第九条进一步明确，纳税人分期缴税期间提出变更原分期缴税计划的，应重新制定分期缴税计划并向主管税务机关重新报送《非货币性资产投资分期缴纳个人所得税备案表》。

六、纳税申报

（一）自行申报纳税

根据国家税务总局公告2015年第20号第二条的规定，非货币性资产投资个人所得税由纳税

人向主管税务机关自行申报缴纳。该公告第十条规定，纳税人按分期缴税计划向主管税务机关办理纳税申报时，应提供已在主管税务机关备案的《非货币性资产投资分期缴纳个人所得税备案表》和本期之前各期已缴纳个人所得税的完税凭证。

该公告第十一条规定，纳税人在分期缴税期间转让股权的，应于转让股权之日的次月15日内向主管税务机关申报纳税。

（二）被投资企业报告义务

根据国家税务总局公告2015年第20号第十二条的规定，被投资企业应将纳税人以非货币性资产投入本企业取得股权和分期缴税期间纳税人股权变动情况，分别于相关事项发生后15日内向主管税务机关报告，并协助税务机关执行公务。

七、技术成果投资选择性税收优惠

（一）技术成果投资入股选择性税收优惠政策

自2016年9月1日起，根据《财政部 国家税务总局关于完善股权激励和技术入股有关所得税政策的通知》（财税〔2016〕101号）第三条第（一）项的规定，个人以技术成果投资入股到境内居民企业，被投资企业支付的对价全部为股票（权）的，个人可选择继续按现行有关税收政策执行，也可选择适用递延纳税优惠政策。

选择技术成果投资入股递延纳税政策的，经向主管税务机关备案，投资入股当期可暂不纳税，允许递延至转让股权时，按股权转让收入减去技术成果原值和合理税费后的差额计算缴纳所得税。

也就是说，个人技术成果投资入股选择享受递延纳税政策有两个条件：一是入股的被投资企业必须是境内居民企业。即对向非居民企业或个人独资企业和合伙企业等非企业所得税纳税人投资，不能享受递延纳税优惠；二是入股的被投资企业支付的对价100%为股权支付。若被投资企业支付的对价除股权外，还有现金等非股权支付，则不能选择递延纳税。选择递延纳税的，在技术成果投资入股当期暂不纳税，待实际转让股票或股权时，按股权转让收入减去技术成果原值和合理税费后的差额计算缴纳个人所得税。

（二）享受投资入股递延纳税优惠的技术成果范围

1. 技术成果投资入股

技术成果投资入股，是指纳税人将技术成果所有权让渡给被投资企业、取得该企业股票（权）的行为。

技术成果投资入股，实质是转让技术成果和以转让所得再进行投资两笔经济业务同时发生。对于转让技术成果这一环节，个人应当按照“财产转让所得”项目计算纳税。

2. 技术成果的范围

关于技术成果投资入股实施选择性税收优惠政策的技术成果范围，财税〔2016〕101号文件第三条第（三）项规定，技术成果是指专利技术（含国防专利）、计算机软件著作权、集成电路布图设计专有权、植物新品种权、生物医药新品种，以及科技部、财政部、国家税务总局确定的其他技术成果。

（三）被投资企业的处理

根据财税〔2016〕101号文件第三条第二款规定，个人选择适用上述任一项政策（即投资当期一次性纳税、在不超过5年内分期纳税、递延纳税），均允许被投资企业按技术成果投资入股时的评估值入账并在企业所得税前摊销扣除。

（四）投资取得股权后上市再处置股票的处理

根据财税〔2016〕101号文件第四条第（二）项的规定，个人因技术成果投资入股取得股权后，非上市公司在境内上市的，处置递延纳税的股权时，按照现行限售股有关征税规定执行。

《股权激励和技术入股个人所得税政策口径》（税总所便函〔2016〕149号文件印发）进一步明确，纳税人因获得非上市公司实施符合条件的股权激励或因技术成果投资入股而选择递延纳税的，自其取得股权至实际转让期间，因时间跨度可能非常长，其中会出现不少变数。如果公司在境内上市了，员工持有的递延纳税股权，自然转为限售股。根据财税〔2016〕101号文件第四条第（二）项的规定，相关税收处理应按照限售股相关规定执行。具体包括三个方面：一是股票转让价格，按照限售股有关规定确定。二是扣缴义务人转为限售股转让所得的扣缴义务人（即证券机构），实施股权激励的公司、获得技术成果的企业只需及时将相关信息告知税务机关，无须继续扣缴递延纳税股票个人所得税。三是个人股票原值仍按财税〔2016〕101号文件规定确定，也就是说，转让的股票来源于股权激励的，个人股票原值为其实际取得成本；来源于技术成果投资入股的，个人股票原值为技术成果原值。若证券机构扣缴的个人所得税与纳税人的实际情况有出入，个人需按照《财政部 国家税务总局 证监会关于个人转让上市公司限售股所得征收个人所得税有关问题的通知》（财税〔2009〕167号）的规定，向证券机构所在地主管税务机关申请办理税收清算。

（五）转增股本或以股权对外投资的处理

根据财税〔2016〕101号文件第四条第（四）项的规定，持有递延纳税的股权期间，因该股权产生的转增股本收入，以及以该递延纳税的股权再进行非货币性资产投资的，应在当期缴纳税款。

依据个人所得税法相关规定，企业以未分配利润、盈余公积、资本公积转增股本，需按照“利息、股息、红利所得”项目计征个人所得税。同时，根据《财政部 国家税务总局关于将国家自主创新示范区有关税收试点政策推广到全国范围实施的通知》（财税〔2015〕116号）规定，中小高新技术企业转增股本，个人股东可分期5年缴税。但是，个人持有递延纳税股权期间，发生转增股本的，根据财税〔2016〕101号文件第四条第（四）项的规定，因递延纳税的股权产生的转增股本收入，应在当期缴纳税款。

个人以股权进行非货币性资产投资，财税〔2015〕41号文件规定可以分期5年缴纳。但个人因技术成果投资入股所得选择递延纳税的，根据财税〔2016〕101号文件第四条第（四）项的规定，个人以递延纳税的股权进行非货币性资产投资，须在非货币性资产投资当期缴纳税款。

（六）转让递延纳税股权的处理

个人以技术成果投资入股到境内居民企业，被投资企业支付的对价全部为股票（权），个人选择技术成果投资入股递延纳税政策的，经向主管税务机关备案，投资入股当期可暂不纳税，允许递延至转让股权时，按股权转让收入减去技术成果原值和合理税费后的差额计算缴纳个人所得税。

《国家税务总局关于股权激励和技术入股所得税征管问题的公告》（国家税务总局公告2016年第62号）第一条“关于个人所得税征管问题”第（七）项规定，递延纳税股票（权）转让、办理纳税申报时，扣缴义务人、个人应向主管税务机关一并报送能够证明股票（权）转让价格、递延纳税股票（权）原值、合理税费的有关资料，具体包括转让协议、评估报告和相关票据等。资料不全或无法充分证明有关情况，造成计税依据偏低，又无正当理由的，主管税务机关可依据《税收征收管理法》有关规定进行核定。

【例6–7】李某2019年9月以其拥有所有权的某项专利技术作价100万元投资入股注册在南京的A公司，获得A公司股票50万股，占A公司股本总额的5%。李某发明该项专利技术的成本为20万元，入股时发生评估费及其他合理税费共计10万元。2023年2月李某将这部分股权以200万元卖给王某，转让时发生税费15万元。

请问：

1.李某应如何计算缴纳个人所得税？

2.若李某选择递延纳税后，李某最终仅以40万元合理价格将股权卖给王某，假设转让股权时税费为5万元。则转让时李某该如何计算缴纳个人所得税？

【解析】

1.李某以专利技术所有权投资入股，有两种税收处理方式：一是按照原有政策，在入股当期，对专利技术转让收入扣除专利技术财产原值和相关税费的差额计算个人所得税，并在当期或分期5年缴纳；二是按照递延纳税政策，专利技术投资入股时不计税，待转让这部分股权时，直接以股权转让收入扣除专利技术的财产原值和合理税费的差额计算个人所得税。

（1）按5年内分期纳税政策计算：

2019年9月，李某技术入股时需缴纳财产转让所得个人所得税，应纳税额=（100–20–10）×20%=14（万元）；

2023年2月，转让股权时李某也需缴个人所得税：

（200–100–15）×20%=17（万元）；

两次合计，李某共缴纳个人所得税31万元。

（2）按递延纳税政策计算：

2019年9月，李某入股当期无须缴纳个人所得税。

待李某转让该部分股权时一次性缴税。2023年2月，转让时应纳税额=［200–（20+10）–15］×20%=31（万元）。

虽然政策调整后，李某应缴税款总额与原来一样，但李某在入股当期无须缴税，压力大大减小，待其转让时再缴税，确保有充足的资金流纳税。

2.假设李某选择递延纳税后，李某最终仅以40万元合理价格将股权卖给王某，假设转让股权时税费为5万元，应纳税额的计算。

根据递延纳税相关政策，李某转让股权时，按照转让收入扣除技术成果原值及合理税费后的余额，计算缴纳个人所得税。因此，虽然李某的股权转让收入较当初专利技术投资时作价降低了，但其仍根据股权转让实际收入计算个人所得税，李某技术成果投资入股风险大大降低。

应纳税额=［40-（20+10）-5］×20%=1（万元）。

（七）享受递延纳税股权优先转让

根据财税〔2016〕101号文件第四条第（三）项的规定，个人转让股权时，视同享受递延纳税优惠政策的股权优先转让。递延纳税的股权成本按照加权平均法计算，不与其他方式取得的股权成本合并计算。

（八）递延纳税备案

根据财税〔2016〕101号文件第五条“配套管理措施”第一款的规定，对技术成果投资入股选择适用递延纳税政策的，企业应在规定期限内到主管税务机关办理备案手续。未办理备案手续的，不得享受该通知规定的递延纳税优惠政策。

国家税务总局公告2016年第62号第一条“关于个人所得税征管问题”第（五）款“企业备案具体按以下规定执行”第（三）项进一步明确，个人以技术成果投资入股境内公司并选择递延纳税的，被投资公司应于取得技术成果并支付股权之次月15日内，向主管税务机关报送《技术成果投资入股个人所得税递延纳税备案表》、技术成果相关证书或证明材料、技术成果投资入股协议、技术成果评估报告等资料。

（九）扣缴义务人的确定

根据财税〔2016〕101号文件第五条“配套管理措施”第（二）项的规定，个人以技术成果投资入股，以取得技术成果的企业为个人所得税扣缴义务人。递延纳税期间，扣缴义务人应在每个纳税年度终了后向主管税务机关报告递延纳税有关情况。

根据国家税务总局公告2016年第62号第一条“关于个人所得税征管问题”第（六）项的规定，个人以技术成果投资入股取得的股票（权），实行递延纳税期间，扣缴义务人应于每个纳税年度终了后30日内，向主管税务机关报送《个人所得税递延纳税情况年度报告表》。

第三节　转让上市和挂牌公司股票

个人转让持有的股票（股权）等权益性投资，按适用的税收政策不同可分为：转让境外上市公司股票、转让境内上市公司股票、转让限售股、转让非上市公司股权以及转让合伙企业财产份额等，如图6-5所示。

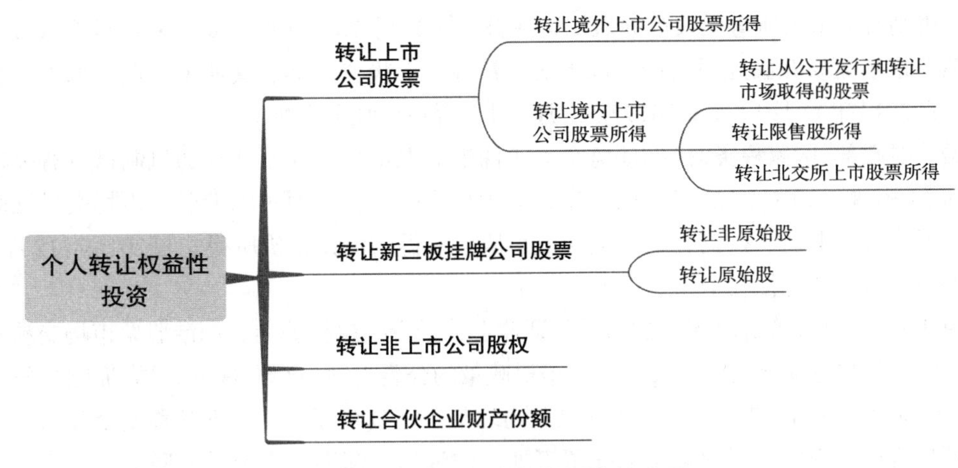

图6-5 个人转让权益性投资的类型

一、转让上市公司股票所得

根据《个人所得税法实施条例》第七条的规定，对股票转让所得征收个人所得税的办法，由国务院另行规定，并报全国人民代表大会常务委员会备案。

（一）转让境内上市公司股票所得

根据《财政部 国家税务总局关于个人转让股票所得继续暂免征收个人所得税的通知》（财税字〔1998〕61号）的规定，从1997年1月1日起，对个人转让上市公司股票取得的所得继续暂免征收个人所得税。

根据《财政部 国家税务总局 证监会关于个人转让上市公司限售股所得征收个人所得税有关问题的通知》（财税〔2009〕167号）的规定，对个人在上海证券交易所、深圳证券交易所转让从上市公司公开发行和转让市场取得的上市公司股票所得，继续免征个人所得税。

因而，个人转让从上市公司公开发行和转让市场取得的境内上市公司股票所得，免征个人所得税。个人转让上市公司限售股所得，应按规定征收个人所得税。

根据《财政部 税务总局关于北京证券交易所税收政策适用问题的公告》（财政部 税务总局公告2021年第33号）的规定，新三板精选层公司转为北交所上市公司，以及创新层挂牌公司通过公开发行股票进入北交所上市后，投资北交所上市公司涉及的个人所得税、印花税相关政策，暂按照现行新三板适用的税收规定执行。涉及企业所得税、增值税相关政策，按企业所得税法及其实施条例、《财政部 国家税务总局关于全面推开营业税改征增值税试点的通知》（财税〔2016〕36号）及有关规定执行。

（二）转让境外上市公司股票所得

对个人转让境外上市公司股票所得，除另有优惠规定外，应按“财产转让所得”项目，适用20%的税率征收个人所得税。

根据《财政部 国家税务总局 证监会关于沪港股票市场交易互联互通机制试点有关税收政策的通知》（财税〔2014〕81号）和《财政部 税务总局 证监会关于继续执行沪港股票市场交易

互联互通机制有关个人所得税政策的通知》（财税〔2017〕78号）的规定，对内地个人投资者通过沪港股票市场交易互联互通机制（以下简称沪港通）投资香港联交所上市股票取得的转让差价所得，自2014年11月17日至2019年12月4日，暂免征收个人所得税。

根据《财政部 国家税务总局 证监会关于深港股票市场交易互联互通机制试点有关税收政策的通知》（财税〔2016〕127号）的规定，对内地个人投资者通过深港股票市场交易互联互通机制（以下简称深港通）投资香港联交所上市股票取得的转让差价所得，自2016年12月5日至2019年12月4日，暂免征收个人所得税。

2019年12月4日，《财政部 税务总局 证监会关于继续执行沪港、深港股票市场交易互联互通机制和内地与香港基金互认有关个人所得税政策的公告》（财政部 税务总局 证监会公告2019年第93号）就继续执行沪港通、深港通以及内地与香港基金互认（以下简称基金互认）有关个人所得税政策做出规定，对内地个人投资者通过沪港通、深港通投资香港联交所上市股票取得的转让差价所得和通过基金互认买卖香港基金份额取得的转让差价所得，自2019年12月5日起至2022年12月31日止，继续暂免征收个人所得税。

转让上市公司股票所得的个人所得税处理，如图6-6所示。

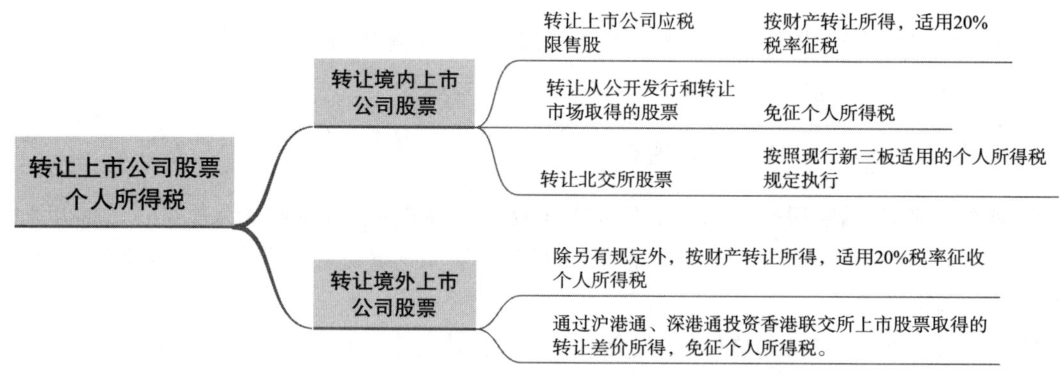

图6-6 转让上市公司股票的个人所得税处理

二、转让新三板挂牌公司股票所得

为促进全国中小企业股份转让系统（以下简称新三板）长期稳定发展，《财政部 税务总局 证监会关于个人转让全国中小企业股份转让系统挂牌公司股票有关个人所得税政策的通知》（财税〔2018〕137号）就个人转让新三板挂牌公司股票有关个人所得税政策做出如下规定，自2018年11月1日（含）起施行。

（一）个人转让非原始股所得暂免征收个人所得税

根据财税〔2018〕137号文件第一条的规定，自2018年11月1日（含）起，对个人转让新三板挂牌公司非原始股取得的所得，暂免征收个人所得税。

这里所称非原始股是指个人在新三板挂牌公司挂牌后取得的股票，以及由上述股票孳生的送、转股。

根据财税〔2018〕137号文件第四条的规定，2018年11月1日之前，个人转让新三板挂牌公司非原始股，尚未进行税收处理的，可比照该文件第一条的上述规定免征个人所得税，已经进行相关税收处理的，不再进行税收调整。

（二）个人转让原始股所得按财产转让所得征税

根据财税〔2018〕137号文件第二条的规定，对个人转让新三板挂牌公司原始股取得的所得，按照“财产转让所得”，适用20%的比例税率征收个人所得税。

这里所称原始股是指个人在新三板挂牌公司挂牌前取得的股票，以及在该公司挂牌前和挂牌后由上述股票孳生的送、转股。

个人转让新三板挂牌公司原始股，以每次原始股转让收入，减除股票原值和合理税费后的余额，为应纳税所得额。即：

应纳税所得额=原始股转让收入-（原始股原值+合理税费）

应纳税额=应纳税所得额×20%

原始股转让收入，是指转让原始股股票取得的收入。原始股原值，是指原始股东初始取得原始股时支付的价款。

（三）征收管理

根据财税〔2018〕137号文件第三条的规定，2019年9月1日之前，个人转让新三板挂牌公司原始股的个人所得税，征收管理办法按照现行股权转让所得有关规定执行，以股票受让方为扣缴义务人，由被投资企业所在地税务机关负责征收管理。

自2019年9月1日（含）起，个人转让新三板挂牌公司原始股的个人所得税，以股票托管的证券机构为扣缴义务人，由股票托管的证券机构所在地主管税务机关负责征收管理。具体征收管理办法参照《财政部 国家税务总局 证监会关于个人转让上市公司限售股所得征收个人所得税有关问题的通知》（财税〔2009〕167号）和《财政部 国家税务总局 证监会关于个人转让上市公司限售股所得征收个人所得税有关问题的补充通知》（财税〔2010〕70号）有关规定执行。

中国证券登记结算公司应当在登记结算系统内明确区分新三板原始股和非原始股。

个人转让新三板挂牌公司股票的个人所得税处理如图6-7所示。

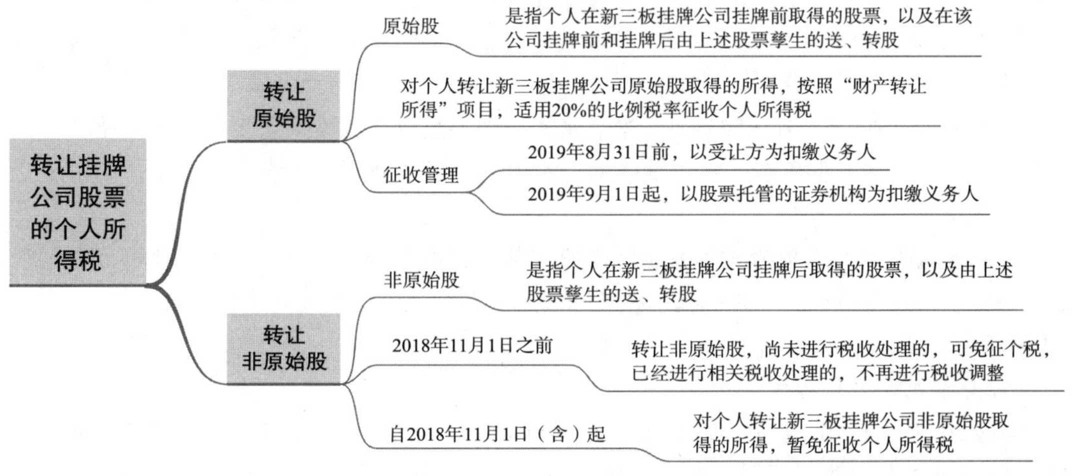

图6-7 个人转让新三板挂牌公司股票的个人所得税处理

（四）案例解析

【例6–8】某税务局稽查局在对江苏JF新材料股份有限公司股权变动检查时，发现如下股权变动、分红与转增股本业务：

（1）2008年8月18日，葛某投资500万元，设立江苏JF新材料有限公司。

（2）2013年11月14日，江苏JF新材料有限公司增资1 000万元，其中葛某和乔某分别投资850万元和150万元，增资后为1 500万元，葛某出资1 350万元，占比90%；乔某出资150万元，占比10%。

（3）2014年4月25日，江苏JF新材料有限公司变更为江苏JF新材料股份有限公司，审计报告确认的净资产为16 033 840.96元，按1.07∶1比例折股，共计折股1 500万股，每股面值1元，其中实收资本1 500万元，余额1 033 840.96元计入资本公积。

（4）2015年1月6日，江苏JF新材料股份有限公司登陆新三板。

（5）2015年6月24日，葛某以每股1.02元的价格转让2%的股份共300 000股给申万宏源证券有限公司，股权转让款为人民币306 000.00元。

葛某以每股1.02元的价格转让1.33%的股份共200 000股计人民币204 000.00元，给中原证券股份有限公司。转让股权时公司账面净资产公允价值为5元/股。

（6）2016年2月15日，采用非公开发行方式向自然人陈某、龚某、刘某、江某，发行人民币普通股130万股，每股面值1元，发行价5.00元，发行后注册资本为人民币1 630.00万元，计入资本公积520万元。

（7）2016年7月18日，采用非公开发行方式向自然人刘某、宁某、王某，发行人民币普通股255万股，每股面值1元，发行价为每股人民币4.76元，发行后注册资本为1 885.00万元，计入资本公积958.8万元。

（8）2016年6月6日，以每10股派2.45元现金红利；派发现金红利3 993 500元。

（9）2017年4月24日，以每10股派2.12元现金红利，派发3 996 200元。

（10）2017年6月7日，以资本公积向全体股东每10股转增6.80股，转增前公司总股本为1 885万股，转增后总股本增至3 166.8万股。

要求：根据上述资料，分析说明下列事项。

1.按照个人所得税股权转让相关规定和《股权转让所得个人所得税管理办法（试行）》（国家税务总局公告2014年第67号发布），分析资料（2）中葛某高于净资产的部分，是否可以按10%转让比例征收个人所得税。

2.分析说明资料（5）可否按照每股净资产进行调整股权转让收入征收个人所得税。

3.分析资料（10）中资本公积转增股本，对于原始股东获得资本公积转增资本部分是否应征收个人所得税。

对不属于股票发行溢价的资本公积转增股权部分，即股份改制时形成的资本公积转增股本是否应该征收个人所得税？如果征税，按增加资本公积的比例征税还是全额征税？

【解析】

（一）增资的个人所得税

原某省地税局《2017年个人所得税部分政策口径》曾明确，“增资时，对折价增资，按照2014年67号公告征税依据不足，暂不征收；撤资、减资时，按照2011年第41号公告处理。计征个人所得税时存在核定收入额的，可参照2014年第67号公告第14条处理。对发现存在偷逃税等情形的，按征管法相关规定处理”。

（二）转让新三板挂牌公司股票的个人所得税

新三板挂牌公司属于非上市公众公司，其股东转让股权应适用国家税务总局公告2014年第67号的相关规定，价格明显偏低且无正当理由的，主管税务机关可以核定股权转让收入。

《股权转让所得个人所得税管理办法（试行）》第十四条规定，主管税务机关应依次按照下列方法核定股权转让收入：

1.净资产核定法。

股权转让收入按照每股净资产或股权对应的净资产份额核定。

被投资企业的土地使用权、房屋、房地产企业未销售房产、知识产权、探矿权、采矿权、股权等资产占企业总资产比例超过20%的，主管税务机关可参照纳税人提供的具有法定资质的中介机构出具的资产评估报告核定股权转让收入。

6个月内再次发生股权转让且被投资企业净资产未发生重大变化的，主管税务机关可参照上一次股权转让时被投资企业的资产评估报告核定此次股权转让收入。

2.类比法。

（1）参照相同或类似条件下同一企业同一股东或其他股东股权转让收入核定；

（2）参照相同或类似条件下同类行业企业股权转让收入核定。

3.其他合理方法。

主管税务机关采用以上方法核定股权转让收入存在困难的，可以采取其他合理方法核定。

（三）转让股本的个人所得税

针对有限责任公司溢价形成的资本公积转增股本个人所得税如何征收问题，原某省地税局《2017年个人所得税部分政策口径》曾明确，“不区分新、旧投资者，均按国税函（1 998）289号规定处理”。

三、转让创新企业境内存托凭证的处理

（一）转让创新企业CDR的个人所得税处理

根据《财政部 税务总局 证监会关于创新企业境内发行存托凭证试点阶段有关税收政策的公告》（财政部 税务总局 证监会公告2019年第52号）第一条的规定，自试点开始之日起，对个人投资者转让创新企业境内发行存托凭证（以下称创新企业CDR）取得的差价所得，三年（36个月，下同）内暂免征收个人所得税。所称试点开始之日，是指首只创新企业CDR取得国务院证券监督管理机构的发行批文之日。

所称创新企业CDR，是指符合《国务院办公厅转发证监会关于开展创新企业境内发行股票或存托凭证试点若干意见的通知》（国办发〔2018〕21号）规定的试点企业，以境外股票为基础证券，由存托人签发并在中国境内发行，代表境外基础证券权益的证券。

（二）创新企业限售存托凭证有关个人所得税政策

2018年3月，我国启动创新企业境内发行存托凭证试点工作，拟以增发方式发行的境外普

通股为基础证券，在境内发行存托凭证。2019年4月，为支持境内发行存托凭证试点工作，财政部、税务总局、证监会公告2019年第52号出台，明确了存托凭证相关税收政策。

随着创新企业境内发行存托凭证试点工作的不断推进，创新企业原始股东以持有的存量股份为基础证券，也可在境内转换发行存托凭证。根据存托凭证试点内容变化，为明确有关个人所得税政策，财政部税政司、税务总局所得税司、证监会会计部发布了《关于创新企业限售存托凭证有关个人所得税政策的解答》。

1.创新企业限售存托凭证的界定

2018年3月，国办发〔2018〕21号文件明确，开展创新企业境内发行股票或存托凭证试点。根据证券交易所相关规定，存托凭证在制度设计上做出了与A股类似的制度安排，对于以发行前存量股份转换而来的存托凭证，应参照股票相关规定进行限售处理，此类存托凭证称为创新企业限售存托凭证。

2.转让创新企业限售存托凭证的所得是否征税问题

为支持存托凭证发展，试点期间存托凭证的税收政策原则上与A股市场税收政策保持一致。以创新企业原始股东持有存量股份为基础证券，在境内发行的存托凭证，其证券性质与首次公开发行股票并上市的公司形成的限售股类似。根据《财政部 国家税务总局 证监会关于个人转让上市公司限售股所得征收个人所得税有关问题的通知》（财税〔2009〕167号）规定，个人转让限售股取得的所得按照“财产转让所得”缴纳个人所得税。对于个人转让限售存托凭证取得的所得，应比照转让限售股个人所得税政策缴纳个人所得税，即按照“财产转让所得”，以每次转让收入减除存托凭证原值和合理税费后的余额，为应纳税所得额，适用20%的比例税率征收个人所得税。

3.转让创新企业限售存托凭证如何缴纳个人所得税

个人转让创新企业限售存托凭证缴纳个人所得税，比照限售股征收管理。具体征收管理办法参照财税〔2009〕167号文件和《财政部 国家税务总局 证监会关于个人转让上市公司限售股所得征收个人所得税有关问题的补充通知》（财税〔2010〕70号）规定执行。

4.个人持有创新企业限售存托凭证取得的股息红利的处理

根据《财政部 国家税务总局 证监会关于实施上市公司股息红利差别化个人所得税政策有关问题的通知》（财税〔2012〕85号）规定，个人持有的上市公司限售股，解禁前取得的股息红利继续暂减按50%计入应纳税所得额，适用20%的税率计征个人所得税。

比照限售股股息红利的税收政策，对个人持有的限售存托凭证，解禁前取得的股息红利继续暂减按50%计入应纳税所得额，适用20%的税率计征个人所得税。解禁后取得的股息红利，按照财政部、税务总局、证监会公告2019年第52号规定计算纳税，持证时间自解禁日起计算。

四、转让北交所挂牌公司股票的处理

为支持进一步深化新三板改革，将精选层变更设立为北京证券交易所（以下称北交所），按照平稳转换、有效衔接的原则，财政部、税务总局公告2021年第33号就北交所税收政策适用问题明确：新三板精选层公司转为北交所上市公司，以及创新层挂牌公司通过公开发行股票进入北交所上市后，投资北交所上市公司涉及的个人所得税、印花税相关政策，暂按照现行新三板适用的税收规定执行。涉及企业所得税、增值税相关政策，按企业所得税法及其实施条例、《财政部 国家税务总局关于全面推开营业税改征增值税试点的通知》（财税〔2016〕36号）及有关规定执行。

第四节 转让限售股

1994年出台股票转让所得免税政策时，原有的非流通股不能上市流通，实际上只有从上市公司公开发行和转让市场取得的流通股才能享受免税政策。2005年股权分置改革后，股票市场不再有非流通股和流通股的划分，只有限售流通股与非限售流通股之别，限售流通股解除限售后都将进入流通。这些限售股都不是从上市公司公开发行和转让市场上取得的，成本较低，数量较大，解禁后在二级市场转让，获益很高，却与个人投资者从上市公司公开发行和转让市场购买的上市公司股票转让所得一样享受个人所得税免税待遇，加剧了收入分配不公的矛盾，社会反应比较强烈。

为进一步规范个人转让上市公司限售流通股（以下简称限售股）取得的所得征税问题，经国务院批准，《财政部 国家税务总局 证监会关于个人转让上市公司限售股所得征收个人所得税有关问题的通知》（财税〔2009〕167号）、《财政部 国家税务总局 证监会关于个人转让上市公司限售股所得征收个人所得税有关问题的补充通知》（财税〔2010〕70号）、《财政部 国家税务总局关于证券机构技术和制度准备完成后个人转让上市公司限售股有关个人所得税问题的通知》（财税〔2011〕108号）等文件先后出台，规定自2010年1月1日起，对个人转让限售股取得的所得，按照“财产转让所得”，适用20%的比例税率征收个人所得税。同时，对个人在上海证券交易所、深圳证券交易所转让从上市公司公开发行和转让市场取得的上市公司股票所得，继续免征个人所得税。

一、应税限售股的界定与分类

目前，我国A股市场的限售股主要包括：股改产生的限售股、新股首次发行上市（IPO）产生的限售股以及其他限售股。

（一）股改限售股

股改限售股是指股权分置改革过程中，由原非流通股转变而来的有限售期的流通股，市场俗称为“大小非”。“大非”指的是大规模的限售流通股，占总股本5%以上；“小非”指的是小规模的限售流通股，占总股本5%以内。

股权分置是中国资本市场特有的情形，是指上市公司的一部分股份上市流通，另一部分股份暂时不上市流通。前者称为流通股，主要为社会公众股；后者称为非流通股，包括国家股、国有法人股、内资及外资法人股、发起自然人股等。股权分置改革之前，非流通股虽然不能在沪深两市自由交易，但经证监会批准后，可以通过拍卖或协议转让的方式进行流通。

为贯彻落实《国务院关于推进资本市场改革开放和稳定发展的若干意见》中“积极稳妥解

决股权分置问题”的要求，2005年证监会、国资委、财政部等部委联合下发《关于上市公司股权分置改革的指导意见》（证监发〔2005〕80号文件发布），随后，证监会又下发了《上市公司股权分置改革管理办法》（证监发〔2005〕86号文件发布），解除了非流通股上市流通的限制，非流通股股东与流通股股东之间采取对价的方式平衡相互利益。同时，对股权分置改革后非流通股出售做出了若干限制性规定，这样，原非流通股转变为有流通期限和流通比例限售的流通股，即股改限售股。股权分置改革股票复牌后，股改限售股于解除限售前历年获得的送转股也构成了限售股。

（二）新股限售股

为保持公司控制权的稳定，《公司法》及交易所上市规则对于首次公开发行股份（IPO）并上市的公司，公开发行前股东所持股份都有一定的限售期规定，由于股权分置改革新老划段后不再有非流通股和流通股的划分，这部分股份在限售期满后解除流通权利限制，构成了新股限售股。这类限售股目前已经占到全部限售股的大多数，将来还会有更多的新股限售股出现。新股上市后，新股限售股于解除限售前历年获得的送转股也构成了限售股。

（三）其他限售股

除股改限售股和新股限售股外，目前市场上还有一些有限售期要求的股票，主要是机构配售股和增发股。机构配售股是指IPO的时候，参与网下申购的机构投资人获得的股票，这部分需要锁定3个月到半年，然后才可以上市交易。增发股类似于机构配售股，是指定向增发后的股票，需要锁定1年，然后才可以上市交易。

根据财税〔2010〕70号文件的规定，本书所称的其他限售股包括：

（1）个人从机构或其他个人受让的未解禁限售股；

（2）个人因依法继承或家庭财产依法分割取得的限售股；

（3）个人持有的从代办股份转让系统转到主板市场（或中小板、创业板市场）的限售股；

（4）上市公司吸收合并中，个人持有的原被合并方公司限售股所转换的合并方公司股份；

（5）上市公司分立中，个人持有的被分立方公司限售股所转换的分立后公司股份；

（6）其他限售股。

应纳个人所得税的限售股的范围与分类如图6-8所示。

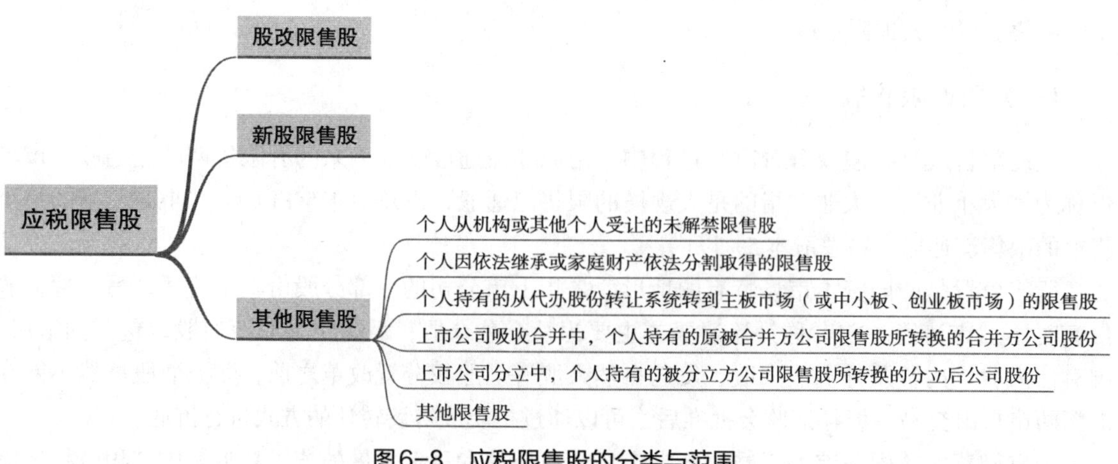

图6-8 应税限售股的分类与范围

二、转让限售股的界定

为进一步完善股权分置改革后的相关制度，更好地发挥税收对高收入者的调节作用，促进资本市场长期健康发展，堵塞税收漏洞，进一步完善股票转让所得个人所得税政策，平衡个人转让限售股与个人转让非上市公司股份以及企业转让限售股之间的税收政策，国务院决定，自2010年1月1日起，对个人转让上市公司限售股取得的所得征收个人所得税。即2010年1月1日（含）以后，只要是个人转让上市公司限售股，都要按规定计算所得并依照20%税率缴纳个人所得税。

个人转让限售股或发生具有转让限售股实质的其他交易，取得现金、实物、有价证券和其他形式的经济利益均应缴纳个人所得税。限售股在解禁前被多次转让的，转让方对每一次转让所得均应按规定缴纳个人所得税。对具有下列情形的，应按规定征收个人所得税：

（1）个人通过证券交易所集中交易系统或大宗交易系统转让限售股；

（2）个人用限售股认购或申购交易型开放式指数基金（ETF）份额；

（3）个人用限售股接受要约收购；

（4）个人行使现金选择权将限售股转让给提供现金选择权的第三方；

（5）个人协议转让限售股；

（6）个人持有的限售股被司法扣划；

（7）个人因依法继承或家庭财产分割让渡限售股所有权；

（8）个人用限售股偿还上市公司股权分置改革中由大股东代其向流通股股东支付的对价；

（9）其他具有转让实质的情形。

需要说明的是，自1994年个人所得税税制实施以来，考虑到我国证券市场发育还不成熟，为了配合企业改制，促进股票市场稳定健康发展，我国对个人转让境内上市公司股票所得在2009年12月31日以前一直暂免征收个人所得税。

根据财税〔2009〕167号文件的规定，除转让限售股外，对个人在上海证券交易所、深圳证券交易所转让从上市公司公开发行和转让市场取得的上市公司股票所得，继续免征个人所得税。

三、应纳税额的计算

（一）应纳税额的计算公式

根据《个人所得税法》的有关规定，对个人转让限售股取得的所得，应按“财产转让所得”项目征税。按照一般财产转让所得的征税办法，应以转让财产收入减去财产原值和合理税费后的余额为应纳税所得额，依法计征个人所得税。即个人转让限售股，应以每次限售股转让收入，减除股票原值和合理税费后的余额，为应纳税所得额。具体计算公式如下：

应纳税所得额=限售股转让收入–（限售股原值+合理税费）

应纳税额=应纳税所得额 ×20%

限售股转让收入，是指转让限售股股票实际取得的收入。限售股原值，是指限售股买入时的买入价及按照规定缴纳的有关费用。合理税费，是指转让限售股过程中发生的印花税、佣金、过户费等与交易相关的税费。

如果纳税人未能提供完整、真实的限售股原值凭证的，不能准确计算限售股原值的，主管税务机关一律按限售股转让收入的15%核定限售股原值及合理税费。

（二）适用扣缴申报情形的转让收入确定

个人发生如下四种情形时，对其限售股转让所得应纳个人所得税，采取证券机构预扣预缴、纳税人自行申报清算和证券机构直接扣缴相结合的方式征收：

（1）个人通过证券交易所集中交易系统或大宗交易系统转让限售股；

（2）个人用限售股认购或申购交易型开放式指数基金（ETF）份额；

（3）个人用限售股接受要约收购；

（4）个人行使现金选择权将限售股转让给提供现金选择权的第三方。

在上述四种情形下，由证券机构按规定扣缴税款，纳税人申报清算时，实际转让收入按照下列原则计算：

（1）个人通过证券交易所集中交易系统或大宗交易系统转让限售股的转让收入，以转让当日该股份实际转让价格计算，证券公司在扣缴税款时，佣金支出统一按照证券主管部门规定的行业最高佣金费率计算；

（2）通过认购ETF份额方式转让限售股的，以股份过户日的前一交易日该股份收盘价计算转让收入，通过申购ETF份额方式转让限售股的，以申购日的前一交易日该股份收盘价计算转让收入；

（3）个人用限售股接受要约收购的转让收入以要约收购的价格计算；

（4）个人行使现金选择权将限售股转让给提供现金选择权的第三方的转让收入以实际行权价格计算。

（三）自行申报纳税情形转让收入的确定

纳税人发生如下四种情形时，采取纳税人向主管税务机关自行申报纳税的方式缴纳个人所得税：

（1）个人协议转让限售股；

（2）个人持有的限售股被司法扣划；

（3）个人因依法继承或家庭财产分割让渡限售股所有权；

（4）个人用限售股偿还上市公司股权分置改革中由大股东代其向流通股股东支付的对价。

在上述四种情况下，纳税人自行申报纳税时，其转让收入按照下列原则计算：

（1）个人协议转让限售股的转让收入按照实际转让收入计算，转让价格明显偏低且无正当理由的，主管税务机关可以依据协议签订日的前一交易日该股收盘价或其他合理方式核定其转让收入；

（2）个人持有的限售股被司法扣划的转让收入以司法执行日的前一交易日该股收盘价计算；

（3）个人因依法继承或家庭财产分割让渡限售股所有权和个人用限售股偿还上市公司股权分置改革中由大股东代其向流通股股东支付的对价的，转让收入以转让方取得该股时支付的成本计算。

（四）成本费用的确定

个人转让因协议受让、司法扣划等情形取得未解禁限售股的，成本按照主管税务机关认可的协议受让价格、司法扣划价格核定，无法提供相关资料的，按照限售股转让收入的15%核定限售股原值及合理税费；个人转让因依法继承或家庭财产依法分割取得的限售股的，按规定缴纳个人所得税时，成本按照该限售股前一持有人取得该股时实际成本及税费计算。

在证券机构技术和制度准备完成（2012年3月1日）后形成的限售股，自股票上市首日至解禁日期间发生送、转、缩股的，证券登记结算公司应依据送、转、缩股比例对限售股成本原值进行调整；而对于其他权益分派的情形（如现金分红、配股等），不对限售股的成本原值进行调整。

因个人持有限售股中存在部分限售股成本原值不明确，导致无法准确计算全部限售股成本原值的，证券登记结算公司一律以实际转让收入的15%作为限售股成本原值和合理税费。

（五）税目、税率的确定

根据《个人所得税法实施条例》第六条的规定，财产转让所得，是指个人转让有价证券、股权、合伙企业中的财产份额、不动产、机器设备、车船以及其他财产取得的所得。

限售股属于有价证券，是财产的一种形式，《个人所得税法》规定，财产转让所得适用20%的比例税率。因而，财税〔2009〕167号文件规定，个人转让限售股取得的所得，按照“财产转让所得”项目适用20%的比例税率征收个人所得税。

【例6-9·单选】根据个人所得税法相关规定，个人转让限售股时，以转让当日该股份实际转让价格计算转让收入的情形是（　　）。

A.个人用限售股接受要约收购

B.个人持有的限售股被司法扣划

C.个人用限售股认购或申购交易型开放式指数基金份额

D.个人通过证券交易所集中交易系统或大宗交易系统转让限售股

【答案】D

【解析】根据财税〔2009〕167号、财税〔2010〕70号等文件的规定，个人用限售股接受要约收购的转让收入以要约收购的价格计算。个人通过认购ETF份额方式转让限售股的，以股份过户日的前一交易日该股份收盘价计算转让收入，通过申购ETF份额方式转让限售股的，以申购日的前一交易日该股份收盘价计算转让收入。个人持有的限售股被司法扣划的转让收入以司法执行日的前一交易日该股收盘价计算。个人通过证券交易所集中交易系统或大宗交易系统转让限售股的转让收入，以转让当日该股份实际转让价格计算。

四、征收管理

（一）纳税人、扣缴义务人和主管税务机关的确定

根据财税〔2009〕167号文件的规定，限售股转让所得个人所得税，以限售股持有者为纳税义务人，以个人股东开户的证券机构为扣缴义务人。限售股个人所得税由证券机构所在地主管税务机关负责征收管理。

上述规定主要是从便于征管操作和源泉控管的角度考虑的，限售股股东可能遍布全国各地，

但一般情况下，个人会选择距离自己常住地或工作地最近的证券机构设立证券账户，因此，财税〔2009〕167号文件规定，按照属地原则，由限售股股东开户的证券机构（证券公司营业部）为扣缴义务人，由证券机构所在地主管税务机关负责征收管理。对扣缴义务人按照所扣缴的税款，税务机关应按照规定支付手续费。

【例6–10·多选】纳税人转让限售股需要自行申报纳税的情形有（　　）。

A.个人协议转让限售股

B.个人用限售股接受要约收购

C.个人持有的限售股被司法扣划

D.个人因依法继承或家庭财产分割让渡限售股所有权

E.个人行使现金选择权将限售股转让给提供现金选择权的第三方

【答案】ACD

【解析】选项B和E，对其应纳个人所得税采取证券机构预扣预缴、纳税人自行申报清算和证券机构直接扣缴相结合的方式征收。

（二）对不同阶段限售股采取不同征管办法

对限售股转让所得征收个人所得税，采取由限售股股东个人开户的证券机构代扣代缴税款的征收方式，按照最初设想，首先需要证券交易系统中将限售股与非应税限售股实行分库管理，其次需要证券机构掌握限售股的成本原值，才能根据限售股股东转让限售股时的转让价格扣除成本原值和相关税费用后实施税款扣缴。

但由于股权分置改革后，限售股一旦解禁，其在股东账户中与股东从二级市场取得的非应税限售股是混在一起，无法区分的，如要求交易所、登记结算公司以及证券公司能够识别股东减持股份的来源种类，需要对限售股与非限售股进行分户管理。分户管理则需要调整证券交易结算系统，进行技术上的准备和改造。同时，在已形成的限售股成本原值的确认上也存在诸多难点：一是限售股大都是公司公开发行股票前股东持有的股份，每一位股东取得股份的具体成本等资料，可能只有上市公司掌握，证券交易所、登记结算公司、证券公司都没有记录，很难查找；二是影响成本变动的因素很多，包括股东在不同阶段取得的送转股、配股[1]，以及公司定向增发造成股份的稀释等。因此，如果要建立限售股成本资料，只能通过完善上市公司新股发行制度，要求上市公司在新股发行环节增加报送上市前股东所持股份的真实的成本资料，再通过股票登记结算系统改造，提前将成本资料植入系统。上述这些工作都只能从新上市公司着手。

鉴于在证券登记结算公司系统中植入限售股成本资料需要在制度上和技术上做一定时间的准备，按照先建立机制和便于操作的原则，以技术制度完备作为划断新老限售股的界限，按照“老股老办法，新股新办法”的原则，具体根据证券机构技术和制度准备完成情况，对不同阶段形成的限售股，采取不同的征收管理办法。即证券机构技术和制度准备完成前形成的限售股，

---

[1] 配股是上市公司向原股东发行新股、筹集资金的行为。按照惯例，公司配股时新股的认购权按照原有股权比例在原股东之间分配，即原股东拥有优先认购权。转股是指将资本公积金转增为股份。送股是上市公司分红的一种形式，即采取送股份的办法实施给上市公司的股东分配公司利润。送股时，将上市公司的留存收益转入股本账户。

采取简易的“核定（预扣）+清算”的征收方式；证券机构技术和制度准备完成后形成的限售股，采取由证券机构直接扣缴的方式。

（三）技术和制度准备完成前形成限售股应扣缴税款的计算和预扣清算

由于原证券交易系统中无法单独标识限售股，限售股股东转让限售股时交易系统无法判别，证券结算系统虽然有限售股的登记信息，但因其只是结算当天交易的数据，也难以判断其是不是限售股，难以扣缴税款。而只能采取提前通过某个价格和核定成本计算出限售股的应缴税款，按照限售股优先征税的原则，一旦限售股账户转让股票，则根据提前计算的应缴税款实施即时预扣税款。

因而，财税〔2009〕167号文件规定，在证券机构技术和制度准备完成前，对已经形成的限售股，以股改复牌日收盘价或上市首日收盘价，作为计算限售股转让收入的依据。同时，按照股改复牌日收盘价或上市首日收盘价的15%统一确定限售股的原值和合理税费。登记结算公司以上述转让收入与原值和合理税费，计算出现有限售股的应纳税所得额，按照20%的税率计算应扣缴税款，待限售股股东转让时，将转让股数和应扣缴税款的信息发送给证券机构，由证券机构预扣预缴个人所得税。证券机构应填报《限售股转让所得个人所得税扣缴报告表》，并于次月15日内将预扣税款向主管税务机关缴纳。

纳税人按照实际转让收入和实际成本计算的应纳税额，如果与证券机构扣缴的税额有差异的（实际转让收入、成本与收盘价、核定成本有差异），纳税人可以自证券机构解缴税款的次月1日起的3个月内，向其开户证券机构所在地主管税务机关申请税款清算。

需要强调的是，纳税人申请清算时，应按照收入与成本相匹配的原则计算应纳税所得额。即限售股转让收入必须按照实际转让收入计算，限售股原值按照实际成本计算；如果纳税人未能提供完整、真实的限售股原值凭证，不能正确计算限售股原值的，主管税务机关一律按限售股实际转让收入的15%核定限售股原值及合理税费。

【例6-11】紫金矿业（股票代码：601899）2008年4月25日上市，上市首日收盘价为13.92元；2021年12月31日紫金矿业的收盘价为9.68元。

（1）中登公司根据上市首日收盘价和核定的15%原值及税费，计算出每股应扣缴个人所得税为：13.92×（1-15%）×20%=2.37（元），其核定的成本为：13.92×15%=2.1（元）。

（2）假设紫金矿业某限售股股东于12月31日以收盘价的价格减持了股份，其实际成交价格低于计算应扣缴税款的上市首日收盘价，应该说多扣缴了纳税人的税款，纳税人可申请清算。

（3）清算过程中，按照收入与成本配比的原则，纳税人提供了实际转让收入9.68元和实际的股票原值及相关税费，则每股实际应缴税款按9.68元减去实际原值及税费计算；如果纳税人无法提供实际成本资料，按照收入与成本配比的原则，实际每股应纳税额应为：9.68×（1-15%）×20%=1.65（元），其核定成本以实际转让收入为计算依据，即9.68×15%=1.45（元）。收入与成本配比的原则要求，收入的计算依据与核定成本原值的计算依据必须一致，而不允许转让收入按较低的实际成交价格计算，原值按较高的上市首日收盘价计算的2.1元扣除。

（4）按照上述计算，假设成本均为核定成本，则应对该纳税人每股退税：2.37-1.65=0.72（元）。

纳税人申请清算时，应填报《限售股转让所得个人所得税清算申报表》，并持加盖证券机构印章的交易记录和相关完整、真实凭证，向主管税务机关提出清算申报并办理清算事宜。主管税务机关审核确认后，按照重新计算的应纳税额，办理退（补）税手续。纳税人在规定期限内未到主管税务机关办理清算事宜的，税务机关不再办理清算事宜，已预扣预缴的税款全额缴入国库。

（四）证券机构技术和制度准备完成后形成限售股应缴税款计算和扣缴

财税〔2009〕167号文件规定，对证券机构技术和制度准备完成后新上市公司的限售股，通过改造登记结算公司和证券公司软件的方式分库管理，按照证券机构事先植入结算系统的限售股成本原值和发生的合理税费，以实际转让收入减去原值和合理税费后的余额，适用20%税率，由证券机构计算直接扣缴个人所得税额。

证券机构技术和制度准备完成后，证券机构扣缴税款的计算依据是实际的转让收入和实际成本，此时扣缴税款是纳税人实际的应缴税款，不存在清算问题。

1.限售股成本原值的提供与确定

根据《财政部 国家税务总局关于证券机构技术和制度准备完成后个人转让上市公司限售股有关个人所得税问题的通知》（财税〔2011〕108号）第一条的规定，自2012年3月1日起，网上发行资金申购日在2012年3月1日（含）之后的首次公开发行上市公司（以下简称新上市公司）按照证券登记结算公司业务规定做好各项资料准备工作，在向证券登记结算公司申请办理股份初始登记时一并申报由个人限售股股东提供的有关限售股成本原值详细资料，以及会计师事务所或税务师事务所对该资料出具的鉴证报告。限售股成本原值，是指限售股买入时的买入价及按照规定缴纳的有关税费。

根据财税〔2011〕108号文件第二条的规定，新上市公司提供的成本原值资料和鉴证报告中应包括但不限于以下内容：证券持有人名称、有效身份证照号码、证券账户号码、新上市公司全称、持有新上市公司限售股数量、持有新上市公司限售股每股成本原值等。

新上市公司每位持有限售股的个人股东应仅申报一个成本原值。个人取得的限售股有不同成本的，应对所持限售股以每次取得股份数量为权重进行成本加权平均以计算出每股的成本原值，即：

分次取得限售股的加权平均成本=（第一次取得限售股的每股成本原值 × 第一次取得限售股的股份数量+…+第n次取得限售股的每股成本原值 × 第n次取得限售股的股份数量）÷ 累计取得限售股的股份数量

2.应纳税额的计算与扣缴

根据财税〔2011〕108号文件第三条的规定，证券登记结算公司收到新上市公司提供的相关资料后，应及时将有关成本原值数据植入证券结算系统。个人转让新上市公司限售股的，证券登记结算公司根据实际转让收入和植入证券结算系统的标的限售股成本原值，以实际转让收入减去成本原值和合理税费后的余额，适用20%税率，直接计算需扣缴的个人所得税。

合理税费是指转让限售股过程中发生的印花税、佣金、过户费等与交易相关的税费。

3.限售股成本原值和合理税费的核定

根据财税〔2011〕108号文件第四条的规定，新上市公司在申请办理股份初始登记时，确实无法提供有关成本原值资料和鉴证报告的，证券登记结算公司在完成股份初始登记后，将不再接受新上市公司申报有关成本原值资料和鉴证报告，并按规定以实际转让收入的15%核定限售股成本原值和合理税费。

4.受让非交易过户方式取得限售股的处理

根据财税〔2011〕108号文件第五条的规定，个人在证券登记结算公司以非交易过户方式办理应纳税未解禁限售股过户登记的，受让方所取得限售股的成本原值按照转让方完税凭证、《限售股转让所得个人所得税清算申报表》等材料确定的转让价格进行确定；如转让方证券账户为机构账户，在受让方再次转让该限售股时，以受让方实际转让收入的15%核定其转让限售股的成本原值和合理税费。

5.转让限售股不需要纳税或应纳税额为零的处理

根据财税〔2011〕108号文件第六条的规定，对采取自行纳税申报方式的纳税人，其个人转让限售股不需要纳税或应纳税额为零的，纳税人应持经主管税务机关审核确认并加盖受理印章的《限售股转让所得个人所得税清算申报表》原件，到证券登记结算公司办理限售股过户手续。未提供原件的，证券登记结算公司不予办理过户手续。

6.转让司法扣时未纳税限售股成本原值与合理税费的确定

根据财税〔2011〕108号文件第七条的规定，对于个人持有的新上市公司未解禁限售股被司法扣划至其他个人证券账户，如国家有权机关要求强制执行但未能提供完税凭证等材料，证券登记结算公司在履行告知义务后予以协助执行，并在受让方转让该限售股时，以其实际转让收入的15%核定其转让限售股的成本原值和合理税费。

7.征收管理

根据财税〔2011〕108号文件第八条的规定，证券公司应将每月所扣个人所得税款，于次月15日内缴入国库，并向当地主管税务机关报送《限售股转让所得扣缴个人所得税报告表》及税务机关要求报送的其他资料。对个人转让新上市公司限售股，按财税〔2010〕70号文件的规定，需纳税人自行申报纳税的，继续按照原规定以及上述第（6）、（7）的相关规定执行。

（五）天使投资转让限售股的税款清算

根据《财政部 税务总局关于创业投资企业和天使投资个人有关税收政策的通知》（财税〔2018〕55号）的规定，初创科技型企业接受天使投资个人投资满2年，在上海证券交易所、深圳证券交易所上市的，天使投资个人转让该企业股票时，按照现行限售股有关规定执行，其尚未抵扣的投资额，在税款清算时一并计算抵扣。根据《国家税务总局关于创业投资企业和天使投资个人税收政策有关问题的公告》（国家税务总局公告2018年第43号）的规定，天使投资个人投资初创科技型企业满足投资抵扣税收优惠条件后，初创科技型企业在上海证券交易所、深圳证券交易所上市的，天使投资个人在转让初创科技型企业股票时，有尚未抵扣完毕的投资额的，应向证券机构所在地主管税务机关办理限售股转让税款清算，抵扣尚未抵扣完毕的投资额。清算时，应提供投资初创科技型企业后税务机关受理的《天使投资个人所得税投资抵扣备案表》和《天使投资个人所得税投资抵扣情况表》。

（六）处置递延纳税股权形成的限售股的税款清算

根据《财政部 国家税务总局关于完善股权激励和技术入股有关所得税政策的通知》（财税〔2016〕101号）的规定，个人因股权激励、技术成果投资入股取得股权后，非上市公司在境内上市的，处置递延纳税的股权时，按照现行限售股有关征税规定执行。

五、企业转让限售股的所得税处理

关于企业转让上市公司限售股有关所得税处理问题，《国家税务总局关于企业转让上市公司限售股有关所得税问题的公告》（国家税务总局公告2011年第39号）做出如下规定，自2011年7月1日起执行。

（一）纳税义务人的界定

根据《企业所得税法》第一条及其实施条例第三条的规定，转让限售股取得收入的企业（包括事业单位、社会团体、民办非企业单位等），为企业所得税的纳税义务人。

（二）企业转让代个人持有的限售股的处理

因股权分置改革造成原由个人出资而由企业代持有的限售股，企业在转让时按以下规定处理：

（1）企业转让上述限售股取得的收入，应作为企业应税收入计算纳税。

上述限售股转让收入扣除限售股原值和合理税费后的余额为该限售股转让所得。企业未能提供完整、真实的限售股原值凭证，不能准确计算该限售股原值的，主管税务机关一律按该限售股转让收入的15%，核定为该限售股原值和合理税费。依照规定完成纳税义务后的限售股转让收入余额转付给实际所有人时不再纳税。

（2）依法院判决、裁定等原因，通过证券登记结算公司，企业将其代持的个人限售股直接变更到实际所有人名下的，不视同转让限售股。

（三）企业在限售股解禁前转让限售股的处理

企业在限售股解禁前将其持有的限售股转让给其他企业或个人（以下简称受让方），其企业所得税处理按以下规定执行：

（1）企业应按减持在证券登记结算机构登记的限售股取得的全部收入，计入企业当年度应税收入计算纳税。

（2）企业持有的限售股在解禁前已签订协议转让给受让方，但未变更股权登记、仍由企业持有的，企业实际减持该限售股取得的收入，依照上述第（1）项规定（即企业应按减持在证券登记结算机构登记的限售股取得的全部收入，计入企业当年度应税收入计算纳税）纳税后，其余额转付给受让方的，受让方不再纳税。

六、转让限售股的增值税处理

根据《财政部 国家税务总局关于全面推开营业税改征增值税试点的通知》（财税〔2016〕

36号）的规定，自2016年5月1日起，在全国范围内全面推开营业税改征增值税试点，建筑业、房地产业、金融业、生活服务业等全部营业税纳税人，纳入试点范围，由缴纳营业税改为缴纳增值税。金融服务，是指经营金融保险的业务活动。包括贷款服务、直接收费金融服务、保险服务和金融商品转让。金融商品转让，是指转让外汇、有价证券、非货物期货和其他金融商品所有权的业务活动。其他金融商品转让包括基金、信托、理财产品等各类资产管理产品和各种金融衍生品的转让。

（一）个人转让限售股免征增值税

根据《营业税改征增值税试点过渡政策的规定》（财税〔2016〕36号文件附件3）的规定，个人从事金融商品转让业务免征增值税。因而，个人转让限售股免征增值税。

（二）企业转让金融商品销售额的确定

根据《营业税改征增值税试点有关事项的规定》（财税〔2016〕36号文件附件2）第一条第（三）项第3目规定，金融商品转让，按照卖出价扣除买入价后的余额为销售额。

转让金融商品出现的正负差，按盈亏相抵后的余额为销售额。若相抵后出现负差，可结转下一纳税期与下期转让金融商品销售额相抵，但年末时仍出现负差的，不得转入下一个会计年度。

金融商品的买入价，可以选择按照加权平均法或者移动加权平均法进行核算，选择后36个月内不得变更。

金融商品转让，不得开具增值税专用发票。

（三）转让限售股买入价的确定

根据《国家税务总局关于营改增试点若干征管问题的公告》（国家税务总局公告2016年第53号）第五条的规定，单位将其持有的限售股在解禁流通后对外转让的，按照以下规定确定买入价：

1. 股权分置改革限售股

上市公司实施股权分置改革时，在股票复牌之前形成的原非流通股股份，以及股票复牌首日至解禁日期间由上述股份孳生的送、转股，以该上市公司完成股权分置改革后股票复牌首日的开盘价为买入价。

2. 首次公开发行（IPO）限售股

公司首次公开发行股票并上市形成的限售股，以及上市首日至解禁日期间由上述股份孳生的送、转股，以该上市公司股票首次公开发行（IPO）的发行价为买入价。

3. 因重大资产重组形成的限售股

因上市公司实施重大资产重组形成的限售股，以及股票复牌首日至解禁日期间由上述股份孳生的送、转股，以该上市公司因重大资产重组股票停牌前一交易日的收盘价为买入价。

根据《国家税务总局关于国内旅客运输服务进项税抵扣等增值税征管问题的公告》（国家税务总局公告2019年第31号）第十条“关于限售股买入价的确定”第（二）项的规定，上市公司因实施重大资产重组多次停牌的，《国家税务总局关于营改增试点若干征管问题的公告》（国家税务总局公告2016年第53号，国家税务总局公告2018年第31号修改）第五条第（三）项所称“股票停牌”，是指中国证券监督管理委员会就上市公司重大资产重组申请作出予以核准决定前的最后一次停牌。

4. 限售股在解禁流通后对外转让的买入价的确定

根据《国家税务总局关于明确二手车经销等若干增值税征管问题的公告》（国家税务总局公告2020年第9号）第四条的规定，单位将其持有的限售股在解禁流通后对外转让，按照国家税务总局公告2016年第53号第五条规定确定的买入价，低于该单位取得限售股的实际成本价的，以实际成本价为买入价计算缴纳增值税。

5. 因同时实施股权分置改革和重大资产重组而首次公开发行股票并上市形成的限售股买入价的确定

根据国家税务总局公告2019年第31号第十条“关于限售股买入价的确定”第（一）项的规定，纳税人转让因同时实施股权分置改革和重大资产重组而首次公开发行股票并上市形成的限售股，以及上市首日至解禁日期间由上述股份孳生的送、转股，以该上市公司股票上市首日开盘价为买入价，按照“金融商品转让”缴纳增值税。

6. 因实施重大资产重组多次停牌买入价的确定

根据《国家税务总局关于明确中外合作办学等若干增值税征管问题的公告》（国家税务总局公告2018年第42号）第四条的规定，上市公司因实施重大资产重组形成的限售股，以及股票复牌首日至解禁日期间由上述股份孳生的送、转股，因重大资产重组停牌的，按照《国家税务总局关于营改增试点若干征管问题的公告》（国家税务总局公告2016年第53号）第五条第（三）项的规定确定买入价；在重大资产重组前已经暂停上市的，以上市公司完成资产重组后股票恢复上市首日的开盘价为买入价。

7. 营改增前比照缴纳营业税

根据国家税务总局公告2016年第53号第十条的规定，该公告自2016年9月1日起施行，此前已发生未处理的事项，按照该公告规定执行。2016年5月1日前，纳税人发生该公告第二、五、六条规定的应税行为，此前未处理的，比照该公告规定缴纳营业税。

第五节 转让非上市公司股权

为加强自然人股东股权转让（注：本节所称的股权转让不包括转让上市公司股票）个人所得税的征收管理，规范税务机关、纳税人和扣缴义务人征纳行为，维护纳税人合法权益，国家税务总局制定发布了《股权转让所得个人所得税管理办法（试行）》（国家税务总局公告2014年第67号发布），自2015年1月1日起施行。

个人在上海证券交易所、深圳证券交易所、北京证券交易所转让从上市公司公开发行和转让市场取得的上市公司股票，转让限售股，以及其他有特别规定的股权转让，不适用《股权转让所得个人所得税管理办法（试行）》。

一、股权与股权转让

（一）股权的界定

《股权转让所得个人所得税管理办法（试行）》第二条规定，该办法所称股权是指自然人股东（以下简称个人）投资于在中国境内成立的企业或组织（以下统称被投资企业，不包括个人独资企业和合伙企业）的股权或股份。

根据上述规定，个人独资企业和合伙企业个人投资者投资于个人独资企业和合伙企业的财产份额，不属于《股权转让所得个人所得税管理办法（试行）》规范的股权。

（二）股权转让的范围

《股权转让所得个人所得税管理办法（试行）》第三条规定，该办法所称股权转让是指个人将股权转让给其他个人或法人的行为，包括以下情形：

（1）出售股权。

（2）公司回购股权。

（3）发行人首次公开发行新股时，被投资企业股东将其持有的股份以公开发行方式一并向投资者发售。

【例6-12】2014年1月13日，苏州纽威阀门股份有限公司发布《招股说明书》，公告发行8 250万股，其中，本次公司公开发行新股5 000万股；公司股东公开发售股份3 250万股。公司股东公开发售股份所得资金不归公司所有。本例中，IPO的同时股东公开发售股份，属于边上市边套现的一种模式，《首次公开发行股票时公司股东公开发售股份暂行规定》（证监会公告〔2013〕44号发布）和《关于修改〈首次公开发行股票时公司股东公开发售股份暂行规定〉的决定》（证监会公告〔2014〕11号）对其程序、方式、条件做出了具体规定。《股权转让所得个人所得税管理办法（试行）》第三十条虽然规定“本办法所规范的股权转让，不包含上市公司股票、限售股的转让”，但是由于苏州纽威阀门在上市前还不属于上市公司，因此其股权转让应受该办法的规范。

（4）股权被司法或行政机关强制过户。

【例6-13】张三持有M公司的100%股权，张三欠A公司4 200万元货款，无力归还，A公司一纸诉状将张三告上法庭，法院判决将张三持有的M公司股权拍卖抵债。B公司以5 000万元的价款拍得M公司的100%股权，人民法院将M公司股权强制过户到B公司名下。张三持有M公司股权成本为1 000万元。本案例中虽然是司法机关强制过户，按照《股权转让所得个人所得税管理办法（试行）》的规定仍然要缴纳股权转让所得个人所得税。因此，此案例中，股权转让个人所得税应纳税所得额为4 000万元（5 000−1 000），B公司应该扣缴个人所得税800万元，将剩余4 200万元转付给A公司抵债。

值得注意的是，《最高人民法院 国家工商总局关于加强信息合作规范执行与协助执行的通知》（法〔2014〕251号）明确了司法强制过户，人民法院可以直接通知工商部门在业务系统强制过户，而不需要经过当事人申请程序。

（5）以股权对外投资或进行其他非货币性交易。

从2011年起，根据《个人所得税法实施条例》的规定，以股权对外投资或进行其他非货币性交易应当征收个人所得税，因而,《股权转让所得个人所得税管理办法（试行）》进一步明确规定“以股权对外投资或进行其他非货币性交易”属于股权转让的范畴。

【例6-14】2014年，湖南天一科技股份有限公司向景峰制药全体股东（叶湘武、刘华、简卫光等23名自然人，维梧百通、维梧睿璟等7家机构）发行股份购买景峰制药100%股权，净资产账面价值约为6亿元，交易价格为34.4亿元。

要求：分析说明上述交易是否要缴个人所得税。

【解析】以股权对外投资或进行其他非货币性交易在企业并购中很常见，个人股东将其持有的股权向其他企业投资，取得被投资企业的股权，由于股权权属已经发生变更，应该按转让财产行为处理。

本案例中，景峰制药的自然人股东将其持有股权投资到天一科技，属于《股权转让所得个人所得税管理办法（试行）》中规定的个人股权转让的范围，交易价格与股权成本及相关税费之间的差额部分，应按规定申报缴纳财产转让所得的个人所得税。

在资本市场中上市公司向个人股东发行股份购买资产的案例非常多，其中涉及个人股权交易的个人所得税问题,《国家税务总局关于个人以股权参与上市公司定向增发征收个人所得税问题的批复》（国税函〔2011〕89号）曾对江苏富豪张桂平与苏宁环球的重组案例做出批复，明确应按照财产转让所得项目缴纳个人所得税。《股权转让所得个人所得税管理办法（试行）》对这个问题重新做了明确，处理的原则是一样的，都作为财产转让所得征收个人所得税。

（6）以股权抵偿债务。

（7）其他股权转移行为。

以上列举的七类情形，股权已经发生了实质上的转移，而且转让方也相应获取了报酬或免除了责任，因此都应当属于股权转让行为，个人取得所得应按规定缴纳个人所得税。

二、纳税人与扣缴义务人

《股权转让所得个人所得税管理办法（试行）》第五条规定，个人股权转让所得个人所得税，以股权转让方为纳税人，以受让方为扣缴义务人。

根据上述规定，受让方无论是企业还是个人，均应按个人所得税法规定履行扣缴税款义务。

不过，非上市公司实施股权激励或个人以技术成果投资入股，以实施股权激励或取得技术成果的企业为个人所得税扣缴义务人。递延纳税期间，扣缴义务人应在每个纳税年度终了后向主管税务机关报告递延纳税有关情况。

根据《国家税务总局关于个人非货币性资产投资有关个人所得税征管问题的公告》（国家税务总局公告2015年第20号）第二条的规定，非货币性资产投资个人所得税由纳税人向主管税务机关自行申报缴纳。

三、应税项目的确定

《股权转让所得个人所得税管理办法（试行）》第四条规定，个人转让股权，以股权转让收入减除股权原值和合理费用后的余额为应纳税所得额，按“财产转让所得”项目缴纳个人所得税。合理费用是指股权转让时按照规定支付的有关税费。

用公式表示为：

应纳税所得额=股权转让收入－股权原值－合理费用

四、股权转让收入

（一）公平交易原则

《股权转让所得个人所得税管理办法（试行）》第十条规定，股权转让收入应当按照公平交易原则确定。

公平交易原则是股权转让收入确定的基本原则。也就是说，纳税人转让股权，应当获得与之相匹配的回报，无论回报是何种形式或名义，都应作为股权转让收入的组成部分。

（二）股权转让收入的构成

1.股权转让收入的界定

股权转让收入，根据《股权转让所得个人所得税管理办法（试行）》第七条的规定，是指转让方因股权转让而获得的现金、实物、有价证券和其他形式的经济利益。

通常情况下，股权转让收入就是转让方在转让当期和后续期间获得的各种形式及名义的转让所得。

2.股权转让收入的构成

《股权转让所得个人所得税管理办法（试行）》第八条规定，转让方取得与股权转让相关的各种款项，包括违约金、补偿金以及其他名目的款项、资产、权益等，均应当并入股权转让收入。

《国家税务总局关于个人股权转让过程中取得违约金收入征收个人所得税问题的批复》（国税函〔2006〕866号）也明确：股权成功转让后，转让方个人因受让方个人未按规定期限支付价款而取得的违约金收入，属于因财产转让而产生的收入。转让方个人取得的该违约金应并入财产转让收入，按照“财产转让所得”项目计算缴纳个人所得税，税款由取得所得的转让方个人向主管税务机关自行申报缴纳。

【例6–15】2014年11月15日上海康耐特光学股份有限公司发布了《关于收购控股子公司部分股权的公告》，该公司拟以自有资金2 795.58万元收购乔某持有的公司控股子公司江苏康耐特凯越光学眼镜有限公司29.233%股权。该公司与乔某签署了《江苏康耐特凯越光学眼镜有限公司股权转让协议》，约定甲方应在约定的时间内向乙方支付股权转让款，否则，每逾期一天，应按协议约定的全部股权转让款的千分之一向乙方支付违约金。

要求：分析说明上述违约金收入是否应并入股权转让收入征收个人所得税。

【解析】《股权转让所得个人所得税管理办法（试行）》第八条规定是对股权转让收入范围的进一步细化，既有延续以往规范性文件的内容，也有新的规定，但是总的框架还是在《个人所得税法实施条例》规定的收入范围内。概括起来就是，与转让股权有关的各种形式的收入都应该并入征税范围的转让股权收入额中。

其中，关于违约金和补偿金的税务处理规定，在《国家税务总局关于个人股权转让过程中取得违约金收入征收个人所得税问题的批复》（国税函〔2006〕866号）中就已有规定。在本案例中，上海康耐特若没有按照约定时间向转让方支付转让款项而向转让方支付了违约金，则转让方应该将这部分违约金收入作为股权转让收入的组成部分缴纳个人所得税。

类似的违约金条款在股权收购合同中很常见。

（三）可以核定股权转让收入的情形

根据《股权转让所得个人所得税管理办法（试行）》第十一条的规定，符合下列情形之一的，主管税务机关可以核定股权转让收入：

（1）申报的股权转让收入明显偏低且无正当理由的；

（2）未按照规定期限办理纳税申报，经税务机关责令限期申报，逾期仍不申报的；

（3）转让方无法提供或拒不提供股权转让收入的有关资料；

（4）其他应核定股权转让收入的情形。

上述纳税人申报的股权转让收入明显偏低等四种主管税务机关可以核定股权转让收入的情形，主要是对违反公平交易原则或不配合税收管理的纳税人实施的一种税收保障措施。

（四）转让收入明显偏低的界定

根据《股权转让所得个人所得税管理办法（试行）》第十二条的规定，符合下列情形之一，视为股权转让收入明显偏低：

（1）申报的股权转让收入低于股权对应的净资产份额的。其中，被投资企业拥有土地使用权、房屋、房地产企业未销售房产、知识产权、探矿权、采矿权、股权等资产的，申报的股权转让收入低于股权对应的净资产公允价值份额的；

（2）申报的股权转让收入低于初始投资成本或低于取得该股权所支付的价款及相关税费的；

（3）申报的股权转让收入低于相同或类似条件下同一企业同一股东或其他股东股权转让收入的；

（4）申报的股权转让收入低于相同或类似条件下同类行业的企业股权转让收入的；

（5）不具合理性的无偿让渡股权或股份；

（6）主管税务机关认定的其他情形。

（五）正当理由的界定

《股权转让所得个人所得税管理办法（试行）》第十二条对何为股权转让收入明显偏低进行了界定，但实际交易中，确实存在部分股权转让收入因种种合理情形而偏低的情形。需要对转让收入偏低的合理情形进行明确，主要是三代以内直系亲属间转让、受合理的外部因素影响导致低价转让、部分限制性的股权转让等。

为此，《股权转让所得个人所得税管理办法（试行）》第十三条规定，符合下列条件之一的股权转让收入明显偏低，视为有正当理由：

（1）能出具有效文件，证明被投资企业因国家政策调整，生产经营受到重大影响，导致低价转让股权。

【例6-16】张先生持有M公司100%股权，M公司是一家坐落在河北省，生产钢材、线材的小型钢铁企业，2014年的第一场雪，比以往时候来得更晚一些，雾霾笼罩了兵城石门。石门市政府决定，采取限产、对小钢厂关停等措施，并下发了相关文件。M公司不幸属于关停之列，因此张先生面临着要么将钢厂转让，被大钢厂兼并重组，要么关停清算的命运。经过多方运作，张先生将M公司100%股权转让给大型国企A公司，转让价格低于M公司净资产价格。

在本案例中，张先生可以出具有效文件，证明M公司因国家政策调整，生产经营受到重大影响，导致低价转让股权，虽然计税依据明显偏低，但是有正当理由，不需要核定股权转让收入。

（2）继承或将股权转让给其能提供具有法律效力身份关系证明的配偶、父母、子女、祖父母、外祖父母、孙子女、外孙子女、兄弟姐妹以及对转让人承担直接抚养或者赡养义务的抚养人或者赡养人。

（3）相关法律、政府文件或企业章程规定，并有相关资料充分证明转让价格合理且真实的本企业员工持有的不能对外转让股权的内部转让。

（4）股权转让双方能够提供有效证据证明其合理性的其他合理情形。

【例6-17】张三是M股份公司（一家土地使用权资产占25%的非上市公司）实际控制人，持有M公司80%的股权，为了对员工进行长期激励，2020年1月，张先生决定以每股10元的净资产价格分别转让给10位公司高管每人10万股股票，M公司每股股票的公允价格为20元。公司章程规定，公司高管如果离职，必须按照离职上一年末的公司账面净资产价格将股票卖给公司实际控制人张三。2023年2月1日，高管李四离职，按照公司章程规定，将持有的10万股股票以每股15元的净资产价格转让给张三，转让日公司净资产公允价值为25元。

要求：分析说明转让价格是否合理。

【解析】依据《股权转让所得个人所得税管理办法（试行）》第十三条及公司章程规定，有相关资料充分证明转让价格合理且真实的本企业员工持有的不能对外转让股权的内部转让，可以视为有正当理由。因此，本案例不必核定股权转让收入。事实上，此时职工持有的股票，不允许向公司外部转让，其转让收益权受到限制，虽然M公司的土地使用权价值达到账面净资产的25%，高管之间按照账面净资产价格转让股权是符合公平交易原则的。

此外，需要说明的是，个人将持有的非上市公司股权平价或低价转让给本人或亲属控制的公司的，一般不属于股权转让价格明显偏低的正当理由，应按规定核定股权转让收入，缴纳个人所得税。

（六）股权转让收入的核定方法

《股权转让所得个人所得税管理办法（试行）》第十四条规定，主管税务机关应依次按照净资产核定法、类比法和其他合理方法核定股权转让收入。

1.净资产核定法

《股权转让所得个人所得税管理办法（试行）》第十四条第（一）项规定，股权转让收入按照每股净资产或股权对应的净资产份额核定。

被投资企业的土地使用权、房屋、房地产企业未销售房产、知识产权、探矿权、采矿权、股权等资产占企业总资产比例超过20%的，主管税务机关可参照纳税人提供的具有法定资质的中介机构出具的资产评估报告核定股权转让收入。

6个月内再次发生股权转让且被投资企业净资产未发生重大变化的，主管税务机关可参照上一次股权转让时被投资企业的资产评估报告核定此次股权转让收入。

净资产主要依据被投资企业会计报表计算确定。对于土地使用权、房屋、房地产企业未销售房产、知识产权、探矿权、采矿权、股权等资产需要按照评估后的市场价格确定。评估有关资产时，由纳税人选择有资质的中介机构，同时，为了减少纳税人资产评估方面的支出，对6个月内多次发生股权转让的情况，给予了简化处理，对净资产未发生重大变动的，可参照上一次的评估情况。

2.类比法

《股权转让所得个人所得税管理办法（试行）》第十四条第（二）项规定，股权转让核定方法为：

（1）参照相同或类似条件下同一企业同一股东或其他股东股权转让收入核定；

（2）参照相同或类似条件下同类行业企业股权转让收入核定。

3.其他合理方法

《股权转让所得个人所得税管理办法（试行）》第十四条第（三）项规定，主管税务机关采用净资产核定法或类比法核定股权转让收入存在困难的，可以采取其他合理方法核定。

根据上述有关规定，主管税务机关在对股权转让收入进行核定时，必须按照净资产核定法、类比法、其他合理方法的先后顺序进行选择。被投资企业账证健全或能够对资产进行评估核算的，应当采用净资产核定法进行核定。被投资企业净资产难以核实的，如其股东存在其他符合公平交易原则的股权转让或类似情况的股权转让，主管税务机关可以采用类比法核定股权转让收入。以上方法都无法适用的，可采用其他合理方法。

（七）外币收入的折算

《股权转让所得个人所得税管理办法（试行）》第二十三条规定，转让的股权以人民币以外的货币结算的，按照结算当日人民币汇率中间价，折算成人民币计算应纳税所得额。

五、股权原值和合理费用

（一）股权原值的确认方法

根据《股权转让所得个人所得税管理办法（试行）》第十五条的规定，个人转让股权的原值依照以下方法确认：

（1）以现金出资方式取得的股权，按照实际支付的价款与取得股权直接相关的合理税费之和确认股权原值。

（2）以非货币性资产出资方式取得的股权，按照税务机关认可或核定的投资入股时非货币性资产价格与取得股权直接相关的合理税费之和确认股权原值。

（3）通过无偿让渡方式取得股权，具备该办法第十三条第（二）项（即继承或将股权转让给其能提供具有法律效力身份关系证明的配偶、父母、子女、祖父母、外祖父母、孙子女、外孙子女、兄弟姐妹以及对转让人承担直接抚养或者赡养义务的抚养人或者赡养人）所列情形的，按取得股权发生的合理税费与原持有人的股权原值之和确认股权原值。

【例6-18】 老王持有M公司100%股权，初始投资成本为2 000万元，2019年底M公司净资产公允价值为1亿元，由于老王年事已高，且膝下无子女，因此2020年元月决定将自己的股权以1元钱的名义价格，全部转让给承担赡养义务的养子王五。王五取得M公司100%股权后，2022年10月1日，以1.1亿元的价格又将股权转让给李四。

要求：分析说明如何缴纳个人所得税。

【解析】《股权转让所得个人所得税管理办法（试行）》第十三条第（二）项规定，继承或将股权转让给其能提供具有法律效力身份关系证明的配偶、父母、子女、祖父母、外祖父母、孙子女、外孙子女、兄弟姐妹以及对转让人承担直接抚养或者赡养义务的抚养人或者赡养人。如果股权转让价格明显偏低，视为有正当理由，无须核定股权转让收入。

而收养关系属于法律拟制的亲属关系，根据收养法的规定，养子与亲生子女具有同样的权利与义务。因此，如果老王能够提供具有法律效力身份关系证明，2020年1月税务机关应允许按照1元转让股权不必核定股权转让收入征收个人所得税。

2022年10月1日，王五再次转让股权时，根据《股权转让所得个人所得税管理办法（试行）》第十五条的规定，本着不重复征税的原则，股权原值应为老王的投资成本2 000万元。因此，王五应当确认股权转让所得9 000万元（11 000–2 000），缴纳个人所得税1 800万元。

（4）被投资企业以资本公积、盈余公积、未分配利润转增股本，个人股东已依法缴纳个人所得税的，以转增额和相关税费之和确认其新转增股本的股权原值。

【例6-19】 2019年10月31日，甲企业账面资产总额8 000万元，负债3 000万元，所有者权益5 000万元，其中：实收资本1 000万元（股权成本），资本公积（其他资本公积）、盈余公积、未分配利润等盈余积累合计4 000万元。2017年11月1日，自然人投资者（新股东）李四向甲企业原股东张三购买该企业100%股权，股权收购价4 500万元（虽低于净资产账面价，但有主管税务机关认可的正当理由）。新股东收购企业股权后于2020年12月30日，甲企业将资本公积、盈余公积、未分配利润等盈余积累3 500万元向新股东转增实收资本。2022年9月1日，股东李四将持有的甲企业股权以6 000万元全部转让给中国公民王五。

要求：分析计算在上述交易过程中应缴纳的个人所得税。

【解析】

（1）原股东张三应纳个人所得税计算。

张三以4 500万元转让股权，其所得3 500万元（4 500–1 000）应按财产转让所得缴纳个人所得税：3 500×20%=700（万元）。

（2）股东李四应纳个人所得税计算。

2019年11月1日，在新股东李四4 500万元股权收购价款中，除了实收资本1 000万元外，实际上相当于以3 500万元购买了原股东4 000万元的盈余积累，即4 000万元盈余积累中，有3 500万元计入了股权交易价格，剩余500万元未计入股权交易价格。

2020年12月30日，甲企业转增实收资本时，其中所转增的3 000万元不征收个人所得税，所转增的500万元李四应按“利息、股息、红利所得”项目缴纳个人所得税：500×20%=100（万元）。

2022年9月1日，股东李四将持有的甲企业股权以6 000万元转让给王五时，其财产原值为其收购企业股权实际支付的对价及相关税费与盈余积累转增股本已缴个人所得税部分500万元，在本例中财产原值应为：500+4 500=5 000（万元），其所得应按“财产转让所得”项目计算缴纳个人所得税：（6 000–5 000）×20%=200（万元）。

（5）除以上情形外，由主管税务机关按照避免重复征收个人所得税的原则合理确认股权原值。

可见，不重复征税是《股权转让所得个人所得税管理办法（试行）》确定股权原值的基本原则。

（二）再次转让股权原值的确认

1. 受让人再次转让股权原值的确定

《股权转让所得个人所得税管理办法（试行）》第十六条规定，股权转让人已被主管税务机关核定股权转让收入并依法征收个人所得税的，该股权受让人的股权原值以取得股权时发生的合理税费与股权转让人被主管税务机关核定的股权转让收入之和确认。

通常情况下，股权原值按照纳税人取得股权时的实际支出确认。如纳税人在获得股权时，转让方已经被核定征收过个人所得税的，纳税人在再次转让时，股权原值可以按照取得股权时发生的合理税费与税务机关核定的转让方股权转让收入之和确定。这也是为了使整个转让环节前后衔接，避免重复征税。

【例6–20】张三持有甲公司100%的股份，持股成本1 000万元。2019年2月，张三将股权平价转让给了李四。税务机关按照净资产核定法，核定股权转让收入为3 000万元，李四按照税务机关核定的收入代扣代缴了个人所得税400万元（不考虑相关税费）。2022年9月，李四再次转让该股权，转让价格3 200万元，税务机关认为转让价格公允合理。

要求：分析说明李四转让股权应纳的个人所得税。

【解析】根据《股权转让所得个人所得税管理办法（试行）》第十六条的规定，李四转让其股权原值按“取得股权时发生的合理税费与股权转让人被主管税务机关核定的股权转让收入之和确认”即为3 000万元，因此，

股权转让所得为：3 200–3 000=200（万元）；

应纳个人所得税为：200×20%=40（万元）。

2. 盈余积累转增股本后转让股权原值的确定

《国家税务总局关于个人投资者收购企业股权后将原盈余积累转增股本个人所得税问题的公告》（国家税务总局公告2013年第23号）规定，一名或多名个人投资者以股权收购方式取得被收购企业100%股权，股权收购前，被收购企业原账面金额中的“资本公积、盈余公积、未分配利润”等盈余积累未转增股本，而在股权交易时将其一并计入股权转让价格并履行了所得税纳税义务。股权收购后，企业将原账面金额中的盈余积累向个人投资者（新股东，下同）

转增股本，有关个人所得税问题区分以下两种情形处理：

（1）新股东以不低于净资产价格收购股权的，企业原盈余积累已全部计入股权交易价格，新股东取得盈余积累转增股本的部分，不征收个人所得税。

（2）新股东以低于净资产价格收购股权的，企业原盈余积累中，对于股权收购价格减去原股本的差额部分已经计入股权交易价格，新股东取得盈余积累转增股本的部分，不征收个人所得税；对于股权收购价格低于原所有者权益的差额部分未计入股权交易价格，新股东取得盈余积累转增股本的部分，应按照“利息、股息、红利所得”项目征收个人所得税。

新股东以低于净资产价格收购企业股权后转增股本，应按照下列顺序进行，即：先转增应税的盈余积累部分，然后再转增免税的盈余积累部分。

新股东将所持股权转让时，其财产原值为其收购企业股权实际支付的对价及相关税费。

【例6-21】张三持有甲公司100%股权，2020年2月，张三将持有的甲公司100%股权以4 500万元的价格转让给李四。转让时，被投资企业甲公司净资产账面价值合计为4 000万元，其中：股本（投资成本）1 000万元，未分配利润2 000万元，盈余公积500万元，资本公积——其他资本公积500万元。

2021年8月，李四决定将2 750万元盈余积累（其中：未分配利润2 000万元、资本公积——其他资本公积500万元、盈余公积250万元）转增注册资本。转增注册资本后，甲公司的注册资本为3 750万元。

2022年10月，李四将甲公司100%股权转让给王先生，股权转让价格4 800万元。

要求：计算张三与李四转让股权应纳的个人所得税计算。

【解析】

（1）张三应纳个人所得税计算。

张三股权转让所得为：4 500–1 000=3 500（万元）；

应缴纳财产转让所得个人所得税：3 500×20%=700（万元）。

（2）李四应纳个人所得税计算。

2021年8月，李四决定将2 750万元盈余积累转增注册资本时，由于转增注册资本额全部包括在股权收购价格中，根据国家税务总局公告2013年第23号的规定，对已经纳入上次股权转让所得的2 750万元不征个人所得税，其股权原值仍为其收购企业股权实际支付的对价及相关税费4 500万元。

李四再次转让股权时，应纳个人所得税为：（4 800–4 500）×20%=60（万元）。

【例6-22】张三持有甲公司100%股权，2020年2月，张三将持有的甲公司100%股权以3 800万元的价格转让给李四。转让时，被投资企业甲公司净资产账面价值合计为4 000万元，其中：股本（投资成本）1 000万元，未分配利润2 000万元，盈余公积500万元，资本公积——其他资本公积500万元。主管税务机关认可转让价格。

2021年8月，李四决定将2 500万元盈余积累（其中：未分配利润2 000万元、盈余公积500万元）转增注册资本。转增注册资本后，甲公司的注册资本为3 500万元。

2022年10月，李四将甲公司100%股权转让给王先生，股权转让价格4 100万元。

要求：计算张三与李四转让股权应纳的个人所得税。

【解析】

（1）张三转让股权应按“财产转让所得”项目征收个人所得税。

该笔交易张三按照规定应缴纳个人所得税：（3 800−1 000）×20%=560（万元）。

（2）盈余积累转增股本时李四应纳个人所得税计算。

留存收益2 500万元转增资本时，根据国家税务总局公告2013年第23号规定，对已经纳入上次股权转让所得的2 300万元不征个人所得税，对剩余的200万元李四应缴纳的个人所得税为：

200×20%=40（万元）。

根据《股权转让所得个人所得税管理办法（试行）》第十五条的规定，由于被投资企业盈余积累2 500万元转增资本，其中2 300万元已包括在张三的转让所得中征收了个人所得税，200万元部分李四转增时已经缴纳了个人所得税，本着不重复征税的原则，应当确认股权原值为购买股权的价格3 800万元加上200万元，即4 000万元。2022年10月李四再次转让股权个人所得税应纳税所得额为：

4 100−4 000=100（万元），应该缴纳个人所得税：100×20%=20（万元）。

在本案例中，不能机械地根据国家税务总局公告2013年第23号认为，新股东将所持股权转让时，其财产原值为其收购企业股权实际支付的对价及相关税费，即3 800万元。

（三）股权原值的核定

根据《股权转让所得个人所得税管理办法（试行）》第十七条的规定，个人转让股权未提供完整、准确的股权原值凭证，不能正确计算股权原值的，由主管税务机关核定其股权原值。

（四）加权平均法确定股权原值

根据《股权转让所得个人所得税管理办法（试行）》第十八条的规定，对个人多次取得同一被投资企业股权的，转让部分股权时，采用加权平均法确定其股权原值。

【例6–23】张三2017年以100万元现金投资M公司，占M公司10%的股份；2018年又以200万元现金投资M公司，取得M公司10%股份；2019年张三以300万元现金继续对M公司增资，又取得了10%股份，至此张三持有M公司共30%的股份。2023年张三将持有的M公司10%股份转让给李四，转让价格为400万元。

要求：计算张三转让股权应纳的个人所得税。

【解析】根据《股权转让所得个人所得税管理办法（试行）》第十八条的规定，应按加权平均法确认张三转让M公司10%股权的原值。

股权原值=（100+200+300）÷30%×10%=200（万元）；

应纳税所得额=400−200=200（万元）；

应纳个人所得税额=200×20%=40（万元）。

根据《财政部 国家税务总局关于完善股权激励和技术入股有关所得税政策的通知》（财税〔2016〕101号）第四条第（三）的规定，个人转让股权时，视同享受递延纳税优惠政策的股权优先转让（指非上市公司实施符合递延纳税条件的股权激励或技术成果所有权投资入股递延纳税股权）。递延纳税的股权成本按照加权平均法计算，不与其他方式取得的股权成本合并计算。

根据财税〔2016〕101号文件的规定，非上市公司股票（权）期权的财产原值按照行权价确定，限制性股票按照实际出资额确定，股权奖励的原值为零，技术成果投资入股的财产原值为技术成果的原值。若纳税人同时取得了多项享受递延纳税政策的股权，应按照加权平均法计算财产原值，并且不与其他方式取得的股权成本合并计算。

（五）合理费用的扣除

根据个人所得税法的规定，财产转让所得，以转让财产的收入额减除财产原值和合理费用后的余额，为应纳税所得额。根据个人所得税法实施条例的规定，这里所说的合理费用，是指卖出财产时按照规定支付的有关税费。

在计算股权转让所得时，是否可以扣除律师费、中介费、评估费以及咨询费等费用。笔者认为，只要纳税人能举证是与股权转让直接相关、由转让方承担的并且符合经营常规的合理费用就应该允许扣除。对于这个问题，有些地方税务机关文件予以明确。例如，原江西省地方税务局发布的《自然人股东股权转让所得个人所得税征收管理办法（试行）》（江西省地方税务局公告2012年第9号发布）第八条规定，与股权转让相关的税费是指纳税人在转让股权过程中按规定所支付的税金及费用，包括营业税、城市维护建设税、印花税、教育费附加、地方教育附加、资产评估费、中介服务费等。

【例6-24】2014年1月《甘肃宏良皮业股份有限公司首次公开发行股票招股说明书》指出，公司公开发行新股1 840万股，公司股东公开发售股份1 870万股，公司本次公开发行股票总量3 710万股，占发行后总股本的25%。

《甘肃宏良皮业股份有限公司首次公开发行股票招股说明书》同时指出，各股东将按其发售股份占首次公开发行股份总数的比例承担相应发行承销费用。《宏良股份首次公开发行股票发行公告》中披露发行承销费用3 480万元。

请分析说明：

（1）宏良股份老股东中的自然人股东在公开发行时发售的股份是否应按照《股权转让所得个人所得税管理办法（试行）》的规定缴纳个人所得税。

（2）由老股东承担的承销费用在计算老股东的个人所得税时是否允许扣除。

【解析】

（1）发行人首次公开发行新股时，企业股东将其持有的股份以公开发行方式一并向投资者发售，这种情况依据的是《首次公开发行股票时公司股东公开发售股份暂行规定》（中国证券监督管理委员会公告〔2013〕44号发布）和《关于修改〈首次公开发行股票时公司股东公开发售股份暂行规定〉的决定》（证监会公告〔2014〕11号）的相关规定。企业在首次公开发行股票时，向未来新的投资者发售的既有增加的权益，也有原有股东的权益的转让，那么原有的老股东把权益转让给未来的新股东的行为，是拟上市主体股权权属的变更，属于个人所得税的征收范围。

因此，宏良皮业老股东中的自然人股东在公开发行时发售的股份应按照《股权转让所得个人所得税管理办法（试行）》规定，按“财产转让所得”项目计算缴纳个人所得税。

（2）在公司上市过程中，发行承销费用通常不小，本案例中有3 480多万元，公司老股东向未来的新股东发售股份时承担的支付给证券公司的发行承销费用，按照个人所得税法的精神，在计算老股东的个人所得税时应允许扣除。

六、纳税申报

（一）纳税地点

《股权转让所得个人所得税管理办法（试行）》第十九条明确：个人股权转让所得个人所得税以被投资企业所在地税务机关为主管税务机关。也就是说，股权转让所得纳税人需要在被投资企业所在地办理纳税申报。

根据《财政部 税务总局 证监会关于个人转让全国中小企业股份转让系统挂牌公司股票有关个人所得税政策的通知》（财税〔2018〕137号）第三条的规定，2019年9月1日之前，个人转让新三板挂牌公司原始股的个人所得税，征收管理办法按照现行股权转让所得有关规定执行，以股票受让方为扣缴义务人，由被投资企业所在地税务机关负责征收管理。自2019年9月1日（含）起，个人转让新三板挂牌公司原始股的个人所得税，以股票托管的证券机构为扣缴义务人，由股票托管的证券机构所在地主管税务机关负责征收管理。具体征收管理办法参照《财政部 国家税务总局 证监会关于个人转让上市公司限售股所得征收个人所得税有关问题的通知》（财税〔2009〕167号）和《财政部 国家税务总局 证监会关于个人转让上市公司限售股所得征收个人所得税有关问题的补充通知》（财税〔2010〕70号）有关规定执行。

【例6-25·单选】对个人股东股权转让所得征收个人所得税的主管税务机关是（　　）。

A.交易行为发生地税务机关

B.个人股东户籍所在地税务机关

C.股权变更企业所在地税务机关

D.个人股东经常居住地税务机关

【答案】C

【解析】根据《股权转让所得个人所得税管理办法（试行）》的规定，个人股权转让所得个人所得税以被投资企业所在地税务机关为主管税务机关。

（二）纳税义务发生时间与纳税申报

根据《股权转让所得个人所得税管理办法（试行）》第二十条规定，具有下列情形之一的，扣缴义务人、纳税人应当依法在次月15日内向主管税务机关申报纳税：

（1）受让方已支付或部分支付股权转让价款的；

（2）股权转让协议已签订生效的；

（3）受让方已经实际履行股东职责或者享受股东权益的；

（4）国家有关部门判决、登记或公告生效的；

（5）该办法第三条第四至第七项（即股权被司法或行政机关强制过户、以股权对外投资或进行其他非货币性交易、以股权抵偿债务和其他股权转移行为）行为已完成的；

（6）税务机关认定的其他有证据表明股权已发生转移的情形。

股权转让所得的纳税申报时间为股权转让行为发生后的次月15日内。上述六种情形是对何时作为股权转让行为发生时点进行的界定。

【例6-26】2022年2月，张三与李四约定，张三以1 000万元价款转让其拥有的甲公司100%

股权，张三投资甲公司的股权投资成本为600万元。双方约定：合同签字即生效。2022年4月李四全额支付了股权转让款；2022年6月，李四实际入主甲公司，并且记载于股东名册，开始行使股东权利；2022年12月双方在市场监督管理局办理股权变更登记手续。

要求：分析说明上述股权交易的纳税义务何时发生。

【解析】

意见一：根据《股权转让所得个人所得税管理办法（试行）》第二十条规定，股权转让协议已签订生效的时间，即2022年2月为纳税义务发生时间。

意见二：纳税义务发生时间应当为李四实际入主甲公司，并且记载于股东名册的2022年6月。

意见三：纳税义务发生时间为2022年12月，即市场监督管理局办理股权变更登记的时间。应比照《国家税务总局关于贯彻落实企业所得税法若干税收问题的通知》（国税函〔2010〕79号）第三条"企业转让股权收入，应于转让协议生效，且完成股权变更手续时，确认收入的实现"规定处理。

在上述三种处理中，由于有具体的支付价款的时间，笔者意见是按照该支付价款的时间确定。否则，应按最早时间确定，具体到本案例即为股权转让协议已签订生效的时间。

【例6-27】2014年10月1日，青岛金王应用化学股份有限公司发布了《收购资产公告》，披露公司董事会审议通过了《关于收购资产的议案》，同意公司与蔡燕芬、朱裕宝、上海悠哲贸易商行签署股权转让协议。根据该股权转让协议，蔡燕芬将其持有的上海月沣26%的股权转让给公司，朱裕宝将其持有的上海月沣27%的股权转让给公司，上海悠哲贸易商行将其持有的上海月沣7%的股权转让给公司。

根据股权转让协议，青岛金王应在本次交易获得董事会批准后3个工作日内向上海悠哲贸易商行支付预付款1 708万元，向朱裕宝支付预付款2 292万元。在本次交易获得股东大会批准后10日内，向朱裕宝支付首期股权转让款2 300万元，且根据约定向朱裕宝支付的2 292万元预付款自动转为首期股权转让价款，向上海悠哲贸易商行支付的1 708万元预付款自动转为股权转让价款。假设股东大会于11月1日批准该股权转让协议，并于11月1日支付首期价款。

要求：分析说明上述股权交易个人所得税的纳税义务何时发生。

【解析】在本案例中，青岛金王在向上海月沣的自然人股东支付预付款时，转让方不发生个人所得税的纳税义务，原因是其股权转让协议并未获批准，其股权也没有过户给青岛金王，因此，在支付预付款时不应该扣缴个人所得税。在支付首付款时应该履行个人所得税扣缴义务。

（三）资料报送

《股权转让所得个人所得税管理办法（试行）》第二十一条规定，纳税人、扣缴义务人向主管税务机关办理股权转让纳税（扣缴）申报时，还应当报送以下资料：

（1）股权转让合同（协议）；

（2）股权转让双方身份证明；

（3）按规定需要进行资产评估的，需提供具有法定资质的中介机构出具的净资产或土地房产等资产价值评估报告；

（4）计税依据明显偏低但有正当理由的证明材料；

（5）主管税务机关要求报送的其他材料。

（四）被投资企业与扣缴义务人的报告义务

1.事先报告义务

《股权转让所得个人所得税管理办法（试行）》第二十二条规定，被投资企业应当在董事会或股东会结束后5个工作日内，向主管税务机关报送与股权变动事项相关的董事会或股东会决议、会议纪要等资料。

该办法第六条规定，扣缴义务人应于股权转让相关协议签订后5个工作日内，将股权转让的有关情况报告主管税务机关。

2.事后报告义务

被投资企业发生个人股东变动或者个人股东所持股权变动的，应当在次月15日内向主管税务机关报送含有股东变动信息的《个人所得税基础信息表（A表）》及股东变更情况说明。

主管税务机关应当及时向被投资企业核实其股权变动情况，并确认相关转让所得，及时督促扣缴义务人和纳税人履行法定义务。

七、以转让资产方式转让股权

公司原全体股东，通过签订股权转让协议，以转让公司全部资产方式将股权转让给新股东，协议约定时间以前的债权债务由原股东负责，协议约定时间以后的债权债务由新股东负责。根据《国家税务总局关于股权转让收入征收个人所得税问题的批复》（国税函〔2007〕244号）的规定，原股东取得股权转让所得，应按“财产转让所得”项目征收个人所得税。应纳税所得额的计算方法如下。

（1）原股东取得转让收入后，先清收债权、归还债务，再根据持股比例对每个股东进行分配的，应纳税所得额的计算公式为：

应纳税所得额=（原股东股权转让总收入－原股东承担的债务总额+原股东所收回的债权总额－注册资本额（投资成本）－股权转让过程中的有关税费）×原股东持股比例

其中，原股东承担的债务不包括应付未付股东的利润（下同）。

（2）原股东取得转让收入后，根据持股比例对股权转让收入、债权债务进行分配的，应纳税所得额的计算公式为：

应纳税所得额=原股东分配取得股权转让收入+原股东清收公司债权收入－原股东承担公司债务支出－原股东投资成本

八、个人终止投资经营收回款项所得

关于个人终止投资、联营、经营合作等行为收回款项征收个人所得税问题，《国家税务总局关于个人终止投资经营收回款项征收个人所得税问题的公告》（国家税务总局公告2011年第41号）规定，个人因各种原因终止投资、联营、经营合作等行为，从被投资企业或合作项目、被投资企业的其他投资者以及合作项目的经营合作人取得股权转让收入、违约金、补偿金、赔偿金及以其他名目收回的款项等，均属于个人所得税应税收入，应按照“财产转让所得”项目适用的规定计算缴纳个人所得税。应纳税所得额的计算公式如下：

应纳税所得额=个人取得的股权转让收入、违约金、补偿金、赔偿金及以其他名目收回款项合计数－原实际出资额（投入额）及相关税费

这里需要说明两点：

（1）国家税务总局公告2011年第41号规定的股权转让收入是全口径收入，既包括股权转让价款，也包括赔偿金、违约金等价外收入。

（2）对非法人企业投资份额转让，根据国家税务总局公告2011年第41号规定，应比照股权转让进行所得税处理。

九、收回转让股权的处理

《国家税务总局关于纳税人收回转让的股权征收个人所得税问题的批复》（国税函〔2005〕130号）规定，股权转让合同履行完毕、股权已做变更登记，且所得已经实现的，转让人取得的股权转让收入应当依法缴纳个人所得税。转让行为结束后，当事人双方签订并执行解除原股权转让合同、退回股权的协议，是另一次股权转让行为，对前次转让行为征收的个人所得税款不予退回。股权转让合同未履行完毕，因执行仲裁委员会做出的解除股权转让合同及补充协议的裁决、停止执行原股权转让合同，并原价收回已转让股权的，由于其股权转让行为尚未完成、收入未完全实现，随着股权转让关系的解除，股权收益不复存在，根据个人所得税法和税收征收管理法的有关规定，并遵循行政行为合理性原则，纳税人不应缴纳个人所得税。

十、附对赌协议的股权转让的处理

（一）满足条件的后续收入作为股权转让收入

《股权转让所得个人所得税管理办法（试行）》第九条规定，纳税人按照合同约定，在满足约定条件后取得的后续收入，应当作为股权转让收入。

【例6-28】2014年9月，北京华宇软件股份有限公司发布了《关于使用超募资金支付收购上海浦东中软科技发展有限公司股权部分现金对价的公告》。公告披露，公司决定以发行股份及支付现金的方式购买马某等共11名交易对方合计持有的浦东中软90.185%股权，交易总额为13 527.75万元。其中，6 763.875万元以现金支付，6 763.875万元以非公开发行股份的方式支付。

马某等11名自然人股东对浦东中软共计出资约为2 705万元。他们承诺以浦东中软2014年扣除非经常性损益后的净利润2 000万元为基数，2015年、2016年净利润较上一年的年增长率不低于10%。如浦东中软2014—2016年实现的净利润总和高于承诺净利润总和，则以超过承诺净利润总和部分作为奖励对价，但该奖励对价的金额应不超过1 000万元。

要求：分析说明上述奖励款是否应并入股权转让收入缴纳个人所得税。

【解析】马某等11名自然人股东将其持有的浦东中软的90.185%股权转让给北京华宇软件，转让收入为13 527.75万元，投资成本为2 705万元，差额部分应该作为应纳税所得额缴纳个人所得税。此外，还需说明的是：

（1）交易价格中有50%为股权支付，这50%的股权支付部分按照规定，应一次性确认转让收入的实现。这种情况就属于《股权转让所得个人所得税管理办法（试行）》第八条所说的转让方取得与股权转让相关资产、权益。

（2）如果浦东中软超额完成了约定的利润指标，则收购方北京华宇软件将再向这11名自然人股东支付最高不超过1 000万元的奖励款，取得的这部分奖励款就属于《股权转让所得个人所得税管理办法（试行）》规定的"在满足约定条件后取得的后续收入"，北京华宇软件在支付时应该履行扣缴义务。

（二）对赌协议的纳税调整

对赌协议（valuation adjustment mechanism，VAM）也称"估值调整机制"，是指资产买卖时，由于买方与卖方就资产的价值无法达成一致意见，为了弥补双方对价值预测的分歧，达成交易，双方对资产的总价不做固定，约定以未来期间资产的表现指标如销售收入、净收入等为基准，来确定资产的最后成交价格。对赌协议实际上就是期权的一种形式，常见的"赌注"主要有：股权对赌、现金对赌、优先权对赌、股权回购对赌等。

目前我国税法关于此类交易对价不确定的对赌问题没有明确规定，江苏等地税务机关给出了本地的口径。下面我们结合理论研究、国外相关处理与国内有关税收实践，以案例形式进行探讨。

【例6–29】2009年6月4日，苏宁环球发布《董事会关于2008年度盈利预测实现情况的专项说明暨实际控制人张桂平及张康黎对上市公司补偿公告》称，2007年公司实施定向增发：第一步，向实际控制人张桂平及其关联人张康黎分别非公开发行股票，用于购买其合计持有的南京浦东房地产开发有限公司（以下简称浦东公司）84%的股权，该股权根据评估值作价50.95亿元。

张桂平、张康黎关于《南京浦东房地产开发有限公司盈利预测报告》的相关承诺主要内容为：浦东公司2008年度实际盈利数低于盈利预测数（按照假设开发法）时，张桂平、张康黎则按照其合计持有的浦东公司的股权比例（84%）计算的相应差额对苏宁环球予以补偿，即：补偿金额=（浦东公司盈利预测数–浦东公司实际盈利数）×84%。

事实上，近年来A股市场向自然人定向增发股票购买自然人持有的有限责任公司股权的事例比比皆是，笔者之所以以苏宁环球定向增发举例，是因为国家税务总局曾经专门下发国税函〔2011〕89号文件，对江苏省地税局进行批复，明确张氏父子以其持有的浦东建设公司84%股权参与上市公司定向增发，属于股权转让，应该缴纳个人所得税。而且《股权转让所得个人所得税管理办法（试行）》明确了"以股权对外投资"的行为属于股权转让应该缴纳个人所得税。

然而，受到国际金融危机影响，2008年由于浦东建设公司盈利未达到预期，张氏父子向上市公司苏宁环球补偿了2.49亿元。

要求：分析说明上述补偿支出如何进行税务处理。

【解析】张氏父子参与定向增发时，以其持有的南京浦东建设公司84%的股权作价50.95亿元，投入苏宁环球公司，其作价基础是按照假设开发法计算出来的浦东公司预计利润，由于2008年度预计利润与实际利润相差悬殊，说明原来的估值并不准确，南京浦东建设公司的84%股权不值50.95亿元，为了保护小股东利益，张氏父子兑现承诺，将2.49亿元的利润差额补足，若“估值调整协议”兑现，苏宁环球公司收到2.49亿元时，应作如下账务处理：

借：资本公积——股本溢价　　2 490 00 000

　贷：长期股权投资——浦东建设公司　　2 490 00 000

借：银行存款　　2 490 00 000

　贷：资本公积——股本溢价　　2 490 00 000

由以上分析可见，2.49亿元的利润补偿，实际是估值调整协议的条款兑现，应当减少张氏父子股权转让收入。

《股权转让所得个人所得税管理办法（试行）》对股权转让收入内涵有两项具体的规定：一是继续沿用国家税务总局公告2011年第41号精神，该办法第八条规定，转让方取得与股权转让相关的各种款项，包括违约金、补偿金以及其他名目的款项、资产、权益等，均应当并入股权转让收入；二是该办法第九条规定，纳税人按照合同约定，在满足约定条件后取得的后续收入，应当作为股权转让收入。

对于本案例中后续支出，是否可以减少股权转让收入，从而退还多缴的个人所得税，则没有明确规定。笔者认为，经过税务机关审核确认，如补偿事项属实，应当根据行政合理性原则，允许扣减以前确认的股权转让收入，对多缴的个人所得税应退还给纳税人。但此观点在与国家财税主管部门个税处某领导交流时，并没有得到其认可。

【例6-30·问答】问：由于兑现对赌协议，作为股权转让方的自然人从受让方再次获得收入是否需要再缴纳个人所得税？如果依据对赌协议转让方向受让方做出退回或补偿，股权转让方能否重新计算股权转让的个人所得税？

【答案】江苏省税务局《个人所得税若干政策口径》（2 019.11）明确：业绩补偿（对赌）条件下的股权转让交易，纳税人在股权交易发生后应当按时履行纳税义务，并向主管税务机关报送对赌协议（条款），且协议（条款）中有明确的业绩兑现时限（最多不超过5年）。

满足上述要求的股权转让交易，可以将其对赌协议视为根据标的公司预计未来业绩水平确定最终股权转让交易价格的一种期权形式。业绩补偿（对赌）条件下股权转让价格的确定取决于对赌条款的履行情况，初始支付和后续估值调整一并构成完整的股权交易。

根据现行会计制度的规定，业绩补偿（对赌）条件下股权转让收入并非是初始支付额，而是根据后续业绩进行估值调整后的最终交易价格。作为股权转让方的自然人从受让方再次获得收入的，应当按《股权转让所得个人所得税管理办法（试行）》的相关规定重新计算缴纳个人所得税，补足税款差额部分；对于转让方在股权转让交易发生后，履行对赌协议而发生退回或补偿的，可以重新计算个人所得税。

十一、股权代持与还原

（一）企业所得税有关限售股代持的规定

根据《国家税务总局关于企业转让上市公司限售股有关所得税问题的公告》（国家税务总局公告2011年第39号）第二条“企业转让代个人持有的限售股征税问题”的规定，因股权分置改革造成原由个人出资而由企业代持有的限售股，企业在转让时按以下规定处理：

（1）企业转让上述限售股取得的收入，应作为企业应税收入计算纳税。

上述限售股转让收入扣除限售股原值和合理税费后的余额为该限售股转让所得。企业未能提供完整、真实的限售股原值凭证，不能准确计算该限售股原值的，主管税务机关一律按该限售股转让收入的15%，核定为该限售股原值和合理税费。

依照该条规定完成纳税义务后的限售股转让收入余额转付给实际所有人时不再纳税。

（2）依法院判决、裁定等原因，通过证券登记结算公司，企业将其代持的个人限售股直接变更到实际所有人名下的，不视同转让限售股。

根据国家税务总局公告2011年第39号第三条的规定，企业在限售股解禁前将其持有的限售股转让给其他企业或个人（以下简称受让方），其企业所得税问题按以下规定处理：

（1）企业应按减持在证券登记结算机构登记的限售股取得的全部收入，计入企业当年度应税收入计算纳税。

（2）企业持有的限售股在解禁前已签订协议转让给受让方，但未变更股权登记、仍由企业持有的，企业实际减持该限售股取得的收入，依照该条第一项规定纳税后，其余额转付给受让方的，受让方不再纳税。

此问题建议应结合国税函〔2010〕79号文件理解，在股权转让但未登记前，虽取得收入，但确认为企业所得税收入，只有在实际登记时，方作为收入确认。如在解禁前，协议转让取得收入10万元，在解禁后，通过减持在证券登记结算机构登记的限售股取得的全部收入12万元。则在取得10万元时，不确认为当期的企业所得税收入，在真正登记转让时取得的12万元，确认为企业所得税收入。

（二）股权代持的地方处理意见

关于股权代持关系中的税收问题，《国家税务总局厦门市税务局关于市十三届政协四次会议第1112号提案办理情况答复的函》（厦税函〔2020〕125号）就显名股东与隐名股东纳税义务的认定做出了较全面的阐述，可供参考。

1.关于显名股东纳税义务的认定

《中华人民共和国税收征收管理法实施细则》第三条第二款规定：“纳税人应当依照税收法律、行政法规的规定履行纳税义务；其签订的合同、协议等与税收法律、行政法规相抵触的，一律无效。”显名股东作为登记在股东名册上的股东，可以依股东名册主张行使股东权利，依据《企业所得税法》《个人所得税法》，是符合税法规定的转让股权和取得投资收益的纳税人，其取得股息红利所得、股权转让所得，应当依法履行纳税义务。

《公司注册资本登记管理规定》（国家工商行政管理总局令第64号）第八条“股东或者发起人必须以自己的名义出资”明确，行政管理的方式是要求股东以自己的名义出资。而《最高人民法院关于适用〈中华人民共和国公司法〉若干问题的规定（三）》第二十五条的相关规定，仅说明人民法院认可代持合同具有法律效力，规范的是代持当事人内部的民事法律关系，不属于对《公司注册资本登记管理规定》中关于股东出资规定的调整或变化。

2.关于隐名股东纳税义务的认定

（1）隐名股东为自然人的情形。《个人所得税法》第二条明确了应当缴纳个人所得税的九种所得，显名股东将取得的税后股息红利所得、股权转让所得，转付给隐名股东（自然人），不属于法律规定应当缴纳个人所得税的所得。

（2）隐名股东为企业的情形。《企业所得税法》第六条规定，企业以货币形式和非货币形式从各种来源取得的收入，为收入总额，包括其他收入；该法第七条、第二十六条，分别列明了法定的不征税收入和免税收入。据此，隐名股东（企业）从显名股东取得基于代持合同关系产生的所得，不属于法定的不征税收入和免税收入，应当按照企业所得税法规定缴纳企业所得税。

3.权益性投资收益可否穿透征税问题

关于显名股东（企业）取得股息红利后，转付给隐名股东（企业），隐名股东（企业）是否能够适用"符合条件的居民企业之间的股息、红利等权益性投资收益为免税收入"的问题，由于隐名股东（企业）和显名股东（企业）之间并未构成股权投资关系，隐名股东（企业）从显名股东（企业）取得的收入不符合股息、红利所得的定义，税法也未规定可以"穿透"作为隐名股东（企业）取得权益性投资收益对其免税。

第六节 房地产转让所得

一、住房转让所得

根据《个人所得税法》及其实施条例的规定，个人转让住房，以其转让收入额减除财产原值和合理费用后的余额为应纳税所得额，按照"财产转让所得"项目缴纳个人所得税。

根据《国家税务总局关于个人住房转让所得征收个人所得税有关问题的通知》（国税发〔2006〕108号）的规定，对转让住房收入计算个人所得税应纳税所得额时，纳税人可凭原购房合同、发票等有效凭证，允许从其转让收入中减除房屋原值、转让住房过程中缴纳的税金及有关合理费用。

（一）转让收入

对住房转让所得征收个人所得税时，以实际成交价格为转让收入。纳税人申报的住房成交价格明显低于市场价格且无正当理由的，征收机关依法有权根据有关信息核定其转让收入，但必须保证各税种计税价格一致。

（二）房产原值

关于房屋原值的确定，具体规定如下：

商品房，其原值为购置该房屋时实际支付的房价款及交纳的相关税费。

自建住房，其原值为实际发生的建造费用及建造和取得产权时实际交纳的相关税费。

经济适用房（含集资合作建房、安居工程住房），其房屋原值为原购房人实际支付的房价款及相关税费，以及按规定交纳的土地出让金。

已购公有住房，其房屋原值为原购公有住房标准面积按当地经济适用房价格计算的房价款，加上原购公有住房超标准面积实际支付的房价款以及按规定向财政部门（或原产权单位）交纳的所得收益及相关税费。已购公有住房是指城镇职工根据国家和县级（含县级）以上人民政府有关城镇住房制度改革政策规定，按照成本价（或标准价）购买的公有住房。经济适用房价格按县级（含县级）以上地方人民政府规定的标准确定。

城镇拆迁安置住房，其房屋原值根据《国有土地上房屋征收与补偿条例》和《建设部关于印发〈城市房屋拆迁估价指导意见〉的通知》（建住房〔2003〕234号）等有关规定确定。不同情形下的原值分别为：

（1）房屋拆迁取得货币补偿后购置房屋的，为购置该房屋实际支付的房价款及交纳的相关税费；

（2）房屋拆迁采取产权调换方式的，所调换房屋原值为《房屋拆迁补偿安置协议》注明的价款及交纳的相关税费；

（3）房屋拆迁采取产权调换方式，被拆迁人除取得所调换房屋，又取得部分货币补偿的，所调换房屋原值为《房屋拆迁补偿安置协议》注明的价款和交纳的相关税费，减去货币补偿后的余额；

（4）房屋拆迁采取产权调换方式，被拆迁人取得所调换房屋，又支付部分货币的，所调换房屋原值为《房屋拆迁补偿安置协议》注明的价款，加上所支付的货币及交纳的相关税费。

（三）合理费用

合理费用，是指纳税人按照规定实际支付的住房装修费用、住房贷款利息、手续费、公证费等费用。

1. 装修费用

支付的住房装修费用，纳税人能提供实际支付装修费用的税务统一发票，并且发票上所列付款人姓名与转让房屋产权人一致的，经税务机关审核，其转让的住房在转让前实际发生的装修费用，可在以下规定比例内扣除：

（1）已购公有住房、经济适用房：最高扣除限额为房屋原值的15%；

（2）商品房及其他住房：最高扣除限额为房屋原值的10%。

根据《国家税务总局关于个人转让房屋有关税收征管问题的通知》（国税发〔2007〕33号）的规定，凡有下列情况之一的，在计算缴纳转让住房所得个人所得税时不得扣除装修费用：

（1）纳税人提供的装修费用凭证不是有效发票的；

（2）发票上注明的付款人姓名与房屋产权人或产权共有人的姓名不一致的；

（3）发票由建材市场、批发市场管理机构开具，且未附所购商品清单的。

纳税人申报扣除装修费用，应当填写《房屋装修费用发票汇总表》，在《房屋装修费用发票汇总表》上如实、完整地填写每份发票的开具人、受领人、发票字号、建材产品或服务项目、发票金额等信息。同时将有关装修发票原件提交征收人员审核。征收人员受理申报时，应认真审核装修费用发票真伪、《房屋装修费用发票汇总表》与有关装修发票信息是否一致，对不符合要求的发票不准扣除装修费用。审核完毕后，有关装修发票退还纳税人。

纳税人原购房为装修房，即合同注明房价款中含有装修费（铺装了地板，装配了洁具、厨具等）的，不得再重复扣除装修费用。

2. 支付的住房贷款利息

纳税人出售以按揭贷款方式购置的住房的，其向贷款银行实际支付的住房贷款利息，凭贷款银行出具的有效证明据实扣除。

3.手续费、公证费

纳税人按照有关规定实际支付的手续费、公证费等，凭有关部门出具的有效证明据实扣除。

这里需要说明的是，根据《财政部 国家税务总局关于个人所得税若干政策问题的通知》（财税字〔1994〕20号）的规定，个人转让自用达五年以上、并且是唯一的家庭生活用房取得的所得，暂免征收个人所得税。

（四）税金及附加

转让住房过程中缴纳的税金，是指纳税人在转让住房时实际缴纳的城市维护建设税、教育费附加、土地增值税、印花税等税金。

（五）核定征收

纳税人未提供完整、准确的房屋原值凭证，不能正确计算房屋原值和应纳税额的，税务机关可根据《税收征收管理法》第三十五条的规定，对其实行核定征税，即按纳税人住房转让收入的一定比例核定应纳个人所得税额。具体比例由省级税务局或者省级税务局授权的地市级税务局根据纳税人出售住房的所处区域、地理位置、建造时间、房屋类型、住房平均价格水平等因素，在住房转让收入1%～3%的幅度内确定。

这里所称"未提供完整、准确的房屋原值凭证"，根据《国家税务总局关于个人转让房屋有关税收征管问题的通知》（国税发〔2007〕33号）的规定，是指纳税人不能提供房屋购买合同、发票或建造成本、费用支出的有效凭证，或契税征管档案中没有上次交易价格或建造成本、费用支出金额等记录。凡纳税人能提供房屋购买合同、发票或建造成本、费用支出的有效凭证，或契税征管档案中有上次交易价格或建造成本、费用支出金额等记录的，均不应按照核定征收方式计征个人所得税。

二、其他房产转让所得

（一）个人转让非住房个人所得税

对个人转让住房以外的其他房产，以转让房产的收入额减除其财产原值和合理费用（指卖出财产时按照规定支付的有关费用）后的余额，为应纳税所得额，按照20%税率征收个人所得税；纳税人未提供完整、准确的财产原值凭证，不能正确计算财产原值的，由主管税务机关核定其财产原值。

（二）转让非住房个人所得税具体规定

在天津，自2012年12月1日起，根据《天津市地方税务局关于明确个人非住房转让所得征收个人所得税有关问题的公告》（天津市地方税务局公告2012年第11号）的规定，个人转让非住房，按照"财产转让所得"项目，以转让财产的收入额减除财产原值和合理费用后的余额，为应纳税所得额。适用比例税率，税率为20%。个人转让非住房，应以非住房转让实际成交价格为转让财产的收入额；财产原值的确认，应以纳税人提供的财产原值有效凭证为依据；合理费用是指非住房转让过程中缴纳的税金及相关费用。对纳税人申报的非住房成交价格明显低于市场价格又无正当理由的，或纳税人未提供完整、准确的原值凭证，不能正确计算应纳税额的，根据《税收征收管理法》第三十五条的规定，按核定的非住房转让收入的2%征收个人所得税。

关于个人转让商业用房，不能准确提供原值时，是否可以按照收入额核定征收问题，在江苏等地明确，按照《国家税务总局关于个人住房转让所得征收个人所得税有关问题的通知》（国税发〔2006〕108号）第三条规定，纳税人未提供完整、准确的房屋原值凭证，不能正确计算房屋原值和应纳税额的，税务机关可根据《中华人民共和国税收征收管理法》第三十五条的规定，对其实行核定征税，具体比例在住房转让收入1%～3%的幅度内确定。该文件仅针对个人转让住房，非住房转让不能按照收入额核定征税。如果房屋是通过拍卖方式转让的，按照有关规定执行。

三、转让离婚析产房屋所得

根据《国家税务总局关于明确个人所得税若干政策执行问题的通知》（国税发〔2009〕121号）的规定，通过离婚析产的方式分割房屋产权是夫妻双方对共同共有财产的处置，个人因离婚办理房屋产权过户手续，不征收个人所得税。个人转让离婚析产房屋所取得的收入，允许扣除其相应的财产原值和合理费用后，余额按照规定的税率缴纳个人所得税；其相应的财产原值，为房屋初次购置全部原值和相关税费之和乘以转让者占房屋所有权的比例。

四、个人转让受赠房产所得

根据《财政部 税务总局关于个人取得有关收入适用个人所得税应税所得项目的公告》（财政部 税务总局公告2019年第74号）第二条的规定，房屋产权所有人将房屋产权无偿赠与他人的，受赠人因无偿受赠房屋取得的受赠收入，按照“偶然所得”项目计算缴纳个人所得税。按照《财政部 国家税务总局关于个人无偿受赠房屋有关个人所得税问题的通知》（财税〔2009〕78号）第一条规定，符合以下情形的，对当事双方不征收个人所得税：

（1）房屋产权所有人将房屋产权无偿赠与配偶、父母、子女、祖父母、外祖父母、孙子女、外孙子女、兄弟姐妹；

（2）房屋产权所有人将房屋产权无偿赠与对其承担直接抚养或者赡养义务的抚养人或者赡养人；

（3）房屋产权所有人死亡，依法取得房屋产权的法定继承人、遗嘱继承人或者受遗赠人。

前款所称受赠收入的应纳税所得额按照《财政部 国家税务总局关于个人无偿受赠房屋有关个人所得税问题的通知》（财税〔2009〕78号）第四条规定计算。

自2009年5月25日起，根据财税〔2009〕78号文件的规定，对受赠人无偿受赠房屋计征个人所得税时，其应纳税所得额为房地产赠与合同上标明的赠与房屋价值减除赠与过程中受赠人支付的相关税费后的余额。赠与合同标明的房屋价值明显低于市场价格或房地产赠与合同未标明赠与房屋价值的，税务机关可依据受赠房屋的市场评估价格或采取其他合理方式确定受赠人的应纳税所得额。

受赠人转让受赠房屋的，以其转让受赠房屋的收入减除原捐赠人取得该房屋的实际购置成本以及赠与和转让过程中受赠人支付的相关税费后的余额，为受赠人的应纳税所得额，依法计征个人所得税。受赠人转让受赠房屋价格明显偏低且无正当理由的，税务机关可以依据该房屋的市场评估价格或其他合理方式确定的价格核定其转让收入。

第七节　转让其他财产

一、买卖虚拟货币所得

关于个人通过网络销售虚拟货币取得收入计征个人所得税问题，《国家税务总局关于个人通过网络买卖虚拟货币取得收入征收个人所得税问题的批复》（国税函〔2008〕818号）做出如下规定：

（1）个人通过网络收购玩家的虚拟货币，加价后向他人出售取得的收入，属于个人所得税应税所得，应按照“财产转让所得”项目计算缴纳个人所得税。

（2）个人销售虚拟货币的财产原值为其收购网络虚拟货币所支付的价款和相关税费。

（3）对于个人不能提供有关财产原值凭证的，由主管税务机关核定其财产原值。

有些地方已出台具体规定，例如，根据《转发〈国家税务总局关于个人通过网络买卖虚拟货币取得收入征收个人所得税问题的批复〉的通知》（津地税所〔2008〕29号）的规定，对于个人不能提供有关财产原值凭证的，其取得的转让收入按3%征收率缴纳个人所得税。

二、购买和处置债权所得

个人通过招标、竞拍或其他方式购置债权以后，通过相关司法或行政程序主张债权而取得的所得，根据《国家税务总局关于个人因购买和处置债权取得所得征收个人所得税问题的批复》（国税函〔2005〕655号）的规定，应按照“财产转让所得”项目缴纳个人所得税。

（一）应纳税所得额的确定

个人通过上述方式取得“打包”债权，只处置部分债权的，其应纳税所得额按以下方式确定：

（1）以每次处置部分债权的所得，作为一次财产转让所得征税。

（2）其应税收入按照个人取得的货币资产和非货币资产的评估价值或市场价值的合计数确定。

（3）所处置债权成本费用（即财产原值），按下列公式计算：

当次处置债权成本费用＝个人购置“打包”债权实际支出×当次处置债权账面价值（或拍卖机构公布价值）÷“打包”债权账面价值（或拍卖机构公布价值）

（4）个人购买和处置债权过程中发生的拍卖招标手续费、诉讼费、审计评估费以及缴纳的税金等合理税费，在计算个人所得税时允许扣除。

（二）转让债权财产原值的确定

转让债权，采用加权平均法确定其应予减除的财产原值和合理费用。即以纳税人购进的同一种类债券买入价和买进过程中缴纳的税费总和，除以纳税人购进的该种类债券数量之和，乘以纳税人卖出的该种类债券数量，再加上卖出的该种类债券过程中缴纳的税费。用公式表示为：

一次卖出某一种类债券允许扣除的买入价和费用＝纳税人购进的该种类债券买入价和买进过程中交纳的税费总和 ÷ 纳税人购进的该种类债券总数量 × 一次卖出的该种类债券的数量＋卖出该种类债券过程中缴纳的税费

【例6–31・单选】王某从拍卖机构获得打包债权予以处置，处置了其中A企业的债权，收款8万元（该项债权为王某以10万元购置，该批债权价值15万元，其中A企业欠甲9万元，B企业欠甲6万元，购置时发生拍卖招标手续费0.2万元），处置过程中发生审计评估、诉讼费等合计0.6万元。王某处置打包债权应纳个人所得税（　　）。

A. 0.23万元　　B. 0.40万元　　C. 0.32万元　　D. 0.256万元

【答案】D

【解析】应纳个人所得税为：［8–（10+0.2）×9 ÷ 15–0.6］×20%=0.256（万元）。

三、个人转让汽车所得

《国家税务总局关于个人转让汽车所得征收个人所得税问题的批复》（国税函发〔1997〕35号）规定，个人合股集资购买大客车，并将该车转让给汽车运输公司从事营运。三年转让期满后，该车的所有权、营运权、线路牌等均归汽车运输公司所有。上述交易属于财产转让。个人获得的收入应按个人所得税法中规定的“财产转让所得”项目计算缴纳个人所得税。

第八节　财产拍卖所得

关于个人通过拍卖市场拍卖各种财产（包括字画、瓷器、玉器、珠宝、邮品、钱币、古籍、古董等物品）取得的所得征收个人所得税问题，《国家税务总局关于加强和规范个人取得拍卖收入征收个人所得税有关问题的通知》（国税发〔2007〕38号）作出规定。

一、应税项目的确定

个人通过拍卖市场拍卖个人财产，对其取得所得按以下规定征税：

（1）根据《征收个人所得税若干问题的规定》（国税发〔1994〕89号文件印发）的规定，作者将自己的文字作品手稿原件或复印件拍卖取得的所得，应以其转让收入额减除800元（转让收入额4 000元以下）或者20%（转让收入额4 000元以上）后的余额为应纳税所得额，按照“特许权使用费所得”项目适用20%税率缴纳个人所得税。

（2）个人拍卖除文字作品原稿及复印件外的其他财产，应以其转让收入额减除财产原值和合理费用后的余额为应纳税所得额，按照“财产转让所得”项目适用20%税率缴纳个人所得税。

二、应纳税所得额

（一）收入额的确定

对个人财产拍卖所得征收个人所得税时，以该项财产最终拍卖成交价格为其转让收入额。

（二）财产原值与合理费用

个人财产拍卖所得适用“财产转让所得”项目计算应纳税所得额时，纳税人凭合法有效凭证（税务机关监制的正式发票、相关境外交易单据或海关报关单据、完税证明等），从其转让收入额中减除相应的财产原值、拍卖财产过程中缴纳的税金及有关合理费用。

1. 财产原值

财产原值，是指售出方个人取得该拍卖品的价格（以合法有效凭证为准）。具体为：通过商店、画廊等途径购买的，为购买该拍卖品时实际支付的价款；通过拍卖行拍得的，为拍得该拍卖品实际支付的价款及缴纳的相关税费；通过祖传收藏的，为其收藏该拍卖品而发生的费用；通过赠送取得的，为其受赠该拍卖品时发生的相关税费；通过其他形式取得的，参照以上原则确定财产原值。

2. 有关合理费用

有关合理费用，是指拍卖财产时纳税人按照规定实际支付的拍卖费（佣金）、鉴定费、评估费、图录费、证书费等费用。

（三）缴纳的税金及附加

拍卖财产过程中缴纳的税金，是指在拍卖财产时纳税人实际缴纳的相关税金及附加。

三、核定征收

根据国税发〔2007〕38号文件第四条的规定，纳税人不能提供合法、完整、准确的财产原值凭证，不能正确计算财产原值的，按转让收入额的3%征收率计算缴纳个人所得税；拍卖品为经文物部门认定是海外回流文物的，按转让收入额的2%征收率计算缴纳个人所得税。

纳税人的财产原值凭证内容填写不规范，或者一份财产原值凭证包括多件拍卖品且无法确认每件拍卖品一一对应的原值的，不得将其作为扣除财产原值的计算依据，应视为不能提供合法、完整、准确的财产原值凭证，并按上述规定的征收率计算缴纳个人所得税。

纳税人能够提供合法、完整、准确的财产原值凭证，但不能提供有关税费凭证的，不得按征收率计算纳税，应当就财产原值凭证上注明的金额据实扣除，并按照税法规定计算缴纳个人所得税。

四、代扣代缴

根据国税发〔2007〕38号文件第七条的规定，个人财产拍卖所得应纳的个人所得税税款，由拍卖单位负责代扣代缴，并按规定向拍卖单位所在地主管税务机关办理纳税申报。

拍卖单位代扣代缴个人财产拍卖所得应纳的个人所得税税款时，应给纳税人填开完税凭证，并详细标明每件拍卖品的名称、拍卖成交价格、扣缴税款额。

【例6-32·单选】下列关于个人取得拍卖收入征收个人所得税计算方法的表述中，正确的是（　　）。

A.作者将自己的文学作品手稿原件或复印件拍卖取得的所得，按照“偶然所得”计算缴纳个人所得税

B.拍卖受赠获得的物品，原值为该拍卖品的市场价值

C.拍卖单位不用代扣代缴个人财产拍卖所得应纳的个人所得税

D.拍卖通过拍卖行拍得的物品，财产原值为拍得该物品实际支付的价款及缴纳的相关税费

【答案】D

【解析】根据国税发〔1994〕89号文件的规定，作者将自己的文字作品手稿原件或复印件拍卖取得的所得，应按照“特许权使用费所得”项目适用20%税率缴纳个人所得税。

财产原值，是指售出方个人取得该拍卖品的价格（以合法有效凭证为准）。其中，通过赠送取得的，为其受赠该拍卖品时发生的相关税费。

五、房屋拍卖所得

《国家税务总局关于个人取得房屋拍卖收入征收个人所得税问题的批复》（国税函〔2007〕1145号）规定，个人通过拍卖市场取得的房屋拍卖收入在计征个人所得税时，其房屋原值应按照纳税人提供的合法、完整、准确的凭证予以扣除；不能提供完整、准确的房屋原值凭证，不能正确计算房屋原值和应纳税额的，统一按转让收入全额的3%计算缴纳个人所得税。为方便纳税人依法履行纳税义务和税务机关加强税收征管，纳税人应比照《国家税务总局关于个人住房转让所得征收个人所得税有关问题的通知》（国税发〔2006〕108号）第四条的有关规定，在房屋拍卖后缴纳增值税、土地增值税等税收的同时，一并申报缴纳个人所得税。

第七章
偶然所得

TAXING

税收是我们为文明付出的代价。

——奥利弗·温德尔·霍姆斯

偶然所得是指个人得奖、中奖、中彩以及其他偶然性质的所得。本章阐述偶然所得的征税范围的界定、具体征税项目以及应纳税额的计算。主要内容如图7–1所示。

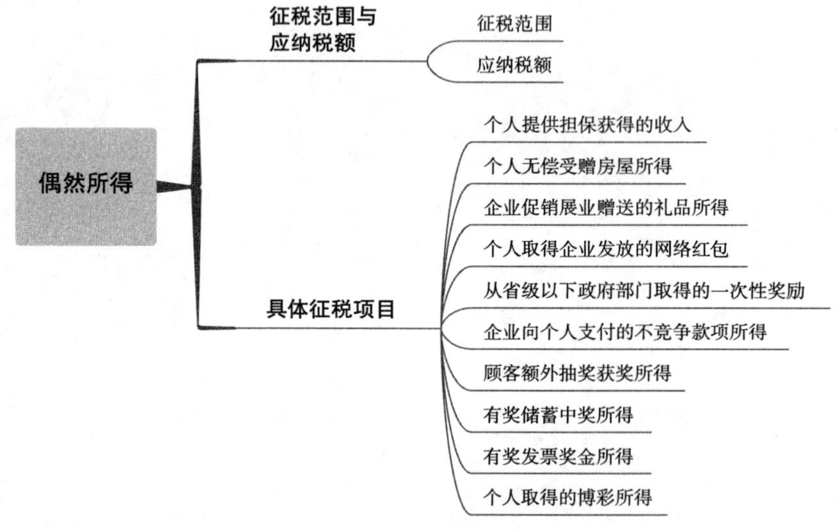

图7–1 偶然所得

第一节 征税范围与应纳税额

一、征税范围

根据《个人所得税法实施条例》第八条第一款第九项的规定，偶然所得是指个人得奖、中奖、中彩以及其他偶然性质的所得。

得奖是指个人参加各种评比、有奖竞赛活动，取得名次得到的奖金；中奖、中彩是指参加各种有奖活动，如有奖销售、有奖储蓄、购买彩票等，经过规定程序，抽中、摇中号码而取得的奖金。

二、应纳税额

（一）应纳税额计算

根据《个人所得税法》第六条的规定，偶然所得以每次收入额为应纳税所得额，适用比例税率20%计算缴纳个人所得税。

（二）每次的确定

根据《个人所得税法实施条例》第十四条的规定，偶然所得，以每次取得该项收入为一次。

（三）单位或个人负担税款的处理

单位或个人为纳税人负担偶然所得个人所得税税款的，应将纳税人取得的不含税收入换算为应纳税所得额，再计征个人所得税。即：

应纳税所得额=不含税收入/（1–20%）

应纳税额=应纳税所得额 ×20%

第二节　具体征税项目

偶然所得主要包括如下具体征税项目。

一、个人提供担保获得的收入

自2019年1月1日起，根据《财政部 税务总局关于个人取得有关收入适用个人所得税应税所得项目的公告》（财政部 税务总局公告2019年第74号）第一条的规定，个人为单位或他人提供担保获得收入，按照“偶然所得”项目计算缴纳个人所得税。

二、个人无偿受赠房屋所得

（一）应税项目的确定

自2019年1月1日起，根据财政部、税务总局公告2019年第74号第二条的规定，房屋产权所有人将房屋产权无偿赠与他人的，受赠人因无偿受赠房屋取得的受赠所得，按照“偶然所得”项目缴纳个人所得税。

（二）应纳税所得额的确定

受赠房屋收入的应纳税所得额按照财税〔2009〕78号文件第四条的规定计算。即：对受赠人无偿受赠房屋计征个人所得税时，其应纳税所得额为房地产赠与合同上标明的赠与房屋价值减除赠与过程中受赠人支付的相关税费后的余额。赠与合同标明的房屋价值明显低于市场价格或房地产赠与合同未标明赠与房屋价值的，税务机关可依据受赠房屋的市场评估价格或采取其他合理方式确定受赠人的应纳税所得额。

此外，根据财税〔2009〕78号文件第五条的规定，受赠人转让受赠房屋的，以其转让受赠房屋的收入减除原捐赠人取得该房屋的实际购置成本以及赠与和转让过程中受赠人支付的相关税费后的余额，为受赠人的应纳税所得额，依法计征个人所得税。受赠人转让受赠房屋价格明显偏低且无正当理由的，税务机关可以依据该房屋的市场评估价格或其他合理方式确定的价格核定其转让收入。

根据《国家税务总局关于加强房地产交易个人无偿赠与不动产税收管理有关问题的通知》（国税发〔2006〕144号）第二条第（二）项的规定，受赠人取得赠与人无偿赠与的不动产后，再次转让该项不动产的，在缴纳个人所得税时，以财产转让收入减除受赠、转让住房过程中缴纳的税金及有关合理费用后的余额为应纳税所得额，按20%的适用税率计算缴纳个人所得税。在计征个人受赠不动产个人所得税时，不得核定征收，必须严格按照税法规定据实征收。

（三）不征个人所得税的情形

按照财税〔2009〕78号文件第一条规定，符合以下情况的，对当事双方不征收个人所得税：

（1）房屋产权所有人将房屋产权无偿赠与配偶、父母、子女、祖父母、外祖父母、孙子女、外孙子女、兄弟姐妹；

（2）房屋产权所有人将房屋产权无偿赠与对其承担直接抚养或者赡养义务的抚养人或者赡养人；

（3）房屋产权所有人死亡，依法取得房屋产权的法定继承人、遗嘱继承人或者受遗赠人。

三、企业促销展业赠送礼品所得

（一）应税项目的确定

自2019年1月1日起，根据财政部、税务总局公告2019年第74号第三条的规定，企业在业务宣传、广告等活动中，随机向本单位以外的个人赠送礼品（包括网络红包，下同），以及企业在年会、座谈会、庆典以及其他活动中向本单位以外的个人赠送礼品，个人取得的礼品收入，按照“偶然所得”项目计算缴纳个人所得税，但企业赠送的具有价格折扣或折让性质的消费券、代金券、抵用券、优惠券等礼品除外。

（二）应纳税所得额的确定

上述所称礼品收入的应纳税所得额按照《财政部 国家税务总局关于企业促销展业赠送礼品有关个人所得税问题的通知》（财税〔2011〕50号）第三条规定计算。即企业赠送的礼品是自产产品（服务）的，按该产品（服务）的市场销售价格确定个人的应税所得；是外购商品（服务）的，按该商品（服务）的实际购置价格确定个人的应税所得。

四、个人取得企业发放的网络红包

近年来，不少企业通过发放“网络红包”开展促销业务，网络红包成为一种常见的营销方式。“网络红包”既包括现金网络红包，也包括各类消费券、代金券、抵用券、优惠券等非现金网络红包。

按照财政部、税务总局公告2019年第74号第三条规定，企业在业务宣传、广告等活动中，随机向本单位以外的个人赠送礼品（包括网络红包，下同），以及企业在年会、座谈会、庆典以及其他活动中向本单位以外的个人赠送礼品，个人取得的礼品收入，按照“偶然所得”项目计算缴纳个人所得税，但企业赠送的具有价格折扣或折让性质的消费券、代金券、抵用券、优惠券等礼品除外。

财政部、税务总局公告2019年第74号明确礼品的范围包括网络红包，网络红包的征免税政策按照的礼品税收政策执行，即：企业发放的具有中奖性质的网络红包，获奖个人应缴纳个人所得税，但具有销售折扣或折让性质的网络红包，不征收个人所得税。

需要说明的是，这里所称“网络红包”，仅包括企业向个人发放的网络红包，不包括亲戚朋友之间互相赠送的网络红包。亲戚朋友之间互相赠送的礼品（包括网络红包），不在个人所得税征税范围之内。

综上所述，网络红包的个人所得税处理可归纳为：

（1）对个人取得企业派发的现金网络红包，应按照“偶然所得”项目计算缴纳个人所得税，税款由派发红包的企业代扣代缴。

（2）对个人取得企业派发的且用于购买该企业商品（产品）或服务才能使用的非现金网络红包，包括各种消费券、代金券、抵用券、优惠券等，以及个人因购买该企业商品或服务达到一定额度而取得企业返还的现金网络红包，属于企业销售商品（产品）或提供服务的价格折扣、折让，不征收个人所得税。

（3）个人之间派发的现金网络红包，不属于个人所得税法规定的应税所得，不征收个人所得税。

网络红包的个人所得税处理如图7–2所示。

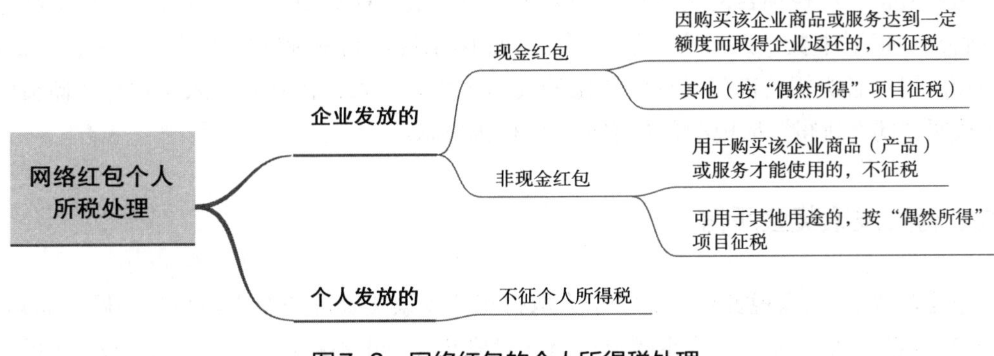

图7–2　网络红包的个人所得税处理

五、从省级以下政府部门取得的一次性奖励

根据《国家税务总局关于个人取得的奖金收入征收个人所得税问题的批复》(国税函〔1998〕293号）的规定，个人因在各行各业做出突出贡献而从省级以下人民政府及其所属部门取得的一次性奖励收入，不论其奖金来源于何处，均不属于税法所规定的免税范畴，应按“偶然所得”项目征收个人所得税。

六、企业向个人支付的不竞争款项所得

不竞争款项是指资产购买方企业与资产出售方企业自然人股东之间在资产购买交易中，通过签订保密和不竞争协议等方式，约定资产出售方企业自然人股东在交易完成后一定期限内，承诺不从事有市场竞争的相关业务，并负有相关技术资料的保密义务，资产购买方企业则在约定期限内，按一定方式向资产出售方企业自然人股东所支付的款项。根据《财政部 国家税务总局关于企业向个人支付不竞争款项征收个人所得税问题的批复》(财税〔2007〕102号）的规定，鉴于资产购买方企业向个人支付的不竞争款项，属于个人因偶然因素取得的一次性所得，资产

出售方企业自然人股东取得的所得，应按照“偶然所得”项目计算缴纳个人所得税，税款由资产购买方企业在向资产出售方企业自然人股东支付不竞争款项时代扣代缴。

七、顾客额外抽奖获奖所得

根据财税〔2011〕50号文件的规定，自2011年6月9日起，企业对累积消费达到一定额度的顾客，给予额外抽奖机会，个人的获奖所得，按照“偶然所得”项目，全额适用20%的税率缴纳个人所得税。

八、有奖储蓄中奖所得

《国家税务总局关于有奖储蓄中奖收入征收个人所得税问题的批复》（国税函〔1995〕98号）规定，个人参加有奖储蓄取得的各种形式的中奖所得，属于机遇性的所得，应按照个人所得税法中“偶然所得”应税项目的规定征收个人所得税。虽然这种中奖所得具有银行储蓄利息二次分配的特点，但对中奖个人而言，已不属于按照国家规定利率标准取得的存款利息所得性质。支付该项所得的各级银行部门是税法规定的代扣代缴义务人，在其向个人支付有奖储蓄中奖所得时应按照“偶然所得”应税项目扣缴个人所得税税款。

九、有奖发票奖金所得

根据《财政部 国家税务总局关于个人取得有奖发票奖金征免个人所得税问题的通知》（财税〔2007〕34号）的规定，个人取得单张有奖发票奖金所得不超过800元（含800元）的，暂免征收个人所得税；个人取得单张有奖发票奖金所得超过800元的，应全额按照个人所得税法规定的“偶然所得”项目征收个人所得税。

十、博彩所得

《国家税务总局关于个人在境外取得博彩所得征收个人所得税问题的批复》（国税函发〔1995〕663号）规定，在中国境内有住所的个人，从境外取得的所得，应依照税法规定缴纳个人所得税。中彩所得属于“偶然所得”应税项目，适用比例税率20%。居民个人在澳门摇老虎机博彩所得应依照税法规定全额按20%比例税率计算缴纳个人所得税。

第八章

减免税优惠

取于民有度，用之有止，国虽小必安；取于民无度，用之不止，国虽大必危。

——《管子·权修》

TAXING

个人所得税既是一种分配手段，也是体现国家政策的重要工具。为了体现税收的奖励和照顾政策，我国现行个人所得税法对纳税人因特定行为取得的所得和特定纳税人取得的所得，分别规定了一系列的免税和减税政策。在现行有效的100余个个人所得税优惠政策文件中，既有免税优惠又有减税优惠；既有税前扣除、抵扣应纳税所得额（如天使投资个人投资抵扣、创业投资抵扣等）、减按50%计入应纳税所得额（如股息红利差别化政策，铁路债券利息收入、转化科技成果现金奖励、远洋运输船员工资等减按50%计入应纳税所得额等）等税基优惠，又有低税率（如个人出租住房减按10%的税率征收个人所得税等）优惠。

2018年个人所得税税制改革，对《个人所得税法》各项减免税优惠条款调整较少，主要是根据经济社会发展实际，对部分免税所得的名称进行了修改，如将“退休工资”改为“基本养老金或者退休费”，将“离休工资”改为“离休费”；根据军人退出现役的改革情况，增加军人退役金，但总体优惠内容不变。原因主要有：一是2018年改革的总体思路和重点是“转模式、建机制、降税负”，即建立综合与分类相结合的个人所得税制模式，对居民个人综合所得按年征税，降低纳税人税负，税收优惠不是此次改革的重点；二是通过提高基本费用扣除标准，增加子女教育、继续教育、大病医疗、住房贷款利息或住房租金、赡养老人、3岁以下婴幼儿照护七项专项附加扣除，调整和优化税率结构，客观上实现了降低税负的普惠性目标。

现行主要个人所得税优惠如图8-1所示。

第一节　法定免征

根据《个人所得税法》第四条的规定，下列各项个人所得，免征个人所得税：（1）省级人民政府、国务院部委和中国人民解放军军以上单位，以及外国组织、国际组织颁发的科学、教育、技术、文化、卫生、体育、环境保护等方面的奖金；（2）国债和国家发行的金融债券利息；（3）按照国家统一规定发给的补贴、津贴；（4）福利费、抚恤金、救济金；（5）保险赔款；（6）军人的转业费、复员费、退役金；（7）按照国家统一规定发给干部、职工的安家费、退职费、基本养老金或者退休费、离休费、离休生活补助费；（8）依照有关法律规定应予免税的各国驻华使馆、领事馆的外交代表、领事官员和其他人员的所得；（9）中国政府参加的国际公约、签订的协议中规定免税的所得；（10）国务院规定的其他免税所得。

一、省部军级以上单位和外国组织、国际组织特定奖金优惠

（一）省部军级以上单位和外国组织、国际组织特定奖金免征优惠

根据《个人所得税法》第四条第一款第（一）项的规定，省级人民政府、国务院部委和中国人民解放军军以上单位，以及外国组织、国际组织颁发的科学、教育、技术、文化、卫生、体育、环境保护等方面的奖金，免征个人所得税。

- **个人所得税优惠**
  - **法定免征**
    - 省部军以上单位和外国组织、国际组织特定奖金优惠
    - 国债和国家发行的金融债券利息优惠
    - 按照国家统一规定发给的补贴、津贴优惠
    - 福利费、抚恤金、救济金优惠
    - 保险赔款优惠
    - 军人的转业费、复员费、退役金优惠
    - 安家费、退职费、退休费、离休费、离休生活补助费优惠
    - 使馆、领事馆的外交代表、领事官员和其他人员的所得优惠
    - 国际公约、协议中规定免税的所得优惠
    - 国务院规定的其他免税所得
  - **法定减征**
    - 残疾、孤老人员和烈属的所得减征
    - 因自然灾害遭受重大损失的减征
    - 国务院规定的其他减税情形
  - **支持金融资本市场发展优惠**
    - 转让上市公司股票所得优惠
    - 上市公司股息红利差别化政策优惠
    - 新三板挂牌公司股息红利差别化政策优惠
    - 投资创新企业境内发行存托凭证所得优惠
    - 支持证券基金投资优惠
    - 支持资本市场发展的其他优惠
  - **支持住房优惠**
    - 个人转让自用5年以上家庭唯一生活用房免征优惠
    - 符合条件的房屋赠与免征优惠
    - 拆迁补偿款免征优惠
    - 城镇住房保障家庭取得的住房租赁补贴优惠
    - 个人出租房屋减征优惠
  - **创业投资抵扣优惠**
    - 天使投资个人投资抵扣所得额优惠
    - 合伙创投企业个人合伙人投资抵扣
    - 创业投资企业个人合伙人的税务处理
  - **综合所得优惠**
    - 远洋船员工资薪金优惠
    - 代扣代缴税款手续费优惠
    - 保险营销员和证券经纪人展业成本优惠
    - 破产安置费和解除劳动合同补偿金优惠
    - 社会保险与住房公积金优惠
    - 支持新冠肺炎疫情防控工作补助和奖金优惠
  - **外籍人员优惠**
    - 居住不超过90日非居民个人境内所得境外雇主支付部分免征优惠
    - 居住满183天的年度连续不满六年无住所个人境外所得境外支付优惠
    - 符合条件的外籍专家工资、薪金税收优惠
    - 外籍个人的津补贴税收优惠
    - 外籍个人从外商投资企业取得股息红利所得税收优惠
  - **其他优惠**
    - 军转择业与再就业扶持优惠
    - 支持体育教育事业和“三农”发展优惠
    - 高端和紧缺人才优惠
  - **优惠申报与管理**

图8-1 个人所得税优惠

省级人民政府、国务院部委和中国人民解放军军以上单位，包括省级以上人民政府以及国务院组成部门、国务院直属特设机构、国务院直属机构、国务院办事机构、国务院直属事业单位和中国人民解放军军以上单位；所称颁发的奖金，是指省级人民政府、国务院部委和中国人民解放军军以上单位制定奖励办法，并确定获奖人员，由财政资金或者公益性社会团体负担的奖金。

（二）省部军级以上单位和国际组织奖金免税的具体项目

1. 国际青少年消除贫困奖奖金

“国际青少年消除贫困奖”是由联合国开发计划署和中国青少年发展基金会共同设立，旨在表彰奖励在与贫困作斗争中取得突出成绩的青少年，根据《财政部 国家税务总局关于国际青少年消除贫困奖免征个人所得税的通知》（财税字〔1997〕51号）的规定，对个人取得的“国际青少年消除贫困奖”，视同从国际组织取得的教育、文化方面的奖金，免予征收个人所得税。

2. 曾宪梓教育基金会教师奖奖金

曾宪梓教育基金会致力于发展中国的教育事业，评选教师奖具有严格的程序，奖金由国家教委（教育部）颁发。根据《国家税务总局关于曾宪梓教育基金会教师奖免征个人所得税的函》（国税函发〔1994〕376号）的规定，对个人获得曾宪梓教育基金会教师奖的奖金，可视为国务院部委颁发的教育方面的奖金，免予征收个人所得税。

3. 长江学者成就奖奖金

教育部和香港实业家李嘉诚先生共同筹资建立了“长江学者奖励计划”。该计划包括实行特聘教授岗位制度和设立“长江学者成就奖”两项内容。即经过一定审核程序，在全国高等学校国家重点学科中，面向国内、外公开招聘学术造诣深、发展潜力大、具有领导本学科在其前沿领域赶超或保持国际先进水平能力的中青年杰出人才，作为特聘教授，在聘期内享受每年10万元人民币的特聘教授岗位津贴，同时享受学校按照国家有关规定提供的工资、保险、福利等待遇；特聘教授任职期间取得重大成就、做出重大贡献，将获得由教育部会同李嘉诚先生审定并公布的每年一次的“长江学者成就奖”，每次一等奖1名，奖金为100万元人民币，二等奖30名，每人奖金为50万元人民币。

为了鼓励特聘教授积极履行岗位职责，带领本学科在其前沿领域赶超或保持国际先进水平，根据《国家税务总局关于“长江学者奖励计划”有关个人收入免征个人所得税的通知》（国税函〔1998〕632号）的规定，对特聘教授获得“长江学者成就奖”的奖金，可视为国务院部委颁发的教育方面的奖金，免予征收个人所得税。

4. 特聘教授奖金

由教育部与香港实业家李嘉诚先生及其领导的长江基建（集团）有限公司合作建立的“长江学者奖励计划”实施高等教育特聘教授岗位制度，根据教育部《高等学校特聘教授岗位制度实施办法》规定，“特聘教授在聘期内享受特聘教授奖金”，标准为每人每年10万元人民币。

根据《国家税务总局关于“特聘教授奖金”免征个人所得税的通知》(国税函〔1999〕525号)的规定，对教育部颁发的“特聘教授奖金”免予征收个人所得税。

5.“长江小小科学家”奖金

由教育部和李嘉诚基金会主办、中国科协承办“长江小小科学家”活动，奖励全国(包括香港、澳门特别行政区)初中、高中、中等师范学校、中等专业学校、职业中学、技工学校的在校学生近年来完成的，并申报参加全国评选和展示的获奖优秀科技创新和科学研究项目。每次活动评出一等奖1名，奖金为25万元人民币(其中奖励学生个人5万元人民币，奖励学生所在学校20万元人民币)；二等奖25名，奖金为6万元人民币(其中奖励学生个人1万元人民币，奖励学生所在学校5万元人民币)；三等奖50名，奖金为3.5万元人民币(其中奖励学生个人5千元人民币，奖励学生所在学校3万元人民币)；提名奖100名，奖金为9千元人民币(其中奖励学生个人1 500元人民币，奖励学生所在学校7 500元人民币)。

根据《国家税务总局关于“长江小小科学家”奖金免征个人所得税的通知》(国税函〔2000〕688号)的规定，对学生个人参与“长江小小科学家”活动并获得的奖金，免予征收个人所得税。

6.刘东生青年科学家奖和刘东生地球科学奖学金奖金

为推动地球科学发展，中国科学院设立了刘东生地球科学基金，用于奖励在第四纪、新生代古生物、青藏高原和环境地质研究领域做出创新性学术成果和取得优秀学术成果的国内青年科学家。根据《国家税务总局关于刘东生青年科学家奖和刘东生地球科学奖学金获奖者奖金免征个人所得税的通知》(国税函〔2010〕74号)的规定，对中国科学院“刘东生青年科学家奖”“刘东生地球科学奖学金”的奖金收入免予征收个人所得税。

7.陈嘉庚科学奖奖金

陈嘉庚基金会以中国科学院为业务主管部门，实行理事会负责制，由科技部、财政部、教育部、中国科学院、中国工程院、国家自然科学基金委员会、中国科学技术协会、中国银行等部门及中国科学院各学部主任和院士组成理事会，下设评选委员会。该基金会的主要职责是设立陈嘉庚科学奖，以奖励取得杰出科技成果的我国优秀科学家，促进中国科学技术事业的发展。该奖共设6个奖项，每个奖项奖金30万元人民币。

根据《国家税务总局关于陈嘉庚科学奖获奖个人取得的奖金收入免征个人所得税的通知》(国税函〔2006〕561号)的规定，在陈嘉庚科学奖业务主管、组织结构、评选办法不变的情况下，对陈嘉庚科学奖获奖者个人取得的奖金收入，免予征收个人所得税。

8.李四光地质科学奖奖金

为奖励长期奋战在工作环境恶劣、生活条件艰苦的地质工作第一线并做出突出贡献的地质科技工作者，原国土资源部根据《李四光地质科学奖章程》，经过专家初评、评奖委员会终评和社会公示，评出获奖者，根据《国家税务总局关于2011年度李四光地质科学奖奖金免征个人所得税的公告》(国家税务总局公告2011年第68号)的规定，对国土资源部和李四光地质科学奖基金会严格按照李四光地质科学奖章程和评奖办法，评选出的上述奖项奖金收入，按照个人所得税法的有关规定直接免予征收个人所得税。

9. 黄汲清青年地质科学技术奖奖金

为奖励在我国地质学领域做出重要贡献的杰出青年地质工作者，由原国土资源部主管的黄汲清青年地质科学技术奖基金管理委员会根据《黄汲清青年地质科学技术奖基金章程》《黄汲清青年地质科学技术奖奖励条例》规定，经过专家初评、社会公示和评奖委员会终评，评出获奖者。根据《国家税务总局关于第五届黄汲清青年地质科学技术奖奖金免征个人所得税问题的公告》（国家税务总局公告2012年第4号）的规定，对国土资源部和黄汲清青年地质科学技术奖基金管理委员会严格按照黄汲清青年地质科学技术奖基金章程、奖励条例和评奖办法，评选出的上述奖项奖金收入，按照个人所得税法的有关规定直接免予征收个人所得税。

10. "明天小小科学家"奖金

为贯彻科教兴国和可持续发展战略，加强对青少年创新精神和实践能力的培养，在青少年科技爱好者中选拔和培养科技后备人才，教育部、中国科学技术协会和香港周凯旋基金会自2001年起每年开展一次"明天小小科学家"奖励活动，对内地各省、自治区、直辖市以及香港、澳门特别行政区的高中三年级学生在近年来完成的优秀科技项目和科学研究项目进行奖励，所需奖金由香港周凯旋基金会提供。

根据《国家税务总局关于明天小小科学家奖金免征个人所得税问题的公告》（国家税务总局公告2012年第28号）的规定，对学生个人参与"明天小小科学家"活动获得的奖金，免予征收个人所得税。

11. 全国职工职业技能大赛奖金

为进一步激发广大职工学技术、练技能的热情，提高职工技术水平，中华全国总工会、科学技术部、人力资源和社会保障部联合举办了全国职工职业技能大赛，分设钳工、焊工、维修电工、数控机床装调维修工、数控铣工、数控车工、加工中心操作工、速录师等8个工种的比赛。根据《国家税务总局关于全国职工职业技能大赛奖金免征个人所得税的通知》（国税函〔2010〕78号）的规定，对中华全国总工会、科学技术部、人力资源和社会保障部严格按照规定评奖办法，评选出的上述奖项奖金收入，一律按照个人所得税法的有关国务院部委颁发的技术方面奖金免征个人所得税。

12. 母亲河（波司登）奖奖金

中国青年乡镇企业家协会是共青团中央直属的社会团体，其组织评选的"母亲河（波司登）奖"是经共青团中央、全国人大环资委、原国家环保总局等九部门联合批准设立的环境保护方面的奖项。根据《国家税务总局关于个人取得"母亲河（波司登）奖"奖金所得免征个人所得税问题的批复》（国税函〔2003〕961号）的规定，该奖项可以认定为国务院部委颁发的环境保护方面的奖项。个人取得的上述奖金收入，免予征收个人所得税。

13. 中华宝钢环境优秀奖奖金

为表彰和奖励为我国环境保护事业做出重大贡献者，促进环境保护事业的发展，经环境保护部批准，中华环境保护基金会设立了中华环境奖（现冠名为中华宝钢环境奖）。由全国人大环境与资源保护委员会、全国政协人口资源环境委员会、教育部、民政部、环境保护部、文化部、国家广播电影电视总局、中华全国总工会、共青团中央、全国妇联等13家单位组成组织委员会，对其评选工作进行指导。该奖评选办公室设在中华环境保护基金会。

根据《国家税务总局关于中华宝钢环境优秀奖奖金免征个人所得税问题的通知》（国税函〔2010〕130号）的规定，对中华环境保护基金会严格按照中华环境奖评奖办法，评选出的上述奖项奖金收入，按照个人所得税法的有关规定直接免予征收个人所得税。

需要说明的是，从省级以下政府部门取得的一次性奖励应纳税。根据《国家税务总局关于个人取得的奖金收入征收个人所得税问题的批复》（国税函〔1998〕293号）的规定，个人因在各行各业做出突出贡献而从省级以下人民政府及其所属部门取得的一次性奖励收入，不论其奖金来源于何处，均不属于税法所规定的免税范畴，应按“偶然所得”项目征收个人所得税。

（三）见义勇为奖金免征优惠

根据《财政部 国家税务总局关于发给见义勇为者的奖金免征个人所得税问题的通知》（财税字〔1995〕25号）的规定，为鼓励广大人民群众见义勇为，维护社会治安，对乡、镇（含乡、镇）以上人民政府或经县（含县）以上人民政府主管部门批准成立的有机构、有章程的见义勇为基金会或者类似组织，奖励见义勇为者的奖金或奖品，免予征收个人所得税。

（四）体彩中奖所得1万元以下免征优惠

根据《财政部 国家税务总局关于个人取得体育彩票中奖所得征免个人所得税问题的通知》（财税字〔1998〕12号）的规定，对个人购买体育彩票中奖收入，凡一次中奖收入不超过1万元的，暂免征收个人所得税；超过1万元的，应按税法规定全额征收个人所得税。

（五）社会福利有奖募捐奖券中奖1万元以下免征优惠

根据《国家税务总局关于社会福利有奖募捐发行收入税收问题的通知》（国税发〔1994〕127号）第二条的规定，对个人购买社会福利有奖募捐奖券一次中奖收入不超过10 000元的暂免征收个人所得税，对一次中奖收入超过10 000元的，应按税法规定全额征税。

（六）单张有奖发票奖金不超800元的免征优惠

根据《财政部 国家税务总局关于个人取得有奖发票奖金征免个人所得税问题的通知》（财税〔2007〕34号）的规定，个人取得单张有奖发票奖金所得不超过800元（含800元）的，暂免征收个人所得税；个人取得单张有奖发票奖金所得超过800元的，应全额按照个人所得税法规定的“偶然所得”项目征收个人所得税。

税务机关或其指定的有奖发票兑奖机构，是有奖发票奖金所得个人所得税的扣缴义务人。

（七）举报、协查违法犯罪奖金免征优惠

根据《财政部 国家税务总局关于个人所得税若干政策问题的通知》（财税字〔1994〕20号）第二条第（四）项的规定，个人举报、协查各种违法、犯罪行为而获得的奖金所得，暂免征收个人所得税。

奖金的个人所得税优惠如图8–2所示。

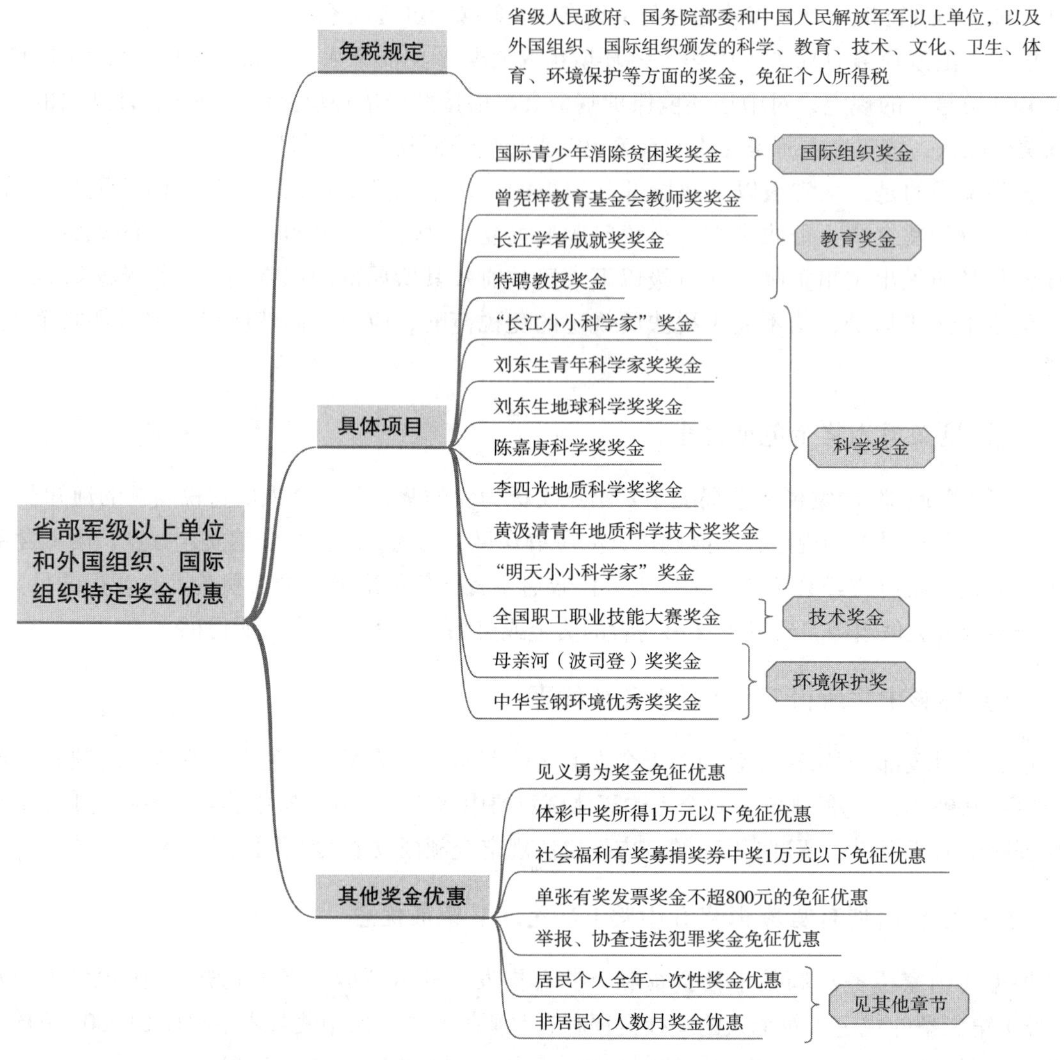

图8-2 奖金个人所得税免征优惠

二、国债和国家发行的金融债券等利息优惠

（一）国债和国家发行的金融债券利息免征优惠

根据《个人所得税法》第四条第一款第（二）项的规定，国债和国家发行的金融债券利息，免征个人所得税。

根据《个人所得税法实施条例》第九条的规定，国债利息是指个人持有财政部发行的债券而取得的利息；国家发行的金融债券利息，是指个人持有经国务院批准发行的金融债券而取得的利息。

（二）地方政府债券利息优惠

根据《财政部 国家税务总局关于地方政府债券利息免征所得税问题的通知》（财税〔2013〕

5号）第一条的规定，对企业和个人取得的2012年及以后年度发行的地方政府债券利息收入，免征企业所得税和个人所得税。

地方政府债券是指经国务院批准同意，以省、自治区、直辖市和计划单列市政府为发行和偿还主体的债券。

（三）铁路债券利息收入减半征收优惠

根据《财政部 国家税务总局关于铁路债券利息收入所得税政策问题的通知》（财税〔2016〕30号）的规定，对企业投资者持有2016—2018年发行的铁路债券取得的利息收入，减半征收企业所得税。对个人投资者持有2016—2018年发行的铁路债券取得的利息收入，减按50%计入应纳税所得额计算征收个人所得税。税款由兑付机构在向个人投资者兑付利息时代扣代缴。

根据《财政部 税务总局关于铁路债券利息收入所得税政策的公告》（财政部 税务总局公告2019年第57号）第二条的规定，对个人投资者持有2019—2023年发行的铁路债券取得的利息收入，减按50%计入应纳税所得额计算征收个人所得税。税款由兑付机构在向个人投资者兑付利息时代扣代缴。

铁路债券是指以中国铁路总公司为发行和偿还主体的债券，包括中国铁路建设债券、中期票据、短期融资券等债务融资工具。

（四）储蓄存款利息免征个人所得税

《个人所得税法》第十八条规定，对储蓄存款利息所得开征、减征、停征个人所得税及其具体办法，由国务院规定，并报全国人民代表大会常务委员会备案。

根据《财政部 国家税务总局关于储蓄存款利息所得有关个人所得税政策的通知》（财税〔2008〕132号）的规定，自2008年10月9日起，对储蓄存款利息所得暂免征收个人所得税。即储蓄存款在1999年10月31日前孳生的利息所得，不征收个人所得税；储蓄存款在1999年11月1日至2007年8月14日孳生的利息所得，按照20%的比例税率征收个人所得税；储蓄存款在2007年8月15日至2008年10月8日孳生的利息所得，按照5%的比例税率征收个人所得税；储蓄存款在2008年10月9日后（含10月9日）孳生的利息所得，暂免征收个人所得税。

根据《国家税务总局 中国人民银行 教育部关于印发〈教育储蓄存款利息所得免征个人所得税实施办法〉的通知》（国税发〔2005〕148号）的规定，个人为其子女（或被监护人）接受非义务教育（指九年义务教育之外的全日制高中、大中专、大学本科、硕士和博士研究生）在储蓄机构开立教育储蓄专户，并享受利率优惠的存款，其所取得的利息免征个人所得税。开立教育储蓄的对象（即储户）为在校小学4年级（含4年级）以上学生；享受免征利息所得个人所得税优惠政策的对象必须是正在接受非义务教育的在校学生，其在就读全日制高中（中专）、大专和大学本科、硕士和博士研究生时，每个学习阶段可分别享受一次2万元教育储蓄的免税优惠。

（五）证券交易结算资金利息所得优惠

根据《财政部 国家税务总局关于证券市场个人投资者证券交易结算资金利息所得有关个人所得税政策的通知》（财税〔2008〕140号）的规定，自2008年10月9日起，对证券市场个人投资者取得的证券交易结算资金利息所得，暂免征收个人所得税，即证券市场个人投资者的证券交易结算资金在2008年10月9日后（含10月9日）孳生的利息所得，暂免征收个人所得税。

（六）“三险一金”存款利息所得优惠

《财政部 国家税务总局关于住房公积金、医疗保险金、基本养老保险金、失业保险基金个人账户存款利息所得免征个人所得税的通知》（财税字〔1999〕267号）规定，按照国家或省级地方政府规定的比例缴付的下列专项基金或资金存入银行个人账户所取得的利息收入免征个人所得税：（1）住房公积金；（2）医疗保险金；（3）基本养老保险金；（4）失业保险基金。

国债和国家发行的金融债券等利息优惠如图8-3所示。

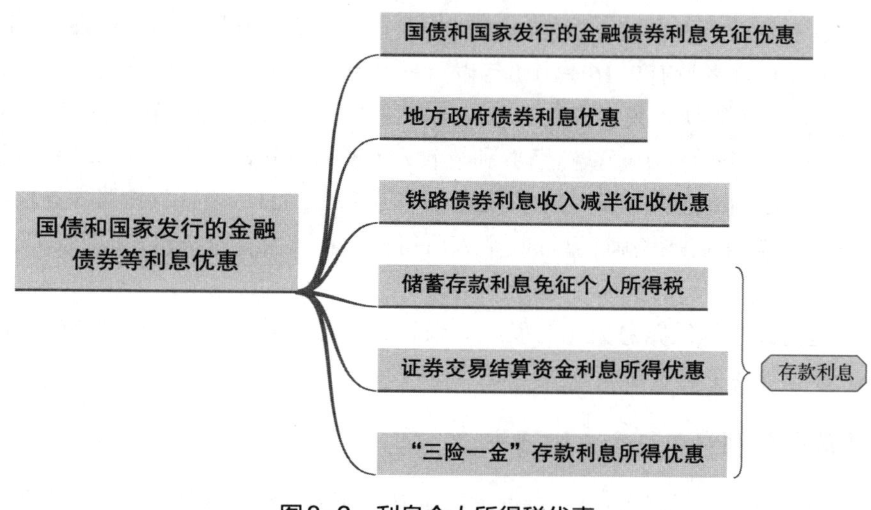

图8-3 利息个人所得税优惠

三、按照国家统一规定发给的补贴、津贴优惠

根据《个人所得税法》第四条第一款第（三）项的规定，按照国家统一规定发给的补贴、津贴，免征个人所得税。

（一）国家规定免税的津补贴范围

在个人的工资收入构成中，各种各样的补贴、津贴占有相当大的比重，这些补贴、津贴有些是按国务院的规定发放的，有些是按人社部门的规定发放的，有些则是各地政府根据中央和国务院有关文件精神结合本地情况而安排发放的。

根据《个人所得税法实施条例》第十条的规定，可以免征个人所得税的按照国家统一规定发给的补贴、津贴，是指按照国务院规定发给的政府特殊津贴、院士津贴，以及国务院规定免予缴纳个人所得税的其他补贴、津贴。

因此，目前除政府特殊津贴、院士津贴和国务院规定免纳个人所得税的其他补贴、津贴外，纳税人取得的其他各项补贴、津贴均应缴纳个人所得税。

（二）不属于工资、薪金性质的津补贴

根据《征收个人所得税若干问题的规定》（国税发〔1994〕89号文件印发）的规定，对按照国务院规定发给的政府特殊津贴和国务院规定免纳个人所得税的补贴、津贴，免予征收个人所

得税。其他各种补贴、津贴均应计入“工资、薪金所得”项目征税。下列不属于工资、薪金性质的补贴、津贴或者不属于纳税人本人工资、薪金所得项目的收入，不征税：①独生子女补贴；②执行公务员工资制度未纳入基本工资总额的补贴、津贴差额和家属成员的副食品补贴；③托儿补助费；④差旅费津贴，误餐补助。

（1）免税的误餐补助的界定。根据《财政部 国家税务总局关于误餐补助范围确定问题的通知》（财税字〔1995〕82号）的规定，这里不征税的误餐补助，是指按财政部门规定，个人因公在城区、郊区工作，不能在工作单位或返回就餐，确实需要在外就餐的，根据实际误餐顿数，按规定的标准领取的误餐费。一些单位以误餐补助名义发给职工的补贴、津贴，应当并入当月工资、薪金所得计征个人所得税。

（2）免税的差旅费津贴的界定。根据原某省地税局《关于个人所得税若干政策执行口径的建议》，可以免税的合理的差旅费津贴，国家机关和事业单位，按照《财政部关于印发〈中央国家机关和事业单位差旅费管理办法〉的通知》（财行〔2006〕30号）和省财政厅或地方财政部门的通知为准；企业应建立《差旅费管理办法》，对制定有《差旅费管理办法》，且其中规定的差旅费津贴标准符合企业实际经营需要的，在标准内实际支付给出差人员的差旅费津贴允许税前扣除，否则，参照当地行政事业单位差旅费管理办法的标准执行。企业自行制订的差旅费津贴标准，原则上不得超过当地行政事业单位差旅费管理办法的标准的4倍，超过部分，列入工资薪金所得，征收个人所得税。

（3）外国来华留学生领取的生活津贴费和奖学金。根据《财政部关于外国来华工作人员缴纳个人所得税问题的通知》（财税字〔1980〕189号）的规定，外国来华留学生，领取的生活津贴费、奖学金，不属于工资、薪金范畴，不征个人所得税。

（三）公务交通、通讯补贴优惠

1. 公务交通、通讯补贴的税务处理

根据《国家税务总局关于个人所得税有关政策问题的通知》（国税发〔1999〕58号）第二条“关于个人取得公务交通、通讯补贴收入征税问题”的规定，个人因公务用车和通讯制度改革而取得的公务用车、通讯补贴收入，扣除一定标准的公务费用后，按照“工资、薪金所得”项目计征个人所得税。按月发放的，并入当月“工资、薪金所得”计征个人所得税；不按月发放的，分解到所属月份并与该月份“工资、薪金所得”合并后计征个人所得税。公务费用的扣除标准，由省级税务局根据纳税人公务交通、通讯费用的实际发生情况调查测算，报经省级人民政府批准后确定，并报国家税务总局备案。

根据《国家税务总局关于个人因公务用车制度改革取得补贴收入征收个人所得税问题的通知》（国税函〔2006〕245号）的规定，部分单位因公务用车制度改革，对用车人给予各种形式的补偿：直接以现金形式发放，在限额内据实报销用车支出，单位反租职工个人的车辆支付车辆租赁费（“私车公用”），单位向用车人支付车辆使用过程中的有关费用等。因公务用车制度改革而以现金、报销等形式向职工个人支付的收入，均应视为个人取得公务用车补贴收入，按照“工资、薪金所得”项目计征个人所得税。具体计征方法，按国税发〔1999〕58号文件第二条“关于个人取得公务交通、通讯补贴收入征税问题”的有关规定执行。

2. 公务费用的具体扣除标准

部分地区公务费用的扣除标准如表8–1、表8–2所示。

表8–1　部分地区通讯费补贴具体扣除标准

地区	标准	依据	备注
贵州省	每月 300 元以内据实扣除	《贵州省地方税务局关于个人取得通讯补贴有关个人所得税前扣除问题的公告》(2018 年第 4 号)	
陕西省	每月 300 元以内据实扣除	《陕西省地方税务局关于个人因通讯制度改革取得补贴收入征收个人所得税有关问题的公告》(2017 年第 2 号)	
广西壮族自治区	公务人员按规定标准扣除：厅级 240 元 / 月，处级 180 元 / 月，科级 130 元 / 月，科员及以下 80 元 / 月；企业 240 元 / 月内据实扣除	《国家税务总局广西壮族自治区税务局关于公务通讯补贴个人所得税有关问题的公告》(国家税务总局广西壮族自治区税务局公告 2018 年第 13 号)	
北京市	全额实报实销或限额实报实销部分的可扣除，发放补贴形式的应纳税	《北京市地方税务局关于对公司员工报销手机费征收个人所得税问题的批复》(京地税个〔2002〕116 号)	
西藏自治区	1 000 元 / 月限额之内据实扣除	《人民政府关于贯彻个人所得税法的通知》(藏政发〔2018〕38 号)	
天津市	500 元 / 月限额内据实扣除	《天津市地方税务局关于个人取得通讯补贴收入有关个人所得税政策的公告》(2017 年第 7 号)	

表8–2　部分地区公务交通费补贴具体扣除标准

地区	标准	依据	备注
辽宁省	以现金或实报实销方式取得的车改补贴收入，公务费用扣除标准为 70%，最高限额为每月 2 500 元	国家税务总局辽宁省税务局关于发布修改部分税收规范性文件的公告（2018 年第 3 号）	
西藏自治区	4 000 元 / 月限额内据实扣除	人民政府关于贯彻个人所得税法的通知（藏政发〔2018〕38 号）	

（四）西藏艰苦边远地区津贴、特殊津贴等津补贴优惠

根据《财政部 国家税务总局关于西藏自治区贯彻施行〈中华人民共和国个人所得税法〉有关问题的批复》（财税字〔1994〕21 号）的规定，为了照顾西藏的实际情况，保持国家对西藏的特别优惠政策，对个人从西藏自治区内取得的下列所得，免征个人所得税：

（1）艰苦边远地区津贴。

（2）经国家批准或者同意，由自治区人民政府或者有关部门发给在藏长期工作的人员和大中专毕业生的浮动工资，增发的工龄工资，离退休人员的安家费和建房补贴费。

根据《财政部 国家税务总局关于西藏特殊津贴免征个人所得税的批复》（财税字〔1996〕

91号）的规定，自1994年1月1日起发放的西藏特殊津贴，体现了党中央、国务院对西藏各族职工的关怀，对进一步促进西藏的改革、发展和稳定具有重要意义。根据《个人所得税法》及其实施条例的规定，对在西藏自治区区域内工作的机关、事业单位职工，按照国家统一规定取得的西藏特殊津贴，免征个人所得税。

（五）远洋运输船员伙食费优惠

根据《国家税务总局关于远洋运输船员工资薪金所得个人所得税费用扣除问题的通知》（国税发〔1999〕202号）的规定，由于远洋运输船员的伙食费统一用于集体用餐，不发给个人，故特案允许该项补贴不计入船员个人的应纳税工资、薪金收入。

四、福利费、抚恤金、救济金优惠

（一）福利费、抚恤金、救济金免征优惠

根据《个人所得税法》第四条第一款第（四）项的规定，福利费、抚恤金、救济金，免征个人所得税。

（二）免税范围的界定

根据《个人所得税法实施条例》第十一条的规定，可以免征个人所得税的福利费，是指根据国家有关规定，从企业、事业单位、国家机关、社会组织提留的福利费或者工会经费中支付给个人的生活补助费；救济金，是指各级人民政府民政部门支付给个人的生活困难补助费。

《国家税务总局关于生活补助费范围确定问题的通知》（国税发〔1998〕155号）对从福利费或者工会经费中支付给个人的生活补助费免税的范围进一步明确，生活补助费是指由于某些特定事件或原因而给纳税人或其家庭的正常生活造成一定困难，其任职单位按国家规定从提留的福利费或者工会经费中向其支付的临时性生活困难补助。下列收入不属于免税的福利费范围，应当并入纳税人的工资、薪金收入计征个人所得税：

（1）从超出国家规定的比例或基数计提的福利费、工会经费中支付给个人的各种补贴补助；

（2）从福利费和工会经费中支付给单位职工的人人有份的补贴补助；

（3）单位为个人购买汽车、住房、电子计算机等不属于临时性生活困难补助性质的支出。

五、保险赔款优惠

保险赔款，是指投保人按照规定向保险公司支付保险费，但因各种灾害、事故而给自身造成损失，保险公司给予的相应数额的赔偿。

根据《个人所得税法》第四条第一款第（五）项的规定，保险赔款，免征个人所得税。

六、军人的转业费、复员费、退役金优惠

根据《个人所得税法》第四条第一款第（六）项的规定，军人的转业费、复员费、退役金，

免征个人所得税。

根据《财政部 国家税务总局关于退役士兵退役金和经济补助免征个人所得税问题的通知》（财税〔2011〕109号）的规定，自2011年11月1日起，对退役士兵按照《退役士兵安置条例》（国务院、中央军委令第608号）规定，取得的一次性退役金以及地方政府发放的一次性经济补助，免征个人所得税。

根据《退役士兵安置条例》第十九条的规定，对自主就业的退役士兵，由部队发给一次性退役金，一次性退役金由中央财政专项安排；地方人民政府可以根据当地实际情况给予经济补助，经济补助标准及发放办法由省、自治区、直辖市人民政府规定。一次性退役金和一次性经济补助按照国家规定免征个人所得税。

转业费，是指国家给予退出现役转业的军官、文职干部、士官的补助费用。转业费是军人退役费的重要组成部分，包括转业生活补助费和转业安家补助费。

七、安家费、退职费、退休费、离休费、离休生活补助费优惠

（一）安家费、退职费、退休费、离休费、离休生活补助费免征

根据《个人所得税法》第四条第一款第（七）项的规定，按照国家统一规定发给干部、职工的安家费、退职费、基本养老金或者退休费、离休费、离休生活补助费，免征个人所得税。

（二）离退休人员从原任职单位取得的各类补贴、奖金、实物不免税

单位对离退休人员发放离退休工资以外的奖金补贴不免税。《国家税务总局关于离退休人员取得单位发放离退休工资以外奖金补贴征收个人所得税的批复》（国税函〔2008〕723号）明确，离退休人员除按规定领取离退休工资或养老金外，另从原任职单位取得的各类补贴、奖金、实物，不属于规定可以免税的退休工资、离休工资、离休生活补助费。离退休人员从原任职单位取得的各类补贴、奖金、实物，按“工资、薪金所得”应税项目缴纳个人所得税。

（三）高级专家延长离退休期间工资薪金免征

根据《财政部 国家税务总局关于个人所得税若干政策问题的通知》（财税字〔1994〕20号）第二条第（七）项的规定，对按《国务院关于高级专家离休退休若干问题的暂行规定》（国发〔1983〕141号）和《国务院办公厅关于杰出高级专家暂缓离退休审批问题的通知》（国办发〔1991〕40号）精神，达到离休、退休年龄，但确因工作需要，适当延长离休退休年龄的高级专家（指享受国家发放的政府特殊津贴的专家、学者），其在延长离休退休期间的工资、薪金所得，视同退休工资、离休工资免征个人所得税。

根据《财政部 国家税务总局关于高级专家延长离休退休期间取得工资薪金所得有关个人所得税问题的通知》（财税〔2008〕7号）第一条的规定，延长离休退休年龄的高级专家是指：

（1）享受国家发放的政府特殊津贴的专家、学者；

（2）中国科学院、中国工程院院士。

根据财税〔2008〕7号文件第二条的规定，高级专家延长离休退休期间取得的工资薪金所得，其免征个人所得税政策口径按下列标准执行：

（1）对高级专家从其劳动人事关系所在单位取得的，单位按国家有关规定向职工统一发放的工资、薪金、奖金、津贴、补贴等收入，视同离休、退休工资，免征个人所得税。

（2）除上述第（1）项所述收入以外各种名目的津补贴收入等，以及高级专家从其劳动人事关系所在单位之外的其他地方取得的培训费、讲课费、顾问费、稿酬等各种收入，依法计征个人所得税。

八、使馆、领事馆的外交代表、领事官员和其他人员的所得优惠

根据《个人所得税法》第四条第一款第（八）项的规定，依照有关法律规定应予免税的各国驻华使馆、领事馆的外交代表、领事官员和其他人员的所得，免征个人所得税。

根据《个人所得税法实施条例》第十二条的规定，依照有关法律规定应予免税的各国驻华使馆、领事馆的外交代表、领事官员和其他人员的所得，是指依照《中华人民共和国外交特权与豁免条例》和《中华人民共和国领事特权与豁免条例》规定免税的所得。

凡是这两个条例中明确规定免税的所得项目，都应严格遵照执行。

（一）外交代表免税

根据《外交特权与豁免条例》第十六条的规定，外交代表免纳捐税，但下列各项除外：

（1）通常计入商品价格或者劳务价格内的捐税；

（2）有关遗产的各种捐税，但外交代表亡故，其在中国境内的动产不在此限；

（3）对来源于中国境内的私人收入所征的捐税；

（4）为其提供特定服务所收的费用。

根据《外交特权与豁免条例》第二十条的规定，与外交代表共同生活的配偶及未成年子女，如果不是中国公民，也享有该条例第十六条规定的免纳捐税待遇。外交代表是指使馆馆长或者使馆外交人员。

（二）领事官员或领馆行政技术人员免税

根据《领事特权与豁免条例》第十七条的规定，领事官员或领馆行政技术人员免纳捐税，但下列各项除外：

（1）通常计入商品价格或者服务价格内的捐税；

（2）对在中国境内私有不动产所征的捐税，但用作领馆馆舍的不在此限；

（3）有关遗产的各种捐税，但领事官员亡故，其在中国境内的动产的有关遗产的各种捐税免纳；

（4）对来源于中国境内的私人收入所征的捐税；

（5）为其提供特定服务所收的费用。

《领事特权与豁免条例》第二十一条规定，与领事官员、领馆行政技术人员、领馆业务人员共同生活的配偶及未成年子女，分别享有领事官员、领馆行政技术人员根据该条例第十七条规定所享有的免税待遇。但身为中国公民或者在中国永久居留的外国人除外。领事官员是指总领事、副总领事、领事、副领事、领事随员或领事代理人。领馆行政技术人员是指从事领馆行政或技术工作的人员。

（三）驻华机构雇员应按规定纳税

《国家税务总局关于国际组织驻华机构 外国政府驻华使领馆和驻华新闻机构雇员个人所得税征收方式的通知》（国税函〔2004〕808号）规定，根据《维也纳外交关系公约》和国际组织有关章程规定，对于在国际组织驻华机构、外国政府驻华使领馆中工作的中方雇员和在外国驻华新闻机构的中外籍雇员，均应按照个人所得税法规定缴纳个人所得税。

根据国际惯例，在国际组织驻华机构、外国政府驻华使领馆中工作的非外交官身份的外籍雇员，如是“永久居留”者，亦应在驻在国缴纳个人所得税，但由于我国税法对“永久居留”者尚未做出明确的法律定义和解释，因此，对于仅在国际组织驻华机构和外国政府驻华使领馆中工作的外籍雇员，暂不征收个人所得税。在中国境内，国际组织驻华机构和外国政府驻华使领馆中工作的外交人员、外籍雇员在该机构或使领馆之外，从事非公务活动所取得的收入，应缴纳个人所得税。

九、国际公约、协议中规定免税的所得优惠

根据《个人所得税法》第四条第一款第（九）项的规定，中国政府参加的国际公约、签订的协议中规定免税的所得，免征个人所得税。

中国政府参加的国际公约、签订的协定中规定免税的所得，是指我国政府参加的国际公约、签订的国际税收协定中明确规定免征个人所得税的所得，此项免税主要涉及工资、薪金所得。公约和协定中没有明确规定的，应严格征税。

《财政部 国家税务总局关于〈建立亚洲开发银行协定〉有关个人所得税问题的补充通知》（财税〔2007〕93号）明确，《建立亚洲开发银行协定》第五十六条第二款规定：“对亚行付给董事、副董事、官员和雇员（包括为亚行执行任务的专家）的薪金和津贴不得征税。除非成员在递交批准书或接受书时，声明对亚行向其本国公民或国民支付的薪金和津贴该成员及其行政部门保留征税的权力。”鉴于我国在加入亚洲开发银行时，未作相关声明，因此，对由亚洲开发银行支付给我国公民或国民（包括为亚行执行任务的专家）的薪金和津贴，凡经亚洲开发银行确认这些人员为亚洲开发银行雇员或执行项目专家的，其取得的符合我国税法规定的有关薪金和津贴等报酬，应依《建立亚洲开发银行协定》的约定，免征个人所得税。

十、国务院规定的其他免税所得

根据《个人所得税法》第四条的规定，国务院规定的其他免税所得，免征个人所得税。该项免税规定，由国务院报全国人民代表大会常务委员会备案。

第二节 法定减征

根据《个人所得税法》第五条的规定，有下列情形之一的，可以减征个人所得税，具体幅度和期限，由省、自治区、直辖市人民政府规定，并报同级人民代表大会常务委员会备案：（1）残疾、孤老人员和烈属的所得；（2）因自然灾害遭受重大损失的。

国务院可以规定其他减税情形，报全国人民代表大会常务委员会备案。

一、残疾、孤老人员和烈属的所得减征

（一）残疾、孤老人员和烈属的所得减征优惠

根据《个人所得税法》第五条第一款第（一）项的规定，残疾、孤老人员和烈属的所得，可以减征个人所得税，具体幅度和期限，由省、自治区、直辖市人民政府规定，并报同级人民代表大会常务委员会备案。

（二）可减征个人所得税的所得项目

根据《国家税务总局关于明确残疾人所得征免个人所得税范围的批复》（国税函〔1998〕329号）的规定，可减征个人所得税的残疾、孤老人员和烈属的所得仅限于劳动所得，具体所得项目为：工资、薪金所得，个体工商户的生产、经营所得，对企事业单位的承包经营、承租经营所得[1]，劳务报酬所得，稿酬所得，特许权使用费所得。《个人所得税法》第二条所列的其他各项所得，包括：利息、股息、红利所得，财产租赁所得，财产转让所得，偶然所得，以及经国务院财政部门确定征税的其他所得，不属于减征照顾的范围。

根据《国家税务总局关于〈关于个人独资企业和合伙企业投资者征收个人所得税的规定〉执行口径的通知》（国税函〔2001〕84号）的规定，残疾人员投资兴办或参与投资兴办个人独资企业和合伙企业的，残疾人员取得的生产经营所得，符合各省、自治区、直辖市人民政府规定的减征个人所得税条件的，可按各省、自治区、直辖市人民政府规定减征的范围和幅度，减征个人所得税。

因而，减征个人所得税的所得项目限于工资薪金、劳务报酬、稿酬和特许权使用费四项综合所得与经营所得。

（三）减征幅度与期限

残疾、孤老人员和烈属的所得减征个人所得税优惠如表8-3所示。

表8-3 残疾、孤老人员和烈属的所得减征个人所得税优惠

地区	减征幅度	减征依据	备注
安徽省	在每人每年8 000元税额的范围内限额减免	《安徽省人民政府办公厅关于残疾、孤老人员和烈属所得减征个人所得税有关政策的通知》（皖政办〔2019〕2号）	纳税人取得的综合所得和经营所得，应合并计算其减免税额。
黑龙江省	一个纳税年度内减征个人所得税的幅度以6 000元为限；不足6 000元的，据实减征	《黑龙江省人民政府关于调整残疾、孤老人员和烈属个人所得税减征幅度和期限的通知》（黑政规〔2019〕1号）	

[1] 自2019年1月1日起为经营所得。

续表

地区	减征幅度	减征依据	备注
云南省	在每年应纳税额7 000元的限额内减征100%的个人所得税，超过限额部分不予减征	《云南省财政厅 云南省税务局关于印发〈云南省残疾人等减征个人所得税政策〉的通知》（云财税〔2019〕31号）	同时符合残疾人、孤老人员、烈属两种以上身份的，优惠政策不能累加执行。 孤老人员是指男年满60周岁，女年满55周岁，没有配偶或丧偶，且无法定赡养和抚养义务人，或者其赡养人和抚养人确无赡养能力或抚养能力的个人。烈属是指烈士的父母（抚养人）、配偶、子女。
广西壮族自治区	残疾（不含重度残疾）人员、孤老人员和烈属所得，减征50%的个人所得税； 重度残疾人员所得，减征100%的个人所得税	《广西壮族自治区人民政府关于减征个人所得税有关问题的通知》（桂政发〔2019〕21号）	孤老人员是指年满60周岁且无法定赡养义务人或法定赡养义务人无赡养能力的个人。烈属是指烈士的父母（抚养人）、配偶、子女和兄弟姐妹。
上海市	全年减征个人所得税的税款以7 320元为限额，不足7 320元的，据实减征	《上海市财政局 上海市税务局关于本市残疾、孤老人员和烈属实行劳动所得减征个人所得税政策的通知》（沪财发〔2020〕1号）	纳税人年度内同时取得综合所得和经营所得的，选择一个所得类别享受减征优惠，不能重复享受。
山西省	减征90%，但减征税额每人每年不超过8 000元	《山西省人民政府关于明确我省个人所得税减征政策的通知》（晋政发〔2020〕3号）	纳税人同时符合残疾、孤老人员和烈属两种以上身份的，不能重复享受。

这里需要说明的是：

（1）个人具有残疾、孤老人员和烈属多种身份的，选择其中一种身份享受减征优惠，不能重复享受。

（2）同时取得综合所得和经营所得的，不同地方享受优惠规定不同。

如安徽等地综合所得和经营所得合并计算减免税额；上海规定同时取得综合所得和经营所得的，选择一种所得类别享受，不得重复享受。

（3）孤老人员和烈属的范围不同地区有不同规定。如云南规定：孤老人员是指男年满60周岁，女年满55周岁，没有配偶或丧偶，且无法定赡养和抚养义务人，或者其赡养人和抚养人确无赡养能力或抚养能力的个人。烈属是指烈士的父母（抚养人）、配偶、子女。

广西规定：孤老人员是指年满60周岁且无法定赡养义务人或法定赡养义务人无赡养能力的个人。烈属是指烈士的父母（抚养人）、配偶、子女和兄弟姐妹。

（四）综合所得汇缴地与预缴地规定不一致的处理

根据《财政部 税务总局关于个人所得税综合所得汇算清缴涉及有关政策问题的公告》（财

政部 税务总局公告2019年第94号）第二条的规定，残疾、孤老人员和烈属取得综合所得办理汇算清缴时，汇算清缴地与预扣预缴地规定不一致的，用预扣预缴地规定计算的减免税额与用汇算清缴地规定计算的减免税额相比较，按照孰高值确定减免税额。

二、因自然灾害遭受重大损失的减征

（一）因自然灾害遭受重大损失的减征优惠

根据《个人所得税法》第五条第一款第（一）项的规定，因自然灾害遭受重大损失的，可以减征个人所得税，具体幅度和期限，由省、自治区、直辖市人民政府规定，并报同级人民代表大会常务委员会备案。

（二）减征幅度与期限

1. 云南的减征规定

自2019年1月1日起，根据云财税〔2019〕31号文件第二条的规定，因自然灾害遭受重大损失的，在遭受自然灾害当年和次年，对其个人所得税予以减征。具体减征幅度由县级税务机关根据纳税人扣除保险赔款后的实际损失情况确定，最高不超过其年应纳个人所得税额的90%。

自然灾害造成重大损失是指因风、火、水、地震等自然灾害造成的重大损失。遭受损失的个人应当向主管税务机关提供遭受损失的原因、损失程度等材料（包括职能部门、保险公司等出具的相关材料）。

2. 广西的减征规定

自2019年1月1日起，根据桂政发〔2019〕21号文件第二条的规定，纳税人因自然灾害遭受重大损失的，以扣除保险赔款后的实际损失额为限，给予扣减当年应纳税所得额。

这里的“自然灾害”的种类包括干旱、洪涝灾害，台风、风雹、低温冷冻、雪等气象灾害，火山、地震灾害，山体崩塌、滑坡、泥石流等地质灾害，风暴潮、海啸等海洋灾害，森林草原火灾和生物灾害等。

3. 山西的减征规定

根据晋政发〔2020〕3号文件第二条的规定，纳税人因自然灾害遭受重大损失的，灾害发生年度起两年内取得的经营所得，个人所得税减征90%，但减征税额每户累计不超过30 000元。

根据《山西省财政厅 国家税务总局山西省税务局 山西省残疾人联合会 山西省退役军人事务厅 山西省应急管理厅 中国银保监会山西监管局关于落实〈山西省人民政府关于个人所得税减征政策的通知〉有关事项的通知》第二条的规定，纳税人因自然灾害遭受重大损失，是指纳税人因大风、冰雹、洪涝、地震、滑坡、泥石流以及其他自然灾害造成的重大损失。遭受损失的纳税人应提供遭受损失的原因、损失程度等材料（包括保险公司或保险公估机构出具计算损失的文书）。

纳税人符合规定条件并按规定减征个人所得税的，需将信息报送扣缴义务人或者主管税务机关，相关证件及证明材料可留存纳税人备查。

三、国务院规定的其他减税情形

根据《个人所得税法》第五条第二款的规定，国务院可以规定其他减税情形，报全国人民代表大会常务委员会备案。

个人所得税法定减征优惠如图8-4所示。

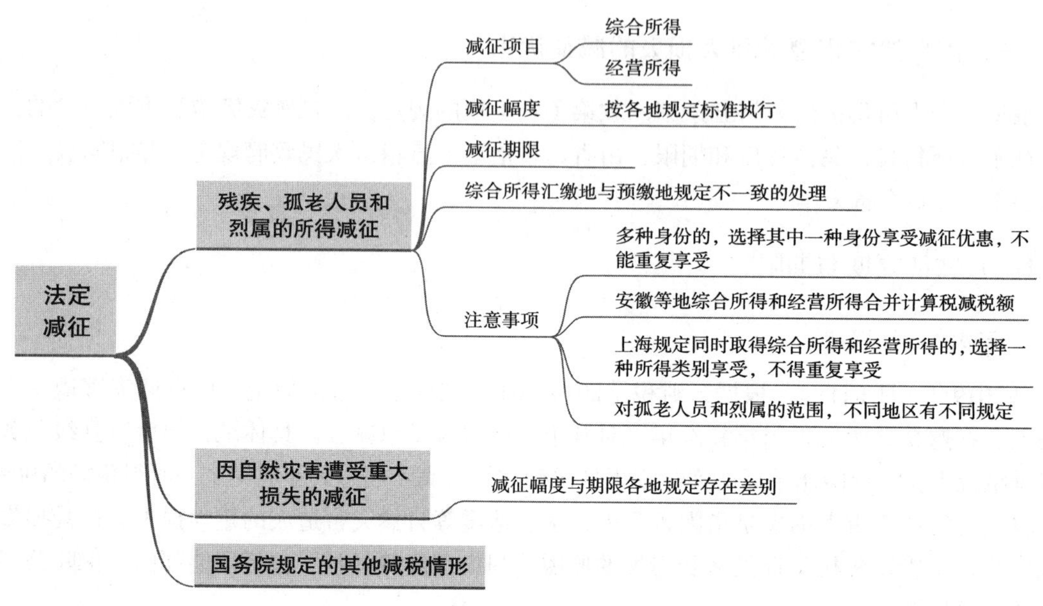

图8-4　个人所得税法定减征优惠

第三节　支持金融资本市场发展优惠

根据《个人所得税法》第四条和第五条的规定，除法定免征、法定减征个人所得税优惠以外，自2019年1月1日起，其他减免个人所得税优惠的规定权限在国务院。根据《财政部 税务总局关于个人所得税法修改后有关优惠政策衔接问题的通知》（财税〔2018〕164号）第八条的规定，自2019年1月1日起，除该文件规定的衔接事项外，其他个人所得税优惠政策继续按照原文件规定执行。《财政部 税务总局关于继续有效的个人所得税优惠政策目录的公告》（财政部 税务总局公告2018年第177号）进一步明确了新税法实施后，继续有效的88个个人所得税优惠政策文件。

一、转让股票优惠

根据《个人所得税法实施条例》第七条的规定，对股票转让所得征收个人所得税的办法，由国务院另行规定，并报全国人民代表大会常务委员会备案。

（一）转让上市公司股票所得优惠

根据《财政部 国家税务总局关于个人转让股票所得继续暂免征收个人所得税的通知》（财

税字〔1998〕61号）的规定，从1997年1月1日起，对个人转让上市公司股票取得的所得继续暂免征收个人所得税。

《财政部 国家税务总局 证监会关于个人转让上市公司限售股所得征收个人所得税有关问题的通知》（财税〔2009〕167号）进一步明确，对个人在上海证券交易所、深圳证券交易所转让从上市公司公开发行和转让市场取得的上市公司股票所得，继续免征个人所得税。

（二）通过沪港通、深港通取得股票转让差价所得优惠

1. 股票转让差价所得优惠

根据《财政部 国家税务总局 证监会关于沪港股票市场交易互联互通机制试点有关税收政策的通知》（财税〔2014〕81号）、《财政部 税务总局 证监会关于继续执行沪港股票市场交易互联互通机制有关个人所得税政策的通知》（财税〔2017〕78号）、《财政部 税务总局 证监会关于继续执行沪港、深港股票市场交易互联互通机制和内地与香港基金互认有关个人所得税政策的公告》（财政部 税务总局 证监会公告2019年第93号）的规定，对内地个人投资者通过沪港股票市场交易互联互通机制（即沪港通）投资香港联交所上市股票取得的转让差价所得，自2014年11月17日起至2022年12月31日止，暂免征收个人所得税。

根据财政部、税务总局、证监会公告2019年第93号和《财政部 国家税务总局 证监会关于深港股票市场交易互联互通机制试点有关税收政策的通知》（财税〔2016〕127号）的规定，对内地个人投资者通过深港股票市场交易互联互通机制（即深港通）投资香港联交所上市股票取得的转让差价所得，自2016年12月5日起至2022年12月31日止，暂免征收个人所得税。

2. 香港市场投资者所得的处理

根据财税〔2016〕127号文件第二条“关于香港市场投资者通过深港通投资深圳证券交易所上市A股的所得税问题”的规定，对香港市场投资者（包括企业和个人）投资深交所上市A股取得的转让差价所得，暂免征收所得税。

根据财税〔2014〕81号文件第二条“关于香港市场投资者通过沪港通投资上海证券交易所上市A股的所得税问题”的规定：对香港市场投资者（包括企业和个人）投资上交所上市A股取得的转让差价所得，暂免征收所得税。对香港市场投资者（包括企业和个人）投资上交所上市A股取得的股息红利所得，在香港中央结算有限公司（以下简称香港结算）不具备向中国证券登记结算有限责任公司（以下简称中国结算）提供投资者的身份及持股时间等明细数据的条件之前，暂不执行按持股时间实行差别化征税政策，由上市公司按照10%的税率代扣所得税，并向其主管税务机关办理扣缴申报。对于香港投资者中属于其他国家税收居民且其所在国与中国签订的税收协定规定股息红利所得税率低于10%的，企业或个人可以自行或委托代扣代缴义务人，向上市公司主管税务机关提出享受税收协定待遇的申请，主管税务机关审核后，应按已征税款和根据税收协定税率计算的应纳税款的差额予以退税。

（三）转让新三板挂牌公司非原始股优惠

为促进全国中小企业股份转让系统（以下简称新三板）长期稳定发展，《财政部 税务总局 证监会关于个人转让全国中小企业股份转让系统挂牌公司股票有关个人所得税政策的通知》（财税〔2018〕137号）就个人转让新三板挂牌公司股票有关个人所得税政策做出规定。

根据财税〔2018〕137号文件第一条的规定，自2018年11月1日（含）起，对个人转让新三板挂牌公司非原始股取得的所得，暂免征收个人所得税。非原始股是指个人在新三板挂牌公司挂牌后取得的股票，以及由上述股票孳生的送、转股。2018年11月1日之前，个人转让新三板挂牌公司非原始股，尚未进行税收处理的，可比照上述规定免征个人所得税，已经进行相关税收处理的，不再进行税收调整。

转让上市公司股票所得个人所得税优惠如图8-5所示。

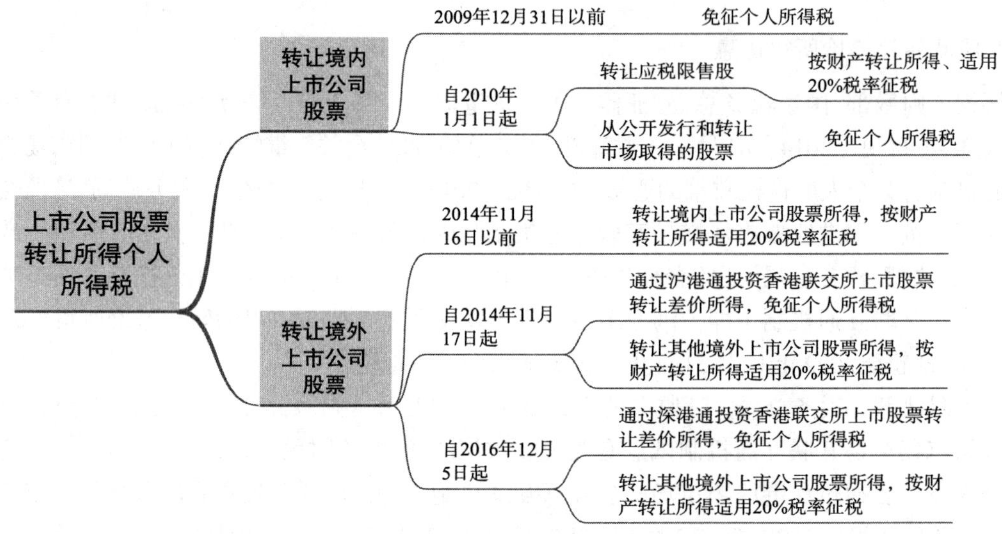

图8-5　转让上市公司股票所得个人所得税优惠

对个人转让新三板挂牌公司原始股取得的所得，按照“财产转让所得”，适用20%的比例税率征收个人所得税。原始股是指个人在新三板挂牌公司挂牌前取得的股票，以及在该公司挂牌前和挂牌后由上述股票孳生的送、转股。

2019年9月1日之前，个人转让新三板挂牌公司原始股的个人所得税，征收管理办法按照现行股权转让所得有关规定执行，以股票受让方为扣缴义务人，由被投资企业所在地税务机关负责征收管理。自2019年9月1日（含）起，个人转让新三板挂牌公司原始股的个人所得税，以股票托管的证券机构为扣缴义务人，由股票托管的证券机构所在地主管税务机关负责征收管理。具体征收管理办法参照《财政部 国家税务总局 证监会关于个人转让上市公司限售股所得征收个人所得税有关问题的通知》（财税〔2009〕167号）和《财政部 国家税务总局 证监会关于个人转让上市公司限售股所得征收个人所得税有关问题的补充通知》（财税〔2010〕70号）有关规定执行。

二、股息红利优惠

（一）上市公司股息红利个人所得税政策沿革

上市公司股息红利个人所得税政策，可分为全额征收、减半征收和股息红利差别化政策三个发展阶段。2005年6月11日以前，个人从上市公司取得的股息红利所得、按利息股息红利所得项目、适用20%的税率征收个人所得税；自2005年6月12日起至2012年12月31日止，实行从上市公司取得的股息红利减按50%计入应纳税所得额、适用20%的税率征收个人所得税；自2013年1月1日起，实行上市公司股息红利差别化个人所得税政策。具体如图8-6所示。

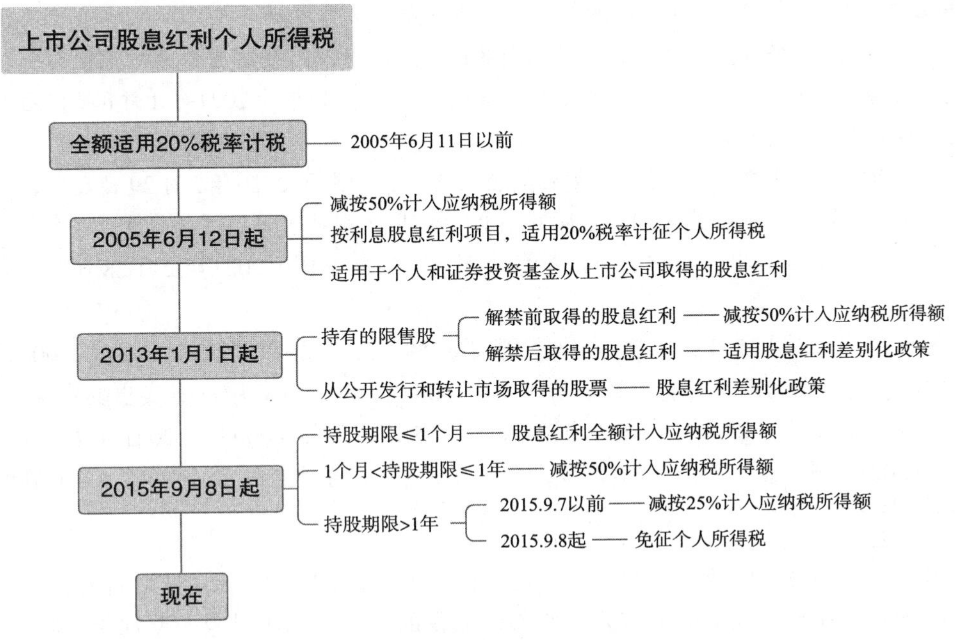

图8-6 上市公司股息红利个人所得税政策沿革

（二）上市公司股息红利差别化政策

1.上市公司股息红利差别化个人所得税政策

为发挥税收政策的导向作用，鼓励长期投资，抑制短期炒作，促进我国资本市场长期稳定健康发展。根据《财政部 国家税务总局 证监会关于实施上市公司股息红利差别化个人所得税政策有关问题的通知》(财税〔2012〕85号)和《财政部 国家税务总局 证监会关于上市公司股息红利差别化个人所得税政策有关问题的通知》(财税〔2015〕101号)第一条的规定，上市公司股息红利实施差别化个人所得税政策，主要内容为：自2015年9月8日起，个人从公开发行和转让市场取得的上市公司股票，持股期限超过1年的，股息红利所得暂免征收个人所得税。自2013年1月1日起至2015年9月7日止，个人从公开发行和转让市场取得的上市公司股票，持股期限超过1年的，暂减按25%计入应纳税所得额。自2013年1月1日起，个人从公开发行和转让市场取得的上市公司股票，持股期限在1个月以内（含1个月）的，其股息红利所得全额计入应纳税所得额（实际税负为20%）；持股期限在1个月以上至1年（含1年）的，暂减按50%计入应纳税所得额（实际税负为10%）；上述所得统一适用20%的税率计征个人所得税。这里所称上市公司是指在上海证券交易所、深圳证券交易所挂牌交易的上市公司。

2.持股期限的确定

持股期限，是指个人从公开发行和转让市场取得上市公司股票之日至转让交割该股票之日前一日的持续时间。个人转让股票时，按照先进先出法计算持股期限，即证券账户中先取得的股票视为先转让。持股期限按自然年（月）计算，持股一年是指从上一年某月某日至本年同月同日的前一日连续持股；持股一个月是指从上月某日至本月同日的前一日连续持股。持有股份数量以每日日终结算后个人投资者证券账户的持有记录为准。

【例8–1】小李于2020年1月8日买入某公司A股，如果小李于2020年2月8日卖出，则持有该股票的期限为1个月；如果于2020年2月8日以后卖出，则持有该股票的期限为1个月以上；如果于2021年1月8日卖出，则持有该股票的期限为1年；如果于2021年1月8日以后卖出，则持有该股票的期限为1年以上。

小王于2020年1月28—31日期间买入某公司A股，如果于2020年2月29日卖出，则持有该股票的期限为1个月；如果于2020年2月29日以后卖出，则持有该股票的期限为1个月以上；如果于2021年2月28日卖出，则持有该股票的期限为1年；如果于2021年2月28日以后卖出，则持有该股票的期限为1年以上。

小张于2020年5月15日买入某上市公司股票8 000股，2021年4月3日又买入2 000股，2020年6月6日又买入5 000股，共持有该公司股票15 000股，2021年6月11日卖出其中的13 000股。按照先进先出的原则，视为依次卖出2020年5月15日买入的8 000股、2021年4月3日买入的2 000股和2021年6月6日买入的3 000股，其中8 000股的持股期限超过1年，2 000股的持股期限超过1个月不足1年，3 000股的持股期限不足1个月。

根据财税〔2012〕85号文件的规定，凡股权登记日在2013年1月1日之后的，个人投资者从公开发行和转让市场取得的上市公司股票而取得的股息红利所得应按差别化税收政策执行。对2013年1月1日之前个人投资者证券账户已持有的上市公司股票，其持股时间自取得之日起计算。对个人持有的上市公司限售股，解禁后取得的股息红利，按照该通知规定的股息红利差别化政策计算纳税，持股时间自解禁日起计算；解禁前取得的股息红利继续暂减按50%计入应纳税所得额，适用20%的税率计征个人所得税。这里所称限售股，是指财税〔2009〕167号文件和财税〔2010〕70号文件规定的限售股。上市公司股息红利差别化政策如图8–7所示。

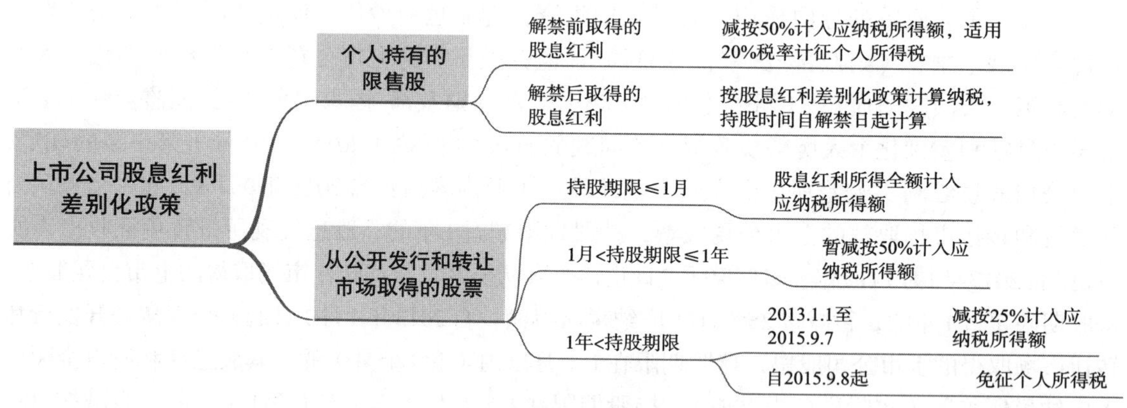

图8–7 上市公司股息红利差别化政策

3. 应纳税额的计算与代扣代缴

根据个人所得税法及相关规定，股息红利所得个人所得税应纳税额为应纳税所得额乘以适用税率。除另有规定外，股息红利的应纳税所得额为投资者实际取得的股息红利所得。应纳税所得额以个人投资者证券账户为单位计算，持股数量以每日日终结算后个人投资者证券账户的持有记录为准，证券账户取得或转让的股份数为每日日终结算后的净增（减）股份数。例如，某投资者取得的股息红利所得为100，如果全额计入应纳税所得额，则其应纳税所得额为100；

如果减按50%计入应纳税所得额，则其应纳税所得额为50；如果减按25%计入应纳税所得额，则其应纳税所得额为25。上述应纳税所得额乘以股息红利所得的法定税率20%为应纳税额。

上市公司为股息红利个人所得税的法定扣缴义务人。根据财税〔2015〕101号文件第二条的规定，自2015年9月8日起，上市公司派发股息红利时，对个人持股1年以内（含1年）的，上市公司暂不扣缴个人所得税；待个人转让股票时，证券登记结算公司根据其持股期限计算应纳税额，由证券公司等股份托管机构从个人资金账户中扣收并划付证券登记结算公司，证券登记结算公司应于次月5个工作日内划付上市公司，上市公司在收到税款当月的法定申报期内向主管税务机关申报缴纳。

个人应在资金账户留足资金，依法履行纳税义务。证券公司等股份托管机构应依法划扣税款，对个人资金账户暂无资金或资金不足的，证券公司等股份托管机构应当及时通知个人补足资金，并划扣税款。

4.取得股票与转让股票的界定

个人从公开发行和转让市场取得的上市公司股票包括：

（1）通过证券交易所集中交易系统或大宗交易系统取得的股票；

（2）通过协议转让取得的股票；

（3）因司法扣划取得的股票；

（4）因依法继承或家庭财产分割取得的股票；

（5）通过收购取得的股票；

（6）权证行权取得的股票；

（7）使用可转换公司债券转换的股票；

（8）取得发行的股票、配股、股份股利及公积金转增股本；

（9）持有从代办股份转让系统转到主板市场（或中小板、创业板市场）的股票；

（10）上市公司合并，个人持有的被合并公司股票转换的合并后公司股票；

（11）上市公司分立，个人持有的被分立公司股票转换的分立后公司股票；

（12）其他从公开发行和转让市场取得的股票。

这里所称转让股票包括下列情形：

（1）通过证券交易所集中交易系统或大宗交易系统转让股票；

（2）协议转让股票；

（3）持有的股票被司法扣划；

（4）因依法继承、捐赠或家庭财产分割让渡股票所有权；

（5）用股票接受要约收购；

（6）行使现金选择权将股票转让给提供现金选择权的第三方；

（7）用股票认购或申购交易型开放式指数基金（ETF）份额；

（8）其他具有转让实质的情形。

需要强调的是，根据财税〔2012〕85号文件的规定，证券投资基金从上市公司取得的股息红利所得，也按照财税〔2015〕101号文件规定的股息红利差别化政策计征个人所得税。

上市公司股息红利个人所得税政策如图8-8所示。

- 上市公司股息红利个人所得税
  - 持有上市公司限售股
    - 解禁后取得的股息红利
      - 适用股息红利差别化政策
      - 持股时间自解禁日起计算
    - 解禁前取得的股息红利
      - 减按50%计入应纳税所得额
      - 适用20%税率计征个人所得税
  - 从公开发行和转让市场取得的股票：适用股息红利差别化政策
    - 政策内容
      - 持股期限>1年
        - 2013.1.1–2015.9.7　减按25%计入应纳税所得额
        - 自2015.9.8起　免征个人所得税
      - 1月<持股期限≤1年　股息红利所得减按50%计入应纳税所得额
      - 持股期限≤1月　股息红利所得全额计入应纳税所得额
      - 适用20%的税率计征个人所得税
      - 持股期限
        - 指个人从公开发行和转让市场取得上市公司股票之日至转让交割该股票之日前一日的持有时间
        - 个人转让股票时，按照先进先出的原则计算持股期限，即先取得的股票视为先转让
      - 年（月）
        - 指自然年（月），即持股一年是指从上一年某月某日至本年同月同日的前一日连续持股，持股一个月是指从上月某日至本月同日的前一日连续持股
      - 适用范围
        - 个人
        - 证券投资基金从上市公司取得的股息红利所得
    - 从公开发行和转让市场取得的上市公司股票
      - 通过证券交易所集中交易系统或大宗交易系统取得的股票
      - 通过协议转让取得的股票
      - 因司法扣划取得的股票
      - 因依法继承或家庭财产分割取得的股票
      - 通过收购取得的股票
      - 权证行权取得的股票
      - 使用可转换公司债券转换的股票
      - 取得发行的股票、配股、股份股利及公积金转增股本
      - 持有从代办股份转让系统转到主板市场（或中小板、创业板市场）的股票
      - 上市公司合并，个人持有的被合并公司股票转换的合并后公司股票
      - 上市公司分立，个人持有的被分立公司股票转换的分立后公司股票
      - 其他从公开发行和转让市场取得的股票
    - 转让股票的界定
      - 通过证券交易所集中交易系统或大宗交易系统转让股票
      - 协议转让股票
      - 持有的股票被司法扣划
      - 因依法继承、捐赠或家庭财产分割让渡股票所有权
      - 用股票接受要约收购
      - 行使现金选择权将股票转让给提供现金选择权的第三方
      - 用股票认购或申购交易型开放式指数基金（ETF）份额
      - 其他具有转让实质的情形
  - 政策依据
    - 《财政部 国家税务总局 证监会关于上市公司股息红利差别化个人所得税政策有关问题的通知》（财税〔2015〕101号）
    - 《财政部 国家税务总局 证监会关于实施上市公司股息红利差别化个人所得税政策有关问题的通知》（财税〔2012〕85号）

图8-8　上市公司股息红利个人所得税政策

5.北京证券交易所税收政策

为支持进一步深化新三板改革，将精选层变更设立为北京证券交易所（以下称北交所），按照平稳转换、有效衔接的原则，《财政部 税务总局关于北京证券交易所税收政策适用问题的公告》（财政部 税务总局公告2021年第33号）对北交所税收政策适用问题作出规定：新三板精选层公司转为北交所上市公司，以及创新层挂牌公司通过公开发行股票进入北交所上市后，投资北交所上市公司涉及的个人所得税、印花税相关政策，暂按照现行新三板适用的税收规定执行。涉及的企业所得税、增值税相关政策，按《企业所得税法》及其实施条例、《财政部 国家税务总局关于全面推开营业税改征增值税试点的通知》（财税〔2016〕36号）及有关规定执行。

（三）新三板挂牌公司股息红利差别化政策

根据《财政部 国家税务总局 证监会关于实施全国中小企业股份转让系统挂牌公司股息红利差别化个人所得税政策有关问题的通知》（财税〔2014〕48号，自2014年7月1日起至2019年6月30日止执行）、财税〔2015〕101号和《财政部 税务总局 证监会关于继续实施全国中小企业股份转让系统挂牌公司股息红利差别化个人所得税政策的公告》（财政部 税务总局 证监会公告2019年第78号，自2019年7月1日起至2024年6月30日止执行，挂牌公司、两网公司、退市公司派发股息红利，股权登记日在2019年7月1日至2024年6月30日的，股息红利所得按照该公告的规定执行。该公告实施之日个人投资者证券账户已持有的挂牌公司、两网公司、退市公司股票，其持股时间自取得之日起计算）就实施新三板挂牌公司（以下简称挂牌公司）股息红利差别化政策作出规定：个人持有挂牌公司的股票，持股期限超过1年的，自2014年7月1日起至2015年9月7日止暂减按25%计入应纳税所得额；自2015年9月8日起，持股期限超过1年的，股息红利所得暂免征收个人所得税；持股期限在1个月以内（含1个月）的，其股息红利所得全额计入应纳税所得额；持股期限在1个月以上至1年（含1年）的，其股息红利所得暂减按50%计入应纳税所得额；上述所得统一适用20%的税率计征个人所得税。挂牌公司是指股票在全国中小企业股份转让系统公开转让的非上市公众公司。

对证券投资基金从挂牌公司取得的股息红利所得，按照该公告规定的股息红利差别化政策计征个人所得税。

对个人和证券投资基金从新三板挂牌的原STAQ、NET系统挂牌公司（以下简称两网公司）以及新三板挂牌的退市公司取得的股息红利所得，按照该公告规定计征个人所得税，但退市公司的限售股按照财税〔2012〕85号文件第四条“对个人持有的上市公司限售股，解禁后取得的股息红利，按照股息红利差别化政策计算纳税，持股时间自解禁日起计算；解禁前取得的股息红利继续暂减按50%计入应纳税所得额，适用20%的税率计征个人所得税”规定执行。

1.持股期限的界定

持股期限，是指个人取得挂牌公司股票之日至转让交割该股票之日前一日的持有时间。其持股时间自取得之日起计算。

原某省地税局《2017年个人所得税部分政策口径》中有这样的内容：

“13、新三板公司股票差别化股息红利政策中，如何计算持股时间，从何时间起算？

答：按照财税〔2014〕48号处理，从股权登记日起算”。

根据财政部、税务总局、证监会公告2019年第78号第五条第（一）项的规定，在新三板挂牌前取得的股票，属于个人持有挂牌公司的股票，可以适用股息红利差别化政策。在新三板挂牌前取得的股票，与取得时间相关的时点主要有：取得改制前原有限公司股权之日、股东最初取得股票之日、股票挂牌之日、原始股解禁之日。除另有规定外，下列方法可以作为确定取得股票时间参考，中国结算官网（http：//www.chinaclear.cn/zdjs/qggzxt/201 504/ce2db1e32edc4 266a996f4b4 470cb855.shtml）2015年4月21日就“挂牌前取得股票时间”如何填写明确，“挂牌前取得股票时间，是指股东初始取得股票的时间，即公司改制为股份有限公司时，股东在名义上获认股份有限公司股票的时间；该字段主要是方便挂牌公司做权益分派时，计算持股股东的持股时间，实现差别化计税。对于股东在挂牌前分多批取得股票的（如初始持有、增发持有、送转股持有、非交易过户等方式在不同时段取得股票），需分行列示，每行‘登记股数’字段和‘挂牌前取得股票时间’字段一一对应，准确反映每批取得的股票数量和取得时间；我司对该字段不做实质审查，各主办券商、申请挂牌公司需对该信息的真实性和准确性负责”。

2.年（月）的界定

年（月）是指自然年（月），即持股一年是指从上一年某月某日至本年同月同日的前一日连续持股，持股一个月是指从上月某日至本月同日的前一日连续持股。

3.个人持有挂牌公司股票的界定

个人持有挂牌公司的股票包括：

（1）在新三板挂牌前取得的股票；

（2）通过新三板转让取得的股票；

（3）因司法扣划取得的股票；

（4）因依法继承或家庭财产分割取得的股票；

（5）通过收购取得的股票；

（6）权证行权取得的股票；

（7）使用附认股权、可转换成股份条款的公司债券认购或者转换的股票；

（8）取得发行的股票、配股、股票股利及公积金转增股本；

（9）挂牌公司合并，个人持有的被合并公司股票转换的合并后公司股票；

（10）挂牌公司分立，个人持有的被分立公司股票转换的分立后公司股票；

（11）其他从新三板取得的股票。

4.转让股票的界定

转让股票包括下列情形：

（1）通过新三板转让股票；

（2）持有的股票被司法扣划；

（3）因依法继承、捐赠或家庭财产分割让渡股票所有权；

（4）用股票接受要约收购；

（5）行使现金选择权将股票转让给提供现金选择权的第三方；

（6）用股票认购或申购交易型开放式指数基金（ETF）份额；

（7）其他具有转让实质的情形。

自2015年9月8日起，根据财税〔2015〕101号文件的规定，个人持有全国中小企业股份转让系统（简称全国股份转让系统）挂牌公司的股票，持股期限超过1年的，股息红利所得暂免征收个人所得税；持股期限在1个月以内（含1个月）的，其股息红利所得全额计入应纳税所得额；持股期限在1个月以上至1年（含1年）的，暂减按50%计入应纳税所得额。

5.征收管理

挂牌公司派发股息红利时，对截至股权登记日个人持股1年以内（含1年）且尚未转让的，挂牌公司暂不扣缴个人所得税；待个人转让股票时，证券登记结算公司根据其持股期限计算应纳税额，由证券公司等股票托管机构从个人资金账户中扣收并划付证券登记结算公司，证券登记结算公司应于次月5个工作日内划付挂牌公司，挂牌公司在收到税款当月的法定申报期内向主管税务机关申报缴纳，并应办理全员全额扣缴申报。个人应在资金账户留足资金，依法履行纳税义务。证券公司等股票托管机构应依法划扣税款，对个人资金账户暂无资金或资金不足的，证券公司等股票托管机构应当及时通知个人补足资金，并划扣税款。

个人转让股票时，按照先进先出的原则计算持股期限，即证券账户中先取得的股票视为先转让。应纳税所得额以个人投资者证券账户为单位计算，持股数量以每日日终结算后个人投资者证券账户的持有记录为准，证券账户取得或转让的股票数为每日日终结算后的净增（减）股票数。

挂牌公司股息红利个人所得税差别化政策，如图8-9所示。

（四）通过深港通/沪港通投资H股取得的股息红利所得优惠

根据财税〔2016〕127号文件第一条第（三）项“内地个人投资者通过深港通投资香港联交所上市股票的股息红利所得税”及财税〔2014〕81号文件第一条第（三）项的规定，对内地个人投资者通过深港通投资香港联交所上市H股取得的股息红利，H股公司应向中国结算提出申请，由中国结算向H股公司提供内地个人投资者名册，H股公司按照20%的税率代扣个人所得税。内地个人投资者通过深港通投资香港联交所上市的非H股取得的股息红利，由中国结算按照20%的税率代扣个人所得税。个人投资者在国外已缴纳的预提税，可持有效扣税凭证到中国结算的主管税务机关申请税收抵免。对内地证券投资基金通过深港通投资香港联交所上市股票取得的股息红利所得，按照上述规定计征个人所得税。

（五）外籍个人取得境内上市公司股息免征优惠

《国家税务总局关于外籍个人持有中国境内上市公司股票所取得的股息有关税收问题的函》（国税函发〔1994〕440号）明确，对持有B股或海外股（包括H股）的外籍个人，从发行该B股或海外股的中国境内企业所取得的股息（红利）所得，暂免征收个人所得税。

（六）对香港市场投资者通过深/沪港通投资A股取得的股息红利优惠

根据财税〔2016〕127号文件第二条及财税〔2014〕81号文件第二条第（二）项的规定，对香港市场投资者（包括企业和个人）投资深交所上市A股取得的股息红利所得，在香港中央结算有限公司（以下简称香港结算）不具备向中国结算提供投资者的身份及持股时间等明细数据的条件之前，暂不执行按持股时间实行差别化征税政策，由上市公司按照10%的税率代扣所得税，并向其主管税务机关办理扣缴申报。对于香港投资者中属于其他国家税收居民且其所在国与中国签订的税收协定规定股息红利所得税率低于10%的，企业或个人可以自行或委托代扣代缴义务人，向上市公司主管税务机关提出享受税收协定待遇退还多缴税款的申请，主管税务机关查实后，对符合退税条件的，应按已征税款和根据税收协定税率计算的应纳税款的差额予以退税。

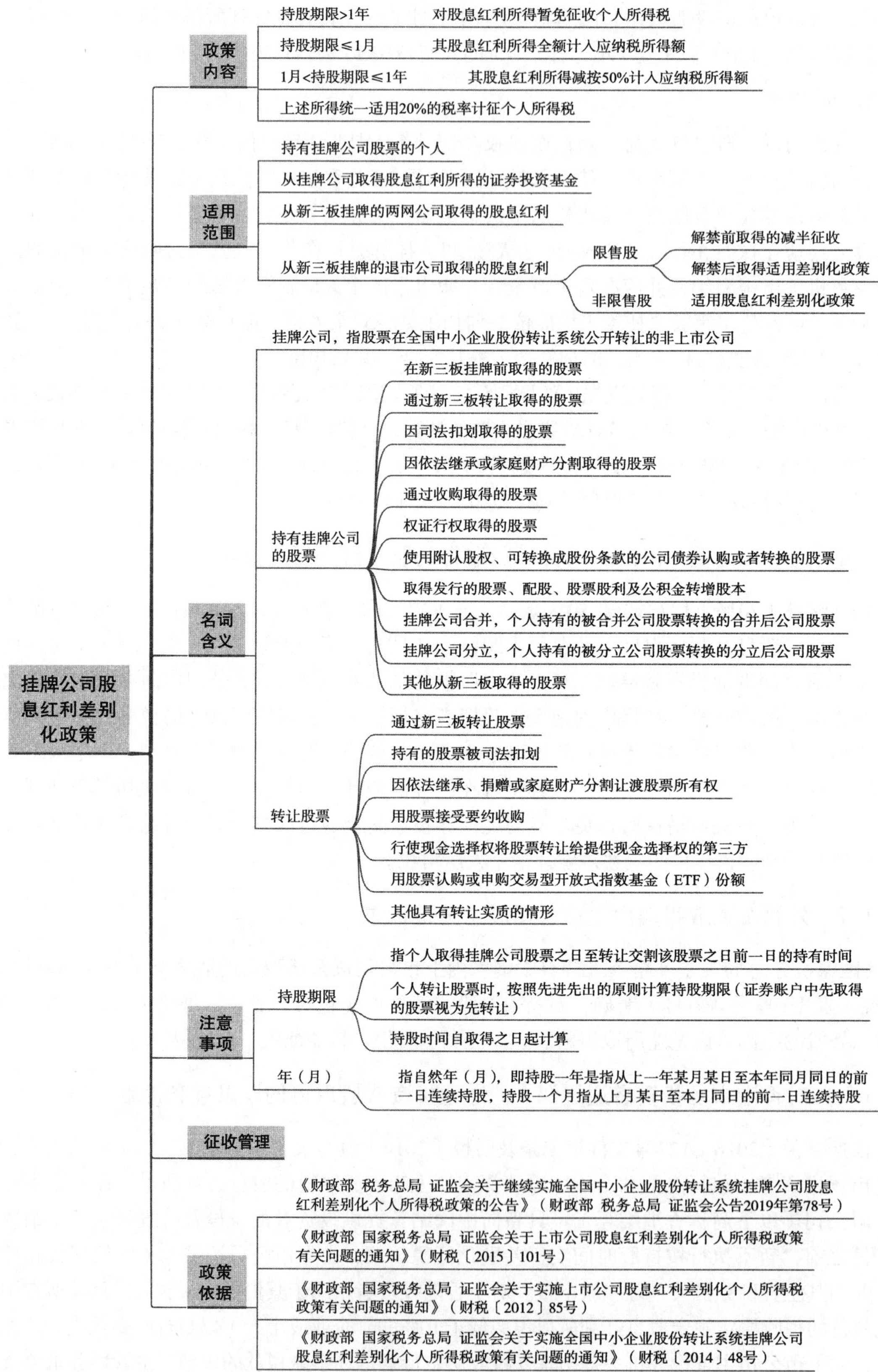

图8-9 挂牌公司股息红利差别化政策

三、投资创新企业境内发行存托凭证所得优惠

2018年3月，我国启动创新企业境内发行存托凭证试点工作，拟以增发方式发行的境外普通股为基础证券，在境内发行存托凭证。2019年4月，为支持境内发行存托凭证试点工作，财政部、税务总局、证监会联合印发了《关于创新企业境内发行存托凭证试点阶段有关税收政策的公告》（财政部 税务总局 证监会公告2019年第52号），明确了存托凭证相关税收政策。

（一）个人投资者投资CDR取得所得优惠

财政部、税务总局、证监会公告2019年第52号第一条就创新企业境内发行存托凭证（以下称创新企业CDR）试点阶段涉及的个人所得税收政策做出规定，自试点开始之日起，对个人投资者转让创新企业CDR取得的差价所得，三年（36个月，下同）内暂免征收个人所得税。

自试点开始之日起，对个人投资者持有创新企业CDR取得的股息红利所得，三年内实施股息红利差别化个人所得税政策，具体参照财税〔2012〕85号、财税〔2015〕101号文件的相关规定执行，由创新企业在其境内的存托机构代扣代缴税款，并向存托机构所在地税务机关办理全员全额明细申报。对于个人投资者取得的股息红利在境外已缴纳的税款，可按照个人所得税法以及双边税收协定（安排）的相关规定予以抵免。

（二）创新企业限售存托凭证优惠

2018年3月，国务院办公厅印发了《国务院办公厅转发证监会关于开展创新企业境内发行股票或存托凭证试点若干意见的通知》（国办发〔2018〕21号），开展创新企业境内发行股票或存托凭证试点。根据证券交易所相关规定，存托凭证在制度设计上做出了与A股类似的制度安排，对于以发行前存量股份转换而来的存托凭证，应参照股票相关规定进行限售处理，此类存托凭证称为创新企业限售存托凭证。

随着创新企业境内发行存托凭证试点工作的不断推进，创新企业原始股东以持有的存量股份为基础证券，也可在境内转换发行存托凭证。根据存托凭证试点内容变化，为明确有关个人所得税政策，2021年1月15日，财政部网站发布财政部税政司、税务总局所得税司、证监会会计部《关于创新企业限售存托凭证有关个人所得税政策的解答》，对以下政策予以明确：

1.个人转让创新企业限售存托凭证的所得按规定缴纳个人所得税

为支持存托凭证发展，试点期间存托凭证的税收政策原则上也与A股市场税收政策保持一致。以创新企业原始股东持有存量股份为基础证券，在境内发行的存托凭证，其证券性质与首次公开发行股票并上市的公司形成的限售股类似。根据财税〔2009〕167号文件规定，个人转让限售股取得的所得按照“财产转让所得”缴纳个人所得税。对于个人转让限售存托凭证取得的所得，应比照转让限售股个人所得税政策缴纳个人所得税，即按照“财产转让所得”，以每次转让收入减除存托凭证原值和合理税费后的余额，为应纳税所得额，适用20%的比例税率征收个人所得税。

2.个人转让创新企业限售存托凭证的个人所得税处理

个人转让创新企业限售存托凭证缴纳个人所得税，比照限售股征收管理。具体征收管理办法参照财税〔2009〕167号和财税〔2010〕70号文件规定执行。

3.个人持有创新企业限售存托凭证取得的股息红利所得的处理

根据财税〔2012〕85号文件规定，个人持有的上市公司限售股，解禁前取得的股息红利继续暂减按50%计入应纳税所得额，适用20%的税率计征个人所得税。

比照限售股股息红利的税收政策，对个人持有的限售存托凭证，解禁前取得的股息红利继续暂减按50%计入应纳税所得额，适用20%的税率计征个人所得税。解禁后取得的股息红利，按照财政部、税务总局、证监会公告2019年第52号规定计算纳税，持证时间自解禁日起计算。

四、支持证券基金投资优惠

（一）支持封闭式证券投资基金投资优惠

关于中国证监会新批准设立的封闭式证券投资基金（以下简称封闭式基金）的税收问题，《财政部 国家税务总局关于证券投资基金税收问题的通知》（财税字〔1998〕55号）规定，对个人投资者买卖基金单位获得的差价收入，在对个人买卖股票的差价收入未恢复征收个人所得税以前，暂不征收个人所得税；对企业投资者买卖基金单位获得的差价收入，应并入企业的应纳税所得额，征收企业所得税。

对投资者从封闭式基金分配中获得的股票的股息、红利收入以及企业债券的利息收入，由上市公司和发行债券的企业在向基金派发股息、红利、利息时依照规定代扣代缴个人所得税，基金向个人投资者分配股息、红利、利息时，不再代扣代缴个人所得税。

对投资者从封闭式基金分配中获得的国债利息、储蓄存款利息以及买卖股票价差收入，在国债利息收入、个人储蓄存款利息收入以及个人买卖股票差价收入未恢复征收所得税以前，暂不征收所得税。

对个人投资者从封闭式基金分配中获得的企业债券差价收入，应按税法规定对个人投资者征收个人所得税，税款由基金在分配时依法代扣代缴；对企业投资者从基金分配中获得的债券差价收入，暂不征收企业所得税。

（二）支持开放式证券投资基金投资优惠

根据《财政部 国家税务总局关于开放式证券投资基金有关税收问题的通知》（财税〔2002〕128号）第二条对中国证监会批准设立的开放式证券投资基金（以下简称开放式基金）的个人所得税规定，对个人投资者申购和赎回基金单位取得的差价收入，在对个人买卖股票的差价收入未恢复征收个人所得税以前，暂不征收个人所得税。

对从开放式基金取得的股票的股息、红利收入，债券的利息收入、储蓄存款利息收入，由上市公司、发行债券的企业和银行在向基金支付上述收入时按规定代扣代缴个人所得税；对投资者（包括个人和机构投资者）从开放式基金分配中取得的收入，暂不征收个人所得税和企业所得税。

（三）内地与香港基金互认优惠

根据《财政部 税务总局 证监会关于继续执行内地与香港基金互认有关个人所得税政策的通知》（财税〔2018〕154号）的规定，对内地个人投资者通过基金互认买卖香港基金份额取得的转让差价所得，自2018年12月18日起至2019年12月4日止，继续暂免征收个人所得税。

根据财政部、税务总局、证监会公告2019年第93号的规定，对内地个人投资者通过基金互认买卖香港基金份额取得的转让差价所得，自2019年12月5日起至2022年12月31日止，继续暂免征收个人所得税。

五、支持资本市场发展的其他优惠

（一）股权分置改革非流通股股东向流通股股东支付对价免税

根据《财政部 国家税务总局关于股权分置试点改革有关税收政策问题的通知》（财税〔2005〕103号）第二条的规定，股权分置改革中非流通股股东通过对价方式向流通股股东支付的股份、现金等收入，暂免征收流通股股东应缴纳的企业所得税和个人所得税。

（二）境外个人投资境内原油等货物期货所得优惠

根据《财政部 税务总局 证监会关于支持原油等货物期货市场对外开放税收政策的通知》（财税〔2018〕21号）的规定，自原油期货对外开放之日起，对境外个人投资者投资中国境内原油期货和经国务院批准对外开放的其他货物期货品种取得的所得，三年内暂免征收个人所得税。

（三）行政和解金免税优惠

根据《财政部 国家税务总局关于行政和解金有关税收政策问题的通知》（财税〔2016〕100号）第三条的规定，对企业投资者从投保基金公司取得的行政和解金，应计入企业当期收入，依法征收企业所得税；对个人投资者从投保基金公司取得的行政和解金，暂免征收个人所得税。

第四节 支持住房优惠

一、个人转让自用5年以上家庭唯一生活用房免征优惠

根据《财政部 国家税务总局关于个人所得税若干政策问题的通知》（财税字〔1994〕20号）第二条第（六）项、《国家税务总局关于个人转让房屋有关税收征管问题的通知》（国税发〔2007〕33号）第三条和《财政部 国家税务总局 建设部关于个人住房所得征收个人所得税有关问题的通知》（财税字〔1999〕278号）的规定，个人转让自用达5年以上，并且是唯一的家庭生活用房取得的所得，暂免征收个人所得税。

根据《国家税务总局关于明确个人所得税若干政策执行问题的通知》（国税发〔2009〕121号）的规定，通过离婚析产的方式分割房屋产权是夫妻双方对共同共有财产的处置，个人因离婚办理房屋产权过户手续，不征收个人所得税。个人转让离婚析产房屋所取得的收入，符合家庭生活自用五年以上唯一住房的，可以申请免征个人所得税，其购置时间按照《国家税务总局关于房地产税收政策执行中几个具体问题的通知》（国税发〔2005〕172号）执行。

个人出售商业用房取得的所得，应按规定缴纳个人所得税，不得享受自用5年以上的家庭

唯一生活用房免税的政策。

1.自用5年以上的界定

“自用5年以上”，是指个人购房至转让房屋的时间达5年以上。个人按照国家房改政策购买的公有住房，以其购房合同的生效时间、房款收据开具日期或房屋产权证上注明的时间，依照孰先原则确定；个人购买的其他住房，以其房屋产权证注明日期或契税完税凭证注明日期，按照孰先原则确定。个人转让房屋的日期，以销售发票上注明的时间为准。

《国家税务总局 财政部 建设部关于加强房地产税收管理的通知》（国税发〔2005〕89号）规定，个人购买住房以取得的房屋产权证或契税完税证明上注明的时间作为其购买房屋的时间。国税发〔2005〕172号文件进一步明确，“契税完税证明上注明的时间”是指契税完税证明上注明的填发日期。纳税人申报时，同时出具房屋产权证和契税完税证明且二者所注明的时间不一致的，按照“孰先”的原则确定购买房屋的时间。即房屋产权证上注明的时间早于契税完税证明上注明的时间的，以房屋产权证注明的时间为购买房屋的时间；契税完税证明上注明的时间早于房屋产权证上注明的时间的，以契税完税证明上注明的时间为购买房屋的时间。个人将通过受赠、继承、离婚财产分割等非购买形式取得的住房对外销售的行为，也适用国税发〔2005〕89号文件的有关规定。其购房时间按发生受赠、继承、离婚财产分割行为前的购房时间确定，其购房价格按发生受赠、继承、离婚财产分割行为前的购房原价确定。个人需持其通过受赠、继承、离婚财产分割等非购买形式取得住房的合法、有效法律证明文书，到税务部门办理相关手续。

2.家庭唯一生活用房的界定

“家庭唯一生活用房”是指在同一省、自治区、直辖市范围内纳税人（有配偶的为夫妻双方）仅拥有一套住房。

二、符合条件的房屋赠与免征优惠

（一）符合条件的房屋产权无偿赠与免征优惠

根据《财政部 税务总局关于个人取得有关收入适用个人所得税应税所得项目的公告》（财政部 税务总局公告2019年第74号）第二条的规定，房屋产权所有人将房屋产权无偿赠与他人的，受赠人因无偿受赠房屋取得的受赠收入，按照“偶然所得”项目计算缴纳个人所得税。受赠收入的应纳税所得额按照《财政部 国家税务总局关于个人无偿受赠房屋有关个人所得税问题的通知》（财税〔2009〕78号）第四条“应纳税所得额为房地产赠与合同上标明的赠与房屋价值减除赠与过程中受赠人支付的相关税费后的余额。赠与合同标明的房屋价值明显低于市场价格或房地产赠与合同未标明赠与房屋价值的，税务机关可依据受赠房屋的市场评估价格或采取其他合理方式确定受赠人的应纳税所得额”规定计算。

按照财税〔2009〕78号文件第一条的规定，符合以下情形的，对当事双方不征收个人所得税：

（1）房屋产权所有人将房屋产权无偿赠与配偶、父母、子女、祖父母、外祖父母、孙子女、外孙子女、兄弟姐妹；

（2）房屋产权所有人将房屋产权无偿赠与对其承担直接抚养或者赡养义务的抚养人或者赡

养人；

（3）房屋产权所有人死亡，依法取得房屋产权的法定继承人、遗嘱继承人或者受遗赠人。

（二）无偿赠与或受赠不动产免税所需证明资料

1.应报送的基本资料

根据《国家税务总局关于进一步简化和规范个人无偿赠与或受赠不动产免征营业税 个人所得税所需证明资料的公告》（国家税务总局公告2015年第75号）第一条的规定，纳税人在办理个人无偿赠与或受赠不动产免征个人所得税手续时，应报送《个人无偿赠与不动产登记表》、双方当事人的身份证明原件及复印件（继承或接受遗赠的，只须提供继承人或接受遗赠人的身份证明原件及复印件）、房屋所有权证原件及复印件。

2.区分不同情形应报送的资料

属于以下四类情形之一的，还应分别提交相应证明资料：

（1）离婚分割财产的，应当提交：

①离婚协议或者人民法院判决书或者人民法院调解书的原件及复印件；

②离婚证原件及复印件。

（2）亲属之间无偿赠与的，应当提交：

①无偿赠与配偶的，提交结婚证原件及复印件；

②无偿赠与父母、子女、祖父母、外祖父母、孙子女、外孙子女、兄弟姐妹的，提交户口簿或者出生证明或者人民法院判决书或者人民法院调解书或者其他部门（有资质的机构）出具的能够证明双方亲属关系的证明资料原件及复印件。

（3）无偿赠与非亲属抚养或赡养关系人的，应当提交人民法院判决书或者人民法院调解书或者乡镇政府或街道办事处出具的抚养（赡养）关系证明或者其他部门（有资质的机构）出具的能够证明双方抚养（赡养）关系的证明资料原件及复印件。

（4）继承或接受遗赠的，应当提交：

①房屋产权所有人死亡证明原件及复印件；

②经公证的能够证明有权继承或接受遗赠的证明资料原件及复印件。

税务机关应当认真核对上述资料，资料齐全并且填写正确的，在《个人无偿赠与不动产登记表》上签字盖章，留存《个人无偿赠与不动产登记表》复印件和有关证明资料复印件，原件退还纳税人，同时办理免税手续。

三、拆迁补偿款免征优惠

根据《财政部 国家税务总局关于城镇房屋拆迁有关税收政策的通知》（财税〔2005〕45号）第一条的规定，对被拆迁人按照国家有关城镇房屋拆迁管理办法规定的标准取得的拆迁补偿款，免征个人所得税。

根据《财政部 国家税务总局关于棚户区改造有关税收政策的通知》（财税〔2013〕101号）第五条的规定，个人因房屋被征收而取得货币补偿并用于购买改造安置住房，或因房屋被征收而进行房屋产权调换并取得改造安置住房，按有关规定减免契税。个人取得的拆迁补偿款按有关规定免征个人所得税。

关于个人因拆迁获得的政府给予的拆迁奖励是否可以免征个人所得税问题，某省税务局2019年《个人所得税若干政策口径》明确："根据《财政部 国家税务总局关于城镇房屋拆迁有关税收政策的通知》（财税〔2005〕45号）规定，对被拆迁人按照国家有关城镇房屋拆迁管理办法规定的标准取得的拆迁补偿款，免征个人所得税。补偿与奖励的内涵并不一致，不属于免税收入。搬迁补偿协议中凡属于国务院文件规定补偿项目的，可按规定免税；不属于补偿范围的，依法征税"。

四、城镇住房保障家庭取得的住房租赁补贴优惠

自2019年1月1日至2020年12月31日止，根据《财政部 税务总局关于公共租赁住房税收优惠政策的公告》（财政部 税务总局公告2019年第61号）第六条的规定，对符合地方政府规定条件的城镇住房保障家庭从地方政府领取的住房租赁补贴，免征个人所得税。

个人捐赠住房作为公共租赁住房（以下称公租房），符合税收法律法规规定的，对其公益性捐赠支出未超过其申报的应纳税所得额30%的部分，准予从其应纳税所得额中扣除。

五、个人出租房屋减征优惠

自2001年1月1日起，根据《财政部 国家税务总局关于调整住房租赁市场税收政策的通知》（财税〔2000〕125号）的规定，对个人出租房屋取得的所得暂减按10%的税率征收个人所得税。对个人按市场价格出租的居民住房，房产税暂减按4%的税率征收。

自2008年3月1日起，根据《财政部 国家税务总局关于廉租住房 经济适用住房和住房租赁有关税收政策的通知》（财税〔2008〕24号）第二条的规定，对个人出租住房取得的所得减按10%的税率征收个人所得税。对个人出租、承租住房签订的租赁合同，免征印花税。对个人出租住房，不区分用途，按4%的税率征收房产税，免征城镇土地使用税。对企事业单位、社会团体以及其他组织按市场价格向个人出租用于居住的住房，减按4%的税率征收房产税。

第五节 投资抵扣优惠

一、天使投资个人投资抵扣优惠

（一）天使投资个人投资抵扣所得额

自2018年7月1日起，根据《财政部 税务总局关于创业投资企业和天使投资个人有关税收政策的通知》（财税〔2018〕55号，执行日期前2年内发生的投资，在执行日期后投资满2年，且符合该通知规定的其他条件的，可以适用该通知规定的投资抵扣税收政策）第一条第（三）项的规定，天使投资个人采取股权投资方式直接投资于种子期、初创期科技型企业（以下简称

初创科技型企业）满2年的，可以按照投资额的70%抵扣转让该初创科技型企业股权取得的应纳税所得额；当期不足抵扣的，可以在以后取得转让该初创科技型企业股权的应纳税所得额时结转抵扣。

天使投资个人投资多个初创科技型企业的，对其中办理注销清算的初创科技型企业，天使投资个人对其投资额的70%尚未抵扣完的，可自注销清算之日起36个月内抵扣天使投资个人转让其他初创科技型企业股权取得的应纳税所得额。

1.投资与投资额的界定

享受天使投资个人投资抵扣税收优惠政策的投资，仅限于通过向被投资初创科技型企业直接支付现金方式取得的股权投资，不包括受让其他股东的存量股权。

投资额，按照天使投资个人对初创科技型企业的实缴投资额确定。

2.投资满2年的界定

投资满2年是指天使投资个人投资于初创科技型企业的实缴投资满2年，投资时间从初创科技型企业接受投资并完成工商变更登记的日期算起。

（二）天使投资个人应符合的条件

享受规定的投资抵扣税收政策的天使投资个人，应同时符合以下条件：

（1）不属于被投资初创科技型企业的发起人、雇员或其亲属（包括配偶、父母、子女、祖父母、外祖父母、孙子女、外孙子女、兄弟姐妹，下同），且与被投资初创科技型企业不存在劳务派遣等关系；

（2）投资后2年内，本人及其亲属持有被投资初创科技型企业股权比例合计应低于50%。

也就是说，不论是中国人还是外国人，不论是有住所个人还是无住所个人，也不论是居民个人还是非居民个人，只要符合上述天使投资个人的条件，就可以适用天使投资个人投资抵扣税收优惠政策。

（三）初创科技型企业应符合的条件

根据财税〔2018〕55号文件第二条第（一）项和《财政部 税务总局关于实施小微企业普惠性税收减免政策的通知》（财税〔2019〕13号）第五条的规定，初创科技型企业，应同时符合以下条件：

（1）在中国境内（不包括港、澳、台地区）注册成立、实行查账征收的居民企业。

（2）接受投资时从业人数、资产总额和年销售收入均符合规定。具体规定如表8-4所示。

表8-4　初创科技型企业在从业人数、资产总额和年销售收入方面应符合的条件

指标	2019年1月1日起	2018年12月31日以前
从业人数	不超过300人	不超过200人
其中：具有大学本科以上学历的从业人数占比	不低于30%	不低于30%
资产总额	不超过5 000万元	不超过3 000万元
年销售收入	不超过5 000万元	不超过3 000万元

根据财税〔2018〕55号文件第三条的规定，从业人数，包括与企业建立劳动关系的职工人员及企业接受的劳务派遣人员。从业人数和资产总额指标，按照企业接受投资前连续12个月的平均数计算，不足12个月的，按实际月数平均计算。销售收入，包括主营业务收入与其他业务收入；年销售收入指标，按照企业接受投资前连续12个月的累计数计算，不足12个月的，按实际月数累计计算。根据《国家税务总局关于创业投资企业和天使投资个人税收政策有关问题的公告》（国家税务总局公告2018年第43号）第一条第（四）项的规定，从业人数及资产总额指标，按照初创科技型企业接受投资前连续12个月的平均数计算，不足12个月的，按实际月数平均计算。具体计算公式如下：

月平均数=（月初数+月末数）÷2

接受投资前连续12个月平均数=接受投资前连续12个月平均数之和 ÷12

根据《财政部 税务总局关于延续执行创业投资企业和天使投资个人投资初创科技型企业有关政策条件的公告》（财政部 税务总局公告2022年第6号）的规定，自2022年1月1日至2023年12月31日，对于初创科技型企业需符合的条件，从业人数继续按不超过300人、资产总额和年销售收入按均不超过5 000万元执行，财税〔2018〕55号文件规定的其他条件不变。在此期间已投资满2年及新发生的投资，可按财税〔2018〕55号文件和该公告规定适用税收政策。

（3）接受投资时设立时间不超过5年（60个月）。

（4）接受投资时以及接受投资后2年内未在境内外证券交易所上市。

（5）接受投资当年及下一纳税年度，研发费用总额占成本费用支出的比例不低于20%。

根据国家税务总局公告2018年第43号第一条第（二）项的规定，研发费用总额占成本费用支出的比例，是指企业接受投资当年及下一纳税年度的研发费用总额合计占同期成本费用总额合计的比例。研发费用口径，按照《财政部 国家税务总局 科技部关于完善研究开发费用税前加计扣除政策的通知》（财税〔2015〕119号）等规定执行。成本费用，包括主营业务成本、其他业务成本、销售费用、管理费用、财务费用。

（四）接受投资满2年后上市的处理

根据财税〔2018〕55号文件第三条第（五）项的规定，初创科技型企业接受天使投资个人投资满2年，在上海证券交易所、深圳证券交易所上市的，天使投资个人转让该企业股票时，按照现行限售股有关规定执行，其尚未抵扣的投资额，在税款清算时一并计算抵扣。

也就是说，天使投资个人投资初创科技型企业满足投资抵扣税收优惠条件后，初创科技型企业在上海证券交易所、深圳证券交易所上市的，天使投资个人在转让初创科技型企业股票时，有尚未抵扣完毕的投资额的，应向证券机构所在地主管税务机关办理限售股转让税款清算，抵扣尚未抵扣完毕的投资额。清算时，应提供投资初创科技型企业后税务机关受理的《天使投资个人所得税投资抵扣备案表》和《天使投资个人所得税投资抵扣情况表》。

天使投资个人投资抵扣优惠如图8-10所示。

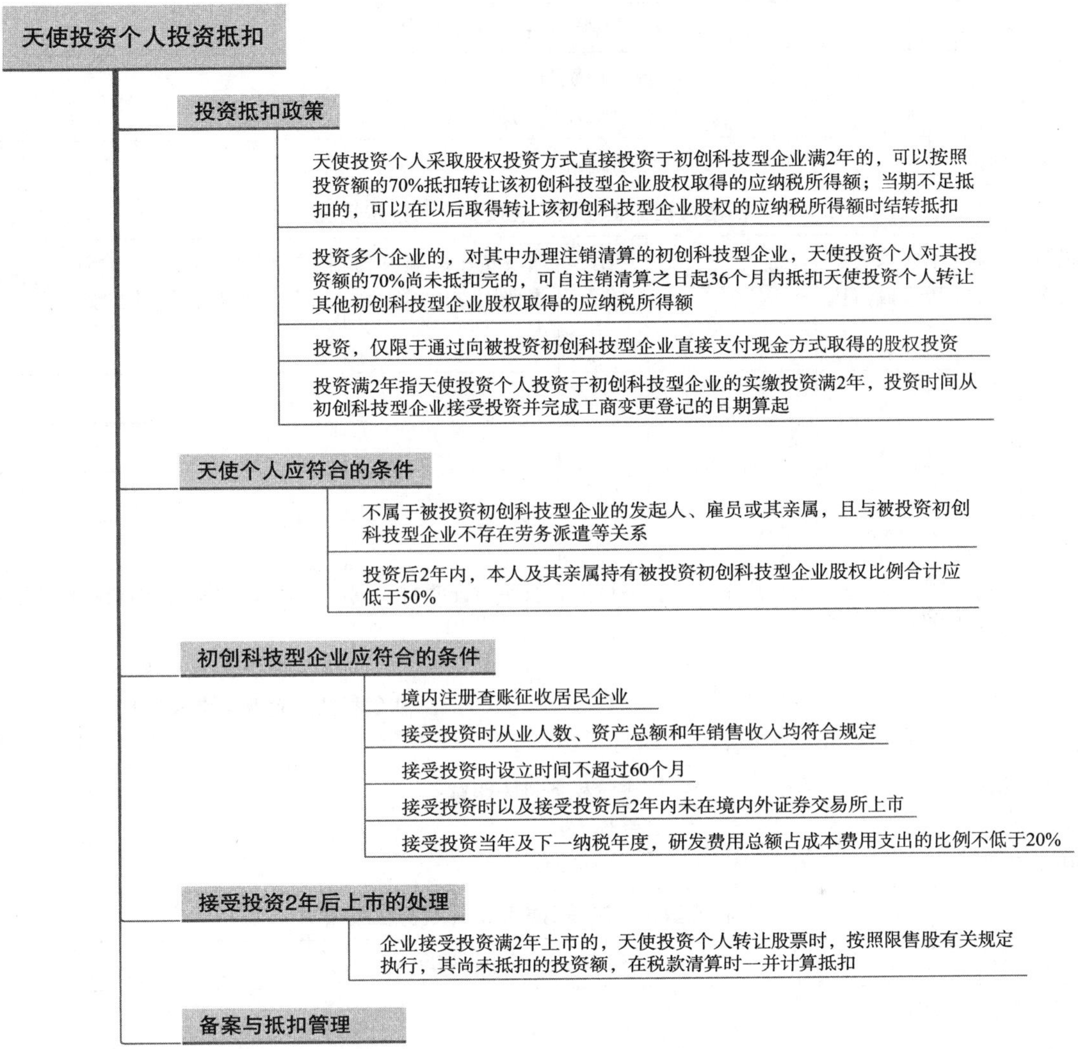

天使投资个人投资抵扣

- **投资抵扣政策**
  - 天使投资个人采取股权投资方式直接投资于初创科技型企业满2年的，可以按照投资额的70%抵扣转让该初创科技型企业股权取得的应纳税所得额；当期不足抵扣的，可以在以后取得转让该初创科技型企业股权的应纳税所得额时结转抵扣
  - 投资多个企业的，对其中办理注销清算的初创科技型企业，天使投资个人对其投资额的70%尚未抵扣完的，可自注销清算之日起36个月内抵扣天使投资个人转让其他初创科技型企业股权取得的应纳税所得额
  - 投资，仅限于通过向被投资初创科技型企业直接支付现金方式取得的股权投资
  - 投资满2年指天使投资个人投资于初创科技型企业的实缴投资满2年，投资时间从初创科技型企业接受投资并完成工商变更登记的日期算起
- **天使个人应符合的条件**
  - 不属于被投资初创科技型企业的发起人、雇员或其亲属，且与被投资初创科技型企业不存在劳务派遣等关系
  - 投资后2年内，本人及其亲属持有被投资初创科技型企业股权比例合计应低于50%
- **初创科技型企业应符合的条件**
  - 境内注册查账征收居民企业
  - 接受投资时从业人数、资产总额和年销售收入均符合规定
  - 接受投资时设立时间不超过60个月
  - 接受投资时以及接受投资后2年内未在境内外证券交易所上市
  - 接受投资当年及下一纳税年度，研发费用总额占成本费用支出的比例不低于20%
- **接受投资2年后上市的处理**
  - 企业接受投资满2年上市的，天使投资个人转让股票时，按照限售股有关规定执行，其尚未抵扣的投资额，在税款清算时一并计算抵扣
- **备案与抵扣管理**

图8-10 天使投资个人投资抵扣优惠

1. 天使投资个人所得税投资抵扣备案表

《天使投资个人所得税投资抵扣备案表》（见表8-5）适用于天使投资个人投资境内初创科技型企业，就符合投资抵扣税收优惠条件的投资，向主管税务机关办理投资情况备案。

初创科技型企业、天使投资个人应共同于满足投资抵扣税收优惠条件次月15日内，向主管税务机关报送该表。

表8-5 天使投资个人所得税投资抵扣备案表

备案编号（主管税务机关填写）： 单位：%，人民币元（列至角分）

天使投资个人基本情况					
姓名		身份证件类型		身份证件号码	
国籍（地区）		联系电话		联系地址	

<table>
<tr><td colspan="8">初创科技型企业基本情况</td></tr>
<tr><td colspan="2">企业名称</td><td colspan="2"></td><td colspan="2">纳税人识别号
（统一社会信用代码）</td><td colspan="2"></td></tr>
<tr><td colspan="2">设立时间</td><td colspan="2"></td><td colspan="2">注册地址</td><td colspan="2"></td></tr>
<tr><td colspan="8">初创科技型企业及天使投资个人投资情况</td></tr>
<tr><td>投资日期</td><td>从业人数</td><td>本科以上学历人数占比</td><td>资产总额</td><td>年销售收入</td><td>研发费用总额占成本费用支出的比例</td><td>投资2年内与其亲属合计持股比例是否超过50%</td><td>投资额</td></tr>
<tr><td></td><td></td><td></td><td></td><td></td><td></td><td></td><td></td></tr>
<tr><td></td><td></td><td></td><td></td><td></td><td></td><td></td><td></td></tr>
<tr><td></td><td></td><td></td><td></td><td></td><td></td><td></td><td></td></tr>
<tr><td></td><td></td><td></td><td></td><td></td><td></td><td></td><td></td></tr>
<tr><td></td><td></td><td></td><td></td><td></td><td></td><td></td><td></td></tr>
<tr><td colspan="8">谨声明本人（单位）知悉并保证本表填报内容及所附证明材料真实、完整，并承担因资料虚假而产生的法律责任。
天使投资个人签章：
初创科技型企业负责人签章：
年　月　日</td></tr>
<tr><td colspan="4">代理机构印章：
联系人：
填报日期：</td><td colspan="4">主管税务机关印章：
受理人：
受理日期：</td></tr>
<tr><td colspan="8">初创科技型企业注销清算情况（税务机关填写）</td></tr>
<tr><td colspan="2">注销清算时间</td><td colspan="2"></td><td colspan="2">清算前已抵扣投资额</td><td colspan="2"></td></tr>
<tr><td colspan="8">主管税务机关印章：
受理人：
受理日期：</td></tr>
</table>

注：本表是天使投资个人日后转让初创科技型企业股权办理投资抵扣的重要凭据，请妥善保管。

国家税务总局监制

2. 天使投资个人所得税投资抵扣情况表

《天使投资个人所得税投资抵扣情况表》（见表8-6）适用于天使投资个人投资境内初创科技型企业，享受投资抵扣税收优惠时，向主管税务机关报告有关情况并办理投资抵扣手续。

天使投资个人应于股权转让次月15日内或在限售股转让清算时，向主管税务机关报送本表。

表8-6　天使投资个人所得税投资抵扣情况表

单位：人民币元（列至角分）

<table>
<tr><td colspan="6">天使投资个人基本情况</td></tr>
<tr><td>姓名</td><td></td><td>身份证件类型</td><td></td><td>身份证件号码</td><td></td></tr>
<tr><td>国籍（地区）</td><td></td><td>联系电话</td><td></td><td>联系地址</td><td></td></tr>
</table>

<table>
<tr><td colspan="2">投资抵扣备案编号</td><td></td><td colspan="2">投资额</td><td></td><td>可抵扣投资额</td><td></td></tr>
<tr><td colspan="8">初创科技型企业基本情况</td></tr>
<tr><td colspan="2">企业名称</td><td colspan="2"></td><td colspan="2">纳税人识别号
（统一社会信用代码）</td><td colspan="2"></td></tr>
<tr><td colspan="8">投资抵扣情况</td></tr>
<tr><td>股权转让时间</td><td>股权转让应纳税所得额</td><td>从已清算企业结转待抵扣投资额</td><td>本企业可抵扣投资额</td><td>可抵扣投资额合计</td><td>累计已抵扣投资额</td><td>本期抵扣投资额</td><td>结转抵扣投资额</td></tr>
<tr><td></td><td></td><td></td><td></td><td></td><td></td><td></td><td></td></tr>
<tr><td colspan="8">谨声明本人知悉并保证本表填报内容及所附证明材料真实、完整，并承担因资料虚假而产生的法律责任。
天使投资个人签章：　　　　年　月　日</td></tr>
<tr><td colspan="4">代理机构印章：
联系人：
填报日期：</td><td colspan="4">主管税务机关印章：
受理人：
受理日期：</td></tr>
</table>

国家税务总局监制

天使投资个人投资抵扣优惠的处理，如图8-11所示。

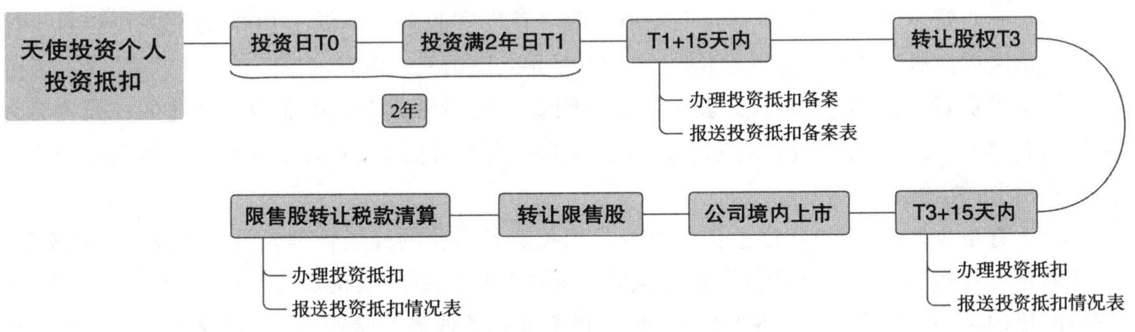

图8-11 天使投资个人投资抵扣优惠的处理

（五）优惠管理与违规享受优惠的处理

天使投资个人应在投资初创科技型企业满24个月的次月15日内，与初创科技型企业共同向初创科技型企业的主管税务机关办理投资抵扣备案（报告手续）。主要内容包括：投资日期、从业人数、资产总额、年销售收入、投资额等情况，根据实际情况填写初创科技型企业注销清算情况。

对纳税人提供虚假资料，违规享受税收优惠政策的，应按《税收征收管理法》相关规定处理，并将其列入失信纳税人名单，按规定实施联合惩戒措施。

二、合伙创投企业个人合伙人投资抵扣

（一）创业投资企业及其备案管理

创业投资企业，是指在中国境内注册设立的主要从事创业投资的企业组织。创业投资，是

指向创业企业进行股权投资，以期所投资创业企业发育成熟或相对成熟后主要通过股权转让获得资本增值收益的投资方式。创业企业，是指在中国境内注册设立的处于创建或重建过程中的成长性企业，但不含已经在公开市场上市的企业。

国家对创业投资企业实行备案管理。凡遵照《创业投资企业管理暂行办法》（发展改革委等10部委令第39号）规定完成备案程序的创业投资企业，应当接受创业投资企业管理部门的监管，投资运作符合有关规定的可享受政策扶持。未遵照该办法规定完成备案程序的创业投资企业，不受创业投资企业管理部门的监管，不享受政策扶持。

创业投资企业向管理部门备案应当具备下列条件：

（1）已在市场监督管理部门办理注册登记；

（2）经营范围符合规定。

根据《创业投资企业管理暂行办法》第十二条的规定，创业投资企业的经营范围限于：

①创业投资业务；

②代理其他创业投资企业等机构或个人的创业投资业务；

③创业投资咨询业务；

④为创业企业提供创业管理服务业务；

⑤参与设立创业投资企业与创业投资管理顾问机构。

创业投资企业不得从事担保业务和房地产业务，但是购买自用房地产除外。

（3）实收资本不低于3 000万元人民币，或者首期实收资本不低于1 000万元人民币且全体投资者承诺在注册后的5年内补足不低于3 000万元人民币实收资本。

（4）投资者不得超过200人。其中，以有限责任公司形式设立创业投资企业的，投资者人数不得超过50人。单个投资者对创业投资企业的投资不得低于100万元人民币。所有投资者应当以货币形式出资。

（5）有至少3名具备2年以上创业投资或相关业务经验的高级管理人员承担投资管理责任。委托其他创业投资企业、创业投资管理顾问企业作为管理顾问机构负责其投资管理业务的，管理顾问机构必须有至少3名具备2年以上创业投资或相关业务经验的高级管理人员对其承担投资管理责任。"高级管理人员"，系指担任副经理及以上职务或相当职务的管理人员。

创业投资企业可以以全额资产对外投资。其中，对企业的投资，仅限于未上市企业。但是所投资的未上市企业上市后，创业投资企业所持股份的未转让部分及其配售部分不在此限。其他资金只能存放银行、购买国债或其他固定收益类的证券。

（二）合伙人所得应税项目的确定

1. 合伙人转让合伙企业中的财产份额

根据《个人所得税法实施条例》第六条的规定，财产转让所得是指个人转让有价证券、股权、合伙企业中的财产份额、不动产、机器设备、车船以及其他财产取得的所得。因而，个人合伙人转让其在合伙企业中的财产份额，应按财产转让所得项目适用20%的税率缴纳个人所得税。

原某省地税局2017年《个人所得税部分政策口径》中有这样的内容："转让个人独资、合伙企业份额，如何征收个人所得税？答：参照2011年第41号公告规定，按财产转让所得征收个人所得税"。

2.合伙人取得合伙企业转让财产所得

根据《国家税务总局关于切实加强高收入者个人所得税征管的通知》（国税发〔2011〕50号）的规定，对个人独资企业和合伙企业从事股权（票）、期货、基金、债券、外汇、贵重金属、资源开采权及其他投资品交易取得的所得，应全部纳入生产经营所得，依法征收个人所得税。

按照现行个人所得税法相关规定，合伙企业的合伙人为其纳税人，合伙企业转让股权等财产所得，应按照“先分后税”原则，根据合伙企业的全部生产经营所得和合伙协议约定的分配比例确定合伙企业各合伙人的应纳税所得额，其自然人合伙人的应分配所得，应按照“经营所得”项目缴纳个人所得税。

3.从合伙企业取得股息红利分配所得

根据《国家税务总局关于〈关于个人独资企业和合伙企业投资者征收个人所得税的规定〉执行口径的通知》（国税函〔2001〕84号）第二条“关于个人独资企业和合伙企业对外投资分回利息、股息、红利的征税问题”的规定，个人独资企业和合伙企业对外投资分回的利息或者股息、红利，不并入企业的收入，而应单独作为投资者个人取得的利息、股息、红利所得，按“利息、股息、红利所得”应税项目计算缴纳个人所得税。以合伙企业名义对外投资分回利息或者股息、红利的，应按规定确定各个投资者的利息、股息、红利所得，分别按“利息、股息、红利所得”应税项目计算缴纳个人所得税。

个人独资企业和合伙企业对外投资分回利息、股息、红利，如果已计入收入总额中，在年终经营所得汇算清缴时，如果是国债利息收入，填入《个人所得税经营所得纳税申报表（B表）》第2行“其中：国债利息收入”中；如果是其他利息、股息、红利，可以通过填报《个人所得税经营所得纳税申报表（B表）》第37行“五、纳税调整减少额”调减经营所得的应纳税所得额。

4.有限合伙人从合伙企业取得投资收益的处理

在国家税收法律、法规以及财政部、税务总局层面，截至本书完成时，没有区分有限合伙人和普通合伙人分别进行个人所得税处理。但天津等地有地方性规定。根据《天津市地方税务局关于合伙企业合伙人分别缴纳所得税有关问题的补充通知》（津地税所〔2008〕1号）的规定，对有限合伙企业中不参与执行业务的自然人有限合伙人，其从有限合伙企业取得的股权投资收益，按“利息、股息、红利所得”项目，适用20%的比例税率，在有限合伙企业注册地税务机关缴纳个人所得税。

（三）个人合伙人投资抵扣所得额优惠

根据财税〔2018〕55号文件第一条第（二）项的规定，有限合伙制创业投资企业（以下简称合伙创投企业）采取股权投资方式直接投资于初创科技型企业满2年的，该合伙创投企业的个人合伙人可以按照对初创科技型企业投资额的70%抵扣个人合伙人从合伙创投企业分得的经营所得；当年不足抵扣的，可以在以后纳税年度结转抵扣。

1.投资满2年的界定

根据国家税务总局公告2018年第43号第一条的规定，满2年是指合伙创投企业投资于初创科技型企业的实缴投资满2年，投资时间从初创科技型企业接受投资并完成工商变更登记的日期算起。

2.投资与投资额的确定

享受规定的合伙创投企业个人合伙人投资抵扣税收优惠政策的投资，仅限于通过向被投资初创科技型企业直接支付现金方式取得的股权投资，不包括受让其他股东的存量股权。

投资额，按照创业投资企业对初创科技型企业的实缴投资额确定。合伙创投企业的合伙人对初创科技型企业的投资额，按照合伙创投企业对初创科技型企业的实缴投资额和合伙协议约定的合伙人占合伙创投企业的出资比例计算确定。合伙人从合伙创投企业分得的所得，按照《财政部 国家税务总局关于合伙企业合伙人所得税问题的通知》（财税〔2008〕159号）规定计算。根据国家税务总局公告2018年第43号第一条第（三）项的规定，出资比例，按投资满2年当年年末各合伙人对合伙创投企业的实缴出资额占所有合伙人全部实缴出资额的比例计算。

（四）合伙制创业投资企业应符合的条件

根据财税〔2018〕55号文件第二条第（二）项的规定，享受该文件规定投资抵扣优惠税收政策的创业投资企业，应同时符合以下条件：

（1）在中国境内（不含港、澳、台地区）注册成立、实行查账征收的合伙创投企业，且不属于被投资初创科技型企业的发起人；

（2）符合《创业投资企业管理暂行办法》规定或者《私募投资基金监督管理暂行办法》（证监会令第105号）关于创业投资基金的特别规定，按照上述规定完成备案且规范运作；

（3）投资后2年内，创业投资企业及其关联方持有被投资初创科技型企业的股权比例合计应低于50%。

（五）备案管理与申报

合伙创投企业、被投资初创科技型企业应按规定办理优惠手续。

1.备案与留存备查资料

合伙创投企业的个人合伙人符合享受优惠条件的，合伙创投企业应在投资初创科技型企业满2年的年度终了后3个月内，向合伙创投企业主管税务机关办理备案手续，备案时应报送《合伙创投企业个人所得税投资抵扣备案表》（见表8-7），同时将有关资料留存备查。合伙企业多次投资同一初创科技型企业的，应按年度分别备案。

备查资料包括发展改革或证监部门出具的符合创业投资企业条件的年度证明材料，初创科技型企业接受现金投资时的投资合同（协议）、章程、实际出资的相关证明材料，创业投资企业与其关联方持有初创科技型企业的股权比例的说明，被投资企业符合初创科技型企业条件的有关资料等。

表8-7 合伙创投企业个人所得税投资抵扣备案表

（____年度）

备案编号（主管税务机关填写）： 单位：%，人民币元（列至角分）

合伙创投企业基本情况			
企业名称		纳税人识别号 （统一社会信用代码）	

备案管理部门						备案时间					
联系人						联系电话					
对初创科技型企业投资情况											
初创科技型企业名称	纳税人识别号	注册地	设立时间	投资日期	从业人数	本科以上学历人数占比	资产总额	年销售收入	研发费用总额占成本费用支出的比例	投资2年内与关联方合计持股比例是否超50%	投资额
谨声明本人（单位）知悉并保证本表填报内容及所附证明材料真实、完整，并承担因资料虚假而产生的法律责任。 合伙创投企业印章： 合伙创投企业负责人签章： 年 月 日											
代理机构印章： 联系人： 填报日期：						主管税务机关印章： 受理人： 受理日期：					

国家税务总局监制

2. 合伙创投企业个人所得税投资抵扣情况表及其填报

合伙创投企业应在投资初创科技型企业满2年后的每个年度终了后3个月内，向合伙创投企业主管税务机关报送《合伙创投企业个人所得税投资抵扣情况表》（见表8–8）。

表8–8 合伙创投企业个人所得税投资抵扣情况表

（____年度）

单位：%，人民币元（列至角分）

合伙创投企业情况			
企业名称		纳税人识别号 （统一社会信用代码）	
投资情况备案编号			

当年新增符合条件的投资额合计						新增可抵扣投资额				
个人合伙人相关情况										
姓名	身份证件类型	身份证件号码	出资额	出资比例	分配比例	当年度分配的经营所得	结转上年可抵扣投资额	当年新增可抵扣投资额	当年实际抵扣投资额	结转抵扣投资额
谨声明本人（单位）知悉并保证本表填报内容及所附证明材料真实、完整，并承担因资料虚假而产生的法律责任。 合伙创投企业印章： 合伙创投企业负责人签章： 年　月　日										
代理机构印章： 联系人： 填报日期：						主管税务机关印章： 受理人： 受理日期：				

国家税务总局监制

3.投资抵扣申报

个人合伙人在个人所得税年度申报时，应将当年允许抵扣的投资额填到《个人所得税经营所得纳税申报表（B表）》第60行“十、投资抵扣”。

4.转请机制与骗取抵扣处理

税务机关在合伙创投企业合伙人享受优惠政策后续管理中，对初创科技型企业是否符合规定条件有异议的，可以转请初创科技型企业主管税务机关提供相关资料，主管税务机关应积极配合。

创业投资企业、合伙创投企业合伙人、初创科技型企业提供虚假情况、故意隐瞒已投资抵扣情况或采取其他手段骗取投资抵扣，不缴或者少缴应纳税款的，按《税收征收管理法》有关规定处理。

合伙制创业投资企业自然人合伙人投资抵扣优惠的处理如图8–12所示。

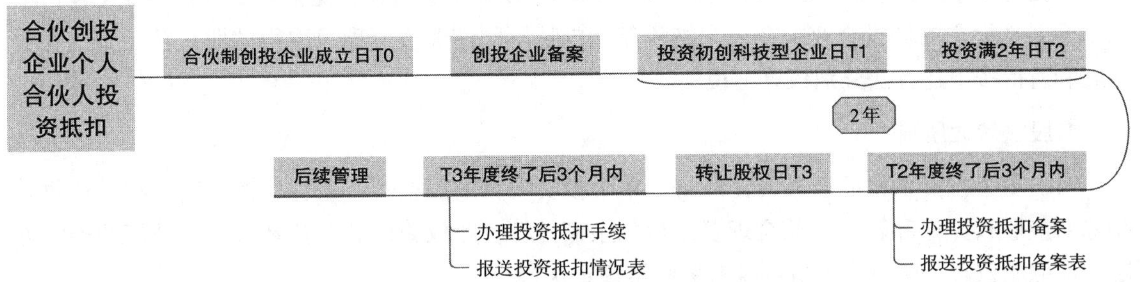

图8–12 合伙创投企业个人合伙人投资抵扣优惠的处理

三、创业投资企业个人合伙人的税务处理

为进一步支持创业投资企业（含创投基金，以下统称创投企业）发展，《财政部 税务总局 发展改革委 证监会关于创业投资企业个人合伙人所得税政策问题的通知》（财税〔2019〕8号）就创投企业个人合伙人的个人所得税政策做出规定，自2019年1月1日起至2023年12月31日止执行。

（一）创业投资企业的核算方式

根据财税〔2019〕8号文件第一条的规定，创投企业可以选择按单一投资基金核算或者按创投企业年度所得整体核算两种方式之一，对其个人合伙人来源于创投企业的所得计算个人所得税应纳税额。

创投企业，是指符合《创业投资企业管理暂行办法》或者《私募投资基金监督管理暂行办法》关于创业投资企业（基金）的有关规定，并按照上述规定完成备案且规范运作的合伙制创业投资企业（基金）。

私募投资基金（以下简称私募基金），是指在中国境内，以非公开方式向投资者募集资金设立的投资基金。私募基金财产的投资包括买卖股票、股权、债券、期货、期权、基金份额及投资合同约定的其他投资标的。创业投资基金，是指主要投资于未上市创业企业普通股或者依法可转换为普通股的优先股、可转换债券等权益的股权投资基金。享受国家财政税收扶持政策的创业投资基金，其投资范围应当符合国家相关规定。

根据财税〔2019〕8号文件第五条的规定，创投企业选择按单一投资基金核算或按创投企业年度所得整体核算后，3年内不能变更。

（二）个人合伙人的税务处理

根据财税〔2019〕8号文件第二条的规定，创投企业选择按单一投资基金核算的，其个人合伙人从该基金应分得的股权转让所得和股息红利所得，按照20%税率计算缴纳个人所得税。

创投企业选择按年度所得整体核算的，其个人合伙人应从创投企业取得的所得，按照“经营所得”项目、5%～35%的超额累进税率计算缴纳个人所得税。

（三）单一投资基金核算个人合伙人的处理

根据财税〔2019〕8号文件第三条的规定，单一投资基金核算，是指单一投资基金（包括不以基金名义设立的创投企业）在一个纳税年度内从不同创业投资项目取得的股权转让所得和股息红利所得按下述方法分别核算纳税。

1.股权转让所得

（1）单个投资项目的股权转让所得。单个投资项目的股权转让所得，按年度股权转让收入扣除对应股权原值和转让环节合理费用后的余额计算，股权原值和转让环节合理费用的确定方法，参照股权转让所得个人所得税有关政策规定执行。

（2）单一投资基金的股权转让所得。单一投资基金的股权转让所得，按一个纳税年度内不同投资项目的所得和损失相互抵减后的余额计算，余额大于或等于零的，即确认为该基金的年度股权转让所得；余额小于零的，该基金年度股权转让所得按零计算且不能跨年结转。

（3）个人合伙人的应纳税所得额计算。个人合伙人按照其应从基金年度股权转让所得中分得的份额计算其应纳税额，并由创投企业在次年3月31日前代扣代缴个人所得税。

（4）个人合伙人的投资抵扣。如符合财税〔2018〕55号文件规定条件，创投企业个人合伙人可以按照被转让项目对应投资额的70%抵扣其应从基金年度股权转让所得中分得的份额后再计算其应纳税额，当期不足抵扣的，不得向以后年度结转。

2.股息红利所得

单一投资基金的股息红利所得，以其来源于所投资项目分配的股息、红利收入以及其他固定收益类证券等收入的全额计算。

个人合伙人按照其应从基金股息红利所得中分得的份额计算其应纳税额，并由创投企业按次代扣代缴个人所得税。

3.成本费用的扣除

除上述可以扣除的成本、费用之外，单一投资基金发生的包括投资基金管理人的管理费和业绩报酬在内的其他支出，不得在核算时扣除。

4.单一投资基金核算方法的适用范围

根据财税〔2019〕8号文件第三条的规定，单一投资基金核算方法仅适用于计算创投企业个人合伙人的应纳税额。

（四）创投企业年度所得整体核算个人合伙人的处理

根据财税〔2019〕8号文件第三条的规定，创投企业年度所得整体核算，是指将创投企业以每一纳税年度的收入总额减除成本、费用以及损失后，计算应分配给个人合伙人的所得。如符合财税〔2018〕55号文件规定条件，创投企业个人合伙人可以按照被转让项目对应投资额的70%抵扣其可以从创投企业应分得的经营所得后再计算其应纳税额。年度核算亏损的，准予按有关规定向以后年度结转。

按照“经营所得”项目计税的个人合伙人，没有综合所得的，可依法减除基本减除费用、专项扣除、专项附加扣除以及国务院确定的其他扣除。从多处取得经营所得的，应汇总计算个人所得税，只减除一次上述费用和扣除。

合伙创投企业（基金）核算方法与个人合伙人的个人所得税处理如图8-13所示。

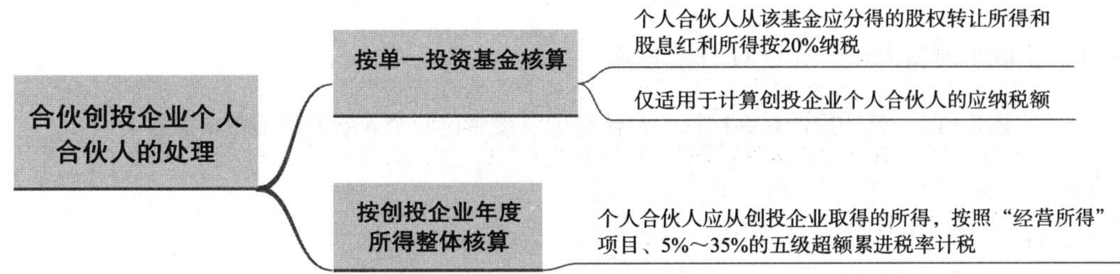

图8-13　合伙创投企业个人合伙人的个人所得税处理

（五）核算方式备案与转请机制

1.核算方式备案

根据财税〔2019〕8号文件第六条的规定，创投企业选择按单一投资基金核算的，应当在按照规定在管理机构完成创业投资企业（基金）备案的30日内，向主管税务机关进行核算方式备案；未按规定进行核算方式备案的，视同选择按创投企业年度所得整体核算。2019年1月1日前已经在管理机构完成创业投资企业（基金）备案的创投企业，选择按单一投资基金核算的，应当在2019年3月1日前向主管税务机关进行核算方式备案。创投企业选择一种核算方式满3年需要调整的，应当在满3年的次年1月31日前，重新向主管税务机关备案。

《合伙制创业投资企业单一投资基金核算方式备案表》如表8-9所示。

表8-9　合伙制创业投资企业单一投资基金核算方式备案表

（____至____年度）

备案编号（主管税务机关填写）：

创投企业（基金）名称	
纳税人识别号（统一社会信用代码）	
创投企业（基金）备案管理机构	□发展改革部门　□证券监管部门
管理机构备案编号	
管理机构备案时间	
谨声明本表是根据国家税收法律法规及相关规定填报的，是真实的、可靠的、完整的。 创投企业（基金）印章： 年　月　日	
经办人签字： 经办人身份证件号码： 代理机构签章： 代理机构统一社会信用代码：	受理人： 受理税务机关（章）： 受理日期：　年　月　日

国家税务总局监制

2.个人所得税的代扣代缴

《单一投资基金核算的合伙制创业投资企业个人所得税扣缴申报表》（见表8–10）适用于选择按单一投资基金核算的创投企业按规定办理年度股权转让所得扣缴申报时，向主管税务机关报送。

创投企业取得所得的次年3月31日前报送。

表8–10　单一投资基金核算的合伙制创业投资企业个人所得税扣缴申报表

税款所属期：　　年　月　日至　　年　月　日

扣缴义务人名称：

扣缴义务人纳税人识别号（统一社会信用代码）：□□□□□□□□□□□□□□□□□□□□

金额单位：人民币元（列至角分）

税务机关备案编号	

创投企业投资项目所得情况

序号	被投资企业名称	被投资企业纳税人识别号（统一社会信用代码）	投资股权份数	转让股权份数	转让后股权份数	股权转让时间	股权转让收入	股权原值	合理费用	股权转让所得额
1	2	3	4	5	6	7	8	9	10	11
纳税年度内股权转让所得额合计										

创投企业个人合伙人所得分配情况

序号	个人合伙人姓名	身份证件类型	身份证件号码	个人合伙人纳税人识别号	分配比例（%）	创投企业股权转让所得额	分配所得额	其中：投资初创科技型企业情况			应纳税所得额	税率	应纳税额	减免税额	已缴税额	应补/退税额
								创投企业符合条件的投资额	个人出资比例	当年按个人投资额70%计算的实际抵扣额						
12	13	14	15	16	17	18	19	20	21	22	23	24	25	26	27	28
合计												–				

谨声明本表是根据国家税收法律法规及相关规定填报的，是真实的、可靠的、完整的。

创投企业（基金）印章：　　　　年　月　日

经办人签字： 经办人身份证件号码： 代理机构签章： 代理机构统一社会信用代码：	受理人： 受理税务机关（章）： 受理日期：　年　月　日

国家税务总局监制

3. 转请机制

税务部门依法开展税收征管和后续管理工作，可转请发展改革部门、证券监督管理部门对创投企业及其所投项目是否符合有关规定进行核查，发展改革部门、证券监督管理部门应当予以配合。

合伙创投企业（基金）合伙人投资抵扣的处理如图8-14所示。

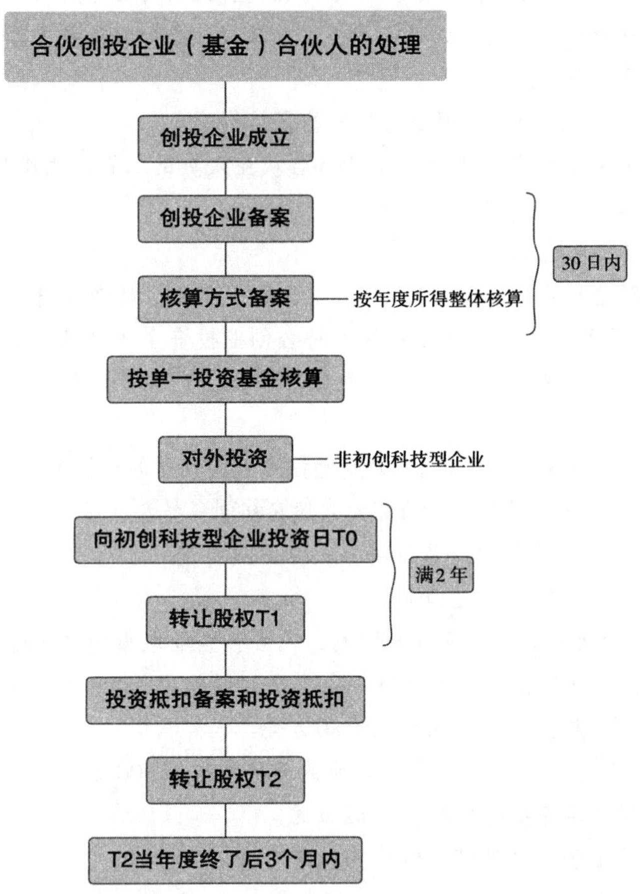

图8-14　合伙创投企业（基金）合伙人投资抵扣的处理

（六）案例解析

【例8-2】李四是中国公民，有一个儿子和一个女儿，大儿子在A市某重点高中读高二；小女儿在A市某重点中学读初二。李四本人是独生子女，2019年10月其父亲刚过60岁生日，母亲2020年2月刚满58岁。李四2020年的收入全部来源于其创办的甲个人独资企业和乙合伙创投企业。2020年李四按规定缴纳了符合规定的“三险一金”40 000元（其中基本养老保险17 200、基本医疗保险费3 600元、住房公积金19 200元）。

1. 甲个人独资企业及其经营情况。

2018年12月，李四在A市B区创办了甲个人独资企业，当月取得个人独资企业营业执照，甲个人独资企业查账征收所得税，2019年实现所得52 180元，已按规定缴纳所得税。2020年按季预缴申报，前三季度预缴税款为0，全年经营情况如下：

（1）营业收入1 000万元。

（2）营业成本600万元。

（3）税金及附加80万元。

（4）销售费用100万元，其中符合规定的广告费30万元、业务宣传费10万元。

（5）管理费用100万元，其中，业务招待费10万元；2020年2月购入一辆用于生产经营的小汽车价值48万元，一次性在管理费用中列支（折旧年限按最低折旧年限计算，不考虑净残值）。

（6）发生财务费用30万元。

（7）营业外支出5万元，为向贫困山区学校的直接捐赠。

（8）计入成本费用的工资总额20万元，为5名从业人员的工资；实际发生工会经费1万元、职工福利费2.5万元和职工教育经费1万元。

2. 乙创投企业及其经营情况。

2018年1月，李四与王五共同出资5 000万元设立了乙合伙制创业投资企业（以下简称乙创投企业），双方出资比例5∶5。乙合伙创投企业符合创业投资企业（基金）的有关规定，并按照规定完成备案且规范运作。双方约定由王五负责该合伙企业运营，合伙协议约定李四与王五的利润分配比例为4 ∶ 6。

2018年4月，乙创投企业以人民币1 000万元投资入股D初创科技型企业，持有10%的股权。2018年11月，乙创投企业又以人民币600万元入股E初创科技型企业，持有5%的股权。2019年3月1日，到主管税务机关办理了单一投资基金核算方式备案。

2020年乙合伙创投企业经营情况如下：

（1）2020年4月，D企业宣告分配现金股利，乙创投企业取得股利100万元。

（2）2020年6月，乙创投企业将所持D企业的全部股权以3 000万元转让给G公司，转让时发生的审计费、评估费以及印花税等税费合计80万元。

（3）2020年9月，乙创投企业将所持E企业的全部股权以500万元转让给H企业，转让时发生的审计费、评估费以及印花税等税费合计12万元。

（4）2020年度发生管理费和业绩报酬等其他支出200万元。

要求：

（1）根据上述材料计算李四2020年应缴纳的个人所得税。

（2）填报2020年度第四季度经营所得的预缴纳税申报表。

（3）填报年终个人所得税汇算清缴表。

（4）填报乙合伙企业应代扣代缴的股权转让所得个人所得税申报表。

【解析】

1. 来源于甲个人独资企业所得的预缴及其申报。

2020年会计利润：

1 000−600−80−100−100−30−5=85（万元）；

由于当年李四没有综合所得，计算经营所得应纳税所得额时，可以扣除投资者减除费用60 000元、专项扣除、专项附加扣除和依法确定的其他扣除。其中专项附加扣除在年终汇算清缴时扣除。

2020年第四季度预缴申报经营所得的应纳税所得额为：

850 000–60 000–40 000=750 000（元）；

应预缴申报经营所得个人所得税：

750 000×35%–65 500=197 000（元）。

2020年第四季度预缴申报填报《个人所得税经营所得纳税申报表（A表）》如表8–11所示。

表8–11 个人所得税经营所得纳税申报表（A表）

税款所属期：2020 年 1 月 1 日至 2020 年 12 月 31 日

纳税人姓名：李四

纳税人识别号：□□□□□□□□□□□□□□□□□□□□□□□□ 金额单位：人民币元（列至角分）

被投资单位信息		
名称	甲个人独资企业	
纳税人识别号（统一社会信用代码）	□□□□□□□□□□□□□□□□□□□□□□□□	
征收方式（单选）		
√查账征收（据实预缴） □查账征收（按上年应纳税所得额预缴） □核定应税所得率征收 □核定应纳税所得额征收 □税务机关认可的其他方式______________		
个人所得税计算		
项目	行次	金额 / 比例
一、收入总额	1	10 000 000.00
二、成本费用	2	9 150 000.00
三、利润总额（第 3 行 = 第 1 行 – 第 2 行）	3	850 000.00
四、弥补以前年度亏损	4	0
五、应税所得率（%）	5	
六、合伙企业个人合伙人分配比例（%）	6	
七、允许扣除的个人费用及其他扣除（第 7 行 = 第 8 行 + 第 9 行 + 第 14 行）	7	100 000.00
（一）投资者减除费用	8	60 000.00
（二）专项扣除（第 9 行 = 第 10 行 + 第 11 行 + 第 12 行 + 第 13 行）	9	40 000.00
1. 基本养老保险费	10	17 200.00
2. 基本医疗保险费	11	3 600.00
3. 失业保险费	12	
4. 住房公积金	13	19 200.00
（三）依法确定的其他扣除（第 14 行 = 第 15 行 + 第 16 行 + 第 17 行）	14	
1.	15	
2.	16	
3.	17	
八、准予扣除的捐赠额（附报《个人所得税公益慈善事业捐赠扣除明细表》）	18	0
九、应纳税所得额	19	750 000.00

十、税率（%）	20	35
十一、速算扣除数	21	65 500
十二、应纳税额（第 22 行 = 第 19 行 × 第 20 行 – 第 21 行）	22	197 000.00
十三、减免税额（附报《个人所得税减免税事项报告表》）	23	0
十四、已缴税额	24	0
十五、应补 / 退税额（第 25 行 = 第 22 行 – 第 23 行 – 第 24 行）	25	197 000.00
备注		
谨声明本表是根据国家税收法律法规及相关规定填报的，本人对填报内容（附带资料）的真实性、可靠性、完整性负责。 纳税人签字：李四　　2021 年 1 月 10 日		
经办人签字： 经办人身份证件类型： 经办人身份证件号码： 代理机构签章： 代理机构统一社会信用代码：	受理人： 受理税务机关（章）： 受理日期：　年　月　日	

国家税务总局监制

2. 经营所得汇算清缴应纳税款计算与申报。

（1）会计利润为：850 000元。

（2）纳税调整情况。

广告和业务宣传费的纳税调整：扣除限额为1 000 × 15%=150（万元），实际发生额为30+10=40（万元），允许据实扣除；

业务招待费的纳税调整：发生额的60%为10 × 60%=6（万元），销售营业收入的0.5%为1 000 × 0.5%=5（万元），调增应纳税所得额：10–5=5（万元）。

小汽车支出的纳税调整：允许扣除的小汽车的折旧费为（48/4）× 10/12=10（万元），调增应纳税所得额：48–10=38（万元）。

工会经费的纳税调整：扣除限额为20 × 2%=0.4（万元），发生额为1万元，调增应纳税所得额：1–0.4=0.6（万元）。

职工福利费的纳税调整：扣除限额为20 × 14%=2.8（万元），发生额为2.5万元，允许据实扣除。

职工教育经费的纳税调整：扣除限额为20 × 2.5%=0.5（万元），发生额为1万元，调增应纳税所得额：1–0.5=0.5（万元）。

向贫困山区学校的直接捐赠不得扣除，需要调增应纳税所得额5万元。

（3）纳税调整后所得：

85+（5+38+0.6+0.5）+5=134.1（万元）。

（4）经营所得应纳税所得额：

134.1−6−4−12×0.4=119.3（万元）。

（5）应纳经营所得个人所得税：

119.3×35%−6.55=35.205（万元）。

汇算清缴应补个人所得税为：

35.205−19.7=15.505（万元）。

年终汇算清缴纳税申报填报《个人所得税经营所得纳税申报表（B表）》如表8−12所示。

表8−12 个人所得税经营所得纳税申报表（B表）

税款所属期：2020年1月1日至2020年12月31日

纳税人姓名：李四

纳税人识别号：□□□□□□□□□□□□□□□□□□□□□□ 金额单位：人民币元（列至角分）

被投资单位信息	名称	甲个人独资企业	纳税人识别号（统一社会信用代码）	
项目			**行次**	**金额/比例**
一、收入总额			1	10 000 000.00
其中：国债利息收入			2	0
二、成本费用（3=4+5+6+7+8+9+10）			3	9 150 000.00
（一）营业成本			4	6 000 000.00
（二）营业费用			5	1 000 000.00
（三）管理费用			6	1 000 000.00
（四）财务费用			7	300 000.00
（五）税金			8	800 000.00
（六）损失			9	
（七）其他支出			10	50 000.00
三、利润总额（11=1−2−3）			11	850 000.00
四、纳税调整增加额（12=13+27）			12	491 000.00
（一）超过规定标准的扣除项目金额（13=14+15+16+17+18+19+20+21+22+23+24+25+26）			13	441 000.00
1. 职工福利费			14	
2. 职工教育经费			15	5 000.00
3. 工会经费			16	6 000.00
4. 利息支出			17	
5. 业务招待费			18	50 000.00
6. 广告费和业务宣传费			19	
7. 教育和公益事业捐赠			20	

8. 住房公积金	21	
9. 社会保险费	22	
10. 折旧费用	23	
11. 无形资产摊销	24	
12. 资产损失	25	
13. 其他	26	380 000.00
（二）不允许扣除的项目金额（27=28+29+30+31+32+33+34+35+36）	27	50 000.00
1. 个人所得税税款	28	
2. 税收滞纳金	29	
3. 罚金、罚款和被没收财物的损失	30	
4. 不符合扣除规定的捐赠支出	31	50 000.00
5. 赞助支出	32	
6. 用于个人和家庭的支出	33	
7. 与取得生产经营收入无关的其他支出	34	
8. 投资者工资薪金支出	35	
9. 其他不允许扣除的支出	36	
五、纳税调整减少额	37	0
六、纳税调整后所得（38=11+12−37）	38	1 341 000.00
七、弥补以前年度亏损	39	0
八、合伙企业个人合伙人分配比例（%）	40	
九、允许扣除的个人费用及其他扣除（41=42+43+48+55）	41	148 000.00
（一）投资者减除费用	42	60 000.00
（二）专项扣除（43=44+45+46+47）	43	40 000.00
1. 基本养老保险费	44	17 200.00
2. 基本医疗保险费	45	3 600.00
3. 失业保险费	46	
4. 住房公积金	47	19 200.00
（三）专项附加扣除（48=49+50+51+52+53+54）	48	48 000.00
1. 子女教育	49	24 000.00
2. 继续教育	50	
3. 大病医疗	51	
4. 住房贷款利息	52	
5. 住房租金	53	
6. 赡养老人	54	24 000.00

（四）依法确定的其他扣除（55=56+57+58+59）	55	
1. 商业健康保险	56	
2. 税延养老保险	57	
3.	58	
4.	59	
十、投资抵扣	60	0
十一、准予扣除的个人捐赠支出	61	
十二、应纳税所得额（62=38−39−41−60−61）或［62=（38−39）×40−41−60−61］	62	1 193 000.00
十三、税率（%）	63	35
十四、速算扣除数	64	65 500
十五、应纳税额（65=62×63−64）	65	352 050.00
十六、减免税额（附报《个人所得税减免税事项报告表》）	66	0
十七、已缴税额	67	197 000.00
十八、应补/退税额（68=65−66−67）	68	155 050.00
谨声明本表是根据国家税收法律法规及相关规定填报的，是真实的、可靠的、完整的。 纳税人签字：李四　　2021 年 3 月 26 日		
经办人： 经办人身份证件号码： 代理机构签章： 代理机构统一社会信用代码：	受理人： 受理税务机关（章）： 受理日期：　　年　月　日	

国家税务总局监制

3. 来源于乙创投企业的股息红利所得计算。

合伙人李四应分回的股息红利所得：100×40%=40（万元）；

应按利息股息红利所得项目由合伙企业按次代扣代缴个人所得税：

40×20%=8（万元）。

4. 来源于乙创投企业的所得计算。

转让D企业股权所得：3 000−1 000−80=1 920（万元）；

转让E企业股权所得：500−600−12=−112（万元）；

可分配股权转让所得：1 920−112=1 808（万元）；

李四应分得的所得：1 808×40%=723.2（万元）；

允许抵扣的投资额：1 000×50%×70%=350（万元）；

李四投资抵扣后的来源于乙创投企业的应纳税所得额：

723.2−350=373.2（万元）。

应纳个人所得税：373.2×20%=74.64（万元）。

乙创投企业应于取得所得的次年3月31日前，向主管税务机关报送《单一投资基金核算的合伙制创业投资企业个人所得税扣缴申报表》（见表8−13）申报代扣代缴的个人所得税。

表8-13 单一投资基金核算的合伙制创业投资企业个人所得税扣缴申报表

税款所属期：2020 年 1 月 1 日至 2020 年 12 月 31 日　　扣缴义务人名称：乙创投企业

扣缴义务人纳税人识别号（统一社会信用代码）：□□□□□□□□□□□□□□□□□□□□　　金额单位：人民币元（列至角分）

税务机关备案编号										
创投企业投资项目所得情况										
序号	被投资企业名称	被投资企业纳税人识别号（统一社会信用代码）	投资股权份数	转让股权份数	转让后股权份数	股权转让时间	股权转让收入	股权原值	合理费用	股权转让所得额
1	2	3	4	5	6	7	8	9	10	11
1	D 企业		10%	10%	0	2 020.6	30 000 000.00	10 000 000.00	800 000.00	19 200 000.00
2	E 企业		5%	5%	0	2 020.9	5 000 000.00	6 000 000.00	120 000.00	−1 120 000.00
纳税年度内股权转让所得额合计										18 080 000.00

创投企业个人合伙人所得分配情况																
序号	个人合伙人姓名	身份证件类型	身份证件号码	个人合伙人纳税人识别号	分配比例（%）	创投企业股权转让所得额	分配所得额	其中：投资初创科技型企业情况			应纳税所得额	税率	应纳税额	减免税额	已缴税额	应补/退税额
								创投企业符合条件的投资额	个人出资比例	当年按个人投资额70%计算的实际抵扣额						
12	13	14	15	16	17	18	19	20	21	22	23	24	25	26	27	28
	李四	身份证			40%	18 080 000.00	723.20	10 000 000.00	50%	3 500 000.00	3 732 000.00	20%	746 400.00	0	0	746 400.00
合计												–				

谨声明本表是根据国家税收法律法规及相关规定填报的，是真实的、可靠的、完整的。

创投企业（基金）印章：乙创投企业　　2021 年 3 月 18 日

经办人签字： 经办人身份证件号码： 代理机构签章： 代理机构统一社会信用代码：	受理人： 受理税务机关（章）： 受理日期：　年　月　日

国家税务总局监制

（七）投资抵扣优惠管理

1.个人所得税投资抵扣备案

有限合伙制创业投资企业采取股权投资方式直接投资于初创科技型企业满2年的，其个人合伙人可以按照对初创科技型企业投资额的70%抵扣个人合伙人从合伙创投企业分得的经营所得。合伙创投企业应在投资满2年的年度终了3个月内，向主管税务机关办理个人所得税投资抵扣报告。

填写对初创科技型企业投资情况，包括：初创科技型企业所在省份、初创科技型企业纳税人识别号、初创科技型企业名称、投资日期、从业人数、资产总额、年销售收入、投资额等情况。

2.单一投资基金核算方式报告

创投企业可以选择按单一投资基金核算或者按创投企业年度所得整体核算两种方式之一，对其个人合伙人来源于创投企业的所得计算个人所得税应纳税额。

创投企业选择按单一投资基金核算的，应当向主管税务机关进行核算方式备案，并提交《合伙制创业投资企业单一投资基金核算方式备案表》；未按规定备案的，视同选择按创投企业年度所得整体核算。

创投企业选择按单一投资基金核算或按创投企业年度所得整体核算后，3年内不能变更。

第六节　综合所得优惠

一、符合条件的远洋船员工资薪金减半征收优惠

自2019年1月1日起至2023年12月31日止，根据《财政部 税务总局关于远洋船员个人所得税政策的公告》（财政部 税务总局公告2019年第97号）的规定，一个纳税年度内在船航行时间累计满183天的远洋船员，其取得的工资薪金收入减按50%计入应纳税所得额，依法缴纳个人所得税。

远洋船员是指在海事管理部门依法登记注册的国际航行船舶船员和在渔业管理部门依法登记注册的远洋渔业船员。在船航行时间是指远洋船员在国际航行或作业船舶和远洋渔业船舶上的工作天数。一个纳税年度内的在船航行时间为一个纳税年度内在船航行时间的累计天数。

远洋船员可选择在当年预扣预缴税款或者次年个人所得税汇算清缴时享受上述优惠政策。

海事管理部门、渔业管理部门同税务部门建立信息共享机制，定期交换远洋船员身份认定、在船航行时间等有关涉税信息。

二、支持新冠肺炎疫情防控工作补助和奖金优惠

根据《财政部 税务总局关于支持新型冠状病毒感染的肺炎疫情防控有关个人所得税政策的

公告》（财政部 税务总局公告2020年第10号）和《财政部 税务总局关于延长部分税收优惠政策执行期限的公告》（财政部 税务总局公告2022年第4号）的规定，自2020年1月1日起，对参加疫情防治工作的医务人员和防疫工作者按照政府规定标准取得的临时性工作补助和奖金，免征个人所得税。政府规定标准包括各级政府规定的补助和奖金标准。

对省级及省级以上人民政府规定的对参与疫情防控人员的临时性工作补助和奖金，比照执行。

单位发给个人用于预防新冠肺炎的药品、医疗用品和防护用品等实物（不包括现金），不计入工资、薪金收入，免征个人所得税。

三、社会保险与住房公积金优惠

（一）按规定缴付的“三险一金”免征优惠

根据2011年《个人所得税法实施条例》的规定，按照国家规定，单位为个人缴付和个人缴付的基本养老保险费、基本医疗保险费、失业保险费、住房公积金，从纳税义务人的应纳税所得额中扣除。

根据《财政部 国家税务总局关于基本养老保险费 基本医疗保险费 失业保险费 住房公积金有关个人所得税政策的通知》（财税〔2006〕10号）的规定，企事业单位按照国家或省（自治区、直辖市）人民政府规定的缴费比例或办法实际缴付的基本养老保险费、基本医疗保险费和失业保险费，免征个人所得税；个人按照国家或省（自治区、直辖市）人民政府规定的缴费比例或办法实际缴付的基本养老保险费、基本医疗保险费和失业保险费，允许在个人应纳税所得额中扣除。企事业单位和个人超过规定的比例和标准缴付的基本养老保险费、基本医疗保险费和失业保险费，应将超过部分并入个人当期的工资、薪金收入，计征个人所得税。

根据《住房公积金管理条例》和《建设部 财政部 中国人民银行关于住房公积金管理若干具体问题的指导意见》（建金管〔2005〕5号）等规定精神，单位和个人分别在不超过职工本人上一年度月平均工资12%的幅度内，其实际缴存的住房公积金，允许在个人应纳税所得额中扣除。单位和职工个人缴存住房公积金的月平均工资不得超过职工工作地所在设区城市上一年度职工月平均工资的3倍，具体标准按照各地有关规定执行。单位和个人超过上述规定比例和标准缴付的住房公积金，应将超过部分并入个人当期的工资、薪金收入，计征个人所得税。

个人实际领（支）取原提存的基本养老保险金、基本医疗保险金、失业保险金和住房公积金时，免征个人所得税。

（二）工伤保险待遇免征优惠

自2011年1月1日起，根据《财政部 国家税务总局关于工伤职工取得的工伤保险待遇有关个人所得税政策的通知》（财税〔2012〕40号）第一条的规定，对工伤职工及其近亲属按照《工伤保险条例》（国务院令第586号）规定取得的工伤保险待遇，免征个人所得税。

工伤保险待遇，包括工伤职工按照《工伤保险条例》规定取得的一次性伤残补助金、伤残津贴、一次性工伤医疗补助金、一次性伤残就业补助金、工伤医疗待遇、住院伙食补助费、外地就医交通食宿费用、工伤康复费用、辅助器具费用、生活护理费等，以及职工因工死亡，其近亲属按照《工伤保险条例》规定取得的丧葬补助金、供养亲属抚恤金和一次性工亡补助金等。

（三）生育津贴和生育医疗费免征优惠

根据《财政部 国家税务总局关于生育津贴和生育医疗费有关个人所得税政策的通知》（财税〔2008〕8号）第一条的规定，生育妇女按照县级以上人民政府根据国家有关规定制定的生育保险办法，取得的生育津贴、生育医疗费或其他属于生育保险性质的津贴、补贴，免征个人所得税。

目前，生育津贴实际发放情况较为复杂，涉及各地政府人社部门、用工单位、纳税人多个主体，各地发放标准、流程、环节、时点不一：有的地区由人社部门直接发给生育者本人；有的地区由任职单位先垫付、再由生育者向人社部门申请，人社部门发给单位后，单位再与员工结算。

如生育津贴是人社部门是直接向纳税人发放且单位未参与其中的，或者生育津贴由单位发放且已申报免税收入的，则纳税人无须再申请免税。这是因为，该笔生育津贴并未缴税或者已经申报过免税收入，纳税人无须重复申报。

如生育津贴由单位发放且单位未申报免税收入（或未足额申报免税收入）的，当地人社部门批准的生育津贴金额是纳税人可享受的免税收入金额上限，若单位未申报免税收入，纳税人可全额申报免税，若单位已部分申报免税，纳税人可就剩余部分申报免税。

【例8-3】纳税人小李在2022年6月生育，按照当地有关规定生育津贴直接发放至本人，自己向人社部门提出了申请，小李在休产假期间，单位按照10 000元/月正常为其发放工资并纳入扣缴申报，小李取得的生育津贴平摊至产假月份为8 000元/月。则应区分三种情况处理：情况一，如单位扣缴时已按8 000元/月申报了生育津贴免税收入，则纳税人年度汇算时不能再补充申报该项免税收入；情况二，如单位扣缴时没有申报生育津贴免税收入，则纳税人年度汇算时可按8 000元/月 × 产假月份补充申报该项免税收入；情况三，如单位扣缴时已按10 000元/月申报了生育津贴免税收入，则单位每月多申报了2 000元该项免税收入，单位需要调整扣缴申报。

【例8-4】纳税人小张在2022年7月生育，纳税人在休产假期间，单位按照6 000元/月正常为其发放工资并按照正常工薪扣缴。经小张申请，人社部门将生育津贴发放给单位，生育津贴平摊至产假月份为8 000元/月，单位将差额2 000元/月补发给小张，未申报缴税。则应区分三种情况处理：情况一，如单位扣缴时已按6 000元/月申报了生育津贴免税收入，则纳税人年度汇算时不能再补充申报该项免税收入；情况二，如单位扣缴时没有申报生育津贴免税收入，则纳税人年度汇算时可按6 000元/月 × 产假月份补充申报该项免税收入；情况三，如单位扣缴时已按8 000元/月申报了生育津贴免税收入，由于其中2 000 元/月并未缴税，因此每月多申报了2 000元免税收入，需要调整扣缴申报。

【例8-5】纳税人小王在2022年8月生育，按照当地有关规定生育津贴直接发放至本人，自己向人社部门提出了申请，小王在休产假期间，单位不再发放工资。此时，由于人社部门发放生育津贴时未扣缴个人所得税，小王年度汇算时也不能再补充申报生育津贴免税收入。

社保费和公积金优惠如图8-15所示。

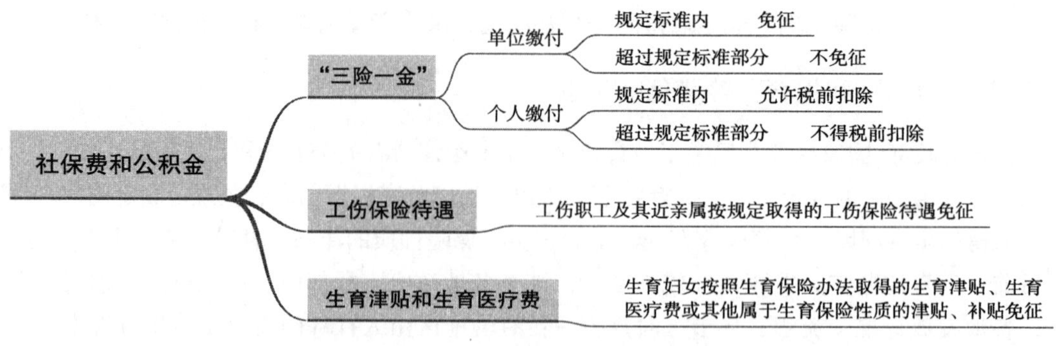

图8-15 社保费和公积金优惠

四、保险营销员和证券经纪人展业成本优惠

根据《财政部 税务总局关于个人所得税法修改后有关优惠政策衔接问题的通知》（财税〔2018〕164号）第三条“关于保险营销员、证券经纪人佣金收入的政策”的规定，保险营销员、证券经纪人取得的佣金收入，属于劳务报酬所得，以不含增值税的收入减除20%的费用后的余额为收入额，收入额减去展业成本以及附加税费后，并入当年综合所得，计算缴纳个人所得税。保险营销员、证券经纪人展业成本按照收入额的25%计算。

扣缴义务人向保险营销员、证券经纪人支付佣金收入时，应按照《个人所得税扣缴申报管理办法（试行）》（国家税务总局公告2018年第61号发布）规定的累计预扣法计算预扣税款。

五、破产安置费和解除劳动合同补偿金优惠

（一）职工从破产企业取得的安置费优惠

根据《财政部 国家税务总局关于个人与用人单位解除劳动关系取得的一次性补偿收入征免个人所得税问题的通知》（财税〔2001〕157号）第三条的规定，企业依照国家有关法律规定宣告破产，企业职工从该破产企业取得的一次性安置费收入，免征个人所得税。

（二）解除劳动合同取得的补偿金优惠

自2019年1月1日起，根据《财政部 税务总局关于个人所得税法修改后有关优惠政策衔接问题的通知》（财税〔2018〕164号）第五条第（一）项的规定，个人与用人单位解除劳动关系取得一次性补偿收入（包括用人单位发放的经济补偿金、生活补助费和其他补助费），在当地上年职工平均工资3倍数额以内的部分，免征个人所得税；超过3倍数额的部分，不并入当年综合所得，单独适用综合所得税率表，计算纳税。

根据财税〔2001〕157号文件第二条的规定，个人领取一次性补偿收入时按照国家和地方政府规定的比例实际缴纳的住房公积金、医疗保险费、基本养老保险费、失业保险费，可以在计征其一次性补偿收入的个人所得税时予以扣除。

六、代扣代缴税款手续费优惠

根据《财政部 国家税务总局关于个人所得税若干政策问题的通知》(财税字〔1994〕20号)的规定，个人办理代扣代缴税款手续，按规定取得的扣缴手续费收入，暂免征收个人所得税。

根据《国家税务总局关于代扣代缴储蓄存款利息所得个人所得税手续费收入征免税问题的通知》(国税发〔2001〕31号)第二条的规定，储蓄机构内从事代扣代缴工作的办税人员取得的扣缴利息税手续费所得免征个人所得税。

需要说明的是，企业代扣代缴或代征税款从税务机关取得的手续费收入，在2016年4月30日之前应按规定申报缴纳营业税金及其附加；自2016年6月1日起，代扣(代收)代缴个人所得税、车船税手续费按“经纪代理服务”征收增值税。上述收入还应并入企业收入总额申报缴纳企业所得税。

扣缴个人所得税手续费按年度代扣代缴(含预扣预缴)实际入库税额的2%办理退库，其中实际入库税额需减除代扣代缴(含预扣预缴)更正申报退税，以及限售股转让清算退税。

第七节 外籍人员优惠

一、居住不超过90天非居民个人境内所得境外雇主支付部分免征优惠

自2019年1月1日起，根据《个人所得税法实施条例》第五条的规定，在中国境内无住所的个人，在一个纳税年度内在中国境内居住累计不超过90天的，其来源于中国境内的所得，由境外雇主支付并且不由该雇主在中国境内的机构、场所负担的部分，免予缴纳个人所得税。

需要说明的是，这里免征的是境内所得境外支付部分的工资、薪金所得的个人所得税，而对其他各项所得应按规定征收个人所得税。

根据《国家税务总局关于在中国境内无住所的个人取得工资、薪金所得纳税义务问题的通知》(国税发〔1994〕148号)的规定，在中国境内无住所而在一个纳税年度中在中国境内连续或累计工作不超过90天或在税收协定规定的期间在中国境内连续或累计居住不超过183天的个人，由中国境外雇主支付并且不是由该雇主的中国境内机构负担的工资、薪金，免予申报缴纳个人所得税。

根据《财政部关于外国来华工作人员缴纳个人所得税问题的通知》(财税字〔1980〕189号)第三条的规定，外国来华工作人员，在我国服务而取得的工资、薪金，无论是我方支付、外国支付、我方和外国共同支付，均属于来源于中国的所得，除按规定给予免税优惠外，其他均应按规定征收个人所得税。但对在中国境内连续居住不超过90天的，可只就我方支付的工资、薪金部分计算纳税，对外国支付的工资、薪金部分免予征税。

无住所个人一个纳税年度内在中国境内居住累计不超过90天的个人，其纳税义务情况如表8-14所示。

表8-14 境内居住累计不超过90天的非居民个人纳税义务

所得项目	境内所得		境外所得	
	境内支付	境外支付	境内支付	境外支付
工资、薪金所得	√	免税	×	×
其他所得	√	√	×	×

注：√代表征税，× 代表不征税。

二、居住满183天年度连续不满6年无住所个人境外所得境外支付优惠

自2019年1月1日起，根据《个人所得税法实施条例》第四条的规定，在中国境内无住所的个人，在中国境内居住累计满183天的年度连续不满6年的，经向主管税务机关备案，其来源于中国境外且由境外单位或者个人支付的所得，免予缴纳个人所得税；在中国境内居住累计满183天的任一年度中有一次离境超过30天的，其在中国境内居住累计满183天的年度的连续年限重新起算。

需要说明的是，这里“在中国境内无住所的个人，在中国境内居住累计满183天的年度连续不满6年的，经向主管税务机关备案，其来源于中国境外且由境外单位或者个人支付的所得”包括《个人所得税法》第二条规定的9项所得，而不局限于工资、薪金所得。

根据《财政部 税务总局关于在中国境内无住所的个人居住时间判定标准的公告》（财政部 税务总局公告2019年第34号）第一条的规定，无住所个人一个纳税年度在中国境内累计居住满183天的，如果此前6年在中国境内每年累计居住天数都满183天而且没有任何一年单次离境超过30天，该纳税年度来源于中国境内、境外所得应当缴纳个人所得税；如果此前6年的任一年在中国境内累计居住天数不满183天或者单次离境超过30天，该纳税年度来源于中国境外且由境外单位或者个人支付的所得，免予缴纳个人所得税。

这里所称此前6年，是指该纳税年度的前1～6年的连续6个年度，此前6年的起始年度自2019年（含）以后年度开始计算。

《个人所得税法》将居民个人的时间判定标准由一个纳税年度内境内居住满1年调整为满183天，为了吸引外资和鼓励外籍人员来华工作，促进对外交流，《个人所得税法实施条例》继续保留了原条例对境外支付的境外所得免予征税优惠制度安排，并进一步放宽了免税条件：一是将免税条件由构成居民纳税人不满5年，放宽到连续不满6年；二是在任一年度中，只要有一次离境超过30天的，就重新计算连续居住年限；三是将管理方式由主管税务机关批准改为备案，简化流程，方便纳税人。根据财政部、税务总局公告2019年第34号的规定，在境内停留的当天不足24小时的，不计入境内居住天数；连续居住“满6年”的年限从2019年1月1日起计算，2019年之前的年限不再纳入计算范围。这样一来，在境内工作的境外人士（包括中国港澳台居民）的境外所得免税条件比原来就更为宽松了。也就是说，在境内居住累计满183天的年度连续“满6年”的起点，是自2019年（含）以后年度开始计算，2018年（含）之前已经居住的年度一律“清零”，不计算在内。按此规定，2024年（含）之前，所有无住所个人在境内居住年限都不满6年，其取得境外支付的境外所得都能享受免税优惠。此外，自2019年起任一年度如果

有单次离境超过30天的情形，此前连续年限“清零”，重新计算。

【例8-6】张先生为中国香港居民，2013年1月1日来深圳工作，2026年8月30日回到香港工作，在此期间，除2025年2月1日至3月15日临时回香港处理公务外，其余时间一直停留在深圳。

要求：分析说明张先生的相关纳税义务。

【解析】张先生在境内居住累计满183天的年度，如果从2013年开始计算，2019年实际上已经满6年，但是由于2018年之前的年限一律“清零”，自2019年开始计算，因此，2019—2024年，张先生在境内居住累计满183天的年度连续不满6年，其取得的境外支付的境外所得，就可免缴个人所得税。

2025年，张先生在境内居住满183天，且从2019年开始计算，他在境内居住累计满183天的年度已经连续满6年（2019—2024年），且没有单次离境超过30天的情形，2025年，张先生应就在境内和境外取得的所得缴纳个人所得税。

2026年，由于张先生2025年有单次离境超过30天的情形（2025年2月1日至3月15日），其在内地居住累计满183天的连续年限清零，重新起算，2026年当年张先生取得的境外支付的境外所得，可以免缴个人所得税。

综上所述，无住所个人纳税义务情况如表8-15、表8-16所示。

表8-15 无住所个人（非高管）工资、薪金所得纳税义务

<table>
<tr><th rowspan="2">境内居住时间</th><th rowspan="2">此前6年</th><th rowspan="2">纳税人类型</th><th colspan="2">境内所得</th><th colspan="2">境外所得</th></tr>
<tr><th>境内支付或由境内负担</th><th>境外支付且不由境内负担</th><th>境内支付</th><th>境外支付</th></tr>
<tr><td>累计不超过90天</td><td rowspan="3">×</td><td rowspan="2">非居民个人</td><td>√</td><td>免税</td><td>×</td><td>×</td></tr>
<tr><td>一个纳税年度内累计超过90天不足183天</td><td>√</td><td>√</td><td>×</td><td>×</td></tr>
<tr><td>2024年前累计满183天</td><td>居民个人</td><td>√</td><td>√</td><td>√</td><td>免税</td></tr>
<tr><td>2025年起累计满183天</td><td>此前6年中任一年在境内累计居住天数不满183天或单次离境超过30天</td><td>居民个人</td><td>√</td><td>√</td><td>√</td><td>免税</td></tr>
<tr><td>2025年起累计满183天</td><td>此前6年在境内每年累计居住天数都满183天且没有任何一年单次离境超过30天</td><td>居民个人</td><td>√</td><td>√</td><td>√</td><td>√</td></tr>
</table>

注：√代表征税，×代表不征税。

表8-16 无住所高管人员工资、薪金所得纳税义务

境内居住时间	此前6年	纳税人类型	境内所得		境外所得	
			境内支付或由境内负担	境外支付且不由境内负担	境内支付	境外支付
纳税年度内累计不超过90天	×	非居民个人	√	免税	√	×
一个纳税年度内累计超过90天不足183天			√	√	√	×
2024年前累计满183天		居民个人	√	√	√	免税
2025年起累计满183天	此前6年中任一年在境内累计居住天数不满183天或单次离境超过30天	居民个人	√	√	√	免税
2025年起累计满183天	此前6年在境内每年累计居住天数都满183天且没有任何一年单次离境超过30天	居民个人	√	√	√	√

【例8-7】假设法国公民约翰先生2025年在中国境内居住满183天，其在英国、印度每年均有大量的投资收益，约翰先生2019年1月1日来华工作，到2025年9月30日结束任职回国。在此期间，约翰先生每年在境内居住时间均超过183天，且无单次离境超过30天的情形。

要求：分析说明约翰先生在中国的纳税义务。

【解析】约翰先生2019年1月1日来华工作，到2025年9月30日结束任职回国，2019—2024年为在中国境内居住累计满183天的年度连续满6年。2025年，约翰先生在中国境内居住超过183天，为居民个人，应当就其包括英国、印度的投资收益在内的全球所得，在中国申报缴纳个人所得税。

在本案例中，约翰先生只要在2024年有一次离境超过30天，2025年，约翰先生从英国、印度取得的投资收益，就可以免予缴纳中国的个人所得税。

在本案例中，约翰先生2019—2024年在境内居住时间满183天的年度已满6年，如果约翰先生不想就其2025年英国、印度的投资收益在境内缴税，唯一有效的方法是2025年在境内居住时间少于183天，不构成居民个人。如果约翰先生2025年在境内居住时间已经超过183天，即使再增加单次离境30天，也不能改变对其英国、印度的投资收益在境内缴税的义务。

但是，2025年增加一次离境30天，可以打破“连续6年”的连续计算。

三、符合条件的外籍专家工资、薪金税收优惠

根据《财政部 国家税务总局关于个人所得税若干政策问题的通知》（财税字〔1994〕20号）第

二条第（九）项的规定，凡符合下列条件之一的外籍专家取得的工资、薪金所得可免征个人所得税。

（一）世界银行直接派往我国工作的外国专家优惠

根据财税字〔1994〕20号文件第二条第（九）项第1点的规定，根据世界银行专项贷款协议由世界银行直接派往我国工作的外国专家取得的工资、薪金所得可免征个人所得税。

（二）联合国组织直接派往我国工作的专家优惠

根据财税字〔1994〕20号文件第二条第（九）项第2点的规定，联合国组织直接派往我国工作的专家取得的工资、薪金所得可免征个人所得税。

《国家税务总局关于世界银行 联合国直接派遣来华工作的专家享受免征个人所得税有关问题的通知》（国税函发〔1996〕417号）进一步明确，世界银行或联合国"直接派往"是指世界银行或联合国组织直接与该专家签订提供技术服务的协议或与该专家的雇主签订技术服务协议，并指定该专家为有关项目提供技术服务，由世界银行或联合国支付该外国专家的工资、薪金报酬。该外国专家办理上述免税时，应提供其与世界银行签订的有关合同和其工资、薪金所得由世界银行或联合国组织支付、负担的证明。联合国组织是指联合国的有关组织，包括联合国开发计划署、联合国人口活动基金、联合国儿童基金会、联合国技术合作部、联合国工业发展组织、联合国粮农组织、世界粮食计划署、世界卫生组织、世界气象组织、联合国科教文组织等。除上述由世界银行或联合国组织直接派往中国工作的外国专家以外，其他外国专家从事与世界银行贷款项目有关的技术服务所取得的工资、薪金所得或劳务报酬所得，均应依法征收个人所得税。

（三）为联合国援助项目来华工作的专家优惠

根据财税字〔1994〕20号文件第二条第（九）项第3点的规定，为联合国援助项目来华工作的专家取得的工资、薪金所得可免征个人所得税。

（四）援助国派往我国专为该国无偿援助项目工作的专家优惠

根据财税字〔1994〕20号文件第二条第（九）项第4点的规定，援助国派往我国专为该国无偿援助项目工作的专家取得的工资、薪金所得可免征个人所得税。

根据《财政部关于外国来华工作人员缴纳个人所得税问题的通知》（财税字〔1980〕189号）第一条的规定，援助国派往我国专为该国无偿援助我国的建设项目服务的工作人员，取得的工资、生活津贴，不论是我方支付或外国支付，均可免征个人所得税。

（五）文化交流项目来华工作两年以内的文教专家优惠

根据财税字〔1994〕20号文件第二条第（九）项第5点的规定，根据两国政府签订文化交流项目来华工作两年以内的文教专家，其工资、薪金所得由该国负担的免征个人所得税。

（六）国际交流项目来华工作两年以内的文教专家优惠

根据财税字〔1994〕20号文件第二条第（九）项第6点的规定，根据我国大专院校国际交流项目来华工作两年以内的文教专家，其工资、薪金所得由该国负担的免征个人所得税。

根据财税字〔1980〕189号文件的规定，外国来华文教专家，在我国服务期间，由我方发工资、薪金，并对其住房、使用汽车、医疗实行免费“三包”，可只就工资、薪金所得按照税法规定征收个人所得税；对我方免费提供的住房、使用汽车、医疗，可免予计算纳税。

（七）通过民间科研协定来华工作的专家优惠

根据财税字〔1994〕20号文件第二条第（九）项第7点的规定，通过民间科研协定来华工作的专家，其工资、薪金所得由该国政府机构负担的免征个人所得税。

四、外籍个人的八项津补贴优惠

（一）住房补贴、伙食补贴、搬迁费、洗衣费优惠

根据财税字〔1994〕20号文件第二条第（一）项的规定，外籍个人以非现金形式或实报实销形式取得的住房补贴、伙食补贴、搬迁费、洗衣费暂免征收个人所得税。

根据《国家税务总局关于外籍个人取得有关补贴征免个人所得税执行问题的通知》（国税发〔1997〕54号）第一条的规定，对外籍个人以非现金形式或实报实销形式取得的合理的住房补贴、伙食补贴和洗衣费免征个人所得税，应由纳税人在初次取得上述补贴或上述补贴数额、支付方式发生变化的月份的次月进行工资、薪金所得纳税申报时，向主管税务机关提供上述补贴的有效凭证，由主管税务机关核准确认免税。

根据国税发〔1997〕54号文件第二条的规定，对外籍个人因到中国任职或离职，以实报实销形式取得的搬迁收入免征个人所得税，应由纳税人提供有效凭证，由主管税务机关审核认定，就其合理的部分免税。外商投资企业和外国企业在中国境内的机构、场所，以搬迁费名义每月或定期向其外籍雇员支付的费用，应计入工资薪金所得征收个人所得税。

根据《财政部 税务总局关于对外籍职员的在华住房费准予扣除计算纳税的通知》（财税外字〔1988〕21号）的规定，外商投资企业和外商驻华机构租房或购买房屋免费供外籍职员居住，可以不计入其职员的工资、薪金所得缴纳个人所得税。外商投资企业和外商驻华机构将住房费定额发给外籍职员，应计入其职员的工资、薪金所得。

根据《国家税务总局关于外籍人员×××先生的工资、薪金含有假设房租，如何计征个人所得税问题的函》（〔1989〕国税外字第052号）的规定，假设房租是指一些外国公司在向其他国家派驻工作人员时，考虑到不增加派驻人员的个人房租负担，由公司支付其所在派驻国的住房费用。但公司在支付该派驻人员工资时，为不使其因不需支付房租而获得利益，扣除掉该派驻人员在其本国按照一般住房水平应由个人负担的住房费用。根据个人所得税法及有关规定，外国公司为其驻华工作人员支付的住房费用如能提供有关证明文件，可不并入个人所得征收所得税。因此，假设房租作为个人应负担的住房费用，应作为个人所得一并征收所得税，而不宜再作扣除。

（二）外籍个人按合理标准取得的境内外出差补贴优惠

根据财税字〔1994〕20号文件第二条第（二）项的规定，外籍个人按合理标准取得的境内、外出差补贴，暂免征收个人所得税。

根据国税发〔1997〕54号文件第三条的规定，对外籍个人按合理标准取得的境内、外出差补贴免征个人所得税，应由纳税人提供出差的交通费、住宿费凭证（复印件）或企业安排出差

的有关计划，由主管税务机关确认免税。

（三）探亲费、语言训练费、子女教育费优惠

根据财税字〔1994〕20号文件第二条第（三）项的规定，外籍个人取得的探亲费、语言训练费、子女教育费等，经当地税务机关审核批准为合理的部分，暂免征收个人所得税。

1. 探亲费

根据国税发〔1997〕54号文件第四条的规定，对外籍个人取得的探亲费免征个人所得税，应由纳税人提供探亲的交通支出凭证（复印件），由主管税务机关审核，对其实际用于本人探亲，且每年探亲的次数和支付的标准合理的部分给予免税。《国家税务总局关于外籍个人取得的探亲费免征个人所得税有关执行标准问题的通知》（国税函〔2001〕336号）规定，可以享受免征个人所得税优惠待遇的探亲费，仅限于外籍个人在我国的受雇地与其家庭所在地（包括配偶或父母居住地）之间搭乘交通工具且每年不超过2次的费用。

2. 语言培训费和子女教育费

根据国税发〔1997〕54号文件第五条的规定，对外籍个人取得的语言培训费和子女教育费补贴免征个人所得税，应由纳税人提供在中国境内接受上述教育的支出凭证和期限证明材料，由主管税务机关审核，对其在中国境内接受语言培训以及子女在中国境内接受教育取得的语言培训费和子女教育费补贴，且在合理数额内的部分免予纳税。

此外，《财政部 国家税务总局关于外籍个人取得港澳地区住房等补贴征免个人所得税的通知》（财税〔2004〕29号）进一步明确，受雇于我国境内企业的外籍个人（不包括香港澳门居民个人），因家庭等原因居住在香港、澳门，每个工作日往返于内地与香港、澳门等地区，由此境内企业（包括其关联企业）给予在香港或澳门住房、伙食、洗衣、搬迁等非现金形式或实报实销形式的补贴，凡能提供有效凭证的，经主管税务机关审核确认后，可以依照财税字〔1994〕20号文件第二条以及国税发〔1997〕54号文件第一条、第二条的规定，免予征收个人所得税。上述外籍个人就其在香港或澳门进行语言培训、子女教育而取得的费用补贴，凡能提供有效支出凭证等材料的，经主管税务机关审核确认为合理的部分，可以依照上述财税字〔1994〕20号文件第二条以及国税发〔1997〕54号文件第五条的规定，免予征收个人所得税。

外籍个人八项津补贴优惠如图8-16所示。

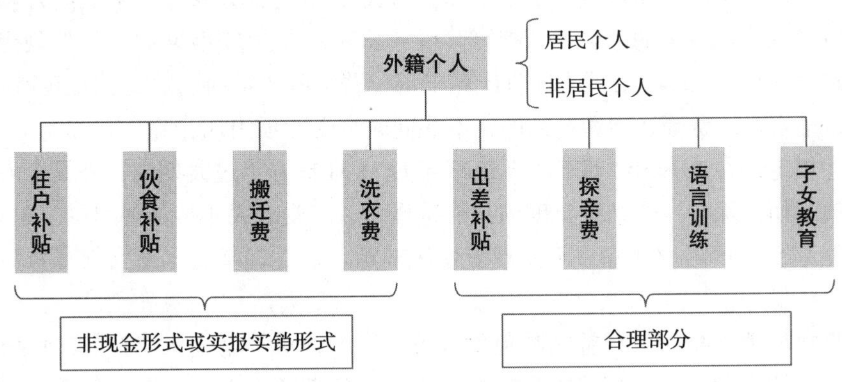

图8-16 外籍个人八项津补贴优惠

（四）外籍个人八项津补贴优惠的清理与过渡

外籍人员减免税的津补贴项目主要有住房补贴、伙食补贴、搬家费、洗衣费、探亲费、出差补贴、子女教育费、语言训练费等八项补贴。

《国务院批转发展改革委等部门关于深化收入分配制度改革若干意见的通知》（国发〔2013〕6号）提出，取消对外籍个人从外商投资企业取得的股息、红利所得免征个人所得税等税收优惠。外籍人员八项免税的津补贴也应在清理取消之列。这是因为：

一是外籍人员八项免税津补贴只适用于外籍人员，与国内人员相比存在内外不一、政策不公，外籍人员享受了超国民待遇，继续保留的必要性不大。

二是《个人所得税法》增设子女教育、住房租金等专项附加扣除项目，对外籍人员的子女教育、住房租金已有所考虑。

三是外籍个人八项免税津补贴无统一标准，免税金额福利化，改变了原政策初衷。

四是从国际上看，绝大多数国家对非居民个人取得的生活津补贴没有普遍适用性的免税政策，其中奥地利仅对符合一定条件的外籍个人可享受一定的特殊税前扣除：搬家费、在工作地附近居住每月不超过2 200欧元的住房费用，子女就读私立学校每月不超过110欧元的费用、每月不超过306欧元的回国探亲费用，总体看，都属于小额的、零星的。

五是近年来华外籍人员的结构和受教育层次发生较大变化，很多低端外籍人员来华就业务工，不宜再给予优惠。对外籍高端人才可借鉴国际做法，通过设立统一的高层次人才优惠政策予以支持。

因而，《财政部 税务总局关于个人所得税法修改后有关优惠政策衔接问题的通知》（财税〔2018〕164号）第七条“关于外籍个人有关津补贴的政策”规定：2019年1月1日至2021年12月31日期间，外籍个人符合居民个人条件的，可以选择享受个人所得税专项附加扣除，也可以选择按照财税字〔1994〕20号、国税发〔1997〕54号和《财政部 国家税务总局关于外籍个人取得港澳地区住房等补贴征免个人所得税的通知》（财税〔2004〕29号）规定，享受住房补贴、语言训练费、子女教育费等津补贴免税优惠政策，但不得同时享受。外籍个人一经选择，在一个纳税年度内不得变更。自2022年1月1日起，外籍个人不再享受住房补贴、语言训练费、子女教育费津补贴免税优惠政策，应按规定享受专项附加扣除。

根据《财政部 税务总局关于非居民个人和无住所居民个人有关个人所得税政策的公告》（财政部 税务总局公告2019年第35号）第三条和《财政部 税务总局关于延续实施外籍个人津补贴等有关个人所得税优惠政策的公告》（财政部 税务总局公告2021年第43号）的规定，无住所居民个人为外籍个人的，2024年1月1日前计算工资、薪金收入额时，已经按规定减除住房补贴、子女教育费、语言训练费等八项津补贴的，不能同时享受专项附加扣除。

根据上述规定，在2019年1月1日至2023年12月31日五年过渡期内，外籍个人的八项津补贴优惠与专项附加扣除在一个纳税年度内只能选择之一享受，而不能同时享受。过渡期结束后，居民个人只能享受专项附加扣除，不能享受住房补贴、语言训练费、子女教育费津补贴免税优惠政策。

为减少直接取消外籍人员津补贴减免税政策的影响，对外籍个人津补贴减免税项目给予五年的过渡期，主要原因在于：外籍人员在华工作一般定期轮换，每三至五年轮换一次。设置过渡期可以保证目前在华工作的外籍人员的税收利益不受影响，给新来华人员释放税收政策调整的信号，同时促使外资企业及时调整薪酬政策，实现税收政策的平稳过渡。

（五）外籍个人八项津补贴的申报

无住所居民个人是外籍个人的，由于外籍个人的住房补贴、伙食补贴、搬家费、洗衣费、探亲费、出差补贴通常是非现金形式或采取凭票报销形式取得的，在工资、薪金所得预扣预缴个人所得税时，没有计入“工资、薪金”收入中，在按规定办理综合所得汇算清缴时，通常也没有计入《个人所得税年度自行纳税申报表（A表）》第1行“收入合计”和第2行“（一）工资、薪金”中，对应的津补贴不能再申报享受优惠或扣除。

由于外籍个人的子女教育费、语言训练费补贴通常随工资发放，预扣预缴（代扣代缴）工资、薪金所得个人所得税时计入收入总额，年终按规定办理综合所得汇算清缴时，通常也计入《个人所得税年度自行纳税申报表（A表）》第1行“收入合计”（或B表的第1行“境内收入合计”）和第2行“（一）工资、薪金”中，对应的津补贴优惠可以填入该表第9行“（二）其他免税收入”中［或填入B表第14行“（二）其他免税收入”］。

五、外国来华留学生领取的生活津贴费、奖学金不征税

根据财税字〔1980〕189号文件的规定，外国来华留学生，领取的生活津贴费、奖学金，不属于工资、薪金范畴，不征个人所得税。

六、外国派出单位发给包干款项中的非工资收入优惠

根据财税字〔1980〕189号文件第五条的规定，外国来华工作人员，由外国派出单位发给包干款项，其中包括个人工资、公用经费（邮电费、办公费、广告费、业务上往来必要的交际费）、生活津贴费（住房费、差旅费），凡对上述所得能够划分清楚的，可只就工资、薪金所得部分按照规定征收个人所得税。

七、外籍个人从外商投资企业取得股息红利所得优惠

根据《湖北省地方税务局关于对外籍个人从外商投资企业取得股息红利所得征收个人所得税问题的公告》（湖北省地方税务局公告2013年第1号，自2018年6月15日起废止）的规定，取消对外籍个人从外商投资企业取得的股息、红利所得免征个人所得税税收优惠。对取得上述所得的外籍个人，按照“利息、股息、红利”所得项目征收个人所得税。外籍个人可以依据其所在国家（地区）与我国签署的避免双重征税协定或安排（以下简称税收协定）的相关规定，在办理相关手续后，按照税收协定中的“股息”条款享受优惠税率。

华侨是否可以享受财税字〔1994〕20号文件关于“外籍个人从外商投资企业取得的股息、红利所得暂免征收个人所得税”政策？原某省地税局《2017年个人所得税部分政策口径》明确，“按照国务院令第64号、国税函〔1999〕403号规定，华侨可以享受上述优惠政策”。

2019年1月1日新税法实施后，根据《财政部 税务总局关于继续有效的个人所得税优惠政策目录的公告》（财政部 税务总局公告2018年第177号）的规定，财税字〔1994〕20号文件为

继续有效的个人所得税优惠政策文件。

第八节　军转择业与再就业扶持优惠

军转择业与再就业扶持个人所得税优惠政策，如图8-17所示。

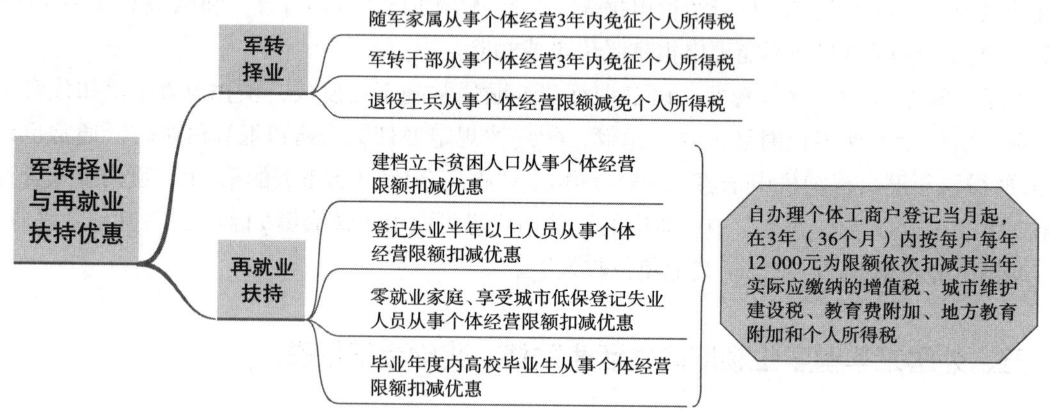

图8-17　军转择业与再就业扶持个人所得税优惠

一、随军家属从事个体经营三年内免征优惠

根据《财政部 国家税务总局关于随军家属就业有关税收政策的通知》（财税〔2000〕84号）第二条的规定，对从事个体经营的随军家属，自领取税务登记证之日起，3年内免征个人所得税。

自2016年5月1日起，根据《营业税改征增值税试点过渡政策的规定》（财税〔2016〕36号文件附件3）第一条第（三十九）项的规定，从事个体经营的随军家属，自办理税务登记事项之日起，其提供的应税服务3年内免征增值税。随军家属必须有师以上政治机关出具的可以表明其身份的证明。

每一名随军家属可以享受一次上述免税政策。

二、军转干部从事个体经营三年内免征优惠

自2003年5月1日起，根据《财政部 国家税务总局关于自主择业的军队转业干部有关税收政策问题的通知》（财税〔2003〕26号）第一条的规定，从事个体经营的军队转业干部，自领取税务登记证之日起，3年内免征个人所得税。

自2016年5月1日起，根据《营业税改征增值税试点过渡政策的规定》第一条第（四十）项的规定，从事个体经营的军队转业干部，自领取税务登记证之日起，其提供的应税服务3年内免征增值税。

享受上述优惠政策的自主择业的军队转业干部必须持有师以上部队颁发的转业证件。

三、退役士兵从事个体经营三年内限额扣减优惠

（一）自主就业退役士兵从事个体经营的限额扣减优惠

根据《财政部 税务总局 退役军人部关于进一步扶持自主就业退役士兵创业就业有关税收政策的通知》（财税〔2019〕21号）第一条和《财政部 税务总局关于延长部分税收优惠政策执行期限的公告》（财政部 税务总局公告2022年第4号）的规定，自2019年1月1日至2023年12月31日，自主就业退役士兵从事个体经营的，自办理个体工商户登记当月起，在3年（36个月，下同）内按每户每年12 000元为限额依次扣减其当年实际应缴纳的增值税、城市维护建设税、教育费附加、地方教育附加和个人所得税。限额标准最高可上浮20%，各省、自治区、直辖市人民政府可根据本地区实际情况在此幅度内确定具体限额标准。

纳税人年度应缴纳税款小于扣减限额的，减免税额以其实际缴纳的税款为限；大于扣减限额的，以扣减限额为限。纳税人的实际经营期不足1年的，应当按月换算其减免税限额。换算公式为：

减免税限额＝年度减免税限额÷12×实际经营月数

城市维护建设税、教育费附加、地方教育附加的计税依据是享受该项税收优惠政策前的增值税应纳税额。

自主就业退役士兵是指依照《退役士兵安置条例》（国务院 中央军委令第608号）的规定退出现役并按自主就业方式安置的退役士兵。

（二）留存备查资料

根据财税〔2019〕21号文件第四条的规定，自主就业退役士兵从事个体经营的，在享受税收优惠政策进行纳税申报时，注明其退役军人身份，并将《中国人民解放军义务兵退出现役证》、《中国人民解放军士官退出现役证》或《中国人民武装警察部队义务兵退出现役证》、《中国人民武装警察部队士官退出现役证》留存备查。

退役士兵以前年度已享受退役士兵创业就业税收优惠政策满3年的，不得再享受财税〔2019〕21号文件规定的税收优惠政策；以前年度享受退役士兵创业就业税收优惠政策未满3年且符合该文件规定条件的，可按该文件规定享受优惠至3年期满。

四、重点群体人员从事个体经营三年内限额扣减优惠

根据《财政部 税务总局 人力资源社会保障部 国务院扶贫办关于进一步支持和促进重点群体创业就业有关税收政策的通知》（财税〔2019〕22号，执行期限为2019年1月1日至2021年12月31日）第一条的规定，建档立卡贫困人口、持《就业创业证》（注明“自主创业税收政策”或“毕业年度内自主创业税收政策”）或《就业失业登记证》（注明“自主创业税收政策”）的人员，从事个体经营的，自办理个体工商户登记当月起，在3年（36个月，下同）内按每户每年12 000元为限额依次扣减其当年实际应缴纳的增值税、城市维护建设税、教育费附加、地方教育附加和个人所得税。限额标准最高可上浮20%，各省、自治区、直辖市人民政府可根据本地区实际情况在此幅度内确定具体限额标准。

纳税人年度应缴纳税款小于扣减限额的，减免税额以其实际缴纳的税款为限；大于扣减限

额的，以扣减限额为限。

上述人员具体包括：（1）纳入全国扶贫开发信息系统的建档立卡贫困人口；（2）在人力资源社会保障部门公共就业服务机构登记失业半年以上的人员；（3）零就业家庭、享受城市居民最低生活保障家庭劳动年龄内的登记失业人员；（4）毕业年度内高校毕业生。高校毕业生是指实施高等学历教育的普通高等学校、成人高等学校应届毕业的学生；毕业年度是指毕业所在自然年，即1月1日至12月31日。

上述人员，以前年度已享受重点群体创业就业税收优惠政策满3年的，不得再享受财税〔2019〕22号文件规定的税收优惠政策；以前年度享受重点群体创业就业税收优惠政策未满3年且符合该文件规定条件的，可按该文件规定享受优惠至3年期满。

国务院扶贫办在每年1月15日前将建档立卡贫困人口名单及相关信息提供给人力资源社会保障部、税务总局，税务总局将相关信息转发给各省、自治区、直辖市税务部门。人力资源社会保障部门依托全国扶贫开发信息系统核实建档立卡贫困人口身份信息。

第九节　支持体育教育事业和“三农”发展优惠

一、支持教育事业发展优惠

根据《财政部 国家税务总局关于教育税收政策的通知》（财税〔2004〕39号）的规定，对个人取得的教育储蓄存款利息所得，免征个人所得税；对省级人民政府、国务院各部委和中国人民解放军军以上单位，以及外国组织、国际组织颁布的教育方面的奖学金，免征个人所得税；高等学校转化职务科技成果以股份或出资比例等股权形式给予个人奖励，获奖人在取得股份、出资比例时，暂不缴纳个人所得税；取得按股份、出资比例分红或转让股权、出资比例所得时，依法缴纳个人所得税。

二、支持北京2022年冬奥会和冬残奥会优惠

根据《财政部 税务总局 海关总署关于北京2022年冬奥会和冬残奥会税收政策的通知》（财税〔2017〕60号）第三条的规定，对受北京冬奥组委邀请的，在北京2022年冬奥会、冬残奥会、测试赛期间临时来华，从事奥运相关工作的外籍顾问以及裁判员等外籍技术官员取得的由北京冬奥组委、测试赛赛事组委会支付的劳务报酬免征增值税和个人所得税。

对于参赛运动员因北京2022年冬奥会、冬残奥会、测试赛比赛获得的奖金和其他奖赏收入，按现行税收法律法规的有关规定征免应缴纳的个人所得税。

根据《财政部 税务总局 海关总署关于北京2022年冬奥会和冬残奥会税收优惠政策的公告》（财政部 税务总局 海关总署公告2019年第92号）第八条的规定，对国际奥委会及其相关实体的外籍雇员、官员、教练员、训练员以及其他代表在2019年6月1日至2022年12月31日期间临时来华，从事与北京冬奥会相关的工作，取得由北京冬奥组委支付或认定的收入，免征增值税和个人所得税。该类人员的身份及收入由北京冬奥组委出具证明文件，北京冬奥组委定期将该类人员名单及免税收入相关信息报送税务部门。

三、支持“三农”发展优惠

（一）个人或个体户从事“四业”所得暂免征收优惠

《财政部 国家税务总局关于农村税费改革试点地区有关个人所得税问题的通知》（财税〔2004〕30号，自2004年1月1日起执行）第一条规定，对个人或个体户从事种植业、养殖业、饲养业、捕捞业（以下简称“四业”），其取得的“四业”所得暂不征收个人所得税。

（二）个人独资与合伙企业投资者取得“四业”所得暂不征收优惠

《财政部 国家税务总局关于个人独资企业和合伙企业投资者取得种植业 养殖业 饲养业 捕捞业所得有关个人所得税问题的批复》（财税〔2010〕96号）明确，对个人独资企业和合伙企业从事种植业、养殖业、饲养业和捕捞业，其投资者取得的“四业”所得暂不征收个人所得税。

（三）个人取得青苗补偿费收入优惠

根据《国家税务总局关于个人取得青苗补偿费收入征免个人所得税的批复》（国税函发〔1995〕79号）的规定，乡镇企业的职工和农民取得的青苗补偿费，属种植业的收益范围，同时，也属经济损失的补偿性收入，因此，对他们取得的青苗补偿费收入暂不征收个人所得税。

第十节　高端和紧缺人才优惠

一、粤港澳大湾区境外高端人才和紧缺人才税额差补贴优惠

根据《财政部 税务总局关于粤港澳大湾区个人所得税优惠政策的通知》（财税〔2019〕31号）的规定，广东省、深圳市按内地与香港个人所得税税负差额，对在大湾区工作的境外（含港澳台，下同）高端人才和紧缺人才给予补贴，该补贴免征个人所得税。在大湾区工作的境外高端人才和紧缺人才的认定和补贴办法，按照广东省、深圳市的有关规定执行。

财税〔2019〕31号文件适用范围包括广东省广州市、深圳市、珠海市、佛山市、惠州市、东莞市、中山市、江门市和肇庆市等大湾区珠三角九市。

根据《广东省财政厅 国家税务总局广东省税务局关于贯彻落实粤港澳大湾区个人所得税优惠政策的通知》（粤财税〔2019〕2号）的规定，对在大湾区工作的境外高端人才和紧缺人才，其在珠三角九市缴纳的个人所得税已缴税额超过其按应纳税所得额的15%计算的税额部分，由珠三角九市人民政府给予财政补贴，该补贴免征个人所得税。

已缴税额，是指下列所得按照《个人所得税法》规定缴纳的个人所得税额：（1）工资、薪金所得；（2）劳务报酬所得；（3）稿酬所得；（4）特许权使用费所得；（5）经营所得；（6）入选人才工程或人才项目获得的补贴性所得。

补贴根据个人所得项目，按照分项计算（综合所得进行综合计算）、合并补贴的方式进行，每年补贴一次。从两处以上取得上述所得的人才，补贴按照属地原则进行合理分担。

对在大湾区工作的境外高端人才和紧缺人才，按照自愿申报、科学客观的原则进行认定。申报人应当具备以下基本条件：

（1）香港、澳门永久性居民，取得香港入境计划（优才、专业人士及企业家）的香港居民，台湾地区居民，外国国籍人士，或取得国外长期居留权的回国留学人员和海外华侨；

（2）在珠三角九市工作，且在此依法纳税；

（3）遵守法律法规、科研伦理和科研诚信。

同时，申报人应当符合下列条件之一：

（1）国家、省、市重大人才工程入选者，取得广东省“人才优粤卡”、外国人工作许可证（A类）或外国高端人才确认函的人才，以及国家、省、市认定的其他境外高层次人才；

（2）国家、省、市重大创新平台的科研团队成员，高等院校、科研机构、医院等相关机构中的科研技术团队成员，在广东省重点发展产业、重点领域就业创业的技术技能骨干和优秀管理人才，以及珠三角九市认定的其他具有特殊专长的紧缺急需人才。

高端人才和紧缺人才的具体认定标准和操作办法，由各市根据当地实际制定。

二、在海南自由贸易港工作的高端紧缺人才优惠

为支持海南自由贸易港建设，《财政部 税务总局关于海南自由贸易港高端紧缺人才个人所得税政策的通知》（财税〔2020〕32号，自2020年1月1日起执行至2024年12月31日）规定，对在海南自由贸易港工作的高端人才和紧缺人才，其个人所得税实际税负超过15%的部分，予以免征。

享受上述优惠政策的所得包括来源于海南自由贸易港的综合所得（包括工资薪金、劳务报酬、稿酬、特许权使用费四项所得）、经营所得以及经海南省认定的人才补贴性所得。

纳税人在海南省办理个人所得税年度汇算清缴时享受上述优惠政策。

对享受上述优惠政策的高端人才和紧缺人才实行清单管理，由海南省商财政部、税务总局制定具体管理办法。

三、在平潭工作的台湾居民税负差额补贴优惠

自2013年1月1日起至2020年12月31日止，根据《财政部 国家税务总局关于福建平潭综合实验区个人所得税优惠政策的通知》（财税〔2014〕24号）第二条的规定，福建省人民政府根据《国务院关于平潭综合实验区总体发展规划的批复》（国函〔2011〕142号）以及《平潭综合实验区总体发展规划》有关规定，按不超过内地与台湾地区个人所得税税负差额，给予在平潭综合实验区工作的台湾居民的补贴，免征个人所得税。

台湾居民，是指持有《台湾居民来往大陆通行证》的个人。平潭综合实验区是指国务院2011年11月批复的《平潭综合实验区总体发展规划》规划的平潭综合实验区范围。

第十一节　减免税申报与管理

个人所得税的税收优惠方式包括税收减免、税收抵扣、税收协定待遇等。

符合个人所得税优惠政策规定的纳税人，可以申请个人所得税税收优惠备案、天使投资个人所得税抵扣备案和非居民纳税人享受税收协定待遇备案。税务人员在自然人税收管理系统进

行操作，其中对于个人所得税税收优惠备案、个人所得税税收优惠减免核准减免优惠：纳税人发现不再符合政策条件的可通过税收优惠资格取消取消享受，也可通过税收优惠日常核实进行管理，对于不符合条件的给予暂停、取消；对于享受非居民纳税人享受税收协定待遇备案的，可通过非居民享受税收协定待遇日常审验进行管理。

一、税收优惠减免备案与管理

（一）税收优惠减免备案

备案类减免税的实施可以按照减轻纳税人负担、方便税收征管的原则，要求纳税人在首次享受减免税的申报阶段在纳税申报表中附列或附送材料进行备案；也可以要求纳税人在申报征期后的其他规定期限内提交报备资料进行备案。税务机关对备案材料进行收集、录入，纳税人在符合减免税条件期间，一次性报备税收优惠材料。个人所得税优惠备案需要填报《个人所得税减免税备案登记表》。

（二）税收优惠日常核实

对于备案类减免税，纳税人有义务留存备查材料。税务机关在纳税人首次减免税备案或者变更减免税备案后，应及时开展后续管理工作，对纳税人减免税政策适用的准确性进行审核。

二、个人所得税减免税事项报告表

《个人所得税减免税事项报告表》（见表8-17）适用于个人纳税年度内发生减免税事项，需要在纳税申报时享受的，向税务机关报送。

个人需要享受减免税事项的，应当及时向扣缴义务人提交该表做信息采集。扣缴义务人扣缴申报时，个人需要享受减免税事项的，扣缴义务人应当一并报送该表。个人需要享受减免税事项并采取自行纳税申报方式的，应按照税法规定的自行纳税申报时间，在自行纳税申报时一并报送该表。

表8-17 个人所得税减免税事项报告表

税款所属期： 年 月 日至 年 月 日

纳税人姓名： 纳税人识别号：□□□□□□□□□□□□□□□□□□□□□□□□-□□

扣缴义务人名称：

扣缴义务人纳税人识别号：□□□□□□□□□□□□□□□□□□□□ 金额单位：人民币元（列至角分）

减免税情况						
编号	勾选	减免税事项	减免人数	免税收入	减免税额	备注
1	□	残疾、孤老、烈属减征个人所得税				
2	□	个人转让5年以上唯一住房免征个人所得税		-		
3	□	随军家属从事个体经营免征个人所得税		-		

4	□	军转干部从事个体经营免征个人所得税				–		
5	□	退役士兵从事个体经营免征个人所得税				–		
6	□	建档立卡贫困人口从事个体经营扣减个人所得税				–		
7	□	登记失业半年以上人员，零就业家庭、享受城市低保登记失业人员，毕业年度内高校毕业生从事个体经营扣减个人所得税				–		
8	□	取消农业税从事“四业”所得暂免征收个人所得税				–		
9	□	符合条件的房屋赠与免征个人所得税				–		
10	□	科技人员取得职务科技成果转化现金奖励					–	
11	□	外籍个人出差补贴、探亲费、语言训练费、子女教育费等津补贴					–	
12	□	税收协定	股息	税收协定名称及条款：		–		
13	□		利息	税收协定名称及条款：		–		
14	□		特许权使用费	税收协定名称及条款：		–		
15	□		财产收益	税收协定名称及条款：		–		
16	□		受雇所得	税收协定名称及条款：		–		
17	□		其他	税收协定名称及条款：		–		
18	□	其他	减免税事项名称及减免性质代码：					
19			减免税事项名称及减免性质代码：					
20			减免税事项名称及减免性质代码：					
合计								

减免税人员名单

序号	姓名	纳税人识别号	减免税事项（编号或减免性质代码）	所得项目	免税收入	减免税额	备注

谨声明本表是根据国家税收法律法规及相关规定填报的，本人（单位）对填报内容（附带资料）的真实性、可靠性、完整性负责。

纳税人或扣缴单位负责人签字：　　　　年　月　日

经办人签字： 经办人身份证件类型： 经办人身份证件号码： 代理机构签章： 代理机构统一社会信用代码：	受理人： 受理税务机关（章）： 受理日期：　　年　月　日

国家税务总局监制

三、非居民个人享受税收协定待遇备案

非居民个人需要享受税收协定条款规定的税收协定待遇的，在发生纳税义务之前或者申报相关纳税义务时，纳税人或者扣缴义务人应向主管税务机关备案。备案时，纳税人必须为非居民，且已进行自然人信息登记。

税务机关应通过审核评税、纳税检查、执法检查等征管或监督环节，每年定期或不定期对非居民享受税收协定待遇执行情况进行审核、复核或复查。在审查非居民已享受税收协定待遇情况或追补享受税收协定待遇申请时，主管税务机关发现不能准确判定非居民个人是否可以享受相关税收协定待遇的，或者主管税务机关在后续管理或税款退还查实工作过程中，发现不能准确判定非居民个人是否可以享受协定待遇的，应当向上级税务机关报告；需要启动相互协商或情报交换程序的，按有关规定启动相应程序。审查认为原暂停享受税收待遇的非居民个人纳税能够恢复享受税收协定待遇资格时，由税务机关做出恢复享受税收协定待遇决定。税务机关因纳税人或扣缴义务人提供虚假的信息资料做出准予享受税收协定待遇审查决定的，经核实后有权撤销原审查决定。

第九章
股权激励所得

TAXING

税收是国家的主要支柱。

——西塞罗

股权激励，是指以公司股票（权）为标的，对其董事、高级管理人员及其他员工进行的长期性激励。股权激励涉及会计处理、税前扣除与纳税调整以及取得激励员工的个人所得税处理等复杂的财税问题。本章详细阐述股权激励的个人所得税处理等，主要内容如图9-1所示。

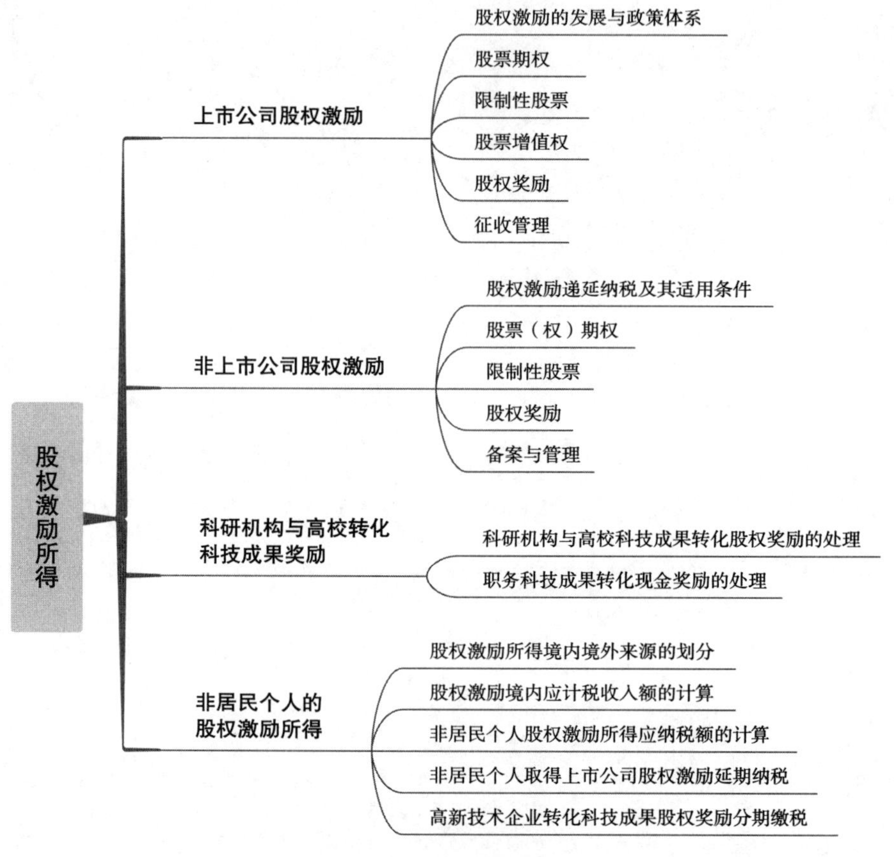

图9-1　股权激励所得

第一节　上市公司股权激励

股权激励，是指上市公司以本公司股票为标的，对其董事、高级管理人员及其他员工进行的长期性激励。上市公司股权激励方式主要有：股票期权、限制性股票、股权奖励等。

一、股权激励的发展与股权激励情况报告

（一）股权激励的发展

股权激励于20世纪50年代中期首次出现在美国，并从20世纪80年代中期开始成为美国企业盛行的一种报酬方式。到2020年初，在美国已实施股权激励的企业累计逾25 000余家。有些

高管只拿1美元或不到1美元的薪酬，背后真相是巨额的股权激励收入。

股权激励在我国最早可以追溯到清朝末期的“山西票号”。票号的股本分为“银股”和“身股”：财东以资本入股，称为银股；高级员工虽无资本顶银股，但可以自己的劳动顶股份，称为身股。两种股份共同参与分红，经营亏损完全由东家承担，身股不承担亏损赔偿责任。

2006年1月，中国证监会发布《上市公司股权激励管理办法（试行）》（现在执行的是《上市公司股权激励管理办法》），标志着上市公司股权激励的法律基础已基本具备，我国上市公司股权激励步入正轨。随后，股权激励的配套文件相继出台，涵盖股权激励的操作细则、财务处理和税务处理等。

《上市公司股权激励管理办法》、《财政部 国家税务总局关于个人股票期权所得征收个人所得税问题的通知》（财税〔2005〕35号）和《国家税务总局关于我国居民企业实行股权激励计划有关企业所得税处理问题的公告》（国家税务总局公告2012年第18号）等的出台，推动了股权激励制度快速发展。截至2020年初，3 000余家A股上市公司中，有1 550余家公告了首期股权激励计划，数百家上市公司在成功实施第一期激励计划的基础上，推出二期、三期甚至多期激励计划。2006年全年A股披露股权激励计划总公告数仅有44家，2019年全年A股股权激励计划总公告数已达到337个，2018年更曾达到409个。

在2019年度A股市场公告的337个股权激励计划中，有198个计划选择限制性股票作为激励工具，占比达到58.75%；有88个计划选择股票期权作为激励工具，占比26.11%；有51个计划选择股票期权与限制性股票的复合工具，占比15.13%。

（二）股权激励情况报告

《国家税务总局关于进一步深化税务领域“放管服”改革培育和激发市场主体活力若干措施的通知》（税总征科发〔2021〕69号）第二条第（十）项“加强股权激励个人所得税管理”规定，严格执行个人所得税有关政策，实施股权（股票，下同）激励的企业应当在决定实施股权激励的次月15日内，向主管税务机关报送《股权激励情况报告表》（见表9-1），并按照《财政部 国家税务总局关于个人股票期权所得征收个人所得税问题的通知》（财税〔2005〕35号）、《财政部 国家税务总局关于完善股权激励和技术入股有关所得税政策的通知》（财税〔2016〕101号）等规定向主管税务机关报送相关资料。股权激励计划已实施但尚未执行完毕的，于2021年底前向主管税务机关补充报送《股权激励情况报告表》和相关资料。境内企业以境外企业股权为标的对员工进行股权激励的，应当按照工资、薪金所得扣缴个人所得税，并执行上述规定。

表9-1 股权激励情况报告表

备案编号（主管税务机关填写）： 金额单位：人民币元（列至角分）

股权激励计划实施企业基本情况							
实施企业名称				纳税人识别号（统一社会信用代码）	□□□□□□□□□□□□□□□□□□□□		
所在国家/地区		地址		联系人		电话	

<table>
<tr><td colspan="9">股权激励计划标的企业基本情况</td></tr>
<tr><td colspan="2">企业名称</td><td colspan="3"></td><td colspan="2">纳税人识别号
（统一社会信用代码）</td><td colspan="2">□□□□□□□□□□□□□□□□□□</td></tr>
<tr><td colspan="2">所在国家 / 地区</td><td>地址</td><td colspan="2"></td><td>联系人</td><td></td><td>电话</td><td></td></tr>
<tr><td colspan="3">股权激励计划实施企业是标的企业的</td><td colspan="6">□直接或间接控股公司 □直接或间接被控股公司 □直接或间接协议控制公司 □直接或间接被协议控制公司 □其他______________</td></tr>
<tr><td colspan="9">股权激励形式</td></tr>
<tr><td colspan="2">股权激励形式（单选）</td><td colspan="4">□股票（权）期权 □限制性股票 □股票增值权□股权奖励 □其他形式______________</td><td colspan="2">决定实施股权激励计划日期</td><td></td></tr>
<tr><td colspan="9">被激励对象基本情况</td></tr>
<tr><td>序号</td><td>姓名</td><td>身份证件类型</td><td>身份证件号码</td><td>职务</td><td>授予股数</td><td>授予（行权）价格</td><td>授予日</td><td>可行权日</td></tr>
<tr><td></td><td></td><td></td><td></td><td></td><td></td><td></td><td></td><td></td></tr>
<tr><td></td><td></td><td></td><td></td><td></td><td></td><td></td><td></td><td></td></tr>
<tr><td></td><td></td><td></td><td></td><td></td><td></td><td></td><td></td><td></td></tr>
<tr><td></td><td></td><td></td><td></td><td></td><td></td><td></td><td></td><td></td></tr>
<tr><td></td><td></td><td></td><td></td><td></td><td></td><td></td><td></td><td></td></tr>
<tr><td colspan="9">谨声明本表是根据国家税收法律法规及相关规定填报的，是真实的、可靠的、完整的。
填报单位：（签章）： 年 月 日</td></tr>
<tr><td colspan="4">经办人签字：
经办人身份证件类型：
经办人身份证件号码：
代理机构签章：
代理机构统一社会信用代码：</td><td colspan="5">受理人：
受理税务机关（章）：
受理日期： 年 月 日</td></tr>
</table>

国家税务总局监制

二、股票期权

（一）上市公司股票期权基本规定

股票期权是指上市公司授予激励对象在未来一定期限内以预先确定的条件购买本公司一定数量股份的权利。激励对象获授的股票期权不得转让、用于担保或偿还债务。股票期权的运作涉及授予日 / 授权日、可行权日、行权日、出售日、失效日等时点以及等待期、禁售期和有效期等因素（如图9–2所示）。

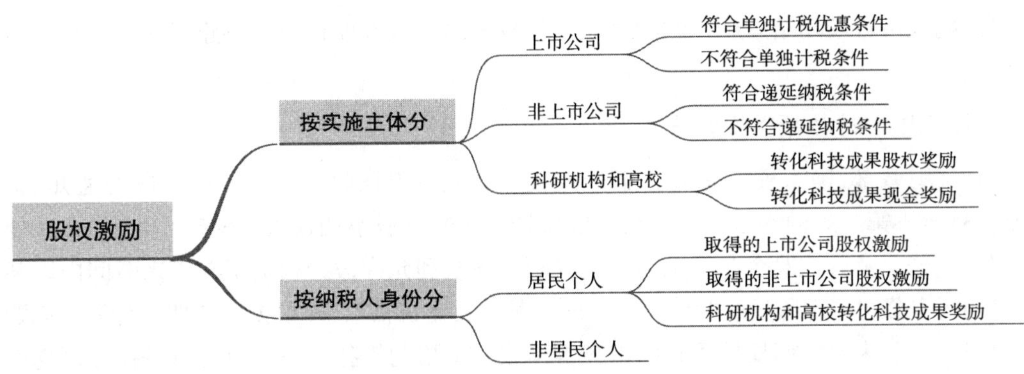

图9-2　股权激励的类型

授权日或授予日，指上市公司向激励对象授予股票期权的日期，授权日必须为交易日。可行权日，指激励对象可以开始行权的日期，可行权日必须为交易日。行权，指激励对象根据激励计划，在规定的期间内以预先确定的价格和条件购买公司股份的行为。

1.行权价格的确定

行权，也称行使权益，指激励对象根据股权激励计划的规定，解除限制性股票的限售、行使股票期权购买上市公司股份的行为。

行权价格，指上市公司向激励对象授予股票期权时所确定的、激励对象购买上市公司股份的价格。

上市公司在授予激励对象股票期权时，应当确定行权价格或者行权价格的确定方法。行权价格不得低于股票票面金额，且原则上不得低于下列价格中较高者：

（1）股权激励计划草案公布前1个交易日的公司股票交易均价；

（2）股权激励计划草案公布前20个交易日、60个交易日或者120个交易日的公司股票交易均价之一。

上市公司采用其他方法确定行权价格的，应当在股权激励计划中对定价依据及定价方式做出说明。

2.等待期与有效期

等待期，指股票期权授权日与获授股票期权首次可行权日之间的时间段，等待期不得少于12个月。尚未行权的股票期权，以及不得转让的标的股票，应当予以锁定。

有效期，指从股票期权授予日起到股票期权失效为止的时间段。

3.分期行权

分期行权，也称分期行使权益，指根据股权激励计划的安排，激励对象已获授的限制性股票分期解除限售、已获授的股票期权分期行权的行为。

在股票期权有效期内，上市公司应当规定激励对象分期行权，每期时限不得少于12个月，后一行权期的起算日不得早于前一行权期的届满日。每期可行权的股票期权比例不得超过激励对象获授股票期权总额的50%。

当期行权条件未成就的，股票期权不得行权或递延至下期行权，上市公司应当注销对应的股票期权。

股票期权各行权期结束后，激励对象未行权的当期股票期权应当终止行权，上市公司应当及时注销。

4.股票期权的个人所得税处理

根据《财政部 国家税务总局关于个人股票期权所得征收个人所得税问题的通知》（财税〔2005〕35号）第一条的规定，企业员工股票期权（简称股票期权），是指上市公司按照规定的程序授予本公司及其控股企业员工的一项权利，该权利允许被授权员工在未来时间内以某一特定价格购买本公司一定数量的股票。这里的“某一特定价格”，即根据股票期权计划可以购买股票的价格，一般为股票期权授予日的市场价格或该价格的折扣价格，也可以是按照事先设定的计算方法约定的价格。

实施股票期权计划企业，授予该企业员工的股票期权所得，应按《个人所得税法》及其实施条例有关规定征收个人所得税。关于员工取得股票期权所得个人所得税处理问题，财税〔2005〕35号、《国家税务总局关于个人股票期权所得缴纳个人所得税有关问题的补充通知》（国税函〔2006〕902号）、《财政部 税务总局关于非居民个人和无住所居民个人有关个人所得税政策的公告》（财政部 税务总局公告2019年第35号）和《财政部 税务总局关于个人所得税法修改后有关优惠政策衔接问题的通知》（财税〔2016〕164号）等文件做出具体规定。根据上述规定，对企业员工（包括在中国境内有住所和无住所的个人）参与企业股票期权计划，员工接受雇主（含上市公司和非上市公司）授予的股票期权，凡该股票期权指定的股票为上市公司（含境内、外上市公司）股票的，适用上市公司股票期权所得个人所得税相关税务处理规定。本书将上市公司股票期权分为可公开交易的股票期权和不可公开交易的股票期权，其涉及授权、行权、行权后股票分红以及转让股票等环节（如图9-3所示）的税务处理。

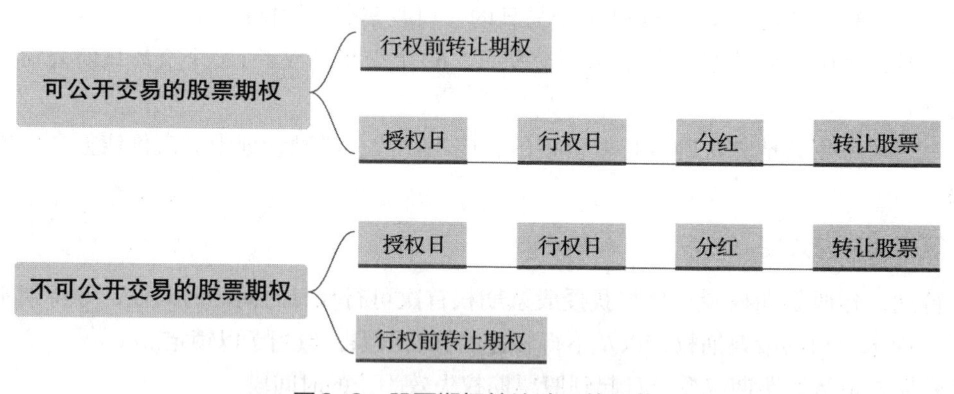

图9-3 股票期权转让涉及的环节

（二）不可公开交易股票期权的税务处理

1.授权时不征税

员工接受实施股票期权计划企业授予的股票期权（仅指不可公开交易的股票期权）时，除另有规定外（指可公开交易的股票期权），一般不作为应税所得征税。

2.行权前转让按工资、薪金所得征税

对因特殊情况，员工在行权日之前将不可公开交易的股票期权转让的，以股票期权的转让净收入，作为“工资、薪金所得”征收个人所得税。根据国税函〔2006〕902号文件第二条的规定，这里的“股票期权的转让净收入”，一般是指股票期权转让收入。如果员工以折价购入方式取得股票期权的，可以股票期权转让收入扣除折价购入股票期权时实际支付的价款后的余额，作为股票期权的转让净收入。

此种情况下，不可公开交易的股票期权的购入方在行权购入股票时，不用缴纳个人所得税。

3.行权时按“工资、薪金所得”征税

员工行权（指不可公开交易的股票期权）时，其从企业取得股票的实际购买价（施权价）低于购买日公平市场价（指该股票当日的收盘价，下同）的差额，是因员工在企业的表现和业绩情况而取得的与任职、受雇有关的所得，应按“工资、薪金所得”适用的规定计算缴纳个人所得税。

【例9–1·单选】 根据个人股票期权所得的征税规定，员工行权时，从企业取得股票的实际购买价（施权价）低于购买日公平市场价的差额，应计算缴纳个人所得税，其适用的应税所得项目为（　　）。

A.财产转让所得　　　　B.劳务报酬所得

C.工资、薪金所得　　　　D.利息、股息、红利所得

【答案】 C

【解析】 根据《个人所得税法》的相关规定，员工行权时，其从企业取得股票的实际购买价（施权价）低于购买日公平市场价的差额，是因员工在企业的表现和业绩情况而取得的与任职、受雇有关的所得，应按“工资、薪金所得”适用的规定计算缴纳个人所得税。

4.行权所得应纳税所得额的计算

员工行权所得，应按下列公式计算工资、薪金应纳税所得额：

$$\text{股票期权形式的工资、薪金应纳税所得额}=\left(\text{行权股票的每股市场价}-\text{员工取得该股票期权支付的每股施权价}\right)\times\text{股票数量}$$

上述公式中的“员工取得该股票期权支付的每股施权价”，根据国税函〔2006〕902号文件的规定，一般是指员工行使股票期权购买股票实际支付的每股价格。如果员工以折价购入方式取得股票期权的，上述施权价可包括员工折价购入股票期权时实际支付的价格。

股票期权等待期内，上市公司发生“送、转、配”股的，应相应调整施权价、股权票期权份数和行权购买股票数。

这里需要说明的是，凡取得股票期权的员工在行权日不实际买卖股票，而按行权日股票期权所指定股票的市场价与施权价之间的差额，直接从授权企业取得价差收益的，该项价差收益应作为员工取得的股票期权形式的工资、薪金所得，按照规定计算缴纳个人所得税。

5.行权所得应纳税额的计算

自2019年1月1日起，根据《财政部 税务总局关于延续实施全年一次性奖金等个人所得税优惠政策的公告》（财政部 税务总局公告2021年第42号）和财税〔2018〕164号文件第二条“关于上市公司股权激励的政策”的规定，居民个人取得股票期权、股票增值权、限制性股票、股权奖励等股权激励（以下简称股权激励），符合《财政部 国家税务总局关于个人股票期权所得

征收个人所得税问题的通知》（财税〔2005〕35号）、《财政部 国家税务总局关于股票增值权所得和限制性股票所得征收个人所得税有关问题的通知》（财税〔2009〕5号）、《财政部 国家税务总局关于将国家自主创新示范区有关税收试点政策推广到全国范围实施的通知》（财税〔2015〕116号）第四条、《财政部 国家税务总局关于完善股权激励和技术入股有关所得税政策的通知》（财税〔2016〕101号）第四条第（一）项规定的相关条件的，在2022年12月31日前，不并入当年综合所得，全额单独适用综合所得税率表，计算纳税。计算公式为：

应纳税额＝股权激励收入×适用税率－速算扣除数

居民个人一个纳税年度内取得两次以上（含两次）股权激励的，应合并按财税〔2018〕164号文件第二条第（一）项规定计算纳税。这里两次以上股权激励既包括境内的股权激励，也包括境外的股权激励。

2023年1月1日之后的股权激励政策另行明确。

综上所述，税制改革后居民个人取得符合规定条件的上市公司股权激励所得的个人所得税处理如图9-4所示。

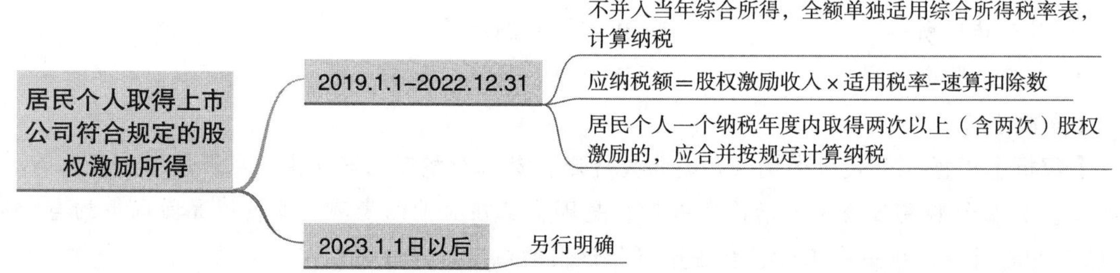

图9-4　税制改革后居民个人取得符合规定条件的上市公司股权激励所得的个人所得税处理

【例9-2】2018年，已任职三年的居民个人宋某被授予本公司股票期权，施权价3元/股，股票3万股。2020年8月份行权，行权当日收盘价9元/股。当年还取得工资收入8 000元/月，不考虑专项扣除、专项附加扣除和其他扣除。

要求：

1.计算宋某2020年8月应缴纳的个人所得税。

2.如果上述期权在2018年8月行权，计算行权所得应纳的个人所得税。

【解析】

1.2020年8月应纳个人所得税：

股票期权形式的工资、薪金应纳税所得额

=（行权股票的每股市场价－每股施权价）×股票数量

=（9–3）×30 000=180 000（元）；

该股票期权行权所得不与综合所得合并，单独适用综合所得税率表，计算应纳税额。查找综合所得税率表，适用税率20%，速算扣除数为16 920。

行权所得应缴纳的个人所得税为：

180 000×20%–16 920=19 080（元）。

每月工资薪金所得应预扣预缴个人所得税为：

2020年1月至7月应预扣预缴个人所得税：

（8 000×7−5 000×7）×3%=630（元）；

2020年8月应预扣预缴个人所得税：

（8 000×8−5 000×8）×3%−630=720−630=90（元）。

2.如果在2018年8月行权，行权当月应纳个人所得税为：

股票期权形式的工资、薪金应纳税所得额

=（行权股票的每股市场价－每股施权价）×股票数量

=（9−3）×30 000=180 000（元）；

180 000÷12=15 000，查找工资薪金所得税率表，适用税率25%，速算扣除数为1 005。

该项股权激励所得应缴纳的个人所得税为：

［180 000÷12×25%−1 005］×12=32 940（元）。

工资、薪金所得应纳个人所得税：（8 000−3 500）×10%−105=345（元）。

【例9−3】B上市公司自2015年开始对本单位关键技术人员实行股票期权激励计划。其中对技术总监张某的期权激励计划是：2015年10月8日起到2020年10月8日，在B公司任职5年、在中国境内任职不低于3年期满后，可以每股4元的价格购入公司的股票100 000股，购买股票当日市价与施权价的差价由B公司补足。

2020年10月9日，张某按股权激励计划规定，购入公司股票100 000股，当日股票收盘价为8.8元/股。B公司也兑现了补足差价承诺。张某当年还取得工资收入15 000元/月，没有其他工资、劳务报酬和稿酬所得。

要求：计算张某2020年应缴纳的个人所得税。

【解析】张某综合所得应纳个人所得税为：

（15 000×12−60 000）×10%−2 520=9 480（元）；

股票期权形式的工资、薪金所得为：

100 000×（8.8−4）=480 000（元），适用税率30%、速算扣除数为52 920；

应纳税额为：

480 000×30%−52 920=91 080（元）；

本年共计应缴纳个人所得税：

9 480+91 080=100 560（元）。

6.行权后参与利润分配的处理

员工因拥有股权而参与企业税后利润分配取得的所得，应按照“利息、股息、红利所得”适用的征、免税规定计算缴纳个人所得税。如符合规定的可享受上市公司股息红利差别化政策优惠。

根据《财政部 国家税务总局 证监会关于上市公司股息红利差别化个人所得税政策有关问题的通知》（财税〔2015〕101号）第一条的规定，个人从公开发行和转让市场取得的上市公司股票，持股期限超过1年的，股息红利所得暂免征收个人所得税。个人从公开发行和转让市场取得的上市公司股票，持股期限在1个月以内（含1个月）的，其股息红利所得全额计入应纳税所得额；持股期限在1个月以上至1年（含1年）的，暂减按50%计入应纳税所得额；上述所得统一适用20%的税率计征个人所得税。

行权后的股票参与公司利润分配取得所得的个人所得税处理如表9–2所示。

表9–2 行权后的股票参与利润分配取得所得的个人所得税处理

类型	持股时间	应纳税所得额	适用税率
上市公司和新三板挂牌公司	超过一年	个人从公开发行和转让市场取得的上市公司股票，持股期限超过1年的，股息红利所得暂免征收个人所得税	上述所得统一适用20%的税率计征个人所得税
	1个月到1年	持股期限超过1个月不超过1年（含1年）的，暂减按50%计入应纳税所得额	
	不足1个月	个人从公开发行和转让市场取得的上市公司股票，持股期限在1个月以内（含1个月）的，其股息红利所得全额计入应纳税所得额	
非上市公司或挂牌公司		员工因拥有股权参与税后利润分配而取得的股息、红利所得，应全额按规定税率计算纳税	
		外籍个人从外商投资企业取得的股息红利免征个人所得税	

7.行权后转让收益的处理

员工将行权后的股票再转让时获得的高于购买日公平市场价的差额，是因个人在证券二级市场上转让股票等有价证券而获得的所得，应按照“财产转让所得”适用的征、免税规定计算缴纳个人所得税。即个人将行权后的境内上市公司股票再行转让而取得的所得，除应税限售股外，暂不征收个人所得税；个人转让境外上市公司的股票而取得的所得，应按税法征免税的规定计算应纳税所得额和应纳税额，依法缴纳税款。

根据《财政部 国家税务总局 证监会关于沪港股票市场交易互联互通机制试点有关税收政策的通知》（财税〔2014〕81号）、《财政部 税务总局 证监会关于继续执行沪港股票市场交易互联互通机制有关个人所得税政策的通知》（财税〔2017〕78号）、《财政部 国家税务总局 证监会关于深港股票市场交易互联互通机制试点有关税收政策的通知》（财税〔2016〕127号）和《财政部 税务总局 证监会关于继续执行沪港、深港股票市场交易互联互通机制和内地与香港基金互认有关个人所得税政策的公告》（财政部 税务总局 证监会公告2019年第93号）的规定，对内地个人投资者通过沪港通投资香港联交所上市股票取得的转让差价所得，自2014年11月17日起至2022年12月31日止，暂免征收个人所得税；对内地个人投资者通过深港通投资香港联交所上市股票取得的转让差价所得，自2016年12月5日起至2022年12月31日止，暂免征收个人所得税。

转让行权后的股票所得的个人所得税处理如表9–3所示。

表9–3 转让行权后的股票所得的个人所得税处理

个人将行权后的股票再行转让取得的所得	境内上市公司股票	个人将行权后的境内上市公司股票再行转让而取得的所得，除应税限售股外，暂不征收个人所得税
	境外上市公司股票	对内地个人投资者通过沪港通和深港通投资香港联交所上市股票取得的转让差价所得，暂免征收个人所得税
		个人转让其他境外上市公司的股票而取得的所得，应按税法规定计算应纳税所得额和应纳税额，依法缴纳个人所得税

【例9-4·单选】 下列关于上市公司股票期权所得个人所得税的表述中，正确的是（　　）。

A. 员工接受实施股票期权计划企业授予的股票期权时，除另有规定外，一般不征收个人所得税

B. 员工在行权日前将不可公开交易的股票期权转让的，以股票期权的转让净收入，按财产转让所得缴纳个人所得税

C. 普通员工行权时，从企业取得股票的实际购买价低于购买日公平市场价的差额，与当月工资、薪金合并，缴纳个人所得税

D. 员工将行权后的无论是境内上市还是境外上市公司的股票转让，均免征个人所得税

【答案】 A

【解析】 选项B：根据个人所得税的相关政策规定，对因特殊情况，员工在行权日之前将股票期权转让的，以股票期权的转让净收入，作为工资、薪金所得征收个人所得税。选项C：员工行权时，从企业取得的股票的实际购买价低于购买日公平市场价的差额，单独计算个人所得税。选项D：员工将行权后的境内上市公司的股票转让，暂免征收个人所得税。

不可公开交易的股票期权所得的个人所得税处理，如图9-5所示。

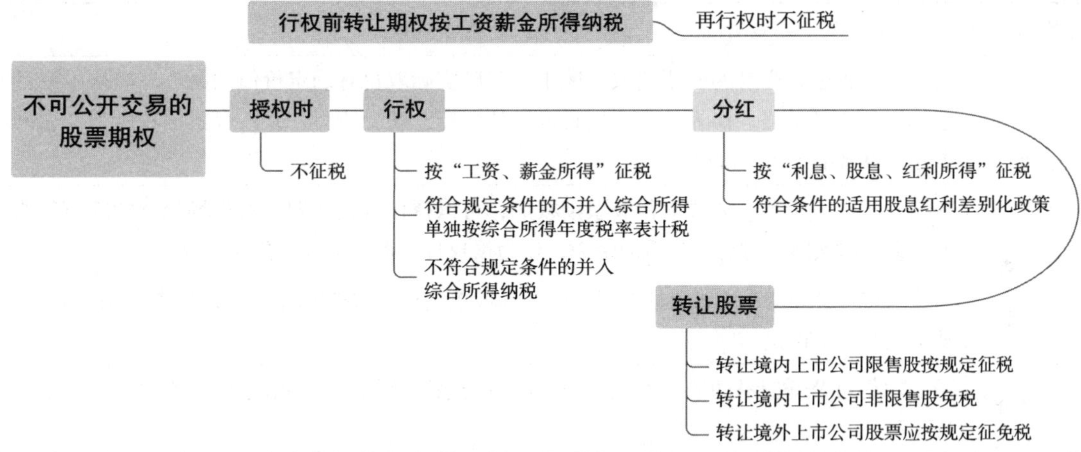

图9-5　不可公开交易的股票期权所得的个人所得税处理

（三）可公开交易的股票期权

部分股票期权在授权时即约定可以转让，且在境内或境外存在公开市场及挂牌价格，本书称之为可公开交易的股票期权。员工接受可公开交易的股票期权时，根据国税函〔2006〕902号文件的规定，应作为财税〔2005〕35号文件第二条第（一）项“另有规定”情形，按以下规定进行税务处理。

1. 取得时按工资、薪金所得征税

员工取得可公开交易的股票期权，属于员工已实际取得有确定价值的财产，应按授权日股票期权的市场价格，作为员工授权日取得的工资、薪金所得，自2019年1月1日至2022年12月31日止，符合规定的相关条件的，不并入当年综合所得，全额单独适用综合所得税率表，计算纳税。计算公式为：

应纳税额=股权激励收入×适用税率－速算扣除数

居民个人一个纳税年度内取得两次以上（含两次）股权激励的，应合并按规定计算纳税。

2023年1月1日之后的股权激励政策另行明确。

如果员工以折价购入方式取得股票期权的，可以授权日股票期权的市场价格扣除折价购入股票期权时实际支付的价款后的余额，作为授权日取得的工资、薪金所得。

2. 转让期权按财产转让所得征税

员工取得可公开交易的股票期权后，转让该股票期权所取得的所得，属于财产转让所得，依法缴纳个人所得税。

3. 行权时不征税

员工取得可公开交易的股票期权后，实际行使该股票期权购买股票时，不再计算缴纳个人所得税。

可公开交易的股票期权的个人所得税处理如表9-4所示。

表9-4 可公开交易的股票期权的个人所得税处理

环节	个人所得税处理
授权时	员工取得可公开交易的股票期权，属于员工已实际取得有确定价值的财产，应按授权日股票期权的市场价格，作为员工授权日取得的工资、薪金所得，并按股票期权所得优惠计算方法计算缴纳个人所得税。
	如果员工以折价购入方式取得股票期权的，可以授权日股票期权的市场价格扣除折价购入股票期权时实际支付的价款后的余额，作为授权日取得的工资、薪金所得。
转让期权	员工取得可公开交易的股票期权后，转让该股票期权所取得的所得，属于财产转让所得，依法缴纳个人所得税。
行权时	员工取得可公开交易的股票期权后，实际行使该股票期权购买股票时，不再计算缴纳个人所得税。

综上所述，可公开交易的股票期权所得的个人所得税处理，如图9-6所示。

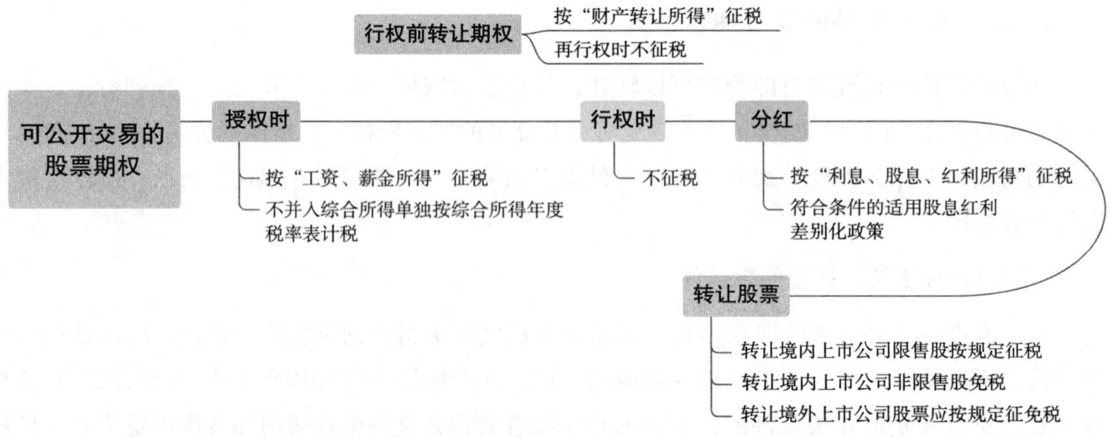

图9-6 可公开交易的股票期权所得的个人所得税处理

（四）备案与资料报送

根据财税〔2005〕35号文件第五条的规定，实施股票期权计划的境内企业，应在股票期权计划实施之前，将企业的股票期权计划或实施方案、股票期权协议书、授权通知书等资料报送主管税务机关；应在员工行权之前，将股票期权行权通知书和行权调整通知书等资料报送主管税务机关。

扣缴义务人和自行申报纳税的个人在申报纳税或代扣代缴税款时，应在税法规定的纳税申报期限内，将个人接受或转让的股票期权以及认购的股票情况（包括种类、数量、施权价格、行权价格、市场价格、转让价格等）报送主管税务机关。

实施股票期权计划的企业和因股票期权计划而取得应税所得的自行申报员工，未按规定报送上述有关报表和资料，未履行申报纳税义务或者扣缴税款义务的，按《税收征收管理法》及其实施细则的有关规定进行处理。

根据《国家税务总局关于股权激励个人所得税问题的通知》（国税函〔2009〕461号）第七条的规定，上市公司未按照规定向其主管税务机关报备有关资料的，股权激励所得不适用优惠计税方法，直接计入个人当期所得征收个人所得税。

三、限制性股票

（一）上市公司限制性股票基本规定

限制性股票是指激励对象按照股权激励计划规定的条件，获得的转让等部分权利受到限制的本公司股票。限制性股票在解除限售前不得转让、用于担保或偿还债务。限制性股票的运作流程如图9-7所示。

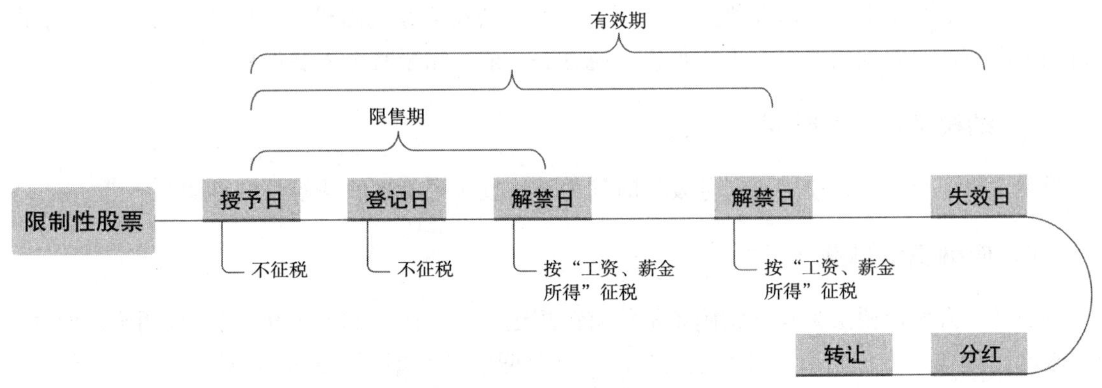

图9-7 限制性股票的运作流程

《上市公司股权激励管理办法》第三章对上市公司采取限制性股票方式实施股票激励做出如下基本规定。

1. 授予价格

授予价格，是指上市公司向激励对象授予限制性股票时所确定的、激励对象获得上市公司股份的价格。

上市公司在授予激励对象限制性股票时，应当确定授予价格或授予价格的确定方法。授予价格不得低于股票票面金额，且原则上不得低于下列价格较高者：

（1）股权激励计划草案公布前1个交易日的公司股票交易均价的50%；

（2）股权激励计划草案公布前20个交易日、60个交易日或者120个交易日的公司股票交易均价之一的50%。

上市公司采用其他方法确定限制性股票授予价格的，应当在股权激励计划中对定价依据及定价方式做出说明。

标的股票交易均价，指标的股票交易总额/标的股票交易总量。

2.限售期与分期解除限售

限售期，指股权激励计划设定的激励对象行使权益的条件尚未成就，限制性股票不得转让、用于担保或偿还债务的期间，自激励对象获授限制性股票完成登记之日起算。

限制性股票授予日与首次解除限售日之间的间隔不得少于12个月。

在限制性股票有效期内，上市公司应当规定分期解除限售，每期时限不得少于12个月，各期解除限售的比例不得超过激励对象获授限制性股票总额的50%。当期解除限售的条件未成就的，限制性股票不得解除限售或递延至下期解除限售，上市公司应当回购（回购价格不得高于授予价格加上银行同期存款利息之和）尚未解除限售的限制性股票，并按照《公司法》的规定进行处理。

分次授出权益，又称分次授权，指上市公司根据股权激励计划的安排，向已确定的激励对象分次授予限制性股票、股票期权的行为。

（二）应税项目的确定

根据国税函〔2009〕461号文件第一条的规定，个人因任职、受雇从上市公司（含境内、境外上市公司，下同）取得的限制性股票所得，由上市公司或其境内机构按照“工资、薪金所得”项目和上市公司股票期权所得个人所得税计税方法，依法扣缴其个人所得税。

（三）纳税义务发生时间

限制性股票个人所得税纳税义务发生时间为每一批次限制性股票解禁的日期。

（四）应纳税所得额

按照《个人所得税法》及其实施条例等有关规定，国税函〔2009〕461号文件明确，原则上应在限制性股票所有权归属于被激励对象时确认其限制性股票所得的应纳税所得额。具体计算方法为：上市公司实施限制性股票计划时，应以被激励对象限制性股票在中国证券登记结算公司（境外为证券登记托管机构）进行股票登记日期的股票市价（指当日收盘价，下同）和本批次解禁股票当日市价（指当日收盘价，下同）的平均价格乘以本批次解禁股票份数，减去被激励对象本批次解禁股份数所对应的为获取限制性股票实际支付资金数额，其差额为应纳税所得额。被激励对象限制性股票应纳税所得额计算公式为：

应纳税所得额=（股票登记日股票市价+本批次解禁股票当日市价）÷2×本批次解禁股票份数−被激励对象实际支付的资金总额×（本批次解禁股票份数÷被激励对象获取的限制性股

票总份数）

【例9-5·单选】2019年1月，A上市公司员工周某以1元/股的价格持有该公司的限制性股票5万股，该股票在中国证券登记结算公司登记日收盘价为4元/股，2020年12月解禁股票3万股，解禁当日收盘价7元/股。周某本次解禁股票应纳税所得额为（　　）。

A. 135 000元　　B. 147 000元　　C. 180 000元　　D. 286 000元

【答案】A

【解析】应纳税所得额=（股票登记日股票市价+本批次解禁股票当日市价）÷2×本批次解禁股票份数-被激励对象实际支付的资金总额×（本批次解禁股票份数÷被激励对象获取的限制性股票总份数）=（4+7）÷2×30 000-1×50 000×（30 000÷50 000）=135 000（元）。

（五）应纳税额计算

自2019年1月1日起，根据财税〔2018〕164号文件第二条等的规定，居民个人取得限制性股票等股权激励，符合规定的相关条件的，在2022年12月31日前，不并入当年综合所得，全额单独适用综合所得税率表，计算纳税。计算公式为：

应纳税额=股权激励收入×适用税率-速算扣除数

居民个人一个纳税年度内取得两次以上（含两次）股权激励的，应合并按规定计算纳税。两次以上股权激励，包括从境内和境外取得的不同激励形式的股权激励所得。

2023年1月1日之后的股权激励政策另行明确。

【例9-6】B公司的股票在上海证券交易所上市，2017年5月31日股东大会通过一项限制性股票激励计划，决定按每股5元的价格授予公司总经理王某20 000股限制性股票，王经理支付了100 000元。2017年7月1日，中国证券登记结算公司将这20 000股股票（非应税限售股）登记在王某的股票账户名下。当日，该公司股票收盘价为15元/股。根据计划规定，自授予日起至2018年12月31日为限售期。

根据激励计划规定，分三批解禁。第一批于2019年1月1日，解禁33%；第二批于2019年12月31日，解禁33%；最后一批于2020年12月31日，解禁最后的34%。2019年1月1日，经考核符合解禁条件，公司对王经理6 600股股票实行解禁。当日，公司股票的市场收盘价为25元/股。2019年12月31日，经考核符合解禁条件后，又解禁6 600股。当日，公司股票的市场收盘价为19元/股。

2020年3月15日，王经理以30元/股的市场价格出售上述2019年1月1日解禁的6 600股。

2020年12月31日，经考核符合解禁条件，当日，公司股票的市场收盘价为21元/股。

该公司已按规定将相关资料报税务机关备案，并依法履行个人所得税扣缴义务。

要求：计算王经理2019年及2020年股权激励所得应缴纳的个人所得税（不考虑王经理的其他收入）。

【解析】

（1）2019年1月1日：

应纳税所得额=（15+25）÷2×6 600-100 000×（6 600÷20 000）=99 000（元）；

应纳税额=99 000×10%-2 520=7 380（元）；

2019年12月31日：

解禁所得应纳税所得额：

（15+19）÷2×6 600−100 000×（6 600÷20 000）=79 200（元）；

2019年12月31日，上市公司应扣缴王经理的个人所得税为：

（99 000+79 200）×20%−16 920−7 380=11 340（元）。

（2）2020年3月15日，王经理以30元/股的市场价格出售已解禁股票，属于转让境内上市公司非应税限售股，免征个人所得税。

（3）2020年12月31日，经考核符合条件解禁6 800股：

应纳税所得额=（15+21）÷2×6 800−100 000×（6 800÷20 000）=88 400（元）；

应纳税额=88 400×10%−2 520=6 320（元）。

需要注意的是，被激励对象为缴纳个人所得税款而出售股票，其出售价格与原计税价格不一致的，按原计税价格计算其应纳税所得额和应纳税额。

另外还需要说明的是，限制性股票禁售期内，发生股本溢价转增股本（转股）的，需要相应调整“股票登记日股票市价”与“被激励对象获取的限制性股票总份数”，若用未分配利润转增股本（送股），需调整“被激励对象实际支付的资金总额”。

【例9-7】2019年2月1日，甲上市公司经股东大会批准授予员工限制性股票1 000万股，其中总经理王某在甲公司任职5年，被授予100万股，授予价格为20元/股，股票登记日为2月8日，当日股票收盘价为36元/股。

2020年2月公司实施2019年度利润分配，以2019年底公司总股本为基数，向全体股东每10股派发现金红利1元（含税）、送3股、转增2股，股权登记日为2月28日。

2020年5月8日，王经理经考核符合第一批解禁条件，解禁30%即30万股，当日收盘价为41元。

要求：计算王经理第一批解禁所得应纳的个人所得税。

【解析】

（1）根据利润分配方案对投资成本进行调整：

“10股送3股”视为“先分配、后投资”，实际投资成本需追加调整为：

100×20+30=2 030（万元）；

“每10股派发现金红利1元（含税）、送3股、转增2股”，授予100万股送转后股数为150万股。根据新的股数调整后的每股投资成本为：

2 030/150=13.5（元/股）；

（2）本批次解禁30%，即为：150×30%=45（万股）；

100万股股票登记日收盘价为36元，150万股股票登记日收盘价调整为：

36×100/150=24（元/股）；

本批次解禁计税平均价为：（24+41）/2=32.5（元/股）；

（3）应纳税所得额为：（32.5−13.5）×45=855（万元）；

应纳个人所得税为：855×45%−18.1 920=366.558（万元）。

王经理一次缴纳个人所得税的，可根据财税〔2016〕101号文件的规定，自限制性股票解禁之日起，在不超过12个月的期限内缴纳。

（六）备案与资料报送

根据《财政部 国家税务总局关于股票增值权所得和限制性股票所得征收个人所得税有关问题的通知》（财税〔2009〕5号）第四条的规定，实施限制性股票计划的境内上市公司，应在向中国证监会报备的同时，将企业限制性股票计划或实施方案等有关资料报送主管税务机关备案。

根据国税函〔2009〕461号文件第七条的规定，上市公司未按照规定向其主管税务机关报备有关资料的，股权激励所得不适用优惠计税方法，直接计入个人当期所得征收个人所得税。

四、股票增值权

股票增值权，是指上市公司授予公司员工在未来一定时期和约定条件下，获得规定数量的股票价格上升所带来收益的权利。被授权人在约定条件下行权，上市公司按照行权日与授权日二级市场股票差价乘以授权股票数量，发放给被授权人现金。股票增值权的运作流程如图9-8所示。

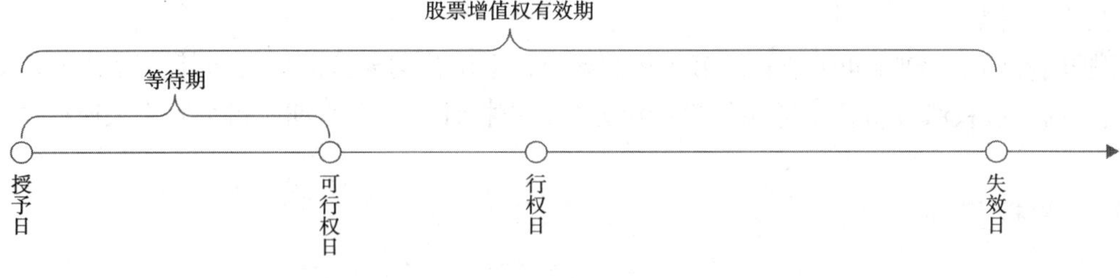

图9-8 股票增值权的运作流程

根据国税函〔2009〕461号文件第一条的规定，个人因任职、受雇从上市公司（含境内、境外上市公司，下同）取得的股票增值权所得，由上市公司或其境内机构按照“工资、薪金所得”项目和上市公司股票期权所得个人所得税计税方法，依法扣缴其个人所得税。

（一）纳税义务发生时间

股票增值权个人所得税纳税义务发生时间为上市公司向被授权人兑现股票增值权所得的日期。

（二）应纳税所得额

股票增值权被授权人获取的收益，是由上市公司根据授权日与行权日股票差价乘以被授权股数，直接向被授权人支付的现金。上市公司应于向股票增值权被授权人兑现时依法扣缴其个人所得税。被授权人股票增值权应纳税所得额计算公式为：

股票增值权某次行权应纳税所得额=（行权日股票价格−授权日股票价格）×行权股票份数

（三）应纳税额计算

自2019年1月1日起，根据财税〔2018〕164号文件第二条等的规定，居民个人取得股票增值权等股权激励，符合规定的相关条件的，在2022年12月31日前，不并入当年综合所得，全额单独适用综合所得税率表，计算纳税。计算公式为：

应纳税额=股权激励收入 × 适用税率－速算扣除数

居民个人一个纳税年度内取得两次以上（含两次）股权激励的，应合并按规定计算纳税。两次以上股权激励，包括从境内和境外取得的不同激励形式的股权激励所得。

（四）备案与资料报送

根据财税〔2009〕5号文件第四条的规定，实施股票增值权计划的境内上市公司，应在向中国证监会报备的同时，将企业股票增值权计划或实施方案等有关资料报送主管税务机关备案。

根据国税函〔2009〕461号文件第六条的规定，实施股票增值权计划的境内上市公司，应按照财税〔2005〕35号文件第五条规定报送有关资料。包括：实施股票增值权计划的境内企业，应在股票增值权计划实施之前，将企业的股票增值权计划或实施方案、授权通知书等资料报送主管税务机关；应在员工行权之前，将股票增值权行权通知书和行权调整通知书等资料报送主管税务机关。

境外上市公司的境内机构，应向其主管税务机关报送境外上市公司实施股权激励计划的中（外）文资料备案。

根据国税函〔2009〕461号文件第七条的规定，上市公司未按照规定向其主管税务机关报备有关资料的，股权激励所得不适用优惠计税方法，直接计入个人当期所得征收个人所得税。

五、股权奖励

（一）纳税义务发生时间

职工个人取得上市公司股权奖励所得个人所得税的纳税义务发生时间为取得奖励股权当日。

（二）应纳税所得额

股权奖励所得的应纳税所得额，按获得奖励日股票的公允价值（收盘价）乘以获得奖励的股数计算确定。

（三）应纳税额计算

自2019年1月1日起，根据财税〔2018〕164号文件第二条等的规定，居民个人取得股权奖励等股权激励，符合规定的相关条件的，在2022年12月31日前，不并入当年综合所得，全额单独适用综合所得税率表，计算纳税。计算公式为：

应纳税额=股权激励收入 × 适用税率－速算扣除数

居民个人一个纳税年度内取得两次以上（含两次）股权激励的，应合并按规定计算纳税。

六、征收管理

（一）代扣代缴与自行申报

实施股票期权计划的境内企业为个人所得税的扣缴义务人，应按税法规定履行代扣代缴个人所得税的义务。

非居民个人从两处或两处以上取得股票期权形式的工资、薪金所得和没有扣缴义务人的，该个人应在个人所得税法规定的纳税申报期限内自行申报缴纳税款。

（二）优惠计税方法的适用范围

根据国税函〔2009〕461号文件第七条的规定，财税〔2005〕35号、国税函〔2006〕902号、财税〔2009〕5号以及国税函〔2009〕461号文件等有关股权激励个人所得税政策，适用于上市公司（含所属分支机构）和上市公司控股企业的员工，其中上市公司占控股企业股份比例最低为30%。

此外，上市公司未按照规定向其主管税务机关报备有关资料的，股权激励所得不适用优惠计税方法，直接计入个人当期所得征收个人所得税。

【例9-8】A股份公司是一家在上海证交所上市的企业，持有B企业51%的股份，B企业持有C公司30%的股份；甲股份有限公司是一家在深交所上市的境内上市公司，持有乙企业30%的股份，乙企业持有C公司51%的股份。

C公司总经理王某于2017年11月1日取得被授予的A公司股票期权10 000份，每股施权价为5元，股权激励方案约定18个月后可行权。

李总经理还于2018年7月5日取得被授予的A上市公司限制性股票10 000股，登记日股票市价为9元/股，取得时支付现金30 000元，该限制性股票的锁定期为一年，一年锁定期满后一次解锁。

另外，李总经理还于2017年1月1日被授予甲公司股票增值权10 000股，当日股票收盘价为8元/股，约定股票增值期为两年。2019年1月1日行权，当日甲公司股票市场收盘价每股10元。李总经理获得甲公司给付的股票增值权现金为：（10−8）×10 000=20 000（元），该月还取得C公司支付的工资收入8 000元（已按规定扣除专项扣除、专项附加扣除和依法确定的其他扣除）。

2019年8月1日，李总经理按照约定行使股票期权，行权日A公司股票价格为15元/股。

李总经理获得的A公司限制性股票于2019年7月5日解禁，解禁日A公司股票价格为15元/股。

请回答下列问题：

（1）2019年9月李总经理应缴纳多少个人所得税？

（2）2019年李总经理股票期权和限制性股票所得应缴纳多少个人所得税？

【解析】

（1）由于A公司间接控制C公司的持股比例为：100%×30%=30%（A公司持有一级子公司B企业的股份超过50%，根据规定应按100%计算）。符合上市公司占控股企业的股份不低于30%的规定条件，所以李总经理获得的A公司的股票期权和限制性股票，可以适用上市公司股权激励个人所得税优惠政策。

甲公司间接控制C公司的持股比例为：30%×51%=15.3%，不符合上市公司占控股企业的股份不低于30%的条件，李总经理在2019年9月1日取得的股票增值权所得要并入工资、薪金所得计算缴纳个人所得税。当月C公司支付工资所得应预扣预缴的个人所得税为：

（8 000−5 000）×3%=90（元）。

当月甲公司支付股票增值权所得应预扣预缴的个人所得税为：

（20 000−5 000）×3%=450（元）。

（2）李总经理持有的A公司限制性股票于2019年7月5日解禁时，解禁日A公司股票价格为15元/股，解禁日李总经理限制性股票形式工资、薪金应纳税所得额为：（9+15）÷2×10 000−

30 000×（10 000÷10 000）=90 000（元）。

李总经理持有的A公司限制性股票于2019年7月5日解禁时，属于在一个纳税年度中第一次取得股权激励所得，不并入当年综合所得，全额单独适用综合所得税率表，计算纳税。

应纳税额=股权激励收入×适用税率－速算扣除数

=90 000×10%–2 520=6 480（元）。

2019年8月李总经理持有的A公司股票期权行权时，属于在一个纳税年度内第二次取得股权激励所得，股票期权形式工资、薪金所得应纳税所得额为：

（15–5）×10 000=100 000（元）；

应缴纳个人所得税为：

［（100 000+90 000）×20%–16 920］–6 480=14 600（元）。

（三）股票期权、限制性股票和股权奖励延期纳税

根据财税〔2016〕101号文件第二条“对上市公司股票期权、限制性股票和股权奖励适当延长纳税期限”第（一）款的规定，上市公司授予个人的股票期权、限制性股票和股权奖励，经向主管税务机关备案，个人可自股票期权行权、限制性股票解禁或取得股权奖励之日起，在不超过12个月的期限内缴纳个人所得税。

这里所称上市公司是指其股票在上海证券交易所、深圳证券交易所上市交易的股份有限公司。

根据《国家税务总局关于股权激励和技术入股所得税征管问题的公告》（国家税务总局公告2016年第62号）第一条第（五）款的规定，上市公司实施股权激励，个人选择在不超过12个月期限内缴税的，上市公司应自股票期权行权、限制性股票解禁、股权奖励获得之次月15日内，向主管税务机关报送《上市公司股权激励个人所得税延期纳税备案表》。上市公司初次办理股权激励备案时，还应一并向主管税务机关报送股权激励计划、董事会或股东大会决议。

《上市公司股权激励个人所得税延期纳税备案表》（见表9–5）适用于实施股权激励的上市公司向主管税务机关办理个人所得税延期缴纳备案事宜时填报。企业应于股票期权行权、限制性股票解禁、股权奖励获得之次月15日内报送该表。该表一式二份。主管税务机关受理后，由上市公司和主管税务机关分别留存。

（四）高新技术企业股权奖励分期纳税

根据财税〔2015〕116号第四条的规定，自2016年1月1日起，全国范围内的高新技术企业转化科技成果，给予本企业相关技术人员的股权奖励，个人一次缴纳税款有困难的，可根据实际情况自行制定分期缴税计划，在不超过5个公历年度内（含）分期缴纳，并将有关资料报主管税务机关备案。

相关技术人员，是指经公司董事会和股东大会决议批准获得股权奖励的以下两类人员：

（1）对企业科技成果研发和产业化做出突出贡献的技术人员，包括企业内关键职务科技成果的主要完成人、重大开发项目的负责人、对主导产品或者核心技术、工艺流程做出重大创新或者改进的主要技术人员。

（2）对企业发展做出突出贡献的经营管理人员，包括主持企业全面生产经营工作的高级管理人员，负责企业主要产品（服务）生产经营合计占主营业务收入（或者主营业务利润）50%以上的中、高级经营管理人员。

表9-5　上市公司股权激励个人所得税延期纳税备案表

备案编号（主管税务机关填写）：　　　　　　　　　　　　　　　　　　　　单位：股，人民币元（列至角分）

公司基本情况									
公司名称		纳税人识别号		股票代码		联系人		联系电话	
股权激励基本情况									
股权激励形式	□股票期权　□限制性股票　□股权奖励								
股权激励明细情况									

序号	姓名	身份证照类型	身份证照号码	任职受雇月数	股票期权				限制性股票							股权奖励		
					行权日	行权日市价	行权价	行权股数	股票登记日	股票登记日市价	解禁日	解禁日市价	实际出资总额	本批次解禁数	总股票数	授予日	授予日市价	奖励股票数

谨声明此表是根据《中华人民共和国个人所得税法》及有关法律法规规定填写的，是真实的、完整的、可靠的。

法定代表人签章：　　　　　　年　月　日

公司签章： 经办人： 填报日期：　年　月　日	代理申报机构（人）签章： 经办人： 经办人执业证件号码： 代理申报日期：　年　月　日	主管税务机关印章： 受理人： 受理日期：　年　月　日

国家税务总局监制

企业面向全体员工实施的股权奖励，不得按财税〔2015〕116号文件规定的分期纳税政策执行。

高新技术企业是指实行查账征收、经省级高新技术企业认定管理机构认定的高新技术企业。上市公司中的高新技术企业转化科技成果，给予本公司相关技术人员的股权奖励，个人一次缴纳税款有困难的，可根据实际情况自行制定分期缴税计划，在不超过5个公历年度内（含）分期缴纳，并将有关资料报主管税务机关备案。

上市公司股权奖励个人所得税处理如图9-9所示。

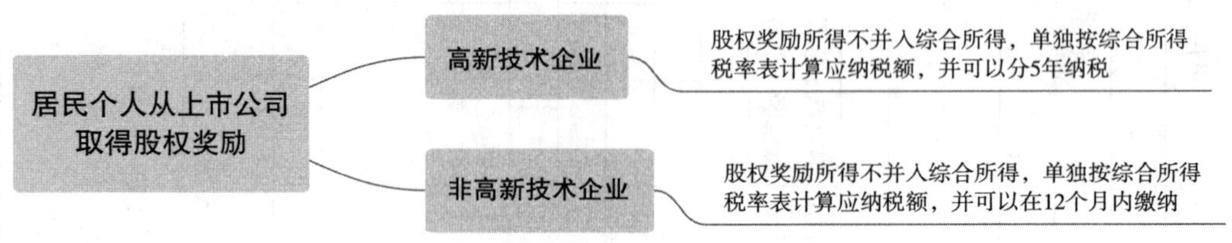

图9-9 上市公司股权奖励个人所得税处理

第二节 非上市公司股权激励

为支持国家大众创业、万众创新战略的实施，促进我国经济结构转型升级，2016年9月22日，《财政部 国家税务总局关于完善股权激励和技术入股有关所得税政策的通知》（财税〔2016〕101号）出台非上市公司股权激励递延纳税政策，该项政策优惠力度大、涉及环节多、缴税期限长。为确保纳税人清晰知晓税收优惠办理流程和相关要求，使新旧政策顺畅衔接、便于新政落实，《国家税务总局关于股权激励和技术入股所得税征管问题的公告》（国家税务总局公告2016年第62号）对相关征管问题做出了细化规定。

一、股权激励递延纳税及其适用条件

（一）调整和完善的内容与主要考虑

一些非上市公司为吸引人才，也比照上市公司实施了股权激励。与上市公司相比，非上市公司股权变现能力较弱，公司未来经营发展的不确定性较大，它们希望给予进一步税收优惠，包括调整股权激励的纳税时点、降低适用税率等，以减轻税收负担。国家财税部门在参考借鉴国际经验的基础上，结合我国科技成果转化的具体情况和问题，对原股权激励税收政策进行了如下调整完善。

1.分类适用

借鉴欧美发达国家经验，将股权激励分为可享受税收优惠的和不可享受税收优惠的两大类，在规定严格限制条件的前提下，对符合条件的非上市公司股权激励实施递延纳税优惠政策。

2.扩大范围

扩大原优惠政策的覆盖范围，由高等学校、科研机构、高新技术企业等扩大到其他参与创新创业的市场主体，优惠政策针对的股权激励方式也由股权奖励扩大到股票（权）期权、限制性股票等其他方式。

3. 调整优惠方式

在优惠方式上，对符合条件的非上市公司股权激励实施递延纳税政策，同时降低适用税率。

上述政策调整有效降低了股权激励的税收负担，有利于进一步激发和释放科研人员创新创业的活力和积极性。

4. 非上市公司股权激励政策的主要变化

按照调整前的税收政策，企业给予员工的股票（权）期权、限制性股票、股权奖励等，员工应在股票（权）期权行权、限制性股票解禁、股权奖励获得等环节，按照“工资、薪金所得”项目，适用3%～45%的七级超额累进税率征税；对员工之后转让该股权获得的增值收益，则按“财产转让所得”项目，适用20%的税率征税。

为减轻股权激励获得者的税收负担，解决其当期纳税现金流不足问题，做出如下政策调整：

（1）合并征税环节。对非上市公司符合条件的股票（权）期权、限制性股票、股权奖励，由分别按“工资薪金所得”和“财产转让所得”两个环节征税，合并为只在一个环节征税，即纳税人在股票（权）期权行权、限制性股票解禁以及获得股权奖励时暂不征税，待今后该股权转让时一次性征税，以解决在行权等环节纳税现金流不足问题。

（2）降低适用税率。在转让环节的一次性征税统一适用20%的税率，比原来税负降低10～20个百分点，有效降低了纳税人税收负担。

（二）非上市公司股权激励递延纳税政策

与奖金、福利等现金激励类似，股权激励是企业以股权形式对员工的一种激励。企业通过低于市场价或无偿授予员工股权，对员工此前的工作业绩予以奖励，并进一步激发其工作热情，与企业共同发展。股权激励中，员工往往低价或无偿取得企业股权。该部分折价，实质上是企业给员工发放的非现金形式的补贴或奖金，应在员工取得时计算纳税，这也是国际上的通行做法。

1. 股权激励递延纳税政策

按原政策规定，股权激励在员工购买取得股权时需要计算纳税，但从实际情况来看，纳税人此时往往取得的是股权形式的所得，没有现金流入，纳税存在一定困难。递延纳税正是针对以上情况，将纳税时点递延至股权转让环节，即纳税人因股权激励取得股权时先不纳税，待实际转让股权时再纳税。递延纳税的好处是解决纳税人纳税义务发生当期缺乏现金流缴税的困难。

根据财税〔2016〕101号文件第一条第（一）款的规定，非上市公司授予本公司员工的股票期权、股权期权、限制性股票和股权奖励，符合规定条件的，经向主管税务机关备案，可实行递延纳税政策，即员工在取得股权激励时可暂不纳税，递延至转让该股权时纳税；股权转让时，按照股权转让收入减除股权取得成本以及合理税费后的差额，适用“财产转让所得”项目，按照20%的税率计算缴纳个人所得税。

2. 股票（权）转让时的资料报送

根据国家税务总局公告2016年第62号第一条第（七）款的规定，递延纳税股票（权）转让、办理纳税申报时，扣缴义务人、个人应向主管税务机关一并报送能够证明股票（权）转让价格、递延纳税股票（权）原值、合理税费的有关资料，具体包括转让协议、评估报告和相关票据等。资料不全或无法充分证明有关情况，造成计税依据偏低，又无正当理由的，主管税务机关可依据《税收征收管理法》有关规定进行核定。

（三）股权激励递延纳税应符合的条件

从欧美等发达国家的通行做法看，对享受递延纳税优惠的股权激励都规定了非常严格的条件，目的是规范股权激励行为，鼓励长期投资，防止逃漏税款。借鉴国际经验，财税〔2016〕101号文件第一条第（二）款对享受递延纳税优惠的股权激励规定了包括实施主体、计划审批等在内的七方面的限制条件。纳税人适用股权激励递延纳税优惠的，这些条件需要同时具备。

1.实施主体

参考世界各国的通行做法，结合我国税收优惠政策的一般原则，财税〔2016〕101号文件第一条第（二）款规定，享受税收优惠政策的应是境内居民企业实施的股权激励计划。

2.计划审批

为体现股权激励计划的合规性，避免企业的暗箱操作，财税〔2016〕101号文件第一条第（二）款规定，股权激励计划必须经公司董事会、股东（大）会审议通过。未设立股东（大）会的国有单位，须经上级主管部门审核批准。

3.激励标的

为体现激励对象与公司的利益相关性，激发员工的创业热情，财税〔2016〕101号文件第一条第（二）款规定激励股权标的应为本公司的股权，授予关联公司股权的不纳入优惠范围。同时，考虑到一些科研企事业单位存在将技术成果投资入股到其他企业，并以被投资企业股权实施股权奖励的情况，因此规定股权奖励的标的可以是技术成果投资入股到其他境内居民企业所取得的股权。

4.激励对象

为体现对企业从事创新创业的支持，避免企业将股权激励变相为一般员工福利，财税〔2016〕101号文件第一条第（二）款规定，激励对象应为企业的技术骨干和高级管理人员，具体人员由公司董事会或股东（大）会决定，激励对象人数累计不得超过本公司最近6个月在职职工平均人数的30%。

5.持有期限

为实现员工与企业长期共同发展的目标，鼓励员工从企业的成长和发展中获利，而不是短期套利，财税〔2016〕101号文件第一条第（二）款对股权激励的持有时间做出限定：期权自授予日起应持有满3年，且自行权日起持有满1年；限制性股票自授予日起应持有满3年，且自限售条件解除之日起持有满1年；股权奖励自获得奖励之日起应持有满3年。

6.行权时限

为体现股权激励计划的约束性，也便于税收管理，借鉴国际经验，财税〔2016〕101号文件第一条第（二）款规定，股票（权）期权自授予日至行权日的时间不得超过10年。

行权时间这一条件，仅适用于股票（权）期权激励方式。

7.限制性行业

考虑到股权奖励这一方式较为灵活，为避免企业通过这种方式避税，真正体现对企业因科技成果转化而实施股权奖励的优惠，需要对实施股权奖励的行业范围进行适当限制。鉴于目前科技类企业统一标准难以界定，对其审核确认较为困难，因此借鉴国际通行做法，采取反列举办法，通过负面清单方式，对住宿和餐饮、房地产、批发和零售业等明显不属于科技类的行业企业，限制其享受股权奖励税收优惠政策，负面清单之外企业实施的股权奖励则可享受递延纳税优惠政策。

限制性行业这一条件，仅针对股权奖励这种激励方式，其他激励方式不适用。

非上市公司股权激励递延纳税应符合的条件可列表说明如下（见表9-6）：

表9-6　非上市公司股权激励递延纳税应符合的条件一览表

序号	条件	具体要求
1	实施主体	属于境内居民企业的股权激励计划。
2	计划审批	股权激励计划经公司董事会、股东（大）会审议通过。未设股东（大）会的国有单位，经上级主管部门审核批准。股权激励计划应列明激励目的、对象、标的、有效期、各类价格的确定方法、激励对象获取权益的条件、程序等。
3	激励标的	激励标的应为境内居民企业的本公司股权。股权奖励的标的可以是技术成果投资入股到其他境内居民企业所取得的股权。激励标的股票（权）包括通过增发、大股东直接让渡以及法律法规允许的其他合理方式授予激励对象的股票（权）。
4	激励对象	激励对象应为公司董事会或股东（大）会决定的技术骨干和高级管理人员，激励对象人数累计不得超过本公司最近 6 个月在职职工平均人数的 30%。
5	持有期限	股票（权）期权自授予日起应持有满 3 年，且自行权日起持有满 1 年；限制性股票自授予日起应持有满 3 年，且解禁后持有满 1 年；股权奖励自获得奖励之日起应持有满 3 年。上述时间条件须在股权激励计划中列明。
6	行权期限	股票（权）期权自授予日至行权日的时间不得超过 10 年。
7	行业限制	实施股权奖励的公司及其奖励股权标的公司所属行业均不属于《股权奖励税收优惠政策限制性行业目录》范围。公司所属行业按公司上一纳税年度主营业务收入占比最高的行业确定。

《股权奖励税收优惠政策限制性行业目录》见表9-7。

表9-7　股权奖励税收优惠政策限制性行业目录

门类代码	类别名称
A（农、林、牧、渔业）	（1）03 畜牧业（科学研究、籽种繁育性质项目除外） （2）04 渔业（科学研究、籽种繁育性质项目除外）
B（采矿业）	（3）采矿业（除第 11 类开采辅助活动）
C（制造业）	（4）16 烟草制品业 （5）17 纺织业（除第 178 类非家用纺织制成品制造） （6）19 皮革、毛皮、羽毛及其制品和制鞋业 （7）20 木材加工和木、竹、藤、棕、草制品业 （8）22 造纸和纸制品业（除第 223 类纸制品制造） （9）31 黑色金属冶炼和压延加工业（除第 314 类钢压延加工）

续表

门类代码	类别名称
F（批发和零售业）	（10）批发和零售业
G（交通运输、仓储和邮政业）	（11）交通运输、仓储和邮政业
H（住宿和餐饮业）	（12）住宿和餐饮业
J（金融业）	（13）66 货币金融服务 （14）68 保险业
K（房地产业）	（15）房地产业
L（租赁和商务服务业）	（16）租赁和商务服务业
O（居民服务、修理和其他服务业）	（17）79 居民服务业
Q（卫生和社会工作）	（18）84 社会工作
R（文化、体育和娱乐业）	（19）88 体育 （20）89 娱乐业
S（公共管理、社会保障和社会组织）	（21）公共管理、社会保障和社会组织（除第 9 421 类专业性团体和 9 422 类行业性团体）
T（国际组织）	（22）国际组织

说明：以上目录按照《国民经济行业分类》编制。

（四）非上市公司股权激励形式

符合条件的非上市公司股权激励递延纳税政策适用的股权激励形式，包括股票（权）期权、限制性股票和股权奖励。对其他股权激励方式，如员工持股计划、股票增值权等，不适用非上市公司股权激励递延纳税政策。

股票（权）期权，是指公司给予激励对象在一定期限内以事先约定的价格购买本公司股票（权）的权利。员工在行权时，可根据公司的发展情况，决定是否行权购买股权。

限制性股票，是指公司以一定的价格将本公司股权出售给员工，并同时规定，员工只有在工作年限或业绩目标符合股权激励计划规定的条件后，才能对外出售该股权。

股权奖励，是指公司直接以公司股权无偿对员工实施奖励。

二、股票（权）期权

（一）股票（权）期权递延纳税应符合的条件

1.享受股票（权）期权递延纳税应符合的条件

根据财税〔2016〕101号文件第一条第（二）款的规定，享受递延纳税政策的非上市公司股票期权、股权期权须同时满足实施主体、计划审批、激励标的、激励对象、持有期限、行权期限六个条件，具体条件如表9–8所示。

表9-8 股票（权）期权递延纳税应符合的条件一览表

<table>
<tr><th>序号</th><th>条件</th><th>具体要求</th><th>备注</th></tr>
<tr><td>1</td><td>实施主体</td><td>属于境内居民企业的股票（权）期权激励计划。</td><td rowspan="6">本公司最近6个月在职职工平均人数，按照股票（权）期权行权之上月起前6个月“工资、薪金所得”项目全员全额扣缴明细申报的平均人数确定。</td></tr>
<tr><td>2</td><td>计划审批</td><td>股票（权）期权激励计划经公司董事会、股东（大）会审议通过。未设股东（大）会的国有单位，经上级主管部门审核批准。</td></tr>
<tr><td>3</td><td>激励标的</td><td>激励标的应为境内居民企业的本公司股权。激励标的股票（权）包括通过增发、大股东直接让渡以及法律法规允许的其他合理方式授予激励对象的股票（权）。</td></tr>
<tr><td>4</td><td>激励对象</td><td>激励对象应为公司董事会或股东（大）会决定的技术骨干和高级管理人员，激励对象人数累计不得超过本公司最近6个月在职职工平均人数的30%。</td></tr>
<tr><td>5</td><td>持有期限</td><td>股票（权）期权自授予日起应持有满3年，且自行权日起持有满1年；上述时间条件须在股权激励计划中列明。</td></tr>
<tr><td>6</td><td>行权期限</td><td>股票（权）期权自授予日至行权日的时间不得超过10年。</td></tr>
</table>

2.最近6个月在职职工平均人数的确定

根据国家税务总局公告2016年第62号第一条第（一）款的规定，非上市公司实施符合条件的股票（权）期权激励，本公司最近6个月在职职工平均人数，按照股票（权）期权行权之上月起前6个月“工资、薪金所得”项目全员全额扣缴明细申报的平均人数确定。

【例9-9】2020年9月，甲企业实施的一项针对核心技术人员的股票（权）期权激励计划符合行权条件，共有20位激励对象行权。该企业2020年3月至8月“工资、薪金所得”个人所得税全员全额扣缴明细申报的人数分别为90人、95人、95人、100人、105人、105人。

在其他条件符合规定的情况下，请问：该企业的股权激励计划能否递延缴纳个人所得税？

【解析】根据国家税务总局公告2016年第62号第一条的规定，在职职工人数，需要根据股票（权）期权行权之上月起前6个月“工资、薪金所得”项目的明细申报人数确定。

该企业激励对象占最近6个月在职职工平均人数比=20÷［（90+95+95+100+105+105）÷6］≈20.34%<30%。

因此，该股权激励计划符合人数比例限制的递延纳税条件。

拓展阅读 ///

美团股权激励计划引争议，员工主张期权行权权利

近日，海淀法院受理了原告刘先生与被告北京三快科技有限公司（以下简称三快科技公司）劳动争议纠纷一案。该案系因美团股权激励计划引发的争议，与刘先生一同提起诉讼的还有三快科技公司的前员工包女士，二人诉请类似，均为离职后股票期权的行权相关事宜。

原告刘先生诉称，2011年2月1日其入职三快科技公司，担任城市经理一职。在职期间其通过《MEITUAN CORPORATION – 2 011 STOCK INCENTIVE PLAN–NOTICE OF STOCK OPTION

AWARD（美团公司-2011年股权激励计划-股票期权授予通知）》，被授予35 000股的股票期权，三快科技公司的法定代表人王兴在该通知上签字。2013年8月21日其离职，此后双方因股票期权的行权事宜产生争议。刘先生诉至法院，要求确认其股票期权行权日为2013年8月20日，且同时应得股票期权为17 953股；确认其股票期权行权日的每股股票价值按三快科技公司经审计的2012年度会计报告中每股净资产产值进行确认；确认其行权时股票增值收益所得按全年一次性奖金的征税办法计算征收个人所得税并由三快科技公司代扣代缴；三快科技公司在刘先生支付行权款之日起三日内向刘先生提供行权收据和股份证书。

被告三快科技公司辩称，刘先生2011年2月1日入职其公司，担任城市经理，后变更为销售经理，2013年8月21日双方解除劳动关系。刘先生起诉主体错误，《股票期权授予通知》并非其公司做出，而是MEITUAN CORPORATION（美团公司，一家依据开曼群岛法律设立的公司）做出，该公司与刘先生之间不存在劳动关系，本案不属于劳动争议；《股票期权授予通知》及《股票期权授予协议》中载明管辖法院为香港法院，海淀法院没有管辖权；其公司并未发行股票，与美团公司之间不存在相互持股的关系，客观上不存在向刘先生授予第三方股权的可能性；税收问题由行政机关管理，并非人民法院民事案件的受案范围；刘先生并未支付行权款，无法建立在尚未发生的事实的基础上主张权利。请求法院驳回刘先生的全部诉讼请求。

据了解，依据北京市企业信用信息网中的工商登记公示信息显示，北京三快在线科技有限公司（以下简称三快在线公司）的全资股东为外商投资企业美团有限公司，三快在线公司与三快科技公司的法定代表人均为王兴。《股票期权授予通知》载明期权授予方为MEITUAN CORPORATION，代表该公司签字的人员亦为王兴。

要求从税收视角分析说明如下问题：

（1）假设期权的行权日在2016年9月1日以后，是否符合递延纳税条件？

（2）假设在2016年8月31日以前行权，雇员应如何缴纳个人所得税？

【解析】

1.假设期权的行权日在2016年9月1日以后，是否符合递延纳税条件？

假设上述案例中的股票期权于2016年9月1日财税〔2016〕101号文件实施之后行权，从非上市公司股票（权）期权递延纳税应符合的条件视角，对上述案例进行分析如下。

（1）实施主体。

MEITUAN CORPORATION是依据开曼群岛法律设立的，因而不属于境内居民企业。案例中的刘先生根据MEITUAN CORPORATION的股票期权计划取得股权激励所得，该股票期权计划不属于境内居民企业的股票（权）期权激励计划。

（2）激励标的。

本案例中股票（权）期权激励标的是依据开曼群岛法律设立的MEITUAN CORPORATION的股票（权），而不是境内居民企业的本公司股票（权）。

（3）激励对象。

激励对象应为公司董事会或股东（大）会决定的技术骨干和高级管理人员，激励对象人数累计不得超过本公司最近6个月在职职工平均人数的30%。

非上市公司实施符合条件的股票（权）期权激励，本公司最近6个月在职职工平均人数，按照股票（权）期权行权之上月起前6个月“工资、薪金所得”项目全员全额扣缴明细申报的平均人数确定。

假设案例中刘先生取得的股票期权行权日为2019年8月20日，则应根据2019年2月至7月“工资、薪金所得”个人所得税全员全额扣缴明细申报的平均人数确定。

（4）持有期限。

本案例中刘先生从2011年2月1日入职到2013年8月21日离职，只有2.5年时间，不符合股票（权）期权自授予日起应持有满3年，且自行权日起持有满1年的时间条件。

综上所述，假设案例中的刘先生行权日在2016年9月1日以后，个人从非上市公司取得符合条件的股权激励才可以适用递延纳税优惠。案例中刘先生取得的股票期权不符合实施主体、激励标的、持有期限等条件，不能适用递延纳税政策。而应在行权当期缴纳个人所得税。

2.假设在2016年9月以前行权，雇员应如何缴纳个人所得税？

在2016年9月以前，雇员以不同方式认购股票等有价证券而从雇主取得的各类折扣或补贴，应按《国家税务总局关于个人认购股票等有价证券而从雇主取得折扣或补贴收入有关征收个人所得税问题的通知》（国税发〔1998〕9号，自2019年1月1日起废止）规定进行个人所得税处理。

（1）所得性质的认定。

根据国税发〔1998〕9号文件第一条的规定，在中国负有纳税义务的个人（包括在中国境内有住所和无住所的个人）认购股票等有价证券，因其受雇期间的表现或业绩，从其雇主以不同形式取得的折扣或补贴（指雇员实际支付的股票等有价证券的认购价格低于当期发行价格或市场价格的数额），属于该个人因受雇而取得的工资、薪金所得，应在雇员实际认购股票等有价证券时，按照个人所得税法的相关规定计算缴纳个人所得税。

个人在认购股票等有价证券后再行转让所取得的所得，属于税法规定的股票等有价证券转让所得，适用有关对股票等有价证券转让所得征收个人所得税的规定。

根据国税发〔1998〕9号文件第一条的规定，案例中的刘先生取得的股票（权）期权行权所得，应按工资、薪金所得项目缴纳个人所得税。

（2）计税方法。

关于计税方法问题，根据国税发〔1998〕9号文件第二条和《国务院关于第一批取消62项中央指定地方实施行政审批事项的决定》（国发〔2015〕57号）等规定，个人认购股票等有价证券而从雇主取得的折扣或补贴，在计算缴纳个人所得税时，因一次收入较多，全部计入当月工资、薪金所得计算缴纳个人所得税有困难的，可自其实际认购股票等有价证券的当月起，在不超过6个月的期限内平均分月计入工资、薪金所得计算缴纳个人所得税，并向主管税务机关办理备案手续。

《国家税务总局关于阿里巴巴（中国）网络技术有限公司雇员非上市公司股票期权所得个人所得税问题的批复》（国税函〔2007〕1030号）第二条曾批复，该公司雇员以非上市公司股票期权形式取得的工资、薪金所得，在计算缴纳个人所得税时，因一次收入较多，可比照《国家税务总局关于调整个人取得全年一次性奖金等计算征收个人所得税方法问题的通知》（国税发〔2005〕9号）规定的全年一次性奖金的征税办法，计算征收个人所得税。但是，国税函〔2007〕1030号文件已被《国家税务总局关于公布全文失效废止部分条款失效废止的税收规范性文件目录的公告》（国家税务总局公告2011年第2号）全文废止。

由于国税函〔2007〕1030号文件个案批复的阿里巴巴公司股票期权所得，可比照全年一次性奖金计税方法计算个人所得税的规定在刘先生行权前已废止，根据国税发〔1998〕9号文件第二条的规定，案例中的刘先生取得的股票（权）期权行权所得［股票（权）公允价高于行权价的差额］可以全部计入当期工资、薪金所得计算缴纳个人所得税；如因一次收入较多，全部计入当月工资、薪金所得纳税有困难的，可自其行权的当月起，在不超过6个月的期限内平均分月计入工资、薪金所得计算缴纳个人所得税。

综上所述，在2016年9月1日财税〔2016〕101号文件实施以前，雇员从非上市公司取得的股票（权）期权行权所得，应按"工资、薪金所得"项目缴纳个人所得税。案例中刘先生取得的股票期权行权所得，可以全部计入当期工资、薪金所得计算缴纳个人所得税；也可自其行权的当月起，在不超过6个月的期限内平均分月计入工资、薪金所得计算缴纳个人所得税。

资料来源：北京市海淀区法院网，2016年9月26日，http://bjhdfy.chinacourt.org/public/detail.php?id=4357.

（二）符合递延纳税条件股票（权）期权的处理

根据财税〔2016〕101号文件第一条的规定，非上市公司授予本公司员工的股票期权、股权期权，符合规定条件的，经向主管税务机关备案，可实行递延纳税政策，即员工在取得股权激励时可暂不纳税，递延至转让该股权时纳税；股权转让时，按照股权转让收入减除股权取得成本以及合理税费后的差额，适用"财产转让所得"项目，按照20%的税率计算缴纳个人所得税。股权转让时，股票（权）期权取得成本按行权价确定。

符合条件的股票（权）期权实施过程涉及授权、行权、转增股本、股权转让等环节，其个人所得税处理如图9-10所示。

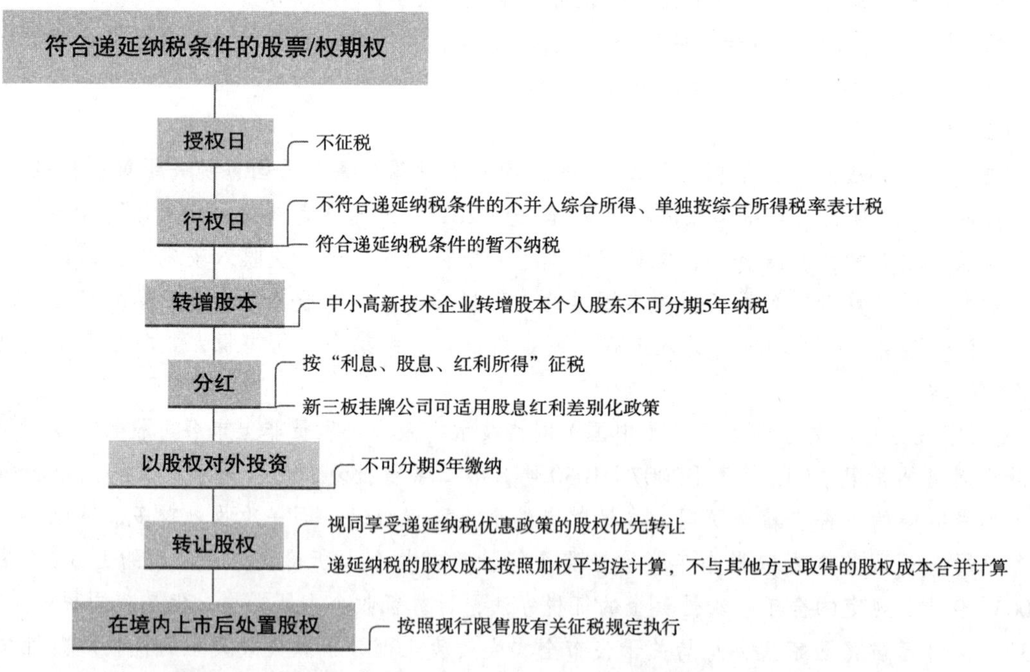

图9-10　符合条件的股票（权）期权实施过程的个人所得税处理

1. 股票（权）期权授予时的处理

员工接受实施股票（权）期权计划的非上市公司授予的股票（权）期权时，由于没有取得实际所得，不作为应税所得征税。

2. 股票（权）期权行权时的处理

非上市公司授予本公司员工的股票期权、股权期权，同时符合实施主体、计划审批、激励标的、激励对象、持有期限、行权期限六个条件的，经向主管税务机关备案，可实行递延纳税政策，即员工在取得期权行权所得时可暂不纳税，递延至转让该股权时纳税。

员工取得非上市公司授予的股票期权、股权期权，不同时符合实施主体、计划审批、激励标的、激励对象、持有期限、行权期限六个条件的，根据财税〔2016〕101号文件第四条第（一）款的规定，应在获得股票（权）时，对实际出资额低于公平市场价格的差额，按照“工资、薪金所得”项目，自2019年1月1日起至2022年1月1日止，不并入当年综合所得，全额单独适用综合所得税率表，计算纳税。计算公式为：

应纳税额=股权激励所得×适用税率-速算扣除数

居民个人一个纳税年度内取得两次以上（含两次）股权激励的，应合并按规定计算纳税。

3. 转增股本时的处理

根据财税〔2016〕101号文件第四条第（四）款的规定，持有递延纳税的股权期间，因该股权产生的转增股本收入，应在当期缴纳税款。

《股权激励和技术入股个人所得税政策口径》（税总所便函〔2016〕149号文件印发）问题19明确：依据税法，企业以未分配利润、盈余公积、资本公积转增股本，需按照“利息、股息、红利所得”项目计征个人所得税。同时，根据《财政部 国家税务总局关于将国家自主创新示范区有关税收试点政策推广到全国范围实施的通知》（财税〔2015〕116号）的规定，中小高新技术企业转增股本，个人股东可分期5年缴税。但是，个人持有递延纳税股权期间，发生转增股本情形的，根据财税〔2016〕101号文件第四条第（四）款的规定，因递延纳税的股权产生的转增股本收入，应在当期缴纳税款。

而持有非递延纳税的股权期间，因该股权产生的中小高新技术企业转增股权所得，可分期5年缴税。

4. 以股权对外投资的处理

根据财税〔2016〕101号文件第四条第（四）款的规定，持有递延纳税的股权期间，以该递延纳税的股权再进行非货币性资产投资的，应在当期缴纳税款，而不适用非货币资产对外投资分期纳税政策。

《股权激励和技术入股个人所得税政策口径》问题22明确：个人以股权进行非货币性资产投资，《财政部 国家税务总局关于个人非货币性资产投资有关个人所得税政策的通知》（财税〔2015〕41号）规定可以分期5年缴纳。但个人取得股权激励所得选择递延纳税的，根据财税〔2016〕101号文件第四条第（四）项的规定，个人以递延纳税的股权进行非货币性资产投资，须在非货币性资产投资当期缴纳税款。

5. 在境内上市后处置股权的处理

根据财税〔2016〕101号文件第四条第（二）款的规定，个人因股权激励取得股权后，非上市公司在境内上市的，处置递延纳税的股权时，按照现行限售股有关征税规定执行。

《股权激励和技术入股个人所得税政策口径》明确：纳税人因获得非上市公司实施符合条件

的股权激励而选择递延纳税的，自其取得股权至实际转让期间，因时间跨度可能非常长，其中会出现不少变数。如果公司在境内上市了，员工持有的递延纳税股权，自然转为限售股。根据财税〔2016〕101号文件第四条第（二）款的规定，相关税收处理应按照限售股相关规定执行。具体包含以下三方面：

一是股票转让价格，按照限售股有关规定确定。

二是扣缴义务人转为限售股转让所得的扣缴义务人（即证券机构），实施股权激励的公司只需及时将相关信息告知税务机关，无须继续扣缴递延纳税股票个人所得税。

三是个人股票原值仍按财税〔2016〕101号文件规定确定，也就是说，转让的股票来源于股权激励的，原值为其实际取得成本；来源于技术成果投资入股的，原值为技术成果原值。若证券机构扣缴的个人所得税与纳税人的实际情况有出入，个人需按照《财政部 国家税务总局证监会关于个人转让上市公司限售股所得征收个人所得税有关问题的通知》（财税〔2009〕167号）规定，向证券机构所在地主管税务机关申请办理税收清算。

6.转让股权的处理

员工将行权后的股票（权）再转让时获得的高于购买日公平市场价的差额，是因个人转让股票（权）等有价证券而获得的所得，应按照“财产转让所得”适用的征免规定计算缴纳个人所得税。

根据财税〔2016〕101号文件第四条第（三）款的规定，个人转让股权时，视同享受递延纳税优惠政策的股权优先转让。递延纳税的股权成本按照加权平均法计算，不与其他方式取得的股权成本合并计算。

综上所述，非上市公司符合递延纳税条件的股票（权）期权的个人所得税处理，可列表说明如下（见表9-9）。

表9-9 非上市公司股票（权）期权的个人所得税处理

环节	递延纳税政策	非递延纳税政策
授予期权时	通常不征个人所得税	通常不征个人所得税
行权时	暂不征收个人所得税	按工资、薪金所得征税
转增股本	按利息、股息、红利所得征税，不可分期纳税	按利息、股息、红利所得，符合条件的可分期纳税
投资入股	按财产转让所得征税，不可分期纳税	按财产转让所得征税，符合条件的可分期纳税
在境内上市后转让股权	按限售股征税	按限售股征税
转让时	按财产转让所得征税	按财产转让所得征税

（三）股票（权）期权激励所得扣缴义务人的确定

根据财税〔2016〕101号文件第五条第（二）款的规定，企业实施股权激励或个人以技术成果投资入股，以实施股权激励或取得技术成果的企业为个人所得税扣缴义务人。递延纳税期间，扣缴义务人应在每个纳税年度终了后向主管税务机关报告递延纳税有关情况。针对股票期权、股权期权激励而言，以实施股票（权）期权激励的企业为个人所得税扣缴义务人。递延纳税期间，扣缴义务人应在每个纳税年度终了后向主管税务机关报告递延纳税有关情况。

实施股权激励的非上市公司在境内上市后，员工再转让上市公司限售股的，其扣缴义务人为个人开户的证券机构。

（四）不符合递延纳税条件的股票（权）期权的处理

1.初始不符合条件的不适用递延纳税优惠

根据财税〔2016〕101号文件第一条第（四）款的规定，股权激励计划所列内容不同时满足该文件第一条第（二）款规定的全部条件的，不得享受递延纳税优惠，应按规定计算缴纳个人所得税。

针对股票（权）期权激励而言，股票期权、股权期权激励计划所列内容不同时满足财税〔2016〕101号文件第一条第（二）款规定的全部六个条件的，不得享受递延纳税优惠，应在股票（权）期权行权时按规定计算缴纳个人所得税。

2.递延纳税期间情况发生变化不再符合条件的处理

根据财税〔2016〕101号文件第一条第（四）款的规定，非上市公司股权激励所得递延纳税期间公司情况发生变化，不再符合该文件第一条第（二）款第4项（激励对象范围）、第5项（股权持有时间）、第6项（行权时间）条件的，不得享受递延纳税优惠，应于情况发生变化之次月15日内，按财税〔2016〕101号文件第四条第（一）款规定计算缴纳个人所得税。即居民个人的股权激励所得，在2019年1月1日至2022年12月31日止的期间内，不并入综合所得税，单独按综合所得税率表计算纳税。

由此可见，企业实施的股票（权）期权激励计划享受递延纳税期间，若企业有关情况发生变化，不再符合政策文件中所列的可享受递延纳税优惠政策的条件第4项（激励对象范围）、第5项（股权持有时间）、第6项（行权时间）的，该股权激励计划不能继续享受递延纳税政策，税款应于情况发生变化之次月15日内及时缴清。

3.所得项目的确定

根据财税〔2016〕101号文件第四条第（一）款的规定，个人从任职受雇企业以低于公平市场价格取得股票（权），凡不符合递延纳税条件的，应在获得股票（权）时，对实际出资额低于公平市场价格的差额，按照“工资、薪金所得”项目，自2019年1月1日起，不与当月工资薪金合并，单独适用综合所得税率表计算纳税。

4.授予股票（权）期权时的处理

根据财税〔2016〕101号文件第四条第（一）款和《财政部 国家税务总局关于个人股票期权所得征收个人所得税问题的通知》（财税〔2005〕35号）第二条第（一）款的规定，员工接受实施股票（权）期权计划企业授予的股票（权）期权时，除另有规定外，一般不作为应税所得征税。

5.股票（权）期权行权时的处理

（1）股票（权）期权形式工资、薪金应纳税所得额的确定。根据财税〔2016〕101号文件第四条第（一）款和财税〔2005〕35号文件第二条第（二）款的规定，员工行权时，其从企业取得股票（权）的实际购买价（施权价）低于购买日公平市场价的差额，是因员工在企业的表现和业绩情况而取得的与任职、受雇有关的所得，应按“工资、薪金所得”适用的规定计算缴纳个人所得税。

员工以在一个公历月份中取得的股票（权）形式工资、薪金所得为一次。员工行权日所在期间的股票（权）形式的工资、薪金所得，应按下列公式计算工资、薪金应纳税所得额：

$$\text{股票（权）期权形式的工资薪金应纳税所得额}=\left[\text{行权股票（权）的每股市场价}-\text{每股施权价}\right]\times\text{股票数量}$$

（2）认购股票（权）所得（行权所得）的税款计算。员工因参加股票（权）期权计划而从中国境内取得的所得，按规定应按工资薪金所得计算纳税的，对该股票（权）期权形式的工资、薪金所得可区别于所在月份的其他工资、薪金所得，自2019年1月1日起至2022年12月31日止，不并入当年综合所得，全额单独适用综合所得税率表，计算纳税。计算公式为：

应纳税额＝股权激励收入×适用税率－速算扣除数

居民个人一个纳税年度内取得两次以上（含两次）股权激励的，应合并按规定计算纳税。

6. 员工在行权日之前将股票（权）期权转让的处理

根据财税〔2016〕101号文件第四条第（一）款和财税〔2005〕35号文件第二条第（二）款的规定，对因特殊情况，员工在行权日之前将股票（权）期权转让的，以股票期权的转让净收入，作为工资、薪金所得征收个人所得税。

7. 符合条件实行递延纳税与不符合条件股权激励分别计税

根据《国家税务总局关于股权激励和技术入股所得税征管问题的公告》（国家税务总局公告2016年第62号）第一条第（三）款的规定，员工以在一个公历月份中取得的股票（权）形式工资、薪金所得为一次。员工取得符合条件、实行递延纳税政策的股权激励，与不符合递延纳税条件的股权激励分别计算。

8. 多次取得不符合条件的股票（权）形式所得的处理

员工在一个纳税年度中多次取得不符合递延纳税条件的股票（权）形式工资、薪金所得的，自2019年1月1日起至2022年12月31日止，不并入当年综合所得，全额合并单独适用综合所得税率表，计算纳税。计算公式为：

应纳税额＝股权激励收入×适用税率－速算扣除数－以前各次已纳税额

9. 公平市场价格的确定

根据国家税务总局公告2016年第62号第一条第（四）款的规定，公平市场价格按以下方法确定：

（1）上市公司股票的公平市场价格，按照取得股票当日的收盘价确定。取得股票当日为非交易日的，按照上一个交易日收盘价确定。

（2）非上市公司股票（权）的公平市场价格，依次按照净资产法、类比法和其他合理方法确定。净资产法按照取得股票（权）的上年末净资产确定。

10. 员工将行权后的股票（权）再转让的处理

员工将行权后的股票（权）再转让时获得的高于购买日公平市场价的差额，是因个人转让股票（权）等有价证券而获得的所得，应按照“财产转让所得”适用的征免规定计算缴纳个人所得税。

也就是说，个人将行权后的非上市公司（包括全国中小企业股权转让系统挂牌公司原始股）股票（权）转让而取得的所得，按“财产转让所得”适用20%的税率计算缴纳个人所得税。个人股票（权）期权行权后，公司股票公开上市，再转让股票的，按限售股相关规定征收个人所得税。

11. 因拥有股权而参与税后利润分配的处理

员工因拥有股权而参与企业税后利润分配取得的所得，应按照“利息、股息、红利所得”适用的规定计算缴纳个人所得税。

综上所述，雇员取得非上市公司不符合递延纳税条件的股票（权）期权所得，授予时、行权时以及取得股权（票）后相关环节个人所得税处理，可列表说明如下（见表9-10）。

表9-10　雇员的股票（权）期权所得个人所得税处理

序号	环节	税务处理	
1	授予期权	不征个人所得税	
2	行权时	不符合递延纳税条件	按工资、薪金所得纳税
		符合递延纳税条件	暂不征个人所得税
3	行权日前转让期权	按工资、薪金所得纳税	
4	行权后的股票（权）再转让	按财产转让所得纳税	
5	参与利润分配	按利息、股息、红利所得纳税	
6	被投资企业转增股权	按利息、股息、红利所得纳税	
7	以股权对外投资	按财产转让所得并可分期5年纳税	

不符合递延纳税条件的股票（权）期权各环节的个人所得税处理如图9-11所示。

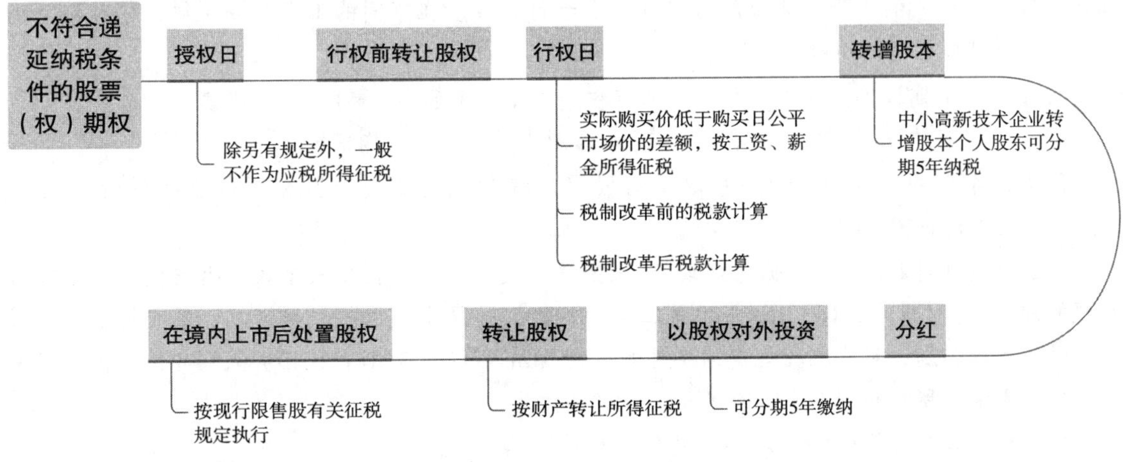

图9-11　不符合递延纳税条件的股票（权）期权各环节的个人所得税处理

（五）新三板挂牌公司股票（权）期权的处理

根据财税〔2016〕101号文件第四条第（五）款的规定，新三板挂牌公司按照该文件第一条规定执行。也就是说，在新三板或其他产权交易所挂牌的企业，属于非上市公司，应按照非上市公司股权激励相关税收政策执行。

（六）非上市公司股权激励案例解析

【例9-10】税务机关在检查新三板挂牌的乙公司纳税情况时发现：乙公司自2018年6月开始对本单位技术人员实行股票（权）期权激励计划。其中技术总监王某的期权激励是：2018年6月1日起到2020年5月31日，在乙公司任职2年、在中国境内任职不低于1年期满后，可以每股1元的价格购入公司的股票10万股，购买股票当日公平市场价与施权价的差价由乙公司补足。2020年6月10日，张某行权购入公司股票60 000股，上年末公司每股净资产为11元/股。乙公司也兑现了补足差价的承诺。

2020年乙公司支付王某工资10 000元/月，6月还取得半年奖20 000元。不考虑专项扣除、专项附加扣除和依法确定的其他扣除，当年王某也没有其他工资薪金、劳务报酬、稿酬和特许权使用费所得。

2020年9月10日，王某按公司股权激励计划规定，再次行权购入公司股票40 000股，乙公司也兑现了补足差价的承诺。

假设乙公司的股票（权）期权激励对象人数等不符合递延纳税条件。

要求：分析计算王某2020年应缴纳的个人所得税。

【解析】根据财税〔2016〕101号文件第四条第（一）款的规定，个人从任职受雇企业以低于公平市场价格取得股票（权），凡不符合递延纳税条件的，应在获得股票（权）时，对实际出资额低于公平市场价格的差额，按照"工资、薪金所得"项目，参照上市公司股权激励有关规定计算缴纳个人所得税。

雇员因参加股票（权）期权计划而从中国境内非上市公司取得的股票（权）形式工资薪金所得，以在一个公历月份中取得的所得为一次。该所得按规定应按工资、薪金所得计算纳税的，对该股票期权形式的工资、薪金所得，可区别于行权日所在期间的工资薪金所得，单独按下列公式计算当月应纳税所得额。

$$\text{股票（权）期权形式的工资薪金应纳税所得额}=\left[\text{行权股票（权）的每股市场价}-\text{每股施权价}\right]\times\text{股票（权）数量}$$

因而，案例中王某2020年6月取得的股票期权形式的工资、薪金所得应纳税所得额为：（11-1）×60 000=600 000（元）。

自2019年1月1日起，根据《财政部 税务总局关于个人所得税法修改后有关优惠政策衔接问题的通知》（财税〔2018〕164号）第二条的规定，居民个人取得股票期权、限制性股票、股权奖励等股权激励，符合相关规定的条件的，在2021年12月31日前，不并入当年综合所得，全额单独适用综合所得税率表，计算纳税。计算公式为：

应纳税额=股权激励所得×适用税率-速算扣除数

因而，应纳税额=600 000×30%-52 920=127 080（元）。

居民个人一个纳税年度内取得两次以上（含两次）股权激励的，应合并按规定计算纳税。

2020年9月10日，王某按公司股权激励计划规定，再次行权购入公司股票40 000股，甲公司也兑现了补足差价的承诺。其第二次行权所得应纳税所得额为：

（11−1）×40 000=400 000（元）。

股权激励所得应纳个人所得税为：

（600 000+400 000）×45%−181 920−127 080

=268 080−127 080=141 000（元）。

需要说明的是，员工取得符合条件、实行递延纳税政策的股权激励，与不符合递延纳税条件的股权激励需分别计算纳税。

三、限制性股票

限制性股票，是指公司按照预先确定的条件授予激励对象一定数量的处置等权利受到限制的本公司股票（权），激励对象只有工作年限或业绩目标符合股权激励计划规定条件的才可以处置该股票（权）。

（一）符合递延纳税条件的限制性股票的处理

根据财税〔2016〕101号文件第一条第（一）款的规定，非上市公司（包括全国中小企业股份转让系统挂牌公司，下同）授予本公司员工的限制性股票，符合规定条件的，经向主管税务机关备案，可实行递延纳税政策，即员工在取得限制性股票时可暂不纳税，递延至转让该股票时纳税；股票转让时，按照股票转让收入减除股票取得成本以及合理税费后的差额，适用“财产转让所得”项目，按照20%的税率计算缴纳个人所得税。

股票转让时，限制性股票取得成本按实际出资额确定。

1.授予时的处理

员工接受实施限制性股票激励计划的非上市公司授予的限制性股票时，由于没有取得实际所得，不作为应税所得征税。

2.解禁时的处理

非上市公司授予本公司员工的限制性股票，同时符合实施主体、计划审批、激励标的、激励对象、持有期限五个规定条件的，经向主管税务机关备案，可实行递延纳税政策，即员工在限制性股票解禁取得股权激励所得时可暂不纳税，递延至转让该股票时纳税。

员工取得非上市公司授予的限制性股票，不同时符合实施主体、计划审批、激励标的、激励对象、持有期限五个规定条件的，根据财税〔2016〕101号文件第四条第（一）款的规定，应在获得股票（权）时，对实际出资额低于公平市场价格的差额，按照“工资、薪金所得”项目，自2019年1月1日起至2021年12月31日止，不并入当年综合所得，全额单独适用综合所得税率表，计算纳税。计算公式为：

应纳税额＝股权激励所得×适用税率－速算扣除数

居民个人一个纳税年度内取得两次以上（含两次）股权激励的，应合并按规定计算纳税。

3. 转让股票的处理

员工将解禁后的限制性股票再转让时获得的高于取得成本的差额，是因个人转让股票等有价证券而获得的所得，应按照“财产转让所得”计算缴纳个人所得税。

递延纳税的限制性股票转让时，按照股票转让收入减除限制性股票取得成本以及合理税费后的差额，适用“财产转让所得”项目，按照20%的税率计算缴纳个人所得税。股票转让时，限制性股票取得成本按实际出资额确定。

根据财税〔2016〕101号文件第四条第（三）款的规定，个人转让股票时，视同享受递延纳税优惠政策的股票优先转让。递延纳税的股票成本按照加权平均法计算，不与其他方式取得的股票成本合并计算。

4. 转增股本的处理

根据财税〔2016〕101号文件第四条第（四）款的规定，持有递延纳税的限制性股票期间，因该股票产生的转增股本收入，应在当期缴纳税款。

《股权激励和技术入股个人所得税政策口径》问题19明确：依据税法，企业以未分配利润、盈余公积、资本公积转增股本，需按照“利息、股息、红利所得”项目计征个人所得税。同时，根据《财政部 国家税务总局关于将国家自主创新示范区有关税收试点政策推广到全国范围实施的通知》（财税〔2015〕116号），中小高新技术企业转增股本，个人股东可分期5年缴税。但是，个人持有递延纳税的限制性股票期间，发生转增股本的，根据财税〔2016〕101号文件第四条第（四）款的规定，因递延纳税的股票产生的转增股本收入，应在当期缴纳税款。

5. 上市后处置股票的处理

根据财税〔2016〕101号文件第四条第（二）款的规定，个人因限制性股票解禁取得股票后，非上市公司在境内上市的，处置递延纳税的限制性股票时，按照现行限售股有关征税规定执行。

个人因获得非上市公司实施符合条件的限制性股票激励而选择递延纳税的，自限制性股票解禁取得股权至实际转让期间，如果公司在境内上市了，员工持有的递延纳税股票，自然转为限售股。根据财税〔2016〕101号文件第四条第（二）款的规定，相关税收处理应按照限售股相关规定执行。主要涉及如下三方面内容：

（1）股票转让价格，按照限售股有关规定确定。

（2）扣缴义务人转为限售股转让所得的扣缴义务人（即股票开户的证券机构），实施股权激励的公司只需及时将相关信息告知税务机关，无须继续扣缴递延纳税股票个人所得税。

（3）股票原值仍按财税〔2016〕101号文件规定确定，也就是说，转让的股票来源于股权激励的，原值为其实际取得成本，限制性股票的取得成本按实际出资额确定。若证券机构扣缴的个人所得税与纳税人的实际情况有出入，个人需按照《财政部 国家税务总局 证监会关于个人转让上市公司限售股所得征收个人所得税有关问题的通知》（财税〔2009〕167号）规定，向证券机构所在地主管税务机关申请办理税收清算。

6. 以股票对外投资的处理

根据财税〔2016〕101号文件第四条第（四）款的规定，持有递延纳税的限制性股票期间，以该递延纳税的股权再进行非货币性资产投资的，应在当期缴纳税款。而不适用非货币资产对外投资分期纳税政策。

《股权激励和技术入股个人所得税政策口径》问题22明确：个人以股权进行非货币性资产投资，《财政部 国家税务总局关于个人非货币性资产投资有关个人所得税政策的通知》（财税〔2015〕41号）规定可以分期5年缴纳。但个人取得限制性股票激励所得选择递延纳税的，根据财税〔2016〕101号文件第四条第（四）款的规定，个人以递延纳税的股票进行非货币性资产投资，须在非货币性资产投资当期缴纳税款。

综上所述，符合条件的非上市公司限制性股票递延纳税政策可图示说明如下（见图9-12）：

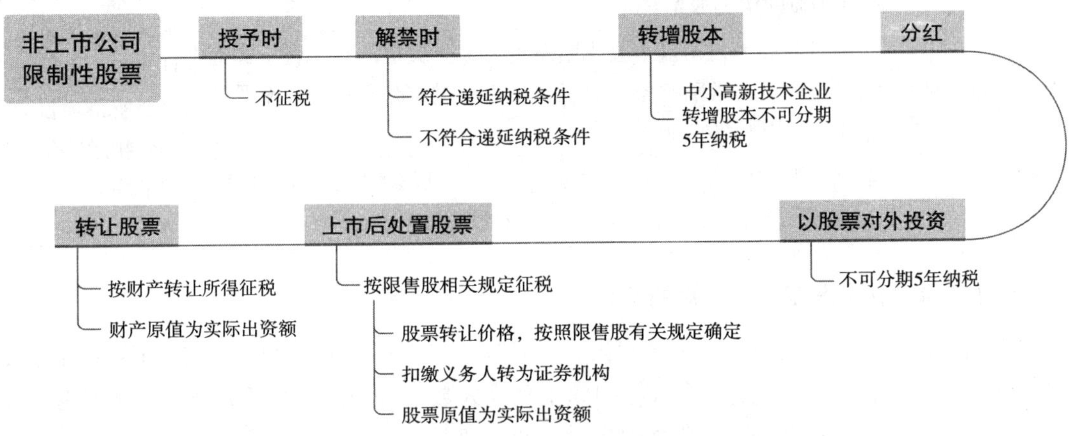

图9-12 符合条件的非上市公司限制性股票递延纳税政策

符合条件的非上市公司限制性股票递延纳税政策也可列表说明如下（见表9-11）。

表9-11 符合条件的非上市公司限制性股票递延纳税

序号	环节	税务处理
1	授予限制性股票时	不征个人所得税
2	限制性股票解禁时	暂不征收个人所得税
3	转增股本时	按利息、股息、红利所得在当期纳税
4	对外投资入股时	按财产转让所得在当期纳税
5	在境内上市后处置股票	按限售股相关规定征税
6	转让递延纳税的股票时	按财产转让所得征税，财产原值为实际出资额

（二）限制性股票递延纳税应符合的条件

1. 享受递延纳税政策的限制性股票应符合的条件

根据财税〔2016〕101号文件第一条第（二）款的规定，取得非上市公司限制性股票激励享受递延纳税政策的须同时满足实施主体、计划审批、激励标的、激励对象、持有期限五个条件，具体条件列表说明如下（见表9-12）。

表9-12 限制性股票递延纳税应符合的条件一览表

序号	条件	具体要求	备注
1	实施主体	属于境内居民企业的限制性股票激励计划。	非上市公司实施符合条件的限制性股票激励，本公司最近6个月在职职工平均人数，按照限制性股票解禁之上月起前6个月工资薪金所得项目全员全额扣缴明细申报的平均人数确定。
2	计划审批	限制性股票激励计划经公司董事会、股东（大）会审议通过。未设股东（大）会的国有单位，经上级主管部门审核批准。	
3	激励标的	激励标的应为境内居民企业的本公司股权。激励标的的股票包括通过增发、大股东直接让渡以及法律法规允许的其他合理方式授予激励对象的股票。	
4	激励对象	激励对象应为公司董事会或股东（大）会决定的技术骨干和高级管理人员，激励对象人数累计不得超过本公司最近6个月在职职工平均人数的30%。	
5	持有期限	限制性股票自授予日起应持有满3年，且解禁后持有满1年。上述时间条件须在股权激励计划中列明。	

2.最近6个月在职职工平均人数的确定

根据国家税务总局公告2016年第62号第一条第（一）款的规定，非上市公司实施符合条件的限制性股票激励，本公司最近6个月在职职工平均人数，按照限制性股票解禁之上月起前6个月“工资、薪金所得”项目全员全额扣缴明细申报的平均人数确定。

例如，甲公司实施一批限制性股票激励计划，并于2020年1月解禁，计算在职职工平均人数时，以该公司2019年7月、8月、9月、10月、11月、12月工资、薪金所得项目全员全额扣缴明细申报的平均人数计算。

（三）不符合递延纳税条件的限制性股票的处理

限制性股票激励计划不符合递延纳税条件的，不能享受递延纳税优惠。根据财税〔2016〕101号文件第四条第（一）款的规定，个人从任职受雇企业以低于公平市场价格取得股票，凡不符合递延纳税条件的，应在获得股票时，对实际出资额低于公平市场价格的差额，按照“工资、薪金所得”项目，自2019年1月1日起至2022年12月31日止，不并入当年综合所得，全额单独适用综合所得税率表，计算纳税。计算公式为：

应纳税额＝股权激励所得×适用税率－速算扣除数

居民个人一个纳税年度内取得两次以上（含两次）股权激励的，应合并按规定计算纳税。

财税〔2016〕101号文件第一条第（四）款还规定：股权激励计划所列内容不同时满足该文件第一条第（二）款规定的全部条件，或递延纳税期间公司情况发生变化，不再符合该文件第一条第（二）款第4项（激励对象范围）、第5项（股票持有时间）条件的，不得享受递延纳税优惠，应按规定计算缴纳个人所得税。

由此可见，企业实施的限制性股票激励计划享受递延纳税期间，若企业有关情况发生变化，不再符合政策文件中所列的可享受递延纳税优惠政策的条件第4项（激励对象范围）、第5项（股票持有时间），该限制性股票激励计划不能继续享受递延纳税政策，税款应及时缴清。

1. 授予时的处理

员工接受实施限制性股票激励计划的非上市公司授予的限制性股票时，由于没有取得实际所得，不作为应税所得征税。

2. 解禁时的处理

员工取得非上市公司授予的限制性股票，不同时符合实施主体、计划审批、激励标的、激励对象、持有期限五个规定条件的，根据财税〔2016〕101号文件第四条第（一）款和财税〔2018〕164号文件的规定，个人从任职受雇企业以低于公平市场价格取得股票，凡不符合递延纳税条件的，应在获得股票时，对实际出资额低于公平市场价格的差额，按照“工资、薪金所得”项目，自2019年1月1日起至2022年12月31日止，不并入当年综合所得，全额单独适用综合所得税率表，计算纳税。计算公式为：

应纳税额＝股权激励所得 × 适用税率－速算扣除数

这里的公平市场价格按以下方法确定：

（1）上市公司股票的公平市场价格，按照取得股票当日的收盘价确定。取得股票当日为非交易日的，按照上一个交易日收盘价确定。

（2）非上市公司股票（权）的公平市场价格，依次按照净资产法、类比法和其他合理方法确定。净资产法按照取得股票（权）的上年末净资产确定。

居民个人一个纳税年度内取得两次以上（含两次）股权激励的，应合并按规定计算纳税。

3. 转让股票的处理

员工将解禁后的限制性股票再转让时获得的高于解禁日公平市场价的差额，是因个人转让股票等有价证券而获得的所得，应按照“财产转让所得”适用的征免规定计算缴纳个人所得税。

即个人将解禁后的非上市公司（包括新三板挂牌公司原始股）股票转让取得的所得，按“财产转让所得”适用20%的税率计算缴纳个人所得税。个人限制性股票解禁后，公司股票公开上市，再转让股票的，按限售股相关规定征收个人所得税。转让新三板挂牌公司原始股的，按原始股相关规定征税。

4. 转增股本的处理

依据《个人所得税法》的相关规定，企业以未分配利润、盈余公积、资本公积转增股本，需按照“利息、股息、红利所得”项目计征个人所得税。同时，根据财税〔2015〕116号文件的规定，中小高新技术企业转增股本，个人股东可分期5年缴税。

5. 上市后处置股票的处理

个人因获得非上市公司实施不符合递延纳税条件的限制性股票激励，自限制性股票解禁取得股权至实际转让期间，如果公司在境内上市了，员工持有的递延纳税股权，自然转为限售股。上市后转让股票的相关税收处理应按照限售股相关规定执行。

6. 以股票对外投资的处理

个人以解禁后的股票进行非货币性资产投资，根据财税〔2015〕41号文件的规定，可以分期5年缴纳。

综上所述，非上市公司限制性股票所得的个人所得税处理可列表说明如下（见表9-13）：

表9-13 非上市公司限制性股票的个人所得税处理

序号	环节	递延纳税政策	非递延纳税政策
1	授予限制性股票时	不征个人所得税	不征个人所得税
2	限制性股票解禁时	暂不征个人所得税	按工资、薪金所得项目征税
3	转增股本时	按利息、股息、红利所得在当期纳税	按利息、股息、红利所得在当期纳税，中小高新技术企业可分5年递延纳税
4	投资入股时	按财产转让所得在当期纳税	按财产转让所得并可以分期5年缴纳
5	上市后处置股票	按限售股相关规定征税	按限售股相关规定征税
6	转让递延纳税的股票时	按财产转让所得征税	按财产转让所得征税

7.符合条件与不符合递延纳税条件分别计税

员工取得的限制性股票激励，区分符合条件、实行递延纳税政策的股权激励和不符合条件、未递延纳税的股权激励，适用不同的税收政策分别计算纳税。其中，对员工在一个纳税年度内，多次从任职受雇企业以低于公平市场价格取得不符合递延纳税条件的股票（权），自2019年1月1日起至2021年12月31日止，不并入当年综合所得，全额单独适用综合所得税率表，计算纳税。计算公式为：

应纳税额=股权激励所得×适用税率-速算扣除数

居民个人一个纳税年度内取得两次以上（含两次）股权激励的，应合并按规定计算纳税。

（四）新三板挂牌公司限制性股票激励的处理

根据财税〔2016〕101号文件第四条第（五）款的规定，全国中小企业股份转让系统挂牌公司按照该文件第一条规定执行。也就是说，在新三板或其他产权交易所挂牌的企业，属于非上市公司，应按照非上市公司股权激励相关税收政策执行。

四、股权奖励

股权奖励，是指企业无偿授予激励对象一定份额的股权或一定数量的股份。股权奖励递延缴纳个人所得税政策，最早于2014年1月1日起，在中关村国家自主创新示范区试点，后于2015年1月1日起推广至国家自主创新示范区、合芜蚌自主创新综合试验区和绵阳科技城（以下统称示范地区）实施，自2016年1月1日起，推广到全国范围内的高新技术企业实施。自2016年9月1日起，再次扩大到非上市公司授予本公司员工的符合规定条件的股权奖励。

（一）符合条件的非上市公司股权奖励递延纳税的处理

根据财税〔2016〕101号文件第一条第（一）款的规定，非上市公司授予本公司员工的股权奖励，符合规定条件的，经向主管税务机关备案，可实行递延纳税政策，即员工在取得股权奖励时可暂不纳税，递延至转让该股权时纳税；股权转让时，按照股权转让收入减除股权取得成本以及合理税费后的差额，适用“财产转让所得”项目，按照20%的税率计算缴纳个人所得税。

股权转让时，股权奖励取得成本为零。

（二）股权奖励递延纳税应符合的条件

1.非上市公司股权奖励递延纳税应符合的条件

根据财税〔2016〕101号文件第一条第（二）款的规定，享受递延纳税政策的非上市公司股权奖励须同时满足实施主体、计划审批、激励标的、激励对象、持有期限、所属行业六个条件，具体条件列表说明如下（见表9-14）。

表9-14 股权奖励递延纳税应符合的条件

序号	条件	具体要求	备注
1	实施主体	属于境内居民企业的股权奖励计划。	非上市公司实施符合条件的股权奖励，本公司最近6个月在职职工平均人数，按照股权奖励获得之上月起前6个月工资、薪金所得项目全员全额扣缴明细申报的平均人数确定。
2	计划审批	股权奖励计划经公司董事会、股东（大）会审议通过。未设股东（大）会的国有单位，经上级主管部门审核批准。	
3	激励标的	股权奖励标的应为境内居民企业的本公司股权，也可以是技术成果投资入股到其他境内居民企业所取得的股权。奖励标的股权包括通过增发、大股东直接让渡以及法律法规允许的其他合理方式授予激励对象的股权。	
4	激励对象	激励对象应为公司董事会或股东（大）会决定的技术骨干和高级管理人员，激励对象人数累计不得超过本公司最近6个月在职职工平均人数的30%。	
5	持有期限	股权奖励自获得奖励之日起应持有满3年。该时间条件须在股权奖励计划中列明。	
6	所属行业	实施股权奖励的公司及其奖励股权标的公司所属行业均不属于《股权奖励税收优惠政策限制性行业目录》范围。公司所属行业按公司上一纳税年度主营业务收入占比最高的行业确定。	

2.最近6个月在职职工平均人数的确定

根据国家税务总局公告2016年第62号第一条第（一）款的规定，非上市公司实施符合条件的股权奖励，本公司最近6个月在职职工平均人数，按照股权奖励获得之上月起前6个月“工资、薪金所得”项目全员全额扣缴明细申报的平均人数确定。

例如，乙公司实施股权奖励计划，李某等高管于2020年1月获得奖励的股权，计算在职职工平均人数时，以该公司2019年7月、8月、9月、10月、11月、12月“工资、薪金所得”项目全员全额扣缴明细申报的平均人数计算。

3.股权奖励税收优惠政策限制性行业

要求实施股权奖励的公司及其奖励股权标的公司所属行业均不属于《股权奖励税收优惠政策限制性行业目录》范围。公司所属行业按公司上一纳税年度主营业务收入占比最高的行业确定。

符合递延纳税条件的股权奖励的个人所得税处理如图9-13所示。

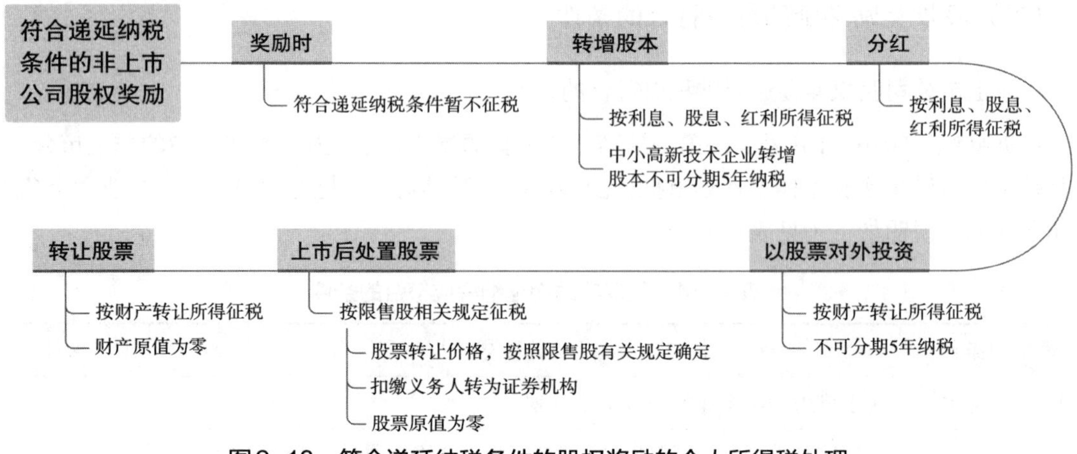

图9-13　符合递延纳税条件的股权奖励的个人所得税处理

（三）不符合递延纳税条件股权奖励的处理

1.不符合规定条件的股权奖励的处理

非上市公司股权奖励等股权激励计划不符合递延纳税条件的，不能享受递延纳税优惠。根据财税〔2016〕101号文件第四条第（一）款的规定，个人从任职受雇企业以低于公平市场价格取得股票（权），凡不符合递延纳税条件的，应在获得股票（权）时，对实际出资额低于公平市场价格的差额，按照“工资、薪金所得”项目，比照上市公司符合条件的股权激励计税方法计税。

财税〔2016〕101号文件第一条第（四）款还规定，股权激励计划所列内容不同时满足该文件第一条第（二）款规定的全部条件，或递延纳税期间公司情况发生变化，不再符合该文件第一条第（二）款第4项（激励对象范围）、第5项（股权持有时间）、第6项（负面清单行业）条件的，不得享受递延纳税优惠，应按规定计算缴纳个人所得税。

由此可见，非上市公司实施的股权奖励激励计划享受递延纳税期间，若企业有关情况发生变化，不再符合政策文件中所列的可享受递延纳税优惠政策的条件第4项（激励对象范围）、第5项（股权持有时间），该股权激励计划不能继续享受递延纳税政策，税款应及时缴清。递延纳税期间，企业主营业务所属行业发生变化，进入负面清单行业的，已经实施的股权激励计划可继续享受递延纳税政策；自行业变化之日起新实施的股权激励计划不得享受递延纳税优惠政策。

公平市场价格按以下方法确定：

（1）上市公司股票的公平市场价格，按照取得股票当日的收盘价确定。取得股票当日为非交易日的，按照上一个交易日收盘价确定。

（2）非上市公司股票（权）的公平市场价格，依次按照净资产法、类比法和其他合理方法确定。净资产法按照取得股票（权）的上年末净资产确定。

2.符合与不符合递延纳税条件应分别计税

员工取得的股权奖励等股权激励，区分符合条件、实行递延纳税政策的股权激励和不符合条件、未递延纳税的股权激励，适用不同的税收政策分别计算纳税。其中，对员工在一个纳税年度内，多次从任职受雇企业以低于公平市场价格取得不符合递延纳税条件的股权，不并入当年综合所得，全额单独适用综合所得税率表，计算纳税。计算公式为：

应纳税额=股权激励所得 × 适用税率 – 速算扣除数

居民个人一个纳税年度内从境内外取得两次以上（含两次）股权激励的，应合并按规定计算纳税。

3. 持有股权期间取得转增股本收入的处理

依据《个人所得税法》的相关规定，企业以未分配利润、盈余公积、资本公积转增股本，需按照“利息、股息、红利所得”项目计征个人所得税。同时，根据财税〔2015〕116号文件，中小高新技术企业转增股本，个人股东可分期5年缴税。但是，个人持有递延纳税奖励股权期间，发生转增股本的，根据财税〔2016〕101号文件第四条第（四）款的规定，因递延纳税的股权产生的转增股本收入，应在当期缴纳税款。

4. 以股权对外投资的处理

个人以股权进行非货币性资产投资，财税〔2015〕41号文件规定可以分期5年缴纳。但个人以奖励股权选择递延纳税的，根据财税〔2016〕101号文件第四条第（四）款的规定，个人以递延纳税的股权进行非货币性资产投资，须在非货币性资产投资当期缴纳税款。

不符合递延纳税条件的非上市公司股权奖励个人所得税处理，如图9–14所示。

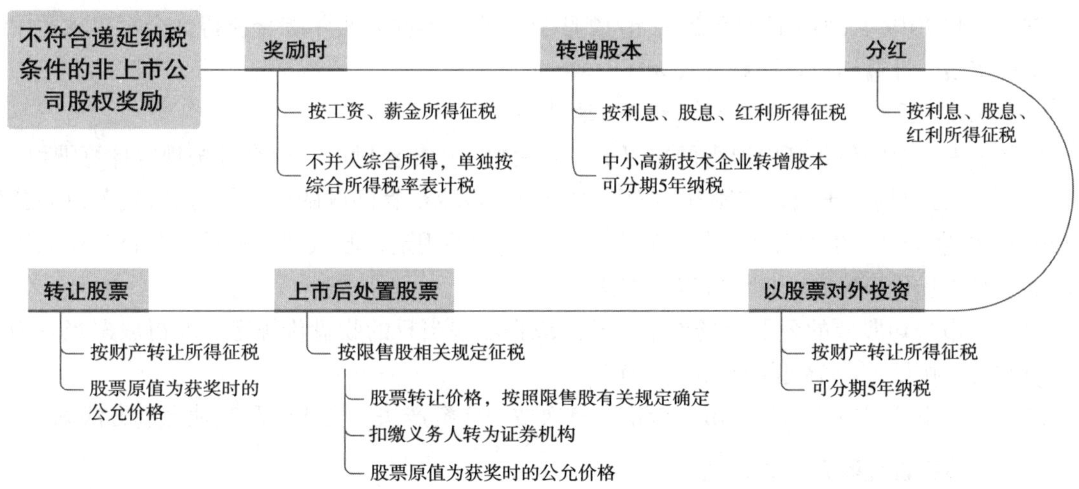

图9–14 不符合递延纳税条件的非上市公司股权奖励个人所得税处理

（四）新三板挂牌公司股权奖励的处理

根据财税〔2016〕101号文件第四条第（五）款的规定，新三板挂牌公司按照该文件第一条规定执行。也就是说，在新三板或其他产权交易所挂牌的企业，属于非上市公司，应按照非上市公司股权奖励相关税收政策执行。

（五）高新技术企业转化科技成果股权奖励分期纳税

1. 高新技术企业转化科技成果股权奖励分期缴税优惠

根据财税〔2015〕116号文件第四条的规定，自2016年1月1日起，全国范围内的高新技术企业转化科技成果，给予本企业相关技术人员的股权奖励，个人一次缴纳税款有困难的，可根据实际情况自行制定分期缴税计划，在不超过5个公历年度内（含）分期缴纳，并将有关资料报主管税务机关备案。

相关技术人员，是指经公司董事会和股东大会决议批准获得股权奖励的以下两类人员：

（1）对企业科技成果研发和产业化做出突出贡献的技术人员，包括企业内关键职务科技成果的主要完成人、重大开发项目的负责人、对主导产品或者核心技术、工艺流程做出重大创新或者改进的主要技术人员。

（2）对企业发展做出突出贡献的经营管理人员，包括主持企业全面生产经营工作的高级管理人员，负责企业主要产品（服务）生产经营合计占主营业务收入（或者主营业务利润）50%以上的中、高级经营管理人员。

企业面向全体员工实施的股权奖励，不得按照财税〔2015〕116号文件规定的分期纳税政策执行。

股权奖励是指企业无偿授予相关技术人员一定份额的股权或一定数量的股份。高新技术企业是指实行查账征收、经省级高新技术企业认定管理机构认定的高新技术企业。

2.所得项目与应纳税额的确定

员工个人从高新技术企业获得的不符合递延纳税条件的股权奖励时，按照“工资、薪金所得”项目，自2019年1月1日起至2022年12月31日止，不并入当年综合所得，全额单独适用综合所得税率表，计算纳税。计算公式为：

应纳税额＝股权激励所得×适用税率－速算扣除数

居民个人一个纳税年度内取得两次以上（含两次）股权激励的，应合并按规定计算纳税。

《国家税务总局关于股权奖励和转增股本个人所得税征管问题的公告》（国家税务总局公告2015年第80号）第一条“关于股权奖励”第（一）款的规定，股权奖励的计税价格参照获得股权时的公平市场价格确定，具体按以下方法确定：

（1）上市公司股票的公平市场价格，按照取得股票当日的收盘价确定。取得股票当日为非交易时间的，按照上一个交易日收盘价确定。

（2）非上市公司股权的公平市场价格，依次按照净资产法、类比法和其他合理方法确定。

3.转让股权现金收入优先缴税

技术人员转让奖励的股权（含奖励股权孳生的送、转股）并取得现金收入的，该现金收入应优先用于缴纳尚未缴清的税款。

4.企业破产尚未缴纳税款的处理

技术人员在转让奖励的股权之前企业依法宣告破产，技术人员进行相关权益处置后没有取得收益或资产，或取得的收益和资产不足以缴纳其取得股权尚未缴纳的应纳税款的部分，税务机关可不予追征。

5.分期缴税的备案

（1）初始备案。根据国家税务总局公告2015年第80号第三条第（一）款的规定，获得股权奖励的企业技术人员需要分期缴纳个人所得税的，应自行制定分期缴税计划，由企业于发生股权奖励的次月15日内，向主管税务机关办理分期缴税备案手续。

办理股权奖励分期缴税，企业应向主管税务机关报送高新技术企业认定证书、股东大会或董事会决议、《个人所得税分期缴纳备案表（股权奖励）》、相关技术人员参与技术活动的说明材料、企业股权奖励计划、能够证明股权或股票价格的有关材料、企业转化科技成果的说明、最近一期企业财务报表等。

高新技术企业认定证书、股东大会或董事会决议的原件，主管税务机关进行形式审核后退还企业，复印件及其他有关资料税务机关留存。

（2）变更备案。纳税人分期缴税期间需要变更原分期缴税计划的，应重新制定分期缴税计划，由企业向主管税务机关重新报送《个人所得税分期缴纳备案表（股权奖励）》。

《个人所得税分期缴纳备案表（股权奖励）》（见表9-15）适用于个人取得股权奖励，其扣缴义务人向主管税务机关办理分期缴纳个人所得税备案事宜。本表一式二份，主管税务机关受理后，由扣缴义务人和主管税务机关分别留存。

6.代扣代缴

企业在填写《个人所得税扣缴申报表》时，应将纳税人取得股权奖励情况单独填列，并在“备注”栏中注明“股权奖励”字样。

纳税人在分期缴税期间取得分红或转让股权的，企业应及时代扣股权奖励尚未缴清的个人所得税，并于次月15日内向主管税务机关申报纳税。

7.示范地区股权奖励分期缴税

根据国务院决定，自2015年1月1日起，中关村国家自主创新示范区有关股权奖励分期纳税税收试点政策推广至国家自主创新示范区、合芜蚌自主创新综合试验区和绵阳科技城（以下统称示范地区）实施。国家自主创新示范区分别为：北京中关村（2009），武汉东湖（2009），上海张江（2011），深圳（2014），长株潭（2014），苏南（南京、苏州、无锡、常州、镇江、昆山、江阴、武进）（2014），天津滨海（2015）。

（1）示范地区股权奖励分期纳税政策。《财政部 国家税务总局关于推广中关村国家自主创新示范区税收试点政策有关问题的通知》（财税〔2015〕62号，自2015年1月1日起施行。实施范围包括中关村等所有国家自主创新示范区、合芜蚌自主创新综合试验区和绵阳科技城）第一条的规定，自2015年1月1日起，对示范地区内的高新技术企业转化科技成果，给予本企业相关技术人员的股权奖励，技术人员一次缴纳税款有困难的，可分期缴纳个人所得税，但最长不得超过5年。

股权奖励，是指企业无偿授予相关技术人员一定份额的股权或一定数量的股份。股权奖励的计税价格参照获得股权时的公平市场价格确定。

（2）转让奖励股权的现金收入优先缴税。技术人员转让奖励的股权（含奖励股权孳生的送、转股）并取得现金收入的，该现金收入应优先用于缴纳尚未缴清的税款。

（3）企业破产尚未缴纳税款的不予追征。技术人员在转让奖励的股权之前企业依法宣告破产，技术人员进行相关权益处置后没有取得收益或资产，或取得的收益和资产不足以缴纳其取得股权尚未缴纳的应纳税款的，经主管税务机关审核，尚未缴纳的个人所得税可不予追征。

非上市公司股权激励的个人所得税处理，如图9-15所示。

表9-15　个人所得税分期缴纳备案表（股权奖励）

备案编号（主管税务机关填写）：　　　　金额单位：人民币元（列至角分）

<table>
<tr><td colspan="6">扣缴单位基本情况</td></tr>
<tr><td>扣缴单位名称</td><td></td><td>纳税人识别号</td><td></td><td>高新技术企业证书编号</td><td></td></tr>
<tr><td>地址</td><td></td><td>联系人</td><td></td><td>电话</td><td></td></tr>
<tr><td colspan="4"></td><td>总股本（实收资本）</td><td></td></tr>
<tr><td colspan="6">分期缴税情况</td></tr>
<tr><td>股权价格确定方法</td><td colspan="3">□上市公司股票　□净资产法　□类比法　□其他合理方法________</td><td>每股价格</td><td></td></tr>
</table>

序号	姓名	身份证件类型	身份证件号码	股权奖励时间	获得股份数	持股比例	计税价格	应缴个人所得税	分期缴税计划										签名
									第一年		第二年		第三年		第四年		第五年		
									缴税时间	缴税金额	缴税时间	缴税金额	缴税时间	缴税金额	缴税时间	缴税金额	缴税时间	缴税金额	

谨声明此表是根据《中华人民共和国个人所得税法》及有关法律法规规定填写的，是真实的、完整的、可靠的。

扣缴单位负责人签字：　　　　扣缴单位盖章：

年　月　日

代理申报机构（人）签章： 经办人： 经办人执业证件号码： 代理申报日期：　年　月　日	主管税务机关受理章： 受理人： 受理日期：　年　月　日

国家税务总局监制

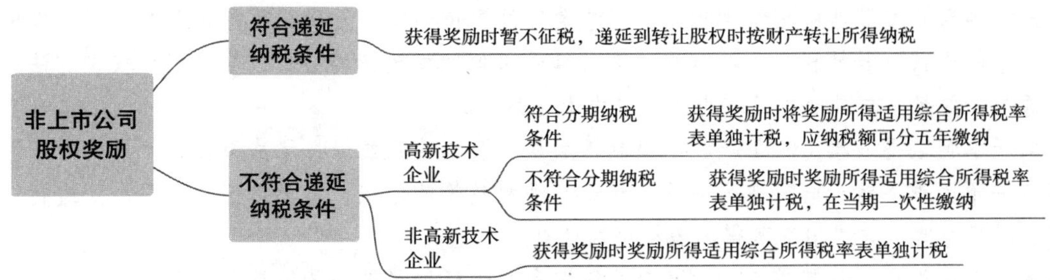

图9-15 非上市公司股权激励个人所得税处理

综上所述，股权奖励个人所得税政策如图9-16所示。

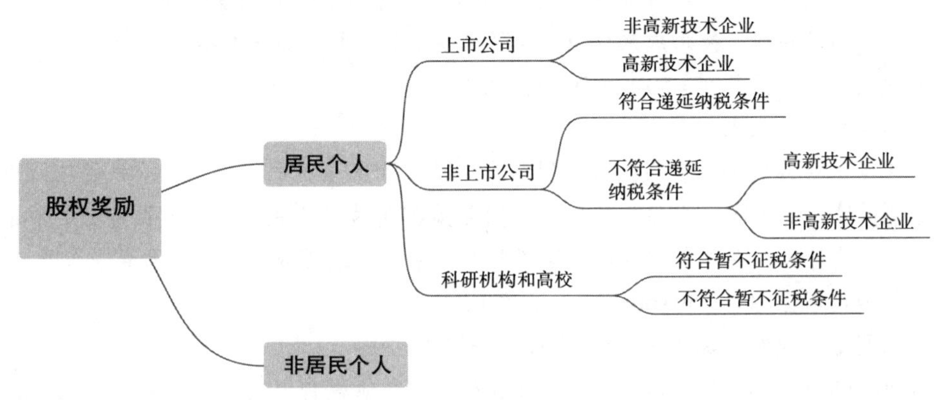

图9-16 股权奖励个人所得税政策

（六）案例解析

【例9-11】赵某为A公司核心技术人员。2018年9月，赵某以个人发明的专利技术作价100万元入股A公司，取得A公司股票20万股，该技术成果原值为10万元，并选择了递延纳税。2019年6月，赵某以自有房屋作价50万元投入A公司，取得A公司股票5万股。2019年10月，赵某出资60万元自股东林某手中购买A公司股票5万股。此外，2019年1月，A公司实施了符合条件的股票期权激励，赵某于2020年5月以8元/股的价格行权获得5万股，并选择了递延纳税。

请分析说明：

（1）赵某的股票原值如何确定？

（2）若2020年8月赵某以100万元转让5万股，其他税费忽略不计，如何计算纳税？

（3）若2020年8月赵某以600万元转让30万股给B公司，其他税费忽略不计，如何计算纳税？

（4）赵某转让股权时，企业如何扣缴个人所得税？

（5）假设赵某此前在2020年1月以8元/股的价格行权取得股票1万股，并在当期缴纳了个人所得税，则如何计算股票原值？

（6）假设行权购入10 000股时股票的公平市场价格为18元/股，且不符合递延纳税条件，则应缴纳多少个人所得税？

【解析】

（1）赵某股票原值的计算。

根据财税〔2016〕101号文件的规定，非上市公司股票（权）期权的财产原值按照行权价确定，限制性股票按照实际出资额确定，股权奖励的原值为零，技术成果投资入股的财产原值为技术成果的原值。若纳税人同时取得了多项享受递延纳税政策的股权，应按照加权平均法计算财产原值，并且不与其他方式取得的股权成本合并计算。

对于单独取得股票（权）期权、限制性股票、股权奖励或以技术成果投资入股，财产原值的确定并不困难。对于同时取得多项享受递延纳税政策的股权，需要按照加权平均法进行统筹计算，并且与其他方式出资取得的股权分别计算。

根据政策规定，赵某递延纳税部分的股票和非递延纳税部分的股票分别计税，原值也分开计算。

①递延纳税部分股票：

赵某递延纳税的股票由以技术成果投资入股和股票期权行权两部分构成。

递延纳税的股票原值=技术成果的原值+股票期权的行权总价=10+8×5=50（万元）；

递延纳税的股票每股原值=50÷（20+5）=2（元）。

②非递延纳税部分股票：

赵某非递延纳税的股票由房屋投资入股和直接购买两部分构成。根据《股权转让所得个人所得税管理办法（试行）》（国家税务总局公告2014年第67号发布）的规定，这两部分的股票原值也需要进行加权平均计算。在不考虑其他因素情况下，赵某非递延纳税的股票原值按如下方法计算：

非递延纳税的股票原值=50+60=110（万元）；

非递延纳税的股票每股原值=110÷（5+5）=11（元）。

（2）若2020年8月赵某以100万元转让了5万股，其他税费忽略不计，应纳个人所得税的计算如下：

根据财税〔2016〕101号文件的规定，实际转让股权时，视同享受递延纳税优惠政策的股权优先转让。因此，赵某应纳的个人所得税计算为：

应纳税所得额=100−2×5=90（万元）；

应纳税额=90×20%=18（万元）。

（3）若2020年8月赵某以600万元转让30万股给B企业，其他税费忽略不计，其应纳个人所得税的计算。

赵某递延纳税的股票共25万股，非递延纳税的股票共10万股。若赵某转让了30万股，则视同递延纳税的部分全部转让，非递延纳税的部分转让了5万股。

对于A公司而言，此时需要考虑代扣代缴赵某个人所得税问题。具体计算如下：

递延纳税部分的股票转让收入=600÷30×25=500（万元）；

递延纳税部分应纳税额=（500−2×25）×20%=90（万元）。

非递延纳税部分的股票转让收入=600÷30×5=100（万元）；

非递延纳税部分应纳税额=（100−11×5）×20%=9（万元）。

（4）赵某转让股权时，企业按如下方法扣缴个人所得税：

根据财税〔2016〕101号文件的规定，企业实施股权激励或个人以技术成果投资入股，以实施股权激励或取得技术成果的企业为个人所得税扣缴义务人。也就是说，虽然缴纳税款时点递延了，但企业扣缴义务并没有因此而消除。

需要注意的是，根据《个人所得税法》及《股权转让所得个人所得税管理办法（试行）》的相关规定，个人转让非上市公司股权，以受让方为扣缴义务人。这就是说明，个人转让股权，若为递延纳税的股权，由实施股权激励和取得技术成果投资入股的企业代扣代缴税款；对于非递延纳税的股权，则仍按照《股权转让所得个人所得税管理办法（试行）》的相关规定，由受让方代扣代缴税款，并在被投资企业所在地申报缴纳。

赵某转让股权需要缴纳的个人所得税中，90万元由A公司进行代扣代缴，9万元由B公司代扣代缴。

（5）假如赵某此前在2020年1月以8元/股的价格行权取得股票1万股，并在当期缴纳了个人所得税，股票原值计算如下：

由于该部分股票已经缴纳了个人所得税，因此不与递延纳税的股票部分进行合并，应与非递延纳税的股票进行加权平均计算。

赵某非递延纳税的股票原值=8×1+110=118（万元）；

非递延纳税的股票每股原值=118÷（5+5+1）=10.73（元/股）；

赵某递延纳税的股票原值仍为50万元。

（6）假设行权购入股票10 000股时，股票的公平市场价格为18元/股，且不符合递延纳税条件，则应缴纳个人所得税计算如下：

股票期权行权所得应缴个人所得税为：

（18–8）×10 000×10%–2 520=7 480（元）。

五、备案与管理

（一）非上市公司股权激励递延纳税的备案

根据财税〔2016〕101号文件第五条第（一）款的规定，对股权激励或技术成果投资入股选择适用递延纳税政策的，企业应在规定期限内到主管税务机关办理备案手续。未办理备案手续的，不得享受该文件规定的递延纳税优惠政策。

根据国家税务总局公告2016年第62号第一条第（五）款的规定，非上市公司实施符合条件的股权激励，个人选择递延纳税的，非上市公司应于股票（权）期权行权、限制性股票解禁、股权奖励获得之次月15日内，向主管税务机关报送《非上市公司股权激励个人所得税递延纳税备案表》、股权激励计划、董事会或股东大会决议、激励对象任职或从事技术工作情况说明等。实施股权奖励的企业同时报送本企业及其奖励股权标的企业上一纳税年度主营业务收入构成情况说明。

（二）非上市公司股权奖励递延纳税备案表及其填报

《非上市公司股权激励个人所得税递延纳税备案表》（见表9–16）适用于实施符合递延纳税条件股权激励的非上市公司向主管税务机关办理个人所得税递延缴纳备案事宜时填报。

企业应于符合条件的股票（权）期权行权、限制性股票解禁、股权奖励获得之次月15日内报送。

（三）递延纳税情况年度报告表及其填报

根据国家税务总局公告2016年第62号第一条第（六）款的规定，个人因非上市公司实施股权激励或以技术成果投资入股取得的股票（权），实行递延纳税期间，扣缴义务人应于每个纳税年度终了后30日内，向主管税务机关报送《个人所得税递延纳税情况年度报告表》（见表9–17）。

表9-16　非上市公司股权激励个人所得税递延纳税备案表

备案编号（主管税务机关填写）：　　　　　　　　　　　　　　　　　单位：股，%，人民币元（列至角分）

公司基本情况							
公司名称		纳税人识别号		联系人		联系电话	
股权激励基本情况							
股权激励形式	□股票（权）期权　□限制性股票　□股权奖励		股权激励人数		近6个月平均人数		
该栏仅由实施股权奖励的公司填写	本公司是否为限制性行业	□是　□否	标的公司名称				
	标的公司是否为限制性行业	□是　□否	标的公司纳税人识别号				

股权激励明细情况

序号	姓名	身份证照类型	身份证照号码	股票（权）期权						限制性股票						股权奖励			
				授予日	行权日	可出售日	取得成本	股数	持股比例	授予日	解禁日	可出售日	取得成本	股数	持股比例	授予日	可出售日	股数	持股比例

谨声明此表是根据《中华人民共和国个人所得税法》及有关法律法规规定填写的，是真实的、完整的、可靠的。

实施股权激励公司法定代表人签章：　　年　月　日

公司签章： 经办人： 填报日期：　　年　月　日	代理申报机构（人）签章： 经办人： 经办人执业证件号码： 代理申报日期：　　年　月　日	主管税务机关印章： 受理人： 受理日期：　　年　月　日

国家税务总局监制

表9-17 个人所得税递延纳税情况年度报告表

报告所属期：20×× 年　　　　单位：股，%，人民币元（列至角分）

<table>
<tr><td colspan="25">公司基本情况</td></tr>
<tr><td colspan="3">公司名称</td><td colspan="6"></td><td colspan="5">纳税人识别号</td><td colspan="4"></td><td colspan="2">联系人</td><td colspan="2"></td><td colspan="2">联系电话</td><td></td></tr>
<tr><td colspan="25">递延纳税有关情况</td></tr>
<tr><td colspan="4">递延纳税股票（权）形式</td><td colspan="21">□股票（权）期权　□限制性股票　□股权奖励　□技术成果投资入股</td></tr>
<tr><td colspan="25">递延纳税明细情况</td></tr>
<tr><td rowspan="3">序号</td><td rowspan="3">姓名</td><td rowspan="3">身份证照类型</td><td rowspan="3">身份证照号码</td><td colspan="5">总体情况</td><td colspan="4">股票（权）期权</td><td colspan="4">限制性股票</td><td colspan="4">股权奖励</td><td colspan="4">技术成果投资入股</td></tr>
<tr><td colspan="2">转让情况</td><td colspan="2">剩余情况</td><td rowspan="2">扣缴个人所得税</td><td colspan="2">转让情况</td><td colspan="2">剩余情况</td><td colspan="2">转让情况</td><td colspan="2">剩余情况</td><td colspan="2">转让情况</td><td colspan="2">剩余情况</td><td colspan="2">转让情况</td><td colspan="2">剩余情况</td></tr>
<tr><td>股数</td><td>持股比例</td><td>股数</td><td>持股比例</td><td>股数</td><td>持股比例</td><td>股数</td><td>持股比例</td><td>股数</td><td>持股比例</td><td>股数</td><td>持股比例</td><td>股数</td><td>持股比例</td><td>股数</td><td>持股比例</td><td>股数</td><td>持股比例</td><td>股数</td><td>持股比例</td></tr>
<tr><td></td><td></td><td></td><td></td><td></td><td></td><td></td><td></td><td></td><td></td><td></td><td></td><td></td><td></td><td></td><td></td><td></td><td></td><td></td><td></td><td></td><td></td><td></td><td></td><td></td></tr>
<tr><td></td><td></td><td></td><td></td><td></td><td></td><td></td><td></td><td></td><td></td><td></td><td></td><td></td><td></td><td></td><td></td><td></td><td></td><td></td><td></td><td></td><td></td><td></td><td></td><td></td></tr>
<tr><td></td><td></td><td></td><td></td><td></td><td></td><td></td><td></td><td></td><td></td><td></td><td></td><td></td><td></td><td></td><td></td><td></td><td></td><td></td><td></td><td></td><td></td><td></td><td></td><td></td></tr>
<tr><td></td><td></td><td></td><td></td><td></td><td></td><td></td><td></td><td></td><td></td><td></td><td></td><td></td><td></td><td></td><td></td><td></td><td></td><td></td><td></td><td></td><td></td><td></td><td></td><td></td></tr>
<tr><td></td><td></td><td></td><td></td><td></td><td></td><td></td><td></td><td></td><td></td><td></td><td></td><td></td><td></td><td></td><td></td><td></td><td></td><td></td><td></td><td></td><td></td><td></td><td></td><td></td></tr>
<tr><td></td><td></td><td></td><td></td><td></td><td></td><td></td><td></td><td></td><td></td><td></td><td></td><td></td><td></td><td></td><td></td><td></td><td></td><td></td><td></td><td></td><td></td><td></td><td></td><td></td></tr>
<tr><td></td><td></td><td></td><td></td><td></td><td></td><td></td><td></td><td></td><td></td><td></td><td></td><td></td><td></td><td></td><td></td><td></td><td></td><td></td><td></td><td></td><td></td><td></td><td></td><td></td></tr>
<tr><td colspan="25">谨声明此表是根据《中华人民共和国个人所得税法》及有关法律法规规定填写的，是真实的、完整的、可靠的。
公司法定代表人签章：　　　　年　月　日</td></tr>
<tr><td colspan="9">公司签章：
经办人：
填报日期：　年　月　日</td><td colspan="9">代理申报机构（人）签章：
经办人：
经办人执业证件号码：
代理申报日期：　年　月　日</td><td colspan="7">主管税务机关印章：
受理人：
受理日期：　年　月　日</td></tr>
</table>

国家税务总局监制

《个人所得税递延纳税情况年度报告表》适用于实施符合递延纳税条件股权激励的非上市公司和取得个人技术成果的境内公司，在递延纳税期间向主管税务机关报告个人相关股权持有和转让情况。

实施股权激励的非上市公司和取得个人技术成果的境内公司，应于每个纳税年度终了后30日内报送该表。

第三节 科研机构与高校转化科技成果奖励

一、科研机构与高校科技成果转化股权奖励的处理

（一）促进科技成果转化法律规定

科技成果，是指通过科学研究与技术开发所产生的具有实用价值的成果。职务科技成果，是指执行研究开发机构、高等院校和企业等单位的工作任务，或者主要是利用上述单位的物质技术条件所完成的科技成果。科技成果转化，是指为提高生产力水平而对科技成果所进行的后续试验、开发、应用、推广直至形成新技术、新工艺、新材料、新产品，发展新产业等活动。

根据《中华人民共和国促进科技成果转化法》（以下简称《促进科技成果转化法》）的规定，科技成果持有者可以采用下列方式进行科技成果转化：

（1）自行投资实施转化；

（2）向他人转让该科技成果；

（3）许可他人使用该科技成果；

（4）以该科技成果作为合作条件，与他人共同实施转化；

（5）以该科技成果作价投资，折算股份或者出资比例；

（6）其他协商确定的方式。

国家鼓励研究开发机构、高等院校采取转让、许可或者作价投资等方式，向企业或者其他组织转移科技成果。国家设立的研究开发机构、高等院校对其持有的科技成果，可以自主决定转让、许可或者作价投资，但应当通过协议定价、在技术交易市场挂牌交易、拍卖等方式确定价格。通过协议定价的，应当在本单位公示科技成果名称和拟交易价格。

《促进科技成果转化法》第四十四条规定，职务科技成果转化后，由科技成果完成单位对完成、转化该项科技成果做出重要贡献的人员给予奖励和报酬。科技成果完成单位可以规定或者与科技人员约定奖励和报酬的方式、数额和时限。单位制定相关规定，应当充分听取本单位科技人员的意见，并在本单位公开相关规定。

《促进科技成果转化法》第四十五条规定，科技成果完成单位未规定、也未与科技人员约定奖励和报酬的方式和数额的，按照下列标准对完成、转化职务科技成果做出重要贡献的人员给予奖励和报酬：

（1）将该项职务科技成果转让、许可给他人实施的，从该项科技成果转让净收入或者许可净收入中提取不低于50%的比例；

（2）利用该项职务科技成果作价投资的，从该项科技成果形成的股份或者出资比例中提取不低于50%的比例；

（3）将该项职务科技成果自行实施或者与他人合作实施的，应当在实施转化成功投产后连续3～5年，每年从实施该项科技成果的营业利润中提取不低于5%的比例。

国家设立的研究开发机构、高等院校规定或者与科技人员约定奖励和报酬的方式和数额应当符合上述第（1）项至第（3）项规定的标准。

国有企业、事业单位依照该法规定对完成、转化职务科技成果做出重要贡献的人员给予奖励和报酬的支出计入当年本单位工资总额，但不受当年本单位工资总额限制、不纳入本单位工资总额基数。

（二）转化科技成果股权奖励暂不征税政策

《促进科技成果转化法》第三十四条规定，国家依照有关税收法律、行政法规规定对科技成果转化活动实行税收优惠。

根据《财政部 国家税务总局关于促进科技成果转化有关税收政策的通知》（财税字〔1999〕45号）第三条的规定，自1999年7月1日起，科研机构、高等学校转化职务科技成果以股份或出资比例等股权形式给予个人奖励，获奖人在取得股份、出资比例时，暂不缴纳个人所得税；取得按股份、出资比例分红或转让股权、出资比例所得时，应依法缴纳个人所得税。

根据《国家税务总局关于促进科技成果转化有关个人所得税问题的通知》（国税发〔1999〕125号）第一条和《国家税务总局关于取消促进科技成果转化暂不征收个人所得税审核权有关问题的通知》（国税函〔2007〕833号）第一条的进一步规定，科研机构、高等学校转化职务科技成果以股份或出资比例等股权形式给予科技人员个人奖励，暂不征收个人所得税。

科研机构是指按照国家有关规定设置审批的自然科学研究事业单位机构。高等学校是指全日制普通高等学校（包括大学、专门学院和高等专科学校）。根据国税发〔1999〕125号文件第四条的规定，享受上述优惠政策的科技人员必须是科研机构或高等学校的在编正式职工。

（三）优惠备案与留存备查资料

按照国税发〔1999〕125号和国税函〔2007〕833号文件的规定，将职务科技成果转化为股份、投资比例的科研机构、高等学校或者获奖人员，应在授（获）奖的次月15日内向主管税务机关备案，报送《科技成果转化暂不征收个人所得税备案表》（见表9–18）。技术成果价值评估报告、股权奖励文件及其他证明材料由奖励单位留存备查。

《国家税务总局关于3项个人所得税事项取消审批实施后续管理的公告》（国家税务总局公告2016年第5号）第一条明确了办理备案手续的主体和时间为：将职务科技成果转化为股份、投资比例的科研机构、高等学校或者获奖人员，应在授（获）奖的次月15日内向主管税务机关备案。备案时仅需报送《科技成果转化暂不征收个人所得税备案表》。

《科技成果转化暂不征收个人所得税备案表》适用于将职务科技成果转化为股份、投资比例的科研机构、高等学校或者获奖人员向主管税务机关办理暂不征收个人所得税备案事宜。本表一式二份，主管税务机关受理后，由科研机构、高等学校或者获奖人员和主管税务机关分别留存。

表9-18　科技成果转化暂不征收个人所得税备案表

备案编号（主管税务机关填写）：　　　　　　　　　　　　　　　　金额单位：人民币元（列至角分）

奖励单位基本情况									
奖励单位名称		纳税人识别号		地址		联系人		电话	

获奖人员基本情况										
序号	姓名	身份证照类型	身份证照号码	职务	获奖时间	获得股权奖励形式及数量		涉及单位名称	获奖金额	签名
						股份数量（股）	出资比例（%）			

科技成果基本情况	
科技成果名称	基本情况说明

谨声明此表是根据《中华人民共和国个人所得税法》及有关法律法规规定填写的，是真实的、完整的、可靠的。	
科研机构或高等学校签章： 经办人（获奖人）： 办理日期：　　年　月　日	主管税务机关受理章： 受理人： 受理日期：　　年　月　日

国家税务总局监制

（四）获奖人获得分红的处理

根据国税发〔1999〕125号文件第二条的规定，在获奖人按股份、出资比例获得分红时，对其所得按“利息、股息、红利所得”应税项目征收个人所得税。

（五）获奖人转让股权、出资比例的处理

根据国税发〔1999〕125号文件第三条的规定，获奖人转让股权、出资比例，对其所得按“财产转让所得”应税项目征收个人所得税，财产原值为零。

二、职务科技成果转化现金奖励的处理

（一）职务科技成果转化现金奖励减半计税优惠

根据《财政部 税务总局 科技部关于科技人员取得职务科技成果转化现金奖励有关个人所得税政策的通知》（财税〔2018〕58号，自2018年7月1日起施行。该通知施行前非营利性科研机构和高校取得的科技成果转化收入，自施行后36个月内给科技人员发放现金奖励，符合该通知规定的其他条件的，适用该通知相关优惠）第一条的规定，依法批准设立的非营利性研究开发机构和高等学校（以下简称非营利性科研机构和高校）根据《促进科技成果转化法》规定，从职务科技成果转化收入中给予科技人员的现金奖励，可减按50%计入科技人员当月“工资、薪金所得”，依法缴纳个人所得税。

（二）非营利性科研机构和高校的界定

非营利性科研机构和高校包括国家设立的科研机构和高校、民办非营利性科研机构和高校。

国家设立的科研机构和高校，是指利用财政性资金设立的、取得《事业单位法人证书》的科研机构和公办高校，包括中央和地方所属科研机构和高校。

民办非营利性科研机构和高校，是指同时满足以下条件的科研机构和高校：

（1）根据《民办非企业单位登记管理暂行条例》在民政部门登记，并取得《民办非企业单位登记证书》。

（2）对于民办非营利性科研机构，其《民办非企业单位登记证书》记载的业务范围应属于“科学研究与技术开发、成果转让、科技咨询与服务、科技成果评估”范围。对业务范围存在争议的，由税务机关转请县级（含）以上科技行政主管部门确认。

对于民办非营利性高校，应取得教育主管部门颁发的《民办学校办学许可证》，《民办学校办学许可证》记载学校类型为“高等学校”。

（3）经认定取得企业所得税非营利组织免税资格。

（三）享受优惠的科技人员应符合的条件

根据财税〔2018〕58号文件第五条的规定，科技人员享受规定的现金奖励减半计税优惠政策，须同时符合以下条件：

（1）科技人员是指非营利性科研机构和高校中对完成或转化职务科技成果做出重要贡献的人员。非营利性科研机构和高校应按规定公示有关科技人员名单及相关信息（国防专利转化除外），具体公示办法由科技部会同财政部、国家税务总局制定。

（2）科技成果是指专利技术（含国防专利）、计算机软件著作权、集成电路布图设计专有权、植物新品种权、生物医药新品种，以及科技部、财政部、国家税务总局确定的其他技术成果。

（3）科技成果转化是指非营利性科研机构和高校向他人转让科技成果或者许可他人使用科技成果。现金奖励是指非营利性科研机构和高校在取得科技成果转化收入三年（36个月）内奖励给科技人员的现金。

根据《国家税务总局关于科技人员取得职务科技成果转化现金奖励有关个人所得税征管问题的公告》（国家税务总局公告2018年第30号）第一条的规定，“三年（36个月）内”，是指自

非营利性科研机构和高校实际取得科技成果转化收入之日起36个月内。非营利性科研机构和高校分次取得科技成果转化收入的，以每次实际取得日期为准。

（4）非营利性科研机构和高校转化科技成果，应当签订技术合同，并根据《技术合同认定登记管理办法》，在技术合同登记机构进行审核登记，并取得技术合同认定登记证明。

非营利性科研机构和高校应健全科技成果转化的资金核算，不得将正常工资、奖金等收入列入科技人员职务科技成果转化现金奖励享受税收优惠。

（四）备案管理

根据财税〔2018〕58号文件第六条的规定，非营利性科研机构和高校向科技人员发放现金奖励时，应按规定代扣代缴个人所得税，并按规定向税务机关履行备案手续。

根据国家税务总局公告2018年第30号第二条的规定，非营利性科研机构和高校向科技人员发放职务科技成果转化现金奖励（以下简称现金奖励），应于发放之日的次月15日内，向主管税务机关报送《科技人员取得职务科技成果转化现金奖励个人所得税备案表》。单位资质材料（《事业单位法人证书》《民办学校办学许可证》《民办非企业单位登记证书》等）、科技成果转化技术合同、科技人员现金奖励公示材料、现金奖励公示结果文件等相关资料自行留存备查。

《科技人员取得职务科技成果转化现金奖励个人所得税备案表》（见表9-19）适用于科技人员取得职务科技成果转化现金奖励，扣缴义务人向主管税务机关办理相关个人所得税备案时填报。扣缴义务人应于向科技人员实际发放现金奖励之日的次月15日内报送。

表9-19　科技人员取得职务科技成果转化现金奖励个人所得税备案表

备案编号（主管税务机关填写）：　　　　　　　　　　　　　　　　单位：人民币元（列至角分）

<table>
<tr><td colspan="8">扣缴义务人基本情况</td></tr>
<tr><td>扣缴义务人名称</td><td></td><td>扣缴义务人纳税人识别号</td><td></td><td colspan="2">扣缴义务人类型</td><td colspan="2">□国家设立的科研机构
□国家设立的高校
□民办非营利性科研机构
□民办非营利性高校
□其他______</td></tr>
<tr><td colspan="8">科技成果基本情况</td></tr>
<tr><td>科技成果名称</td><td></td><td>科技成果类型</td><td></td><td>发证部门</td><td></td><td>科技成果证书编号</td><td></td></tr>
<tr><td colspan="8">科技成果转化及现金奖励公示情况</td></tr>
<tr><td>转化方式</td><td>□转让
□许可使用</td><td>技术合同登记机构</td><td></td><td>技术合同编号</td><td></td><td>技术合同项目名称</td><td></td></tr>
<tr><td>取得转化收入金额</td><td></td><td>取得转化收入时间</td><td></td><td>公示结果文件文号</td><td></td><td>公示结果文件名称</td><td></td></tr>
<tr><td colspan="8">科技人员取得现金奖励基本情况</td></tr>
<tr><td>序号</td><td>姓名</td><td>身份证照类型</td><td>身份证照号码</td><td colspan="2">现金奖励金额</td><td colspan="2">现金奖励取得时间</td></tr>
<tr><td></td><td></td><td></td><td></td><td colspan="2"></td><td colspan="2"></td></tr>
</table>

谨声明此表是根据《中华人民共和国个人所得税法》及相关法律法规规定填写的，是真实的、完整的、可靠的。					
单位签章： 经办人： 填报日期：　　年　月　日				主管税务机关印章： 受理人： 受理日期：　　年　月　日	

国家税务总局监制

（五）扣缴申报

非营利性科研机构和高校向科技人员发放现金奖励，在填报《个人所得税扣缴申报表》时，应将当期现金奖励收入金额与当月工资、薪金合并，全额计入“收入”列，同时将现金奖励的50%填至《个人所得税扣缴申报表》“免税收入”列，并在备注栏注明“科技人员现金奖励免税部分”字样，据此以“收入”减除“免税收入”计算出收入额，按规定计算应预扣预缴的个人所得税。

综上所述，促进科技成果转化奖励的个人所得税处理如图9-17所示。

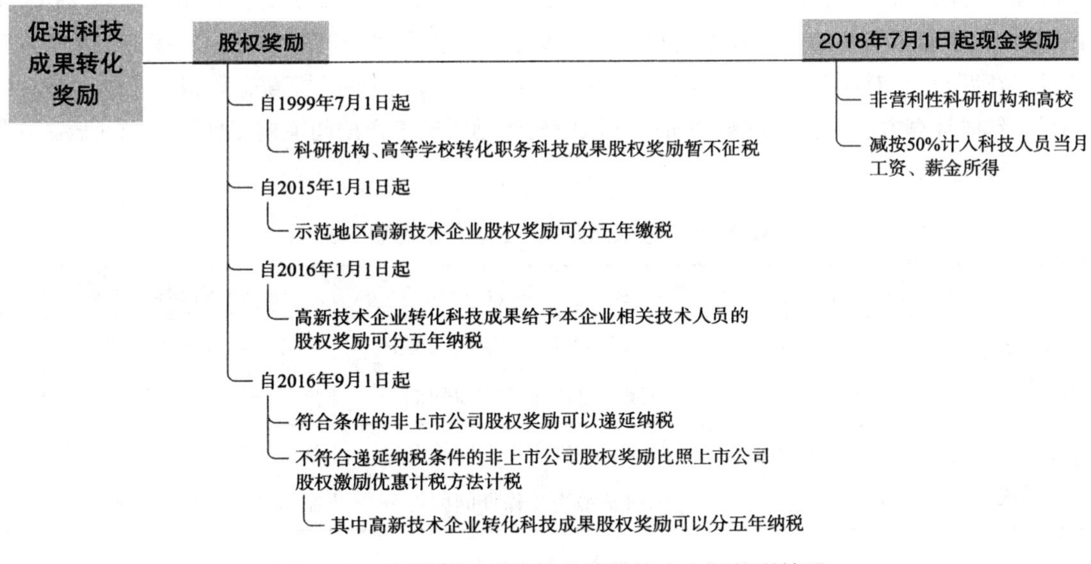

图9-17　促进科技成果转化奖励的个人所得税处理

综上所述，股权激励个人所得税政策如图9-18所示。

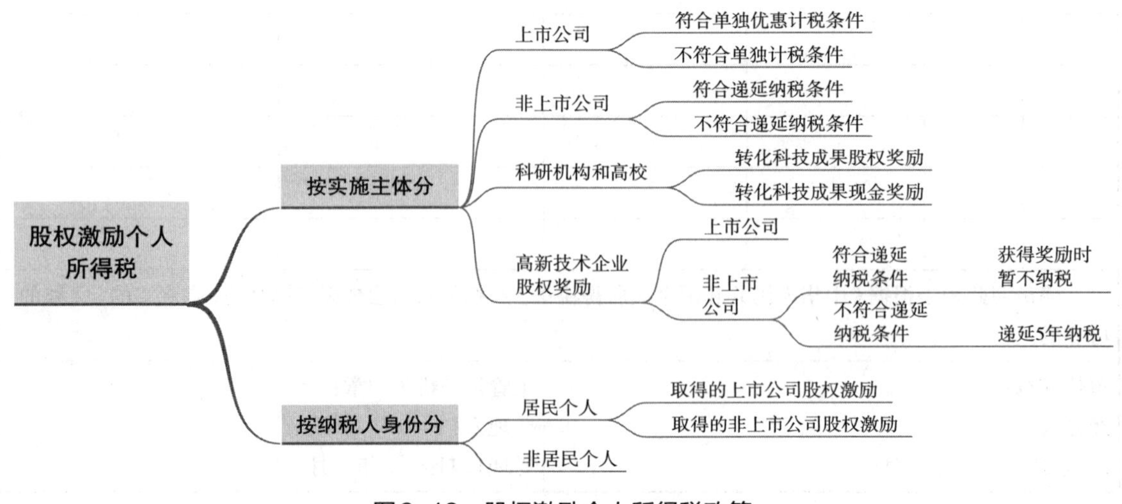

图9-18 股权激励个人所得税政策

第四节 非居民个人的股权激励所得

一、股权激励所得境内境外来源的划分

自2019年1月1日起，根据《财政部 税务总局关于非居民个人和无住所居民个人有关个人所得税政策的公告》（财政部 税务总局公告2019年第35号）第一条第（二）项的规定，无住所个人取得的股权激励所得按照该条第（一）项（工资薪金所得来源地判定规则）规定确定所得来源地的，无住所个人在境内履职或者执行职务时收到的股权激励所得，归属于境外工作期间的部分，为来源于境外的工资薪金所得；无住所个人停止在境内履约或者执行职务离境后收到的股权激励所得，对属于境内工作期间的部分，为来源于境内的工资薪金所得（具体如表9-20所示）。具体计算方法为：股权激励所得乘以股权激励所属工作期间境内工作天数与所属工作期间公历天数之比。

表9-20 股权激励境内、境外所得划分表

项目	归属	境内 / 境外所得
在境内履职或者执行职务时收到的股权激励所得	归属于境外工作期间的部分	来源于境外的工资薪金所得
	归属于境内工作期间的部分	来源于境内的工资薪金所得
停止在境内履约或者执行职务离境后收到的股权激励所得	归属于境外工作期间的部分	来源于境外的工资薪金所得
	归属于境内工作期间的部分	来源于境内的工资薪金所得

无住所个人一个月内取得的境内外股权激励包含归属于不同期间的多笔所得的，应当先分别按照规定计算不同归属期间来源于境内的所得，然后再加总计算当月来源于境内的股权激励收入额。

根据财政部、税务总局公告2019年第35号第一条第（一）项的规定，个人取得归属于中国

境内（以下称境内）工作期间的工资薪金所得为来源于境内的工资薪金所得。境内工作期间按照个人在境内工作天数计算，包括其在境内的实际工作日以及境内工作期间在境内、境外享受的公休假、个人休假、接受培训的天数。在境内、境外单位同时担任职务或者仅在境外单位任职的个人，在境内停留的当天不足24小时的，按照半天计算境内工作天数。无住所个人在境内、境外单位同时担任职务或者仅在境外单位任职，且当期同时在境内、境外工作的，按照工资薪金所属境内、境外工作天数占当期公历天数的比例计算确定来源于境内、境外工资薪金所得的收入额。境外工作天数按照当期公历天数减去当期境内工作天数计算。

二、股权激励境内应计税收入额的计算

根据财政部、税务总局公告2019年第35号第二条第（一）项的规定，无住所个人因任职、受雇而取得的股权激励所得，按以下规定计算在境内应纳税的工资薪金所得的收入额。

（一）非居民个人境内居住时间累计不超过90天

在一个纳税年度内，在境内累计居住不超过90天的非居民个人，仅就归属于境内工作期间并由境内雇主支付或者负担的股权激励所得计算缴纳个人所得税。当月股权激励收入额的计算公式如下：

股权激励收入额＝境内外股权激励收入总额×（境内支付股权激励数额/境内外股权激励总额）×（股权激励所属工作期间境内工作天数/股权激励所属工作期间公历天数）

境内雇主包括雇佣员工的境内单位和个人以及境外单位或者个人在境内的机构、场所。凡境内雇主采取核定征收所得税或者无营业收入未征收所得税的，无住所个人为其工作取得股权激励所得，不论是否在该境内雇主会计账簿中记载，均视为由该境内雇主支付或者负担。股权激励所属工作期间的公历天数，是指无住所个人取得股权激励所属工作期间按公历计算的天数。

上述所列公式中当月境内外股权激励包含归属于不同期间的多笔股权激励收入的，应当先分别按照规定计算不同归属期间股权激励收入额，然后再加总计算当月股权激励收入额。

（二）非居民个人境内居住时间累计超过90天不满183天

在一个纳税年度内，在境内累计居住超过90天但不满183天的非居民个人，取得归属于境内工作期间的股权激励所得，均应当计算缴纳个人所得税；其取得归属于境外工作期间的股权激励所得，不征收个人所得税。当月股权激励收入额的计算公式如下：

股权激励收入额＝境内外股权激励收入总额×（股权激励所属工作期间境内工作天数/股权激励所属工作期间公历天数）

（三）非居民个人为高管人员

1. 高管人员在境内居住时间累计不超过90天的情形

在一个纳税年度内，在境内累计居住不超过90天的高管人员，其取得由境内雇主支付或者负担的股权激励所得应当计算缴纳个人所得税；不是由境内雇主支付或者负担的股权激励所得，不缴纳个人所得税。当月股权激励收入额为当月境内支付或者负担的股权激励收入额。

2.高管人员在境内居住时间累计超过90天不满183天的情形

在一个纳税年度内，在境内居住累计超过90天但不满183天的高管人员，其取得的股权激励所得，除归属于境外工作期间且不是由境内雇主支付或者负担的部分外，应当计算缴纳个人所得税。当月股权激励收入额计算公式如下。

股权激励收入额=境内外股权激励收入总额×（1-境外支付股权激励数额/境内外股权激励收入总额×股权激励所属工作期间境外工作天数/股权激励所属工作期间公历天数）

三、非居民个人股权激励所得应纳税额的计算

自2019年1月1日起，根据财政部、税务总局公告2019年第35号第三条第（二）项的规定，非居民个人一个月内取得股权激励所得，单独按照该公告第二条规定计算当月收入额，不与当月其他工资薪金合并，按6个月分摊计税（一个公历年度内的股权激励所得应合并计算），不减除费用，适用月度税率表计算应纳税额，计算公式如下：

当月股权激励所得应纳税额=［(本公历年度内股权激励所得合计额÷6）×适用税率-速算扣除数］×6-本公历年度内股权激励所得已纳税额

【例9-12】B先生为中国境内无住所个人，2019年在境内居住天数不满90天，2019年5月，B先生取得境内支付的股权激励所得40万元，其中归属于境内工作期间的所得为12万元。2019年10月，取得境内支付的股权激励所得70万元，其中归属于境内工作期间的所得为18万元。

要求：计算B先生股权激励所得应纳税额（不考虑税收协定因素）。

【解析】2019年5月，B先生股权激励所得应纳税额为：

［（120 000÷6）×20%-1 410］×6=15 540（元）；

2019年10月，B先生股权激励所得应纳税额为：

{［（120 000+180 000）÷6］×30%-4 410}×6-15 540

=48 000（元）。

综上所述，现行股权激励个人所得税处理如图9-19所示。

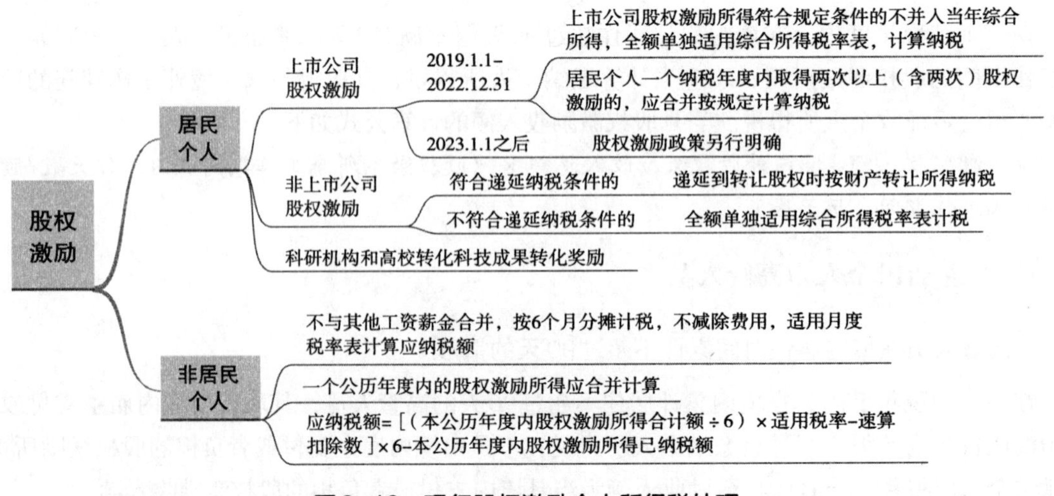

图9-19　现行股权激励个人所得税处理

四、非居民个人取得上市公司股权激励延期纳税

根据《财政部 国家税务总局关于完善股权激励和技术入股有关所得税政策的通知》（财税〔2016〕101号）第二条的规定，上市公司授予个人的股票期权、限制性股票和股权奖励，经向主管税务机关备案，个人可自股票期权行权、限制性股票解禁或取得股权奖励之日起，在不超过12个月的期限内缴纳个人所得税。

非居民个人从上市公司取得的股票期权、限制性股票或股权奖励所得，经向主管税务机关备案，个人可自股票期权行权、限制性股票解禁或取得股权奖励之日起，在不超过12个月的期限内缴纳个人所得税。

五、高新技术企业转化科技成果股权奖励分期缴税

根据《财政部 国家税务总局关于将国家自主创新示范区有关税收试点政策推广到全国范围实施的通知》（财税〔2015〕116号）第四条的规定，高新技术企业转化科技成果，给予本企业相关技术人员的股权奖励，个人一次缴纳税款有困难的，可根据实际情况自行制定分期缴税计划，在不超过5个公历年度内（含）分期缴纳，并将有关资料报主管税务机关备案。

相关技术人员中符合分期缴税条件的非居民个人，从高新技术企业取得的转化科技成果股权奖励所得，一次缴纳税款有困难的，可根据实际情况自行制定分期缴税计划，在不超过5个公历年度内（含）分期缴纳，并将有关资料报主管税务机关备案。

非居民个人股权激励所得个人所得税处理如图9-20所示。

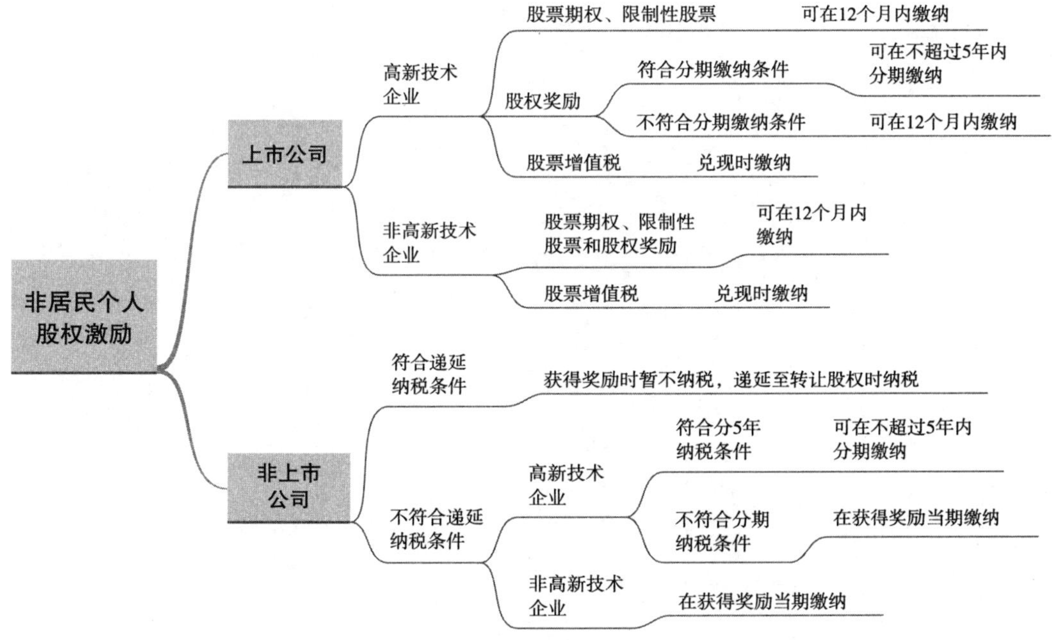

图9-20 非居民个人股权激励所得个人所得税处理

第十章

无住所个人所得税

税收上的任何特权都是不公平的。

——伏尔泰

TAXING

由于在中国境内无住所的个人中既有居民个人，又有非居民个人，而且其居住时间长短不同，纳税义务大小也不一样。加之适用于无住所个人的个人所得税政策既包括我国税收法律法规，又包括我国政府与外国政府或香港、澳门特别行政区签订的税收协定或安排等，因此，对在中国境内无住所个人应纳个人所得税的计算，是个人所得税中的一个难点。本章阐述无住所个人所得税处理，主要内容如图10-1所示。

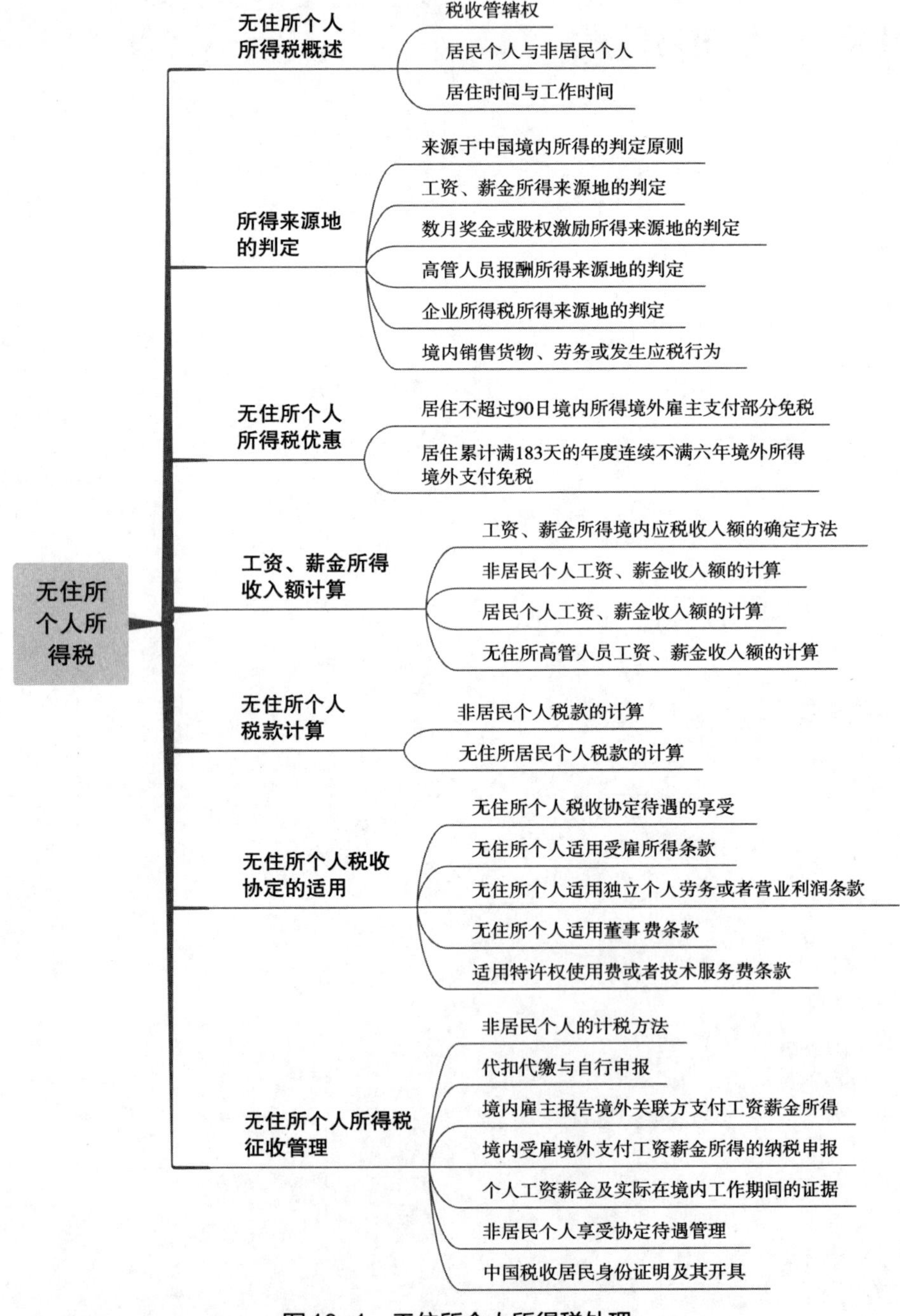

图10-1　无住所个人所得税处理

第一节 无住所个人所得税概述

一、税收管辖权

税收管辖权，是一个主权国家在税收管理方面所行使的在一定范围内的征税权力，属于国家主权在税收领域中的体现，即一国政府对一定的人或对象征税的权力。税收管辖权中最重要的基本理论是居住国原则和来源国原则，由此引出居民税收管辖权和来源地税收管辖权。

（一）居民税收管辖权与居民身份的确定

居民税收管辖权，是指一国政府对于本国税法上的居民纳税人来自境内及境外的全部财产和收入实行征税的权力。居民税收管辖权的行使，是以纳税人与征税国之间存在税收居所的法律事实为前提的，居民纳税人承担无限纳税义务。“居民”的认定包括自然人居民和法人居民的认定，对此各国有不同的规定。

1.自然人居民身份的认定

自然人居民身份的认定标准主要有以下几种：

（1）住所标准，按照住所标准，某一自然人在一国拥有住所，即认为其为该国的居民纳税人。这也是我国个人所得税法采用的标准之一，即在中国境内有住所的个人为居民个人。各国在判断何为住所时会有一些不同的规定，如法国规定，在法国国内有利害关系的中心地点和5年以上的经常居所，即为在法国国内有住所的个人，也是法国税法规定的居民。在我国，《个人所得税法实施条例》第二条规定，在中国境内有住所，是指因户籍、家庭、经济利益关系而在中国境内习惯性居住。

（2）居所标准，居所通常指非永久的居住场所。依该标准，一个人在一国拥有居所便是该国的居民纳税人。英国即采用这一标准。居所只需要客观要件，只要住了即可构成居所，其住的可能并不是他的房子，也不需要其有久居的意思。因而，构成居所更容易。

（3）居住时间标准，即以自然人在征税国境内停留或居留的时间来划分是否为纳税居民，采取此标准的国家在居留时间长短上规定不一，有的是一年，有的是半年。在2019年以前，中国采用了一年的标准。自2019年起，新《个人所得税法》实施后采用183天的标准。

（4）国籍标准，即以自然人的国籍来确定纳税居民的身份。只要具有该国国籍，无论是否在该国居住，均为该国的纳税居民，美国、墨西哥等少数国家采取此标准。

实际上，许多国家同时采取几个标准，例如，中国就同时采用住所和居住时间的标准。

2.法人居民身份的认定

对于法人居民身份的认定各国有不同的标准，具体如下：

（1）法人登记注册地标准，即依法人在何国（地区）注册成立来判断法人纳税居民的身份。

（2）实际控制与管理中心所在地标准，即法人的实际控制与管理中心所在地设在哪个国家（地区），该法人即为哪个国家的纳税居民，董事会或股东大会所在地往往是判断实际管理中心所在地的标志。

（3）总机构所在地标准，即法人的总机构设在哪个国家，该法人即为哪个国家的纳税居民，总机构通常指负责管理和控制企业日常营业活动的中心机构。

一些国家在确定居民时采取两个以上的标准。根据《企业所得税法》第二条的规定，我国实际上采用了法人注册地和实际管理机构所在地两个标准。

3.居民税收管辖权冲突的协调

由于各国在确定居民身份上采取了同的标准，因此，当纳税人进行跨国境的经济活动时，就可能出现两个以上的国家同时认定其为本国纳税居民的情况。这一问题主要通过双边协定来协调。目前，各国双边税收协定协调居民税收管辖权冲突的内容主要以《经济合作与发展组织关于避免所得和财产双重征税的协定范本》（简称《经合组织范本》或《OECD范本》）和《联合国关于发达国家与发展中国家间避免双重征税的协定范本》（简称《联合国范本》）为基础，这两个范本确定了相同的解决居民税收管辖权冲突的规则。

在自然人居民身份方面的协调方法包括：

（1）当某一自然人在某一国有永久性住所，应认为是该国居民；如在两国同时有永久性住所，或在两国均无永久性住所，应认为是与其人身关系和经济联系更密切国家的居民。

（2）如其重要利益中心所在国无法确定，应认为其为有习惯居处所在国的居民。

（3）如在两国都有居处，或都无居处，则应认为其是国民所在国的居民。

（4）如其同时是两国国民，或均不是两国国民，则应由缔约国双方主管当局协商解决。

在法人居民身份方面的协调方法包括：

（1）由缔约国协商确定某一具体法人的居民身份。

（2）在税收协定中预先确定一种解决冲突时应依据的标准。

两个范本均以实际管理机构所在国为法人的居住国。中国与一些国家签订的税收协定则以总机构所在国作为确认法人居民身份的标准。

（二）来源地税收管辖权与所得来源地的确定

来源地税收管辖权，是指一国政府针对非居民纳税人就其来源于该国境内的所得征税的权力。依来源国税收管辖权，纳税人承担的是有限的纳税义务。征税国对纳税人主张来源地税收管辖权的基础是认定纳税人有来源于该征税国境内的所得，各项所得或收益一般可划分为四类：营业所得、劳务所得、投资所得和财产所得。

1.营业所得

营业所得又称营业利润或经营所得，即纳税人在某个固定场所从事经营活动取得的纯收益。目前，各国对非居民营业所得的征税普遍使用常设机构原则。常设机构原则，是指仅对非居民纳税人通过在境内常设机构而获取的工商营业利润实行征税的原则。常设机构包括：管理场所、分支机构、办事处、工厂、车间、作业场所、矿场、油井、采石场等。而陈列、展销、商品库存、为采购货物等而保有的场所，以及其他具有准备性、辅助性的固定场所则不构成常设机构。在常设机构利润范围上，一般采用实际联系原则和引力原则。前者指通过常设机构取得的营业利润，及与常设机构有关联的其他所得（如股息、利息、特许权使用费等），可归入常设机构的利润范围。后者指未通过常设机构的所得，只要产生这些所得的营业活动本身属于常设机构的营业范围，即可将其纳入常设机构的利润项下。例外情况是，对于国际海运和航空运输企业，一般由企业的实际管理机构所在国征税。

2.劳务所得

非居民个人劳务所得包括个人独立劳务所得和非个人独立劳务所得。

个人独立劳务所得，指个人独立从事独立性的专业活动所取得的所得。如医生、律师、会计师、工程师等从事独立活动取得的所得。确定独立劳务所得来源地的方式一般采用“固定基地原则”和“183天规则”。固定基地原则指个人从事专业性活动的场所，如诊所、事务所等。183天规则指在境内停留的时间，即应以提供劳务的非居民个人某一会计年度在境内连续或累计停留183天或在境内设有从事独立活动的固定基地为征税的前提条件。对独立的个人劳务所得，应仅由居住国行使征税权。但如果取得独立劳务所得的个人在来源国设有固定基地或连续或累计停留超过183天，则应由来源国征税。

非个人独立劳务所得，即非居民受雇于他人的所得，一般由收入来源国一方从源征税。

3.投资所得

投资所得包括股息、利息、特许权使用费等。对于此类投资所得，各国一般采用从源预提的方式征税，即征收预提税。在中国，《企业所得税法》规定的预提税税率为20%，同时根据《企业所得税法实施条例》第九十一条规定减按10%的税率征收。为避免重复征税，各国一般会通过双边协定的方式解决有关投资所得的征税权划分问题，我国与他国签订的双边协定依双方税收权益分享的原则，实施限制税率制，一般规定的预提税税率不超过10%。

4.财产所得

非居民的财产所得指非居民转让财产的所得。对于不动产的转让所得，一般由财产所在国征税。对于转让从事国际运输的船舶和飞机的所得，一般由转让者的居住国单独征税。对于动产的转让所得，各国主张的标准不同，如对转让公司股份财产所得，有些国家以转让人居住地为其所得来源地，有些国家则以被转让股份的公司所在地为其所得来源地，有些国家主张以转让行为发生地为其所得来源地。因此，动产转让所得由双边税收协定具体划分。

二、居民个人与非居民个人

《个人所得税法》参照国际通常做法，依据住所和居住时间两个标准，将个人所得税纳税义务人划分为居民个人和非居民个人，行使不同的税收管辖权。

（一）居民个人与非居民个人的划分

根据《个人所得税法》第一条的规定，在中国境内有住所，或者无住所而一个纳税年度内在中国境内居住累计满183天的个人，为居民个人。居民个人从中国境内和境外取得的所得，依照该法规定缴纳个人所得税。

在中国境内无住所又不居住，或者无住所而一个纳税年度内在中国境内居住累计不满183天的个人，为非居民个人。非居民个人从中国境内取得的所得，依照该法规定缴纳个人所得税。

纳税年度，自公历1月1日起至12月31日止。

根据《个人所得税法实施条例》第二条的规定，从中国境内和境外取得的所得，分别是指来源于中国境内的所得和来源于中国境外的所得。

税收居民身份的判定是一个国家行使税收管辖权的前提条件，是现代所得税制的基础。在我国与其他国家、地区签订的税收协定、安排，以及在实际税收征管中，税务机关一直约定俗成地按照居民纳税人、非居民纳税人划分纳税义务，但2011年版《个人所得税法》中没有明确提出居民个人、非居民个人的概念。而是采用"无住所个人""外籍个人"等多种表述划分纳税人身份，存在概念内涵交叉、外延不清、不利于纳税人理解和税务机关征管等问题。明确概念划分，有利于适应我国对外开放新格局。随着经济实力和综合国力的不断增强，我国与世界各国的经贸往来、技术交流、人才流动不断增多，尤其是随着"一带一路"建设的全面推进，引入"居民个人"与"非居民个人"的概念，有利于与国际接轨、维护国家税收权益。也与企业所得税法划分居民企业、非居民企业的做法相衔接。

（二）居民个人及其纳税义务

1. 居民个人

自2019年1月1日起，根据《个人所得税法》第一条第一款的规定，在中国境内有住所，或者无住所而一个纳税年度内在中国境内居住累计满183天的个人，为居民个人。居民个人从中国境内和境外取得的所得，依照个人所得税法规定缴纳个人所得税。

根据《个人所得税法实施条例》第二条的规定，在中国境内有住所，是指因户籍、家庭、经济利益关系而在中国境内习惯性居住。

在界定某一纳税人居民身份时，必须准确理解和掌握住所、户籍、经济利益关系以及习惯性居住等关键概念。

（1）住所。住所是一个法律概念，而非我们通常所说的住房。住所与居所不同，住所是自然人以久住意思而经常居住的中心生活场所；居所是自然人经常居住的场所。构成住所必须有久住的意思和经常居住的事实两个条件。自然人的住所只能有一个，根据《民法典》第二十五条的规定，自然人以户籍登记或者其他有效身份登记记载的居所为住所；经常居所与住所不一致的，经常居所视为住所。自然人的住所与户籍登记地是不同的。自然人的住所可以与户籍登记地一致，也可以不一致。在不一致时，非户籍登记地的经常居住地，就是住所。根据意思自治原则，住所的设定与变更应尊重当事人的意思。通常情况下，虽然以自然人的户籍登记地的居所为设定的住所，但在自然人离开住所时，应以连续居住1年以上的经常居住地为住所。当自然人无经常居住地，且其户籍已从原地迁出到迁入新地之前，仍应以原户籍所在地为住所。被监护人的住所由监护人设定，一般以监护人的住所为其住所。

（2）户籍。户籍是对自然人按户进行登记并予以出证的法定文件。户籍记载的自然人的姓名、出生日期、婚姻状况、亲属关系等，皆有法律上的证明力。其中住址一项，在无相反证明时，该住址即为住所。

（3）习惯性居住。税法所称"住所"是一个特定概念，不等同于实物意义上的住房。按照《个人所得税法实施条例》第二条的规定，住所是指因户籍、家庭、经济利益关系而在境内习惯性居住。习惯性居住，是判定纳税义务人是居民个人或非居民个人的一个法律意义上的标准，不是指实际居住或在某一个特定时期内的居住地。它是判定纳税义务人属于居民还是非居民的一个重要依据。如因学习、工作、探亲、旅游等而在中国境外居住的，在其原因消除之后，必须回到中国境内居住的个人，则中国即为该纳税人习惯性居住地。对于境外个人仅因学习、工作、探亲、旅游等原因而在中国境内居住，待上述原因消除后该境外个人仍然回到境外居住的，其习惯性居住地不在境内，即使该境外个人在境内购买住房，也不会被认定为境内有住所的个人。

2.居民个人的分类

个人所得税的居民个人包括以下两类：

（1）在中国境内定居的中国公民和外国侨民。但不包括虽具有中国国籍，却并没有在中国大陆定居，而是侨居海外的华侨和居住在香港、澳门、台湾地区的同胞。

（2）从公历1月1日起至12月31日止，在中国境内居住累计满183天的外国人、海外侨胞和香港、澳门、台湾同胞。

需要说明的是，目前我国税法中关于“中国境内”的概念，是指中国大陆地区，不包括中国香港、澳门和台湾地区。

【例10-1·多选】根据个人所得税法相关规定，在中国境内无住所但取得所得的下列外籍人员中，属于居民个人的是（　　）。

A. M国甲，2019年在华居住7个月

B. N国乙，2019年1月10日入境中国，2019年10月10日离境

C. X国丙，2019年2月1日入境中国，2020年1月2日离境，其间临时离境28天

D. Y国丁，2018年3月1日入境中国，2019年3月1日离境，其间临时离境10天

【答案】ABC

【解析】自2019年1月1日起，根据《个人所得税法》第一条的规定，在中国境内有住所，或者无住所而1个纳税年度内在中国境内居住累计满183天的个人，属于居民个人。选项A中的M国甲，2019年在华居住7个月，即在中国境内居住超过183天，属于居民个人；选项B中的N国乙，2019年在中国境内居住天数为：21+28+31+30+31+30+31+31+30+9=272（天），超过183天，属于居民个人；选项C中的X国丙，2019年在中国境内居住超过183天，属于居民个人。

选项D中的Y国丁，2018年在中国境内居住时间不满1年，不符合居住满1年的条件，根据2011年《个人所得税法》的相关规定，不属于居民个人。2019年在中国境内居住仅59天，没有超过183天，为中国的非居民个人。

（三）非居民个人及其纳税义务

自2019年1月1日起，根据《个人所得税法》第一条第二款的规定，在中国境内无住所又不居住，或者无住所而一个纳税年度内在中国境内居住累计不满183天的个人，为非居民个人。非居民个人从中国境内取得的所得，依照个人所得税法的相关规定缴纳个人所得税。

【例10-2·单选】某外国人2017年2月12日来华工作，2018年2月15日回国，2018年3月2日返回中国，2018年11月15日至2018年11月30日期间，因工作需要去了日本，2018年12月1日返回中国，后于2019年11月20日离华回国，则该纳税人（　　）。

A. 2017年度为我国居民纳税人，2018年度为我国非居民纳税人

B. 2018年度为我国居民纳税人，2019年度为我国居民个人

C. 2018年度和2019年度均为我国非居民纳税人

D. 2017年度和2018年度均为我国居民纳税人

【答案】B

【解析】2018年12月31日以前，在确定纳税人在中国境内居住是否满1年时，必须注意两个问题：首先，满1年必须是在一个纳税年度内在中国境内居住满365日。我国个人所得税的纳税年度为公历纪年，即为公历1月1日至12月31日。其次，对纳税人在一个纳税年度内的临时离境必须准确把握，一方面对其临时离境的天数不得扣减，另一方面要将临时离境严格界定为：在一个纳税年度内只离境一次时，离境日数不超过30日；或者多次离境时，离境日数累计不超过90日。自2019年1月1日起，《个人所得税法》取消了临时离境的规定。

本案例中，该外国人2017年在中国境内居住不满1年，为非居民纳税人；2018年在中国境内居住满1年，为居民纳税人；2019年在中国境内居住满183天，为居民个人。

综上所述，自2019年1月1日起，纳税义务人及其纳税义务可归纳为图10-2。

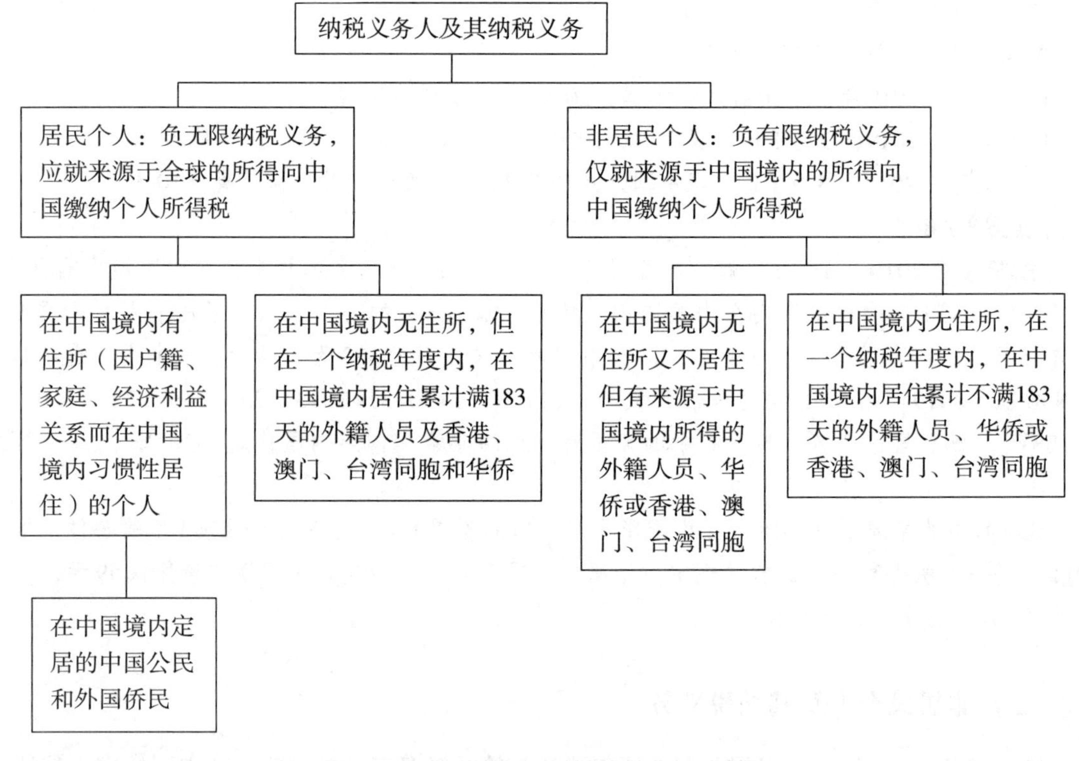

图10-2 纳税义务人及其纳税义务示意图

三、居住时间与工作时间

（一）居住天数

对于在中国境内无住所的个人（以下称无住所个人）居住时间的判定标准，《财政部 税务总局关于在中国境内无住所的个人居住时间判定标准的公告》（财政部 税务总局公告2019年第34号，自2019年1月1日起施行）第二条规定，无住所个人一个纳税年度内在中国境内累计居住天数，按照个人在中国境内累计停留的天数计算。在中国境内停留的当天满24小时的，计入中国境内居住天数，在中国境内停留的当天不足24小时的，不计入中国境内居住天数。

【例10-3】李先生为中国香港居民（非高管人员），自2018年10月份来到深圳某公司工作，每周一早上来深圳上班，周五晚上回香港。一直工作到2020年10月。

要求：分析说明2019年李先生的纳税人身份与纳税义务。

【解析】2019年李先生周一和周五当天停留都不足24小时，因此不计入境内居住天数，再加上周六、周日2天也不计入，这样，每周可计入的天数仅为3天，按全年52周计算，李先生全年在境内居住天数为156天，未超过183天，不构成居民个人，李先生取得的全部境外所得，就可免缴中国内地的个人所得税。

（二）工作天数

根据《财政部 税务总局关于非居民个人和无住所居民个人有关个人所得税政策的公告》（财政部 税务总局公告2019年第35号）第一条第（一）项的规定，中国境内工作期间按照个人在境内工作天数计算，包括其在境内的实际工作日以及境内工作期间在境内、境外享受的公休假、个人休假、接受培训的天数。在境内、境外单位同时担任职务或者仅在境外单位任职的个人，在境内停留的当天不足24小时的，按照半天计算境内工作天数。

无住所个人在境内、境外单位同时担任职务或者仅在境外单位任职，且当期同时在境内、境外工作的，按照工资薪金所属境内、境外工作天数占当期公历天数的比例计算确定来源于境内、境外工资薪金所得的收入额。境外工作天数按照当期公历天数减去当期境内工作天数计算。

综上所述，在计算居住天数时，往返当天不算一天。这在减少认定境内居民个人的同时，对境内所得的征税权也有影响。而根据税收协定的规定，往返当天均计算为一天。在计算境内工作时间时，往返当天均计算为半天。境内居住天数与工作天数的确定如表10-1所示。

表10-1 居住天数与工作天数的确定

项目	确定方法	入境、离境、往返或多次往返境内外当日的计算
居住天数	以在境内累计停留的天数计算	不计入境内居住天数
工作天数	以个人在境内工作天数计算，包括在境内的实际工作日以及境内工作期间在境内、境外享受的公休假、个人休假、接受培训的天数	按半天计算为在华实际工作天数

第二节 所得来源地的判定

所得来源地，是确定该项所得是否应该征收个人所得税的重要依据。对于非居民个人，由于通常只就其来源于中国境内的所得征税，因此判定所得来源地显得更为重要。

一、来源于中国境内所得的判定原则

自2019年1月1日起，根据《个人所得税法实施条例》第三条的规定，除国务院财政、税务主管部门另有规定外，下列所得，不论支付地点是否在中国境内，均为来源于中国境内的所得：

（1）因任职、受雇、履约等在中国境内提供劳务取得的所得；

（2）将财产出租给承租人在中国境内使用而取得的所得；

（3）许可各种特许权在中国境内使用而取得的所得；

（4）转让中国境内的不动产等财产或者在中国境内转让其他财产取得的所得；

（5）从中国境内企业、事业单位、其他组织以及居民个人取得的利息、股息、红利所得。

根据《财政部 税务总局关于非居民个人和无住所居民个人有关个人所得税政策的公告》（财政部 税务总局公告2019年第35号）的规定，由境内企业、事业单位、其他组织支付或者负担的稿酬所得，为来源于境内的所得。对于担任境内居民企业的董事、监事及高层管理职务的个人（以下统称高管人员），无论是否在境内履行职务，取得由境内居民企业支付或者负担的董事费、监事费、工资薪金或者其他类似报酬（以下统称高管人员报酬，包含数月奖金和股权激励），属于来源于境内的所得。高层管理职务包括企业正、副（总）经理、各职能总师、总监及其他类似公司管理层的职务。

二、工资、薪金所得来源地的判定

根据《个人所得税法实施条例》第三条第（一）项的规定，除国务院财政、税务主管部门另有规定外，因任职、受雇、履约等在中国境内提供劳务取得的所得，不论支付地点是否在中国境内，均为来源于中国境内的所得。

自2019年1月1日起，根据财政部、税务总局公告2019年第35号第一条第（一）项的规定，个人取得归属于中国境内（以下称境内）工作期间的工资薪金所得为来源于境内的工资薪金所得。境内工作期间按照个人在境内工作天数计算，包括其在境内的实际工作日以及境内工作期间在境内、境外享受的公休假、个人休假、接受培训的天数。在境内、境外单位同时担任职务或者仅在境外单位任职的个人，在境内停留的当天不足24小时的，按照半天计算境内工作天数。

无住所个人在境内、境外单位同时担任职务或者仅在境外单位任职，且当期同时在境内、境外工作的，按照工资、薪金所属境内、境外工作天数占当期公历天数的比例计算确定来源于境内、境外工资、薪金所得的收入额。境外工作天数按照当期公历天数减去当期境内工作天数计算。

根据《财政部关于外国来华工作人员缴纳个人所得税问题的通知》（财税字〔1980〕189号）第三条的规定，外国来华工作人员，在我国服务而取得的工资、薪金，不论是我方支付、外国支付、我方和外国共同支付，均属于来源于中国的所得，除该通知第一条“援助国派往我国专为该国无偿援助我国的建设项目服务的工作人员，取得的工资、生活津贴，不论是我方支付或外国支付，均可免征个人所得税”规定给予免税优惠外，其他均应按规定征收个人所得税。但对在中国境内连续居住不超过90天的，可只就我方支付的工资、薪金部分计算纳税，对外国支付的工资、薪金部分免予征税。

工资、薪金所得来源地的判定可列表说明如下（见表10-2）。

表10-2　工资薪金所得来源地的判定

所得按来源地分类	判定原则	按支付地分类
来源于中国境内的工资、薪金所得	个人实际在中国境内工作期间取得的工资、薪金	由中国境内单位或个人雇主支付的
		由中国境外单位或个人雇主支付的
来源于中国境外的工资、薪金所得	个人实际在中国境外工作期间取得的工资、薪金	由中国境内单位或个人雇主支付的
		由中国境外单位或个人雇主支付的

无住所个人流动性强，可能在境内、境外同时担任职务，分别取得收入。为明确境内、境外工资薪金所得划分问题，无住所个人未在境外单位任职的，无论其是否在境外停留，都不计算境外工作天数。

《财政部关于对外国公司临时派来我国为海洋石油作业进行工作的雇员征收个人所得税问题的批复》(〔84〕财税油政字第3号）明确，对在华作业的外国石油公司或承包商的国外关联公司或第三方公司临时派遣来华为海洋石油作业进行工作的雇员，其工资、薪金如先由在华作业的外国公司或承包商按派来人数及工作时间统一以“服务费”或“人员费用——工资”等名义结付给国外公司，然后再由国外公司支付给其雇员的，这些雇员的工资、薪金所得仍属来源于中国的所得。只要外国企业在缴纳所得税时，把这些人员费用作为在中国境内经营公司的费用扣除的，应视同在中国海洋进行石油作业的外国公司、承包商的雇员，按照规定，征收个人所得税。

三、数月奖金或股权激励所得来源地的判定

数月奖金是指一次取得归属于数月的奖金、年终加薪、分红等工资薪金所得，不包括每月固定发放的奖金及一次性发放的数月工资。股权激励包括股票期权、股权期权、限制性股票、股票增值权、股权奖励以及其他因认购股票等有价证券而从雇主取得的折扣或者补贴。

根据财政部、税务总局公告2019年第35号第一条第（二）项的规定，无住所个人取得的数月奖金或者股权激励所得按照该公告第一条第（一）项“个人取得归属于中国境内工作期间的工资薪金所得为来源于境内的工资薪金所得”规定确定所得来源地的，无住所个人在境内履职或者执行职务时收到的数月奖金或者股权激励所得，归属于境外工作期间的部分，为来源于境外的工资薪金所得；无住所个人停止在境内履约或者执行职务离境后收到的数月奖金或者股权激励所得，对属于境内工作期间的部分，为来源于境内的工资、薪金所得。具体计算方法为：数月奖金或者股权激励乘以数月奖金或者股权激励所属工作期间境内工作天数与所属工作期间公历天数之比。用公式表示为：

$$\text{来源于境内的工资薪金所得}=\text{数月奖金或者股权激励}\times\frac{\text{数月奖金或者股权激励所属工作期间境内工作天数}}{\text{所属工作期间公历天数}}$$

无住所个人一个月内取得的境内外数月奖金或者股权激励包含归属于不同期间的多笔所得的，应当先分别按照规定计算不同归属期间来源于境内的所得，然后再加总计算当月来源于境内的数月奖金或者股权激励收入额。

数月奖金和股权激励属于工资薪金所得，无住所个人取得数月奖金、股权激励，均应按照

工资薪金所得来源地判定规则划分境内和境外所得。针对数月奖金和股权激励的特殊情形，在工资薪金所得来源地判定规则基础上，可以细分为如下三种情况：

（1）无住所个人在境内履职或者执行职务时，收到的数月奖金或者股权激励所得，如果是归属于境外工作期间的所得，仍为来源于境外的工资薪金所得。

（2）无住所个人停止在境内履约或执行职务离境后，收到归属于其在境内工作期间的数月奖金或股权激励所得，仍为来源于境内的所得。

（3）无住所个人一个月内从境内、境外单位取得多笔数月奖金或者股权激励所得，且数月奖金或者股权激励分别归属于不同期间的，应当按照每笔数月奖金或者股权激励的归属期间，分别计算每笔数月奖金或者股权激励的境内收入额后，然后再加总计算当月境内数月奖金或股权激励收入额。

根据《财政部 国家税务总局关于个人股票期权所得征收个人所得税问题的通知》（财税〔2005〕35号）第三条"关于工资薪金所得境内外来源划分"的规定，需对员工因参加企业股票期权计划而取得的工资、薪金所得确定境内或境外来源的，应按照该员工据以取得上述工资、薪金所得的境内、境外工作期间月份数比例计算划分。

高管人员取得的数月奖金、股权激励，按照高管人员工资薪金所得的规则，划分境内、境外所得。

四、高管人员报酬所得来源地的判定

根据财政部、税务总局公告2019年第35号第一条第（三）项的规定，对于担任境内居民企业的董事、监事及高层管理职务的个人（以下统称高管人员），无论是否在境内履行职务，取得由境内居民企业支付或者负担的董事费、监事费、工资薪金或者其他类似报酬（以下统称高管人员报酬，包含数月奖金和股权激励），属于来源于境内的所得。

按照《个人所得税法实施条例》第三条第（一）项的规定，因任职、受雇、履约等在境内提供劳务取得的所得属于来源于境内所得。但对担任董事、监事、高层管理职务的无住所个人，其境内所得判定的规则与一般无住所雇员不同。高管人员参与公司决策和监督管理，工作地点流动性较大，不宜简单按照工作地点划分境内和境外所得。对此，财政部、税务总局公告2019年第35号第一条第（三）项规定，高管人员取得由境内居民企业支付或负担的报酬，不论其是否在境内履行职务，均属于来源于境内的所得，应在境内缴税。对高管人员取得不是由境内居民企业支付或者负担的报酬，仍需按照任职、受雇、履约地点划分境内、境外所得。

五、企业所得税所得来源地的判定

与个人所得税所得来源地判定规则不同，《企业所得税法》所称来源于中国境内、境外的所得，按照以下原则确定：

（1）销售货物所得，按照交易活动发生地确定；

（2）提供劳务所得，按照劳务发生地确定；

（3）转让财产所得，不动产转让所得按照不动产所在地确定，动产转让所得按照转让动产的企业或者机构、场所所在地确定，权益性投资资产转让所得按照被投资企业所在地确定；

（4）股息红利等权益性投资所得，按照分配所得的企业所在地确定；

（5）利息所得、租金所得、特许权使用费所得，按照负担或者支付所得的企业或者机构、场所所在地确定，或者按照负担、支付所得的个人的住所地确定；

（6）其他所得，由国务院财政、税务主管部门确定。

个人所得税与企业所得税有关所得来源地的确定原则存在一定差异，列表比较说明如下（见表10-3）。

表10-3 个人所得税与企业所得税所得来源地确定的比较

项目	（个人所得税） 来源于境内的所得	（企业所得税） 所得来源地的确定
提供劳务	因任职、受雇、履约等而在中国境内提供劳务取得的所得	提供劳务所得，按照劳务发生地确定所得来源地
特许权使用费	许可各种特许权在中国境内使用而取得的所得	特许权使用费所得，按照负担或者支付所得的企业或者机构、场所所在地确定，或者按照负担、支付所得的个人的住所地确定
财产租赁	将财产出租给承租人在中国境内使用而取得的所得	租金所得按照负担或者支付所得的企业或者机构、场所所在地确定，或者按照负担、支付所得的个人的住所地确定
财产转让	转让中国境内的不动产等财产取得的所得	不动产转让所得按照不动产所在地确定
		权益性投资资产转让所得按照被投资企业所在地确定
	在中国境内转让其他财产取得的所得	动产转让所得按照转让动产的企业或者机构、场所所在地确定
		销售货物所得，按照交易活动发生地确定
利息、股息、红利	从中国境内企业、事业单位、其他组织以及居民个人取得的利息、股息、红利所得	股息红利等权益性投资所得，按照分配所得的企业所在地确定
		利息所得，按照负担或者支付所得的企业或者机构、场所所在地确定，或者按照负担、支付所得的个人的住所地确定

六、境内销售货物、劳务或发生应税行为

所得税法中所得来源地的确定原则，与增值税中所称的在中国境内销售货物、加工修理修配劳务或者销售服务、无形资产、不动产（简称应税行为）不是同一个概念。

（一）境内销售货物或者提供劳务

根据《中华人民共和国增值税暂行条例实施细则》第八条的规定，在中华人民共和国境内（以下简称境内）销售货物或者提供加工、修理修配劳务，是指：

（1）销售货物的起运地或者所在地在境内；

（2）提供的应税劳务发生在境内。

（二）境内销售服务、无形资产或者不动产

根据《营业税改征增值税试点实施办法》（财税〔2016〕36号文件附件1）第十二条的规定，

在境内销售服务、无形资产或者不动产，是指：

（1）服务（租赁不动产除外）或者无形资产（自然资源使用权除外）的销售方或者购买方在境内；

（2）所销售或者租赁的不动产在境内；

（3）所销售自然资源使用权的自然资源在境内；

（4）财政部和国家税务总局规定的其他情形。

（三）不属于在境内销售服务或者无形资产的情形

根据《营业税改征增值税试点实施办法》第十三条的规定，下列情形不属于在境内销售服务或者无形资产：

（1）境外单位或者个人向境内单位或者个人销售完全在境外发生的服务。

（2）境外单位或者个人向境内单位或者个人销售完全在境外使用的无形资产。

（3）境外单位或者个人向境内单位或者个人出租完全在境外使用的有形动产。

（4）财政部和国家税务总局规定的其他情形。

根据《国家税务总局关于营改增试点若干征管问题的公告》（国家税务总局公告2016年第53号）第一条的规定，境外单位或者个人发生的下列行为不属于在境内销售服务或者无形资产：

（1）为出境的函件、包裹在境外提供的邮政服务、收派服务；

（2）向境内单位或者个人提供的工程施工地点在境外的建筑服务、工程监理服务；

（3）向境内单位或者个人提供的工程、矿产资源在境外的工程勘察勘探服务；

（4）向境内单位或者个人提供的会议展览地点在境外的会议展览服务。

个人所得税中来源于境内的所得与增值税中在境内销售货物、加工修理修配劳务或者销售服务、无形资产、不动产的确定原则是不同的，列表说明如下（见表10–4）。

表10–4　所得来源地与境内销售货物、劳务或服务

<table>
<tr><th>类型</th><th>（个人所得税）来源于境内的所得</th><th>（增值税）在境内销售货物、劳务或服务</th></tr>
<tr><td rowspan="2">提供劳务</td><td rowspan="2">因任职、受雇、履约等而在中国境内提供劳务取得的所得</td><td>在境内销售服务，是指服务（租赁不动产除外）的销售方或者购买方在境内</td></tr>
<tr><td>在境内提供加工、修理修配劳务，是指提供的应税劳务发生在境内</td></tr>
<tr><td>财产租赁</td><td>将财产出租给承租人在中国境内使用而取得的所得</td><td>所销售或者租赁的不动产在境内，动产出租的出租方或承租方在境内</td></tr>
<tr><td rowspan="3">财产转让</td><td>转让中国境内的不动产、土地使用权等资产取得的所得</td><td>所销售自然资源使用权的自然资源在境内</td></tr>
<tr><td rowspan="2">在中国境内转让其他财产取得的所得</td><td>无形资产（自然资源使用权除外）的销售方或者购买方在境内</td></tr>
<tr><td>在境内销售货物，是指销售货物的起运地或者所在地在境内</td></tr>
</table>

续表

类型	（个人所得税）来源于境内的所得	（增值税）在境内销售货物、劳务或服务
特许权使用费	许可各种特许权在中国境内使用而取得的所得	无形资产（自然资源使用权除外）的销售方或者购买方在境内
利息、股息、红利	从中国境内企事业单位、其他经济组织或者个人取得的利息、股息、红利所得	在境内提供贷款服务是指贷款服务的销售方或者购买方在境内

第三节　无住所个人所得税优惠

一、居住不超过90天境内所得境外雇主支付部分免税

自2019年1月1日起，根据《个人所得税法实施条例》第五条的规定，在中国境内无住所的个人，在一个纳税年度内在中国境内居住累计不超过90天的，其来源于中国境内的所得，由境外雇主支付并且不由该雇主在中国境内的机构、场所负担的部分，免予缴纳个人所得税。

需要说明的是，这里免征的是境内所得境外支付部分的工资、薪金所得的个人所得税，而对其他各项所得应按规定征收个人所得税。

无住所个人一个纳税年度内在中国境内居住累计不超过90天的，其纳税义务可列表说明如下（见表10–5）。

表10–5　境内居住累计不超过90天的无住所个人纳税义务

所得项目	境内所得		境外所得	
	境内支付	境外支付	境内支付	境外支付
工资薪金所得	√	免税	×	×
其他所得	√	√	×	×

注：√代表征税，× 代表不征税。

二、居住累计满183天的年度连续不满6年境外所得境外支付免税

具体规定及案例见本书第八章第七节之“二、”相关内容。

第四节　工资薪金所得收入额计算

无住所个人取得工资薪金所得，按照《财政部 税务总局关于非居民个人和无住所居民个人有关个人所得税政策的公告》（财政部 税务总局公告2019年第35号）第二条“关于无住所个人工资薪金所得收入额计算”的相关规定，分为非居民个人、无住所居民个人和无住所高管人员三种情形（如图10–3所示），计算在境内应纳税的工资薪金所得的收入额（以下称工资薪金收入额）。

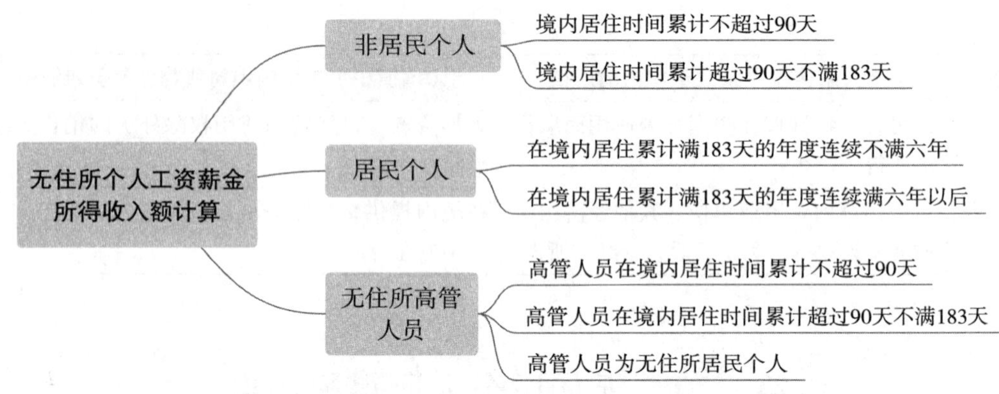

图10-3 无住所个人工资薪金所得收入额计算的三种情形

无住所个人在境内、境外单位同时担任职务，或者仅在境外单位任职，且当期同时在境内、境外工作的，按照工资薪金所属境内、境外工作天数占当期公历天数的比例计算确定来源于境内、境外工资薪金所得的收入额。

一、工资薪金所得境内应税收入额的确定方法

根据所得来源地判定规则，无住所个人取得的工资薪金所得，可分为来源于境内的工资薪金所得和来源于境外的工资薪金所得；在此基础上，根据支付地不同，境内工资薪金所得可进一步分为境内雇主支付或负担（以下称境内支付）和境外雇主支付（以下称境外支付）所得；境外工资薪金所得也可分为境内支付和境外支付的所得。综上，无住所个人工资薪金所得可以划分为境内支付的境内所得、境外支付的境内所得、境内支付的境外所得、境外支付的境外所得四个部分（如图10-4所示）。

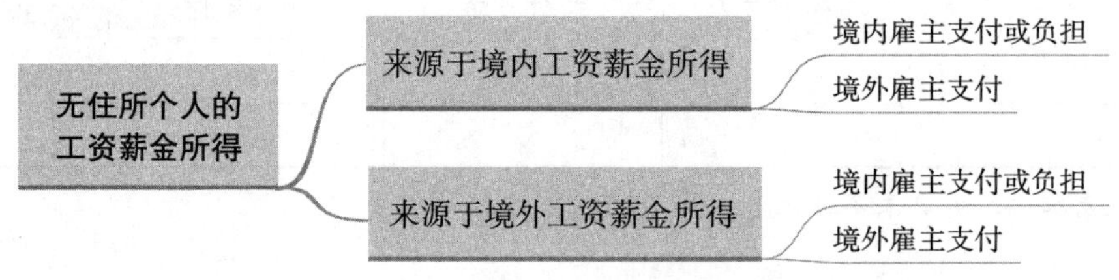

图10-4 无住所个人工资薪金所得分类

无住所个人根据其在境内居住时间的长短，确定工资薪金所得纳税义务范围。例如，一个纳税年度内境内居住不超过90天的无住所个人取得的工资薪金所得，仅就境内支付的境内所得计算应纳税额；一个纳税年度内境内居住超过90天不满183天的无住所个人取得的工资薪金所得，应就全部境内所得（包括境内支付和境外支付）计算应纳税额。

2018年个人所得税法修改前，无住所个人取得工资薪金所得，采取“先税后分”方法计算应纳税额，即先按纳税人从境内和境外取得的全部工资薪金所得计算应纳税额，再根据境内外工作时间及境内外收入支付比例，对税额进行划分，计算确定应纳税额。

个人所得税法修改后，无住所居民个人的工资薪金所得应并入综合所得计税，不再单独计算税额，难以继续采取“先税后分”的方法，财政部 税务总局公告2019年第35号将计税方法调整为“先分后税”，即先根据境内外工作时间及境内外收入支付比例，对工资薪金收入额进行

划分，计算在境内应计税的工资薪金收入额，居民个人并入综合所得计算综合所得应纳税额，非居民个人按税法规定计算工资薪金应纳税额。计税方法调整后，无住所个人仅就其在境内应计税的收入额确定适用税率，降低了适用税率和税负，计税方法更加合理。计税方法调整情况如图10–5所示。

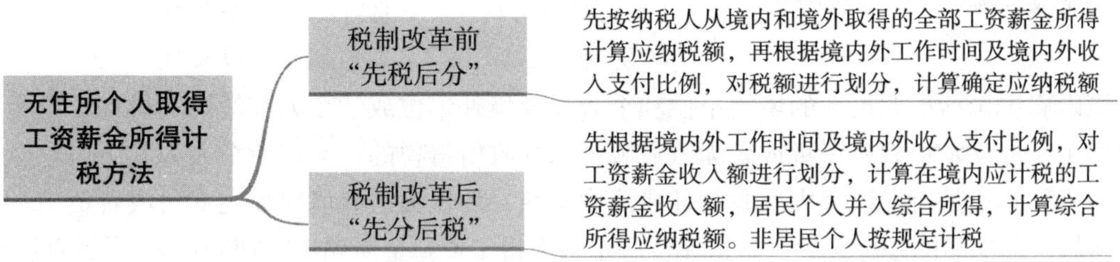

无住所个人取得工资薪金所得计税方法

- 税制改革前“先税后分”：先按纳税人从境内和境外取得的全部工资薪金所得计算应纳税额，再根据境内外工作时间及境内外收入支付比例，对税额进行划分，计算确定应纳税额
- 税制改革后“先分后税”：先根据境内外工作时间及境内外收入支付比例，对工资薪金收入额进行划分，计算在境内应计税的工资薪金收入额，居民个人并入综合所得，计算综合所得应纳税额。非居民个人按规定计税

图10–5 无住所个人取得工资薪金所得计税方法调整情况

无住所个人（非高管人员）境内应计税的工资薪金收入额的计算，根据在境内居住时间的长短，具体可分为四种情况（如图10–6所示）。

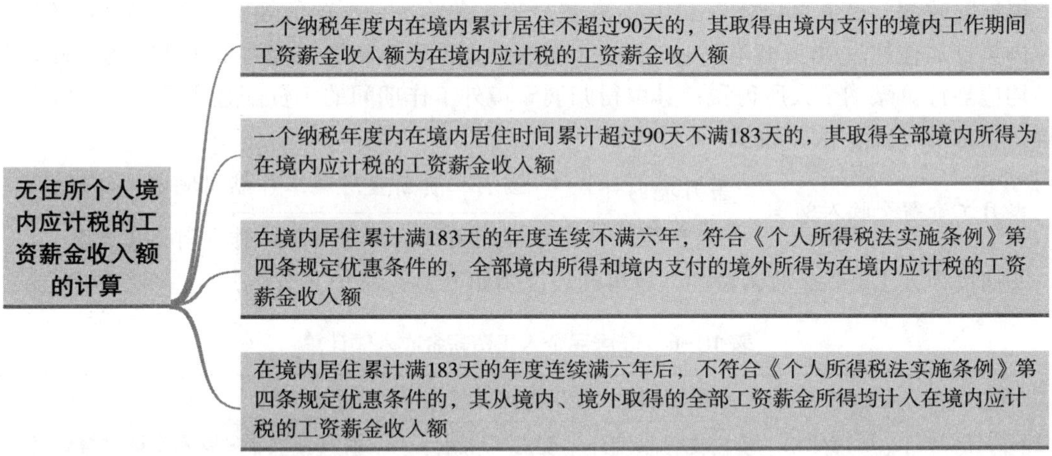

无住所个人境内应计税的工资薪金收入额的计算

- 一个纳税年度内在境内累计居住不超过90天的，其取得由境内支付的境内工作期间工资薪金收入额为在境内应计税的工资薪金收入额
- 一个纳税年度内在境内居住时间累计超过90天不满183天的，其取得全部境内所得为在境内应计税的工资薪金收入额
- 在境内居住累计满183天的年度连续不满六年，符合《个人所得税法实施条例》第四条规定优惠条件的，全部境内所得和境内支付的境外所得为在境内应计税的工资薪金收入额
- 在境内居住累计满183天的年度连续满六年后，不符合《个人所得税法实施条例》第四条规定优惠条件的，其从境内、境外取得的全部工资薪金所得均计入在境内应计税的工资薪金收入额

图10–6 无住所个人（非高管人员）境内应计税的工资薪金收入额的计算

对于无住所个人一个月内取得多笔对应不同归属期间的工资薪金所得的，应当按照每笔工资薪金所得的归属期间，分别计算每笔工资薪金在境内应计税的收入额，再加总计算为当月工资薪金收入额。

税收协定另有规定的，可以按照税收协定的规定办理。

二、非居民个人工资薪金收入额的计算

非居民个人取得工资薪金所得，除财政部、税务总局公告2019年第35号第二条第（三）项规定的高管人员工资薪金收入额的计算以外，当月工资薪金收入额分别按照以下两种情形计算。

（一）一个纳税年度内境内居住累计不超过90天的处理

根据财政部、税务总局公告2019年第35号第二条第（一）项的规定，在一个纳税年度内，

在境内累计居住不超过90天的非居民个人，仅就归属于境内工作期间并由境内雇主支付或者负担的工资薪金所得计算缴纳个人所得税。当月工资薪金收入额的计算公式如下：

$$\text{当月工资薪金收入额}=\text{当月境内外工资薪金总额}\times\frac{\text{当月境内支付工资薪金数额}}{\text{当月境内外工资薪金总额}}\times\frac{\text{当月工资薪金所属工作期间境内工作天数}}{\text{当月工资薪金所属工作期间公历天数}}$$

境内雇主包括雇佣员工的境内单位和个人以及境外单位或者个人在境内的机构、场所。凡境内雇主采取核定征收所得税或者无营业收入未征收所得税的，无住所个人为其工作取得工资薪金所得，不论是否在该境内雇主会计账簿中记载，均视为由该境内雇主支付或者负担。工资薪金所属工作期间的公历天数，是指无住所个人取得工资薪金所属工作期间按公历计算的天数。

公式中当月境内外工资薪金包含归属于不同期间的多笔工资薪金的，应当先分别按照规定计算不同归属期间工资薪金收入额，然后再加总计算当月工资薪金收入额。

（二）一个纳税年度内境内居住累计超过90天不满183天的处理

根据财政部、税务总局公告2019年第35号第二条第（一）项的规定，在一个纳税年度内，在境内累计居住超过90天但不满183天的非居民个人，取得归属于境内工作期间的工资薪金所得，均应当计算缴纳个人所得税；其取得归属于境外工作期间的工资薪金所得，不征收个人所得税。当月工资薪金收入额的计算公式如下：

$$\text{当月工资薪金收入额}=\text{当月境内外工资薪金总额}\times\frac{\text{当月工资薪金所属工作期间境内工作天数}}{\text{当月工资薪金所属工作期间公历天数}}$$

非居民个人工资薪金收入额的计算可列表说明如下（见表10-6）。

表10-6　非居民个人工资薪金收入额计算

境内居住时间	所得项目	境内所得		境外所得		当月工资薪金收入额的计算公式
		境内支付或负担	境外支付	境内支付	境外支付	
一个纳税年度内累计不超过 90 天	工资薪金所得	√	免征	×	×	当月境内外工资薪金总额 ×（当月境内支付工资薪金数额/当月境内外工资薪金总额）×（工资薪金所属工作期间境内工作天数/当月工资、薪金所属工作期间公历天数）
	其他所得	√	√	×	×	
一个纳税年度内累计居住超过 90 天但不满 183 天	***	√	√	×	×	当月境内外工资薪金总额 ×（当月工资薪金所属工作期间境内工作天数/当月工资薪金所属工作期间公历天数）

注：√代表征税，× 代表不征税。

三、居民个人工资薪金收入额的计算

在一个纳税年度内，在境内累计居住满183天的无住所居民个人取得工资薪金所得，当月工资薪金收入额按照以下方法计算。

（一）境内居住累计满183天的年度连续不满六年的处理

根据财政部、税务总局公告2019年第35号第二条第（二）项的规定，在境内居住累计满183天的年度连续不满六年的无住所居民个人，符合《个人所得税法实施条例》第四条优惠条件的，其取得的全部工资薪金所得，除归属于境外工作期间且由境外单位或者个人支付的工资薪金所得部分外，均应计算缴纳个人所得税。工资薪金所得收入额的计算公式如下：

$$\text{当月工资薪金收入额}=\text{当月境内外工资薪金总额}\times\left\{1-\frac{\text{当月境外支付工资薪金数额}}{\text{当月境内外工资薪金总额}}\times\frac{\text{当月工资薪金所属工作期间境外工作天数}}{\text{当月工资薪金所属工作期间公历天数}}\right\}$$

在中国境内居住累计满183天的年度连续不满六年的无住所居民个人，如不符合《个人所得税法实施条例》第四条优惠条件，其取得的境内境外全部工资薪金所得，均应计算缴纳个人所得税。

《个人所得税法实施条例》第四条规定，在中国境内无住所的个人，在中国境内居住累计满183天的年度连续不满六年的，经向主管税务机关备案，其来源于中国境外且由境外单位或者个人支付的所得，免予缴纳个人所得税；在中国境内居住累计满183天的任一年度中有一次离境超过30天的，其在中国境内居住累计满183天的年度的连续年限重新起算。

（二）境内居住累计满183天的年度连续满六年后的处理

根据财政部、税务总局公告2019年第35号第二条第（二）项的规定，无住所居民个人在境内居住累计满183天的年度连续满六年后，或不符合《个人所得税法实施条例》第四条优惠条件的无住所居民个人，其从境内、境外取得的全部工资薪金所得均应计算缴纳个人所得税。

无住所居民个人工资薪金收入额的确定可以列表说明如下（见表10–7）。

表10–7　无住所居民个人工资薪金收入额确定

境内居民时间	是否符合实施条例第四条优惠条件	境内所得		境外所得	
		境内支付	境外支付	境内支付	境外支付
累计满183天的年度累计不满6年	符合	√	√	√	免征
	不符合	√	√	√	√
累计满183天的年度连续满6年后又满183天的年度		√	√	√	√

注：√代表征税，× 代表不征税。

四、无住所高管人员工资薪金收入额的计算

高管人员取得境内支付或负担的工资薪金所得，不论其是否在境内履行职务，均属于来源于境内的所得。高管人员为居民个人的，其工资薪金在境内应计税的收入额的计算方法与其他无住所居民个人一致；高管人员为非居民个人的，取得由境内居民企业支付或负担的工资薪金所得，

其在境内应计税的工资薪金收入额的计算方法，与其他非居民个人不同，具体分为如下两种情况：

（1）高管人员一个纳税年度在境内累计居住时间不超过90天的，将境内支付全部所得都计入境内应计税的工资薪金收入额。

（2）高管人员一个纳税年度在境内累计居住超过90天不满183天的，就其境内支付的全部境内境外所得以及境外支付的境内所得计入境内应计税的工资薪金收入额。

税收协定另有规定的，可以按照税收协定的规定办理。

（一）无住所非居民个人为高管人员工资薪金收入额的计算

根据财政部、税务总局公告2019年第35号第二条第（三）项的规定，非居民个人为高管人员的，按照以下规定处理：

1.高管人员在境内居住时间累计不超过90天的

在一个纳税年度内，在境内累计居住不超过90天的高管人员，其取得由境内雇主支付或者负担的工资薪金所得应当计算缴纳个人所得税；不是由境内雇主支付或者负担的工资薪金所得，不缴纳个人所得税。当月工资薪金收入额为当月境内支付或者负担的工资薪金收入额。

2.高管人员在境内居住时间累计超过90天不满183天的

在一个纳税年度内，在境内居住累计超过90天但不满183天的高管人员，其取得的工资薪金所得，除归属于境外工作期间且不是由境内雇主支付或者负担的部分外，应当计算缴纳个人所得税。当月工资薪金收入额按照下列公式计算：

$$\text{当月工资薪金收入额}=\text{当月境内外工资薪金总额}\times\left(1-\frac{\text{当月境外支付工资薪金数额}}{\text{当月境内外工资薪金总额}}\times\frac{\text{当月工资薪金所属工作期间境外工作天数}}{\text{当月工资薪金所属工作期间公历天数}}\right)$$

（二）无住所居民个人为高管人员工资薪金收入额的计算

无住所居民个人为高管人员的，工资薪金收入额按照下列规定计算纳税。

1.高管人员在境内居住累计满183天的年度连续不满六年的

在境内居住累计满183天的年度连续不满六年的无住所居民个人高管人员，符合《个人所得税法实施条例》第四条优惠条件的，其取得的全部工资薪金所得，除归属于境外工作期间且由境外单位或者个人支付的工资薪金所得部分外，均应计算缴纳个人所得税。工资薪金所得收入额的计算公式如下：

$$\text{当月工资薪金收入额}=\text{当月境内外工资薪金总额}\times\left(1-\frac{\text{当月境外支付工资薪金数额}}{\text{当月境内外工资薪金总额}}\times\frac{\text{当月工资薪金所属工作期间境外工作天数}}{\text{当月工资薪金所属工作期间公历天数}}\right)$$

2.高管人员在境内居住累计满183天的年度连续满六年后

在境内居住累计满183天的年度连续满六年后，或不符合《个人所得税法实施条例》第四条优惠条件的无住所居民个人高管人员，其从境内、境外取得的全部工资薪金所得均应计算缴纳个人所得税。

无住所个人为高管人员的，其工资、薪金所得的纳税义务如表10–8所示。

表10–8 无住所高管人员工资薪金所得纳税义务

<table>
<tr><th rowspan="2">境内居住时间</th><th rowspan="2">此前六年</th><th rowspan="2">纳税人类型</th><th colspan="2">境内所得</th><th colspan="2">境外所得</th></tr>
<tr><th>境内支付或负担</th><th>境外支付且不由境内负担</th><th>境内支付</th><th>境外支付</th></tr>
<tr><td>一个纳税年度内累计不超过90天</td><td rowspan="3">***</td><td rowspan="2">非居民个人</td><td>√</td><td>免税</td><td>√</td><td>×</td></tr>
<tr><td>一个纳税年度内累计超过90天不足183天年度</td><td>√</td><td>√</td><td>√</td><td>×</td></tr>
<tr><td>2024年前累计满183天的年度</td><td>居民个人</td><td>√</td><td>√</td><td>√</td><td>免税</td></tr>
<tr><td>2025年起累计满183天的年度</td><td>此前六年中任一年在境内累计居住天数不满183天或单次离境超过30天</td><td>居民个人</td><td>√</td><td>√</td><td>√</td><td>免税</td></tr>
<tr><td>2025年起累计满183天的年度</td><td>此前六年在境内每年累计居住天数都满183天且没有任何一年单次离境超过30天</td><td>居民个人</td><td>√</td><td>√</td><td>√</td><td>√</td></tr>
</table>

注：√代表征税，×代表不征税。

第五节　无住所个人税款计算

一、无住所非居民个人税款的计算

非居民个人税款的计算分为非居民个人当月工资薪金所得、一个月内取得数月奖金、一个月内取得股权激励所得以及来源于境内的劳务报酬、稿酬和特许权使用费所得等类型分别进行。

（一）非居民个人当月工资薪金所得税款计算

非居民个人当月取得工资薪金所得，以按照规定计算的当月收入额，减去税法规定的减除费用后的余额，为应纳税所得额，适用按月换算后的综合所得税率表（以下称月度税率表，如表10–9所示）计算应纳税额。

表10–9 按月换算后的综合所得税率表

级数	全月应纳税所得额	税率	速算扣除数
1	不超过3 000元的	3%	0
2	超过3 000元至12 000元的部分	10%	210
3	超过12 000元至25 000元的部分	20%	1 410
4	超过25 000元至35 000元的部分	25%	2 660

续表

级数	全月应纳税所得额	税率	速算扣除数
5	超过 35 000 元至 55 000 元的部分	30%	4 410
6	超过 55 000 元至 80 000 元的部分	35%	7 160
7	超过 80 000 元的部分	45%	15 160

（二）非居民个人数月奖金税款计算

根据财政部、税务总局公告2019年第35号第三条第（二）项的规定，非居民个人一个月内取得数月奖金，单独按照规定计算当月收入额，不与当月其他工资薪金合并，按6个月分摊计税，不减除费用，适用月度税率表计算应纳税额，在一个公历年度内，对每一个非居民个人，该计税办法只允许适用一次。计算公式如下：

当月数月奖金应纳税额=［（数月奖金收入额÷6）×适用税率－速算扣除数］×6

【例10-4】约翰先生在中国境内无住所，2019年在境内外同时任职，当年在中国境内居住88天。

2019年12月约翰先生同时取得2019年第四季度奖金和全年奖金。约翰先生取得季度奖金20万元，对应境内工作时间为46天；取得全年奖金50万元，对应境内工作时间73天。两笔奖金分别由境内、外公司各支付一半。

2019年12月约翰先生都在境内工作，取得境内支付的工资薪金人民币30 000元，取得境外支付的工资薪金折合人民币20 000元。

要求：（1）计算约翰先生12月份取得的工资薪金所得应纳的个人所得税。

（2）计算约翰先生取得的数月奖金的收入额与应纳个人所得税额。

【解析】

（1）2019年约翰先生在中国境内居住88天，根据财政部、税务总局公告2019年第35号第二条第（一）项的规定，在一个纳税年度内，在境内累计居住不超过90天的非居民个人，仅就归属于境内工作期间并由境内雇主支付或者负担的工资薪金所得计算缴纳个人所得税。当月工资薪金收入额的计算公式如下：

$$\text{当月工资薪金收入额}=\text{当月境内外工资薪金总额}\times\frac{\text{当月境内支付工资薪金数额}}{\text{当月境内外工资薪金总额}}\times\frac{\text{当月工资薪金所属工作期间境内工作天数}}{\text{当月工资薪金所属工作期间公历天数}}$$

因而，工资薪金境内应税收入额为：

（30 000+20 000）×（30 000/50 000）×（31/31）=30 000（元）；

应纳个人所得税为：（30 000−5 000）×20%−1 410=3 590（元）。

（2）约翰先生当月取得数月奖金的收入额为：

20×46/92×1/2+50×73/365×1/2=10（万元）。

当月数月奖金应纳税额=［（数月奖金收入额÷6）×适用税率－速算扣除数］×6

=（100 000÷6×20%−1 410）×6=11 540（元）。

依照《个人所得税法》的规定，非居民个人取得工资薪金所得，按月计算缴纳个人所得税。其取得数月奖金或股权激励，如果也按月征税，可能存在税负畸高的问题，从公平合理的角度出发，应允许数月奖金和股权激励在一定期间内分摊计算纳税。考虑到非居民个人在一个年度内境内累计停留时间不超过183天，即最长约为6个月，因此，财政部、税务总局公告2019年第35号规定，非居民个人取得数月奖金或股权激励，允许在6个月内分摊计算税额。既降低了税负，也简便易行。非居民个人取得数月奖金的，应按照规定计算境内应计税的工资薪金收入额，不与当月其他工资薪金收入合并，按6个月分摊，不减除费用，适用月度税率表计算应纳税额。分摊计税方法，每个非居民个人每一纳税年度只能使用一次。

（三）非居民个人股权激励所得税款计算

根据财政部、税务总局公告2019年第35号第三条第（二）项的规定，非居民个人一个月内取得股权激励所得，单独按照该公告第二条规定计算当月收入额，不与当月其他工资薪金合并，按6个月分摊计税（一个公历年度内的股权激励所得应合并计算），不减除费用，适用月度税率表计算应纳税额，计算公式如下：

$$\text{当月股权激励所得应纳税额}=\left[\left(\text{本公历年度内股权激励所得合计额}\div 6\right)\times\text{适用税率}-\text{速算扣除数}\right]\times 6-\text{本公历年度内股权激励所得已纳税额}$$

这就是说，非居民个人取得股权激励的，应按照规定计算境内应计税的工资薪金收入额，不与当月其他工资薪金收入合并，按6个月分摊，不减除费用，适用月度税率表计算应纳税额。非居民个人在一个纳税年度内取得多笔股权激励所得的，应当合并计算纳税。

无住所居民个人取得全年一次性奖金或股权激励所得的，按照《财政部 税务总局关于个人所得税法修改后有关优惠政策衔接问题的通知》（财税〔2018〕164号）的有关规定执行。

【例10-5】B先生为中国境内无住所个人，2020年在境内居住天数不满90天，2020年1月，B先生取得境内支付的股权激励所得40万元，其中归属于境内工作期间的所得为12万元；2020年5月，取得境内支付的股权激励所得70万元，其中归属于境内工作期间的所得为18万元。

要求：计算B先生在境内股权激励所得的应纳税额。（不考虑税收协定因素。）

【解析】2020年1月，B先生应纳税额=［（120 000÷6）×20%-1 410］×6=15 540（元）；

2020年5月，B先生应纳税额={［（120 000+180 000）÷6］×30%-4 410}×6-15 540=48 000（元）。

（四）非居民个人劳务报酬、稿酬与特许权使用费所得税款计算

非居民个人取得来源于境内的劳务报酬所得、稿酬所得、特许权使用费所得，以税法规定的每次收入额为应纳税所得额，适用月度税率表计算应纳税额。

（五）非居民个人税款计算案例解析

【例10-6】詹尼小姐是B国人，在B国某企业集团任技术部经理，2018年11月8日被集团公司派遣到北京子公司负责项目研发，任项目经理。2018年11月8日，詹尼小姐到达中国。根据集团公司工作安排预计在中国境内工作期间约为10个月。

在中国境内工作期间，北京子公司每月支付其工资20 000元（人民币，下同），B国某企业集团正常支付工资30 000元。

2019年2月，利用业余时间为天津的甲企业提供咨询服务，取得含增值税劳务报酬30 900元。

2019年3月，将其发明的一项专利许可深圳的丙企业使用，取得特许权使用费15 000元。符合免征增值税条件。

2019年5月，因出版一本专著，取得中国某出版社支付的稿酬8万元。

假设，2019年由于预计在中国境内居住时间约8个月，选择按居民个人相关规定计算缴纳2019年个人所得税。不考虑专项扣除、专项附加扣除和其他扣除，不考虑外籍个人8项津补贴优惠。不考虑税收协定享受。

后因项目进展顺利，2019年6月15日提前离境回国。由于预计本年度不再入境，詹尼小姐选择离境前办理税款清算。

要求：计算詹尼小姐应纳的个人所得税。

【解析】

1. 2018年应纳个人所得税的计算。

2018年11月8日，詹尼小姐到达中国，当年在中国境内居住天数为：23+31=54（天），没有超过90天，对境内所得境内支付部分负有纳税义务。11月境内工作天数为22.5天。

2018年11月应纳个人所得税的计算：

境内外工资薪金应纳税所得额：30 000+20 000–5 000=45 000（元）；

境内外所得应纳税总额=当月境内外工资薪金应纳税所得额×适用税率–速算扣除数=45 000×30%–4 410=9 090（元）。

应纳中国所得税额=当月境内外工资按中国税法计算的应纳税总额×（当月境内工作天数÷当月天数）×（当月境内支付工资÷当月境内外支付工资总额）=9 090×（22.5÷30）×（20 000÷50 000）=2 727（元）。

2018年12月应纳个人所得税的计算：

境内外工薪应纳税所得额=30 000+20 000–5 000=45 000（元）；

应纳税额=当月境内外工资薪金应纳税总额×（当月境内工作天数÷当月天数）×（当月境内支付工资÷当月境内外支付工资总额）

=（45 000×30%–4 410）×（31÷31）×（20 000÷50 000）

=9 090×（31÷31）×（20 000÷50 000）=3 636（元）。

2. 2019年支付单位应预扣预缴税款的计算。

1月应预扣预缴工资薪金所得个人所得税：

（50 000–5 000）×10%–2 520=1 980（元）。

2月应预扣预缴工资薪金所得个人所得税：

（50 000×2–5 000×2）×10%–2 520–1 980=6 480–1 980=4 500（元）；

2月取得劳务报酬30 900元，支付单位应预扣预缴个人所得税：

应纳增值税=30 900/（1+3%）×3%=900（元）；

应纳城市维护建设税=900×7%×50%=31.5（元）；

假设可以适用月销售额不超过10万元的免征教育费附加和地方教育附加优惠。则应预扣预缴个人所得税：

［30 000×（1–20%）–31.5］×30%–2 000=5 190.55（元）。

3月应预扣预缴工资薪金所得个人所得税：

（50 000×3–5 000×3）×10%–2 520–6 480=10 980–6 480=4 500（元）；

3月取得特许权使用费15 000元，应预扣预缴个人所得税：

15 000×（1–20%）×20%=2 400（元）。

4月应预扣预缴工资薪金所得个人所得税：

（50 000×4–5 000×4）×20%–16 920–10 980=19 080–10 980=8 100（元）。

5月应预扣预缴工资薪金所得个人所得税：

（50 000×5–5 000×5）×20%–16 920–19 080=28 080–19 080=9 000（元）；

5月取得稿酬所得80 000元，出版社应预扣预缴个人所得税：

80 000×（1–20%）×70%×20%=8 960（元）。

6月份应纳个人所得税的计算：

6月15日离境，当月境内工作天数为14.5天，境内应计税工资薪金收入额为：

50 000×（14.5/30）=24 166.67（元）；

应预扣预缴工资薪金所得个人所得税：

（50 000×5+24 166.67–5 000×6）×20%–16 920–28 080

=244 166.67×20%–16 920–28 080=31 913.33–28 080=3 833.33（元）；

支付单位共计预扣预缴个人所得税：

1 980+（4 500+5 190.55）+（4 500+2 400）+8 100+（9 000+8 960）+3 833.33=48 463.88（元）。

3.提前离境回国税款清算。

（1）境内居住时间与工作时间及纳税人身份判定。

判定居民个人身份时，2019年6月15日离境当天，不计入中国境内居住天数，按半天计数工作天数。即6月在中国境内居住14天，当月境内工作天数为14.5天。

2019年共计在境内居住：31+28+31+30+31+14=165（天）；

没有累计住满183天，为非居民个人。

根据财政部、税务总局公告2019年第35号第五条第（一）项的规定，无住所个人预先判定为居民个人，因缩短居住天数不能达到居民个人条件的，在不能达到居民个人条件之日起至年度终了15天内，应当向主管税务机关报告，按照非居民个人重新计算应纳税额，申报补缴税款，不加收税收滞纳金。需要退税的，按照规定办理。

（2）应纳税款的计算。

1月份应纳个人所得税的计算：

境内应计税工资薪金收入额=30 000+20 000=50 000（元）；

应纳个人所得税=（50 000–5 000）×30%–4 410=9 090（元）。

2月份应纳工资薪金所得个人所得税：

（50 000–5 000）×30%–4 410=9 090（元）；

劳务报酬所得应纳个人所得税：

[30 000×（1–20%）–31.5]×20%–1 410=3 383.7（元）。

3月份应纳个人所得税的计算：

工资薪金所得应纳税额=（50 000–5 000）×30%–4 410=9 090（元）；

特许权使用费15 000元应纳的个人所得税：

15 000×（1–20%）×10%–210=990（元）。

4月份应纳工资薪金所得个人所得税：

（50 000–5 000）×30%–4 410=9 090（元）。

5月份应纳个人所得税的计算：

工资薪金所得应纳税额=（50 000–5 000）×30%–4 410=9 090（元）；

取得稿酬所得80 000元，应纳个人所得税：

80 000×（1–20%）×70%×30%–4 410=9 030（元）。

6月份应纳个人所得税的计算：

境内应计税工资薪金收入额=50 000×（14.5/30）=24 166.67（元）；

应纳工资薪金所得个人所得税=（24 166.67–5 000）×20%–1 410=2 423.33（元）。

2019年应纳个人所得税合计为：

9 090+（9 090+3 383.7）+（9 090+990）+9 090+（9 090+9 030）+2 423.33

=61 277.03（元）；

应补缴个人所得税：61 277.03–48 463.88=12 813.15（元）。

二、无住所居民个人税款的计算

（一）综合所得应纳税款的计算

无住所居民个人取得综合所得，年度终了后，应按年计算个人所得税；有扣缴义务人的，由扣缴义务人按月或者按次预扣预缴税款；需要办理汇算清缴的，按照规定办理汇算清缴，年度综合所得应纳税额计算公式如下：

年度综合所得应纳税额=（年度工资薪金收入额+年度劳务报酬收入额+年度稿酬收入额+年度特许权使用费收入额–减除费用–专项扣除–专项附加扣除–依法确定的其他扣除）×适用税率–速算扣除数

无住所居民个人为外籍个人的，2022年1月1日前计算工资薪金收入额时，已经按规定减除住房补贴、子女教育费、语言训练费等八项津补贴的，不能同时享受专项附加扣除。

年度工资薪金、劳务报酬、稿酬、特许权使用费收入额分别按年度内每月工资薪金以及每次劳务报酬、稿酬、特许权使用费收入额合计数额计算。

综上所述，无住所居民个人取得综合所得，年度终了后，应将年度工资薪金收入额、劳务报酬收入额、稿酬收入额、特许权使用费收入额汇总，计算缴纳个人所得税。需要办理汇算清缴的，依法办理汇算清缴。无住所居民个人在计算综合所得收入额时，可以享受专项附加扣除。其中，无住所居民个人为外籍个人的，2022年1月1日前计算工资薪金收入额时，可以选择享受住房补贴、子女教育费、语言训练费等八项津补贴优惠政策，也可以选择享受专项附加扣除政策，但二者不可同时享受。

【例10–7】詹尼小姐是B国人，在B国某企业集团任技术部经理，2018年11月8日被集团公司派遣到北京子公司负责项目研发，任项目经理。2018年11月8日，詹尼小姐到达中国。根据集团公司工作安排预计在中国境内工作约为10个月。

在中国境内工作期间，北京子公司每月支付其工资20 000元（人民币，下同），B国某企业集团正常支付工资30 000元。

2019年2月，利用业余时间为天津的甲企业提供咨询服务，取得劳务报酬30 900元（含增值税）。

2019年3月，将其发明的一项专利许可深圳的丙企业使用，取得特许权使用费15 000元。符合免征增值税条件。

2019年5月，因出版一本专著，取得中国某出版社支付的稿酬8万元。

2019年7月15日，研发项目结束后回国。

假设，2019年由于预计在中国境内居住时间约8个月，选择按居民个人相关规定计算缴纳2019年个人所得税。不考虑专项扣除、专项附加扣除和其他扣除，不考虑外籍个人八项津补贴优惠，不考虑税收协定享受。

要求：

1. 计算支付单位应代扣代缴詹尼小姐2019年的个人所得税。

2. 计算詹尼小姐应缴纳2019年的个人所得税。

【解析】

1. 2019年综合所得预扣预缴。

根据财政部、税务总局公告2019年第35号第五条第（一）项的规定，无住所个人在一个纳税年度内首次申报时，应当根据合同约定等情况预计一个纳税年度内境内居住天数以及在税收协定规定的期间内境内停留天数，按照预计情况计算缴纳税款。

由于2019年詹尼小姐预计在中国境内居住约8个月，可选择按居民个人相关规定计算缴纳2019年的个人所得税。扣缴义务人可按累计预扣法预扣预缴工资薪金所得的个人所得税。

（1）境内应计税工资薪金收入额的计算。

1—6月为：30 000+20 000=50 000（元）；

7月为：（30 000+20 000）×［1-（16.5/31）×（30 000/50 000）］=34 032.258（元）。

（2）支付单位应预扣预缴个人所得税的计算。

1月应预扣预缴工资薪金所得个人所得税：

（50 000-5 000）×10%-2 520=1 980（元）；

2月应预扣预缴工资薪金所得个人所得税：

（50 000×2-5 000×2）×10%-2 520-1 980=6 480-1 980=4 500（元）。

2月取得劳务报酬30 900元，支付单位应预扣预缴个人所得税：

应纳增值税=30 900/（1+3%）×3%=900（元）；

应纳城市维护建设税=900×7%×50%=31.5（元）；

假设可以适用月销售额不超过10万元免征教育费附加和地方教育附加优惠，则应预扣预缴个人所得税为：

［30 000×（1-20%）-31.5］×30%-2 000=5 190.55（元）。

3月应预扣预缴工资薪金所得个人所得税：

（50 000×3−5 000×3）×10%−2 520−6 480=10 980−6 480=4 500（元）；

3月取得特许权使用费15 000元，应预扣预缴个人所得税：

15 000×（1−20%）×20%=2 400（元）。

4月应预扣预缴工资薪金所得个人所得税：

（50 000×4−5 000×4）×20%−16 920−10 980=19 080−10 980=8 100（元）。

5月应预扣预缴工资薪金所得个人所得税：

（50 000×5−5 000×5）×20%−16 920−19 080=28 080−19 080=9 000（元）；

5月取得稿酬所得80 000元，出版社应预扣预缴个人所得税：

80 000×（1−20%）×70%×20%=8 960（元）。

6月应预扣预缴工资薪金所得个人所得税：

（50 000×6−5 000×6）×20%−16 920−28 080

=270 000×20%−16 920−28 080=37 080−28 080=9 000（元）。

7月应预扣预缴工资、薪金所得个人所得税：

（50 000×6+34 032.258−5 000×7）×20%−16 920−37 080

=299 032.258×20%−16 920−37 080=5 806.45（元）。

支付单位共计预扣预缴个人所得税：

1 980+（4 500+5 190.55）+（4 500+2 400）+8 100+（9 000+8 960）+9 000+5 806.45=59 437（元）。

2. 离境前综合所得的汇算清缴。

（1）综合所得收入额的计算。

工资薪金的收入额：50 000×6+34 032.258=334 032.26（元）；

劳务报酬的收入额：30 000×（1−20%）=24 000（元）；

特许权使用费收入额：15 000×（1−20%）=12 000（元）；

稿酬的收入额：80 000×（1−20%）×70%=44 800（元）；

综合所得的收入额：334 032.26+24 000+12 000+44 800=414 832.26（元）。

（2）应纳税所得额的计算。

414 832.26−60 000−31.5=354 800.76（元）。

（3）综合所得应纳个人所得税的计算。

354 800.76×25%−31 920=56 780.19（元）。

（4）汇算清缴应补（退）税款的计算。

56 780.19−59 437=−2 656.81（元）。

（二）全年一次性奖金应纳税款的计算

根据《财政部 税务总局关于个人所得税法修改后有关优惠政策衔接问题的通知》（财税〔2018〕164号）第一条和《财政部 税务总局关于延续实施全年一次性奖金等个人所得税优惠政策的公告》（财政部 税务总局公告2021年第42号）的规定，无住所居民个人取得全年一次性奖金，符合《国家税务总局关于调整个人取得全年一次性奖金等计算征收个人所得税方法问题的通知》（国税发〔2005〕9号）规定的，在2023年12月31日前，不并入当年综合所得，以全年一次性奖金收入除以12个月得到的数额，按照按月换算后的综合所得税率表（以下简称月度税率表），确定适用税率和速算扣除数，单独计算纳税。计算公式为：

应纳税额=全年一次性奖金收入×适用税率-速算扣除数

无住所居民个人取得全年一次性奖金，也可以选择并入当年综合所得计算纳税。

自2024年1月1日起，居民个人取得全年一次性奖金，应并入当年综合所得计算缴纳个人所得税。

【例10-8】美国居民大卫2019年4月1日来华任甲网络公司的技术部经理，当年一直在境内任职。

2019年12月，大卫取得2019年度的年终奖30万元人民币，2019年每月取得甲网络公司支付的工资40 000元人民币。当年没有劳务报酬、稿酬和特许权使用费所得，也没有使用过全年一次性奖金优惠计税方法。

要求：计算大卫2019年应纳的个人所得税。

【解析】

（1）年终奖按一次性奖金优惠计税方法计税：

300 000/12=25 000，适用税率为20%，速算扣除数为1 410。

年终奖应纳个人所得税：300 000×20%-1 410=58 590（元）；

综合所得应纳个人所得税：（40 000×9-60 000）×20%-16 920=43 080（元）；

当年共计应纳个人所得税：58 590+43 080=101 670（元）。

（2）年终奖并入综合所得计税：

综合所得应纳税所得额：40 000×9+300 000-60 000=600 000（元）；

应纳个人所得税：600 000×30%-52 920=127 080（元）。

奖金按一次性奖金优惠方法计算比计入综合所得计税少缴个人所得税：

127 080-101 670=25 410（元）。

（三）股权激励所得应纳税款的计算

根据财税〔2018〕164号文件第二条和《财政部 税务总局关于延续实施全年一次性奖金等个人所得税优惠政策的公告》（财政部 税务总局公告2021年第42号）的规定，无住所居民个人取得股票期权、股票增值权、限制性股票、股权奖励等股权激励（以下简称股权激励），符合《财政部 国家税务总局关于个人股票期权所得征收个人所得税问题的通知》（财税〔2005〕35号）、《财政部 国家税务总局关于股票增值权所得和限制性股票所得征收个人所得税有关问题的通知》（财税〔2009〕5号）、《财政部 国家税务总局关于将国家自主创新示范区有关税收试点政策推广到全国范围实施的通知》（财税〔2015〕116号）第四条、《财政部 国家税务总局关于完善股权激励和技术入股有关所得税政策的通知》（财税〔2016〕101号）第四条第（一）项规定的相关条件的，在2022年12月31日前，不并入当年综合所得，全额单独适用综合所得税率表，计算纳税。计算公式为：

应纳税额=股权激励所得×适用税率-速算扣除数

居民个人一个纳税年度内取得两次以上（含两次）股权激励的，应合并按财税〔2018〕164号文件第二条第（一）项规定计算纳税。

2023年1月1日之后的股权激励政策另行明确。

综上所述，无住所个人税款计算如图10-7所示。

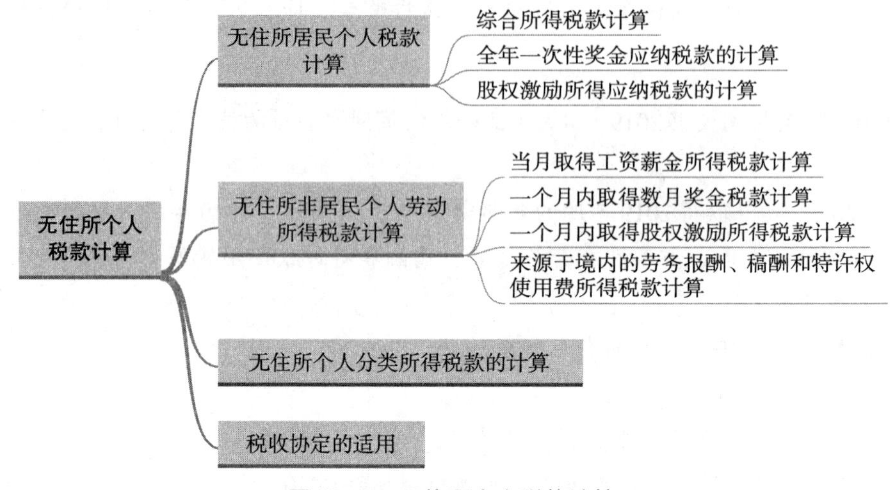

图10-7　无住所个人税款计算

第六节　无住所个人税收协定的适用

按照我国政府签订的避免双重征税协定、内地与香港、澳门签订的避免双重征税安排（以下称税收协定）居民条款规定，为缔约对方税收居民的个人（以下称对方税收居民个人），可以按照税收协定及财政部、国家税务总局有关规定享受税收协定待遇，也可以选择不享受税收协定待遇计算纳税。除税收协定及财政部、国家税务总局另有规定外，无住所个人适用税收协定的，按照财政部、税务总局公告2019年第35号第四条的以下规定执行。

一、无住所个人税收协定待遇的享受

无住所个人按照税收协定（包括内地与香港、澳门签订的税收安排）居民条款为缔约对方税收居民（以下简称对方税收居民）的，即使其按照税法规定为中国税收居民，也可以按照税收协定的规定，选择享受税收协定条款的优惠待遇。主要优惠待遇包括：

1.境外受雇所得协定待遇

根据税收协定中受雇所得条款，对方税收居民个人在境外从事受雇活动取得的受雇所得，可不缴纳个人所得税，仅将境内所得计入境内计税的工资薪金收入额，计算缴纳个人所得税。

2.境内受雇所得协定待遇

根据税收协定中受雇所得条款，对方税收居民个人在税收协定规定的期间内境内停留天数不超过183天的，从事受雇活动取得受雇所得，只将境内支付的境内所得计入境内计税的工资薪金收入额，计算缴纳个人所得税。

3.独立个人劳务或者营业利润协定待遇

根据税收协定中独立个人劳务或者营业利润条款，对方税收居民取得独立个人劳务所得或者营业利润，符合税收协定规定条件的，可不缴纳个人所得税。

4.董事费条款规定

对方税收居民为高管人员，取得的董事费、监事费、工资薪金及其他类似报酬，应优先适用税收协定董事费条款相关规定。如果对方税收居民不适用董事费条款的，应按照税收协定中受雇所得（非独立个人劳务）、独立个人劳务或营业利润条款的规定处理。

5.特许权使用费或者技术服务费协定待遇

根据税收协定中特许权使用费条款或者技术服务费条款，对方税收居民取得特许权使用费或技术服务费，应按不超过税收协定规定的计税所得额和征税比例计算纳税。

按照国内税法判定为居民个人的，可以在预扣预缴和汇算清缴时按规定享受协定待遇，按照国内税法判定为非居民个人的，可以在取得所得时享受协定待遇。

二、无住所个人适用受雇所得条款

（一）无住所个人享受境外受雇所得协定待遇

境外受雇所得协定待遇，是指按照税收协定受雇所得条款规定，对方税收居民个人在境外从事受雇活动取得的受雇所得，可不缴纳个人所得税。

根据财政部、税务总局公告2019年第35号第四条第（一）项的规定，无住所个人为对方税收居民个人，其取得的工资薪金所得可享受境外受雇所得协定待遇的，可不缴纳个人所得税。工资薪金收入额计算适用下列公式：

$$\text{当月工资薪金收入额}=\begin{matrix}\text{当月境内外}\\\text{工资薪金总额}\end{matrix}\times\frac{\text{当月工资薪金所属工作期间境内工作天数}}{\text{当月工资薪金所属工作期间公历天数}}$$

无住所居民个人为对方税收居民个人的，可在预扣预缴和汇算清缴时按上述规定享受协定待遇；非居民个人为对方税收居民个人的，可在取得所得时按上述规定享受协定待遇。

（二）无住所个人享受境内受雇所得协定待遇

境内受雇所得协定待遇，是指按照税收协定受雇所得条款规定，在税收协定规定的期间内境内停留天数不超过183天的对方税收居民个人，在境内从事受雇活动取得受雇所得，不是由境内居民雇主支付或者代其支付的，也不是由雇主在境内常设机构负担的，可不缴纳个人所得税。

根据财政部、税务总局公告2019年第35号第四条第（一）项的规定，无住所个人为对方税收居民个人，其取得的工资薪金所得可享受境内受雇所得协定待遇的，可不缴纳个人所得税。工资薪金收入额计算适用下列公式：

$$\begin{matrix}\text{当月工资}\\\text{薪金收入额}\end{matrix}=\begin{matrix}\text{当月境内外}\\\text{工资薪金总额}\end{matrix}\times\frac{\begin{matrix}\text{当月境内支付}\\\text{工资薪金数额}\end{matrix}}{\begin{matrix}\text{当月境内外}\\\text{工资薪金总额}\end{matrix}}\times\frac{\begin{matrix}\text{当月工资薪金所属}\\\text{工作期间境内工作天数}\end{matrix}}{\begin{matrix}\text{当月工资薪金所属}\\\text{工作期间公历天数}\end{matrix}}$$

无住所居民个人为对方税收居民个人的，可在预扣预缴和汇算清缴时按上述规定享受协定待遇；非居民个人为对方税收居民个人的，可在取得所得时按上述规定享受协定待遇。

三、无住所个人适用独立个人劳务或者营业利润条款

根据财政部、税务总局公告2019年第35号第四条第（二）项的规定，独立个人劳务或者营业利润协定待遇，是指按照税收协定独立个人劳务或者营业利润条款规定，对方税收居民个人取得的独立个人劳务所得或者营业利润符合税收协定规定条件的，可不缴纳个人所得税。

无住所居民个人为对方税收居民个人，其取得的劳务报酬所得、稿酬所得可享受独立个人劳务或者营业利润协定待遇的，在预扣预缴和汇算清缴时，可不缴纳个人所得税。

非居民个人为对方税收居民个人，其取得的劳务报酬所得、稿酬所得可享受独立个人劳务或者营业利润协定待遇的，在取得所得时可不缴纳个人所得税。

四、无住所个人适用董事费条款

根据财政部、税务总局公告2019年第35号第四条第（三）项的规定，对方税收居民个人为高管人员，该个人适用的税收协定未纳入董事费条款，或者虽然纳入董事费条款但该个人不适用董事费条款，且该个人取得的高管人员报酬可享受税收协定受雇所得、独立个人劳务或者营业利润条款规定待遇的，该个人取得的高管人员报酬可不适用该公告第二条第（三）项规定，分别按照该公告第四条第（一）项（即无住所个人适用受雇所得条款的规定）、第（二）项（即无住所个人适用独立个人劳务或者营业利润条款的规定）规定执行。

对方税收居民个人为高管人员，该个人取得的高管人员报酬按照税收协定董事费条款规定可以在境内征收个人所得税的，应按照有关工资薪金所得或者劳务报酬所得规定缴纳个人所得税。

五、无住所个人适用特许权使用费或者技术服务费条款

根据财政部、税务总局公告2019年第35号第四条第（四）项的规定，特许权使用费或者技术服务费协定待遇，是指按照税收协定特许权使用费或者技术服务费条款规定，对方税收居民个人取得符合规定的特许权使用费或者技术服务费，可按照税收协定规定的计税所得额和征税比例计算纳税。

无住所居民个人为对方税收居民个人，其取得的特许权使用费所得、稿酬所得或者劳务报酬所得可享受特许权使用费或者技术服务费协定待遇的，可不纳入综合所得，在取得当月按照税收协定规定的计税所得额和征税比例计算应纳税额，并预扣预缴税款。年度汇算清缴时，该个人取得的已享受特许权使用费或者技术服务费协定待遇的所得不纳入年度综合所得，单独按照税收协定规定的计税所得额和征税比例计算年度应纳税额及补退税额。

非居民个人为对方税收居民个人，其取得的特许权使用费所得、稿酬所得或者劳务报酬所得可享受特许权使用费或者技术服务费协定待遇的，可按照税收协定规定的计税所得额和征税比例计算应纳税额。

第七节 无住所个人所得税征收管理

一、非居民个人的计税方法

（一）非居民个人按月或按次分项计算纳税

根据《个人所得税法》第二条的规定，下列各项个人所得，应当缴纳个人所得税：（1）工资、薪金所得；（2）劳务报酬所得；（3）稿酬所得；（4）特许权使用费所得；（5）经营所得；（6）利息、股息、红利所得；（7）财产租赁所得；（8）财产转让所得；（9）偶然所得。

居民个人取得上述第（1）项至第（4）项所得（以下称综合所得），按纳税年度合并计算个人所得税；非居民个人取得上述第（1）项至第（4）项所得，按月或者按次分项计算个人所得税。纳税人取得上述第（5）项至第（9）项所得，依照规定分别计算个人所得税。

无住所个人个人所得税计税方法可列表说明如下（见表10-10）。

表10-10 无住所个人个人所得税计税方法

所得项目	一个纳税年度内境内累计居住时间	
	不足183天	超过183天
工资、薪金所得	按月或者按次分项计算个人所得税	按纳税年度合并计算个人所得税
劳务报酬所得		
稿酬所得		
特许权使用费所得		
经营所得	依法分别计算个人所得税	依法分别计算个人所得税
利息、股息、红利所得		
财产租赁所得		
财产转让所得		
偶然所得		

（二）非居民个人的税款扣缴方法

根据《个人所得税扣缴申报管理办法（试行）》（国家税务总局公告2018年第61号发布）第九条的规定，扣缴义务人向非居民个人支付工资薪金所得、劳务报酬所得、稿酬所得和特许权使用费所得时，应当按照以下方法按月或者按次代扣代缴税款：

非居民个人的工资、薪金所得，以每月收入额减除费用5 000元后的余额为应纳税所得额；劳务报酬所得、稿酬所得、特许权使用费所得，以每次收入额为应纳税所得额，按适用税率计算应纳税额。劳务报酬所得、稿酬所得、特许权使用费所得以收入减除20%的费用后的余额为收入额；其中，稿酬所得的收入额减按70%计算。

非居民个人在一个纳税年度内税款扣缴方法保持不变，达到居民个人条件时，应当告知扣缴义务人基础信息变化情况，年度终了后按照居民个人有关规定办理汇算清缴。

（三）无住所个人预计境内居住时间与税款缴纳

根据《财政部 税务总局关于非居民个人和无住所居民个人有关个人所得税政策的公告》（财政部 税务总局公告2019年第35号）第五条第（一）项的规定，无住所个人在一个纳税年度内首次申报时，应当根据合同约定等情况预计一个纳税年度内境内居住天数以及在税收协定规定的期间内境内停留天数，按照预计情况计算缴纳税款。实际情况与预计情况不符的，分别按照以下规定处理：

（1）无住所个人预先判定为非居民个人，因延长居住天数达到居民个人条件的，一个纳税年度内税款扣缴方法保持不变，年度终了后按照居民个人有关规定办理汇算清缴，但该个人在当年离境且预计年度内不再入境的，可以选择在离境之前办理汇算清缴。

（2）无住所个人预先判定为居民个人，因缩短居住天数不能达到居民个人条件的，在不能达到居民个人条件之日起至年度终了15天内，应当向主管税务机关报告，按照非居民个人重新计算应纳税额，申报补缴税款，不加收税收滞纳金。需要退税的，按照规定办理。

（3）无住所个人预计一个纳税年度境内居住天数累计不超过90天，但实际累计居住天数超过90天的，或者对方税收居民个人预计在税收协定规定的期间内境内停留天数不超过183天，但实际停留天数超过183天的，待达到90天或者183天的月度终了后15天内，应当向主管税务机关报告，就以前月份工资薪金所得重新计算应纳税款，并补缴税款，不加收税收滞纳金。

年度首次申报时，无住所个人在境内的实际居住天数不满183天，暂时无法确定其为居民个人还是非居民个人。为降低纳税人的税收遵从成本，财政部、税务总局公告2019年第35号赋予无住所个人预先选择税收居民身份的权利。具体是，无住所个人在一个纳税年度内首次申报时，应当根据合同约定等情况自行判定是居民个人或非居民个人，并按照有关规定进行申报。当预计情况与实际情况不符的，无住所个人再按照规定进行调整。

（四）案例解析

【例10–9】史密斯先生是甲国人，在甲国A企业集团任审计部经理，被A集团公司派遣到北京子公司负责中国区项目审计，任审计经理。2018年11月18日，史密斯先生到达中国。根据集团公司工作安排预计在中国境内工作约7个月。

在中国境内工作期间，北京子公司每月支付其工资30 000元（人民币，下同），甲国A企业集团每月支付其工资20 000元。

2019年3月，利用业余时间为上海市区的乙企业提供审计咨询服务，取得劳务报酬收入40 000元。

2019年4月，将其发明的一项专利许可深圳的丙企业使用，取得该企业支付的特许权使用费25 000元。

2019年5月，在中国境内出版一本专著，取得中国境内某出版社支付的稿酬45 000元。

因审计项目工作量大，史密斯先生至2019年8月15日才回国。

史密斯先生根据其工作时间安排预先判定自己为非居民个人并告知境内向其支付所得的单位。史密斯先生在回国离境前办理了相关税款清算。

不考虑专项扣除、专项附加扣除、其他扣除和个人所得税以外的其他税费，不考虑享受税收协定。

根据上述资料，分析并计算回答下列问题：

1. 史密斯先生2019年度是个人所得税居民个人还是非居民个人？为什么？

2. 北京子公司应代扣代缴史密斯先生2019年的个人所得税是多少？

3. 乙企业和丙企业应代扣代缴史密斯先生的个人所得税分别是多少？

4. 境内某出版社应代扣代缴史密斯先生的个人所得税是多少？

5. 史密斯先生离境前办理税款清算应补（退）的个人所得税是多少？

【解析】

1. 2019年度纳税人身份的判定。

2019年8月15日离境当天，不计入中国境内居住天数，按半天计算工作天数。即8月在中国境内居住14天，当月境内工作天数为14.5天。

2019年共计在境内居住：31+28+31+30+31+30+31+14=226（天），超过183天，为居民个人。

2. 北京子公司应代扣代缴个人所得税的计算。

1—7月应代扣代缴个人所得税的计算。

境内应计税工资薪金收入额：30 000+20 000=50 000（元）；

应纳个人所得税：（50 000−5 000）×30%−4 410=9 090（元）；

8月份应代扣代缴个人所得税的计算：

50 000×［1−（16.5/31）×（20 000/50 000）］=39 354.84（元）；

（39 354.84−5 000）×25%−2 660=5 928.71（元）。

3. 乙企业应代扣代缴个人所得税的计算。

40 000×（1−20%）×25%−2 660=5 340（元）。

4. 丙企业应代扣代缴个人所得税的计算。

25 000×（1−20%）×20%−1 410=2 590（元）。

5. 取得稿酬所得应代扣代缴个人所得税的计算。

45 000×（1−20%）×70%×25%−2 660=3 640（元）。

2019年支付单位共代扣代缴个人所得税：

9 090×7+5 928.71+5 340+2 590+3 640=81 128.71（元）。

6. 综合所得汇算清缴应纳个人所得税的计算。

收入额：（50 000×7+39 354.84）+40 000×（1−20%）+25 000×（1−20%）+45 000×（1−20%）×70%=389 354.84+32 000+20 000+25 200=466 554.84（元）。

综合所得应纳税所得额：

466 554.84−60 000=406 554.84（元）。

应纳综合所得个人所得税：406 554.84×25%−31 920=69 718.71（元）。

汇算清缴应退个人所得税：81 128.71−69 718.71=11 410（元）。

二、代扣代缴与自行申报

非居民个人取得来源于中国境内的工资薪金所得、劳务报酬所得、稿酬所得和特许权使用费所得，由扣缴义务人按月或者按次扣缴税款，不办理汇算清缴。非居民个人取得经营所得以外的其他分类所得的，以所得人为纳税义务人，以支付所得的单位或者个人为扣缴义务人。

无住所居民个人取得的综合所得，按年计算个人所得税。有扣缴义务人的，由扣缴义务人按月或按次预扣预缴税款，年综合汇算清缴，税款多退少补。

三、境内雇主报告境外关联方支付工资薪金所得

无住所个人在境内任职、受雇取得的工资薪金所得，有的是由其境内雇主的境外关联方支付。在此情况下，尽管境内雇主不是工资薪金的直接支付方，为便于纳税遵从，财政部 税务总局公告2019年第35号第五条第（一）项规定，无住所个人在境内任职、受雇取得来源于境内的工资薪金所得，凡境内雇主与境外单位或者个人存在关联关系，将本应由境内雇主支付的工资薪金所得，部分或者全部由境外关联方支付的，无住所个人可以自行申报缴纳税款，也可以委托境内雇主代为缴纳税款。无住所个人未委托境内雇主代为缴纳税款的，境内雇主应当在相关所得支付当月终了后15天内向主管税务机关报告相关信息，包括境内雇主与境外关联方对无住所个人的工作安排、境外支付情况以及无住所个人的联系方式等信息。

四、境内受雇境外支付工资薪金所得的纳税申报

无住所个人在境内任职、受雇取得来源于境内的工资薪金所得，其本应由境内雇主支付，但部分或者全部由境内雇主的境外关联单位或者个人支付的，无住所个人可以选择在一个纳税年度内自行申报缴纳税款，也可以委托境内雇主代为申报纳税。

无住所个人选择委托境内雇主代为缴纳税款的，境内雇主应当比照《个人所得税扣缴申报管理办法（试行）》第六条（累计预扣法）和第九条（非居民代扣代缴）有关规定计算应纳税款，填写《个人所得税扣缴申报表》，并于相关所得支付当月终了后15日内向主管税务机关办理纳税申报。无住所个人选择自行申报缴纳税款的，应当比照《个人所得税扣缴申报管理办法（试行）》第九条有关规定计算应纳税款，填写《个人所得税自行纳税申报表（A表）》，并于取得相关所得当月终了后15日内向其境内雇主的主管税务机关办理自行纳税申报。

（一）委托境内雇主代为申报缴纳税款的处理

无住所个人选择委托境内雇主代为申报缴纳税款的，其境内雇主可以按照财政部、税务总局公告2019年第35号有关规定，对无住所居民个人或非居民个人，分别比照《个人所得税扣缴申报管理办法（试行）》第六条（累计预扣法）或第九条（非居民个人个人所得税代扣代缴）有关规定，计算应申报缴纳的个人所得税。也就是说，对于无住所的居民个人，可以适用累计预扣法计算应预扣的个人所得税；对于无住所的非居民个人，则按月计算应扣缴的个人所得税，不适用累计预扣法。纳税申报时，由境内雇主在次月15日内向税务机关报送《个人所得税扣缴申报表》。

（二）无住所个人自行纳税申报的处理

无住所个人选择自行纳税申报的，按照财政部、税务总局公告2019年第35号有关规定，比照《个人所得税扣缴申报管理办法（试行）》第九条有关代扣代缴非居民个人所得税的相关规定，计算应申报缴纳的个人所得税。也就是说，对于无住所个人，无论是居民个人还是非居民个人，

只要选择自行申报缴税，在纳税年度内，均比照非居民个人计税方法，按月计算应缴纳的个人所得税。纳税申报时，无住所个人需要在取得所得的次月15日内，向境内任职受雇地主管税务机关办理自行纳税申报，报送《个人所得税自行纳税申报表（A表）》。对无住所居民个人，年度终了后可按税法规定办理综合所得汇算清缴。

五、个人工资薪金及实际在境内工作期间的证据

根据《国家税务总局关于在中国境内无住所的个人计算缴纳个人所得税若干具体问题的通知》（国税函发〔1995〕125号）第五条的规定，凡属依据规定，应就境外雇主支付的工资、薪金申报纳税的个人，或者依据规定，应就视为由中国境内企业、机构支付或负担的工资、薪金申报纳税的个人，应如实申报上述工资、薪金数额及在中国境内的工作期间，并提供支付工资证明及必要的公证证明和居住时间的有效凭证。

六、非居民个人享受协定待遇管理

为执行中华人民共和国政府签署的避免双重征税协定（以下简称税收协定）和国际运输协定税收条款，规范非居民纳税人享受协定待遇管理，国家税务总局制定了《非居民纳税人享受协定待遇管理办法》（国家税务总局公告2019年第35号发布）。自2020年1月1日起，在中国境内发生纳税义务的非居民纳税人需要享受协定待遇的适用该办法。非居民纳税人需要享受内地与香港、澳门特别行政区签署的避免双重征税安排待遇的，按照该办法执行。

（一）自行判断、申报享受、相关资料留存备查

非居民纳税人享受协定待遇，采取“自行判断、申报享受、相关资料留存备查”的方式办理。非居民纳税人自行判断符合享受协定待遇条件的，可在纳税申报时，或通过扣缴义务人在扣缴申报时，自行享受协定待遇，同时按照该办法的规定归集和留存相关资料备查，并接受税务机关后续管理。

这里所称居民纳税人，是指按照税收协定居民条款规定应为缔约对方税收居民的纳税人。所称协定包括税收协定和国际运输协定。国际运输协定包括中华人民共和国政府签署的航空协定、海运协定、道路运输协定、汽车运输协定、互免国际运输收入税收协议或换函以及其他关于国际运输的协定。所称协定待遇，是指按照协定可以减轻或者免除按照国内税收法律规定应当履行的企业所得税、个人所得税纳税义务。扣缴义务人，是指按国内税收法律规定，对非居民纳税人来源于中国境内的所得负有扣缴税款义务的单位或个人，包括法定扣缴义务人和企业所得税法规定的指定扣缴义务人。主管税务机关，是指按国内税收法律规定，对非居民纳税人在中国的纳税义务负有征管职责的税务机关。

（二）协定适用和纳税申报

非居民个人自行申报的，自行判断符合享受协定待遇条件且需要享受协定待遇，应在申报时报送《非居民纳税人享受协定待遇信息报告表》，并按照规定归集和留存相关资料备查。

在源泉扣缴和指定扣缴情况下，非居民纳税人自行判断符合享受协定待遇条件且需要享受

协定待遇的，应当如实填写《非居民纳税人享受协定待遇信息报告表》，主动提交给扣缴义务人，并按照规定归集和留存相关资料备查。

扣缴义务人收到《非居民纳税人享受协定待遇信息报告表》后，确认非居民纳税人填报信息完整的，依国内税收法律规定和协定规定扣缴，并如实将《非居民纳税人享受协定待遇信息报告表》作为扣缴申报的附表报送主管税务机关。

非居民纳税人未主动提交《非居民纳税人享受协定待遇信息报告表》给扣缴义务人或填报信息不完整的，扣缴义务人依国内税收法律规定扣缴。

（三）留存备查资料

根据《非居民纳税人享受协定待遇管理办法》第七条的规定，留存备查资料包括：

（1）由协定缔约对方税务主管当局开具的证明非居民纳税人取得所得的当年度或上一年度税收居民身份的税收居民身份证明；享受税收协定国际运输条款或国际运输协定待遇的，可用能够证明符合协定规定身份的证明代替税收居民身份证明；

（2）与取得相关所得有关的合同、协议、董事会或股东会决议、支付凭证等权属证明资料；

（3）享受股息、利息、特许权使用费条款协定待遇的，应留存证明“受益所有人”身份的相关资料；

（4）非居民纳税人认为能够证明其符合享受协定待遇条件的其他资料。

非居民纳税人对《非居民纳税人享受协定待遇信息报告表》填报信息和留存备查资料的真实性、准确性、合法性承担法律责任。非居民纳税人享受协定待遇留存备查资料应按照税收征收管理法及其实施细则规定的期限保存。

（四）少缴、未缴或多缴税款的处理

非居民纳税人发现不应享受而享受了协定待遇，并少缴或未缴税款的，应当主动向主管税务机关申报补税。

非居民纳税人可享受但未享受协定待遇而多缴税款的，可在《税收征收管理法》规定期限内自行或通过扣缴义务人向主管税务机关要求退还多缴税款，同时提交《非居民纳税人享受协定待遇管理办法》第七条规定的资料。

主管税务机关应当自接到非居民纳税人或扣缴义务人退还多缴税款申请之日起30日内查实，对符合享受协定待遇条件的多缴税款办理退还手续。查实时间不包括非居民纳税人或扣缴义务人补充提供资料、个案请示、相互协商、情报交换的时间。税务机关因上述原因延长查实时间的，应书面通知退税申请人相关决定及理由。

（五）税务机关后续管理

各级税务机关应当对非居民纳税人享受协定待遇开展后续管理，准确执行协定，防范协定滥用和逃避税风险。

主管税务机关在后续管理时，可要求非居民纳税人限期提供留存备查资料。主管税务机关在后续管理或税款退还查实工作过程中，发现依据《非居民纳税人享受协定待遇管理办法》第七条规定的资料不足以证明非居民纳税人符合享受协定待遇条件，或非居民纳税人存在逃避税嫌疑的，可要求非居民纳税人或扣缴义务人限期提供相关资料并配合调查。规定的资料原件为

外文文本的，按照主管税务机关要求提供时，应当附送中文译本，并对中文译本的准确性和完整性负责。非居民纳税人、扣缴义务人可以向主管税务机关提供资料复印件，但是应当在复印件上标注原件存放处，加盖报告责任人印章或签章。主管税务机关要求报验原件的，应报验原件。

非居民纳税人、扣缴义务人应配合主管税务机关进行非居民纳税人享受协定待遇的后续管理与调查。非居民纳税人、扣缴义务人均未按照税务机关要求提供相关资料，或逃避、拒绝、阻挠税务机关进行后续调查，主管税务机关无法查实其是否符合享受协定待遇条件的，应视为不符合享受协定待遇条件。

非居民纳税人不符合享受协定待遇条件而享受了协定待遇且未缴或少缴税款的，除因扣缴义务人未按该办法第六条规定扣缴申报外，视为非居民纳税人未按照规定申报缴纳税款，主管税务机关依法追缴税款并追究非居民纳税人延迟纳税责任。在扣缴情况下，税款延迟缴纳期限自扣缴申报享受协定待遇之日起计算。

扣缴义务人未按规定扣缴申报，或者未按规定提供相关资料，发生不符合享受协定待遇条件的非居民纳税人享受协定待遇且未缴或少缴税款情形的，主管税务机关依据有关规定追究扣缴义务人责任，并责令非居民纳税人限期缴纳税款。

主管税务机关在后续管理或税款退还查实工作过程中，发现不能准确判定非居民纳税人是否可以享受协定待遇的，应当向上级税务机关报告；需要启动相互协商或情报交换程序的，按有关规定启动相应程序。

主管税务机关在后续管理过程中，发现需要适用税收协定主要目的测试条款或国内税收法律规定中的一般反避税规则的，适用一般反避税相关规定。

主管税务机关应当对非居民纳税人不当享受协定待遇情况建立信用档案，并采取相应后续管理措施。

七、中国税收居民身份证明及其开具

根据《国家税务总局关于开具〈中国税收居民身份证明〉有关事项的公告》（国家税务总局公告2016年第40号）的规定，企业或者个人（以下统称申请人）为享受中国政府对外签署的税收协定（含与香港、澳门和台湾地区签署的税收安排或者协议）、航空协定税收条款、海运协定税收条款、汽车运输协定税收条款、互免国际运输收入税收协议或者换函（以下统称税收协定）待遇，可以向税务机关申请开具《中国税收居民身份证明》。申请人可以就其构成中国税收居民的任一公历年度申请开具《中国税收居民身份证明》。申请人提交资料齐全的，主管税务机关应当按规定当场受理；资料不齐全的，主管税务机关不予受理，并一次性告知申请人应补正内容。主管税务机关根据规定，结合纳税人登记注册、在中国境内住所及居住时间等情况对居民身份进行判定。主管税务机关在受理申请之日起10个工作日内，由负责人签发《中国税收居民身份证明》并加盖公章，或者将不予开具的理由书面告知申请人。主管税务机关无法准确判断居民身份的，应当及时报告上级税务机关。需要报告上级税务机关的，主管税务机关应当在受理申请之日起20个工作日内办结。

主管税务机关对开具的《中国税收居民身份证明》进行统一编号，编号格式为：税务机构代码（前7位）+年份（4位）+顺序号（5位）。“年份”为开具《中国税收居民身份证明》的公历年度，“顺序号”为本年度主管税务机关开具的自然顺序号。

根据《国家税务总局关于调整〈中国税收居民身份证明〉有关事项的公告》（国家税务总局公告2019年第17号）的规定，申请人应向主管其所得税的县税务局（以下称主管税务机关）申请开具《中国税收居民身份证明》。中国居民企业的境内、境外分支机构应由其中国总机构向总机构主管税务机关申请。合伙企业应当以其中国居民合伙人作为申请人，向中国居民合伙人主管税务机关申请。

申请人申请开具《中国税收居民身份证明》（样式见图10–8）应向主管税务机关提交以下资料：

（1）《中国税收居民身份证明》申请表；

（2）与拟享受税收协定待遇收入有关的合同、协议、董事会或者股东会决议、相关支付凭证等证明资料；

（3）申请人为个人且在中国境内有住所的，提供因户籍、家庭、经济利益关系而在中国境内习惯性居住的证明材料，包括申请人身份信息、住所情况说明等资料；

（4）申请人为个人且在中国境内无住所，而一个纳税年度内在中国境内居住累计满183天的，提供在中国境内实际居住时间的证明材料，包括出入境信息等资料；

（5）境内、境外分支机构通过其总机构提出申请时，还需提供总分机构的登记注册情况；

（6）合伙企业的中国居民合伙人作为申请人提出申请时，还需提供合伙企业登记注册情况。

上述填报或提供的资料应提交中文文本，相关资料原件为外文文本的，应当同时提供中文译本。申请人向主管税务机关提交上述资料的复印件时，应在复印件上加盖申请人印章或签字，主管税务机关核验原件后留存复印件。

中国税收居民身份证明
（Certificate of Chinese Fiscal Resident）

日期（Date）：
编号（Catalogue Number）：

纳税人名称（Taxpayer's Name）：
纳税年度（Tax Year）：
缔约国（地区）Contracting state（jurisdiction）：

为享受税收协定待遇的目的，经中国税务主管当局国家税务总局授权，兹证明上述纳税人是中国税收居民。（For the purpose of enjoying Double Taxation Agreement benefits，and authorized by the State Taxation Administration（STA），the Competent Authority of the People's Republic of China，this is to certify that the above–named taxpayer is a Chinese fiscal resident.）

签字（signature）：
国家税务总局　　　税务局
Director of　　　　，State Taxation Administration

图10–8 《中国税收居民身份证明》样式

第十一章

居民个人境外所得个人所得税

TAXING

纳税是为权利受保护付费。

——詹姆士·韦恩

境外所得个人所得税的处理是个人所得税的难点，涉及所得来源地的判定、境外所得的计税方法以及境外所得抵免等问题，主要内容如图11-1所示。

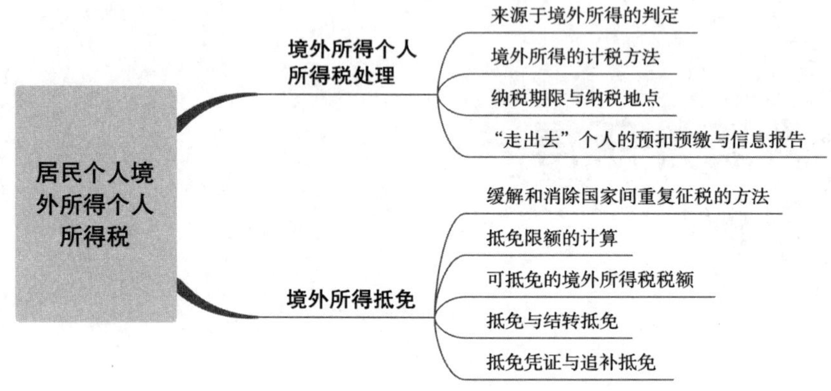

图11-1　居民个人境外所得个人所得税

第一节　境外所得个人所得税处理

一、来源于境外所得的判定

《财政部 税务总局关于境外所得有关个人所得税政策的公告》（财政部 税务总局公告2020年第3号，该公告适用于2019年度及以后年度税收处理事宜。以前年度尚未抵免完毕的税额，可按该公告第六条规定处理）第一条规定，下列所得，为来源于中国境外的所得：

（1）因任职、受雇、履约等在中国境外提供劳务取得的所得。

（2）中国境外企业以及其他组织支付且负担的稿酬所得。

（3）许可各种特许权在中国境外使用而取得的所得。

（4）在中国境外从事生产、经营活动而取得的与生产、经营活动相关的所得。

（5）从中国境外企业、其他组织以及非居民个人取得的利息、股息、红利所得。

（6）将财产出租给承租人在中国境外使用而取得的所得。

（7）转让中国境外的不动产、转让对中国境外企业以及其他组织投资形成的股票、股权以及其他权益性资产（以下称权益性资产）或者在中国境外转让其他财产取得的所得。但转让对中国境外企业以及其他组织投资形成的权益性资产，该权益性资产被转让前三年（连续36个公历月份）内的任一时间，被投资企业或其他组织的资产公允价值50%以上直接或间接来自位于中国境内的不动产的，取得的所得为来源于中国境内的所得。

（8）中国境外企业、其他组织以及非居民个人支付且负担的偶然所得。

（9）财政部、税务总局另有规定的，按照相关规定执行。

境内、境外所得的划分如表11-1所示。

表11-1 境内、境外所得的划分

所得项目	境内所得	境外所得	判定原则
工薪与劳务报酬	因任职、受雇、履约等在中国境内提供劳务取得的所得	因任职、受雇、履约等在中国境外提供劳务取得的所得	劳务发生地规则
稿酬所得	由境内企业、事业单位、其他组织支付或者负担的稿酬所得	中国境外企业以及其他组织支付且负担的稿酬所得	支付或负担规则
特许权使用费	许可各种特许权在中国境内使用而取得的所得	许可各种特许权在中国境外使用而取得的所得	使用地规则
经营所得		在中国境外从事生产、经营活动而取得的与生产、经营活动相关的所得	经营地规则
利息股息红利所得	从中国境内企业、事业单位、其他组织以及居民个人取得的利息、股息、红利所得	从中国境外企业、其他组织以及非居民个人取得的利息、股息、红利所得	取得的规则
财产租赁所得	将财产出租给承租人在中国境内使用而取得的所得	将财产出租给承租人在中国境外使用而取得的所得	使用地规则
财产转让所得	转让中国境内的不动产等财产或者在中国境内转让其他财产取得的所得	转让中国境外的不动产、转让对中国境外企业以及其他组织投资形成的股票、股权以及其他权益性资产（以下称权益性资产）或者在中国境外转让其他财产取得的所得。但转让对中国境外企业以及其他组织投资形成的权益性资产，该权益性资产被转让前三年（连续36个公历月份）内的任一时间，被投资企业或其他组织的资产公允价值50%以上直接或间接来自位于中国境内的不动产的，取得的所得为来源于中国境内的所得	不动产坐落地、动产转让地、权益性资产被投资企业所在地规则
偶然所得		中国境外企业、其他组织以及非居民个人支付且负担的偶然所得	支付地规则

根据《境外所得个人所得税征收管理暂行办法》（国税发〔1998〕126号文件印发）第四条的规定，下列所得不论支付地点是否在中国境外，均为来源于中国境外的所得：

（1）因任职、受雇、履约等而在中国境外提供劳务取得的所得；

（2）将财产出租给承租人在中国境外使用而取得的所得；

（3）转让中国境外的建筑物、土地使用权等财产或者在中国境外转让其他财产取得的所得；

（4）许可各种特许权在中国境外使用而取得的所得；

（5）从中国境外的公司、企业以及其他经济组织或者个人取得的利息、股息、红利所得。

二、境外所得的计税方法

（一）居民个人境内、境外所得的计税方法

根据《个人所得税法实施条例》第二十条的规定，居民个人从中国境内和境外取得的综合所得、经营所得，应当分别合并计算应纳税额；从中国境内和境外取得的其他所得，应当分别单独计算应纳税额。

根据财政部、税务总局公告2020年第3号第二条的规定，居民个人应当依照《个人所得税法》及其实施条例规定，按照以下方法计算当期境内和境外所得应纳税额：

（1）居民个人来源于中国境外的综合所得，应当与境内综合所得合并计算应纳税额；

（2）居民个人来源于中国境外的经营所得，应当与境内经营所得合并计算应纳税额。居民个人来源于境外的经营所得，按照《个人所得税法》及其实施条例的有关规定计算的亏损，不得抵减其境内或他国（地区）的应纳税所得额，但可以用来源于同一国家（地区）以后年度的经营所得按中国税法规定弥补；

（3）居民个人来源于中国境外的利息、股息、红利所得，财产租赁所得，财产转让所得和偶然所得（以下称其他分类所得），不与境内所得合并，应当分别单独计算应纳税额。

（二）两个以上个人共同取得同一项所得先分后税

根据《个人所得税法实施条例》第十八条的规定，两个以上的个人共同取得同一项目收入的，应当对每个人取得的收入分别按照个人所得税法的规定计算纳税。

三、纳税期限与纳税地点

（一）境外所得纳税申报期限

根据《个人所得税法》第十条第一款的规定，取得境外所得的纳税人应当依法办理纳税申报。

根据《个人所得税法》第十三条第三款和财政部、税务总局公告2020年第3号第七条的规定，居民个人从中国境外取得所得的，应当在取得所得的次年3月1日至6月30日内申报纳税。

（二）境外所得纳税年度的确定

根据财政部、税务总局公告2020年第3号第九条的规定，居民个人取得境外所得的境外纳税年度与公历年度不一致的，取得境外所得的境外纳税年度最后一日所在的公历年度，为境外所得对应的我国纳税年度。

（三）境外所得纳税申报地点

根据《国家税务总局关于个人所得税自行纳税申报有关问题的公告》（国家税务总局公告2018年第62号）第四条和财政部、税务总局公告2020年第3号第八条的规定，居民个人从中国境外取得所得的，应当在取得所得的次年3月1日至6月30日内，向中国境内任职、受雇单位所在地主管税务机关办理纳税申报；在中国境内没有任职、受雇单位的，向户籍所在地或中国境内经常居住地主管税务机关办理纳税申报；户籍所在地与中国境内经常居住地不一致的，选择

其中一地主管税务机关办理纳税申报；在中国境内没有户籍的，向中国境内经常居住地主管税务机关办理纳税申报。

四、“走出去”企业相关个人的预扣预缴与信息报告

根据财政部、税务总局公告2020年第3号第十一条的规定，居民个人被境内企业、单位、其他组织（以下称派出单位）派往境外工作，取得的工资薪金所得或者劳务报酬所得，由派出单位或者其他境内单位支付或负担的，派出单位或者其他境内单位应按照《个人所得税法》及其实施条例规定预扣预缴税款。

居民个人被派出单位派往境外工作，取得的工资薪金所得或者劳务报酬所得，由境外单位支付或负担的，如果境外单位为境外任职、受雇的中方机构（以下称中方机构）的，可以由境外任职、受雇的中方机构预扣税款，并委托派出单位向主管税务机关申报纳税。中方机构未预扣税款的或者境外单位不是中方机构的，派出单位应当于次年2月28日前向其主管税务机关报送外派人员情况，包括：外派人员的姓名、身份证件类型及身份证件号码、职务、派往国家和地区、境外工作单位名称和地址、派遣期限、境内外收入及缴税情况等。

中方机构包括中国境内企业、事业单位、其他经济组织以及国家机关所属的境外分支机构、子公司、使（领）馆、代表处等。

第二节　境外所得抵免

一、缓解和消除国家间重复征税的方法

税收抵免是国家间消除重复征税、减轻纳税人税收负担的一种重要途径。采用适当的税收抵免办法，对于促进国家间资本、技术和人才的交流和全球经济的发展都将产生积极的作用。

目前世界各国缓解和消除国家间所得税重复征税的主要方法通常有：免税法、扣除法、减免法和抵免法。

1. 免税法

免税法又称豁免法，是指一国政府单方面放弃对本国纳税人国外所得的征税权，以消除国家间重复征税的方法。该种方法，对纳税人来源于境外的所得完全免税，能较彻底地消除国家间的重复征税，可以鼓励向海外投资和向国内汇款，借以改善国际收支状况。但这也意味着纳税人所在国放弃了征税权，不利于保护纳税人所在国的税收利益。因而，目前世界各国已很少采用这种方法。

2. 扣除法

扣除法是指居住国对居民纳税人征收所得税时，允许该居民将其在境外已缴的税款作为费用从应税所得中扣除，扣除后的余额按相应的税率纳税。这种方法虽然能保证纳税人所在国税收利益，但消除重复征税的力度相对较小。由于该办法只能部分消除两国间的重复征税，纳税人为此而承担的税负依然很重。

3.减免法

减免法又称低税法或减税法，是指一国对本国居民的国外所得在标准税率的基础上减免一定比例，按较低的税率征税；对其国内所得则按正常的标准税率征税。一国对本国居民来源于国外的所得征课的税率越低，越有利于缓解国际双重征税。该方法只是居住国对已缴纳外国税款的国外所得按较低的税率征税，而不是完全对其免税，所以与扣除法一样，只能减轻而不能免除国家间双重征税。

4.抵免法

抵免法，是指一国政府在优先承认其他国家的地域税收管辖权的前提下，在对本国纳税人来源于国外的所得征税时，以本国纳税人在国外缴纳税款冲抵本国税收的方法。该方法，一方面能较为彻底地消除国家重复征税，使投资者向国外投资与向国内投资的税收负担相等，有利于促进国际投资和各国对外经济关系的发展；另一方面既避免了对同一笔所得的双重征税，又在一定程度上防止国际逃税和避税，保证了对一笔所得必征一次税。此外，抵免法可以保持资本输出中性和税收公平。因此，它是一种相对较优的方法，目前，世界各国普遍采用此种方法来免除国家间重复征税。

按计算方式不同，抵免法可以分为全额抵免与限额抵免。全额抵免是指居住国政府对跨国纳税人在国外直接缴纳的所得税税款予以全部抵免。

限额抵免也称普通抵免，是指居住国政府对跨国纳税人在国外直接缴纳的和符合规定的间接负担的所得税税款给予抵免，但可抵免的数额不得超过外国所得按本国税法计算的应纳税额。限额抵免规定了一个抵免限额，当应抵税额等于或小于抵免限额时，一般可获全部抵免，超过限额部分，不能抵免。

我国在参考国际惯例的基础上，出于维护本国税收利益考虑，企业所得税就采用了限额抵免。另外，为公平税负，对应抵税额超过抵免限额的部分，可以在以后5个纳税年度内，用每年抵免限额抵免当年应抵税额后的余额进行抵补。

我国个人所得税在选择避免重复征税的方法时，认真权衡各种方法的利弊，目的是保留我国对居民个人境外所得的征税权，同时，又尽可能使所得来源国（地区）与我国共同对该项所得征税的重复部分予以完全消除。另外，由于全额抵免法有可能侵蚀到纳税人居住国的税基，所以，我国个人所得税法采用了限额抵免。

二、抵免限额的计算

根据《个人所得税法》第七条的规定，居民个人从中国境外取得的所得，可以从其应纳税额中抵免已在境外缴纳的个人所得税税额，但抵免额不得超过该纳税人境外所得依照该法规定计算的应纳税额。

根据《个人所得税法实施条例》第二十一条第二款的规定，纳税人境外所得依照规定计算的应纳税额，是居民个人抵免已在境外缴纳的综合所得、经营所得以及其他所得的所得税税额的限额（以下简称抵免限额）。除国务院财政、税务主管部门另有规定外，来源于中国境外一个国家（地区）的综合所得抵免限额、经营所得抵免限额以及其他所得抵免限额之和，为来源于该国家（地区）所得的抵免限额。

根据《财政部 税务总局关于境外所得有关个人所得税政策的公告》（财政部 税务总局公告2020年第3号）第三条的规定，居民个人在一个纳税年度内来源于中国境外的所得，依照所得来源国家（地区）税收法律规定在中国境外已缴纳的所得税税额允许在抵免限额内从其该纳税年度应纳税额中抵免。居民个人来源于一国（地区）的综合所得、经营所得以及其他分类所得项目的应纳税额为其抵免限额，按照下列公式计算：

（1）综合所得的抵免限额。

来源于一国（地区）综合所得的抵免限额=中国境内和境外综合所得依照规定计算的综合所得应纳税额×来源于该国（地区）的综合所得收入额÷中国境内和境外综合所得收入额合计

（2）经营所得的抵免限额。

来源于一国（地区）经营所得的抵免限额=中国境内和境外经营所得依照规定计算的经营所得应纳税额×来源于该国（地区）的经营所得应纳税所得额÷中国境内和境外经营所得应纳税所得额合计

（3）其他分类所得的抵免限额。

来源于一国（地区）其他分类所得的抵免限额=该国（地区）的其他分类所得依照规定计算的应纳税额

（4）来源于一国（地区）所得的抵免限额。

来源于一国（地区）所得的抵免限额=来源于该国（地区）综合所得抵免限额+来源于该国（地区）经营所得抵免限额+来源于该国（地区）其他分类所得抵免限额

正确计算抵免限额，是确保境外纳税合理抵免的重要一环。由于《个人所得税法》采用的是综合与分类相结合的个人所得税制，在计算纳税人境外所得已纳税款的抵免限额时，必须区分不同国家（地区）和不同应税所得项目分别计算，因而，《个人所得税法实施条例》第二十条规定，居民个人从中国境内和境外取得的综合所得、经营所得，应当分别合并计算应纳税额；从中国境内和境外取得的其他所得，应当分别单独计算应纳税额。

在计算抵免限额时，对纳税义务人从中国境外取得的所得，应区别不同国家或者地区和不同应税项目，依照规定的费用减除标准和适用税率分别计算。此外，考虑到世界上有些国家和地区的个人所得税采用的是综合税制，它们在计算个人所得税税额时，通常是将各项所得综合起来，一并计算，很难将纳税人在某国缴纳的个人所得税税额分解到各个单项应税所得上。针对这种情况，税法规定，来源于中国境外一个国家（地区）的综合所得抵免限额、经营所得抵免限额以及其他所得抵免限额之和，为来源于该国家（地区）所得的抵免限额。也就是说，在实际扣除境外税额时，实行分国不分项的综合扣除方法。

由此可见，新税法仍然维持了“分国不分项”的抵免规则。计算抵免限额时，按照“分国分项”方法计算；实际抵免时，按照“分国不分项”抵免。

三、可抵免的境外所得税税额

（一）可抵免的境外已纳税额

根据《个人所得税法实施条例》第二十一条第一款的规定，《个人所得税法》第七条所称已在境外缴纳的个人所得税税额，是指居民个人来源于中国境外的所得，依照该所得来源国家

（地区）的法律应当缴纳并且实际已经缴纳的所得税税额。

根据财政部、税务总局公告2020年第3号第四条的规定，可抵免的境外所得税税额，是指居民个人取得境外所得，依照该所得来源国（地区）税收法律应当缴纳且实际已经缴纳的所得税性质的税额。可抵免的境外所得税额不包括以下情形：

（1）按照境外所得税法律属于错缴或错征的境外所得税税额；

（2）按照我国政府签订的避免双重征税协定以及内地与香港、澳门签订的避免双重征税安排（以下统称税收协定）规定不应征收的境外所得税税额；

（3）因少缴或迟缴境外所得税而追加的利息、滞纳金或罚款；

（4）境外所得税纳税人或者其利害关系人从境外征税主体得到实际返还或补偿的境外所得税税款；

（5）按照《个人所得税法》及其实施条例规定，已经免税的境外所得负担的境外所得税税款。

（二）税收饶让处理

根据财政部、税务总局公告2020年第3号第五条的规定，居民个人从与我国签订税收协定的国家（地区）取得的所得，按照该国（地区）税收法律享受免税或减税待遇，且该免税或减税的数额按照税收协定饶让条款规定应视同已缴税额在中国的应纳税额中抵免的，该免税或减税数额可作为居民个人实际缴纳的境外所得税税额按规定申报税收抵免。

四、抵免与结转抵免

根据《个人所得税法实施条例》第二十一条第三款的规定，居民个人在中国境外一个国家（地区）实际已经缴纳的个人所得税税额，低于依照规定计算出的来源于该国家（地区）所得的抵免限额的，应当在中国缴纳差额部分的税款；超过来源于该国家（地区）所得的抵免限额的，其超过部分不得在本纳税年度的应纳税额中抵免，但是可以在以后纳税年度来源于该国家（地区）所得的抵免限额的余额中补扣。补扣期限最长不得超过5年。

根据财政部、税务总局公告2020年第3号第六条的规定，居民个人一个纳税年度内来源于一国（地区）的所得实际已经缴纳的所得税税额，低于依照该公告第三条规定计算出的来源于该国（地区）该纳税年度所得的抵免限额的，应以实际缴纳税额作为抵免额进行抵免；超过来源于该国（地区）该纳税年度所得的抵免限额的，应在限额内进行抵免，超过部分可以在以后5个纳税年度内结转抵免。

2019年度以前年度尚未抵免完毕的税额，根据财政部、税务总局公告2020年第3号第十四条的规定，可按该公告第六条规定处理。即超过来源于该国（地区）该纳税年度所得的抵免限额的，应在限额内进行抵免，超过部分可以在（包括2019年及以后年度）以后5个纳税年度内结转抵免。

五、抵免凭证与追补抵免

根据《个人所得税法实施条例》第二十二条的规定，居民个人申请抵免已在境外缴纳的个人所得税税额，应当提供境外税务机关出具的税款所属年度的有关纳税凭证。

根据财政部、税务总局公告2020年第3号第十条的规定，居民个人申报境外所得税收抵免时，除另有规定外，应当提供境外征税主体出具的税款所属年度的完税证明、税收缴款书或者纳税记录等纳税凭证，未提供符合要求的纳税凭证，不予抵免。

居民个人已申报境外所得、未进行税收抵免，在以后纳税年度取得纳税凭证并申报境外所得税收抵免的，可以追溯至该境外所得所属纳税年度进行抵免，但追溯年度不得超过5年。自取得该项境外所得的5个年度内，境外征税主体出具的税款所属纳税年度纳税凭证载明的实际缴纳税额发生变化的，按实际缴纳税额重新计算并办理补退税，不加收税收滞纳金，不退还利息。

纳税人确实无法提供纳税凭证的，可同时凭境外所得纳税申报表（或者境外征税主体确认的缴税通知书）以及对应的银行缴款凭证办理境外所得抵免事宜。

根据财政部、税务总局公告2020年第3号第十三条的规定，纳税人和扣缴义务人未按该公告规定申报缴纳、扣缴境外所得个人所得税以及报送资料的，按照《税收征收管理法》和《个人所得税法》及其实施条例等有关规定处理，并按规定纳入个人纳税信用管理。

六、境外所得抵免案例解析

【例11-1】在中国境内有住所的居民个人张某2022年1月至12月在A国取得工资、薪金收入115 200元（人民币），从中国境内甲公司取得工资、薪金收入8 000元/月；8月从A国取得特许权使用费收入7 000元。

10月，又在B国取得利息收入1 000元。

该纳税人已分别按A国和B国税法规定，缴纳了个人所得税2 280元和280元，并已提供完税凭证原件。

不考虑专项扣除、专项附加扣除和依法确定的其他扣除。

要求：

（1）计算境内甲公司应预扣预缴的个人所得税。

（2）计算张某2022年应在中国缴纳的个人所得税。

（3）填报年终后张某的综合所得汇算清缴纳税申报表。

（4）假设上述所得发生在2018年，计算张某应缴纳的个人所得税。

【解析】

1. 甲公司应预扣预缴的个人所得税为：

（8 000×12−60 000）×3%=1 080（元）。

2. 2022年应纳个人所得税的计算。

（1）境内外综合所得应纳个人所得税的计算。

2022年综合所得的收入额为：

115 200+8 000×12+7 000×（1−20%）=216 800（元）；

2022年综合所得的应纳税所得额为：

216 800−60 000=156 800（元），适用税率20%，速算扣除数为16 920，应纳个人所得税为：

156 800×20%−16 920=14 440（元）；

来源于A国所得的抵免限额为：

14 440×［115 200+7 000×（1–20%）］/216 800=8 045.90（元）。

张某在A国缴纳的个人所得税2 280元，低于抵免限额，因此，可全额抵扣。

（2）张某在B国所得缴纳税款的抵免：

张某在B国取得的利息所得按照我国税法规定计算应纳税额，即抵免限额为：1 000×20%=200（元）；

该纳税人在B国实际缴纳的税款超出了抵免限额，因此，只能在限额内抵扣200元，不用补缴税款。

（3）在A、B两国所得缴纳税款抵免结果。

根据上述计算结果，该纳税人2022年度应在中国缴纳个人所得税：

14 440–2 280–1 080=11 080（元）；

B国缴纳税款未抵免完的80元，可在以后5年内该纳税人从B国取得的所得抵免限额有余额时补扣。

3.年终综合所得汇算清缴《个人所得税年度自行纳税申报表（B表）》的填报如表11–2所示。

表11–2 个人所得税年度自行纳税申报表（B表）

（居民个人取得境外所得适用）

税款所属期：2022 年 1 月 1 日至 2022 年 12 月 31 日

纳税人姓名：张 ××

纳税人识别号：□□□□□□□□□□□□□□□□□□□□□□□□–□□　　金额单位：人民币元（列至角分）

基本情况					
手机号码		电子邮箱		邮政编码	□□□□□□
联系地址	省（区、市）　市　区（县）　街道（乡、镇）				
纳税地点（单选）					
1.有任职受雇单位的，需选本项并填写“任职受雇单位信息”：			□任职受雇单位所在地		
任职受雇单位信息	名称				
	纳税人识别号				
2.没有任职受雇单位的，可以从本栏次选择一地：			□户籍所在地　□经常居住地		
户籍所在地/经常居住地		省（区、市）　市　区（县）　街道（乡、镇）			
申报类型（单选）					
√首次申报　□更正申报					
综合所得个人所得税计算					

项目	行次	金额
一、境内收入合计（第1行=第2行+第3行+第4行+第5行）	1	96 000.00
（一）工资、薪金	2	96 000.00
（二）劳务报酬	3	
（三）稿酬	4	
（四）特许权使用费	5	

二、境外收入合计（附报《境外所得个人所得税抵免明细表》） （第 6 行 = 第 7 行 + 第 8 行 + 第 9 行 + 第 10 行）	6	122 200.00
（一）工资、薪金	7	115 200.00
（二）劳务报酬	8	
（三）稿酬	9	
（四）特许权使用费	10	7 000.00
三、费用合计［第 11 行 =（第 3 行 + 第 4 行 + 第 5 行 + 第 8 行 + 第 9 行 + 第 10 行）×20%］	11	1 400.00
四、免税收入合计（第 12 行 = 第 13 行 + 第 14 行）	12	
（一）稿酬所得免税部分［第 13 行 =（第 4 行 + 第 9 行）×（1–20%）×30%］	13	
（二）其他免税收入（附报《个人所得税减免税事项报告表》）	14	
五、减除费用	15	60 000.00
六、专项扣除合计（第 16 行 = 第 17 行 + 第 18 行 + 第 19 行 + 第 20 行）	16	
（一）基本养老保险费	17	
（二）基本医疗保险费	18	
（三）失业保险费	19	
（四）住房公积金	20	
七、专项附加扣除合计（附报《个人所得税专项附加扣除信息表》） （第 21 行 = 第 22 行 + 第 23 行 + 第 24 行 + 第 25 行 + 第 26 行 + 第 27 行）	21	
（一）子女教育	22	
（二）继续教育	23	
（三）大病医疗	24	
（四）住房贷款利息	25	
（五）住房租金	26	
（六）赡养老人	27	
八、其他扣除合计（第 28 行 = 第 29 行 + 第 30 行 + 第 31 行 + 第 32 行 + 第 33 行）	28	
（一）年金	29	
（二）商业健康保险（附报《商业健康保险税前扣除情况明细表》）	30	
（三）税延养老保险（附报《个人税收递延型商业养老保险税前扣除情况明细表》）	31	
（四）允许扣除的税费	32	
（五）其他	33	
九、准予扣除的捐赠额（附报《个人所得税公益慈善事业捐赠扣除明细表》）	34	
十、应纳税所得额 （第 35 行 = 第 1 行 + 第 6 行 – 第 11 行 – 第 12 行 – 第 15 行 – 第 16 行 – 第 21 行 – 第 28 行 – 第 34 行）	35	156 800.00

<table>
<tr><td colspan="2">十一、税率（%）</td><td>36</td><td>20</td></tr>
<tr><td colspan="2">十二、速算扣除数</td><td>37</td><td>16 920</td></tr>
<tr><td colspan="2">十三、应纳税额（第 38 行 = 第 35 行 × 第 36 行 – 第 37 行）</td><td>38</td><td>14 440.00</td></tr>
<tr><td colspan="4">除综合所得外其他境外所得个人所得税计算
（无相应所得不填本部分，有相应所得另需附报《境外所得个人所得税抵免明细表》）</td></tr>
<tr><td rowspan="6">一、经营所得</td><td>（一）经营所得应纳税所得额（第 39 行 = 第 40 行 + 第 41 行）</td><td>39</td><td></td></tr>
<tr><td>其中：境内经营所得应纳税所得额</td><td>40</td><td></td></tr>
<tr><td>境外经营所得应纳税所得额</td><td>41</td><td></td></tr>
<tr><td>（二）税率（%）</td><td>42</td><td></td></tr>
<tr><td>（三）速算扣除数</td><td>43</td><td></td></tr>
<tr><td>（四）应纳税额（第 44 行 = 第 39 行 × 第 42 行 – 第 43 行）</td><td>44</td><td></td></tr>
<tr><td rowspan="3">二、利息、股息、红利所得</td><td>（一）境外利息、股息、红利所得应纳税所得额</td><td>45</td><td>1 000</td></tr>
<tr><td>（二）税率（%）</td><td>46</td><td>20</td></tr>
<tr><td>（三）应纳税额（第 47 行 = 第 45 行 × 第 46 行）</td><td>47</td><td>200</td></tr>
<tr><td rowspan="3">三、财产租赁所得</td><td>（一）境外财产租赁所得应纳税所得额</td><td>48</td><td></td></tr>
<tr><td>（二）税率（%）</td><td>49</td><td></td></tr>
<tr><td>（三）应纳税额（第 50 行 = 第 48 行 × 第 49 行）</td><td>50</td><td></td></tr>
<tr><td rowspan="3">四、财产转让所得</td><td>（一）境外财产转让所得应纳税所得额</td><td>51</td><td></td></tr>
<tr><td>（二）税率（%）</td><td>52</td><td></td></tr>
<tr><td>（三）应纳税额（第 53 行 = 第 51 行 × 第 52 行）</td><td>53</td><td></td></tr>
<tr><td rowspan="3">五、偶然所得</td><td>（一）境外偶然所得应纳税所得额</td><td>54</td><td></td></tr>
<tr><td>（二）税率（%）</td><td>55</td><td></td></tr>
<tr><td>（三）应纳税额（第 56 行 = 第 54 行 × 第 55 行）</td><td>56</td><td></td></tr>
<tr><td rowspan="2">六、其他所得</td><td>（一）其他境内、境外所得应纳税所得额合计（需在“备注”栏说明具体项目）</td><td>57</td><td></td></tr>
<tr><td>（二）应纳税额</td><td>58</td><td></td></tr>
<tr><td colspan="4">股权激励个人所得税计算
（无境外股权激励所得不填本部分，有相应所得另需附报《境外所得个人所得税抵免明细表》）</td></tr>
<tr><td colspan="2">一、境内、境外单独计税的股权激励收入合计</td><td>59</td><td></td></tr>
<tr><td colspan="2">二、税率（%）</td><td>60</td><td></td></tr>
<tr><td colspan="2">三、速算扣除数</td><td>61</td><td></td></tr>
<tr><td colspan="2">四、应纳税额（第 62 行 = 第 59 行 × 第 60 行 – 第 61 行）</td><td>62</td><td></td></tr>
<tr><td colspan="4">全年一次性奖金个人所得税计算
（无住所个人预判为非居民个人取得的数月奖金，选择按全年一次性奖金计税的填写本部分）</td></tr>
<tr><td colspan="2">一、全年一次性奖金收入</td><td>63</td><td></td></tr>
</table>

<table>
<tr><td colspan="4">二、准予扣除的捐赠额（附报《个人所得税公益慈善事业捐赠扣除明细表》）</td><td>64</td><td></td></tr>
<tr><td colspan="4">三、税率（%）</td><td>65</td><td></td></tr>
<tr><td colspan="4">四、速算扣除数</td><td>66</td><td></td></tr>
<tr><td colspan="4">五、应纳税额［第 67 行 =（第 63 行 – 第 64 行）× 第 65 行 – 第 66 行］</td><td>67</td><td></td></tr>
<tr><td colspan="6">税额调整</td></tr>
<tr><td colspan="4">一、综合所得收入调整额（需在“备注”栏说明调整具体原因、计算方法等）</td><td>68</td><td></td></tr>
<tr><td colspan="4">二、应纳税额调整额</td><td>69</td><td></td></tr>
<tr><td colspan="6">应补 / 退个人所得税计算</td></tr>
<tr><td colspan="4">一、应纳税额合计
（第 70 行 = 第 38 行 + 第 44 行 + 第 47 行 + 第 50 行 + 第 53 行 + 第 56 行 + 第 58 行 + 第 62 行 + 第 67 行 + 第 69 行）</td><td>70</td><td>14 640.00</td></tr>
<tr><td colspan="4">二、减免税额（附报《个人所得税减免税事项报告表》）</td><td>71</td><td>0</td></tr>
<tr><td colspan="4">三、已缴税额（境内）</td><td>72</td><td>1 080.00</td></tr>
<tr><td colspan="4">其中：境外所得境内支付部分已缴税额</td><td>73</td><td></td></tr>
<tr><td colspan="4">境外所得境外支付部分预缴税额</td><td>74</td><td></td></tr>
<tr><td colspan="4">四、境外所得已纳所得税抵免额（附报《境外所得个人所得税抵免明细表》）</td><td>75</td><td>2 480.00</td></tr>
<tr><td colspan="4">五、应补 / 退税额（第 76 行 = 第 70 行 – 第 71 行 – 第 72 行 – 第 75 行）</td><td>76</td><td>11 080.00</td></tr>
<tr><td colspan="6">无住所个人附报信息</td></tr>
<tr><td>纳税年度内在中国境内居住天数</td><td></td><td>已在中国境内居住年数</td><td colspan="3"></td></tr>
<tr><td colspan="6">退税申请
（应补 / 退税额小于 0 的填写本部分）</td></tr>
<tr><td colspan="6">√申请退税（需填写“开户银行名称”“开户银行省份”“银行账号”） □放弃退税</td></tr>
<tr><td>开户银行名称</td><td></td><td>开户银行省份</td><td colspan="3"></td></tr>
<tr><td>银行账号</td><td colspan="5"></td></tr>
<tr><td colspan="6">备注</td></tr>
<tr><td colspan="6"></td></tr>
<tr><td colspan="6">谨声明：本表是根据国家税收法律法规及相关规定填报的，本人对填报内容（附带资料）的真实性、可靠性、完整性负责。
纳税人签字：张 ×× 2023 年 5 月 8 日</td></tr>
<tr><td colspan="2">经办人签字：
经办人身份证件类型：
经办人身份证件号码：
代理机构签章：
代理机构统一社会信用代码：</td><td colspan="4">受理人：
受理税务机关（章）：
受理日期： 年 月 日</td></tr>
</table>

国家税务总局监制

同时，填报《境外所得个人所得税抵免明细表》如表11–3所示。

表11–3　境外所得个人所得税抵免明细表

税款所属期：2022年1月1日至2022年12月31日

纳税人姓名：张××

纳税人识别号：□□□□□□□□□□□□□□□□□□□□□□□–□□　　　　金额单位：人民币元（列至角分）

本期境外所得抵免限额计算							
列次			A	B	C	D	E
项目		**行次**	**金额**				
国家（地区）		1	境内	境外			合计
				A国	B国		
一、综合所得	（一）收入	2					
	其中：工资、薪金	3	96 000	115 200			211 200
	劳务报酬	4					
	稿酬	5					
	特许权使用费	6		7 000			7 000
	（二）费用	7	0	1 400	0		1 400
	（三）收入额	8	96 000	120 800	0		216 800
	（四）应纳税额	9	—	—	—	—	14 440
	（五）减免税额	10	—	—	—	—	0
	（六）抵免限额	11	—				8 045.90
二、经营所得	（一）收入总额	12	—				
	（二）成本费用	13	—				
	（三）应纳税所得额	14					
	（四）应纳税额	15	—	—	—	—	
	（五）减免税额	16	—	—	—	—	
	（六）抵免限额	17	—				
三、利息、股息、红利所得	（一）应纳税所得额	18	—		1 000		1 000
	（二）应纳税额	19	—		200		200
	（三）减免税额	20	—		0		0
	（四）抵免限额	21	—		200		200
四、财产租赁所得	（一）应纳税所得额	22	—				
	（二）应纳税额	23	—				
	（三）减免税额	24	—				
	（四）抵免限额	25	—				

五、财产转让所得	（一）收入	26	—				
	（二）财产原值	27	—				
	（三）合理税费	28	—				
	（四）应纳税所得额	29	—				
	（五）应纳税额	30	—				
	（六）减免税额	31	—				
	（七）抵免限额	32	—				
六、偶然所得	（一）应纳税所得额	33	—				
	（二）应纳税额	34	—				
	（三）减免税额	35	—				
	（四）抵免限额	36	—				
七、股权激励	（一）应纳税所得额	37					
	（二）应纳税额	38	—	—	—	—	
	（三）减免税额	39	—	—	—	—	
	（四）抵免限额	40	—				
八、其他境内、境外所得	（一）应纳税所得额	41					
	（二）应纳税额	42					
	（三）减免税额	43					
	（四）抵免限额	44	—				
九、本年可抵免限额合计（第45行＝第11行＋第17行＋第21行＋第25行＋第32行＋第36行＋第40行＋第44行）		45	—	8 045.90	200		8 245.90
本期实际可抵免额计算							
一、以前年度结转抵免额（第46行＝第47行＋第48行＋第49行＋第50行＋第51行）		46	—	0	0		0
其中：前5年		47	—				
前4年		48	—				
前3年		49	—				
前2年		50	—				
前1年		51	—				
二、本年境外已纳税额		52	—	2 280	280		2 560
其中：享受税收饶让抵免税额（视同境外已纳）		53	—	0	0		0
三、本年抵免额（境外所得已纳所得税抵免额）		54	—	2 280	200		2 480

四、可结转以后年度抵免额 （第55行＝第56行＋第57行＋第58行＋第59行＋第60行）	55	—	0	80		—
其中：前4年	56	—				—
前3年	57	—				—
前2年	58	—				—
前1年	59	—				—
本年	60	—		80		—
备注						
谨声明：本表是根据国家税收法律法规及相关规定填报的，本人对填报内容（附带资料）的真实性、可靠性、完整性负责。 纳税人签字：张××　　2023年5月8日						
经办人签字： 经办人身份证件类型： 经办人身份证件号码： 代理机构签章： 代理机构统一社会信用代码：	受理人： 受理税务机关（章）： 受理日期：　年　月　日					

国家税务总局监制

4.假设上述所得发生在2018年张某应缴纳的个人所得税的计算。

（1）境内工资、薪金所得应纳个人所得税：

［（8 000–3 500）×10%–105］×9+［（8 000–5 000）×3%–0］×3

=3 105+270=3 375（元）。

（2）张某在A国所得缴纳税款的抵免。

工资、薪金所得按我国税法规定计算的应纳税额：

［（115 200÷12–4 800）×20%–555］×9+［（115 200÷12–5 000）×10%–210］×3

=（4 800×20%–555）×9+（4 600×10%–210）×3

=3 645+750=4 395（元）；

特许权使用费所得按我国税法规定计算的应纳税额：

7 000×（1–20%）×20%=1 120（元）；

来源于A国所得的抵免限额：4 395+1 120=5 515（元）；

该纳税人在A国缴纳的个人所得税2 280元，低于抵免限额，因此，可全额抵扣，并需在中国补缴个人所得税：5 515–2 280=3 235（元）。

（3）张某在B国所得缴纳税款的抵免：

张某在B国取得的利息所得按照我国税法规定计算应纳税额，即抵免限额为：1 000×20%=200（元）；

该纳税人在B国实际缴纳的税款超出了抵扣限额，因此，只能在限额内抵扣200元，不用补缴税款。

（4）在A、B两国所得缴纳税款抵免结果。

根据上述计算结果，该纳税人2018年度的境外所得应在中国补缴个人所得税3 235元；B国缴纳税款未抵扣完的80元，可在以后5年内该纳税人从B国取得的所得抵免限额有余额时补扣。

通过上述规定及案例解析不难发现，为了保证纳税人境外已纳税款能够得到正确抵免，必须重点注意：

（1）准确区分纳税人的收入来源国，不能将来源于不同国家或地区的收入归集到其中某一个国家；

（2）准确确定纳税人来源于境外的收入按照中国税法所应适用的应税所得项目，避免因适用应税项目的错误而使扣除限额的计算发生偏差；

（3）从2019年度起对于综合所得或者经营所得，境内外所得合并计算纳税；

（4）严格审核境外已纳税款的完税凭证，以防以假冒的完税凭证骗取税款抵免。

第十二章
征收管理

TAXING

征税的艺术，是尽可能多地拔取鹅毛，而让鹅的叫声最小。

——柯贝尔

由支付收入的单位或个人代扣代缴或预扣预缴税款和由纳税人自行申报纳税是世界各国征收个人所得税的两种通行做法。我国个人所得税的征收也采用了这两种方法相结合的做法。本章主要阐述扣缴申报与自行申报两种主要征管方式，具体内容如图12–1所示。

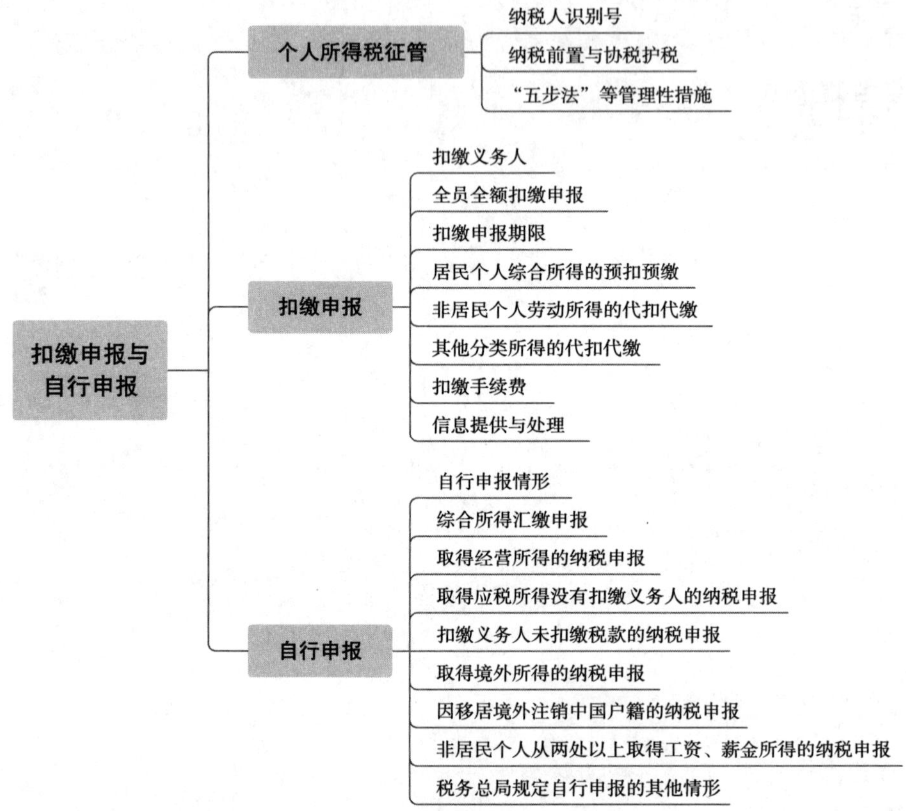

图12–1 扣缴申报与自行申报

第一节 个人所得税征管

一、纳税人识别号

（一）纳税人识别号的概念

纳税人识别号，是税务机关根据税法规定的编码规则，编制并且赋予纳税人用来确认其身份的数字代码标识。由于自然人纳税人不办理税务登记，对其赋予全国唯一的纳税人识别号，相当于赋予了“税务登记证号”，是自然人税收管理的基础、前提和重要“抓手”。

自然人纳税人识别号是自然人纳税人办理各类涉税事项的唯一代码标识，也是税务机关开展征管工作的基础。根据《个人所得税法》第九条第二款的规定，纳税人有中国公民身份号码的，以中国公民身份号码为纳税人识别号；纳税人没有中国公民身份号码的，由税务机关赋予其纳税人识别号。

规定纳税人识别号的主要考虑：一是实施新税制后，自然人纳税人办理年度汇算清缴，必须有统一的自然人纳税人识别号归集纳税人来自全国各地的全部收入、成本、费用等涉税信息，便于实现“一人式”信息归集管理。二是纳税人识别号与公民身份证号、社会保障号有机结合，对实现税收治理乃至国家治理有重要基础作用。三是从国际上看，实行综合税制或综合与分类相结合税制的国家，一般均以纳税人识别号为抓手，管理效果较好。如英国、美国、法国、德国、荷兰、日本、韩国、澳大利亚等大多数OECD国家，均以纳税人识别号制度为基础，进而对纳税人进行全面管理。

（二）纳税人识别号的提供

根据《个人所得税法》第九条第二款的规定，扣缴义务人扣缴税款时，纳税人应当向扣缴义务人提供纳税人识别号。

根据《国家税务总局关于自然人纳税人识别号有关事项的公告》（国家税务总局公告2018年第59号）的规定，纳税人首次办理涉税事项时，应当向税务机关或者扣缴义务人出示有效身份证件，并报送相关基础信息。这里所称有效身份证件，是指：

（1）纳税人为中国公民且持有有效《中华人民共和国居民身份证》（以下简称居民身份证）的，为居民身份证。

（2）纳税人为华侨且没有居民身份证的，为有效的《中华人民共和国护照》和华侨身份证明。

（3）纳税人为港澳居民的，为有效的《港澳居民来往内地通行证》或《中华人民共和国港澳居民居住证》。

（4）纳税人为台湾居民的，为有效的《台湾居民来往大陆通行证》或《中华人民共和国台湾居民居住证》。

（5）纳税人为持有有效《中华人民共和国外国人永久居留身份证》（以下简称永久居留证）的外籍个人的，为永久居留证和外国护照；未持有永久居留证但持有有效《中华人民共和国外国人工作许可证》的，为工作许可证和外国护照；其他外籍个人，为有效的外国护照。

税务机关应当在赋予自然人纳税人识别号后告知或者通过扣缴义务人告知纳税人其纳税人识别号，并为自然人纳税人查询本人纳税人识别号提供便利。

扣缴义务人应当按月或按次为纳税人向税务机关预扣预缴或代扣代缴税款，为保证纳税人的所有涉税信息在税务信息系统中准确、有效、统一的归集，纳税人必须将其纳税人识别号提供给扣缴义务人，以便税务机关按照纳税人识别号归集纳税人涉税信息。纳税人提供纳税人识别号后，其办理汇算清缴补退税时，能够准确抵扣其已预扣预缴的税款，准确享受专项附加扣除等政策。此外，税务机关借助纳税人识别号归集的个人所有涉税信息，精准实施后续管理，为纳税人提供办税便利。

（三）纳税人识别号的用途

自然人纳税人办理纳税申报、税款缴纳、申请退税、开具纳税记录、纳税查询等涉税事项时应当向税务机关或扣缴义务人提供纳税人识别号。

二、纳税前置与协税护税

（一）协税护税

根据《个人所得税法》第十五条第一款的规定，公安、人民银行、金融监督管理等相关部门应当协助税务机关确认纳税人的身份、金融账户信息。教育、卫生、医疗保障、民政、人力资源社会保障、住房城乡建设、公安、人民银行、金融监督管理等相关部门应当向税务机关提供纳税人子女教育、继续教育、大病医疗、住房贷款利息、住房租金、赡养老人、3岁以下婴幼儿照护等专项附加扣除信息。

（二）财产转让纳税前置

根据《个人所得税法》第十五条第二款的规定，个人转让不动产的，税务机关应当根据不动产登记等相关信息核验应缴的个人所得税，登记机构办理转移登记时，应当查验与该不动产转让相关的个人所得税的完税凭证。个人转让股权办理变更登记的，市场主体登记机关应当查验与该股权交易相关的个人所得税的完税凭证。

（三）联合激励或者惩戒

根据《个人所得税法》第十五条第三款的规定，有关部门依法将纳税人、扣缴义务人遵守个人所得税法的情况纳入信用信息系统，并实施联合激励或者惩戒。

三、“五步法”等管理性措施

2021年度汇算是综合与分类相结合个人所得税制改革之后的第三次，从前两次的办理情况看，绝大多数纳税人能够依法如实办理，有相当数量的纳税人通过办理年度汇算申请退税享受了个税改革红利，也有很多纳税人补充了税务部门未掌握的收入，办理年度汇算申报缴税。同时，也有少量纳税人，经过税务机关多次提示提醒后仍然没有如实申报。对于年度汇算清缴需补税的纳税人，如在年度汇算期结束后未申报并补缴税款，税务部门将依法加收滞纳金，并在其《个人所得税纳税记录》中予以标注。对于涉税金额较大的，税务部门将进行提示提醒，对提醒后未改正或者改正不到位的进行督促整改，对仍不改正或者改正不到位的进行约谈警示，约谈警示后仍不配合整改的依法立案稽查，对立案案件选择部分情节严重、影响恶劣的进行公开曝光。

第二节　扣缴申报

代扣代缴是个人所得税的主要征收方式之一，它是加强源泉控制，堵塞税收漏洞的重要手段。受我国法治建设状况的制约，公民自觉纳税意识不强，良好的纳税习惯尚未普遍形成，加之我国个人所得税采用的是综合与分类相结合的税制，因此，代扣代缴在我国个人所得税征管中显得尤为重要。为规范个人所得税扣缴申报行为，维护纳税人和扣缴义务人合法权益，国家税务总局制定了《个人所得税扣缴申报管理办法（试行）》（国家税务总局公告2018年第61号发布），自2019年1月1日起施行。

一、扣缴义务人的界定

（一）扣缴义务人的认定标准

个人所得税以所得人为纳税人，以支付所得的单位或者个人为扣缴义务人。扣缴义务人，是指向个人支付所得的单位或者个人。扣缴义务人应当依法办理全员全额扣缴申报。

根据《国家税务总局关于个人所得税偷税案件查处中有关问题的补充通知》（国税函发〔1996〕602号）的规定，扣缴义务人的认定，按照个人所得税法的规定，向个人支付所得的单位和个人为扣缴义务人。由于支付所得的单位和个人与取得所得的人之间有多重支付的现象，有时难以确定扣缴义务人。为保证全国执行的统一，该通知明确认定标准为：凡税务机关认定对所得的支付对象和支付数额有决定权的单位和个人，即为扣缴义务人。

（二）行政事业单位扣缴义务人的确定

行政机关、事业单位改革工资发放方式后，随着支付工资所得单位的变化，其扣缴义务人也有所变化。根据《国家税务总局关于行政机关、事业单位工资发放方式改革后扣缴个人所得税问题的通知》（国税发〔2001〕19号）的规定，凡是有向个人支付工薪所得行为的财政部门（或机关事务管理、人事等部门）、行政机关、事业单位均为个人所得税的扣缴义务人。财政部门（或机关事务管理、人事等部门）向行政机关、事业单位工作人员发放工资时应依法代扣代缴个人所得税。行政机关、事业单位在向个人支付与任职、受雇有关的其他所得时，应将个人的这部分所得与财政部门（或机关事务管理、人事等部门）发放的工资合并计算应纳税所得额和应纳税额，并就应纳税额与财政部门（或机关事务管理、人事等部门）已扣缴税款的差额部分代扣代缴个人所得税。

（三）企业债券利息的扣缴义务人

根据《国家税务总局关于加强企业债券利息个人所得税代扣代缴工作的通知》（国税函〔2003〕612号）的规定，企业债券利息个人所得税统一由各兑付机构在向持有债券的个人兑付利息时负责代扣代缴，就地入库。各兑付机构应按照个人所得税法的有关规定做好代扣代缴个人所得税工作。

（四）驻华机构、驻华使领馆中方雇员的扣缴义务人

《国家税务总局关于国际组织驻华机构、外国政府驻华使领馆和驻华新闻机构雇员个人所得税征收方式的通知》（国税函〔2004〕808号）明确，对于在国际组织驻华机构和外国政府驻华使领馆中工作的中方雇员的个人所得税，应以直接支付所得的单位或者个人作为代扣代缴义务人，考虑到国际组织驻华机构和外国政府驻华使领馆的特殊性，各级税务机关可暂不要求国际组织驻华机构和外国政府驻华使领馆履行个人所得税代扣代缴义务。

鉴于北京外交人员服务局和各省级人民政府指定的外事服务单位等机构，通过一定途径能

够掌握在国际组织驻华机构、外国政府驻华使领馆工作的中方雇员受雇情况，根据《中华人民共和国税收征收管理法实施细则》第四十四条的规定，各主管税务机关可委托外交人员服务机构代征上述中方雇员的个人所得税。各主管税务机关要加强与外事服务单位联系，及时办理国际组织驻华机构和外国政府驻华使领馆中方雇员个人所得税委托代征手续。

北京、上海、广东、四川等有外国驻当地新闻媒体机构的省（直辖市）税务局应定期向省级人民政府外事办公室索要《外国驻华新闻媒体名册》，了解、掌握外国驻当地新闻媒体机构以及外籍人员变动情况，并据此要求上述驻华新闻机构做好中外籍记者、雇员个人所得税扣缴工作。

（五）委托境内雇主代为缴纳境外支付的境内所得应纳税款

无住所个人在境内任职、受雇取得的工资、薪金所得，有的是由其境内雇主的境外关联方支付。在此情况下，尽管境内雇主不是工资、薪金的直接支付方，为便于纳税遵从，《财政部 国家税务总局关于非居民个人和无住所居民个人有关个人所得税政策的公告》（财政部 税务总局公告2019年第35号）第五条第（二）项规定，无住所个人在境内任职、受雇取得来源于境内的工资、薪金所得，凡境内雇主与境外单位或者个人存在关联关系，将本应由境内雇主支付的工资、薪金所得，部分或者全部由境外关联方支付的，无住所个人可以自行申报缴纳税款，也可以委托境内雇主代为缴纳税款。无住所个人未委托境内雇主代为缴纳税款的，境内雇主应当在相关所得支付当月终了后15天内向主管税务机关报告相关信息，包括境内雇主与境外关联方对无住所个人的工作安排、境外支付情况以及无住所个人的联系方式等信息。

（六）网络直播平台、网络直播机构的代扣代缴

根据《国家互联网信息办公室 国家税务总局 国家市场监督管理总局印发〈关于进一步规范网络直播营利行为促进行业健康发展的意见〉的通知》（税总所得发〔2022〕25号）第四条的规定，网络直播平台、网络直播服务机构应当明确区分和界定网络直播发布者各类收入来源及性质，并依法履行个人所得税代扣代缴义务，不得通过成立网络直播发布者“公会”、借助第三方企业或者与网络直播发布者签订不履行个人所得税代扣代缴义务的免责协议等方式，转嫁或者逃避个人所得税代扣代缴义务；不得策划、帮助网络直播发布者实施逃避税。

（七）扣缴义务人应依法扣缴税款

根据《个人所得税法实施条例》第二十四条的规定，扣缴义务人向个人支付应税款项时，应当依照个人所得税法规定预扣或者代扣税款，按时缴库，并专项记载备查。

这里所称支付，包括现金支付、汇拨支付、转账支付和以有价证券、实物以及其他形式的支付。

扣缴义务人依法履行代扣代缴义务，纳税人不得拒绝。纳税人拒绝的，扣缴义务人应当及时报告税务机关。

（八）非居民个人所得税的代扣代缴

根据《个人所得税法》第十一条的规定，非居民个人取得工资、薪金所得，劳务报酬所得，稿酬所得和特许权使用费所得，有扣缴义务人的，由扣缴义务人按月或者按次代扣代缴税款，

不办理汇算清缴。

二、全员全额扣缴申报

（一）全员全额扣缴申报的界定

扣缴义务人应当依法办理全员全额扣缴申报。全员全额扣缴申报，是指扣缴义务人在代扣税款的次月15日内，向主管税务机关报送其支付所得的所有个人的有关信息、支付所得数额、扣除事项和数额、扣缴税款的具体数额和总额以及其他相关涉税信息资料。

也就是说，扣缴义务人向个人支付应税所得时，无论其是否属于本单位人员、支付的应税所得是否达到纳税标准，扣缴义务人均应当在代扣税款的次月内，向主管税务机关报送其支付应税所得个人的基础信息、支付所得数额、扣除事项及数额、扣缴税款的具体数额和总额以及其他相关涉税信息资料。

（二）应办理全员全额扣缴申报的应税所得项目

实行个人所得税全员全额扣缴申报的应税所得包括：①工资、薪金所得；②劳务报酬所得；③稿酬所得；④特许权使用费所得；⑤利息、股息、红利所得；⑥财产租赁所得；⑦财产转让所得；⑧偶然所得。

可见，只有经营所得不适用扣缴申报，而是由纳税人自行纳税申报。

（三）个人所得税申报表体系

个人所得税申报表共16张（不包括备案表等其他表单），其中，基础信息类2张，扣缴申报类3张，自行申报类7张（包括经营所得纳税人自行申报表3张，其他各类所得个人纳税人自行申报表4张）。《限售股转让所得扣缴个人所得税报告表》和《限售股转让所得个人所得税清算申报表》仍沿用原有式样未做变动。

现行有效的个人所得税申报表相关内容如表12-1所示。

表12-1　个人所得税申报表体系

<table>
<tr><th>序号</th><th>大类</th><th>申报表</th><th>适用范围</th><th>政策依据</th></tr>
<tr><td>1</td><td rowspan="2">基础信息登记类</td><td>《个人所得税基础信息表（A表）》</td><td>适用于扣缴义务人办理全员全额扣缴申报时，填报支付所得的自然人纳税人的基础信息</td><td rowspan="3">国家税务总局公告2019年第7号</td></tr>
<tr><td>2</td><td>《个人所得税基础信息表（B表）》</td><td>适用于自然人直接向税务机关办理涉税事项时填报其个人基础信息</td></tr>
<tr><td>3</td><td rowspan="3">扣缴申报类</td><td>《单一投资基金核算的合伙制创业投资企业个人所得税扣缴申报表》</td><td>适用于选择按单一投资基金核算的创业投资企业按规定办理年度股权转让所得扣缴申报</td></tr>
<tr><td>4</td><td>《个人所得税扣缴申报表》</td><td>适用于扣缴义务人向居民个人或非居民个人支付各类应税所得扣缴个人所得税申报</td><td>国家税务总局公告2022年第7号</td></tr>
<tr><td>5</td><td>《限售股转让所得扣缴个人所得税报告表》</td><td>适用于证券机构预扣预缴，或者直接代扣代缴限售股转让所得个人所得税的申报</td><td>国税发〔2010〕8号</td></tr>
</table>

续表

序号	大类	申报表	适用范围	政策依据
6	自行申报类	《个人所得税自行纳税申报表（A表）》	适用于居民个人取得应税所得，扣缴义务人未扣缴税款，非居民个人取得应税所得扣缴义务人未扣缴税款，非居民个人在中国境内从两处以上取得工资、薪金所得等情形在办理自行纳税申报时，向税务机关报送	国家税务总局公告2019年第7号
7		《个人所得税年度自行纳税申报表（A表）》	适用于纳税年度内仅从中国境内取得“综合所得”的居民个人，按税法规定进行年度汇算	国家税务总局公告2022年第1号
8		《个人所得税年度自行纳税申报表（简易版）》	适用于纳税年度内仅从中国境内取得综合所得，且年综合所得收入额不超过6万元的居民个人，按税法规定进行年度汇算	
9		《个人所得税年度自行纳税申报表（问答版）》	该表通过提问的方式引导居民个人完成纳税申报，适用于纳税年度内仅从中国境内取得综合所得的居民个人，按税法规定进行年度汇算	
10		《个人所得税自行纳税申报表（B表）》	适用于“从中国境外取得所得”的纳税人的纳税申报	
11		《限售股转让所得个人所得税清算申报表》	适用于纳税人取得限售股转让所得已预扣预缴个人所得税款的清算申报	国税发〔2010〕8号
12	经营所得自行纳税申报表	《个人所得税经营所得纳税申报表（A表）》	适用于查账征收和核定征收的个体工商户业主、个人独资企业投资人、合伙企业个人合伙人、承包承租经营者个人以及其他从事生产、经营活动的个人在中国境内取得经营所得，办理个人所得税预缴纳税申报时，向税务机关报送	国家税务总局公告2019年第46号
13		《个人所得税经营所得纳税申报表（B表）》	适用于查账征收的个体工商户业主、个人独资企业投资者、合伙企业个人合伙人、承包承租经营者个人以及其他从事生产、经营活动的个人在中国境内取得经营所得的汇算清缴申报	
14		《个人所得税经营所得纳税申报表（C表）》	适用于个体工商户业主、个人独资企业投资者、合伙企业个人合伙人、承包承租经营者个人以及其他从事生产、经营活动的个人在中国境内两处及以上取得经营所得，办理个人所得税的年度汇总纳税申报	国家税务总局公告2019年第7号
15		《境外所得个人所得税抵免明细表》	适用于居民个人纳税年度内取得境外所得，并按税法规定进行年度自行纳税申报时填报，并计算其本年抵免额	国家税务总局公告2019年第46号
16	减免税类	《个人所得税减免税事项报告表》	适用于纳税人、扣缴义务人纳税申报时存在减免个人所得税情形的申报	

续表

序号	大类	申报表	适用范围	政策依据
17	备案类	《合伙制创业投资企业单一投资基金核算方式备案表》	适用于创业投资企业（含创投基金，下同）选择按单一投资基金核算，按规定向主管税务机关进行核算类型备案	国家税务总局公告 2019 年第 7 号
18		《个人所得税分期缴纳备案表（股权奖励）》	适用于个人取得股权奖励，其扣缴义务人向主管税务机关办理分期缴纳个人所得税备案事宜	国家税务总局公告 2015 年第 80 号
19		《个人所得税分期缴纳备案表（转增股本）》	适用于个人因转增股本取得所得，其扣缴义务人向主管税务机关办理分期缴纳个人所得税备案事宜	
20		《非货币性资产投资分期缴纳个人所得税备案表》	适用于个人非货币性资产投资向主管税务机关办理分期缴纳个人所得税备案事宜	国家税务总局公告 2015 年第 20 号
21		《合伙创投企业个人所得税投资抵扣备案表》	适用于有限合伙制创业投资企业投资初创科技型企业，就符合投资抵扣税收优惠条件的投资，向主管税务机关办理投资情况备案	国家税务总局公告 2018 年第 43 号
22		《天使投资个人所得税投资抵扣备案表》	适用于天使投资个人投资初创科技型企业，就符合投资抵扣税收优惠条件的投资，向主管税务机关办理投资情况备案	
23	其他类	《合伙创投企业个人所得税投资抵扣情况表》	适用于有限合伙制创业投资企业投资境内初创科技型企业，在符合投资抵扣税收优惠年度及以后年度，向主管税务机关报告有关情况并办理投资抵扣手续	
24		《天使投资个人所得税投资抵扣情况表》	适用于天使投资个人投资初创科技型企业，享受投资抵扣税收优惠时，向主管税务机关报告有关情况并办理投资抵扣手续	
25		《商业健康保险税前扣除情况明细表》	适用于个人购买符合规定的商业健康保险支出税前扣除申报	国家税务总局公告 2017 年第 17 号
26		《个人税收递延型商业养老保险税前扣除情况明细表》	适用于个人购买符合规定的税收递延型商业养老保险支出税前扣除申报	国家税务总局公告 2018 年第 21 号
27		《个人所得税专项附加扣除信息表》	适用于享受专项附加扣除的自然人纳税人填写	国家税务总局公告 2022 年第 7 号

三、扣缴申报期限

扣缴义务人每月或者每次预扣、代扣的税款，应当在次月 15 日内缴入国库，并向税务机关报送《个人所得税扣缴申报表》。

四、居民个人综合所得的预扣预缴

（一）一般累计预扣法及其适用

1. 累计预扣法

扣缴义务人向居民个人支付工资、薪金所得时，应当按照累计预扣法计算预扣税款，并按月办理扣缴申报。

累计预扣法，是指扣缴义务人在一个纳税年度内预扣预缴税款时，以纳税人在本单位截至当前月份工资、薪金所得累计收入减除累计免税收入、累计减除费用、累计专项扣除、累计专项附加扣除和累计依法确定的其他扣除后的余额为累计预扣预缴应纳税所得额，适用《个人所得税预扣率表一》（见表2–16），计算累计应预扣预缴税额，再减除累计减免税额和累计已预扣预缴税额，其余额为本期应预扣预缴税额。余额为负值时，暂不退税。纳税年度终了后余额仍为负值时，由纳税人通过办理综合所得年度汇算清缴，税款多退少补。

具体计算公式如下：

$$\text{本期应预扣预缴税额}=\left(\text{累计预扣预缴应纳税所得额}\times\text{预扣率}-\text{速算扣除数}\right)-\text{累计减免税额}-\text{累计已预扣预缴税额}$$

$$\text{累计预扣预缴应纳税所得额}=\text{累计收入}-\text{累计免税收入}-\text{累计减除费用}-\text{累计专项扣除}-\text{累计专项附加扣除}-\text{累计依法确定的其他扣除}$$

其中：累计减除费用，按照5 000元/月乘以纳税人当年截至本月在本单位的任职受雇月份数计算。

2. 专项附加扣除项目的扣除

居民个人向扣缴义务人提供有关信息并依法要求办理专项附加扣除的，扣缴义务人应当按照规定在工资、薪金所得按月预扣预缴税款时予以扣除，不得拒绝。

【例12–1】张三2015年起入职甲公司，有一个女儿正在就读小学三年级。2022年每月应发工资均为10 000元，个人按照规定缴付的“三险一金”等专项扣除每月合计为1 500元，没有减免收入及减免税额等优惠。2022年1月6日，向单位提供专项附加扣缴信息表，申请在单位发放工资、薪金所得时由其按扣除标准的100%享受子女教育专项附加扣除项目。

要求：计算甲公司2022年度应预扣预缴的工资、薪金所得的个人所得税。

【解析】甲公司应当按照以下方法计算预扣预缴税额：

1月应预扣预缴的工资、薪金所得的个人所得税为：

（10 000–5 000–1 500–1 000）×3%=75（元）；

2月应预扣预缴的工资、薪金所得的个人所得税为：

（10 000×2–5 000×2–1 500×2–1 000×2）×3%–75=150–75=75（元）；

3月应预扣预缴的工资、薪金所得的个人所得税为：

（10 000×3–5 000×3–1 500×3–1 000×3）×3%–150=255–150=75（元）。

进一步计算可知，该纳税人全年累计预扣预缴应纳税所得额为30 000元，一直适用3%的预扣率，因此各月应预扣预缴的税款相同。

【例12-2】李四2016年入职乙公司，2022年每月应发工资均为30 000元，每月按规定缴付“三险一金”等专项扣除为4 500元。按照规定享受子女教育、赡养老人两项专项附加扣除共计2 000元，没有减免收入及减免税额等优惠。

要求：计算乙公司各月应预扣预缴税额。

【解析】1月应预扣预缴的工资、薪金所得的个人所得税为：

（30 000–5 000–4 500–2 000）×3%=555（元）；

2月应预扣预缴的工资、薪金所得的个人所得税为：

（30 000×2–5 000×2–4 500×2–2 000×2）×10%–2 520–555

=1 180–555=625（元）；

3月应预扣预缴的工资、薪金所得的个人所得税为：

（30 000×3–5 000×3–4 500×3–2 000×3）×10%–2 520–1 180

=3 030–1 180=1 850（元）；

4月应预扣预缴的工资、薪金所得的个人所得税为：

（30 000×4–5 000×4–4 500×4–2 000×4）×10%–2 520–3 030

=4 880–3 030=1 850（元）；

5月应预扣预缴的工资、薪金所得的个人所得税为：

（30 000×5–5 000×5–4 500×5–2 000×5）×10%–2 520–4 880

=6 730–4 880=1 850（元）；

6月应预扣预缴的工资、薪金所得的个人所得税为：

（30 000×6–5 000×6–4 500×6–2 000×6）×10%–2 520–6 730

=8 580–6 730=1 850（元）；

7月应预扣预缴的工资、薪金所得的个人所得税为：

（30 000×7–5 000×7–4 500×7–2 000×7）×10%–2 520–8 580

=10 430–8 580=1 850（元）；

8月应预扣预缴的工资、薪金所得的个人所得税为：

（30 000×8–5 000×8–4 500×8–2 000×8）×20%–16 920–10 430

=12 680–10 430=2 250（元）；

9月应预扣预缴的工资、薪金所得的个人所得税为：

（30 000×9–5 000×9–4 500×9–2 000×9）×20%–16 920–12 680

=16 380–12 680=3 700（元）；

10月应预扣预缴的工资、薪金所得的个人所得税为：

（30 000×10–5 000×10–4 500×0–2 000×10）×20%–16 920–16 380

=20 080–16 380=3 700（元）；

11月应预扣预缴的工资、薪金所得的个人所得税为：

（30 000×11–5 000×11–4 500×11–2 000×11）×20%–16 920–20 080

=23 780–20 080=3 700（元）；

12月应预扣预缴的工资、薪金所得的个人所得税为：

（30 000 × 12–5 000 × 12–4 500 × 12–2 000 × 12）× 20%–16 920–23 780
=27 480–23 780=3 700（元）。

李四的工资、薪金所得的预扣预缴信息如表12–2所示。

表12–2 李四的工资、薪金所得的预扣预缴

单位：元

月份	工资、薪金收入	基本费用扣除	专项扣除	专项附加扣除	其他扣除	当期所得	累计预扣预缴应纳税所得额	适用预扣率	速算扣除数	累计应预扣预缴税额	当月应补扣税额
1	30 000	5 000	4 500	2 000	0	18 500	18 500	3%	0	555	555
2	30 000	5 000	4 500	2 000		18 500	37 000	10%	2 520	1 180	625
3	30 000	5 000	4 500	2 000		18 500	55 500	10%	2 520	3 030	1 850
4	30 000	5 000	4 500	2 000		18 500	74 000	10%	2 520	4 880	1 850
5	30 000	5 000	4 500	2 000		18 500	92 500	10%	2 520	6 730	1 850
6	30 000	5 000	4 500	2 000		18 500	111 000	10%	2 520	8 580	1 850
7	30 000	5 000	4 500	2 000		18 500	129 500	10%	2 520	10 430	1 850
8	30 000	5 000	4 500	2 000		18 500	148 000	20%	16 920	12 680	2 250
9	30 000	5 000	4 500	2 000		18 500	166 500	20%	16 920	16 380	3 700
10	30 000	5 000	4 500	2 000		18 500	185 000	20%	16 920	20 080	3 700
11	30 000	5 000	4 500	2 000		18 500	203 500	20%	16 920	23 780	3 700
12	30 000	5 000	4 500	2 000		18 500	222 000	20%	16 920	27 480	3 700
小计	360 000	60 000	54 000	24 000	0	222 000					27 480

（二）劳务报酬、稿酬与特许权使用费所得的预扣预缴

扣缴义务人向居民个人支付劳务报酬所得、稿酬所得、特许权使用费所得时，应当按照以下方法按次或者按月预扣预缴税款：

劳务报酬所得、稿酬所得、特许权使用费所得以收入减除费用后的余额为收入额；其中，稿酬所得的收入额减按70%计算。

预扣预缴税款时，劳务报酬所得、稿酬所得、特许权使用费所得每次收入不超过4 000元的，减除费用按800元计算；每次收入4 000元以上的，减除费用按收入的20%计算。

劳务报酬所得、稿酬所得、特许权使用费所得，以每次收入额为预扣预缴应纳税所得额，计算应预扣预缴税额。劳务报酬所得适用《个人所得税预扣率表二》（见第二章的表2–17），稿酬所得、特许权使用费所得适用20%的比例预扣率。

居民个人办理年度综合所得汇算清缴时，应当依法计算劳务报酬所得、稿酬所得、特许权使用费所得的收入额，并入年度综合所得计算应纳税款，税款多退少补。

（三）保险营销员与证券经纪人佣金的预扣预缴

自2019年1月1日起，根据《财政部 税务总局关于个人所得税法修改后有关优惠政策衔接

问题的通知》(财税〔2018〕164号)第三条的规定，保险营销员、证券经纪人取得的佣金收入，属于劳务报酬所得，以不含增值税的收入减除20%的费用后的余额为收入额，收入额减去展业成本以及附加税费后，并入当年综合所得，计算缴纳个人所得税。保险营销员、证券经纪人展业成本按照收入额的25%计算。

扣缴义务人向保险营销员、证券经纪人支付佣金收入时，应按照《个人所得税扣缴申报管理办法(试行)》(国家税务总局公告2018年第61号发布)规定的累计预扣法计算预扣税款。

日常预扣预缴时，综合考虑新旧税制衔接，为最大限度减轻保险营销员、证券经纪人税收负担，依照税法规定，对其取得的佣金收入，按照累计预扣法计算预缴税款。具体计算时，以该纳税人截至当期在单位从业月份的累计收入减除累计减除费用、累计其他扣除后的余额，比照工资、薪金所得预扣率表计算当期应预扣预缴税额。专项扣除和专项附加扣除，在预扣预缴环节暂不扣除，待年度终了后汇算清缴申报时办理。

(四) 简化累计预扣法及其适用

1. 简便优化部分纳税人预扣预缴方法政策内容

个人所得税税制改革后，为尽可能使大多数纳税人在预扣预缴环节就精准预缴税款、提前享受改革红利，参考国际通行做法，对居民个人工资薪金所得采用累计预扣法来预扣预缴个人所得税。这样大部分仅有一处工资薪金所得的纳税人预缴税款与全年应纳税款一致，次年就不用再进行汇算清缴，办税负担得以有效减轻。从新税制实施首年情况看，这一预扣预缴制度安排发挥了积极有效作用，相当部分纳税人预缴阶段即充分享受改革红利并且不用办理汇算清缴。但也有部分固定从一处取薪且年收入低于6万元的纳税人，虽然全年算账不用缴税，但因其各月间收入波动较大或者前高后低等原因，年中无法判断全年所得情况而某一个或几个月份被预扣预缴了税款，年度终了后仍需申请退税。

对此，考虑到新税制实施已超过一个完整的纳税周期，纳税人也有了执行新税制后的全年收入纳税数据，对该部分工作稳定且年收入低于6万元的群体，在享受原税改红利基础上，可对其税款预扣预缴方法进行优化，进一步减轻其办税负担。根据《个人所得税法》及其实施条例有关规定，《国家税务总局关于进一步简便优化部分纳税人个人所得税预扣预缴方法的公告》(国家税务总局公告2020年第19号，自2021年1月1日起施行)第一条规定，对上一完整纳税年度内每月均在同一单位预扣预缴工资、薪金所得个人所得税且全年工资、薪金收入不超过6万元的居民个人，扣缴义务人在预扣预缴本年度工资、薪金所得个人所得税时，累计减除费用自1月份起直接按照全年6万元计算扣除。即，在纳税人累计收入不超过6万元的月份，暂不预扣预缴个人所得税；在其累计收入超过6万元的当月及年内后续月份，再预扣预缴个人所得税。

扣缴义务人应当按规定办理全员全额扣缴申报，并在《个人所得税扣缴申报表》相应纳税人的备注栏注明“上年各月均有申报且全年收入不超过6万元”字样。

国家税务总局公告2020年第19号第二条进一步明确，对按照累计预扣法预扣预缴劳务报酬所得个人所得税的居民个人，扣缴义务人比照上述规定执行。

【例12-3】小张为A单位员工，2021年1—12月在A单位取得工资薪金50 000元，单位为其办理了2021年1—12月的工资薪金所得个人所得税全员全额申报。2022年，A单位1月给其发放

10 000元工资，2—12月每月发放4 000元工资。无其他收入，不考虑“三险一金”等各项扣除。

要求：分析说明小张应预扣预缴税款。

【解析】按照一般预扣预缴方法，小张1月需预缴个人所得税为（10 000–5 000）×3%=150（元），其他月份无须预缴个人所得税；全年算账，因其年综合所得收入不足6万元，故通过汇算清缴可退税150元。

采用简化后的预扣预缴方法，小张自1月份起即可直接扣除全年累计减除费用6万元而无须预缴税款，年度终了也就不用办理汇算清缴。

【例12-4】小周为A单位员工，2021年1—12月在A单位取得工资薪金50 000元，单位为其办理了2022年1—12月的工资薪金所得个人所得税全员全额扣缴申报。2022年，A单位每月给其发放工资8 000元、个人按国家标准缴付“三险一金”2 000元。不考虑其他扣除。

要求：分析说明简化预扣预缴方法对小周的影响。

【解析】按照一般预扣预缴方法，小周每月需预缴个人所得税30元。采用规定的简化预扣预缴方法后，1—7月份，小周因其累计收入（8 000元×7个月=56 000元）不足6万元而无须缴税；从8月份起，小周累计收入超过6万元，每月需要预扣预缴的税款计算如下：

8月预扣预缴税款=（8 000×8–2 000×8–60 000）×3%–0=0；

9月预扣预缴税款=（8 000×9–2 000×9–60 000）×3%–0=0；

10月预扣预缴税款=（8 000×10–2 000×10–60 000）×3%–0=0；

11月预扣预缴税款=（8 000×11–2 000×11–60 000）×3%–0=180（元）；

12月预扣预缴税款=（8 000×12–2 000×12–60 000）×3%–180=180（元）。

需要说明的是，对符合规定条件的纳税人，如扣缴义务人预计本年度发放给其收入将超过6万元，纳税人需要纳税记录或者本人有多处所得合并后全年收入预计超过6万元等原因，扣缴义务人与纳税人可在当年1月份税款扣缴申报前经双方确认后，按照一般预扣预缴方法计算并预缴个人所得税。

上例中，假设A单位预计2022年为小周全年发放工资96 000元，可在2022年1月工资发放前和小周确认后，按照一般预扣预缴方法每月扣缴申报30元税款。

2.简化累计预扣法适用范围及条件

简化累计预扣法主要优化了两类纳税人的预扣预缴方法：

一是上一完整纳税年度各月均在同一单位扣缴申报了工资薪金所得个人所得税且全年工资薪金收入不超过6万元的居民个人。具体来说需同时满足以下三个条件：

（1）上一纳税年度1—12月均在同一单位任职且预扣预缴申报了工资薪金所得个人所得税；

（2）上一纳税年度1—12月的累计工资薪金收入（包括全年一次性奖金等各类工资薪金所得，且不扣减任何费用及免税收入）不超过6万元；

（3）本纳税年度自1月起，仍在该单位任职受雇并取得工资薪金所得。

例如，小李2021年至2022年都是A单位员工。A单位2021年1—12月每月均为小李办理了全员全额扣缴申报，假设小李2021年工薪收入合计54 000元，则小李2022年可适用简化后的累计预扣法。

二是按照累计预扣法预扣预缴劳务报酬所得个人所得税的居民个人，如保险营销员和证券经纪人。同样需同时满足以下三个条件：

（1）上一纳税年度1—12月均在同一单位取酬且按照累计预扣法预扣预缴申报了劳务报酬所得个人所得税；

（2）上一纳税年度1—12月的累计劳务报酬（不扣减任何费用及免税收入）不超过6万元；

（3）本纳税年度自1月起，仍在该单位取得按照累计预扣法预扣预缴税款的劳务报酬所得。

例如，小赵2021年3—12月在B单位工作且全年工薪收入54 000元。假设小赵2022年还在B单位工作，但因其上年并非都在B单位取得工资收入，则不适用简化后的累计预扣法。

3. 扣缴操作

采用自然人电子税务局扣缴客户端和自然人电子税务局WEB端扣缴功能申报的，扣缴义务人在计算并预扣本年度1月份个人所得税时，系统会根据上一年度扣缴申报情况，自动汇总并提示可能符合条件的员工名单，扣缴义务人根据实际情况核对、确认后，即可按照简化方法预扣预缴个人所得税。采用纸质申报的，扣缴义务人则需根据上一年度扣缴申报情况，判断符合规定条件的纳税人，再按规定执行，并需从当年1月份税款扣缴申报起，在《个人所得税扣缴申报表》相应纳税人的备注栏填写“上年各月均有申报且全年收入不超过6万元”。

（五）年度中间首次取得工资薪金所得的预扣预缴

为进一步支持稳就业、保就业，减轻当年新入职人员个人所得税预扣预缴阶段的税收负担，《国家税务总局关于完善调整部分纳税人个人所得税预扣预缴方法的公告》（国家税务总局公告2020年第13号，自2020年7月1日起施行）就完善调整年度中间首次取得工资、薪金所得等人员有关个人所得税预扣预缴方法做出规定，对一个纳税年度内首次取得工资、薪金所得的居民个人，扣缴义务人在预扣预缴个人所得税时，可按照5 000元/月乘以纳税人当年截至本月月份数计算累计减除费用。

这就是说，对一个纳税年度内首次取得工资、薪金所得的居民个人，扣缴义务人在预扣预缴工资、薪金所得个人所得税时，可扣除从年初开始计算的累计减除费用（5 000元/月）。例如，大学生小李2022年7月毕业后进入某公司工作，公司发放7月份工资、计算当期应预扣预缴的个人所得税时，可减除费用35 000元（7个月 ×5 000元/月）。

这里所称首次取得工资、薪金所得的居民个人，是指自纳税年度首月起至新入职时，未取得工资、薪金所得或者未按照累计预扣法预扣预缴过连续性劳务报酬所得个人所得税的居民个人。在入职新单位前取得过工资、薪金所得或者按照累计预扣法预扣预缴过连续性劳务报酬所得个人所得税的纳税人不包括在内。如果纳税人仅是在新入职前偶然取得过劳务报酬、稿酬、特许权使用费所得，则不受影响，仍然可适用该规定。例如，纳税人小赵2022年1—8月一直未找到工作，没有取得过工资、薪金所得，仅有过一笔8 000元的劳务报酬且按照单次收入适用20%的预扣率预扣预缴了税款，9月初找到新工作并开始领薪，那么新入职单位在为小赵计算并预扣9月份工资、薪金所得个人所得税时，可以扣除自年初开始计算的累计减除费用45 000元（9个月 ×5 000元/月）。

符合上述规定并可按上述方法预扣预缴个人所得税的纳税人，应当及时向扣缴义务人申明并如实提供相关佐证资料或承诺书，并对相关资料及承诺书的真实性、准确性、完整性负责。相关资料或承诺书，纳税人及扣缴义务人需留存备查。

（六）实习学生劳务报酬所得可适用累计预扣法预扣预缴税款

国家税务总局公告2020年第13号第二条规定，正在接受全日制学历教育的学生因实习取得劳务报酬所得的，扣缴义务人预扣预缴个人所得税时，可按照《个人所得税扣缴申报管理办法（试行）》规定的累计预扣法计算并预扣预缴税款。

根据《个人所得税法》及其实施条例有关规定，累计预扣法预扣预缴个人所得税的具体计算公式为：

$$\text{本期应预扣预缴税额}=\left(\text{累计收入额}-\text{累计减除费用}\right)\times\text{预扣率}-\text{速算扣除数}-\text{累计减免税额}-\text{累计已预扣预缴税额}$$

其中，累计减除费用按照5 000元/月乘以纳税人在本单位开始实习月份起至本月的实习月份数计算。

上述公式中的预扣率、速算扣除数，按照《个人所得税预扣率表一》（见第二章的表2–16）执行。

例如，学生小张7月份在某公司实习取得劳务报酬3 000元。扣缴单位在为其预扣预缴劳务报酬所得个人所得税时，可采取累计预扣法预扣预缴税款。如采用该方法，小张7月份劳务报酬扣除5 000元减除费用后则无须预缴税款，比预扣预缴方法完善调整前少预缴440元。如小张年内再无其他综合所得，也就无须办理年度汇算退税。

符合规定并可按上述方法预扣预缴个人所得税的纳税人，应当及时向扣缴义务人申明并如实提供相关佐证资料或承诺书，并对相关资料及承诺书的真实性、准确性、完整性负责。相关资料或承诺书，纳税人及扣缴义务人需留存备查。

纳税人可根据自身情况判断是否符合规定的条件。符合条件并按照上述规定的方法预扣预缴税款的，应及时向扣缴义务人申明并如实提供相关佐证资料或者承诺书。如新入职的毕业大学生，可以向单位出示毕业证或者派遣证等佐证资料；实习生取得实习单位支付的劳务报酬所得，如采取累计预扣法预扣税款的，可以向单位出示学生证等佐证资料；其他年中首次取得工资、薪金所得的纳税人，如确实没有其他佐证资料的，可以提供承诺书。

扣缴义务人收到相关佐证资料或承诺书后，即可按照完善调整后的预扣预缴方法为纳税人预扣预缴个人所得税。

五、非居民个人劳动所得的代扣代缴

扣缴义务人向非居民个人支付工资、薪金所得，劳务报酬所得，稿酬所得和特许权使用费所得时，应当按照以下方法按月或者按次代扣代缴税款：非居民个人的工资、薪金所得，以每月收入额减除费用5 000元后的余额为应纳税所得额；劳务报酬所得、稿酬所得、特许权使用费所得，以每次收入额为应纳税所得额，适用综合所得税率表按月换算后的月度税率表即《个人所得税税率表二》（见第一章的表1–4）计算应纳税额。劳务报酬所得、稿酬所得、特许权使用费所得以收入减除20%的费用后的余额为收入额；其中，稿酬所得的收入额减按70%计算。

非居民个人在一个纳税年度内税款扣缴方法保持不变，达到居民个人条件时，应当告知扣缴义务人基础信息变化情况，年度终了后按照居民个人有关规定办理汇算清缴。

六、其他分类所得的代扣代缴

（一）按次或者按月代扣代缴税款

扣缴义务人支付利息、股息、红利所得，财产租赁所得，财产转让所得或者偶然所得时，应当依法按次或者按月代扣代缴税款。

（二）每次的界定

根据《个人所得税法实施条例》第十四条的规定，《个人所得税法》所称每次，分别按照下列方法确定：

（1）劳务报酬所得、稿酬所得、特许权使用费所得，属于一次性收入的，以取得该项收入为一次；属于同一项目连续性收入的，以一个月内取得的收入为一次。

（2）财产租赁所得，以一个月内取得的收入为一次。

（3）利息、股息、红利所得，以支付利息、股息、红利时取得的收入为一次。

（4）偶然所得，以每次取得该项收入为一次。

七、扣缴手续费

（一）扣缴个人所得税手续费

根据《个人所得税法》第十七条的规定，对扣缴义务人按照所扣缴的税款，付给2%的手续费。根据《个人所得税法实施条例》第三十三条的规定，税务机关按照规定付给扣缴义务人手续费，应当填开退还书；扣缴义务人凭退还书，按照国库管理有关规定办理退库手续。

根据《个人所得税扣缴申报管理办法（试行）》第十七条的规定，对扣缴义务人按照规定扣缴的税款，按年付给2%的手续费。不包括税务机关、司法机关等查补或者责令补扣的税款。扣缴义务人领取的扣缴手续费可用于提升办税能力、奖励办税人员。

《财政部 税务总局 人民银行关于进一步加强代扣代收代征税款手续费管理的通知》（财行〔2019〕11号）第四条规定，“三代”税款手续费按年据实清算。代扣、代收扣缴义务人和代征人应于每年3月30日前，向税务机关提交上一年度“三代”税款手续费申请相关资料，因“三代”单位或个人自身原因，未及时提交申请的，视为自动放弃上一年度“三代”税款手续费。代扣、代收扣缴义务人和代征人在年度内扣缴义务终止或代征关系终止的，应在终止后3个月内向税务机关提交手续费申请资料，由税务机关办理手续费清算。税务机关对单位和个人未按照法律、行政法规或者委托代征协议规定履行代扣、代收、代征义务的，不得支付“三代”税款手续费。

（二）扣缴手续费的税务处理

《国家税务总局关于代扣代缴储蓄存款利息所得个人所得税手续费收入征免税问题的通知》（国税发〔2001〕31号）规定，根据《国务院对储蓄存款利息所得征收个人所得税的实施办法》的规定，储蓄机构代扣代缴利息税，可按所扣税款的2%取得手续费。对储蓄机构取得的手续费收入，应分别按照有关规定征收营业税（营改增后为增值税）和企业所得税。储蓄机构内从事代扣代缴工作的办税人员取得的扣缴利息税手续费所得免征个人所得税。

也就是说，纳税人在进行企业所得税处理时，企业取得的扣缴手续费收入应计入收入总额缴纳企业所得税；在2016年4月30日以前，根据营业税政策规定，扣缴手续费收入应依法申报缴纳营业税金及附加；在2016年5月1日营改增以后，应按“经纪代理服务”缴纳增值税。

根据《财政部 国家税务总局关于个人所得税若干政策问题的通知》（财税字〔1994〕20号）的规定，个人办理代扣代缴税款手续，按规定取得的扣缴手续费收入，暂免征收个人所得税。

八、信息提供与处理

（一）基础信息的提供与报送

根据《个人所得税扣缴申报管理办法（试行）》第五条的规定，扣缴义务人首次向纳税人支付所得时，应当按照纳税人提供的纳税人识别号等基础信息，填写《个人所得税基础信息表（A表）》，并于次月扣缴申报时向税务机关报送。扣缴义务人对纳税人向其报告的相关基础信息变化情况，应当于次月扣缴申报时向税务机关报送。

基于现行个人所得税以代扣代缴与自行申报相结合的征收方式，个人基础信息的获取主要依托扣缴义务人。《个人所得税基础信息表（A表）》作为目前主要的个人基础信息采集来源渠道之一，既要采集自然人纳税人的必要涉税信息，还要兼顾扣缴义务人的申报工作量，因此，采集的信息数量较少。

（二）享受税收协定待遇信息、资料的提供

纳税人需要享受税收协定待遇的，应当在取得应税所得时主动向扣缴义务人提出，并提交相关信息、资料，扣缴义务人代扣代缴税款时按照享受税收协定待遇有关办法办理。

（三）个人所得和已扣缴税款等信息的反馈

扣缴义务人应当按照国家规定办理全员全额扣缴申报，并向纳税人提供其个人所得和已扣缴税款等信息。

支付工资、薪金所得的扣缴义务人应当于年度终了后2个月内，向纳税人提供其个人所得和已扣缴税款等信息。纳税人年度中间需要提供上述信息的，扣缴义务人应当提供。纳税人取得除工资、薪金所得以外的其他所得，扣缴义务人应当在扣缴税款后，及时向纳税人提供其个人所得和已扣缴税款等信息。

除纳税人另有要求外，扣缴义务人应当于年度终了后2个月内，向纳税人提供已办理的专项附加扣除项目及金额等信息。

（四）涉税信息与实际不符的处理

扣缴义务人应当按照纳税人提供的信息计算税款、办理扣缴申报，不得擅自更改纳税人提供的信息。

扣缴义务人发现纳税人提供的信息与实际情况不符的，可以要求纳税人修改。纳税人拒绝修改的，扣缴义务人应当报告税务机关，税务机关应当及时处理。

纳税人发现扣缴义务人提供或者扣缴申报的个人信息、支付所得、扣缴税款等信息与实际情况不符的，有权要求扣缴义务人修改。扣缴义务人拒绝修改的，纳税人应当报告税务机关，

税务机关应当及时处理。

第三节 自行申报

一、自行申报情形

（一）需办理自行纳税申报的情形

根据《个人所得税法》第十条的规定，有下列情形之一的，纳税人应当依法办理纳税申报：

（1）取得综合所得需要办理汇算清缴；

（2）取得应税所得没有扣缴义务人；

（3）取得应税所得，扣缴义务人未扣缴税款；

（4）取得境外所得；

（5）因移居境外注销中国户籍；

（6）非居民个人在中国境内从两处以上取得工资、薪金所得；

（7）国务院规定的其他情形。

（二）纳税申报方式

纳税人可以采用远程办税端、邮寄等方式申报，也可以直接到主管税务机关申报。

（三）基础信息表的报送

纳税人办理自行纳税申报时，应当一并报送税务机关要求报送的其他有关资料。首次申报或者个人基础信息发生变化的，还应报送《个人所得税基础信息表（B表）》。纳税人在办理纳税申报时需要享受税收协定待遇的，按照享受税收协定待遇有关办法办理。

《个人所得税基础信息表（B表）》作为自行纳税申报纳税人自主申报的信息，将作为《个人所得税基础信息表（A表）》的有效补充，不仅为计税提供依据，也为下一步税收管理（如联系纳税人等）提供了方便。

该表适用于自然人纳税人基础信息的填报。自然人纳税人初次向税务机关办理相关涉税事宜时填报本表；初次申报后，以后仅需在信息发生变化时填报。

该表带“*”的项目为必填或者条件必填，其余项目为选填。表头项目，纳税人识别号：有中国公民身份号码的，填写中华人民共和国居民身份证上载明的“公民身份号码”；没有中国公民身份号码的，填写税务机关赋予的纳税人识别号。

二、综合所得汇缴申报

（一）综合所得汇算清缴纳税申报情形

根据《个人所得税法实施条例》第二十五条的规定，取得综合所得需要办理汇算清缴的情形包括：

（1）从两处以上取得综合所得，且综合所得年收入额减除专项扣除的余额超过6万元；

（2）取得劳务报酬所得、稿酬所得、特许权使用费所得中一项或者多项所得，且综合所得年收入额减除专项扣除的余额超过6万元；

（3）纳税年度内预缴税额低于应纳税额；

（4）纳税人申请退税。

纳税人申请退税，应当提供其在中国境内开设的银行账户，并在汇算清缴地就地办理税款退库。

（二）豁免汇算清缴申报的情形

根据《财政部 税务总局关于个人所得税综合所得汇算清缴涉及有关政策问题的公告》（财政部 税务总局公告2019年第94号）第一条和《财政部 税务总局关于延续实施全年一次性奖金等个人所得税优惠政策的公告》（财政部 税务总局公告2021年第42号）第二条的规定，2019年1月1日至2023年12月31日，居民个人取得的综合所得，年度综合所得收入不超过12万元且需要汇算清缴补税的，或者年度汇算清缴补税金额不超过400元的，居民个人可免于办理个人所得税综合所得汇算清缴。居民个人取得综合所得时存在扣缴义务人未依法预扣预缴税款的情形除外。

（三）预扣预缴与汇算清缴案例解析

【例12-5】居住在南京市区的中国居民个人李某，为一家中外合资企业的职员，2022年取得以下所得，不考虑“三险一金”专项扣除、专项附加扣除和依法确定的其他扣除。

（1）每月取得合资企业支付的工资、薪金9 800元；

（2）2月，为某企业提供技术服务，取得劳务报酬30 300元；

（3）3月，将专利许可B企业使用，取得特许权使用费15 000元；

（4）12月，因出版一本专著，取得中国财经出版社支付的稿酬80 000元。

要求：

1.计算李某应纳的个人所得税。

2.填报综合所得汇算清缴申报表。

【解析】

1.支付单位应预扣预缴税款的计算。

（1）工资、薪金应预扣预缴税款的计算。

1月应预扣预缴税款为：

（9 800−5 000）×3%=4 800×3%=144（元）；

2月应预扣预缴税款为：

（9 800×2−5 000×2）×3%−144

=9 600×3%−144=288−144=144（元）；

3月应预扣预缴税款为：

（9 800×3−5 000×3）×3%−288

=14 400×3%−288=432−288=144（元）；

4月应预扣预缴税款为：

（9 800×4–5 000×4）×3%–432

=19 200×3%–432=576–432=144（元）；

5月应预扣预缴税款为：

（9 800×5–5 000×5）×3%–576

=24 000×3%–576=720–576=144（元）；

6月应预扣预缴税款为：

（9 800×6–5 000×6）×3%–720

=28 800×3%–720=864–720=144（元）；

7月应预扣预缴税款：

（9 800×7–5 000×7）×3%–864

=1 008–864=144（元）；

8月应预扣预缴税款：

［（9 800×8–5 000×8）×10%–2 520］–1 008

=1 320–1 008=312（元）；

9月应预扣预缴税款：

［（9 800×9–5 000×9）×10%–2 520］–1 320

=1 800–1 320=480（元）；

10月应预扣预缴税款：

［（9 800×10–5 000×10）×10%–2 520］–1 800

=2 280–1 800=480（元）；

11月应预扣预缴税款：

［（9 800×11–5 000×11）×10%–2 520］–2 280=2 760–2 280=480（元）；

12月应预扣预缴税款：

［（9 800×12–5 000×12）×10%–2 520］–2 760=3 240–2 760=480（元）。

工资、薪金所得本年共计预扣预缴个人所得税的计算。

144×7+312+480×4=1 008+312+1 920=3 240（元）。

（2）2月劳务报酬30 300元应预扣预缴个人所得税的计算。

劳务报酬所得、稿酬所得、特许权使用费所得以每次收入减除费用后的余额为收入额，收入额扣除其他允许扣除的项目后的余额为预扣预缴应纳税所得额；稿酬所得的收入额减按70%计算。

预扣预缴环节，劳务报酬所得、稿酬所得、特许权使用费所得每次收入不超过4 000元的，费用按800元计算；每次收入4 000元以上的，费用按20%计算。

劳务报酬所得应预扣预缴税额=预扣预缴应纳税所得额×预扣率–速算扣除数

稿酬所得应预扣预缴税额=预扣预缴应纳税所得额×20%

特许权使用费所得应预扣预缴税额=预扣预缴应纳税所得额×20%

居民个人取得劳务报酬所得、稿酬所得、特许权使用费所得，按上述方法预扣预缴税款后，应当在年度终了后与工资、薪金所得合并计税，进行汇算清缴，多退少补。

根据《财政部 税务总局关于支持个体工商户复工复业增值税政策的公告》（财政部 税务总局公告2020年第13号）和《财政部 税务总局关于对增值税小规模纳税人免征增值税的公告》（财政部 税务总局公告2022年第15号）等规定，在2022年3月31日以前，增值税小规模纳税人，适用3%征收率的应税销售收入，减按1%征收率征收增值税；适用3%预征率的预缴增值税项目，减按1%预征率预缴增值税。

因而，劳务报酬所得应缴增值税：30 300/（1+1%）×1%=300（元）。

根据《财政部 税务总局关于进一步实施小微企业“六税两费”减免政策的公告》（财政部 税务总局公告2022年第10号）的规定，自2022年1月1日至2024年12月31日止，由省、自治区、直辖市人民政府根据本地区实际情况，以及宏观调控需要确定，对增值税小规模纳税人、小型微利企业和个体工商户可以在50%的税额幅度内减征资源税、城市维护建设税、房产税、城镇土地使用税、印花税（不含证券交易印花税）、耕地占用税和教育费附加、地方教育附加。

应纳城市维护建设税为：300×7%×50%=10.5（元）；

根据《财政部 国家税务总局关于扩大有关政府性基金免征范围的通知》（财税〔2016〕12号）的规定，自2016年2月1日起，对按月纳税的月销售额不超过10万元（按季度纳税的季度销售额不超过30万元）的缴纳义务人，免征教育费附加、地方教育附加、水利建设基金。

因而，对李某取得的劳务报酬免征教育费附加和地方教育附加。

劳务报酬所得应预扣预缴个人所得税为：

［30 000×（1–20%）–10.5］×30%–2 000=5 196.85（元）；

（3）3月特许权使用费15 000元应预扣预缴税款的计算。

15 000×（1–20%）×20%=2 400（元）。

（4）12月稿酬80 000元应预扣预缴税款的计算。

80 000×（1–20%）×70%×20%=8 960（元）。

（5）支付单位共计预扣预缴个人所得税：

3 240+5 196.85+2 400+8 960=19 796.85（元）。

2.综合所得汇算清缴情况。

（1）2022年综合所得汇算清缴应补退个人所得税的计算。

①综合所得的收入额：

工资、薪金所得的收入额：9 800×12=117 600（元）；

劳务报酬所得的收入额：30 000×（1–20%）=24 000（元）；

特许权使用费所得的收入额：15 000×（1–20%）=12 000（元）；

稿酬所得的收入额：80 000×（1–20%）×70%=44 800（元）。

②2022年综合所得的收入额：

117 600+24 000+12 000+44 800=198 400（元）。

③综合所得应纳税所得额：

198 400–60 000–10.5=138 389.5（元）。

④综合所得应纳的个人所得税：

138 389.5×10%–2 520=11 318.95（元）。

⑤汇算清缴应退税款：19 796.85–11 318.95=8 477.9（元）。

（2）汇算清缴纳税申报表的填报。

收入合计：

工资、薪金所得：9 800×12=117 600（元），填入《个人所得税年度自行纳税申报表（A表）》第2行；

劳务报酬所得：30 000元，填入《个人所得税年度自行纳税申报表（A表）》第3行；

稿酬所得：80 000元，填入《个人所得税年度自行纳税申报表（A表）》第4行；

特许权使用费：15 000元，填入《个人所得税年度自行纳税申报表（A表）》第5行；

综合所得收入合计：117 600+30 000+15 000+80 000=242 600（元），填入《个人所得税年度自行纳税申报表（A表）》第1行。

费用合计：（30 000+80 000+15 000）×20%=25 000（元），填入《个人所得税年度自行纳税申报表（A表）》第6行。

免税收入：80 000×（1−20%）×30%=19 200（元），填入《个人所得税年度自行纳税申报表（A表）》第7行和第8行。

减除费用60 000元，填入《个人所得税年度自行纳税申报表（A表）》第10行。

没有专项扣除、专项附加扣除、依法确定的其他扣除和准予扣除的捐赠额。

应纳税所得额为：242 600−25 000−19 200−60 000−10.5=138 389.5（元），填入《个人所得税年度自行纳税申报表（A表）》第30行。

适用税率为10%，速算扣除数为2 520，分别填报《个人所得税年度自行纳税申报表（A表）》第31行和第32行。

应纳税额：138 389.5×10%−2 520=11 318.95（元），填入《个人所得税年度自行纳税申报表（A表）》第33行。

已预扣预缴税额19 796.85元，填入《个人所得税年度自行纳税申报表（A表）》第43行。

应退个人所得税：11 318.95−19 796.85=−8 477.9（元），填入《个人所得税年度自行纳税申报表（A表）》第44行。

具体填报信息如表12−3所示。

表12−3 个人所得税年度自行纳税申报表（A表）

税款所属期：2022 年 1 月 1 日至 2022 年 12 月 31 日　　纳税人姓名：李某

纳税人识别号：□□□□□□□□□□□□□□□□□□ - □□　　金额单位：人民币元（列至角分）

<table>
<tr><td colspan="6">基本情况</td></tr>
<tr><td>手机号码</td><td></td><td>电子邮箱</td><td></td><td>邮政编码</td><td>□□□□□□</td></tr>
<tr><td>联系地址</td><td colspan="5">____省（区、市）____市____区（县）____街道（乡、镇）____</td></tr>
<tr><td colspan="6">纳税地点（单选）</td></tr>
<tr><td colspan="4">1. 有任职受雇单位的，需选本项并填写“任职受雇单位信息”：</td><td colspan="2">□任职受雇单位所在地</td></tr>
<tr><td rowspan="2">任职受雇单位信息</td><td>名称</td><td colspan="4"></td></tr>
<tr><td>纳税人识别号</td><td colspan="4">□□□□□□□□□□□□□□□□□□</td></tr>
<tr><td colspan="3">2. 没有任职受雇单位的，可以从本栏次选择一地：</td><td colspan="3">□户籍所在地　□经常居住地　□主要收入来源地</td></tr>
<tr><td>户籍所在地/经常居住地/主要收入来源地</td><td colspan="5">____省（区、市）____市____区（县）____街道（乡、镇）____</td></tr>
<tr><td colspan="6">申报类型（单选）</td></tr>
<tr><td colspan="6">□首次申报　□更正申报</td></tr>
</table>

综合所得个人所得税计算		
项目	行次	金额
一、收入合计（第 1 行 = 第 2 行 + 第 3 行 + 第 4 行 + 第 5 行）	1	242 600.00
（一）工资、薪金	2	117 600.00
（二）劳务报酬	3	30 000.00
（三）稿酬	4	80 000.00
（四）特许权使用费	5	15 000.00
二、费用合计［第 6 行 =（第 3 行 + 第 4 行 + 第 5 行）×20%］	6	25 000.00
三、免税收入合计（第 7 行 = 第 8 行 + 第 9 行）	7	19 200.00
（一）稿酬所得免税部分［第 8 行 = 第 4 行 ×（1–20%）×30%］	8	19 200.00
（二）其他免税收入（附报《个人所得税减免税事项报告表》）	9	
四、减除费用	10	60 000.00
五、专项扣除合计（第 11 行 = 第 12 行 + 第 13 行 + 第 14 行 + 第 15 行）	11	
（一）基本养老保险费	12	
（二）基本医疗保险费	13	
（三）失业保险费	14	
（四）住房公积金	15	
六、专项附加扣除合计（附报《个人所得税专项附加扣除信息表》） （第 16 行 = 第 17 行 + 第 18 行 + 第 19 行 + 第 20 行 + 第 21 行 + 第 22 行）	16	
（一）子女教育	17	
（二）继续教育	18	
（三）大病医疗	19	
（四）住房贷款利息	20	
（五）住房租金	21	
（六）赡养老人	22	
七、其他扣除合计（第 23 行 = 第 24 行 + 第 25 行 + 第 26 行 + 第 27 行 + 第 28 行）	23	10.50.00
（一）年金	24	
（二）商业健康保险（附报《商业健康保险税前扣除情况明细表》）	25	
（三）税延养老保险（附报《个人税收递延型商业养老保险税前扣除情况明细表》）	26	
（四）允许扣除的税费	27	10.50
（五）其他	28	
八、准予扣除的捐赠额（附报《个人所得税公益慈善事业捐赠扣除明细表》）	29	
九、应纳税所得额 （第 30 行 = 第 1 行 – 第 6 行 – 第 7 行 – 第 10 行 – 第 11 行 – 第 16 行 – 第 23 行 – 第 29 行）	30	138 389.50

<table>
<tr><td colspan="3">十、税率（%）</td><td>31</td><td>10</td></tr>
<tr><td colspan="3">十一、速算扣除数</td><td>32</td><td>2 520</td></tr>
<tr><td colspan="3">十二、应纳税额（第 33 行 = 第 30 行 × 第 31 行 − 第 32 行）</td><td>33</td><td>11 318.95</td></tr>
<tr><td colspan="5">全年一次性奖金个人所得税计算
（无住所居民个人预判为非居民个人取得的数月奖金，选择按全年一次性奖金计税的填写本部分）</td></tr>
<tr><td colspan="3">一、全年一次性奖金收入</td><td>34</td><td></td></tr>
<tr><td colspan="3">二、准予扣除的捐赠额（附报《个人所得税公益慈善事业捐赠扣除明细表》）</td><td>35</td><td></td></tr>
<tr><td colspan="3">三、税率（%）</td><td>36</td><td></td></tr>
<tr><td colspan="3">四、速算扣除数</td><td>37</td><td></td></tr>
<tr><td colspan="3">五、应纳税额［第 38 行 =（第 34 行 − 第 35 行）× 第 36 行 − 第 37 行］</td><td>38</td><td></td></tr>
<tr><td colspan="5">税额调整</td></tr>
<tr><td colspan="3">一、综合所得收入调整额（需在“备注”栏说明调整具体原因、计算方式等）</td><td>39</td><td></td></tr>
<tr><td colspan="3">二、应纳税额调整额</td><td>40</td><td></td></tr>
<tr><td colspan="5">应补 / 退个人所得税计算</td></tr>
<tr><td colspan="3">一、应纳税额合计（第 41 行 = 第 33 行 + 第 38 行 + 第 40 行）</td><td>41</td><td>11 318.95</td></tr>
<tr><td colspan="3">二、减免税额（附报《个人所得税减免税事项报告表》）</td><td>42</td><td>0</td></tr>
<tr><td colspan="3">三、已缴税额</td><td>43</td><td>19 796.85</td></tr>
<tr><td colspan="3">四、应补 / 退税额（第 44 行 = 第 41 行 − 第 42 行 − 第 43 行）</td><td>44</td><td>−8 477.90</td></tr>
<tr><td colspan="5">无住所个人附报信息</td></tr>
<tr><td>纳税年度内在中国境内居住天数</td><td></td><td>已在中国境内居住年数</td><td colspan="2"></td></tr>
<tr><td colspan="5">退税申请
（应补 / 退税额小于 0 的填写本部分）</td></tr>
<tr><td colspan="5">□申请退税（需填写“开户银行名称”“开户银行省份”“银行账号”）□放弃退税</td></tr>
<tr><td>开户银行名称</td><td>中国建设银行</td><td>开户银行省份</td><td colspan="2">江苏省</td></tr>
<tr><td>银行账号</td><td colspan="4">6217001370048888888</td></tr>
<tr><td colspan="5">备注</td></tr>
<tr><td colspan="5"></td></tr>
<tr><td colspan="5">谨声明本表是根据国家税收法律法规及相关规定填报的，本人对填报内容（附带资料）的真实性、可靠性、完整性负责。
纳税人签字：李某　　2023 年 5 月 8 日</td></tr>
<tr><td colspan="2">经办人签字：
经办人身份证件类型：
经办人身份证件号码：
代理机构签章：
代理机构统一社会信用代码：</td><td colspan="3">受理人：
受理税务机关（章）：
受理日期：2023 年 5 月 8 日</td></tr>
</table>

国家税务总局监制

三、取得经营所得的纳税申报

根据《国家税务总局关于个人所得税自行纳税申报有关问题的公告》（国家税务总局公告2018年第62号）第二条的规定，个体工商户业主、个人独资企业投资者、合伙企业个人合伙人、承包承租经营者个人以及其他从事生产、经营活动的个人取得经营所得，包括以下情形：

（1）个体工商户从事生产、经营活动取得的所得，个人独资企业投资人、合伙企业的个人合伙人来源于境内注册的个人独资企业、合伙企业生产、经营的所得。

（2）个人依法从事办学、医疗、咨询以及其他有偿服务活动取得的所得。

（3）个人对企业、事业单位承包经营、承租经营以及转包、转租取得的所得。

（4）个人从事其他生产、经营活动取得的所得。

（一）申报时间

根据《个人所得税法》第十二条的规定，纳税人取得经营所得，按年计算个人所得税，由纳税人在月度或者季度终了后15日内向税务机关报送纳税申报表，并预缴税款；在取得所得的次年3月31日前办理汇算清缴。

（二）申报地点

根据国家税务总局公告2018年第62号第二条的规定，纳税人取得经营所得，按年计算个人所得税，由纳税人在月度或季度终了后15日内，向经营管理所在地主管税务机关办理预缴纳税申报，并报送《个人所得税经营所得纳税申报表（A表）》。在取得所得的次年3月31日前，向经营管理所在地主管税务机关办理汇算清缴，并报送《个人所得税经营所得纳税申报表（B表）》；从两处以上取得经营所得的，选择向其中一处经营管理所在地主管税务机关办理年度汇总申报，并报送《个人所得税经营所得纳税申报表（C表）》。

四、取得应税所得没有扣缴义务人的纳税申报

根据《个人所得税法》第十三条的规定，纳税人取得应税所得没有扣缴义务人的，应当在取得所得的次月15日内向税务机关报送纳税申报表，并缴纳税款。

五、扣缴义务人未扣缴税款的纳税申报

根据国家税务总局公告2018年第62号第三条的规定，纳税人取得应税所得，扣缴义务人未扣缴税款的，应当区别以下情形办理纳税申报：

（1）居民个人取得综合所得的，按照综合所得汇算清缴纳税申报规定办理。

（2）非居民个人取得工资、薪金所得，劳务报酬所得，稿酬所得，特许权使用费所得的，应当在取得所得的次年6月30日前，向扣缴义务人所在地主管税务机关办理纳税申报，并报送《个人所得税自行纳税申报表（A表）》。有两个以上扣缴义务人均未扣缴税款的，选择向其中一

处扣缴义务人所在地主管税务机关办理纳税申报。

非居民个人在次年6月30日前离境（临时离境除外）的，应当在离境前办理纳税申报。

（3）纳税人取得利息、股息、红利所得，财产租赁所得，财产转让所得和偶然所得的，应当在取得所得的次年6月30日前，按相关规定向主管税务机关办理纳税申报，并报送《个人所得税自行纳税申报表（A表）》。

税务机关通知限期缴纳的，纳税人应当按照期限缴纳税款。

六、取得境外所得的纳税申报

（一）申报时间

根据《个人所得税法》第十三条的规定，居民个人从中国境外取得所得的，应当在取得所得的次年3月1日至6月30日内申报纳税。

（二）申报地点

根据国家税务总局公告2018年第62号第四条的规定，居民个人从中国境外取得所得的，应当在取得所得的次年3月1日至6月30日内，向中国境内任职、受雇单位所在地主管税务机关办理纳税申报；在中国境内没有任职、受雇单位的，向户籍所在地或中国境内经常居住地主管税务机关办理纳税申报；户籍所在地与中国境内经常居住地不一致的，选择其中一地主管税务机关办理纳税申报；在中国境内没有户籍的，向中国境内经常居住地主管税务机关办理纳税申报。

七、因移居境外注销中国户籍的纳税申报

（一）注销中国户籍纳税申报内容

根据国家税务总局公告2018年第62号第五条的规定，纳税人因移居境外注销中国户籍的，应当在申请注销中国户籍前，向户籍所在地主管税务机关办理纳税申报，进行税款清算。申报内容包括：

（1）纳税人在注销户籍年度取得综合所得的，应当在注销户籍前，办理当年综合所得的汇算清缴，并报送《个人所得税年度自行纳税申报表》。尚未办理上一年度综合所得汇算清缴的，应当在办理注销户籍纳税申报时一并办理。

（2）纳税人在注销户籍年度取得经营所得的，应当在注销户籍前，办理当年经营所得的汇算清缴，并报送《个人所得税经营所得纳税申报表（B表）》。从两处以上取得经营所得的，还应当一并报送《个人所得税经营所得纳税申报表（C表）》。尚未办理上一年度经营所得汇算清缴的，应当在办理注销户籍纳税申报时一并办理。

（3）纳税人在注销户籍当年取得利息、股息、红利所得，财产租赁所得，财产转让所得和偶然所得的，应当在注销户籍前，申报当年上述所得的完税情况，并报送《个人所得税自行纳税申报表（A表）》。

（4）纳税人有未缴或者少缴税款的，应当在注销户籍前，结清欠缴或未缴的税款。纳税人

存在分期缴税且未缴纳完毕的，应当在注销户籍前，结清尚未缴纳的税款。

（5）纳税人办理注销户籍纳税申报时，需要办理专项附加扣除、依法确定的其他扣除的，应当向税务机关报送《个人所得税专项附加扣除信息表》《商业健康保险税前扣除情况明细表》《个人税收递延型商业养老保险税前扣除情况明细表》等。

（二）申报时间

根据《个人所得税法》第十三条的规定，纳税人因移居境外注销中国户籍的，应当在注销中国户籍前办理税款清算。

八、非居民个人从两处以上取得工资、薪金所得的纳税申报

根据《个人所得税法》第十三条的规定，非居民个人在中国境内从两处以上取得工资、薪金所得的，应当在取得所得的次月15日内申报纳税。也就是说，非居民个人在中国境内从两处以上取得工资、薪金所得的，应当在取得所得的次月15日内，向其中一处任职、受雇单位所在地主管税务机关办理纳税申报，并报送《个人所得税自行纳税申报表（A表）》。

九、税务总局规定自行申报的其他情形

根据《国家税务总局关于个人股权转让过程中取得违约金收入征收个人所得税问题的批复》（国税函〔2006〕866号）的规定，股权成功转让后，转让方个人因受让方个人未按规定期限支付价款而取得的违约金收入，属于因财产转让而产生的收入。转让方个人取得的该违约金应并入财产转让收入，按照“财产转让所得”项目计算缴纳个人所得税，税款由取得所得的转让方个人向主管税务机关自行申报缴纳。

根据《国家税务总局关于个人非货币性资产投资有关个人所得税征管问题的公告》（国家税务总局公告2015年第20号）第二条的规定，非货币性资产投资个人所得税由纳税人向主管税务机关自行申报缴纳。

根据《国家税务总局关于个人取得房屋拍卖收入征收个人所得税问题的批复》（国税函〔2007〕1145号）的规定，为方便纳税人依法履行纳税义务和税务机关加强税收征管，纳税人应比照《国家税务总局关于个人住房转让所得征收个人所得税有关问题的通知》（国税发〔2006〕108号）第四条的有关规定，在房屋拍卖后缴纳营业税（营改增后为增值税）、契税、土地增值税等税收的同时，一并申报缴纳个人所得税。